ACCESO GRATIS *a la Lectura en la Nube*

Para visualizar el libro electrónico en la nube de lectura envíe junto a su nombre y apellidos una fotografía del código de barras situado en la contraportada del libro y otra del ticket de compra a la dirección:

ebooktirant@tirant.com

En un máximo de 72 horas laborables le enviaremos el código de acceso con sus instrucciones.

RETOS DE LA FISCALIDAD INDIRECTA EN EL NUEVO CONTEXTO INTERNO E INTERNACIONAL

Procedimiento de selección de originales, ver página web:
www.tirant.net/index.php/editorial/procedimiento-de-seleccion-de-originales

RETOS DE LA FISCALIDAD INDIRECTA EN EL NUEVO CONTEXTO INTERNO E INTERNACIONAL

Director
Jesús Ramos Prieto

Coordinadores:
José Miguel Martín Rodríguez
José Manuel Macarro Osuna

tirant lo blanch
Valencia, 2024

EDITA: TIRANT LO BLANCH
C/ Artes Gráficas, 14 - 46010 - Valencia
TELFS.: 96/361 00 48 - 50
FAX: 96/369 41 51
Email: tlb@tirant.com
www.tirant.com
Librería virtual: www.tirant.es
ISBN: 978-84-1056-409-1
Depósito legal: V-695-2024

Índice

Presentación 9
Jesús Ramos Prieto
José Miguel Martín Rodríguez
José Manuel Macarro Osuna

Treinta años de "régimen transitorio de tributación de los intercambios entre los Estados miembros": balance de su funcionamiento y análisis de la propuesta de régimen definitivo. 15
Salvador Ramírez Gómez

Entregas intracomunitarias en el IVA: problemas y perspectivas de reforma 39
Marta González Aparicio

Adquisiciones intracomunitarias: operaciones en cadena y operaciones triangulares.... 71
Gracia M. Luchena Mozo

El control sobre ayudas de Estado en la configuración de tipos reducidos por los Estados miembros 105
José Miguel Martín Rodríguez

Principio de neutralidad: restricción del derecho a la deducción del IVA soportado por el incumplimiento de requisitos de facturación 147
Valentín Magraner Bou

La asistencia digital integral como modelo de impulso a la generalización de programas de cumplimiento cooperativo en el marco de la creación de la Administración de Asistencia Digital Integral (ADI). 171
Pedro José Carrasco Parrilla

Colaboración e intercambio de información entre administraciones tributarias en el seno del ordenamiento interno 199
María Esther Sánchez López

El valor de referencia desde el principio de capacidad económica 227
Carmen Ruiz Hidalgo

El ITPAJD y los precios medios de venta de vehículos automóviles 261
María José Trigueros Martín

El impuesto especial sobre los envases de plástico no reutilizables 289
Mónica Arribas León

El nuevo régimen de comercio de derechos de emisión y su coordinación con los impuestos energético-medioambientales: especial referencia al transporte por carretera *321*

Álvaro Antón Antón

Figuras tributarias indirectas en la financiación autonómica y local para revertir la despoblación del medio rural *375*

José Ángel Gómez Requena

La tributación de la compraventa de tokens no fungibles (NFTS) en el IVA. Un análisis a la luz de la doctrina de la DGT y otras cuestiones en el ámbito de la imposición indirecta *407*

José Francisco Sedeño López

Tributación en el IVA de los tokens no fungibles (NFTS) *433*

Pablo Llopis Mengual

Una aproximación a la fiscalidad indirecta aplicable a las operaciones efectuadas a través de plataformas tecnológicas de colaboración social *465*

Antonio José Ramos Herrera

Presentación

La imposición indirecta, de nuevo en el punto de mira

Hace cerca de dos años, con motivo de la presentación de otra obra colectiva publicada por esta misma editorial bajo el título *Desafíos fiscales en un mundo post-COVID. Valoración y retos pendientes a nivel interno e internacional,* escribíamos que nuestro sistema fiscal afronta una agitada etapa de revisión estructural, como consecuencia de la aparición incesante de retos o desafíos de gran envergadura para los que no siempre contamos con recetas jurídicas apropiadas. No se trata de una nueva oleada de cambios normativos de urgencia, tan habituales y constantes en un sector del ordenamiento jurídico abonado, con demasiada frecuencia, al fenómeno de la denominada legislación motorizada como cauce para afrontar sucesivas coyunturas económicas y sociales. Por el contrario, nos encontramos ante una compleja encrucijada sobre la cual los responsables de la Hacienda Pública tendrán que adoptar decisiones de gran calado a medio y largo plazo, muchas de ellas condicionadas por el Horizonte 2030 y los objetivos de desarrollo sostenible.

De la envergadura de la labor que tenemos por delante dan fiel testimonio el pormenorizado diagnóstico y las múltiples propuestas (nada menos que ciento dieciocho) que se recogen en el *Libro blanco sobre la reforma tributaria,* presentado en marzo de 2022 y publicado por el Instituto de Estudios Fiscales. Este extenso informe es fruto del trabajo realizado por el Comité de personas expertas designado por el Gobierno de la Nación para impulsar una modernización del sistema tributario como factor de crecimiento inclusivo y sostenible. Tal renovación fue incluida como décima y última de las líneas maestras o políticas palanca del Plan de recuperación, transformación y resiliencia que el Gobierno de España presentó a las autoridades europeas en junio de 2021, a modo de puerta de acceso a los ingentes fondos procedentes del instrumento excepcional de recuperación temporal tras la crisis acordado por el Consejo Europeo en julio de 2020, el conocido como Next Generation EU. Pese al esfuerzo de reflexión crítica y de formulación de líneas de reforma realizado por los expertos, de momento esa revisión y puesta a punto ha quedado en gran medida aparcada, a causa de la convulsa situación internacional, de las incertidumbres generadas por la reciente evolución de la economía y del inestable panorama político-electoral de nuestro país.

En cualquier caso, tarde o temprano habrá que atender globalmente o por grandes bloques los problemas de configuración y aplicación de nuestro sistema tributario que se identifican en el Libro blanco. Como es bien sabido, los impuestos indirectos conforman una de sus tres patas y, por tanto, de su comportamiento recaudatorio depende en buena medida la sostenibilidad de nuestro modelo de Estado de bienestar y la garantía de una adecuada financiación de aquellos servicios públicos que nuestra sociedad considera fundamentales. En concreto, los impuestos indirectos se incardinan dentro el capítulo 2 de los estados de ingresos de los presupuestos de los entes públicos territoriales, tras los impuestos directos (capítulo 1) y antes de las tasas y las contribuciones especiales, integradas en el capítulo 3 junto a otras fuentes de ingresos públicos de carácter retributivo. A estas se ha agregado por obra de la Ley 9/2017, de 8 de noviembre, de Contratos del Sector Público, la novedosa categoría (o no tan novedosa, puesto que ya aparecía contemplada de forma genérica en el artículo 31.3 de la Constitución de 1978) de las prestaciones patrimoniales de carácter público no tributario, bajo cuyo manto se están cobijando con preocupante frecuencia una serie de figuras de exigencia coactiva u obligatoria cuya auténtica naturaleza jurídica está siendo muy discutida y se halla en ojo del huracán.

Como componente esencial de nuestra fiscalidad, la imposición indirecta no resulta ajena a la encrucijada a que se ha hecho referencia unas líneas más arriba. En nuestra opinión, si observamos su evolución más reciente se aprecian varias tendencias remarcables. Desde una perspectiva cualitativa llama la atención la proliferación de nuevos impuestos indirectos que se ha producido en los últimos años. A los componentes tradicionales (IVA, Impuestos Especiales, Impuesto sobre Transmisiones Patrimoniales y Actos Jurídicos Documentados, gravamen aduanero sobre el tráfico exterior e Impuesto sobre las Primas de Seguro) se han añadido otras figuras novedosas, focalizadas sobre materias imponibles muy específicas y con una capacidad recaudatoria de segundo orden. Así, en el ámbito de la Hacienda del Estado han ido apareciendo de manera paulatina en apenas doce años los impuestos sobre las actividades del juego (Ley 13/2011), los gases fluorados de efecto invernadero (Ley 16/2013), determinados servicios digitales (Ley 4/2020), las transacciones financieras (Ley 5/2020), los envases de plástico no reutilizables y el depósito de residuos en vertederos, la incineración y la coincineración de residuos (Ley 7/2022). A ellos se suma el amplio elenco de impuestos propios de carácter indirecto establecidos por las Comunidades Autónomas, que aparte de gravar masivamente el abastecimiento, saneamiento y depuración del agua y en algunos territorios determinados consumos específicos de bienes o servicios (bebidas azucaradas y estancias en establecimientos turísticos), han implementado fórmulas diversas de fiscalidad medioambiental sobre las emisiones de gases y, en general, sobre las actividades o instalaciones con afección negativa sobre el medio ambiente y sobre la gestión de residuos de diverso tipo o la realización de vertidos a las aguas litorales.

En un plano cuantitativo, la recaudación por impuestos indirectos ha experimentado un crecimiento bastante continuado en el periodo comprendido entre 2011 y 2021 (último ejercicio para el que el Ministerio de Hacienda ha publicado datos consolidados a nivel nacional dentro de la serie estadística *Recaudación y estadísticas del sistema tributario español*), con una sola interrupción significativa en 2020 como consecuencia de la pandemia del Covid-19 pero revertida con fuerza al año siguiente. En 2021 la recaudación generada por los impuestos indirectos estatales alcanzó su máximo histórico hasta la fecha (117.783,4 millones de euros), con llamativos incrementos en el caso del IVA (de 69.626,1 millones de euros en 2020 a 80.091,6 millones de euros en 2021, es decir, un 15 por 100 más) o el ITPAJD (de 7.529,1 millones de euros en 2020 a 10.815,9 millones de euros en 2021, lo que significa un 43,7 por 100 más). Por lo demás, su peso relativo dentro del *Tax Mix* se han mantenido estable: en 2011 los impuestos indirectos suponían el 46,1 por 100 del total de la recaudación tributaria de los tributos estatales, frente a un 52,1 por 100 de los impuestos directos y un 1,8 por 100 de las tasas y otros ingresos. En 2023 esa proporción apenas ha variado ligeramente a la baja (45,5 por 100), a pesar del ligero ascenso de la imposición directa (53,6 por 100) y de la bajada de los tributos retributivos (0,9 por 100).

Ese es el contexto cualitativo (aparición de nuevas figuras estatales o autonómicas) y cuantitativo (relevancia recaudatoria de primer orden) en el que se enmarcan las reformas presentes o pendientes de la imposición indirecta, algunas de las cuales se analizan esta obra, que tiene su origen en el Seminario «Desafíos y retos de la tributación indirecta en el nuevo contexto interno e internacional», organizado por el área de Derecho Financiero y Tributario de la Universidad Pablo de Olavide de Sevilla en colaboración con la Asociación Española de Asesores Fiscales (AEDAF) durante los días 21 y 22 de noviembre de 2002.

Esta actividad académica de carácter interuniversitario, que contó con el apoyo económico de la Facultad de Derecho de la Universidad Pablo de Olavide, se programó como hito final del plan de trabajo de dos proyectos de investigación iniciados entre 2019 y 2020: el Proyecto PGC2018-099338-B-I00 «Desafíos tributarios en el nuevo contexto europeo e internacional: economía digital y mercado interior» (Proyecto DETREDMI), financiado por el Ministerio de Ciencia e Innovación en el marco de la convocatoria de 2018 de concesión de ayudas a «Proyectos de I+D de Generación de Conocimiento», en primer lugar; y el Proyecto UPO-1263899 «Retos actuales de la tributación indirecta en España y Europa» (Proyecto RATIEE), resultado de la convocatoria de ayudas competitivas a proyecto de I+D+i efectuada por la Universidad Pablo de Olavide en el marco del Programa Operativo FEDER Andalucía 2014-2020, en segundo lugar.

Las aportaciones que se recogen en este volumen abordan cuestiones relacionadas con varias de las líneas temáticas desarrolladas en esos Proyectos. Así, el lector podrá encontrar aquí certeros análisis sobre la incidencia de la imposición indirecta armonizada en el funcionamiento del mercado interior de la Unión Europea y en el control de las distorsiones de la competencia (GONZÁLEZ APARICIO, LUCHENA MOZO, MAGRANER BOU, MARTÍN RODRÍGUEZ y RAMÍREZ GÓMEZ). También merecen una atención preferente algunos aspectos singulares de la tributación de las actividades de la economía digital (uso de intangibles y digitalización de procesos económicos) y la Administración tributaria digital (CARRASCO PARRILLA, LLOPIS MENGUAL, RAMOS HERRERA y SEDEÑO LÓPEZ). Por último, se examinan problemas singulares de otras parcelas de la fiscalidad indirecta tradicionales o de nuevo cuño, algunos de los cuales se hallan vinculados de manera directa a la financiación autonómica o local (ARRIBAS LEÓN, ANTÓN ANTÓN, GÓMEZ REQUENA, RUIZ HIDALGO, SÁNCHEZ LÓPEZ y TRIGUEROS MARTÍN).

En definitiva, estos trabajos responden al genuino espíritu universitario, que nunca debería perderse a pesar de las asfixias curriculares y las insoportables cargas burocráticas a que están hoy en día sometidos los investigadores, de ofrecer una reflexión crítica sobre la adaptación de la imposición indirecta a los nuevos retos y desafíos, idea matriz de los proyectos de investigación citados. Todo ello bajo la premisa de que es esta una labor abierta de forma perenne, pues no acaba de ultimarse una reforma cuando ya comienza a hablarse de la siguiente.

El ejemplo del IVA resulta paradigmático en este sentido, pues aún tenemos muy reciente el sustancial lavado de cara efectuado en desarrollo del Plan de acción presentado por la Comisión en abril de 2016 "Hacia un territorio único de aplicación del IVA en la UE" [COM (2016) 148 final, de 7 de abril de 2016], en especial en lo referente a las reglas sobre el régimen de las operaciones de comercio electrónico, a los ajustes en el funcionamiento de los intercambios comerciales entre Estados miembros, al tratamiento singularizado de las pequeñas empresas o a la estructura y cuantía de los tipos de gravamen, entre otros extremos. Pues bien, cuando todavía estamos digiriendo esos cambios y evaluando el grado de éxito de su implantación la Comisión Europea ha impulsado una ulterior agenda de reformas. En diciembre de 2022 presentó un nuevo paquete de propuestas normativas («*VAT in the Digital Age*», conocido como paquete ViDA) para afrontar una nueva actualización de la regulación del tributo a la era digital, bajo la premisa de que las tecnologías de la información se han convertido en herramientas indispensables para las empresas y las autoridades fiscales con el fin de mejorar el funcionamiento del impuesto y de prevenir el fraude actualmente existente. Con este punto de partida se han puesto sobre la mesa una serie de medidas como la obligatoriedad de la facturación electrónica; el suministro de información en tiempo real sobre las operaciones realizadas por los sujetos pasivos; una puesta al día de las normas del impuesto que atribuye subjetividad pasiva a las plataformas electrónicas que intermedien en determinados modelos de negocio (transporte de pasajeros y alojamiento de corta duración), la creación de un registro único para cada empresa en el seno de la Unión Europea con validez en todos los Estados miembros; o la ampliación del ámbito de aplicación de los regímenes de ventanilla única.

Expuestos el origen y la finalidad de la obra, sólo nos resta agradecer a los autores de los distintos capítulos el esfuerzo para elaborar en plazo sus meritorias aportaciones, que sin duda contribuirán a clarificar y afrontar algunos de los desafíos a los que se enfrentará en los próximos años la imposición indirecta en España y en los países de nuestro entorno.

JESÚS RAMOS PRIETO
JOSÉ MIGUEL MARTÍN RODRÍGUEZ
JOSÉ MANUEL MACARRO OSUNA

Treinta años de "régimen transitorio de tributación de los intercambios entre los Estados miembros": balance de su funcionamiento y análisis de la propuesta de régimen definitivo.

SALVADOR RAMÍREZ GÓMEZ
Catedrático de Derecho Financiero y Tributario
Universidad de Huelva

EXTRACTO:

El presente trabajo expone la evolución histórica de la fiscalidad del comercio intracomunitario en el IVA, desde su inicial sometimiento a ajustes en la frontera, mediante el gravamen de las importaciones y la exención de las exportaciones, hasta el momento actual, con especial atención a la desaparición el 31 de diciembre de 1992 de las aduanas intracomunitarias y el establecimiento del denominado "régimen transitorio". Inspirado en el principio de tributación en el Estado miembro de destino el régimen se ha mostrado excesivamente complejo y favorecedor del fraude, lo que llevó, en 2016, a la presentación del "Plan de Acción sobre el IVA", a cuyas líneas fundamentales responde la Propuesta sobre el régimen definitivo –COM (2018) 329 final–, en la que se asume el cambio del paradigma imperante desde 1967, abandonando el principio de tributación en el Estado miembro de origen y sustituyéndolo por la tributación en destino. El análisis de la citada propuesta se completa con la previa referencia a las recientes modificaciones de la Directiva del IVA en lo que afecta al comercio electrónico, las "medidas rápidas", y la prórroga del mecanismo opcional de inversión del sujeto pasivo y acción rápida, que suponen avances puntuales en el interminable viaje hacia el régimen definitivo.

PALABRAS CLAVE: IVA. Operaciones intracomunitarias. Régimen transitorio. Régimen definitivo.

ABSTRACT:

This paper presents the historical evolution of the taxation of intra-Community trade in VAT, from its initial subjection to border adjustments, through the taxation of imports and the exemption of exports, to the present time, with particular attention to the disappearance on December 31, 1992 of intra-Community customs and the establishment of the so-called "transitional VAT system". Inspired by the principle of taxation in the Member State of destination, the system has proved to be excessively complex and conducive to fraud, which led, in 2016, to the presentation of the "VAT Action Plan", the main lines of which are the Proposal on the definitive system -COM (2018) 329 final-, which assumes the change of the paradigm prevailing since 1967, abandoning the principle of taxation in the Member State of origin and replacing it with taxation at destination. The analysis of the aforementioned proposal is completed with a prior reference to the recent amendments to the VAT Directive concerning e-commerce, the "rapid measures" and the e

xtension of the optional mechanism of investment of the taxable person and rapid action, which represent specific advances in the never-ending journey towards the definitive VAT system.

KEYWORDS: VAT. Intra-Community transactions. Transitional VAT system. Definitive VAT system

1. INTRODUCCIÓN.

El 1 de enero de 2023 se han cumplido treinta años de vigencia del denominado "Régimen transitorio de tributación de los intercambios entre los Estados miembros", un régimen inicialmente previsto para 4 años, hasta 31 de diciembre de 1996[1], y posteriormente ampliado indefinidamente por el artículo 402 de la Directiva 2006/112/CE del Consejo, de 28 de noviembre de 2006, relativa al sistema común del impuesto sobre el valor añadido (en adelante Directiva del IVA). Dicha efemérides nos sirve de excusa para hacer un balance del proceso de construcción del Mercado Único en el contexto del Impuesto sobre el Valor Añadido, pues, a ese fin sirve la regulación de las operaciones intracomunitarias, una regulación que persigue garantizar la libre circulación de mercancías y servicios[2], lo que implica, como primer objetivo, la supresión de los controles fiscales en las fronteras intracomunitarias y la consecuente desaparición de los gravámenes a la importación y las desgravaciones a la exportación. Suprimidas las fronteras fiscales intracomunitarias en 1993, el siguiente objetivo para conseguir un verdadero Mercado Único afecta al tratamiento que los intercambios comerciales entre Estados miembros reciben en el IVA, un tratamiento que debe ser el mismo que el aplicado a las operaciones interiores en el mercado nacional. Este segundo objetivo se encuentra todavía pendiente, pues, el actual régimen transitorio responde a unos principios y reglas distintos de los aplicables a las operaciones interiores. Ello unido a

---

1 Vid. Art. 28 decimotercero de la Sexta Directiva 77/388/CEE del Consejo, de 17 mayo de 1977.

2 Ese, junto con la libre circulación de personas y capitales, era el principal objetivo del Tratado de Roma, de 1957: la creación de un mercado común basado en la libre circulación de mercancías, personas, servicios y capitales (vid. art. 2).

las deficiencias en el funcionamiento del mismo, que siguen dificultando el comercio transfronterizo y elevando el riesgo de fraude intracomunitario, ha impulsado a la presentación por la Comisión, en el marco del Plan de Acción sobre el IVA[3], de dos propuestas de Directiva sobre el régimen definitivo de tributación de los intercambios entre los Estados miembros, la primera de ellas, de 4 de octubre de 2017, estableciendo los pilares del régimen definitivo para el comercio dentro de la Unión[4], y la segunda, de 25 de mayo de 2018, incluyendo disposiciones técnicas detalladas que regulen la efectiva aplicación de estos pilares[5]. La tardanza en aprobar la propuesta presentada ha llevado al Parlamento Europeo, tras insistir en la necesidad de pasar a un sistema del IVA definitivo basado en el principio de imposición en el país de destino, a instar al Consejo a que la adopte lo antes posible, habida cuenta de la magnitud de la pérdida de recursos presupuestarios a nivel nacional y de la Unión con el régimen actual[6].

2. PRIMERA ETAPA: 1967-1993. GRAVAMEN DE LAS IMPORTACIONES Y EXENCIÓN DE LAS EXPORTACIONES.

Esta primera etapa en la regulación del comercio transfronterizo intracomunitario abarca desde la introducción del Impuesto sobre el Valor Añadido en los países fundadores de la Comunidad Económica Europea, hasta la supresión de las fronteras fiscales intracomunitarias, el 1 de enero de 1993, un proceso que comienza con la Primera Directiva del Consejo, de 11 de abril de 1967, en materia de armonización de las legislaciones

---

3 Comunicación de la Comisión al Parlamento Europeo, al Consejo y al Comité Económico y Social Europeo *relativa a un plan de acción sobre el IVA. Hacia un territorio único de aplicación del IVA en la UE-Es hora de decidir* COM (2016) 148 final.

4 Propuesta de Directiva del Consejo por la que se modifica la Directiva 2006/112/CE en lo que se refiere a la armonización y la simplificación de determinadas normas del régimen del impuesto sobre el valor añadido y se introduce el régimen definitivo de tributación de los intercambios entre los Estados miembros COM (2017) 569 final.

5 Propuesta de Directiva del Consejo por la que se modifica la Directiva 2006/112/CE en lo que respecta a la introducción de medidas técnicas detalladas para el funcionamiento del régimen definitivo del IVA de tributación de los intercambios entre Estados miembros COM (2018) 329 final.

6 Resolución del Parlamento Europeo, de 16 de febrero de 2022, sobre la ejecución de la Sexta Directiva sobre el IVA: ¿qué hace falta para reducir la desviación del IVA en la Unión? (2020/2263(INI)).

de los Estados miembros relativas a los impuestos sobre el volumen de los negocios, y acaba con la Directiva 91/680/CEE del Consejo, de 16 de diciembre de 1991, que completa el sistema común del Impuesto sobre el Valor Añadido y que modifica, con vistas a la abolición de las fronteras, la Directiva 77/388/CEE.

Mediante las dos primeras directivas del Consejo, de 11 de abril de 1967[7], se decidió la sustitución de los sistemas de impuestos acumulativos en cascada vigentes en la mayoría de los Estados miembros por el sistema común de impuesto sobre el valor añadido, como elemento esencial del mercado común, fijándose ya como objetivo la supresión de los gravámenes en la importación y de las desgravaciones a la exportación en los intercambios comerciales entre los Estados miembros, garantizando así la neutralidad de dichos impuestos sea cual fuere el origen de los bienes y de las prestaciones de servicios. No obstante, dado que en ese momento no era posible prever en qué forma y en qué plazo la armonización de los impuestos sobre el volumen de negocios podía conducir al logro del citado objetivo, se asume expresamente el aplazamiento a una segunda etapa de la adopción de las medidas necesarias para su consecución. Mientras tanto, la libre circulación de bienes intracomunitaria se facilita mediante los ajustes en frontera al mantenerse el régimen de gravamen de las importaciones y exención de las exportaciones.

En 1977 se aprueba la Sexta Directiva 77/388 CEE del Consejo, de 17 mayo de 1977, que constituyó el texto básico sobre el IVA durante los siguientes 15 años. Dicho texto mantiene el mismo régimen de ajustes en la frontera para los intercambios de bienes entre Estados miembros, con tributación en el país de destino mediante el hecho imponible importación, y extiende dicho principio a la mayoría de los servicios intracomunitarios prestados a otros sujetos pasivos (B2B), para los que el artículo 9.2.e) ya preveía como regla de localización la del lugar en el que el destinatario tuviera establecida la sede de su actividad económica, regla que

---

7 Primera Directiva 67/227/CEE del Consejo, de 11 de abril de 1967, en materia de armonización de las legislaciones de los Estados miembros relativas a los impuestos sobre el volumen de los negocios; y Segunda Directiva 67/228/CEE del Consejo, de 11 de abril de 1967, en materia de armonización de las legislaciones de los Estados miembros relativas a los impuestos sobre el volumen de negocios–Estructura y modalidades de aplicación del sistema común de Impuesto sobre el Valor Añadido.

iba acompañada de la aplicación del mecanismo de la inversión del sujeto pasivo (art. 21.1.b).

3. SEGUNDA ETAPA: 1993-2016. RÉGIMEN TRANSITORIO. HACIA UN RÉGIMEN DEFINITIVO BASADO EN LA TRIBUTACIÓN EN ORIGEN.

Hubo que esperar 25 años para conseguir avances significativos en la construcción de mercado interior, y estos vinieron de la mano del Acta Única Europea, acordada el 17 de febrero de 1986 en Luxemburgo, que estableció la fecha de 31 de diciembre de 1992 como fecha tope para que la Comunidad adoptase las medidas destinadas a establecer progresivamente el mercado interior, lo que implicaba un espacio sin fronteras interiores, con la consiguiente desaparición del régimen de exportaciones e importaciones en los intercambios comerciales entre Estados miembros.

En cumplimiento de dicho mandato, se aprobó la Directiva 91/680/CEE del Consejo, de 16 de diciembre de 1991, que completa el sistema común del Impuesto sobre el Valor Añadido y que modifica, con vistas a la abolición de las fronteras, la Directiva 77/388/CEE. Con dicha finalidad se lleva a cabo una nueva regulación de la tributación de los intercambios de bienes entre Estados miembros, no sin antes recordar que el objetivo contemplado en el artículo 4 de la Primera Directiva del Consejo, de 11 de abril de 1967, supone que el gravamen de los intercambios entre los Estados miembros se base en el principio de la imposición en el Estado miembro de origen de los bienes entregados y de los servicios prestados, pero reconociendo que siguen sin darse las condiciones técnicas y políticas necesarias para el establecimiento de un sistema de ese tipo[8], por lo que se adoptó el denominado "Régimen transitorio de tributación de los intercambios entre los Estados miembros", basado en el principio de tributación en destino. Ante la desaparición del hecho imponible importación, fue necesario regular un nuevo hecho imponible: adquisiciones intracomunitarias de bienes.

---

8 Principalmente, una mayor armonización de los tipos de IVA para evitar que se produzca una deslocalización de recursos influyendo en las decisiones relativas a dónde comprar, y el establecimiento de un sistema de compensación desde los países exportadores hacia los países importadores para garantizar la percepción de los ingresos en concepto de IVA por el Estado miembro en el que tiene lugar el consumo.

A partir de 1 de enero de 1993, los intercambios comerciales entre Estados miembros en operaciones entre empresas, sujetos pasivos no exentos, implican una descomposición de la operación en dos: una entrega intracomunitaria de bienes exenta, con exención plena, es decir con derecho a deducción del IVA soportado, en el país de origen de los bienes, y una adquisición intracomunitaria de bienes gravada en el país de destino, siendo el adquirente de los bienes el obligado a recaudar y liquidar el impuesto en su condición de sujeto pasivo de la adquisición. Asimismo, con la finalidad de evitar distorsiones de competencia entre los distintos Estados miembros, se regulan varios regímenes particulares en cuya virtud, a partir de un importe determinado, tributarán en destino las adquisiciones intracomunitarias efectuadas por sujetos pasivos exentos o por personas jurídicas no sujetas al impuesto, así como determinadas operaciones intracomunitarias de venta a distancia y de entregas de medios de transporte nuevos efectuadas para particulares o para organismos exentos o no sujetos al impuesto.

Casi desde el comienzo se pusieron de manifiesto una serie de deficiencias en el funcionamiento del régimen transitorio que aconsejaban su sustitución por el anunciado régimen definitivo. Por un lado su excesiva complejidad. El número de obligaciones que deben cumplirse en el comercio transfronterizo es numeroso y difiere según el Estado miembro, lo que puede actuar como un obstáculo para las empresas que operan en dicho mercado. Por otro lado, la posibilidad que abre el comercio intracomunitario de realizar adquisiciones de bienes exentas del IVA eleva notablemente el riesgo de fraude a través de transacciones fraudulentas como el denominado "fraude del operador desaparecido"[9] y el "fraude

9 El fraude del operador desaparecido se produce cuando un operador adquiere bienes, transportados o expedidos desde otro Estado miembro, mediante una entrega exenta del pago del IVA y posteriormente los vende facturando el IVA al cliente. Tras haber recibido del cliente la cantidad correspondiente al IVA, dicho operador desaparece antes de pagar el IVA adeudado a las autoridades fiscales. Al mismo tiempo, el cliente, actuando de buena fe, generalmente puede deducir el IVA abonado al proveedor a través de su declaración del IVA.

carrusel"[10]. Se ha estimado que dicho fraude está en torno a los 50.000 millones de euros anuales[11].

A pesar del objetivo reiteradamente declarado de implantación del principio de tributación en origen[12], y del carácter temporal del denominado régimen transitorio, pensado inicialmente para un corto período de tiempo, 4 años[13], las nuevas directivas que se van aprobando para algunas transacciones (los servicios de telecomunicaciones, radiodifusión y de televisión (TBE) y los servicios prestados por vía electrónica), se apartan claramente del citado principio, al estipular que el lugar de imposición es el lugar donde tiene lugar el consumo o donde está establecido el consumidor. Así, la Directiva 2008/8/CE del Consejo de 12 de febrero de 2008 extendió, a partir de 2015, la tributación en destino a todos los servicios TBE prestados por vía electrónica a consumidores finales (B2C), independientemente de que el proveedor tuviera su sede en la UE o fuera de ella. En consecuencia, se procede a modificar las reglas sobre el lugar de realización de las operaciones, de forma que, en lo que respecta a la prestación de los citados servicios la norma general de determinación del lugar de

---

10 En el fraude carrusel el estafador compra y revende los mismos bienes varias veces a través de intermediarios. Cada vez que el importe del IVA recaudado aumenta y la empresa desaparece o se declara insolvente antes de que la autoridad fiscal pueda recaudar el IVA acumulado. Con el fraude de carrusel, el mismo producto circula varias veces antes de que los estafadores desaparezcan.

11 Vid. «*Study and Reports on the VAT Gap in the EU-28 Member States: 2016 Final Report*», en http://europa.eu/rapid/press-release_IP-16-2936_en.htm. Según los representantes de Europol, se estima que entre 40 000 y 60 000 millones de euros de pérdidas de ingresos por IVA están causados por grupos de delincuencia organizada y que el 2 % de dichos grupos está detrás del 80 % del fraude intracomunitario del operador desaparecido, en el Informe del Tribunal de Cuentas Europeo *La lucha contra el fraude del IVA intracomunitario: es necesaria una acción más enérgica,* https://www.eca.europa.eu/Lists/ECADocuments/SR15_24/SR_VAT_FRAUD_ES.pdf.

12 Así lo recuerda el Considerando 9 de la Directiva 91/680/CEE del Consejo, de 16 de diciembre, cuando declara que durante el período transitorio se pondrán en efecto disposiciones destinadas a facilitar el paso al régimen impositivo definitivo de los intercambios entre los Estados miembros, que sigue siendo el objetivo a medio plazo.

13 Vid. Art. 28 decimotercero de la Sexta Directiva, posteriormente ampliado indefinidamente por el artículo Art. 402 de la Directiva del Consejo 2006/112/CE.

prestación debe atender al lugar en que esté establecido el destinatario de los servicios, en lugar de aquel donde esté establecido el proveedor.

Dado que en los casos en los que los servicios se presten a consumidores finales no sería aplicable la regla de la inversión del sujeto pasivo, para simplificar la aplicación del impuesto y evitar que el proveedor quede obligado a registrarse y cumplir con las obligaciones derivadas del IVA en cada uno de los Estados miembros donde estuviesen domiciliados los destinatarios de las operaciones, se extiende a los proveedores establecidos en la UE el sistema de mini ventanilla única (MOSS), aplicable desde 2002 sólo para proveedores de fuera de la UE[14]. Esta ampliación del MOSS permitió que los proveedores de tales servicios establecidos en la UE pudieran acogerse a dicho sistema de registro y pago del IVA de forma que sólo deban registrarse y liquidarlo en un Estado miembro, normalmente aquel en el que están establecidos. Posteriormente serán las autoridades fiscales de dicho Estado las que se encarguen de distribuir los ingresos entre el resto de administraciones. La experiencia de la ventanilla única en el régimen de los servicios electrónicos será una de las claves que permita el progreso hacia un régimen definitivo, facilitando su implantación.

---

14 Fue a principios de la década de 2000 cuando comenzaron a ver la luz las primeras medidas relacionadas con los servicios de televisión, radiodifusión y servicios prestados por vía electrónica (TBE), con el objetivo de garantizar que cuando se prestasen con carácter oneroso y fuesen consumidos por clientes establecidos en la Comunidad, estuviesen gravados en la Comunidad. A tal fin se adoptó la Directiva 2002/38/CE del Consejo, de 7 de mayo de 2002, por la que se modificaba la Directiva 77/388/CEE respecto del régimen del impuesto sobre el valor añadido aplicable a los servicios de radiodifusión y de televisión y a algunos servicios prestados por vía electrónica, cambiando la regla sobre el lugar de realización de dichos servicios cuando son suministrados a partir de terceros países a consumidores finales establecidos en la Comunidad, que pasaron a estar gravados en el lugar de establecimiento o domicilio del destinatario de los servicios. Al mismo tiempo, con el objetivo de simplificar el cumplimiento de las obligaciones fiscales de los operadores económicos que suministren tales servicios se creó un régimen especial de registro y pago conocido como Mini Ventanilla Única (Mini One Stop Shop. MOSS), que permite a los que lo utilicen cumplir con todas sus obligaciones de registro y liquidación del IVA en un solo país, aquel en el que decidan estar identificados.

4. TERCERA ETAPA: PLAN DE ACCIÓN SOBRE EL IVA (2016). RÉGIMEN TRANSITORIO. HACIA UN RÉGIMEN DEFINITIVO BASADO EN LA TRIBUTACIÓN EN DESTINO.

Ya en el año 2011 la Comisión, en su Comunicación al Parlamento Europeo, al Consejo y al Comité Económico y Social Europeo, *Sobre el futuro del IVA. Hacia un sistema de IVA más simple, robusto, eficaz y adaptado al mercado único*[15], tras llegar a la conclusión de que no subsistían razones válidas para mantener el objetivo asumido en 1967 de establecer un sistema de IVA definitivo basado en el principio de imposición en el Estado miembro de origen, anunció su intención de proponer la renuncia al mismo, decantándose por seguir recaudando el IVA en destino, eso sí, llevando a cabo las modificaciones normativas necesarias para modernizar y adaptar el Impuesto a las nuevas necesidades, creando así un régimen del IVA más sencillo, eficiente y sólido en la Unión Europea. Como consecuencia de dicha decisión, en 2016 presentó su Plan de Acción sobre el IVA[16], anunciando su intención de proponer un régimen definitivo del IVA para el comercio transfronterizo dentro de la Unión basado en el principio de imposición en el Estado miembro de destino de las mercancías, sustituyendo el actual régimen transitorio por otro más simple y seguro. Dicho anuncio se concretaría en dos propuestas de directivas, la primera de ellas presentada el 4 de octubre de 2017[17] incluye, además, varias medidas específicas de simplificación y aclaración del tratamiento de las entregas intracomunitarias de bienes, que, a modo de soluciones rápidas –"*quick fixes*"–, resultarán

---

15 COM (2011) 851 final.

16 Comunicación de la Comisión al Parlamento Europeo, al Consejo y al Comité Económico y Social Europeo, *relativa a un Plan de Acción sobre el IVA. Hacia un territorio único de aplicación del IVA en la UE- Es hora de decidir.* 7.4.2016. COM (2016) 148 final. Posteriormente, el Consejo, en su reunión de 25 de mayo de 2016, ratificó las conclusiones de dicho Plan de Acción señalando entre otras cosas que, en su opinión, el principio de «imposición en el Estado miembro de origen de las entregas de bienes o de las prestaciones de servicios», previsto en el artículo 402 de la Directiva 2006/112/CE, relativa al sistema común del impuesto sobre el valor añadido, debe sustituirse por el principio de «imposición en el Estado miembro de destino» para el régimen definitivo del IVA para las operaciones B2B; como se indica en las Conclusiones del Consejo de 15 de mayo de 2012.

17 COM(2017) final. Propuesta de Directiva del Consejo por la que se modifica la Directiva 2006/112/CE en lo que se refiere a la armonización y la simplificación de determinadas normas del régimen del impuesto sobre el valor añadido y se introduce el régimen definitivo de tributación de los intercambios entre los Estados miembros.

de aplicación a partir del 1 de enero de 2020, y que pasamos a comentar a continuación.

4.1 Las denominadas "medidas rápidas": Directiva (UE) 2018/1910 del Consejo, de 4 de diciembre de 2018 y Reglamento de Ejecución (UE) 2018/1912, de 4 de diciembre de 2018.

De manera simultánea a los trabajos para la adopción del régimen definitivo, ante el previsible retraso de su entrada en vigor, en sus Conclusiones de 8 de noviembre de 2016[18], el Consejo consideró que convendría incorporar ya mejoras en el actual régimen del IVA. En este contexto, el Consejo solicitó que se introdujesen modificaciones en ciertos ámbitos, con el objetivo de lograr un tratamiento armonizado en todos los Estados miembros de determinadas operaciones del comercio transfronterizo para conseguir una tributación simplificada y uniforme en todos ellos, operaciones que hasta la fecha estaban siendo interpretadas de forma divergente por las distintas Administraciones tributarias. Dichas modificaciones, incluidas en la primera de las dos propuestas de directiva que integran el paquete sobre el régimen definitivo del IVA, han sido ya adoptadas mediante las conocidas como "medidas rápidas" en el seno de la Directiva (UE)2018/1910 del Consejo, de 4 de diciembre de 2018, por la que se modifica la Directiva 2006/112/CE en lo que se refiere a la armonización y la simplificación de determinadas normas del régimen del impuesto sobre el valor añadido en la imposición de los intercambios entre los Estados miembros, y están siendo aplicadas en nuestro país desde el 1 de marzo de 2020[19]. El Consejo invitó, además, a la Comisión a explorar las posibilidades de un marco común de criterios recomendados respecto de los documentos justificativos requeridos para solicitar una exención aplicable a las entregas intracomunitarias, criterios que han sido recogidos en el Reglamento de Ejecución (UE) 2018/1912, de 4 de diciembre de 2018, por el que se modifica el Reglamento de Ejecución (UE) nº 282/2011 en lo que respecta a determinadas exenciones relacionadas con operaciones intracomunitarias, introduciendo en el nuevo artículo 45 *bis* una serie de presunciones en materia de prueba del transporte intracomunitario para garantizar un marco legal armonizado y aumentar el control del fraude derivado de estas operaciones. Se prevé un mecanismo de presunción que puede justificar el trans-

---

[18] https://www.consilium.europa.eu/media/22642/st14094fr16.pdf.

[19] Medidas transpuestas mediante el Real Decreto Ley 3/2020, de 4 de febrero.

porte de mercancías a otro país de la Comunidad y por tanto la exención aplicable a las entregas intracomunitarias. Este mecanismo se basa en la aportación de pruebas no contradictorias, según la situación.

Las demás "medidas rápidas" contemplan modificaciones en tres ámbitos relacionados con los suministros transfronterizos de bienes en la UE:

a) En relación con la exención de las entregas intracomunitarias de bienes, se modifica la naturaleza del requisito relativo al número de identificación del adquirente a efectos del IVA, que pasa a considerarse una exigencia sustancial y no meramente formal. De forma que para que la exención resulte procedente será necesario que el adquirente disponga y haya comunicado al vendedor un número de identificación a efectos del IVA atribuido por un Estado miembro distinto de aquel en el que se inicia el transporte y que el vendedor haya incluido dichas operaciones en la declaración recapitulativa de operaciones intracomunitarias. La inclusión del número de identificación del adquiriente a efectos del IVA en el Sistema de intercambio de información sobre el IVA (VIES) se convierte, junto con la condición de que los bienes se transporten fuera del Estado miembro de entrega, en una condición material y no meramente formal, para la aplicación de la exención de la entrega intracomunitaria[20]. Cuando el proveedor no cumpla con las obligaciones de indicación en la lista VIES, no se aplicará la exención, excepto si el proveedor actúa de buena fe, esto es, si puede justificar debidamente ante las autoridades tributarias competentes cada una de sus carencias respecto del estado recapitulativo, lo que en ese momento podría incluir asimismo facilitar la información correcta prevista en el artículo 264 de la Directiva 2006/112/CE.

b) Se simplifican las normas del IVA aplicables a los denominados acuerdos sobre existencias de reserva, o ventas de bienes en consigna, en los que un sujeto pasivo expide o transporta bienes con destino a existencias situadas en otro Estado miembro para un adquiriente previsto cuya identidad y número de identificación a efectos del IVA son conocidos en el momento del transporte o de la expedición y que está habilitado para retirar bienes de estas existencias de forma discrecional, momento en el que se transfiere la propiedad sobre los bienes. Antes de la modificación, esta situación daba

---

20 En la práctica, actualmente estas obligaciones solo funcionan como una formalidad porque la provisión de un número de identificación de IVA no es un requisito sustantivo. Por lo tanto, los Estados miembros solo pueden multar a los defraudadores o imponer sanciones administrativas sobre ellos si no cumplen con las solicitudes, pero no pueden negar la exención.

lugar a tres operaciones distintas, una operación asimilada a una entrega (en el Estado miembro de partida de los bienes), una operación asimilada a una adquisición intracomunitaria (en el Estado miembro de llegada de los bienes), seguidas de una entrega «nacional» en el Estado miembro de llegada, y obligaba al proveedor a estar identificado a efectos del IVA en dicho Estado miembro. La solución adoptada por el nuevo artículo 17 *bis* de la Directiva IVA establece que en el momento de la expedición o del transporte de los bienes a existencias situadas en otro Estado miembro no tiene lugar ni una entrega intracomunitaria ni una adquisición intracomunitaria; solo tienen lugar, en una fase posterior, una entrega intracomunitaria exenta en el Estado miembro de partida y una adquisición intracomunitaria gravada en el Estado miembro en el que estén situadas las existencias cuando el adquiriente es el propietario de los bienes. En principio, pues, el proveedor ya no tendrá que identificarse a efectos del IVA en el país de llegada de las mercancías

c) Con el objetivo de evitar planteamientos divergentes entre los Estados miembros en las denominadas operaciones en cadena[21], lo que puede dar lugar a una doble imposición o a la ausencia de imposición, y a fin de reforzar la seguridad jurídica de los operadores, se introduce un nuevo artículo 36 *bis* en la Directiva IVA, de acuerdo con el cual, siempre que se cumplan determinadas condiciones, el transporte de la mercancía debe imputarse exclusivamente a una entrega de la cadena de operaciones, con carácter general a la entrega de bienes efectuada por el proveedor a favor del intermediario, que será la única que podrá beneficiarse de la exención del IVA prevista para las entregas intracomunitarias. No obstante, la expedición o el transporte se entenderá vinculado únicamente a la entrega efectuada por el intermediario que expida o transporte los bienes directamente al cliente cuando dicho intermediario haya comunicado a su proveedor un número de identificación fiscal a efectos del IVA suministrado por el Estado miembro desde el que se expiden o transportan los bienes. En este caso, la entrega del proveedor al intermediario constituirá una entrega interior

21 Las operaciones en cadena se refieren a aquellas en las que unos mismos bienes, que van a ser enviados o transportados con destino a otro Estado miembro directamente desde el primer proveedor al adquirente final de la cadena, son objeto de entregas sucesivas entre diferentes empresarios o profesionales; de forma que los bienes serán entregados al menos a un primer intermediario que, a su vez, los entregará a otros intermediarios o al cliente final de la cadena, existiendo un único transporte intracomunitario.

sujeta y no exenta del IVA y la entrega efectuada por el intermediario a su cliente será una entrega intracomunitaria de bienes exenta del IVA.

4.2. *El paquete de medidas relativas al comercio electrónico: Directivas del Consejo (UE) 2017/2455, de 5 de diciembre de 2017 y 2019/1995, de 21 de noviembre de 2019.*

Otro conjunto de medidas ya adoptadas, a la espera de la instauración del régimen definitivo[22], fruto de este nuevo paradigma de tributación en el Estado miembro de destino, es el conocido como "paquete de medidas de la UE relativas al comercio electrónico", anunciado en 2015[23], y contenido en las Directivas del Consejo (UE) 2017/2455, de 5 de diciembre y 2019/1995, de 21 de noviembre. que incluyen, por lo que al comercio intracomunitario se refiere, medidas relacionadas con la ampliación del sistema de mini ventanilla única (MOSS) a las ventas a distancia intracomunitarias de bienes materiales y a los servicios distintos de los servicios electrónicos, así como a las ventas a distancia de bienes procedentes de terceros países. Asimismo, se regula un nuevo umbral de IVA común a escala de la UE para las ventas intracomunitarias a distancia de bienes y servicios electrónicos, en sustitución de los anteriores umbrales nacionales.

En un primer momento, con efectos desde 1 de enero de 2019, se introducen las modificaciones relativas a la simplificación de las obligaciones para microempresas y PYMES en relación con el suministro transfronterizo de servicios de telecomunicaciones, radiodifusión y televisión (TBE) y servicios prestados por vía electrónica a consumidores finales dentro de la

---

22 Como se reconoce en la Exposición de Motivos de la propuesta "es coherente con la futura aplicación del principio de destino a efectos del IVA que se establece en el reciente Plan de Acción sobre el IVA apoyado por el Consejo", COM(2016) 757 final.

23 Vid. COMUNICACIÓN DE LA COMISIÓN AL PARLAMENTO EUROPEO, AL CONSEJO, AL COMITÉ ECONÓMICO Y SOCIAL EUROPEO Y AL COMITÉ DE LAS REGIONES *Una Estrategia para el Mercado Único Digital de Europa,* COM(2015) 192 final, de 6 de mayo. La propuesta se presentó en 2016, bajo el título: Modernización del IVA con vistas al comercio electrónico transfronterizo entre empresas y consumidores. Propuesta de Directiva del Consejo por la que se modifican la Directiva 2006/112/CE y la Directiva 2009/132/CE en lo referente a determinadas obligaciones respecto del impuesto sobre el valor añadido para las prestaciones de servicios y las ventas a distancia de bienes, COM(2016) 757 final, de 1 de diciembre.

UE, estableciendo un nuevo umbral de facturación anual de 10.000 euros, de forma que, y esta constituye la principal novedad de la nueva regulación, por debajo de dicho umbral tales servicios pasan a quedar sujetos al IVA del Estado miembro del proveedor (tributación en origen) evitando así que tales microempresas se vean obligadas a registrarse y cumplir con las obligaciones a efectos del IVA en cada uno de los Estados miembros de sus clientes, distintos de su Estado miembro de establecimiento. En todo caso la tributación en el Estado miembro del proveedor de los servicios se configura como una opción, pues, en caso de que este desee aplicar la regla general del lugar de suministro -tributación en el Estado miembro del cliente- puede hacerlo, opción que le vinculará durante dos años naturales.

En una segunda fase, una vez que los Estados miembros han adaptado sus sistemas informáticos de registro, y de declaración y liquidación del IVA, con efecto desde el 1 de julio de 2021, han comenzado a aplicarse las medidas relacionadas con la ampliación del sistema de mini ventanilla única a las operaciones de comercio electrónico *offline* (ventas a distancia intracomunitarias de bienes) y otros servicios distintos de los TBE y servicios prestados por vía electrónica, y las disposiciones especiales relativas a las obligaciones de las interfaces electrónicas. Asimismo, en consonancia con el compromiso de generalizar la aplicación del principio de tributación en el Estado miembro de destino, se procede a la supresión de los anteriores umbrales de imposición para las ventas a distancia y su sustitución por un umbral de IVA común a escala de la UE (10.000 euros) para las ventas a distancia intracomunitarias de bienes por parte de microempresas. Por encima de dicho umbral, todas las entregas intracomunitarias, como ya ocurría con las prestaciones de servicios TBE desde 1 de enero de 2019, se localizarán en el Estado miembro de destino, quedando reducida la tributación en origen a las microempresas que facturen menos de 10.000 euros al año, y ello sin perjuicio de que puedan ejercer la opción por aplicar el régimen general de tributación en destino aunque no hayan superado el citado límite[24].

24 Vid. nuevo Capítulo 3 bis del Título V de la Directiva 2006/112: Umbral aplicable a los sujetos pasivos que realizan entregas de bienes contempladas en el artículo 33, letra a), y prestaciones de servicios contempladas en el artículo 58. A efectos del cómputo del citado límite se computarán tanto las ventas a distancia como los servicios TBE con destino a consumidores finales domiciliados en otros Estados miembros.

La reducción del umbral de imposición -en España de 35.000 a 10.000 euros- incrementa notablemente el número de operaciones que pasan a tributar en el estado de consumo de los bienes, donde está domiciliado el cliente, lo que justifica que, paralelamente, se haya previsto la extensión a los proveedores que realizan las ventas intracomunitarias a distancia de bienes, así como a todo tipo de servicios B2C cuya localización se produzca en Estados miembros donde el proveedor no esté establecido, del sistema de ventanilla única (OSS), por lo que dejará de ser una "mini" ventanilla única (*Mini One Stop Shop*, MOSS) para convertirse en una ventanilla única (*One Stop Shop*, OSS).

4.3. Prórroga del mecanismo opcional de inversión del sujeto pasivo y del mecanismo de reacción rápida: Directiva (UE) 2022/890 del Consejo de 3 de junio

El retraso en la implantación del régimen definitivo, inicialmente prevista para julio de 2022, justifica la reciente Directiva (UE) 2022/890 del Consejo de 3 de junio prorrogando el período de aplicación de dos medidas de lucha contra el fraude: las relacionadas con el mecanismo opcional de inversión del sujeto pasivo y con el mecanismo de reacción rápida contra el fraude, medidas cuya vigencia se prorroga hasta el 31 de diciembre de 2026. Con dicha prórroga se facilita que tengan lugar las negociaciones en el Consejo sobre el régimen definitivo del IVA y que se sigan desarrollando en el ínterin normas de información modernizadas e instrumentos para combatir la evasión fiscal[25].

La primera de ellas, prevista en el artículo 199 *bis* de la Directiva del IVA, aplicable desde 2010[26], permite que los Estados miembros apliquen, de manera opcional, el mecanismo de inversión del sujeto pasivo para el pago del IVA de ciertas entregas de bienes y prestaciones de servicios prees-

---

25 Modificaciones de los artículos 199 bis y 199 ter de la Directiva sobre el IVA para adaptarlos al funcionamiento del régimen definitivo se recogen en la propuesta que sobre el mismo se presentó en 2018. COM (2018) 320 final.

26 El artículo 199 bis de la Directiva sobre el IVA se introdujo para el período comprendido entre 2010 y el 30 de junio de 2015 por la Directiva 2010/23/UE del Consejo, de 16 de marzo de 2010, y se prorrogó por primera vez por la Directiva 2013/43/UE del Consejo, de 22 de julio de 2013, con modificaciones, hasta el 31 de diciembre de 2018, y, por segunda vez, hasta el 30 de junio de 2022, por la Directiva (UE) 2018/1695 del Consejo, de 6 de noviembre de 2018.

tablecidas que sean susceptibles de fraude, en particular, del fraude intracomunitario del operador desaparecido. Este es el que se produce cuando un operador adquiere bienes en otro Estado miembro sin soportar ningún IVA repercutido por tratarse de entregas exentas en origen; posteriormente los vende facturando el IVA al cliente al tratarse de una entrega gravada. Tras haber recibido del cliente la cantidad correspondiente al IVA, dicho operador desaparece antes de pagar el IVA adeudado a las autoridades fiscales. Al mismo tiempo, el cliente, actuando o no de buena fe, puede deducir el IVA abonado al operador a través de su declaración de IVA. Una vez que se obliga al operador a utilizar el mecanismo de inversión del sujeto pasivo para dichas entregas nacionales, este no puede repercutir el IVA en su factura[27], no recibirá de su cliente la cuota correspondiente del IVA, y, en consecuencia, no puede desaparecer con dicha cantidad.

La segunda medida, denominada mecanismo de reacción rápida, prevista en el artículo 199 *ter* de la Directiva del IVA, aplicable desde 2013[28], es una medida excepcional que permite a los Estados miembros, en casos de urgencia imperiosa, introducir rápidamente un mecanismo temporal de inversión del sujeto pasivo en relación con las entregas de bienes y prestaciones de servicios en sectores en los que se haya producido un fraude repentino y masivo y que no figuren en el artículo 199 bis de la Directiva sobre el IVA, lo que se ha considerado por los Estados miembros como un instrumento útil y una medida cautelar en casos excepcionales de fraude, motivos que justifican su prórroga a pesar de que nunca ha sido utilizada efectivamente[29].

---

27 Como es sabido, el mecanismo de inversión del sujeto pasivo permite designar al destinatario de las entregas o prestaciones como deudor del IVA, de forma que el proveedor no repercute el IVA, sino que el cliente (un sujeto pasivo) lo incluye en su declaración del IVA en la que, asimismo, ejerce su deducción, por lo que, en la medida en que disfrute plenamente del derecho a deducción, el resultado es «pago cero».

28 El artículo 199 ter de la Directiva sobre el IVA se introdujo para el período comprendido entre 2013 y 31 de diciembre de 2018 por la Directiva 2013/42/UE del Consejo de 22 de julio de 2013, y fue prorrogado hasta el 30 de junio de 2022 por la Directiva (UE) 2018/1695 del Consejo, de 6 de noviembre de 2018.

29 Vid. el Informe de la Comisión al Consejo y al Parlamento Europeo sobre los efectos de los artículos 199 bis y 199 ter de la Directiva 2006/112/CE del Consejo en la lucha contra el fraude COM (2018) 118 final.

5. PROPUESTA DE UN RÉGIMEN DEFINITIVO DEL IVA PARA EL COMERCIO TRANSFRONTERIZO DENTRO DE LA UNIÓN BASADO EN EL PRINCIPIO DE TRIBUTACIÓN EN EL ESTADO MIEMBRO DE DESTINO

Como ya hemos destacado anteriormente, con el fin de permitir una transición suave para las administraciones fiscales y las empresas, la sustitución del actual régimen transitorio de imposición de los intercambios entre los Estados miembros por un régimen definitivo implica un cambio que el Plan de Acción del IVA prevé que se realice a través de un planteamiento gradual en dos fases: una primera fase en la que se abordaría la tributación de las entregas de bienes entre empresas dentro de la Unión (B2B) y una segunda que abarcaría las prestaciones de servicios. La primera de ellas comienza a diseñarse en 2017, con la propuesta de la Comisión COM(2017) 569 final, de 7 de octubre[30], que enuncia los principios fundamentales o piedras angulares del régimen definitivo del IVA, y culmina en 2018 con la propuesta de la Comisión COM(2018) 329 final, que, asumiendo las modificaciones planteadas en la anterior, contiene las disposiciones detalladas para aplicar esos principios fundamentales en relación con las entregas de bienes entre empresas dentro de la Unión. La aplicación de la segunda fase requerirá de una supervisión previa de la aplicación de la primera, cuyo funcionamiento será evaluado por la Comisión cinco años después de su entrada en vigor[31]. En esta segunda fase legislativa el nuevo régimen del IVA se ampliará a toda las operaciones transfronterizas, y, al igual que en las entregas de bienes, se basará en los principios de tributación de las prestaciones de servicios en el Estado miembro de destino de los mismos, de adeudo del IVA por el proveedor, y de un sistema de registro único para la declaración, el pago y la deducción del impuesto.

---

[30] La propuesta incluía también las denominadas "medidas rápidas" que, como hemos visto anteriormente, fueron aprobadas mediante la directiva (UE) 2018/1910 del Consejo, de 4 de diciembre de 2018, por la que se modifica la Directiva 2006/112/CE en lo que se refiere a la armonización y la simplificación de determinadas normas del régimen del impuesto sobre el valor añadido en la imposición de los intercambios entre los Estados miembros.

[31] Así se contempla en la COMUNICACIÓN DE LA COMISIÓN AL PARLAMENTO EUROPEO, AL CONSEJO Y AL COMITÉ ECONÓMICO Y SOCIAL EUROPEO *relativa al seguimiento del Plan de Acción sobre el IVA. Hacia un territorio único de aplicación del IVA en la UE. Es hora de decidir* COM (2017) 566 final.

Deteniéndonos en el contenido de la propuesta de la Comisión COM (2018) 329 final, podemos destacar como piedras angulares del régimen propuesto las siguientes:

1. Implementación del principio de imposición en destino para las entregas transfronterizas de bienes dentro de la UE, aplicándose el tipo de IVA del Estado miembro de destino, que se configura como el Estado de tributación, en sustitución del actual régimen transitorio de una entrega exenta en el Estado miembro de partida y una «adquisición intracomunitaria» gravada en el Estado miembro de destino como segundo e independiente hecho imponible. Con dicha finalidad, se sustituyen los actuales hechos imponibles "entregas y adquisiciones intracomunitarias de bienes" por un nuevo hecho imponible "entrega de bienes dentro de la Unión" para referirlo a las entregas de bienes entre empresas (B2B) de un Estado miembro a otro, entregas que se entienden realizadas en el lugar de llegada de los bienes.
2. Configuración, como regla general, del vendedor como responsable de cobrar y recaudar el IVA en el caso de una entrega de bienes dentro de la UE. Excepcionalmente, durante esta primera fase, si el comprador es un contribuyente fiable, un "sujeto pasivo certificado", será él el que asumirá en su declaración del IVA, mediante la aplicación del mecanismo del sujeto pasivo por inversión, la liquidación del impuesto. El concepto de sujeto pasivo certificado será uno de los elementos esenciales de la primera fase del régimen definitivo, permitiendo una aplicación gradual del mismo[32].
3. Ampliación del régimen de ventanilla única (OSS. Régimen de la Unión), de forma que las empresas obligadas a liquidar el IVA no establecidas en el Estado miembro de tributación, en el que se adeuda el impuesto, podrán realizar sus declaraciones, pagos y deducciones por las entregas transfronterizas de bienes a través de un único portal en línea en el país en el que están establecidas, como ya ocurre con el suministro de servicios y el comercio electrónico.

[32] Como se reconoce en el Plan de Acción sobre el IVA, dado que las empresas que cumplen las normas representan la inmensa mayoría de los sujetos pasivos que realizan operaciones transfronterizas, esto reduciría considerablemente los importes de IVA canalizados a través de la ventanilla única y facilitaría la adaptación de las empresas.

En aplicación de los principios descritos, se lleva a cabo una modificación detallada de la Directiva 2006/112/CE del Consejo, de 28 de noviembre de 2006, relativa al sistema común del impuesto sobre el valor añadido, comenzando por la redefinición de los pilares de la tributación de los intercambios entre Estados miembros establecidos en su artículo 402, que, tras la aprobación de la nueva propuesta de régimen definitivo para la entregas de bienes entre empresas, acoge de forma expresa los nuevos principios inspiradores del régimen definitivo.

Además de aprovechar para sustituir conceptos obsoletos como "intracomunitario" o "comunitario" por los conceptos de "dentro de la Unión" y "de la Unión", las modificaciones propuestas afectan a la delimitación de las operaciones sujetas al impuesto, pues, las entregas de bienes transfronterizas dentro de la Unión, actualmente descompuestas en una entrega de bienes exenta y una adquisición intracomunitaria gravada, pasan a dar lugar a una única operación a efectos del IVA: una entrega de bienes dentro de la Unión. Por consiguiente, se elimina de los artículos 2 a 4 el concepto de adquisición intracomunitaria de bienes como operación sujeta al IVA, así como todas las disposiciones subsiguientes de la directiva vinculadas a ese concepto.

Para dar entrada a la nueva modalidad del hecho imponible entrega de bienes: "entrega de bienes dentro de la Unión", se propone añadir un punto 3) al apartado 4 del artículo 14 que la define como una entrega de bienes realizada por un sujeto pasivo a otro sujeto pasivo o a una persona jurídica que no tenga la condición de sujeto pasivo en la cual los bienes son expedidos o transportados, por o por cuenta del proveedor o del adquiriente de los bienes dentro de la Unión, desde un Estado miembro a otro. El nuevo apartado 5 excluye del citado concepto, exclusivamente, las entregas de bienes con montaje o instalación, con o sin comprobación de funcionamiento, las entregas de bienes que estén exentos con arreglo a los artículos 148 o 151 -entregas de bienes destinados al avituallamiento de ciertos buques y aeronaves; las entregas de bienes realizadas en el marco de las relaciones diplomáticas y consulares y para determinados organismos internacionales- y las entregas realizadas por los productores agrícolas sujetos al régimen de tanto alzado. El alcance del nuevo concepto "entrega de bienes dentro de la Unión", que incluye las entregas a una persona jurídica que no tenga la condición de sujeto pasivo, las entregas a un sujeto pasivo exento, las entregas a un sujeto pasivo que se acoja al régimen especial aplicable a las pequeñas empresas y las entregas a los productores agrícolas en régimen de tanto alzado, extiende a dichas operaciones la regla de la tributación en destino en todo caso, mientras que con el actual régimen transitorio están sometidas a tributación en el Estado miembro de entrega (origen) siempre que se sitúen por debajo de un determinado umbral y el adquiriente no opte por la tributación en destino[33].

También son objeto de modificación las disposiciones que regulan el lugar de realización del hecho imponible en lo que afecta a las entregas de bienes, en concreto se añade una nueva excepción a la regla general de localización de las entregas de bienes objeto de transporte -el lugar donde se encuentran los bienes en el momento en que se expiden o se inicia el transporte- cuando se trate de "entregas de bienes dentro de la Unión" que, de acuerdo con el nuevo artículo 35 *bis*, será el lugar en que se encuentren los bienes en el momento de la llegada de la expedición o del transporte de los bienes con destino al adquiriente, haciendo así efectivo el principio que inspira el nuevo régimen definitivo de tributación en el Estado miembro de destino.

En cuanto al devengo y exigibilidad del impuesto en las entregas de bienes dentro de la Unión, se mantiene la misma regla prevista actualmente en el artículo 67 para las entregas intracomunitarias exentas, procediéndose a su modificación para referirla al nuevo hecho imponible, de forma que el impuesto será exigible cuando se expida la factura, o en caso de no emitirse la misma con anterioridad, en el momento en el que venza el plazo para su expedición: el decimoquinto día del mes siguiente al de la fecha del devengo (art. 222 de la Directiva del IVA).

La supresión del hecho imponible adquisición intracomunitaria de bienes implica la desaparición de la figura del adquirente de los bienes como sujeto pasivo deudor del impuesto, de ahí que se proponga la supresión del artículo 195 de la Directiva del IVA. A partir de ahora la obligación de liquidar el IVA sólo podrá recaer sobre el adquirente de los bienes mediante el mecanismo de la inversión del sujeto pasivo. En las "entregas de bienes dentro de la Unión", como regla general, el encargado de cobrar y recaudar el IVA será el vendedor, respetándose la regla general prevista en el artículo 193 de la Directiva, con la única excepción prevista en el nuevo artículo 194 *bis*, en virtud del cual será deudor del IVA el destinatario de las entregas de bienes siempre que sea un sujeto pasivo certificado si los bienes son entregados por un sujeto pasivo que no esté establecido dentro del territorio del Estado miembro en que se adeude el IVA. Se trata, en definitiva de aplicar el mecanismo de la inversión del

---

33 El umbral que fijen los Estados miembros y que en ningún caso será inferior a la cantidad de 10 000 euros o su contravalor en moneda nacional (art. 3 de la Directiva del IVA).

sujeto pasivo sólo cuando el adquirente goce de la citada condición: "sujeto pasivo certificado", concepto éste que presenta un paralelismo evidente con el de "operador económico autorizado" a efectos aduaneros, tanto que los que tengan este estatuto se entenderá que cumplen los requisitos para ser sujeto pasivo certificado. Los criterios para su concesión se recogen en el propuesto nuevo artículo 13 *bis* de la Directiva y hacen referencia al cumplimiento regular de las obligaciones tributarias, a la existencia de sistemas de control interno fiables y a la prueba de la solvencia financiera[34].

La entrada en vigor de esta primera fase del régimen definitivo, aplicable a las entregas de bienes dentro de la Unión, hará innecesaria para estas operaciones las medidas recientemente prorrogadas sobre el mecanismo opcional de inversión del sujeto pasivo (artículo 199 *bis*) y de reacción rápida (artículo 199 *ter*), anteriormente comentadas, de ahí que se proponga su modificación para limitar su ámbito de cobertura a aquellas prestaciones de servicios que ya se inscribían previamente en el ámbito de aplicación de estas disposiciones.

Al recaer sobre el proveedor, con carácter general, la obligación de facturar y recaudar el IVA en las entregas de bienes dentro de la Unión, desaparece la justificación de la obligación de presentar declaraciones recapitulativas con la intención de realizar el seguimiento administrativo del flujo físico de dichas mercancías. Asimismo, en los casos en los que resulte de aplicación el mecanismo de inversión del sujeto pasivo, el carácter de sujeto pasivo certificado del adquirente hace incoherente con dicho concepto, un sujeto pasivo que se considera fiable, mantener la obligación de presentar estados recapitulativos para

---

34 En concreto, para la concesión del estatuto de sujeto pasivo certificado, deberán cumplirse todos los criterios siguientes:
a) inexistencia de infracción grave o reiterada de la legislación aduanera y de la normativa fiscal, así como de condena por un delito grave en relación con la actividad económica del solicitante;
b) demostración, por el solicitante, de un alto nivel de control de sus operaciones y del flujo de los bienes, bien mediante un sistema de gestión de los registros comerciales y, en su caso, de los registros de transporte, que permita la correcta realización de los controles fiscales, bien mediante una pista de auditoría interna fiable o certificada;
c) prueba de la solvencia financiera del solicitante, la cual se considerará acreditada bien cuando el solicitante tenga una capacidad financiera adecuada que le permita cumplir sus compromisos, teniendo debidamente en cuenta las características del tipo de actividad empresarial de que se trate, bien mediante la presentación de garantías aportadas por empresas de seguros u otras entidades financieras, o por otras terceras partes económicamente fiables.

tales operaciones. A dicha razón responden las modificaciones propuestas en los artículos 262 a 271, manteniendo la obligación de presentar estados recapitulativos exclusivamente en relación con los servicios intracomunitarios[35].

Otro conjunto de modificaciones van dirigidas a simplificar la aplicación del IVA a aquellos empresarios que por realizar entregas de bienes dentro de la Unión en Estados miembros en los que no están establecidos se ven obligados a registrarse y liquidar el impuesto en cada uno de los Estados miembros donde realizan las entregas. Se trata de poner en práctica un sistema de registro único para la declaración, el pago y la deducción del impuesto (ventanilla única), por lo que se modifica el alcance de las operaciones cubiertas por el actual "régimen de la Unión" (OSS), establecido en el artículo 369 *ter*, que ya no se limitará a las prestaciones de servicios y las ventas a distancia dentro de la Unión a personas que no tengan la condición de sujeto pasivo en otros Estados miembros, sino que cualquier sujeto pasivo no establecido en el Estado miembro de tributación tendrá la posibilidad de hacer uso del régimen en relación con las entregas de bienes y prestaciones de servicios efectuadas en dicho Estado miembro para las que adeude el impuesto sobre el valor añadido, incluyendo también las entregas de bienes entre empresas (B2B). Asimismo, se propone la extensión del régimen a los sujetos pasivos no establecidos en la Unión a condición de que designen a un intermediario que esté establecido en ella[36].

Las modificaciones propuestas sobre el régimen de ventanilla única de la Unión no sólo afectan a su ámbito de aplicación sino también a su contenido, pues, se pretende que el mismo permita no sólo la declaración de las operaciones en relación con las cuales se adeude el IVA en Estados miembros distintos de aquel en el que está establecido el proveedor, sino también la deducción

---

35 Sobre las declaraciones recapitulativas es necesario tener en cuenta la reciente Propuesta de Directiva del Consejo por la que se modifica la Directiva 2006/112/CE en lo que respecta a las normas del IVA para la era digital COM (2022) 701 final, en la que se suprime con efectos 1 de enero de 2028 dicha declaración y se sustituye por un nuevo sistema de información digital para operaciones intracomunitarias, cuyas características más destacadas prevén que la información deba transmitirse por vía electrónica, transacción por transacción, en un plazo de dos días hábiles después de la emisión de la factura.

36 El intermediario se convierte en deudor del IVA y responsable del cumplimiento de las obligaciones establecidas en el régimen en nombre y por cuenta del sujeto pasivo no establecido en la UE al que representa.

del IVA repercutido a dicho proveedor en esos Estados miembros[37], por cuyo motivo se propone la modificación del artículo 369 *octies* para incluir en el contenido de la declaración que debe presentarse en el marco del régimen datos relacionados con las cuotas deducibles[38], y se añade el artículo 369 *decies bis* para regular los criterios de compensación o devolución de los excesos de las cuotas deducibles sobre las adeudadas en un determinado período[39].

Por último, se modifica el artículo 369 *septies* para añadir que los sujetos pasivos que utilicen el régimen especial, cuando su volumen de negocios anual sea superior a 2.500.000 euros, deberán presentar, a través de la ventanilla única, en el Estado miembro de identificación, declaraciones del IVA mensuales, y no trimestrales.

---

37 No obstante, cuando un sujeto pasivo que se acoja a este régimen especial no realice ninguna entrega de bienes ni prestación de servicios cubierta por el régimen especial respecto de las cuales el IVA se haya devengado en el Estado miembro de tributación en un período impositivo determinado, ni en los tres periodos impositivos anteriores cuando presente declaraciones trimestrales, ni en las once periodos impositivos anteriores cuando presente declaraciones mensuales, no podrá deducirse en la declaración el IVA soportado en ese Estado miembro de tributación, debiendo reclamar el IVA soportado a través del procedimiento de devolución a no establecidos (art. 369 *undecies).*

38 En concreto los datos referidos a:
- el importe total del IVA que se haya devengado sobre las entregas de bienes y las prestaciones servicios por las que el sujeto pasivo destinatario adeude el impuesto y sobre la importación de bienes cuando el Estado miembro se acoja a la posibilidad prevista en el artículo 211, párrafo segundo;
- el IVA en relación con el cual se efectúa la deducción;
- las modificaciones relativas a períodos impositivos anteriores;
- el importe neto del IVA que debe pagarse o devolverse o consignarse.

39 De manera similar a lo previsto para las cuotas deducibles en las liquidaciones ordinarias, se dispone que:
1. Cuando, para un período impositivo determinado, el importe de las deducciones supere el del IVA adeudado en el Estado miembro de tributación, este importe en exceso se trasladará al período siguiente.
2. El sujeto pasivo o su intermediario podrá solicitar en la declaración del IVA al Estado miembro de tributación la devolución del IVA en exceso en cualquiera de los siguientes casos:
a) cuando el sujeto pasivo se encuentre en una posición acreedora en el Estado miembro de tributación durante dos periodos impositivos consecutivos de un trimestre civil para los que se hayan presentado declaraciones del IVA;
b) cuando el sujeto pasivo se encuentre en una posición acreedora en el Estado miembro de tributación durante tres periodos impositivos consecutivos de un mes para los que se hayan presentado declaraciones del IVA;

Entregas intracomunitarias en el IVA: problemas y perspectivas de reforma

MARTA GONZÁLEZ APARICIO
Profesora Ayudante Doctora de Derecho Financiero y Tributario
Universidad de León

RESUMEN

El gravamen de las entregas intracomunitarias en el IVA ha resultado una cuestión problemática desde el diseño inicial del sistema de tributación de estas operaciones. Aunque el vigente sistema se estableció con carácter temporal para un plazo de cuatro años, su vigencia se ha extendido por un periodo próximo a los treinta. Esta circunstancia, unida al fraude fiscal vinculado a las transacciones de bienes que se realizan por empresarios o profesionales entre Estados miembros, hace necesario el desarrollo de un nuevo sistema que ofrezca seguridad jurídica a las entidades que realizan este tipo operaciones y que, a su vez, contribuya a la prevención y lucha contra el fraude fiscal. Aunque a estos efectos el Consejo de Europa ha propuesto un nuevo sistema de tributación en destino para el gravamen en el IVA de las operaciones intracomunitarias, algunas de los aspectos más conflictivos del actual sistema han sido recientemente reformados a través de las denominadas *quick fixes*.

Palabras clave: IVA – entregas intracomunitarias – *B2B* – *quick fixes* – tributación en destino

ABSTRACT

The VAT tax on intra-community deliveries has been a problematic issue since the initial design of the tax system for these operations. Although the current system was established on a temporary basis for a period of four years, its validity has been extended for a period close to thirty. This circumstance, together with the tax fraud linked to the transactions of goods that are carried out by businessmen or professionals between Member States, makes it necessary to develop a new system that offers legal certainty to the entities that carry out this type of operation and that, in turn, , contribute to the prevention and fight against tax fraud. Although for these purposes the Council of Europe has proposed a new destination taxation system for the VAT assessment of intra-community operations, some of the most controversial aspects of the current system have recently been reformed through the so-called quick fixes.

Keywords: VAT – intra-community deliveries – B2B – quick fixes – destination taxation.

1. CONSIDERACIONES INICIALES

El gravamen en el Impuesto sobre el Valor Añadido (en adelante, IVA) de las entregas intracomunitarias de bienes entre empresarios o profesionales (*B2B, bussines to bussines*) ha sido una cuestión tradicionalmente problemática en este impuesto. Inicialmente las dificultades planteadas se vinculaban al propio diseño del sistema de tributación, si bien, con el tiempo, dicha problemática se extendió a otros ámbitos, particularmente a las cargas fiscales que supone el sistema de tributación de las adquisiciones intracomunitarias para los contribuyentes y cómo el uso de dicha sistemática propiciaba la aparición de situaciones fraudulentas respecto a la tributación en el IVA de este tipo de entregas.

La problemática en el gravamen de las adquisiciones intracomunitarias y en cómo se podía ajustar dicho gravamen para que respetase la neutralidad del IVA venía provocada, inicialmente, por los diferentes tipos impositivos establecidos en los distintos Estados miembros y las particularidades en la gestión del impuesto en cada uno de los territorios. Ello provocó que, aunque el sistema querido para la tributación de las adquisiciones intracomunitarias de bienes fuera un sistema de tributación en destino, de modo que el transmitente repercutiera el tipo de gravamen vigente en el Estado miembro de origen de las mercancías y el adquirente dedujera las cuotas, finalmente el mecanismo adoptado no fue tal. Así, se estableció un régimen transitorio de adquisiciones intracomunitarias que, aunque se fijó con carácter temporal, previendo su vigencia hasta el 31 de diciembre de 1996, en la actualidad es el que sigue resultando de aplicación. El sistema transitorio pero aún vigente se configura como un sistema de tributación en origen, donde la entrega se sujeta en el Estado miembro del que parten las mercancías, pero se declara exenta. La adquisición que se produce en el Estado miembro de destino se configura como un nuevo hecho imponible, que no está exento, gravado al tipo impositivo vigente en dicho Estado miembro de destino. Las cuotas devengadas en esta operación resultan deducibles para la entidad situada en el Estado de destino en las mismas condiciones que las cuotas generadas en las operaciones interiores.

De esta manera, este sistema supone que, generalmente, las adquisiciones intracomunitarias de bienes se dividan en dos operaciones: una entrega intracomunitaria exenta en origen y una adquisición intracomunitaria gravada en destino. Con ello, se respeta la neutralidad propia de este impuesto y se salvan las dificultades derivadas del establecimiento de un sistema de tributación en destino, tal y como se había planteado inicialmente. A modo de ejemplo, el funcionamiento del sistema implica que, si una empresa española vende sus productos a una empresa francesa, la entrega se sujeta en España, pero se declara exenta, de modo que los productos salen de la empresa española sin IVA. La empresa francesa se auto-repercute el IVA al tipo impositivo vigente en Francia, deduciendo su importe. Con ello, se logra un efecto neutral pues, a resultas de ambas operaciones, la recaudación de las Administraciones tributarias de España y de Francia será cero, ya que el cobro por la Hacienda Pública se producirá en el momento en el que los productos objeto de la entrega intracomunitaria serán adquiridos por un consumidor final.

Como indicábamos previamente, este sistema se estableció de manera temporal, hasta el año 1996. Sin embargo, en la actualidad, este sistema "provisional" continúa vigente. Esta situación resulta insólita y, a los efectos negativos para los contribuyentes derivados de la aplicación por más de treinta años de un régimen previsto para cuatro, se añaden la detección por parte de las Administraciones tributarias de los Estados miembros de diferentes situaciones fraudulentas vinculadas al empleo de este sistema de tributación de las adquisiciones intracomunitarias, como los denominados "fraudes carrusel".

La combinación de estos dos factores, -aplicación muy prolongada de un régimen transitorio y fraude fiscal-, ha obligado a las autoridades de la Unión a plantear una modificación del sistema de tributación de las entregas intracomunitarias, diseñando un nuevo sistema de tributación en destino, basado en unos pilares, de entre los que destaca la figura del Sujeto Pasivo Certificado, que otorguen certeza a las transacciones realizadas y permitan contribuir a la lucha contra el fraude fiscal.

Con el objetivo de implantar este sistema definitivo de tributación en destino, en los años 2016 y 2017, tanto el Consejo, como la Comisión Europea anunciaron una serie de actuaciones tendentes a establecer ese sistema común del IVA en las entregas intracomunitarias. La propuesta del sistema definitivo de tributación en destino fue publicada el 25 de mayo de 2018[1], estando prevista su entrada en vigor en julio de 2022. Esta circunstancia no se ha producido en la fecha prevista, , probablemente por las propias dificultades que conlleva una modificación de este tipo y por lo que ha supuesto en relación con la ralentización de algunas iniciativas la pandemia del Covid. Aunque hasta el momento no se han realizado avances importantes en relación con la propuesta, tampoco se ha abandonado, por lo que se sigue

---

1 Propuesta de Directiva del Consejo por la que se modifica la Directiva 2006/112/CE en lo que respecta a la introducción de medidas técnicas detalladas para el funcionamiento del régimen definitivo del IVA de tributación de los intercambios entre Estados miembros. Accesible en el siguiente enlace: https://eur-lex.europa.eu/legal-content/ES/TXT/PDF/?uri=CELEX:52018PC0329&qid=1679064652585&from=EN

manteniendo como horizonte en lo que se refiere a la tributación en el IVA de las adquisiciones intracomunitarias. No obstante, como se puede inferir de la breve descripción de las actuaciones realizadas en relación con esta cuestión, cuyo origen se remonta a los años 90, se puede prever una tramitación bastante prolongada.

Como alcanzar ese horizonte de un sistema de tributación en destino no parece una idea ejecutable en el corto plazo, y los problemas generados en el ámbito de la imposición en el IVA de las adquisiciones intracomunitarias necesitaban una solución que no admitía tanta demora, el 4 de diciembre de 2018 el Consejo de la Unión Europea aprobó tanto la Directiva 2018/1910, por la que se modifica la Directiva 2006/112/CE en lo que se refiere a la armonización y la simplificación de determinadas normas del régimen del Impuesto sobre el Valor Añadido en la imposición de los intercambios entre los Estados miembros[2], como el Reglamento de Ejecución (UE) 2018/1912 del Consejo, de 4 de diciembre de 2018, por el que se modifica el Reglamento de Ejecución (UE) nº 282/2011 en lo que respecta a determinadas exenciones relacionadas con operaciones intracomunitarias[3]. En la Directiva y en el Reglamento de Ejecución se recogen las denominadas *quick fixes* o "soluciones rápidas" en el IVA, que consisten en una serie de medidas cuya finalidad es "armonizar y simplificar" determinados aspectos del comercio intracomunitario de bienes, tal y como se indica en los Considerandos previos al articulado de la Directiva.

Aunque inicialmente estas soluciones rápidas también se configuran como "parches" temporales, los escasos avances realizados en relación con el sistema de tributación en destino ponen en duda esta temporalidad. No obstante, a pesar de que su vigencia no esté determinada, suponen un paso más en la transición hacia dicho sistema, aunque no parece ese su objetivo principal o, al menos, el más directo. Es por ello que se podría afirmar que en el corto plazo, las *quick fixes* tienen como objetivo prevenir el fraude fiscal y ya en el medio/largo plazo, favorecer la transición hacia el sistema de tributación en destino.

En definitiva, dos circunstancias marcan el devenir del gravamen en el IVA de las entregas intracomunitarias *B2B*: por un lado, las *quick fixes* o soluciones rápidas, diseñadas como una suerte de mecanismo transitorio, con el objetivo esencial de prevenir y resolver algunos problemas asociados

---

2 DOUE núm. 311, de 7 de diciembre de 2018.

3 DOUE núm. 311, de 7 de diciembre de 2018.

a la práctica de operaciones intracomunitarias que requerían de una actuación ágil; por otro, la propuesta de sistema definitivo de tributación en destino, que supone una verdadera reforma del sistema actual.

2. LAS *QUICK FIXES*

El que se podría considerar como punto de partida hacia el sistema de tributación en destino o, al menos, como un arreglo temporal destinado a solventar algunos de los problemas que plantea el actual sistema de tributación en origen, se encuentra el 4 de diciembre de 2018, fecha en la que se publica la mencionada Directiva 2018/1910 y el Reglamento de Ejecución (UE) 2018/1912, que recogen las *quick fixes,* modificando la Directiva 2006/112/CE del Consejo, de 28 de noviembre de 2006, relativa al sistema común del Impuesto sobre el Valor Añadido (en adelante, Directiva del IVA)[4] y el Reglamento de Ejecución (UE) nº 282/2011 en lo que respecta a determinadas exenciones relacionadas con operaciones intracomunitarias[5].

Estas soluciones rápidas son medidas que tienen por objeto lograr una mayor armonización y homogeneidad en algunas operaciones vinculadas al comercio intracomunitario de bienes entre empresarios y profesionales, incidiendo en algunos de los aspectos más problemáticos que se planteaban en relación con la aplicación del IVA en las entregas intracomunitarias. Particularmente, las *quick fixes* afectan a los siguientes aspectos:

- Ventas de bienes en consigna,
- Operaciones en cadena y,
- La obligación de contar con un NIF IVA válido y los medios de prueba válidos que justifiquen el transporte intracomunitario de bienes.

Inicialmente, se preveía que las *quick fixes* entrasen en vigor en todos los Estados miembros el 1 de enero de 2020, sin embargo, diversos factores han retrasado dicha entrada en vigor. Particularmente, en España la Directiva entro en vigor el 1 de marzo de 2020, a través del Real Decreto-ley 3/2020, de 4 de febrero, de medidas urgentes por el que se incorporan al ordenamiento jurídico español diversas directivas de la Unión Europea en el ámbito de la contratación pública en determinados sectores; de seguros privados; de planes y fondos de pensiones;

---

4 DOUE núm. 347, de 11 de diciembre de 2006.

5 DOUE núm. 311, de 7 de diciembre de 2018.

del ámbito tributario y de litigios fiscales[6], que modificó tanto la Ley 37/1992, de 28 de diciembre, del Impuesto sobre el Valor Añadido[7] (en adelante, LIVA), como el Real Decreto 1624/1992, de 29 de diciembre, por el que se aprueba el Reglamento del Impuesto sobre el Valor Añadido[8] (en adelante, RIVA)[9].

2.1. *VENTAS DE BIENES EN CONSIGNA*

Las ventas de bienes en consigna o *call-off stock* son operaciones habituales en el comercio intracomunitario de bienes. En esencia, suponen que un empresario o profesional envía los productos al Estado miembro en el que se encuentra en adquirente de los mismo, pero este no los adquiere de manera inmediata, sino que, en virtud de un "acuerdo de existencia de reserva" –en la terminología de la Directiva-[10], dichos productos permanecen almacenados en dicho Estado miembro de destino a disposición del cliente, que puede adquirirlos en un momento posterior a su llegada.

Antes de la modificación efectuada por la Directiva 2018/1910 el gravamen en el IVA de estas operaciones resultaba complejo, pues generaba dos transacciones: una entre el propio proveedor de los bienes y otra del proveedor al adquirente. La primera transacción era la que se producía del Estado miembro de origen al Estado miembro de destino. En estos casos la venta se realiza entre el propio proveedor, pues cuando los productos llegan al almacén de destino continúan siendo de su propiedad hasta que son adquiridos en un momento posterior por el comprador final. Esta ope-

---

6 BOE núm. 31, de 5 de febrero de 2020.

7 BOE núm. 312, de 29 de diciembre de 1992.

8 BOE núm. 314, de 31 de diciembre de 1992.

9 El uso, y abuso, de la figura del Real Decreto-ley, para la transposción de esta Directiva, pero también a otros efectos, ha sido criticada acertadamente por CUBERO TRUYO, que deja "constancia de nuestra contrariedad ante el uso abusivo de los decretos-leyes en un impuesto central en el sistema tributario, como es el IVA, por mucho que la función normativa desplegada sea la simple transposición de Directivas". Cubero Truyo, A.: "La nueva regulación de los acuerdos de venta de bienes en consigna y de las ventas a distancia. Simplificación + control del IVA en las operaciones transfronterizas", en Ramos Prieto, J. (Dir.), Macarro Osuna, J.M., Martín Rodríguez, J.M. (Coords.): *Desafíos fiscales en un mundo post-COVID. Valoración y retos pendientes a nivel interno e internacional*, Tirant lo Blanch, Valencia, 2022, pág. 308.

10 En la LIVA (artículo 9) esta denominación se ha sustituido por la de "acuerdo de venta de bienes en consigna".

ración se asimilaba a una entrega intracomunitaria de bienes, exenta en el Estado de origen, y una adquisición intracomunitaria de bienes, gravada en el Estado de destino, siendo en ambos casos el sujeto pasivo el proveedor de los bienes, lo que obligaba a que este estuviese identificado a efectos del IVA en el Estado de destino. Cuando el destinatario de los bienes los adquiría posteriormente, se producía la segunda transacción, entre el proveedor y el adquirente, resultando esa operación gravada como una entrega interna en la que se aplicaba la regla de inversión del sujeto pasivo.

Esta operativa resultaba muy gravosa para aquellas entidades que actúan como proveedores, pues les obliga a contar con un Número de Identificación Fiscal (en adelante NIF) a efectos del IVA en el país en el que mantienen el almacén de sus productos. Para evitar esta carga administrativa, algunos Estados habían simplificado las obligaciones que debían cumplir las entidades de otros Estados miembros que efectuasen este tipo de operaciones en su territorio, si bien las reglas aplicables no eran las mismas en todos los países.

A fin de reducir las cargas administrativas que suponen para los empresarios y profesionales la ejecución de entregas de este tipo y uniformar el tratamiento fiscal de estas entregas, la Directiva 2018/1910 introduce un nuevo artículo en la Directiva del IVA, el artículo17 bis. Conforme a este nuevo precepto, la operación por medio de la que un proveedor transfiere de su empresa con destino a otro Estado miembro en el marco de acuerdos sobre existencias de reserva no se asimilará a una entrega de bienes a título oneroso, lo que supone que el proveedor ya no estará obligado a contar con un alta en el IVA en el país donde se almacenan los bienes.

El artículo 17 bis de la Directiva del IVA, en su apartado segundo, precisa en qué condiciones se puede apreciar la concurrencia de acuerdos sobre existencias de reserva. Estos requisitos son los siguientes:

1. Que los bienes sean expedidos o transportados a otro Estado miembro por el proveedor, o por un tercero por cuenta de este, con el fin de que esos bienes sean entregados allí, en una fase posterior y después de su llegada, a otro sujeto pasivo que esté habilitado para entrar en posesión de dichos bienes con arreglo a un acuerdo existente entre ambos sujetos pasivo.

2. Que el sujeto pasivo que expide o transporta los bienes no haya establecido su empresa ni tenga un establecimiento permanente en el Estado miembro al que se expiden o transportan los bienes.

3. Que el sujeto pasivo al que van destinados los bienes esté identificado a efectos del IVA en el Estado miembro al que se expiden o transpor-

tan los bienes, y tanto su identidad como el número de identificación a efectos del IVA que le ha sido asignado por ese Estado miembro sean datos conocidos por el proveedor en el momento del inicio de la expedición o transporte;

4. Que el sujeto pasivo que expide o transporta los bienes inscriba la transferencia en un registro especial para estas operaciones, y sean declaradas en la declaración recapitulativa de operaciones intracomunitarias (modelo 349)[11].

Concurriendo estas circunstancias, el devengo de la entrega intracomunitaria exenta se producirá en el día 15 del mes siguiente a aquel en el que los bienes se pongan a disposición del cliente y el devengo de la entrega interna en la fecha en la que sean adquiridos por la entidad del Estado de destino. No obstante, el artículo 17 bis también recoge que la concurrencia de algunas circunstancias provocará que no sea posible aplicar el régimen simplificado. estableciendo asimismo el momento en el que la operación deja de beneficiarse de este sistema. Ello supondrá que la operación sea declarada como una adquisición intracomunitaria gravada, lo que obliga al proveedor de los bienes a identificarse a efectos del IVA en el Estado miembro en el que se almacenan. En concreto, el precepto se refiere a las siguientes circunstancias:

- Que en el plazo de 12 meses a partir de la llegada de los bienes al Estado miembro al que han sido expedidos o transportados, los bienes no hayan sido entregados al sujeto pasivo al que estaban destinados. En estos casos, la adquisición intracomunitaria gravada deberá declarase por el proveedor al día siguiente de la expiración del plazo de 12 meses.
- Que los bienes se entreguen a una persona distinta del destinatario inicial. En estos supuestos, la exclusión del se produce en el momento inmediatamente anterior a dicha entrega, que es cuándo debe declararse la adquisición intracomunitaria.
- Que los bienes se expidan o transporten a un país distinto del Estado miembro a partir del cual hayan sido trasladados inicialmente. La adquisición intracomunitaria, en estas circunstancias, se producirá en el momento inmediatamente anterior a que empiece la expedición o el transporte de los bienes a otro país.

---

11 A estos efectos e modificó el artículo 66 del RIVA, indicando la información que deben hacer constar en el libro registro de determinadas operaciones intracomunitarias tanto el vendedor como el comprador.

- En caso de destrucción, pérdida o robo de los bienes. La concurrencia de alguna de estas circunstancias dará lugar a una adquisición intracomunitaria en la fecha en que los bienes fueron efectivamente sustraídos o destruidos y, cuando sea imposible determinar dicha fecha, en la fecha en el que se descubrió que dichos bienes se habían destruido o habían desaparecido. En relación con esta previsión es necesario indicar que una aplicación estricta de esta disposición podría llevar a considerar que cualquier pérdida de mercancía supone la aplicación de esta exclusión, lo que a todas luces parece inoperativo, sobre todo si se considera que algunos bienes, por su propia naturaleza, se pierden o deterioran con facilidad. En relación con estos supuestos de pérdida, destrucción o robo, las "Notas Explicativas sobre los cambios introducidos en materia de IVA en la UE con respecto a los acuerdos sobre existencias de reserva, las operaciones en cadena y la exención aplicable a las entregas intracomunitarias de bienes («Soluciones rápidas 2020»)"[12], publicadas en diciembre de 2019, señalan que se entenderá por pequeñas pérdidas las que asciendan a menos del 5 % en términos de valor o de cantidad del total de las existencias en la fecha, tras la llegada al lugar de almacenamiento. Aunque en el ámbito interno estas recomendaciones han sido acogidas por la doctrina Administrativa, en concreto, por la Dirección General de Tributos[13] (en adelante, DGT), para una mayor seguridad jurídica el artículo 17 bis debería establecer qué parte o porcentaje de los bienes se puede perder o deteriorar sin que por ello se pierda el derecho a aplicar el sistema simplificado para las ventas en consigna.

---

12 Accesible en el siguiente enlace: https://taxation-customs.ec.europa.eu/system/files/2022-04/explanatory_notes_2020_quick_fixes_es.pdf.

13 En la Consulta Vinculante V1578-21, de 26 de mayo de 2021 se señala lo siguiente: "en aquellos casos en los que, a efectos de dichos acuerdos de ventas de bienes en consigna, se produzcan destrucciones, pérdidas o robos de las mercancías enviadas por cada proveedor en una cantidad inferior al cinco por ciento de las unidades de las mismas en el período de doce meses al que hace referencia el artículo 9 bis.Tres de la Ley 37/1992, dichos supuestos tendrán la consideración de "pequeñas pérdidas" y, por lo tanto, no se entenderá que se ha producido una transferencia de bienes a la que se refiere el artículo 9.3.º de dicha Ley respecto de las mismas, siempre que dichas circunstancias hayan sido debidamente acreditadas por el empresario o profesional propietario de los bienes".

2.2. TRIBUTACIÓN DE LAS OPERACIONES EN CADENA

Las operaciones en cadena también son un tipo de transacción frecuente en el comercio internacional. En esencia, estas operaciones se generan cuando se producen sucesivas entregas de bienes que son objeto de un único transporte intracomunitario. Para apreciar una operación de este tipo es necesario que concurran los siguientes requisitos:

- Los bienes objeto de la transacción deben de ser transportados de un Estado miembro a otro, de modo que se excluyen todas las operaciones realizadas entre entidades dentro de un mismo Estado miembro.
- En la transacción deben participar, al menos, tres partes: el proveedor de los bienes, el adquirente final de los bienes y un operador intermediario. No obstante, el número de participantes puede ser mayor.
- El transporte de los bienes se debe efectuar directamente desde el proveedor hasta el receptor de los bienes.

Un ejemplo muy sencillo de operación en cadena sería la siguiente: una empresa situada en España, vende productos a otra empresa, situada en Francia que, a su vez, vende dichos productos a una empresa situada en Italia. Los productos se transportan directamente de España a Italia, siendo la empresa francesa la que se encarga del transporte. En este tipo de operaciones la circulación intracomunitaria de los bienes sólo se puede imputar a una de las entregas, que será la que se declare exenta de IVA, siendo gravadas las restantes entregas. Esta operativa genera distintos problemas. El primero de ellos es la determinación de la entrega se vinculaba el transporte. Si el transporte es a cargo del proveedor inicial (en nuestro ejemplo la empresa española), la entrega exenta se aplicará en la primera transacción (en nuestro ejemplo, la que se produce entre España y Francia). Si, por el contrario, el transporte es a cargo del receptor final (en nuestro ejemplo, la empresa italiana), la entrega exenta se aplica a la segunda entrega (en nuestro ejemplo, la que se efectúa entre la empresa francesa y la italiana). Sin embargo, si el transporte es a cargo de alguna intermedia (en nuestro caso, la empresa francesa), resulta dudoso si la exención se aplica a la primera entrega o a alguna de las sucesivas. Aunque el Tribunal de Justicia de la Unión Europea (en adelante, TJUE), ha abordado esta cuestión, en Sentencias como la de 26 de julio de 2017, *caso Toridas UAB contra Valstybinė mokesčių inspekcija prie Lietuvos Respublikos finansų ministerijos*, asunto C-386/16[14], o la

14 *Tol6.210.574*. ECLI:EU:C:2017:599.

de 21 de febrero de 2018, *caso Kreuzmayr GmbH contra Finanzamt Linz*, asunto C-628/16[15], la aplicación del criterio del TJUE no ha sido homogénea en todos los Estados de la Unión[16].

Además, el tratamiento dispar otorgado por los Estados miembros a estas operaciones podía dar lugar a supuesto de doble imposición o de doble no imposición. Por otro lado, la aplicación del sistema de tributación en el IVA para las entregas intracomunitarias a este tipo de entregas en cadena ha dado lugar al surgimiento de algunas operaciones fraudulentas, destacando los denominados "fraudes carrusel"[17].

A fin de paliar esta problemática, la Directiva 2018/1910 introduce una modificación en la Directiva del IVA, añadiendo un nuevo artículo, el 36 bis. El objeto de este precepto es definir a qué entrega de la cadena de operaciones se debe imputar el transporte de la mercancía, siempre que se cumplan determinadas condiciones. La regla general establecida en el artículo 36 bis es que la expedición o transporte se imputará únicamente a la entrega realizada al operador intermediario. Esta regla general tiene una excepción, pues cuando el operador intermediario haya comunicado a su proveedor el número de identificación del IVA que le ha asignado el Estado miembro desde el que se expiden o transportan los bienes, la expedición o transporte se imputará únicamente a la entrega de bienes realizada por parte del operador intermediario.

De lo dispuesto se infiere el papel central que se otorga a la figura del operador intermediario. Según el apartado 3º del artículo 36 bis, éste será "un proveedor de la cadena distinto del primer proveedor, que expide o transporta los bienes, bien él mismo o bien a través de un tercero que actúa en su nombre". En consecuencia, dicho operador intermediario debe de ser un sujeto distinto al proveedor inicial, ya que así lo establece el artículo, pero entendemos que también distinto al destinatario final, pues este no posee el carácter de proveedor. Puesto que la función esencial que debe cumplir dicho operador intermediario es expedir o transportar los bienes,

---

15 *Tol6.512.486*. ECLI:EU:C:2018:84.

16 Matesanz, F.: "Los Quick Fixes en el IVA; una solución temporal hasta la llegada del sistema definitivo de tributación en destino", *Quincena fiscal*, 11, 2020, BIB 2020\12159.

17 Sobre este tipo de fraude en el IVA se recomienda consultar: Calvo Vérgez, J.: "El ejercicio del derecho a la deducción del IVA soportado en las operaciones de fraudes Carrusel", *Revista Aranzadi Unión Europea*, núm. 5, 2016, BIB 2016\21195.

cuando el operador intermediario transporte los productos utilizando sus propios medios no habrá mayores dificultades para determinar quién ostenta esta posición. No obstante, si es un tercero, distinto del intermediario, el que se ocupa materialmente del transporte, puede plantear dudas la determinación de si la figura de operador intermediario le corresponde al que materialmente realiza el transporte o a aquel que encarga al tercero dicho transporte. Siguiendo la opinión de algunos autores[18], entendemos que en este punto lo adecuado es entender que el operador intermediario es el que asume el riesgo de la pérdida o deterioro de las mercancías, que puede coincidir o no con el que realiza el traslado de los productos.

Aunque el precepto no precisa la forma en la que se debe acreditar la condición de operador intermediario, en principio, podrá emplearse cualquier medio de prueba válido en derecho, por lo tanto el operador deberá conservar toda aquella documentación que acredite que ha organizado el transporte y que es responsable de los bienes transportados.

Esta posición central del operador intermediario en las transacciones intracomunitarias también se deriva de su capacidad para determinar la entrega a la que se aplica la exención en IVA, en función de si decidecomunicar al proveedor su NIF a efectos del IVA del Estado miembro de expedición de los bienes. Retomando el ejemplo expuesto previamente, y considerando que el transporte de los bienes se realiza a cargo de la empresa intermedia -en nuestro ejemplo la situada en Francia-, las posibilidades derivadas del artículo 36 bis para la aplicación de la exención, son dos:

- Regla general: el operador intermedio no tiene NIF en el Estado miembro de expedición de los bienes o no lo comunica al proveedor. En estos casos, la entrega intracomunitaria exenta será aquella que se produce entre el proveedor inicial y el operador intermediario, que en nuestro ejemplo era la que se producía entre la empresa española y la francesa.
- Excepción: el operador intermediario tiene NIF en el Estado miembro de expedición de los bienes y lo comunica al proveedor. Si el operador intermediario –la empresa francesa-, comunica al proveedor – la empresa española- su NIF a efectos del IVA en España, la entrega exenta será la que se produzca entre la empresa francesa y la italiana. Respecto a la forma en la que se debe efectuar la comu-

---

18 Matesanz, F.: "Los *Quick Fixes* en el IVA; una solución temporal hasta la llegada del sistema definitivo de tributación en destino", ob. cit. , BIB 2020\12159.

nicación del NIF el artículo no lo especifica por lo que, de cara a su acreditación, en principio, se podría admitir cualquier medio de prueba válido en derecho, si bien, para mayor seguridad jurídica, sería conveniente que dicha comunicación esté avalada en algún soporte documental.

Como indicábamos previamente, la regla prevista en el artículo 36 bis se aplicará cuando el encargado del transporte sea un sujeto distinto al proveedor de los bienes y a su receptor final pues, a tenor de lo indicado en el apartado 3 del precepto, ninguno de estos dos sujetos pueden ostentar el carácter de operador intermediario. En estos casos tras la reforma se mantiene el criterio previo, de modo que si el proveedor inicial es el que organiza el transporte, la exención se aplicará en esta primera entrega de bienes, mientras que si lo organiza el receptor final, la exención se aplicará en la última entrega de los bienes.

2.3. NIF-IVA VÁLIDO Y PRUEBA DEL TRANSPORTE INTRACOMUNITARIO

Las últimas modificaciones que efectúa la Directiva 2018/1910 tienen que ver con los requisitos materiales exigidos para concluir que puede aplicarse la exención prevista para operaciones intracomunitarias a una transacción realizada entre entidades situadas en distintos Estados miembros. La primera de estas modificaciones consiste en la exigencia de contar con un NIF-IVA válido para poder acreditar la condición de empresario o profesional, que es uno de los requisitos exigidos para concluir que la operación es intracomunitaria a efectos del IVA. La segunda de estas modificaciones se vincula a la prueba del transporte de los bienes objeto de la transacción, pues dicho transporte dentro del territorio de la Unión es la segunda condición básica para poder apreciar la concurrencia de dichas operaciones intracomunitarias.

2.3.1. LA OBLIGACIÓN DE CONTAR CON UN NIF-IVA VÁLIDO

Para poder realizar operaciones intracomunitaria exentas se exige, junto a que los bienes sean transportados entre Estados miembros por el vendedor, el comprador o por un tercero, que el adquirente sea una empresario o profesional actuando como tal. Aunque este requisito aparece en la Directiva del IVA como circunstancia necesaria para determinar que la operación se puede calificar como entrega intracomunitaria, el artículo 138 de la referida Directiva no hacía referencia a dicho requisito ni indicaba la forma en que dicho extremo se debía acreditar. Esto generaba una cierta inseguridad jurídica, lo que unido al incremento del fraude fiscal asociado a este tipo de operaciones intracomunitarias, ha provocado una gran litigiosidad.

Antes de la Directiva 2018/1910, a fin de facilitar esta identificación como empresarios o profesionales, se estableció una previsión en el artículo 214 de la Directiva del IVA, que recoge la obligación para los Estados miembros de adoptar las medidas necesarias para que, entre otros, las personas que realizan adquisiciones intracomunitarias, sean identificadas con un número individual. Sin embargo, como se ha indicado en el texto de la Directiva del IVA, concretamente en su artículo 138, no se exigía que fuera necesario contar con un NIF-IVA para poder aplicar la exención[19]. Posteriormente, por medio del Reglamento 904/2010[20], se creó el Sistema de Intercambio de Información sobre el IVA (VIES), que exigía que los Estados miembros contar con una base de datos electrónica que permita la identificación de los empresarios y profesionales. Ello ha supuesto que los sujetos que intervienen en operaciones intracomunitarias deban estar dados de alta en el censo VIES, también denominado Registro de Operadores Intracomunitarios (en adelante, ROI) y deban quedar identificados con el Número de Operador Intracomunitario.

Aunque en la práctica se ha venido entendiendo que la acreditación del carácter de empresario o profesional del sujeto pasivo se cumplía cuando el adquirente contara con un NIF-IVA validado en el ROI, esta operativa presentaba varios problemas. El primero, que el proceso para efectuar el Registro en el ROI difería notablemente entre los distintos Estados miembros. Puesto que la validación de que el sujeto pasivo cumplía los requisitos exigidos para registrarse en el ROI dependía de la Administración de cada uno de los Estados de la Unión, el proceso de registro en el ROI y la subsiguiente asignación del NIF IVA presentaba muchas diferencias entre los distintos países, de modo que, mientras en algunos, como España, este

---

19 Antes de la modificación, el artículo 138.1 de la Directiva del IVA indicaba lo siguiente: "Los Estados miembros eximirán las entregas de bienes expedidos o transportados, fuera de su territorio respectivo pero dentro de la Comunidad, por el vendedor, por el adquiriente o por cuenta de ellos, efectuadas para otro sujeto pasivo, o para una persona jurídica que no sea sujeto pasivo, actuando en su condición de tal en un Estado miembro distinto del de partida de la expedición o del transporte de los bienes".

20 Reglamento (UE) n ° 904/2010 del Consejo, de 7 de octubre de 2010, relativo a la cooperación administrativa y la lucha contra el fraude en el ámbito del Impuesto sobre el Valor Añadido (DOUE de 12 de octubre de 2010).

proceso es largo y sometido a un control riguroso, en otros países la inscripción es prácticamente inmediata.

El segundo problema asociado a la acreditación de la condición de empresario o profesional se vincula a la detección de diferentes casos de fraude fiscal en el IVA –los denominados "fraudes carrusel"-, en los que la Administración tributaria había denegado la aplicación de la exención en operaciones intracomunitarias en algunos supuestos en los que los intervinientes en la operación no se encontraba inscrito en el ROI ni disponía de NIF-IVA. Sin embargo, en estos casos el criterio de la Administración chocaba con la doctrina del TJUE, que era clara. Así se aprecia, entre otras, en las Sentencias del TJUE de 9 de febrero de 2017, *caso Euro Tyre BV — Sucursal em Portugal contra Autoridade Tributária e Aduaneira (Administración Tributaria y Aduanera)*, asunto C-21/16[21], o de 20 de junio de 2018, *caso Enteco Baltic contra Muitinės departamentas prie Lietuvos Respublikos finansų ministerijos*, asunto C-108/17[22], donde el Tribunal señala que la exigencia del NIF IVA era un requisito formal "que no pueden poner en tela de juicio el derecho del vendedor a la exención del IVA si se cumplen los requisitos materiales de una entrega intracomunitaria". Por consiguiente, el TJUE rechaza la negativa de la Administración a aplicar la exención pues, considerando que la exigencia del NIF-IVA era un requisito puramente formal, declaraban que vulneraba el principio de neutralidad en el IVA la denegación de la exención si, cumpliéndose los requisitos materiales para poder aplicarla, se incumplen únicamente los requisitos formales. Sólo cabe denegar la aplicación de dicha exención con base en el incumplimiento de los requisitos formales cuando a resultas de dicho incumplimiento se impida la aportación de la prueba cierta de que se han cumplido los requisitos materiales.

A este criterio del TJUE se le ha opuesto como crítica que no contribuye a frenar el fraude intracomunitario[23], y efectivamente es así, pero ello no afecta a la corrección de la doctrina mantenida por este Tribunal. En la resolución de estos asuntos el TJUE ha atendido convenientemente a lo dispuesto en la normativa reguladora del IVA, otorgando un peso prioritario al principio de legalidad frente a otros objetivos, como la lucha contra

---

21 *Tol5.953.033*. ECLI:EU:C:2017:106.

22 *Tol6.641.466*. ECLI:EU:C:2018:473.

23 Sánchez Manzano, J. D.: "Mejoras técnicas en la regulación del comercio intracomunitario en relación con el IVA (RDL 3/2020, de 4 de febrero)", *Aranzadi digital*, núm. 1, 2021, BIB 2021\4409.

el fraude fiscal. Aunque dicho objetivo es merecedor de protección, los mecanismos para alcanzarlo deben aparecer avalados legalmente, circunstancia que con la legislación previa a la reforma no se producía.

En este contexto y con la finalidad esencial de prevenir el fraude fiscal y, de manera subyacente, sortear la referida doctrina del TJUE, se modifica la Directiva del IVA por la Directiva 2018/1910, de modo que el requisito hasta ese momento formal de contar con un NIF-IVA válido para poder aplicar la exención, pasa a ser un requisito material y obligatorio. Tras la modificación, el artículo 138 de la Directiva del IVA indica lo siguiente:

> "Los Estados eximirán las entregas de bienes expedidos o transportados a un destino fuera de su respectivo territorio, pero dentro de la Comunidad, por el vendedor o en su nombre, o por el adquiriente de los bienes, cuando se cumplan las siguientes condiciones:
>
> a) los bienes se entregan a otro sujeto pasivo, o a una persona jurídica no sujeta al impuesto, actuando en su condición de tal en un Estado miembro distinto de aquel en el que se inicia la expedición o el transporte de los bienes;
>
> b) el sujeto pasivo, o la persona jurídica no sujeta al impuesto, a quien se hace entrega de los bienes está identificado a efectos del IVA en un Estado miembro distinto de aquel en el que se inicia la expedición o el transporte de los bienes y ha indicado su número de identificación del IVA al proveedor".

En consecuencia, desde el 1 de enero de 2020, el comprador debe comunicar al vendedor un NIF-IVA válido asignado por un Estado miembro distinto al español para poder aplicar la exención, lo que supone que debe de estar inscrito en el sistema VIES. Si el destinatario de los bienes no cuenta con un NIF IVA válido, el vendedor debe repercutir el IVA[24].

Aunque entendemos que esta medida es adecuada para la consecución del objetivo para el que se diseña, la prevención del fraude fiscal,

---

24 La modificación del artículo 138 de la Directiva del IVA ha sido acogida en el artículo 25.Uno de la LIVA que, desde el 1 de marzo de 2020 indica que "las entregas de bienes definidas en el artículo 8 de esta Ley, expedidos o transportados, por el vendedor, por el adquirente o por un tercero en nombre y por cuenta de cualquiera de los anteriores, al territorio de otro Estado miembro, siempre que el adquirente sea un empresario o profesional o una persona jurídica que no actúe como tal, que disponga de un número de identificación a efectos del Impuesto sobre el Valor Añadido asignado por un Estado miembro distinto del Reino de España, que haya comunicado dicho número de identificación fiscal al vendedor".

consideramos también que endurece excesivamente las condiciones para aplicar la exención, al transformar un requisito meramente formal en un requisito material obligatorio, oponiéndose además a lo que era la doctrina del TJUE en este sentido. Atendiendo a la finalidad de la inclusión de esta modificación, la prevención del fraude fiscal, se podría inferir que la Administración considera defraudadores en el IVA a todos aquellos que realizan operaciones intracomunitarias y no están incluidos en el sistema VIES. Aunque esta conclusión puede resultar un poco excesiva, al hilo de su planteamiento entendemos necesario considerar que no todos los sujetos que no cuentan con un en el momento de realizar la operación intracomunitaria la realicen con finalidad defraudatoria, pues puede haber supuestos en los que, aunque la operación cumpla todos los requisitos para beneficiarse de la exención, este identificador no se ha obtenido por otras circunstancias. Es por ello que puede haber buenas razones para no excluir automáticamente de la aplicación de la exención a estos supuestos y perjudicar indebidamente a los sujetos en los que no concurre intención defraudadora, para lo que se podría haber establecido alguna excepción a esta obligación de contar con un NIF IVA válido.

Por otro lado, aunque esta medida se ha diseñado, además de con el objetivo de prevenir el fraude fiscal, con la intención de ofrecer seguridad jurídica a los contribuyentes, a fin de evitar conflictos con las Administraciones tributarias que presumiblemente se derivará de la indebida aplicación de la exención a las operaciones intracomunitarias, entendemos que no consigue su efecto plenamente. Una de las consecuencias derivadas de la exigencia obligatoria del NIF-IVA, serán las dificultades para efectuar la solicitud de devolución del IVA acogiéndose al procedimiento especial de devolución previsto para empresarios no establecidos en la Directiva 2008/9/CE del Consejo, de 12 de febrero de 2008 por la que se establecen disposiciones de aplicación relativas a la devolución del impuesto sobre el valor añadido, prevista en la Directiva 2006/112/CE, a sujetos pasivos no establecidos en el Estado miembro de devolución, pero establecidos en otro Estado miembro[25]. Puesto que, a partir del momento de entrada en vigor de la Directiva, todos aquellos proveedores que vendan sus productos a clientes que no dispongan de NIF-IVA deberán repercutir el IVA a estos clientes, estos solicitarán la devolución atendiendo al mencionado procedimiento especial, sin embargo, a tenor de lo indicado en el artículo 4 b) de la Directiva 2008/9/CE, este procedimiento especial no será aplicable a "los importes de IVA facturados por

---

25 DOUE núm. 44, de 22 de febrero de 2008.

las entregas de bienes cuya entrega esté o pueda estar exenta en virtud de lo establecido en el artículo 138 o el artículo 146, apartado 1, letra b), de la Directiva 2006/112/CE". Esta imposibilidad de acceso al procedimiento de devolución para estos clientes diluye el efecto de las "soluciones rápidas", pues puede complicar notablemente el comercio intracomunitario de bienes[26].

Finalmente, considerando el reforzamiento al papel del NIF-IVA que se efectúa por la Directiva 2018/1910, entendemos que esta modificación también podía haber sido una buena oportunidad para establecer unas reglas comunes a aplicar por las Administraciones de los Estados miembros en la tramitación del acceso de los sujetos pasivos al ROI, a fin de mejorar la seguridad jurídica en este ámbito y reducir las notables diferencias que existen entre los distintos países de la Unión. Aunque el logro de una mayor armonización en este procedimiento es una de las propuestas del Consejo para el establecimiento de un sistema definitivo de IVA en destino, la lentitud en la tramitación de esta propuesta quizá habría hecho aconsejable que se hubiera tomado alguna medida para favorecer la citada armonización por medio de las *quick fixes*.

2.3.2. LA PRUEBA DEL TRANSPORTE

Junto con la necesidad de contar con un NIF IVA válido el segundo requisito que se exige para poder aplicar la exención a las entregas intracomunitarias es que los bienes se hayan transportado de un Estado miembro a otro. Acreditar el cumplimiento de este requisito hace necesario, por lo tanto, demostrar que efectivamente, ha existido un transporte efectuado por el vendedor, por el comprador o por un tercero[27].

---

26 Matesanz, F.: "Los *Quick Fixes* en el IVA; una solución temporal hasta la llegada del sistema definitivo de tributación en destino", ob. cit., BIB 2020\12159.

27 Como apunta FALCÓN Y TELLA, los problemas para probar el transporte en estos casos se aprecian especialmente cuando el transporte lo realiza el comprador o se realiza por cuenta de este último, es decir en los supuestos en que se aplica la cláusula « entrega en fábrica» («ex-works» o EXW). Vid. Falcón y Tella, R.: "La STJCE de 27 de septiembre de 2007 (Teleos y otros) y la prueba del transporte en las entregas intracomunitarias", *Quincena fiscal*, núm. 1, 2008, BIB 2008\25. También pone de manifiesto esta dificultad Álvarez Barbeito, P.: "La justificación del transporte como requisito para aplicar la exención a las entregas intracomunitarias de bienes: análisis de la STS de 7 de marzo de 2011", *Quincena fiscal*, núm. 18, 2011, BIB 2011\1473.

Este requisito ya aparecía en el texto original del artículo 138 de la Directiva del IVA, si bien el Reglamento de Ejecución (UE) n ° 282/2011 del Consejo, de 15 de marzo de 2011, por el que se establecen disposiciones de aplicación de la Directiva 2006/112/CE relativa al sistema común del Impuesto sobre el Valor Añadido, no recogía los medios de prueba que los sujetos pasivos podían emplear para acreditar este extremo. Esta ausencia de delimitación expresa en la Directiva generaba inseguridad jurídica, que se acrecentaba porque, aunque algunos Estados miembros establecían en su normativa un listado de documentos que puedan utilizarse como prueba del transporte intracomunitario, no todos contaban con este listado ni en todos los Estados era el mismo[28], lo que provocaba una gran falta de uniformidad en este sentido.

Sin embargo, la causa fundamental de la reciente modificación no se debe buscar tanto en la necesidad de dotar de mayor uniformidad a los ordenamientos nacionales, como en el objetivo del legislador de incrementar el control y prevenir el fraude fiscal asociado a las operaciones intracomunitarias. Al igual que ocurría con el NIF-IVA, las Administraciones tributarias de los Estados miembros tendían a denegar la aplicación de la exención a las entregas intracomunitarias con base en la falta de prueba suficiente del transporte. Sin embargo, este criterio administrativo fue corregido en no pocas ocasiones por el TJUE, entre otras, en la Sentencia de 27 de septiembre de 2007, *caso The Queen y otros contra Commissioiners of*

---

28 Por ejemplo, en España los medios de prueba del transporte se encontraban en el artículo 13 del RIVA que, antes de la modificación, indicaba lo siguiente "2. La expedición o transporte de los bienes al Estado miembro de destino se justificará por cualquier medio de prueba admitido en derecho y, en particular, de la siguiente forma: 1. Si se realiza por el vendedor o por su cuenta, mediante los correspondientes contratos de transporte o facturas expedidas por el transportista. 2. Si se realiza por el comprador o por su cuenta, mediante el acuse de recibo del adquirente, el duplicado de la factura con el estampillado del adquirente, copias de los documentos de transporte o cualquier otro justificante de la operación".

Customs and Excise, asunto C-409/04[29], doctrina que también fue asumida por los tribunales nacionales[30].

Los condicionantes expuestos, -la falta de uniformidad en cuanto a la prueba del transporte y, esencialmente, el fraude fiscal asociado a estas operaciones-, dieron lugar a la modificación contenida en el Reglamento de Ejecución (UE) 2018/1912 del Consejo, por el que se modifica el Reglamento de Ejecución (UE) 282/2011[31]. Este Reglamento añade el artículo 45 bis al Reglamento de Ejecución (UE) nº 282/2011, que establece unas previsiones particulares para probar si el transporte se ha producido.

Estas previsiones se configuran como presunciones *iuris tantum,* de modo que, aunque tales presunciones pueden ser destruidas, se considerará que los bienes han sido expedidos o transportados de un Estado miembro a un destino situado fuera de su territorio pero dentro de la Comunidad, en cualquiera de los dos casos siguientes:

"a) el vendedor indica que los bienes han sido expedidos o transportados por él o por un tercero en su nombre, y bien se encuentra en posesión de al menos dos de los elementos de prueba no contradictorios enumerados en el apartado 3, letra a), extendidos por dos partes distintas que sean independientes entre sí, del vendedor y del adquiriente, o bien se encuentra en posesión de cualquier elemento individual a que se refiere el apartado 3, letra a), junto con un solo elemento de prueba no contradictorio mencionado en el apartado 3, letra b), de confirmación

---

29 *Tol4.627.885.* ECLI:EU:C:2007:548. En un comentario a esta Sentencia señala FALCÓN Y TELLA "no cabe exigir a quien realiza la entrega intracomunitaria ninguna prueba adicional, aunque existan sospechas de la inexistencia de transporte, siempre que no haya indicios de colaboración del vendedor en el fraude. Pero no sólo eso, sino que incluso aunque alguno de los documentos mencionados (entre los que se incluyen los CMR en cuanto documentos de transporte) resulte posteriormente ser falso, si se aceptó inicialmente y tal falsedad no es imputable al vendedor no puede exigírsele a éste el tributo. Ni que decir tiene que estos criterios resultan manifiestamente incompatibles con la práctica actual de la Agencia, que parece empeñada en exigir el impuesto a las empresas españolas (a veces incluso por la vía penal) aunque no haya indicios de que el fraude ha sido cometido por ellas". Vid. Falcón y Tella, R.: "La STJCE de 27 de septiembre de 2007 (Teleos y otros) y la prueba del transporte en las entregas intracomunitarias", ob. cit. BIB 2008\25.

30 Entre otras, en la Sentencia del Tribunal Supremo de 7 de marzo de 2011. Vid. Álvarez Barbeito, P.: "La justificación del transporte como requisito para aplicar la exención a las entregas intracomunitarias de bienes: análisis de la STS de 7 de marzo de 2011", ob. cit., BIB 2011\1473.

31 DOUE núm. 311, de 7 de diciembre de 2018.

de la expedición o del transporte que hayan sido extendidos por dos partes distintas que sean independientes entre sí, del vendedor y del adquiriente;

b) el vendedor está en posesión de:

i) una declaración escrita del adquiriente que certifique que los bienes han sido expedidos o transportados por él o por un tercero en su nombre, y en la que se mencione el Estado miembro de destino de las mercancías; dicha declaración escrita indicará: la fecha de emisión, el nombre y la dirección del adquiriente, la cantidad y naturaleza de los bienes, la fecha y lugar de entrega de los bienes, el número de identificación de los medios de transporte (en caso de entrega de medios de transporte) y la identificación de la persona que acepte los bienes en nombre del adquiriente; y

ii) al menos dos de los elementos de prueba no contradictorios enumerados en el apartado 3, letra a), extendidos por dos partes distintas que sean independientes entre sí, del vendedor y del adquiriente, o cualquier elemento individual a que se refiere el apartado 3, letra a), junto con un solo elemento de prueba no contradictorio mencionado en el apartado 3, letra b), de confirmación de la expedición o del transporte que hayan sido extendidos por dos partes distintas que sean independientes entre sí, del vendedor y del adquiriente".

Como se puede observar, el artículo se refiere reiteradamente a los elementos de prueba no contradictorios recogidos en el apartado 3, letras a) y b) del artículo 45 bis del Reglamento de Ejecución (UE) nº. 282/2011. En este precepto se recogen los medios de prueba concretos de los que se pueden valer las partes para acreditar el transporte, citando los siguientes:

"a) los documentos relacionados con la expedición o el transporte de los bienes, tales como una carta o documento CMR firmados, un conocimiento de embarque, una factura de flete aéreo o una factura del transportista de los bienes;

b) los documentos siguientes:

i) una póliza de seguros relativa a la expedición o al transporte de los bienes, o documentos bancarios que prueben el pago de la expedición o del transporte de los bienes,

ii) documentos oficiales expedidos por una autoridad pública, como un notario, que acrediten la llegada de los bienes al Estado miembro de destino,

iii) un recibo extendido por un depositario en el Estado miembro de destino que confirme el almacenamiento de los bienes en ese Estado miembro."

Estas previsiones resultan llamativas por su alto nivel de exigencia. Por ejemplo, se establece la presunción de que los bienes han sido transportados de un Estado miembro a otro si, entre otras cosas, el vendedor está en posesión de un documento de transporte en combinación con cualquier elemento de prueba no contradictorio que justifique la realización de la operación y, entre estos elementos de prueba se cita, por ejemplo, la existencia de una póliza de seguro o un documento emitido por una autoridad pública, como un notario. Parece evidente que estos medios de prueba propuestos, que permiten presumir que el transporte se ha efectuado, son bastante gravosos y, en algunos casos, irrealizables, por ejemplo, el recurso a un notario para acreditar que el transporte se ha producido. En consecuencia, este tipo de medios de prueba pueden resultar contrarios al principio de proporcionalidad, particularmente si se atiende a lo indicado por el TJUE en relación con este principio, entre otras, en las Sentencias de 18 de diciembre de 1997, *Garage Molenheide BVBA, Peter Schepens, Bureau Rik Decan-Business Research & Development NV (BRD) y Sanders BVBA contra Belgische Staat,* asuntos C-286/94, C-340/95, C-401/95 y C-47/96[32], de 27 de septiembre de 2007, *caso Albert Collée contra Finanzamt Limburg an der Lahn,* asunto C-146/05[33], de 21 de febrero de 2008, *caso Netto Supermarkt GmbH and Co. OHG contra Finanzamt Malchin,* asunto C-271/06[34], o de 18 de noviembre de 2010, *caso X contra Skatteverket,* asunto C-84/09[35]. En estas resoluciones el Tribunal ha señalado que, de conformidad con el principio de proporcionalidad, "los Estados miembros deben recurrir a medios que, al tiempo que permiten alcanzar eficazmente el objetivo perseguido por el Derecho interno, causen el menor menoscabo posible a los objetivos y principios establecidos por la legislación de la Unión de que se trata". Si bien la lucha contra el fraude fiscal es legítima y merece amparo legal, las medidas adoptadas por los Estados miembros deben ser las necesarias, no debiendo excederse más allá de las precisas para la consecución de dicho fin[36]. Además, también es preciso tener en cuenta que, aunque se aporten estos documentos no es posible asegurar que la Administración va a consi-

---

32 *Tol4.623.040.* ECLI:EU:C:1997:623.

33 *Tol4.627.697.* ECLI:EU:C:2007:549

34 *Tol4.627.153.* ECLI:EU:C:2008:105.

35 *Tol2.136.468.* ECLI:EU:C:2010:693.

36 Galapero Flores, R.: "Determinación de los extremos en que debe realizarse la cooperación administrativa en materia de impuestos indirectos (IVA), a efectos de la prueba del transporte en las entregas intracomunitarias. Comentario de la Sentencia del Tribunal de Justicia de las Comunidades Europeas (Sala Tercera) Caso Twoh International BV contra Staatssecretaris van Financiën (TJCE 2007, 244)", *Quincena fiscal,* núm. 10, 2008, BIB 2008\761.

derar fehacientemente probado el transporte, pues estos documentos van a poder ser refutados por la Administración lo que, adicionalmente, añade inseguridad a esta medida. Por consiguiente, el resultado directo de esta nueva regulación supone reforzar las posibilidades de la Administración para denegar la aplicación de la exención a las entregas intracomunitarias en aquellos casos en los que la prueba del transporte no se efectúe conforme a los medios tasados en el artículo 45 bis, sorteando así la doctrina del TJUE que había establecido ciertos límites en este sentido.

Esta nueva regulación ha sido acogida en la normativa interna por el artículo 13 del RIVA, que sigue admitiendo para acreditar el transporte cualquier medio de prueba válido en derecho,, siempre se sea fehaciente, remitiendo a continuación a los medios de prueba recogidos en el artículo 45 bis del Reglamento de Ejecución 282/2011. Así pues, aunque en España no se produce una alteración sustancial de la regulación vigente para la prueba del transporte, entendemos que la remisión al artículo 45 bis del Reglamento puede resultar perjudicial o dificultar notablemente efectuar esta prueba, en tanto tal referencia puede provocar que se doten un carácter privilegiado a efectos probatorios a los medios de prueba referidos en dicho precepto respecto a otros que pueda aportar el contribuyente[37].

3. LA PROPUESTA DEL SISTEMA DE TRIBUTACIÓN EN DESTINO

Las deficiencias del actual sistema de tributación en el IVA de las operaciones intracomunitarias, particularmente vinculadas al fraude fiscal y a los costes que genera para las entidades que operan en la Unión, así como el largo lapso de tiempo en el que el sistema transitorio ha estado vigente, han motivado la propuesta de un nuevo sistema de tributación de estas operaciones. Aunque la propuesta que se va a comentar en este epígrafe data del año 2018, en los años anteriores los órganos de la Unión habían venido

---

37 El artículo 13 del RIVA, en su versión previa a la modificación, aunque admitía cualquier medio de prueba válido en Derecho, ya hacía referencia a algunos unos medios de prueba específicos, lo que provocó autores como ALONSO ORTEGA, pusieran de manifiesto que dicha referencia suponía privilegiar algunos medios de prueba. Este efecto se mantiene con la redacción actual del artículo 13 del RIVA, por medio de la referencia a los medios de prueba recogidos en el artículo 45 bis del Reglamento de Ejecución 282/201. Vid. Alonso Ortega, J. M.: "El «onus probandi» en los procedimientos tributarios", *Quincena fiscal,* núm. 8, 2016, BIB 2016\80310.

realizando distintas actuaciones tendentes a la reforma del gravamen de las operaciones intracomunitarias en el IVA[38]. La aspiración inicial pasaba por el establecimiento de un sistema de tributación en origen[39], si bien las dificultades asociadas a esta posibilidad provocaron que esta opción se abandonase, sustituyéndose por un sistema de tributación en destino[40].

Las actuaciones realizadas en favor de la consecución de este nuevo sistema desembocaron en la publicación, el 25 de mayo de 2018, de la Propuesta de Directiva del Consejo por la que se modifica la Directiva 2006/112/CE en lo que respecta a la introducción de medidas técnicas detalladas para el funcionamiento del régimen definitivo del IVA de tributación de los intercambios entre Estados miembros. En esta propuesta se recoge un sistema de tributación en destino, basado en el principio de imposición en el Estado miembro destinatario de las mercancías, con el objetivo de crear un espacio de aplicación del IVA único y sólido. Aunque el futuro de este sistema es incierto, pues a salvo de algunas actuaciones que se realizaron en relación con su tramitación a lo largo del año 2018 y 2019, datando la última de mayo de ese año, no se han realizado grandes avances en lo que se refiere a su aprobación[41], la propuesta permanece vigente, por lo que pasaremos a exponer sus características esenciales.

---

38 En relación con las diferentes actuaciones que se realizaron por los órganos de la Unión hasta la emisión de la propuesta se recomienda consultar: Arribas León, M.: "La propuesta comunitaria de un nuevo régimen definitivo en el IVA", en Ramos Prieto, J. (Dir.), Macarro Osuna, J.M., Martín Rodríguez, J.M. (Coords.): *Desafíos fiscales en un mundo post-COVID. Valoración y retos pendientes a nivel interno e internacional*, Tirant lo Blanch, Valencia, 2022, págs. 265 y ss.

39 Respecto a la configuración inicial de este sistema definitivo de tributación en origen Mata Sierra, M. T.: *El I.V.A. Comunitario: configuración del sistema definitivo*, Lex Nova, Valladolid, 1994, págs. 162 y ss. También en Casas Agudo, D.: "Estado actual y últimos avances en materia de armonización comunitaria de la imposición indirecta", *Revista española de Derecho Financiero*, num.154, 2012. BIB 2012\946.

40 Sobre las actuaciones que dieron lugar al abandono de la propuesta de gravamen en origen: Arribas León, M.: "La propuesta comunitaria de un nuevo régimen definitivo en el IVA", en Ramos Prieto, J. (Dir.), Macarro Osuna, J.M., Martín Rodríguez, J.M. (Coords.): *Desafíos fiscales en un mundo post-COVID. Valoración y retos pendientes a nivel interno e internacional*, ob. cit. págs. 264-265.

41 Entre las actuaciones que se han realizado las más destacadas son el Dictamen, de 24 de enero de 2019, sobre la propuesta de Directiva del Consejo por la que se modifica la Directiva 2006/112/CE en lo que respecta a la introducción de medidas técnicas detalladas para el funcionamiento del régimen definitivo del

El sistema de tributación en destino que propone el Consejo tiene como pilar esencial la figura del Sujeto Pasivo Certificado (en adelante, SPC), que es un estatus que se puede otorgar a las entidades que realizan operaciones intracomunitarias y que sirve como certificación de que son unos "operadores económicos fiables". Este sistema supone la desaparición de la dualidad de operaciones que se generan cuanto se efectúa una entrega intracomunitaria (entrega intracomunitaria exenta y adquisiciones intracomunitaria gravada), que se sustituye por un único hecho imponible, gravado en destino, denominado "entregas de bienes dentro de la Unión". Esta entrega de bienes se entenderá como aquella "realizada por un sujeto pasivo a otro sujeto pasivo o a una persona jurídica que no tenga la condición de sujeto pasivo en el marco de la cual los bienes sean expedidos o transportados, por o por cuenta del proveedor o del adquiriente de los bienes dentro de la Unión, desde un Estado miembro a otro", tal y como se indica en la Propuesta.

Antes de explicar brevemente los requisitos para adquirir la condición de SPC y el funcionamiento del sistema, es necesario hacer una mención a una cuestión terminológica. En la normativa del IVA vigente que regula estas operaciones se alude a ellas como entregas o adquisiciones intracomunitarias. Como se acaba de indicar, esta terminología va a sustituirse por lo que se denominará "entregas de bienes dentro de la Unión", esto es, se suprime el adjetivo "comunitarias". La sustitución o supresión de esta referencia al término comunitario es acertada, tal y como ha puesto de manifiesto la doctrina[42], pues esta sustitución terminológica ya debería haber hecho en la normativa del IVA desde que en el año 2007 se aprobó el Tratado de Lisboa,

---

IVA de tributación de los intercambios entre Estados miembros (accesible en el siguiente enlace: https://eur-lex.europa.eu/legal-content/ES/TXT/PDF/?uri=CELEX:52018AE2779&from=E) y la Resolución legislativa del Parlamento Europeo, de 12 de febrero de 2019, sobre la propuesta de Directiva del Consejo por la que se modifica la Directiva 2006/112/CE en lo que respecta a la introducción de medidas técnicas detalladas para el funcionamiento del régimen definitivo del IVA de tributación de los intercambios entre Estados miembros (accesible en el siguiente enlace: https://www.europarl.europa.eu/RegData/seance_pleniere/textes_adoptes/definitif/2019/02-12/0074/P8_TA(2019)0074_ES.pdf).

42 Cubero Truyo, A.: "La necesidad de sustituir el concepto de adquisiciones intracomunitarias por el de adquisiciones intra-Unión (propuesta de adaptación de la terminología del IVA al Tratado de Lisboa)", *Quincena fiscal*, núm. 18, 2016, BIB 2016\80306.

que incluía unas pautas para eliminar estos términos vinculados a la anterior realidad "comunitaria". Por tanto, aunque en el lenguaje coloquial estos términos se siguen utilizando -y no por ello sean incorrectos-, el nombre propuesto "entregas de bienes dentro de la Unión", se adecua más a lo que es la realidad del marco en el que estas entregas tienen lugar.

3.1. FUNCIONAMIENTO DEL SISTEMA DE TRIBUTACIÓN EN DESTINO

En el funcionamiento del sistema de tributación en destino se aprecia la importancia de la figura del SPC porque, para determinar el tratamiento de la entrega de bienes entre distintas entidades de los diversos Estados miembros a efectos del IVA habrá que distinguir entre si el receptor posee o no esta cualidad. De esta manera:

- Si la entidad receptora es SPC, se aplicará la regla de inversión del sujeto pasivo. El proveedor no repercute ninguna cuota del IVA y el adquirente hace el ingreso y, en su caso, la deducción del IVA correspondiente en su Estado miembro a través de un mecanismo de auto-repercusión. A modo de ejemplo, si una empresa española vende productos a una empresa francesa, siendo esta última SPC, se produce la inversión del sujeto pasivo, de tal forma que la empresa española no repercute el IVA y la empresa francesa se auto-repercute las cuotas del impuesto.
- Sin embargo, si el comprador no es SPC, la empresa vendedora debe repercutir el tipo de IVA aplicable en el Estado miembro de destino. Ese IVA posteriormente lo ingresará en la Administración del Estado miembro al que pertenezca a través de un sistema de ventanilla única y, posteriormente, es esa Administración que ha recibido el IVA la que remite ese IVA a la Administración del Estado miembro de destino de los bienes. Retomando el ejemplo anterior, si una empresa española vende productos a una empresa francesa, pero esta empresa francesa no es SPC, la empresa española debe repercutir el IVA al tipo aplicable en Francia e ingresarlo en la Administración española a través de un sistema de ventanilla única, y será la Administración española la que remita esa cuota a la Administración francesa.

En este contexto resulta evidente que se trata de un sistema previsto para primar las entregas realizadas a SPC, a través del establecimiento de ventajas, tanto para la Administración, como para estos sujetos., son varias las ventajas derivadas de la adquisición de la condición de SPC. Para la Administración, estas ventajas se traducen en un incremento del control de estas operaciones y en mayores garantías de la fiabilidad de los operadores comunitarios, lo que redunda en beneficio de la prevención del fraude fiscal. Para las entidades que realicen operaciones intracomunitarias también se aprecian ventajas. Una de las principales, para los adquirentes de bienes que tengan este estatus es que no van a ver perjudicado su flujo de caja al no soportar el IVA en las compras intracomunitarias. Las empresas vendedoras a este tipo de sujetos, por su parte, también se van a ver beneficiadas de una reducción de sus cargas administrativas, porque no se tendrán que repercutir un IVA distinto al de su Estado de establecimiento.

3.2. EL SUJETO PASIVO CERTIFICADO

Como indicábamos en el epígrafe anterior, el sistema de tributación en destino propuesto descansa sobre la figura del SPC. La posibilidad de que los intervinientes en las operaciones intracomunitarias se beneficien de las ventajas de este nuevo sistema pasa en gran medida por la facilidad para adoptar la cualidad de SPC, por lo que resulta esencial determinar los requisitos que deben cumplir los sujetos pasivos para adquirir esta condición. El Consejo propone añadir un artículo 13 bis a la Directiva del IVA en el que, entre otras cuestiones se recojan estos requisitos, que son los siguientes:

a) inexistencia de infracción grave o reiterada de la legislación aduanera y de la normativa fiscal, así como de condena por un delito grave en relación con la actividad económica del solicitante;

b) demostración, por el solicitante, de un alto nivel de control de sus operaciones y del flujo de los bienes, bien mediante un sistema de gestión de los registros comerciales y, en su caso, de los registros de transporte, que permita la correcta realización de los controles fiscales, bien mediante una pista de auditoría interna fiable o certificada;

c) prueba de la solvencia financiera del solicitante, la cual se considerará acreditada bien cuando el solicitante tenga una capacidad financiera adecuada que le permita cumplir sus compromisos, teniendo debidamente en cuenta las características del tipo de actividad empresarial de que se trate, bien mediante la presentación de garantías aportadas por empresas de seguros u otras entidades financieras, o por otras terceras partes económicamente fiables.

Es preciso indicar que para adquirir la condición de SPC es necesario cumplir con todos estos requisitos, no bastando con cumplir sólo algunos de ellos. Estos requisitos, como se puede observar, son bastante exigentes, particularmente si deben de ser cumplidos por algunas entidades, como las PYMES. A modo de ejemplo, cuando se exige la prueba de solvencia financiera, no se indica cómo se va a evaluar esta solvencia, ni se tiene en cuenta que no todas las empresas que realizan entregas intracomunitarias son iguales. Puesto que el tamaño de las empresas determina, en muchos casos sus capacidades, no todas van a poder acceder con la misma facilidad a los mecanismos necesarios para acreditar esa solvencia. Así, si tal acreditación se vincula con la realización de una auditoria externa, parece lógico entender que una PYME no va a tener la misma facilidad que una gran empresa para realizar esta auditoría, pero que no tenga la misma facilidad o no significa que no sea solvente, sólo que no puede probar esa solvencia empleando ese medio de prueba, porque no dispone de los mismos recursos o de los mismos medios que una gran empresa.

En consecuencia, parece necesario que estos requisitos se replanteen, con la intención de a facilitar que la adquisición del estatus de SPC sea accesible a distintos tipos de entidades. Aunque no hay que olvidar que uno de los objetivos –si no el principal-, del sistema de tributación en destino tal y como se ha planteado es combatir el fraude fiscal y que ello motiva que se busque garantizar la fiabilidad de esos operadores, es necesario buscar un equilibrio entre esa necesaria fiabilidad que los operadores deben aportar, con una cierta flexibilidad por parte del legislador en el planteamiento de estos requisitos. Si estos requisitos son muy severos, o muy inflexibles y un gran número de entidades se vean excluidas de la posibilidad de adquirir la condición de SPC, los beneficios de este sistema de tributación en destino se diluyen. Por el contrario, si todas aquellas entidades cumplidoras pueden adquirir esa condición y esta circunstancia no se ve limitada porque una entidad que es fiable no pueda cumplir un determinado requisito formal, los beneficios del sistema se maximizan.

No es esta la única dificultad que plantea a las PYMES el diseño del sistema de tributación en destino propuesto por el Consejo. Esta propuesta plantea la extensión del sistema de ventanilla única a las entregas entre empresas o profesionales. Aunque la implementación de esta ventanilla única resulte positiva, pues supone una simplificación de las cargas administrativas y de los costes indirectos asociados a la declaración y liquidación del

IVA[43], debe realizarse de manera plena, de forma que no incremente considerablemente la carga administrativa de estas pequeñas empresas. Para lograr ese desarrollo pleno es necesario que la ventanilla única se base en "auditorías en el país de origen, simplificaciones expansibles y la capacidad de compensar el IVA soportado de todos los Estados miembros", tal y como ha señalado el Comité Económico y Social Europeo en su Dictamen de 24 de enero de 2019 (pág. 6).

La propuesta también armoniza el procedimiento para adquirir la condición de SPC[44]. Como se indicó en el apartado en el que abordamos el NIF-IVA, hasta ahora los sujetos que realizan entregas intracomunitarias, se identifican con este número, pero en cada uno de los Estados miembros hay un procedimiento particular para su concesión. Esta situación genera evidentes diferencias, pues mientras algunos Estados miembros conceden el NIF-IVA de forma casi automática, en otros, como en España, se exigen requisitos más rígidos y se realizan comprobaciones mucho más severas antes de proceder a su concesión. Para evitar estas diferencias se prevé el establecimiento de un procedimiento armonizado para la concesión del estatuto de SPC, lo que favorece la seguridad jurídica y que exista igualdad de trato en todos los Estados miembros.

Aunque la armonización del procedimiento de concesión es positiva, es necesario hacer alguna precisión. En este punto es necesario destacar que la figura del SPC está basada en la del Operador Económico Autorizado (en adelante, OEA) a efectos de aduanas, hasta tal punto que se prevé que si entra en vigor este sistema, los sujetos que tienen la condición de operadores económicos autorizados, adquieran automáticamente la condición de SPC[45]. La concesión de la condición de OEA tarda una media de un año, durante el que la Administración comprueba que la entidad es un

---

43 Macarro Osuna, J. M.: "El nuevo régimen de ventas intracomunitarias a distancia de bienes y la generalización del reformado sistema de ventanilla única: ¿un régimen definitivo para las operaciones intra-UE con consumidores?", *Revista Española de Derecho Financiero,* núm. 191, 2019, BIB 2019\830.

44 Artículo 13 bis de la Directiva del IVA propuesto.

45 Esta circunstancia se encuentra en el apartado 1 del artículo 13 bis, que indica que "en caso de que el solicitante sea un sujeto pasivo a quien se haya concedido el estatuto de operador económico autorizado a efectos aduaneros, se considerará que se cumplen los criterios enunciados en el apartado 2"

operador económico fiable[46]. Teniendo en cuenta esto, si entrase en vigor el sistema de tributación en destino la Administración tributaria va a tener que resolver en muy poco tiempo un gran número de solicitudes para adquirir la condición de SPC y, de no resolverse con la agilidad necesaria, se pueden generar importantes perjuicios a las empresas que estén a la espera de esa concesión. En consecuencia, es necesario plantear algún mecanismo vinculado a la transitoriedad de la norma que permita que el proceso de adopción del nuevo sistema sea progresivo y gradual[47].

BIBLIOGRAFÍA

Alonso Ortega, J. M.: "El «onus probandi» en los procedimientos tributarios", *Quincena fiscal,* núm. 8, 2016.

Álvarez Barbeito, P.: "La justificación del transporte como requisito para aplicar la exención a las entregas intracomunitarias de bienes: análisis de la STS de 7 de marzo de 2011", *Quincena fiscal,* núm. 18, 2011.

Arribas León, M.: "La propuesta comunitaria de un nuevo régimen definitivo en el IVA", en Ramos Prieto, J. (Dir.), Macarro Osuna, J.M., Martín Rodríguez, J.M. (Coords.): *Desafíos fiscales en un mundo post-COVID. Valoración y retos pendientes a nivel interno e internacional,* Tirant lo Blanch, Valencia, 2022.

Calvo Vérgez, J.: "El ejercicio del derecho a la deducción del IVA soportado en las operaciones de fraudes carrusel", *Revista Aranzadi Unión Europea,* núm. 5, 2016.

Casas Agudo, D.: "Estado actual y últimos avances en materia de armonización comunitaria de la imposición indirecta", *Revista española de Derecho Financiero,* num.154, 2012.

Cubero Truyo, A.: "La necesidad de sustituir el concepto de adquisiciones intracomunitarias por el de adquisiciones intra-Unión (propuesta de adaptación de la terminología del IVA al Tratado de Lisboa)", *Quincena fiscal,* núm. 18, 2016.

---

46 En relación con los plazos para la concesión del estatuto de OEA se recomienda consultar la página 102 del documento que recoge orientaciones de la Comisión Europea relativas a estos operadores, de 11 de marzo de 2016, accesible en el siguiente enlace:
https://www.agenciatributaria.es/static_files/AEAT/Aduanas/Contenidos_Privados/Procedimientos_aduaneros/OEA_operador_economico_autorizado/Info_de_utilidad_titulares_certificados_OEA/Orientaciones2016.pdf.

47 Esta progresividad es predicable de cualquier proceso de armonización fiscal, tal y como ha indicado MATA SIERRA, pues "las exigencias de adaptación que requiere por parte de los Estados, con sus costes correspondientes, obligan necesariamente a una adaptación gradual sin la que dichas obligaciones no serían asumibles". Mata Sierra, M. T.: *La armonización fiscal en la Comunidad Europea,* Lex Nova, Valladolid, 1996, pág. 132.

Cubero Truyo, A.: "La nueva regulación de los acuerdos de venta de bienes en consigna y de las ventas a distancia. Simplificación + control del IVA en las operaciones transfronterizas", en Ramos Prieto, J. (Dir.), Macarro Osuna, J.M., Martín Rodríguez, J.M. (Coords.): *Desafíos fiscales en un mundo post-COVID. Valoración y retos pendientes a nivel interno e internacional,* Tirant lo Blanch, Valencia, 2022.

Falcón y Tella, R.: "La STJCE de 27 de septiembre de 2007 (Teleos y otros) y la prueba del transporte en las entregas intracomunitarias", *Quincena fiscal,* núm. 1, 2008.

Galapero Flores, R.: "Determinación de los extremos en que debe realizarse la cooperación administrativa en materia de impuestos indirectos (IVA), a efectos de la prueba del transporte en las entregas intracomunitarias. Comentario de la Sentencia del Tribunal de Justicia de las Comunidades Europeas (Sala Tercera) Caso Twoh International BV contra Staatssecretaris van Financiën (TJCE 2007, 244)", *Quincena fiscal,* núm. 10, 2008.

Macarro Osuna, J. M.: "El nuevo régimen de ventas intracomunitarias a distancia de bienes y la generalización del reformado sistema de ventanilla única: ¿un régimen definitivo para las operaciones intra-UE con consumidores?", *Revista Española de Derecho Financiero,* núm. 191, 2019.

Mata Sierra, M. T.: *El I.V.A. Comunitario: configuración del sistema definitivo,* Lex Nova, Valladolid, 1994.

Mata Sierra, M. T.: *La armonización fiscal en la Comunidad Europea,* Lex Nova, Valladolid, 1996.

Matesanz, F.: "Los Quick Fixes en el IVA; una solución temporal hasta la llegada del sistema definitivo de tributación en destino", *Quincena fiscal,* 11, 2020.

Sánchez Manzano, J. D.: "Mejoras técnicas en la regulación del comercio intracomunitario en relación con el IVA (RDL 3/2020, de 4 de febrero)", *Aranzadi digital,* núm. 1, 2021.

Adquisiciones intracomunitarias: operaciones en cadena y operaciones triangulares[1]

GRACIA M. LUCHENA MOZO
Catedrática de Derecho Financiero y Tributario
UCLM/CIEF

RESUMEN: La regulación de las operaciones intracomunitarias ha sido objeto de numerosas modificaciones con el fin de contrarrestar el fraude, pero también para dotar al sistema de seguridad jurídica, sencillez y conseguir un funcionamiento eficiente del mercado único de la UE. Algunas medidas correctivas han buscado armonizar ciertos requisitos relacionados con las operaciones en cadena o las operaciones triangulares que hagan efectiva la neutralidad fiscal que impera en la aplicación del IVA.

ABSTRAT: The regulation of intra-community transaction has been the subject of numerous modifications necessary to counteract fraud, but also to provide the system with legal certainty, simplicity and to achieve efficient operation of the single EU market. Some corrective measures to counteract some problems of intra-community trade have sought to harmonize certain requirements related to chain operations or triangular operations and that have to do with the identification of formal and material requirements that make effective the fiscal neutrality that prevails in the application of the VAT.

PALABRAS CLAVE: IVA, operaciones intracomunitarias, adquisiciones intracomunitarias, operaciones en cadena, operaciones triangulares.

KEY WORDS: VAT, intra-community supplies, intra-Community acquisition, chain transactions, triangular transaction.

1.-PRIMERA APROXIMACIÓN

La principal medida que introdujo el Acta Única Europea quedaba recogida en el artículo 8.A en el que se establecía que "la Comunidad adoptará medidas encaminadas al progresivo establecimiento del mercado único durante un periodo que concluirá el 31 de diciembre de 1992... (lo que significará) un área en el que el libre movimiento de bienes, personas, servicios y capital esté asegurado".

---

1 2022-GRIN-34476, "Gestión Tributaria y Nuevos Modelos de Negocios", cofinanciado por la Universidad de Castilla-La Mancha (Vicerrectorado de Política Científica) y por el Fondo Europeo de Desarrollo Regional (FEDER).

Para ello era preciso la eliminación de ajustes en frontera para asimilarlo a las operaciones que se producían dentro de cada Estado, y además, resultaba imprescindible sustituir el principio de imposición en destino con controles en las fronteras intracomunitarias por el principio de imposición en origen, que debía completarse con un sistema de compensación entre Estados y en el que los sujetos pasivos presentaran declaraciones por este Impuesto al consumo en su lugar de residencia, simplificándose así considerablemente las obligaciones fiscales.

Sin embargo, la distorsión del objeto del Impuesto sobre el Valor Añadido (IVA) al recaer sobre el consumo y la divergencia de tipos entre Estados fueron los elementos que dificultaban el objetivo inicial, de modo que las entregas de bienes transfronterizas tributaban de forma análoga al resto de los intercambios internacionales. A tal efecto, se aprobaron las Directivas 91/680 y 92/111/CEE que introdujeron un nuevo hecho imponible: la adquisición intracomunitaria, dando lugar así al régimen transitorio que debía estar vigente desde 1993 a 1996[2].

Pero conseguir un correcto funcionamiento del IVA en las operaciones intracomunitarias iba de la mano de un elemento imprescindible: controles transfronterizos. El problema era hacerlos compatibles con la aplicación del mercado interior.

Los obstáculos para extender las normas aplicables a las entregas de bienes internas a los intercambios entre dos Estados miembros era otro escollo que debía salvarse debiendo tener presente, además, que debía permanecer inalterado el reparto de competencias fiscales entre los Estados miembros, erigiéndose en límite inamovible[3]. Y todo ello bajo la premisa

---

2 Al respecto, puede consultarse, entre otros, J., Banaloche: *El IVA y las operaciones intracomunitarias.* Ediciones de Derecho Reunidas, Madrid, 1994; J., Banaloche, y C., Palao: "Operaciones intracomunitarias en el nuevo IVA", *Impuestos,* Tomo II, 1992, pp. 1339-1352; D. Carbajo Vasco: "El informe de la Comisión de las Comunidades Europeas sobre el régimen transitorio del IVA", *Noticias de la Unión Europea,* núm. 155, 1997, pp. 31-36; L., Docabo Alberti: "Las medidas de simplificación en el régimen transitorio de acuerdo con la Directiva 92/111/CEE de 14 de Diciembre de 1992", *Noticias de la Unión Europea,* núm. 155, 1997, pp. 43-47.

3 A tal respecto, al objeto de evitar una doble imposición los poderes impositivos se coordinan de manera que, en una operación dentro de la Comunidad, donde una potestad termine, comience la otra, así lo expresan las Conclusiones presentadas por el Abogado General Ruiz-Jarabo Colomer el 13 de enero de 2004 en el asunto Lipjes, ECLI:EU:C:2004:19, C-68/03, apartado 35.

de que el IVA debe ingresarse en el Estado miembro en el que tiene lugar el consumo final.

Ante tales dificultades, el régimen transitorio pasa por someter a tributación la recepción de la mercancía por el adquirente en el Estado miembro de importación, en su momento, y ahora adquisición intracomunitaria. De igual modo, el término exportación queda reemplazado por el término entrega intracomunitaria[4]. La gran diferencia estriba en que mientras la tributación de las importaciones de bienes es el importador el que normalmente debe pagar el IVA a la importación a las autoridades aduaneras antes de que las mercancías sean liberadas del control aduanero, en la adquisición intracomunitaria es la empresa que realiza una adquisición intracomunitaria la que debe liquidar el IVA a través de su declaración periódica. En definitiva, la adquisición intracomunitaria tributa en el Estado de destino de la mercancía, debiendo eximirse del pago del impuesto a la correspondiente entrega intracomunitaria en el Estado de origen -artículo 28 quater, parte A, letra a), de la Sexta Directiva-. Así pues, mientras que la adquisición intracomunitaria ha reemplazado al gravamen a la importación, la exención de la entrega intracomunitaria reemplaza a la exención a la importación.

Sin embargo, el régimen transitorio no deja de provocar problemas, como el riesgo de fraude y la complejidad que supone un desaliento al comercio transfronterizo imponiendo costes indirectos más gravosos para las empresas que operan a nivel intracomunitario que nacional[5]. Todo ello supuso un revulsivo para acelerar la adopción de medidas tanto a nivel europeo, como por los Estados miembros, que, finalmente, se concretó en la implantación de un mecanismo de reacción rápida para luchar contra el

---

4 Vid. I, Lejeune et al.: "Joint and Several Liability relating to Intra-Community Acquisitions", *International Vat Monitor* SEPTEMBER/OCTOBER 2009, p. 362.

5 Cfr. Ernst & Young: "Implementing the destination principle to intra-EU B2B supplies of goods". Feasibility and economic evaluation study, 2015. https://op.europa.eu/en/publication-detail/-/publication/f62d669b-503f-41b7-b3b3-a77e87df81be/language-en, consulta realizada el 3 de febrero de 2023. De hecho, el estudio llega a cuantificar ese mayor coste, señalando que "the costs associated with complying with crossborder VAT obligations are 11% higher than the VAT compliance costs associated with domestic trade. High costs and obligations associated with cross-border VAT compliance can deter businesses from engaging in intra-EU trade, and this can have significant implications for levels of trade across the EU as a whole" (op. cit., p. 13).

citado fraude[6]. Además, los Estados han combatido del fraude impulsando modificaciones dirigidas a ampliar los supuestos de inversión del sujeto pasivo, regulando supuestos de denegación del derecho a deducción en supuestos de fraude que han generado un cuerpo de sólido de doctrina del Tribunal de Justicia de la Unión Europea (TJUE) con basamento en los principios de proporcionalidad y subsidiaridad como ejes básicos[7] y sin perder de vista el principio de neutralidad[8].

En 2011, la Comisión Europea adoptó la Comunicación sobre el futuro del IVA[9] en Europa, en la que renuncia definitivamente a la aplicación del principio de imposición en origen, decantándose por seguir recaudando el IVA en destino, eso sí, llevando a cabo las modificaciones normativas necesarias para modernizar y adaptar el Impuesto a las nuevas necesidades, creando así un régimen del IVA más sencillo, eficiente y sólido en la Unión Europea.

Parece que la Unión Euorpea tiene el firme propósito de actuar y conseguir crear un auténtico territorio único de aplicación del IVA en la Unión Europea para el mercado único basado en la tributación en el país de des-

---

6 Cfr. C., Ruíz Hidalgo: "La denegación del derecho a la deducción, exención o devolución del IVA en las adquisiciones intracomunitarias en caso de fraude sin regulación expresa en la normativa nacional", *Revista Electrónica de Direito,* Junho 2015, núm. 2, p.6.

7 Vid. M. Villar Ezcurra: "El alcance del Reverse Charge como técnica coordinada en la lucha contra el fraude en el IVA", en AA.VV.: *Estudios sobre el sistema tributario actual y la situación financiera del sector público,* Libro Homenaje al Dr. D. Javier Lasarte, IEF, 2015, p. 1058 y ss.

8 A tal respecto, señala el Grupo de Expertos IVA (Vat Expert Group -VEG) que "any Member State specific approaches, such as a generalised reverse charge system, even on an experimental and national basis, would put at risk the development of a coherent, harmonized and fraud proof VAT system for all Member States and stakeholders. Any such uncoordinated standalone measures adopted by Member States would shift focus from the overriding objective of putting in place a definitive regime at the earliest opportunity. It would create additional distortions within the internal market and thereby also increase opportunities for fraud. We urge the Commission and Member States to abstain from supporting such Member State specific approaches and to work together with all stakeholders in devising a definitive VAT system" (Opinion of the Vat Expert Group on the Action Plan on Vat – Creating a Definitive Regime, 20 may 2016, Ref. Ares(2016)2356986–20/05/2016).

9 COM(2011) 851.

tino tal y como se confirma en Plan de Acción sobre el IVA de 7 de abril de 2016[10]. Para ello era preciso actuar sobre varias áreas de influencia como la cooperación entre Estados para identificar el fraude de manera más rápida y eficaz, tener en cuenta a las PYME y reducir su coste fiscal en un sistema fragmentado de IVA o mejorar la recaudación y el cumplimiento voluntario a través de importantes medidas de simplificación; y todo ello con el objetivo de conseguir un sólido territorio único europeo de aplicación del IVA en el que se tratarían las transacciones transfronterizas de la misma manera que las operaciones nacionales poniendo fin a la deficiencia endémica del sistema integrando de gestión y ejecución del IVA mediante una cooperación estrecha entre administraciones.

En el marco de las iniciativas en favor de un sistema fiscal justo y eficiente en la Unión Europea, la Comisión ha pretendido relanzar el régimen del IVA para asegurarse de que siga siendo un activo para el futuro. Se ha estimado que la implantación de un régimen simplificado del IVA en el mercado único podría reducir el fraude del IVA transfronterizo en 41000 millones EUR[11], y los costes de cumplimiento para las empresas, en 1000 millones EUR[12].

Pues bien, como señala la Comisión[13], con el fin de permitir una transición suave para las administraciones fiscales y las empresas, este cambio se realizará a través de un planteamiento gradual en dos fases. La primera fase era una propuesta legislativa en la que se esbozaban los principios fundamentales de un régimen definitivo del IVA más sencillo y blindado

---

[10] Comunicación de la Comisión al Parlamento Europeo, al Consejo y al Comité Económico y Social Europeo relativa a un plan de acción sobre el IVA. Hacia un territorio único de aplicación del IVA en la UE- Es hora de decidir. COM(2016) 148 final.

[11] Comunicación de la Comisión al Parlamento Europeo, al Consejo y al Comité Económico y Social Europeo. Relativa al seguimiento del Plan de Acción sobre el IVA. Hacia un territorio único de aplicación del IVA en la UE. Es hora de decidir. COM(2017) 566 final.

[12] Propuesta de Directiva del Consejo por la que se modifica la Directiva 2006/112/CE en lo que se refiere a la armonización y la simplificación de determinadas normas del régimen del impuesto sobre el valor añadido y se introduce el régimen definitivo de tributación de los intercambios entre los Estados miembros» [SWD(2017) 326].

[13] Comunicación de la Comisión al Parlamento Europeo, al Consejo y al Comité Económico y Social Europeo. Relativa al seguimiento del Plan de Acción sobre el IVA. Hacia un territorio único de aplicación del IVA en la UE. Es hora de decidir COM (2017) 566 final.

contra el fraude destinado al comercio dentro de la Unión. Para ello, la Comisión optó por una normativa fiscal en virtud de la cual, para las entregas de bienes transfronterizas dentro de la Unión, el proveedor cobraría el IVA a su cliente al tipo del Estado miembro de llegada de los bienes. El IVA sería declarado y abonado en el Estado miembro en el que esté establecido el proveedor a través de un mecanismo de ventanilla única. No obstante, durante la primera fase del régimen definitivo del IVA y como excepción a este principio general, si el cliente está certificado por su administración fiscal como empresa que cumple las normas (una posibilidad también abierta a las PYMES), este cliente seguiría estando obligado al pago del IVA por los bienes comprados en otros Estados miembros.

Una vez fijados los fundamentos jurídicos del régimen del IVA definitivo, la segunda fase se centra en dotar de contenido detallado dichos principios tal y como queda reflejado en la propuesta de Directiva del Consejo de 2018 por la que se modifica la Directiva 2006/112/CE en lo que respecta a la introducción de medidas técnicas detalladas para el funcionamiento del régimen definitivo del IVA de tributación de los intercambios entre Estados miembros[14].

Ahora bien, habida cuenta de que se tardará varios años en aplicar el régimen definitivo del IVA para el comercio dentro de la comunidad, se hace preciso aprobar medidas específicas destinadas a armonizar y simplificar determinadas disposiciones aplicables a las empresas como la ventas de bienes en consigna y las operaciones de venta en cadena través de la Directiva (UE) 2018/1910, de 4 de diciembre, por la que se modifica la Directiva 2006/112/CE en lo que se refiere a la armonización y la simplificación de determinadas normas del régimen del impuesto en la imposición de los intercambios entre los Estados miembros (Directiva IVA).

Así el estado de la cuestión, será preciso analizar el manido régimen transitorio vigente, para, desde allí, estudiar las especialidades que supone las operaciones triangulares así como las reglas de armonización aprobadas en 2018 referidas a las operaciones en cadena. Veamos.

---

14 COM(2018) 329 final.

2.- OPERACIONES INTRACOMUNITARIAS DE BIENES. NORMATIVA DE REFERENCIA Y CUESTIONES GENERALES

La Unión Europea ha estado comprometida desde sus orígenes en la consecución de un mercado único y para ello era preciso adoptar reglas que garantizasen la mejora y la competitividad de las empresas[15]. Sin embargo, el coste asociado al cumplimiento del IVA para las empresas que realizan operaciones intracomunitarias, por un lado, y la pérdida de recursos fiscales para las Administraciones tributarias consecuencia del fraude, por otro, hace que se cree un hecho imponible nuevo referido a las operaciones intracomunitarias. A su vez, el movimiento transfronterizo de bienes se divide en dos transacciones diferentes: una entrega exenta en el Estado miembro de salida de los bienes (artículo 138 Directiva) y una adquisición intracomunitaria gravada en el Estado miembro de destino (artículos 2 y 20 Directiva). De este modo, podría afirmarse que "toda adquisición intracomunitaria sigue lógicamente a una entrega intracomunitaria anterior. En otras palabras, aquella no puede existir sin esta, pues la entrega y la adquisición intracomunitarias son, en esencia, dos caras de la misma moneda"[16]. Dicho de otro modo, "una entrega intracomunitaria de un bien y su adquisición intracomunitaria constituyen, en realidad, una única operación económica, a pesar de que la segunda cree diferentes derechos y obligaciones tanto para las partes en la transacción como para las autoridades fiscales de los Estados miembros de que se trate"[17].

Los presupuestos básicos que deben estar presentes en este nuevo hecho imponible son:

-Una entrega intracomunitaria está exenta si se contrapone a una adquisición intracomunitaria gravada. Para ello:

- Debe tener lugar la transmisión al adquirente del poder de disposición en calidad de propietario.
- Que el proveedor demuestre que el bien ha sido transportado a otro Estado miembro y que, a resultas de esta expedición o de este

---

15 Communication from the Commission Europe 2020. A strategy for smart, sustainable and inclusive growth. COM(2010) 2020 final.

16 Conclusiones del Abogado General Sr. Nicholas Emiliou, presentadas el 7 de abril de 2022, ECLI:EU:C:2022:289, asunto C-696/20, apartado 59.

17 Sentencia de 27 de septiembre de 2007, Teleos, C-409/04, ECLI:EU:C:2007:548, apartado 23.

transporte, dicho bien ha abandonado físicamente el territorio del Estado miembro de entrega[18].

- Además, tras a la incorporación del artículo 138. 1 b) por la Directiva 2018/2019, el adquirente debe tener un número de identificación a efectos de IVA en el Sistema de intercambio de información sobre el IVA (VIES) en un Estado distinto de aquel en el que se inicia el transporte y se comunica al proveedor, pasando así a convertirse en requisitos materiales[19]. "Además los Estados miembros deben garantizar que, cuando el proveedor no cumpla con las obligaciones

---

18 Sentencia de 16 de diciembre de 2010, Euro Tyre Holding, C-430/09, ECLI:EU:C:2010:786, apartado 29 y Sentencia de 26 de julio de 2017, Toridas, C-386/16, ECLI:EU:C:2017:599, apartado 30.

19 El TJUE había considerado en numerosas ocasiones que la disposición de un número de identificación a efectos de IVA válido era un mero requisito formal y, por tanto, no podía justificar que los Estados miembros denegaran la aplicación de la exención en las entregas intracomunitarias. En tal sentido se expresa, por ejemplo, la Sentencia de 12 de septiembre de 2018, Gamesa, C-69/17, ECLI:EU:C:2018:703, cuando afirma que "el principio fundamental de neutralidad del IVA exige que se conceda la deducción del impuesto soportado si se cumplen los requisitos materiales, aun cuando los sujetos pasivos hayan omitido determinados requisitos formales (sentencias de 28 de julio de 2016, Astone, C-332/15, EU:C:2016:614, apartado 45; de 19 de octubre de 2017, Paper Consult, C-101/16, EU:C:2017:775, apartado 41, y de 26 de abril de 2018, Zabrus Siret, C-81/17, EU:C:2018:283, apartado 44)"(apartado 34). Y añade: "Por tanto, no se puede impedir que un sujeto pasivo del IVA ejerza su derecho a deducir por el hecho de que no se haya identificado a efectos del IVA antes de utilizar los bienes adquiridos en el marco de su actividad gravada (Sentencias de 21 de octubre de 2010, Nidera Handelscompagnie, C-385/09, EU:C:2010:627, apartado 51, y de 7 de marzo de 2018, Dobre, C-159/17, EU:C:2018:161, apartado 33)" (apartado 36).
Sin embargo, resulta criticado por D., Gómez Aragón and G., Echevarría Zubeldia: "Three new requirements for zero rating intra-community supplies: barking up the wrong tree", *International VAT Monitor,* November/December 2020, pp. 307 y ss. En este sentido, y como señalan en sus conclusiones, "the only requirements that should be characterized as substantive in the proper sense of the term are the two "old" requirements. There are wellfounded arguments for denying such qualification to the three new requirements, based on both the role they occupy in the hierarchy of reasons for zero rating the supplies of goods and the consequences of failing to comply with them... On the contrary, these three new requirements..., will incur costs and cause problems for the vast majority of honest EU-based companies involved in

de indicación en la lista VIES, no se aplique la exención, excepto si el proveedor actúa de buena fe, esto es, si puede justificar debidamente ante las autoridades tributarias competentes cada una de sus carencias respecto del estado recapitulativo, lo que en ese momento podría incluir asimismo facilitar la información correcta prevista en el artículo 264 de la Directiva 2006/112/CE”[20].

- El artículo 138 1, bis Directiva IVA condiciona la exención a que el proveedor haya cumplido la obligación prevista en los artículos 262 y 263 de presentar un estado recapitulativo, y que éste ofrezca la información correcta en relación con dicha entrega tal y como se exige en el artículo 264, a menos que el proveedor pueda justificar debidamente sus carencias a satisfacción de las autoridades competentes.

-Debe tenerse en cuenta que, si se ha producido un solo transporte de mercancías de un Estado miembro a otro, solo podrá darse una entrega exenta, por un lado, y una adquisición gravada por otro.

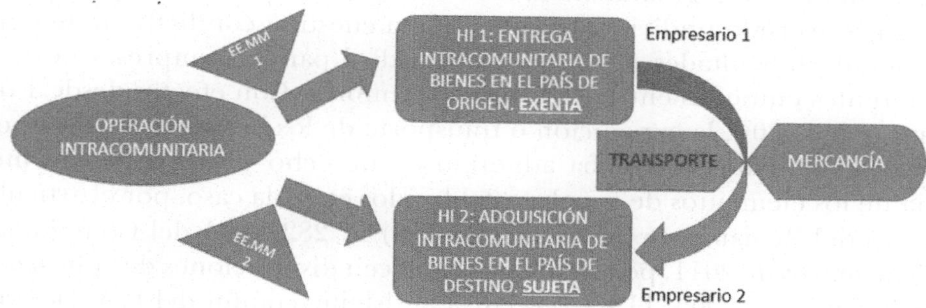

Fuente: elaboración propia.

Ahora bien, “el elemento decisivo para el establecimiento de la entrega intracomunitaria exenta no es, pues, qué lugar fue efectivamente el punto de partida del desplazamiento de transporte y, por tanto, constituye el lugar de entrega a efectos del artículo 8, apartado 1, letra b), de la Sexta Directiva. Antes bien, dependerá de qué entrega ha dado lugar a una ad-

---

intra-Community transactions, which, as a result of mere breaches of such obligations, will likely be exposed to double taxation” (p. 313).

20 Directiva (UE) 2018/1910 del Consejo de 4 de diciembre de 2018, por la que se modifica la Directiva 2006/112/CE en lo que se refiere a la armonización y la simplificación de determinadas normas del régimen del impuesto sobre el valor añadido en la imposición de los intercambios entre los Estados miembros, considerando 7.

quisición intracomunitaria en el sentido del artículo 28 bis, apartado 1, letra a). Esta entrega es la entrega intracomunitaria exenta"[21] en el Estado miembro de partida de la expedición o transporte, obteniendo dicho Estado el derecho a la deducción y devolución de las cuotas de IVA devengado o ingresado en dicho Estado.

Estaremos, en consecuencia, ante una adquisición intracomunitaria de bienes (artículo 20 Directiva IVA) cuando se cumplan los siguientes requisitos:

Obtención del poder de disposición sobre bienes muebles corporales. Como apunta el TJUE, "la existencia de una transmisión del poder de disposición de un bien corporal como propietario significa que la parte a la que se ha transmitido dicho poder tiene la posibilidad de adoptar decisiones que puedan afectar a la situación jurídica del bien, entre ellas, en particular, la decisión de venderlo"[22].

El transporte ha de iniciarse en un Estado miembro de la Unión Europea con destino al Estado miembro de destino. La prueba del transporte se ha convertido tradicionalmente en una cuestión conflictiva lo que ha generado dificultades e inseguridad jurídica para las empresas por los diferentes enfoques entre los Estados miembros. Con efectos desde 1 de enero de 2020[23], la expedición o transporte de los bienes se justifica por cualquier medio de prueba admitido en derecho y, en particular, mediante los elementos de prueba establecidos en cada caso, por el artículo 45.bis del Reglamento de Ejecución (UE) nº 282/2011 del Consejo, de 15 de marzo de 2011, por el que se establecen disposiciones de aplicación de la Directiva 2006/112/CE relativa al sistema común del IVA. De este modo, los bienes que hayan sido expedidos o transportados a partir de un Estado miembro a un destino situado fuera de su territorio pero dentro de la Comunidad, se presumirá (presunción iuris tantum) cumplido en los casos contemplados en el artículo 45 bis, apartado 1, letras a) o b[24].

---

21 Conclusiones de la Abogado General, Sra. Juliane Kokott, presentadas el 10 de noviembre de 2005, Asunto C-245/04, EMAG, ECLI:EU:C:2005:675, apartado 40.

22 Sentencia 23 de abril de 2020, Herts, C-401/18), ECLI:EU:C:2020:295, apartado 40.

23 Reglamento de Ejecución (UE) 2018/1912 del Consejo, de 4 de diciembre de 2018.

24 No obstante, las autoridades tributarias pueden aportar los elementos necesarios para demostrar que los bienes no han sido efectivamente expedidos o transportados desde un Estado miembro a un destino situado fuera de su territorio pero dentro de la Comunidad, y todo ello con base en lo dispuesto en

O lo que es igual: cuando el vendedor indique que los bienes han sido expedidos o transportados por él o por un tercero en su nombre, y se encuentre en posesión de al menos dos de los elementos de prueba no contradictorios del apartado 3, a)[25] de este mismo precepto; o, en su defecto, el vendedor está en posesión de una declaración escrita del adquiriente que certifique que los bienes han sido expedidos o transportados por él o por un tercero en su nombre, en la que se mencione el Estado miembro de destino de las mercancías y disponga de al menos dos de los elementos de prueba no contradictorios enumerados en el apartado 3, letra a) del artículo 45 bis del Reglamento.

Asimismo, la presunción iuris tantum actuará para el caso de que el vendedor indique que los bienes han sido transportados por él o por un tercero en su nombre y se encuentra en posesión de uno de los elementos

---

el artículo 45.bis 2 del Reglamento. A este respecto, tal y como señala la Comisión en las Notas Explicativas, "invertir la presunción implica, por tanto, que las autoridades tributarias pueden aportar los elementos necesarios para demostrar que los bienes no han sido efectivamente expedidos o transportados desde un Estado miembro a un destino situado fuera de su territorio pero dentro de la Comunidad. Así puede ocurrir, por ejemplo, cuando, durante un control, las autoridades tributarias comprueban que los bienes siguen estando presentes en el almacén del proveedor o que las autoridades tributarias tienen conocimiento de un incidente durante el transporte que dio lugar a la destrucción de los bienes antes de abandonar el territorio"(Comisión Europea: Notas explicativas sobre los cambios introducidos en materia de IVA en la UE con respecto a los acuerdos sobre existencias de reserva, las operaciones en cadena y la exención aplicable a las entregas intracomunitarias de bienes («Soluciones rápidas 2020»), 2019, p. 80. Y matiza que "invertir la presunción" es diferente de la situación en la que una autoridad tributaria puede demostrar que uno de los documentos enumerados en el artículo 45 bis, apartado 3, del Reglamento que se presenta como prueba contiene información incorrecta o incluso es una falsificación. La consecuencia sería que no se cumplen las condiciones para encontrarse en uno de los casos previstos en el apartado 1, letras a) o b). Por lo tanto, el proveedor ya no puede basarse en la presunción de que la expedición o el transporte han tenido lugar desde un Estado miembro hasta un destino situado fuera de su territorio pero dentro de la Comunidad. No obstante, el proveedor aún podría estar en condiciones bien de facilitar otros documentos contemplados en el artículo 45 bis del RE, lo que le permitiría beneficiarse de la presunción" (op. cit., p. 81).

25 A saber:
-Carta o documento CMR firmados.
-Conocimiento de embarque.
-Factura de flete aéreo.
-Factura del transportista de los bienes.

de prueba mencionados en la letra a del apartado 3 junto con alguno de los elementos de prueba del art. 45 bis 3.b)[26]. Como última posibilidad, se entenderá que se ha producido una expedición o transporte intracomunitario de las mercancías cuando el vendedor está en posesión de una declaración escrita del adquirente que certifique que los bienes han sido transportados por él o por un tercero en su nombre, mencionando el Estado miembro de destino de las mercancías y se encuentra en posesión de uno de los elementos de prueba mencionados en el apartado 3. a) del artículo 45 bis, junto con alguno de los elementos de prueba del art. 45 bis 3.b).

No importa por cuenta de quién se efectúe el transporte. Podrá llevarse a cabo por el vendedor, el comprador o cualquiera de ellos. La cuestión sigue siendo su justificación, debiendo acudirse a lo dispuesto en el artículo 45. bis del Reglamento de Ejecución (UE) nº 282/2011 que ofrece diversas opciones en función de quién sea el sujeto por cuenta del que se lleva a cabo el transporte[27].

---

26 Pueden ser:
-Póliza de seguro relativa al transporte de los bienes o documentos bancarios que prueben el pago del mismo.
-Documentos oficiales expedidos por una autoridad pública, como un notario, que acrediten la llegada de los bienes al Estado miembro de destino.
-Recibo extendido por un depositario en el Estado miembro de destino que confirme el almacenamiento de los bienes en ese Estado miembro.
-Pueden ponerse en contacto con este despacho profesional para cualquier duda o aclaración que puedan tener al respecto.

27 A tal efecto, el artículo 45.bis del Reglamento 282/2011, señala que si transporta el vendedor o por su cuenta debe disponer de al menos dos de los siguientes elementos de prueba no contradictorios, expedidos por partes independientes:
-Carta o documento CMR firmados;
-Conocimiento de embarque;
-Factura de flete aéreo o factura del transportista de los bienes;
-O bien posee uno de los documentos anteriores, junto con uno de los mencionados a continuación que se consideran como evidencias indirecta, como son una póliza de seguro relativa a la expedición o el transporte de los bienes; documentos bancarios que prueben el pago de la expedición o transporte de los bienes; documentos oficiales expedidos por una autoridad pública, como un notario, que acrediten la llegada de los bienes al Estado miembro de destino o un recibo extendido por un depositario en el Estado miembro de destino que confirme el almacenamiento de los bienes en ese Estado miembro.
Si transporta el comprador, además de las pruebas anteriores, este debe entregar una declaración escrita al vendedor en el plazo de 10 días que debe incluir:
-La fecha de emisión.

Se exige que la operación sea a título oneroso.

Es imprescindible que transmitente y adquirente sean empresarios o profesionales con dos excepciones, ya que pueden realizar adquisiciones intracomunitarias personas jurídicas que no tengan la condición de empresario o profesional, por ejemplo, un ayuntamiento, y en el caso de la adquisición de medios de transporte nuevos, no se exige tal condición ni al transmitente ni al adquirente.

Por lo que respecta al lugar de realización de la adquisición intracomunitaria, el artículo 40 de la Directiva IVA contiene la regla general, de modo que lo será el lugar de destino de los bienes y el Estado en el que se produce el consumo transmitiendo el ingreso fiscal por IVA a dicho Estado[28].

Como excepción, el artículo 41 de la Directiva IVA establece el lugar de realización de la adquisición intracomunitaria de bienes en el Estado miembro que emitió el número de identificación a efectos del IVA con el que actuó el adquirente de los bienes, a no ser que se haya aplicado el IVA en el lugar de llegada del transporte. Tal como ha declarado el Tribunal

---

-El nombre y la dirección del adquiriente.
-La cantidad y naturaleza de los bienes.
-La fecha y lugar de entrega de los bienes.
-El número de identificación de los medios de transporte (en caso de entrega de medios de transporte).
-Identificación de la persona que acepte los bienes en nombre del adquiriente.

Como apuntan las Notas explicativas, si el proveedor o el adquiriente realizan el transporte utilizando sus propios medios de transporte, no se aplicará la presunción, ya que no se cumple el requisito establecido en el artículo 45 bis, apartado 1, letra a) y letra b), inciso ii), del RE para los elementos de prueba no contradictorios que hayan de extender dos partes distintas que sean independientes entre sí, del vendedor y del adquiriente (op. cit., p.82).

Por ello, siguen surgiendo problemas de prueba en la medida en que no siempre va a ser posible que el vendedor disponga de estos elementos, sobre todo si no es él quien contrata el transporte, o si el transporte se hace con los medios propios de comprador o vendedor.

A tal efecto, la Dirección General de Tributos (DGT) ha estimado en sentido contrario a las Notas Explicativas que, en estos casos, los documentos para que surtan efectos presuntivos habrán de haber sido extendidos por partes independientes no sólo entre sí, sino también respecto del transmitente y respecto del adquirente. Ahora bien, el albarán y/o factura firmada a la recepción del material por el adquirente no se encuentran incluidos entre los referidos en el artículo 45 bis del Reglamento 282/2011, a efectos de la aplicación del sistema de presunciones previsto en el mismo. RDGT V1813-22 de 1 de agosto de 2022.

[28] Sentencia de 6 de abril de 2006, EMAG, C-245/04, op. cit., apartado 40.

de Justicia, este precepto "pretende, por una parte, garantizar la sujeción de la adquisición intracomunitaria en cuestión y, por otra parte, evitar la doble imposición por una misma adquisición"[29] permitiendo que la base imponible pueda reducirse en la cantidad procedente en el Estado miembro que ha atribuido el número de identificación a efectos del IVA con el que el adquiriente ha efectuado la adquisición.[30]

Por su parte, el artículo 42 de la Directiva del IVA dispone que la adquisición intracomunitaria se considerará gravada por el IVA en el Estado miembro de destino del transporte intracomunitario (artículo 40 de la Directiva) si se cumplen los dos requisitos acumulativos establecidos respectivamente en las letras a) y b) de dicho precepto. Esto es:

> "a) que el adquiriente acredite haber efectuado dicha adquisición intracomunitaria a efectos de una entrega subsiguiente, efectuada dentro del territorio de un Estado miembro determinado de conformidad con el artículo 40, respecto de la cual el destinatario haya sido designado como deudor del impuesto, con arreglo a lo establecido en el artículo 197;
>
> b) que el adquiriente haya cumplido las obligaciones relativas a la presentación del estado recapitulativo establecidas en el artículo 265"[31].

Así las cosas, "mientras que el artículo 42, letra a), de la Directiva del IVA, precisa la condición material requerida para que una adquisición como la que es objeto del litigio principal tenga la consideración de sujeta al IVA, de conformidad con el artículo 40 de la misma Directiva, el artículo 42, letra

---

29 Sentencias de 22 de abril de 2010, X C-536/08 y C-539/08, EU:C:2010:217, apartado 35.
Vid. J., Calvo Vérgez: "La tributación de las llamadas operaciones triangulares en el IVA: análisis de la STJUE de 22 de abril de 2010 (As. C-536/08 y C-539/08, X y Facet BV/Facet Trading BV)", *Revista Aranzadi Unión Europea*, núm. 1, 2011. BIB 2011\5223.

30 Como disponen las Conclusiones de la Abogada General, Sra. Juliane Kokott, presentadas el 14 de julio de 2022, en el asunto C-247/21, "sin embargo, siguiendo la jurisprudencia del Tribunal de Justicia, con arreglo al artículo 41, apartado 1, de la Directiva del IVA la demandante no podrá neutralizar el IVA deduciendo el impuesto soportado. Este IVA se convierte así en un coste para un sujeto pasivo a pesar de que, como señala con frecuencia el Tribunal de Justicia, el sujeto pasivo debe liberarse por entero de la carga del impuesto debido o abonado en el marco de sus actividades económicas" (apartado 29).

31 Artículo 42 de la Directiva 2006/112/CE del Consejo, de 28 de noviembre de 2006, relativa al sistema común del impuesto sobre el valor añadido.

b), de la Directiva precisa la forma en que debe aportarse la prueba del gravamen en el Estado miembro de destino del transporte o de la expedición intracomunitarios, remitiendo a las obligaciones específicas a que debe atenerse el adquirente al presentar el estado recapitulativo. Dichas obligaciones relativas a los estados recapitulativos deben considerarse de carácter formal"[32]. Como consecuencia de inmediata derivación, el artículo 42 de la Directiva del IVA se aplica desde el momento en que se cumplen los requisitos materiales[33] permitiendo, en su caso, rectificación de los presupuestos formales a fin de hacer efectivo el principio de neutralidad fiscal[34]. No olvidemos que, tal y como hemos señalado, los artículos 41 y 42 de la Directiva del IVA pretenden garantizar la sujeción al IVA de la adquisición intracomunitaria de que se trate en la fase del adquirente final, evitando simultáneamente la doble imposición por una misma adquisición. Ello no empece para que los Estados miembros puedan establecer sanciones proporcionadas a la gravedad de las infracciones cometidas pero sin afectar al derecho de deducción y, por ende, al eje básico de funcionamiento del IVA.

El tráfico internacional de mercancías es más complejo, y es frecuente que los bienes sean objeto de varias transacciones consecutivas antes de salir de un Estado miembro para entrar en otro y, por ende, en rela-

---

32 Sentencia de 19 de abril de 2018, C-580/16, Firma Hans Bühler KG, apartado 49.

33 Cfr. Sentencias de 27 de septiembre de 2012, VSTR, C-587/10, EU:C:2012:592, apartado 46, y de 9 de febrero de 2017, Euro Tyre, C-21/16, EU:C:2017:106, apartado 36.
En este mismo sentido, también pueden consultarse las Sentencias de 21 de octubre de 2010, Nidera Handelscompagnie, C-385/09, EU:C:2010:627, apartado 42; 1 de marzo de 2012, Kopalnia Odkrywkowa Polski Trawertyn P. Granatowicz, M. Wąsiewicz, C-280/10, EU:C:2012:107, apartado 43 o de 15 de septiembre de 2016, Senatex, C-518/14, EU:C:2016:691, apartado 42.

34 No obstante, como señala el Abogado General en el apartado 91 de sus conclusiones y hace suyo el TJUE, "existen dos supuestos en los que la inobservancia de un requisito formal puede justificar que no se aplique el artículo 42 de la Directiva del IVA... Por una parte, la infracción de un requisito formal puede determinar que se deniegue la aplicación del artículo 42 de la Directiva del IVA cuando un sujeto pasivo haya participado deliberadamente en un fraude fiscal y puesto en peligro el funcionamiento del sistema común del IVA... Por otra parte, el incumplimiento de un requisito formal puede motivar que se deniegue la aplicación del artículo 42 de la Directiva del IVA en caso de que dicho incumplimiento tenga como efecto impedir la aportación de la prueba cierta de que se han cumplido los requisitos materiales" (Sentencia de 19 de abril de 2018, C-580/16, Firma Hans Bühler KG, apartado 56 a 59).

ción con un único transporte. Para ello se arbitran reglas especiales como son las operaciones en cadena y las operaciones triangulares de las que pasamos a ocuparnos.

3.-OPERACIONES EN CADENA Y OPERACIONES TRIANGULARES

El Consejo de la Unión Europea (ECOFIN) de 2016, con base en las conclusiones del Consejo de 25 de mayo de 2016 adoptadas en respuesta a la Comunicación de la Comisión «Hacia un territorio único de aplicación del IVA en la UE–Es hora de decidir» y las conclusiones del Consejo de 15 de mayo de 2012 «Sobre el futuro del IVA», declara la necesidad de mejorar a corto plazo el sistema vigente del IVA, de manera que sea más eficiente, más sólido, resistente al fraude y adecuado al mercado único, y recuerda que, en toda actuación futura, deberán tenerse en cuenta los siguientes principios y consideraciones jurídicas: rentabilidad, proporcionalidad, seguridad jurídica, unanimidad, legislación sobre protección de datos y cumplimiento del principio de subsidiariedad y de las normas sobre las competencias respectivas de la Unión y los Estados miembros[35].

Una de las mejoras sobre las que incide el Consejo y propone a la Comisión es la necesidad de contar con criterios uniformes y mejoras legislativas adecuadas que conlleven una mayor seguridad jurídica y una aplicación armonizada de las normas sobre el IVA a la hora de determinar el tratamiento a efectos del IVA de las operaciones en cadena, incluidas las operaciones triangulares.

La Comisión aceptó el reto y propuso una serie de modificaciones de la Directiva IVA y del Reglamento de Ejecución sobre el IVA en 2017, siendo adoptadas finalmente por el Consejo el 4 de diciembre de 2018 mediante la Directiva (UE) 2018/1910, por la que se modifica la Directiva 2006/112/CE y el Reglamento de Ejecución (UE) 2018/1912 del Consejo, de 4 de diciembre de 2018, por el que se modifica el Reglamento de Ejecución (UE) n.º 282/2011.

---

35 https://data.consilium.europa.eu/doc/document/ST-12764-2016-INIT/es/pdf, consulta realizada el 27 de febrero de 2023.

3.1. Operaciones en cadena

Por operaciones en cadena podemos entender aquellas entregas de bienes sucesivas con un único transporte intracomunitario en las que intervienen varios operadores económicos que actúan de forma consecutiva como compradores y vendedores[36] de una misma mercancía. La controversia surge porque al existir dos ventas sucesivas pero un único transporte intracomunitario, sólo una de las ventas puede tener la consideración de entrega intracomunitaria exenta del IVA (aquella que se encuentra vinculada al transporte), mientras que la otra venta debe tener la consideración de venta doméstica sujeta y no exenta del IVA. Determinar cuál de las dos entregas se encuentra exenta del IVA no suele resultar tarea fácil.

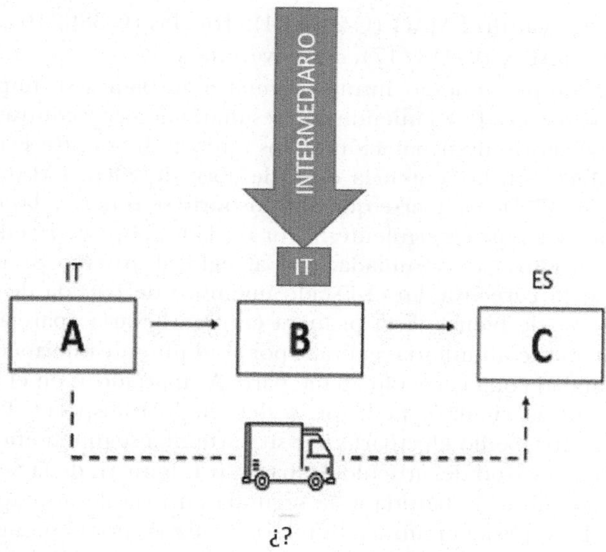

Fuente: https://www.legaltoday.com/opinion/blogs/fiscal-y-legal/blog-sobre-tributacion-indirecta/las-soluciones-rapidas-en-el-iva-las-operaciones-en-cadena-2019-11-28/, y elaboración propia.

---

36 Como señala el VAT expert group 22nd meeting, VAT "quick fixes" legislative package. Chain transactions exemption of an intra-Community supply of goods: conditions and proof VEG-80, 1 April 2019 taxud.c.1(2019)1233276 – E, "therefore, it is necessary that at least three persons are involved in the chain transaction" (p. 3), lo que podría suponer que el número de sujetos intervinientes fuera superior.

A tal efecto, la jurisprudencia del TJUE se había ocupado de cincelar la cuestión en numerosas sentencias[37]. Pero lo que resultaba de ello era que no era aplicable ninguna norma general a estas situaciones y la valoración de cómo imputar la entrega intracomunitaria de bienes exenta a una operación concreta dentro de la cadena[38] tenía que hacerse caso por caso. Este escenario podía dar lugar a enfoques diferentes entre los Estados miembros y además no es adecuado para garantizar la transmisión del ingreso fiscal al Estado en el que tiene lugar el consumo final de los bienes entregados[39].

---

37 Por ejemplo, Asunto EMAG (C-245/04), Toridas (C-386/16), Kreuzmayr (C-628/16) o en Arex (C-414/17), como veremos.

38 Si el único desplazamiento intracomunitario se bienes se imputara a las dos entregas a la vez, el TJUE entiende que resultaría ilógico y contrario al sistema del régimen transitorio de tributación de los intercambios entre Estados miembros. Así lo establece en la Sentencia de 6 de abril de 2006, EMAG, C-245/04, op. cit., apartado 37. De estimarse que el transporte se refiere a las dos entregas, las consecuencias serían las siguientes: "Por un lado, el primer vendedor realizaría una primera entrega consumada, con arreglo al artículo 8, apartado 1, letra a), de la Sexta Directiva, en el Estado miembro de partida de la expedición o del transporte de bienes. Esta primera entrega llevaría aparejada una primera adquisición intracomunitaria realizada por el adquirente intermedio y consumada, de conformidad con el artículo 28 ter, parte A, apartado 1, en el Estado miembro de destino de la citada expedición o del citado transporte. Por otro lado, el adquirente intermedio efectuaría por su parte una segunda entrega consumada igualmente, en virtud del artículo 8, apartado 1, letra a), de la Sexta Directiva, en el Estado miembro de partida; esta segunda entrega llevaría aparejada a su vez una segunda adquisición intracomunitaria realizada por el segundo adquirente y consumada en el Estado miembro de llegada" (apartados 35 y 36).

39 A este respecto, se pronuncia la Sentencia de 6 de abril de 2006, EMAG, C-245/04, op. cit., EMAG, cuando señala ", la interpretación de las disposiciones pertinentes de la Sexta Directiva en el sentido de que el único desplazamiento intracomunitario de bienes se imputa a una de las dos entregas sucesivas permite alcanzar de manera simple el objetivo perseguido por el régimen transitorio previsto en el título XVI bis de dicha Directiva, a saber, la transmisión del ingreso fiscal al Estado miembro en el que tiene lugar el consumo final de los bienes entregados. Esta transmisión se garantiza, en efecto, en el momento de la única operación que da lugar a un desplazamiento intracomunitario de bienes, por la aplicación del artículo 28 quater, parte A, letra a), párrafo primero (exención, por el Estado miembro de partida, de la entrega que da lugar a la expedición o transporte intracomunitario), en relación con el artículo 17, apartado 3, letra b), en su versión resultante del artículo 28 séptimo, número 1 (deducción o devolución, por el Estado miembro de partida, del IVA debido o pagado en ese Estado miembro), y con el artículo

A este respecto, y para dar pautas concretas que permitan un criterio común, el Tribunal estimó en el caso EMAG que "aun cuando dos entregas sucesivas sólo den lugar a un único desplazamiento de bienes, debe considerarse que se han sucedido en el tiempo. En efecto, el adquirente intermedio sólo puede transmitir al segundo adquirente el poder de disposición sobre el bien con las facultades atribuidas a su propietario si previamente lo ha recibido del primer vendedor y, por tanto, la segunda entrega únicamente puede tener lugar una vez se haya realizado la primera"[40].

Por tanto, "si la entrega que da lugar a la expedición o al transporte intracomunitario de bienes, y que tiene, por tanto, como corolario una adquisición intracomunitaria gravada en el Estado miembro de llegada de la citada expedición o del citado transporte, es la primera de las dos entregas sucesivas, la segunda entrega se considerará consumada en el lugar de la adquisición intracomunitaria que la precede, es decir, en el Estado miembro de llegada. A la inversa, si la entrega que da lugar a la expedición o al transporte intracomunitario de bienes es la segunda de las dos entregas sucesivas, la primera entrega, que se supone realizada antes de la expedición o el transporte de los bienes, se considerará consumada en el Estado miembro de partida de dicha expedición o de dicho transporte"[41]. Por ello, únicamente el lugar de la entrega que da lugar a expedición o a transporte intracomunitario de bienes se determina de conformidad con el artículo 8, apartado 1, letra a), de la Sexta Directiva, considerándose que dicho lugar está situado en el Estado miembro de partida de dicha expedición o de dicho transporte. El lugar de la otra entrega se determinará de conformidad con el artículo 8, apartado 1, letra b), de la misma Directiva. Tal lugar se considerará situado bien en el Estado miembro de partida, bien en el Estado miembro de llegada de la citada expedición o del citado transporte, según que dicha entrega sea la primera o la segunda de las dos entregas sucesivas[42].

Además, una vez el TJUE determina que el transporte sólo puede imputarse a una de las dos entregas que será la única exenta, a la que se contrapone una adquisición intracomunitaria imponible, señala que "esta

---

28 bis, apartado 1, letra a), párrafo primero (tributación exigida por el Estado miembro de llegada sobre la adquisición intracomunitaria), de la Sexta Directiva. Este mecanismo garantiza una delimitación clara de la soberanía fiscal de los Estados miembros afectados" (apartado 40).

40 Sentencia de 6 de abril de 2006, EMAG, C-245/04, op. cit., apartado 38.

41 Sentencia de 6 de abril de 2006, EMAG, C-245/04, op. cit., apartado 50.

42 Sentencia de 6 de abril de 2006, EMAG, antes citada, apartado 51.

interpretación es válida con independencia de cuál de los sujetos pasivos –primer vendedor, adquirente intermedio o segundo adquirente– tenga el poder de disposición sobre los bienes durante dicha expedición o dicho transporte"[43].

Aunque las pautas establecidas por el Tribunal son relevantes, no resuelve el problema de a qué operación debe asignarse el transporte. Será la Sentencia de 16 de diciembre de 2010, Euro Tyre C-430/09, la que señale que "la Sexta Directiva no establece ninguna regla general a este respecto. La respuesta a esta cuestión depende de una apreciación global de todas las circunstancias particulares que permiten determinar qué entrega cumple todos los requisitos correspondientes a una entrega intracomunitaria"[44]. O lo que es igual: "si se ha transmitido al adquirente el poder de disponer del bien en calidad de propietario, si el proveedor demuestra que dicho bien ha sido expedido o transportado a otro Estado miembro y si, a resultas de esta expedición o de este transporte, dicho bien ha abandonado físicamente el territorio del Estado de entrega"[45].

Lo que deriva de la anterior valoración es la vinculación temporal que parece establecerse entre el transporte y el cambio de propiedad[46] y que se acaba de perfilar en otras Sentencias como la de 26 de julio de 2017, Toridas, C-386/16[47] o de 19 de diciembre de 2018, AREX, C-414/17[48]. En efecto, "es preciso determinar, en particular, en qué momento se produjo la segunda transmisión del poder de disponer del bien como un propietario al adquiriente final… en el supuesto en que la segunda transmisión de dicho poder, es decir, la segunda entrega, tenga lugar antes de que

---

43 Sentencia de 6 de abril de 2006, EMAG, C-245/04, apartado 45.

44 Sentencia de 16 de diciembre de 2010, Euro Tyre, asunto C-430/09, op. cit., apartado 27.
En este mismo sentido Vid. Sentencia de 27 de septiembre de 2012, VSTR, C-587/10, apartado 32.

45 Vid., en este sentido, las Sentencias de 27 de septiembre de 2007, Teleos, C-409/04, op. cit., apartado 42; de 27 de septiembre de 2007, Twoh International, C-184/05, ECLI:EU:C:2007:550, apartado 23, y de 18 de noviembre de 2010, X, C-84/09, ECLI:EU:C:2010:693, apartado 27, 16 de diciembre de 2010, Euro Tyre, asunto C-430/09, op. cit., apartado 29.

46 Cfr. J., Bengtsson: "Chain Transactions, the Temporal Criterion and Article 36a – Old Solutions to New Problems?", *International VAT Monitor*, March/April 2021, p. 110.

47 ECLI:EU:C:2017:599.

48 ECLI:EU:C:2018:1027.

se produzca el transporte intracomunitario, este ya no podrá imputarse a la primera entrega en favor del primer adquiriente"[49]. Así las cosas, las demás entregas de la cadena deberían ser objeto de gravamen y podrían requerir la identificación a efectos del IVA del proveedor en el Estado miembro de entrega.

Por lo que atañe a la transmisión del poder de disposición, de la jurisprudencia del Tribunal de Justicia se desprende que dicho requisito no se limita a la transmisión realizada en las formas establecidas por el Derecho nacional aplicable, sino que comprende toda operación de transmisión de un bien corporal, efectuada por una parte, que faculte a la otra parte para disponer de hecho de dicho bien como si fuera su propietaria[50]. La transmisión del poder de disponer de un bien corporal como propietario no requiere que la parte a la que se ha transmitido el bien lo posea físicamente ni que el bien sea transportado físicamente con destino a esa parte ni recibido físicamente por ella[51].

El resultado de esa evaluación global incide no sólo en la determinación de la entrega intracomunitaria exenta, sino que resulta decisivo para fijar si el cliente final tiene derecho a deducir el IVA cobrado en el Estado miembro de llegada de la mercancía, tal y como ha apuntado el Tribunal[52]. Así las cosas, "en el supuesto de que la segunda entrega de una cadena de dos entregas sucesivas que implican un único transporte intracomunitario fuera una entrega intracomunitaria, el adquirente final no podría deducir del IVA del que es deudor el IVA pagado indebidamente por bienes que le fueron entregados en el marco de una entrega intracomunitaria exenta únicamente sobre la base de una factura errónea expedida por el proveedor (véase, en ese sentido, la sentencia de 21 de febrero de 2018, Kreuzmayr, C-628/16, EU:C:2018:84, apartado 44). En cambio, dicho adquirente podría reclamar la devolución del impuesto que pagó indebidamente al proveedor que emitió una factura errónea, de conformidad con el Dere-

---

49 Sentencia de 19 de diciembre de 2018, AREX C-414/17, op. cit., apartado 70. Véase, en este sentido también, la Sentencia de 26 de julio de 2017, Toridas, C-386/16, op. cit., apartados 34 a 36.

50 Vid., entre otras, Sentencia de 3 de junio de 2010, De Fruytier, C-237/09, EU:C:2010:316, apartado 24.

51 Auto de 15 de julio de 2015, Itales, C-123/14, EU:C:2015:511, apartado 36.

52 Sentencias de 21 de febrero de 2018, Kreuzmayr, C-628/16, EU:C:2018:84, apartados 43 y 44, y de 11 de abril de 2019, PORR Építési Kft., C-691/17, EU:C:2019:327, apartados 30 y 42.

cho nacional (sentencia de 21 de febrero de 2018, Kreuzmayr, C-628/16, EU:C:2018:84, apartado 48 y jurisprudencia citada). No obstante, en una situación en la que el proveedor en cuestión ha abonado efectivamente el IVA a la Hacienda Pública, si la devolución del IVA por dicho proveedor al adquirente resultara imposible o excesivamente difícil, en caso, entre otros, de insolvencia de dicho proveedor, el principio de efectividad podría exigir que dicho adquirente pudiera reclamar la devolución directamente a las autoridades tributarias"[53].

Ahora bien, como apunta Bengtsson[54] y parece confirmar la Sentencia del Tribunal en el caso HERTS, la aplicación estricta del criterio temporal puede resultar difícil si "durante su transporte se realizaron varias transmisiones del derecho de disponer…, en beneficio de los diferentes operadores intermedios de la cadena de operaciones de compra y de reventa"[55], de modo que la aplicación de la jurisprudencia del Tribunal de Justicia no permitiría determinar a qué adquisición de la cadena debe imputarse el transporte único para declarar exenta la entrega intracomunitaria.

Ante tales circunstancias, resultaba preciso dotar de seguridad jurídica[56] las operaciones analizadas y evitar supuestos tanto de doble imposición, como de doble no imposición. A tal fin se instaura por la Directiva (UE) 2018/1910 de 4 de diciembre de 2018, por la que se modifica la Directiva 2006/112/CE, una norma común de modo que, siempre que se cumplan determinadas condiciones, el transporte de la mercancía debe imputarse a una entrega de la cadena de operaciones, siendo el artículo 36 bis de la Directiva IVA el que se encarga de señalar que, con carácter general, el transporte o expedición se imputará a la primera venta de la cadena, es decir, la que realice el primer proveedor a favor del intermediario cuando éste organiza el transporte. Esta entrega es la que se considera como entrega intracomunitaria y por tanto, exenta del IVA, salvo si el interme-

---

53 Sentencia de 10 de julio de 2019, SIA «Kuršu zeme», C-273/18, ECLI:EU:C:2019:588, apartados 40 y 41.

54 J., Bengtsson: "Chain Transactions, the Temporal Criterion and Article 36a – Old Solutions to New Problems?", op. cit., p. 112.

55 Sentencia de 23 de abril de 2020, HERTS C-401/18, op. cit., apartado 45.

56 Propuesta de Directiva del Consejo por la que se modifica la Directiva 2006/112/CE en lo que se refiere a la armonización y la simplificación de determinadas normas del régimen del impuesto sobre el valor añadido y se introduce el régimen definitivo de tributación de los intercambios entre los Estados miembros. COM(2017) 569 final.

diario informa al vendedor de su número de IVA[57] del Estado miembro de expedición o inicio del transporte. Así, el transporte se vincula a la entrega efectuada por el intermediario a su cliente final.

A estos efectos, y conforme a lo dispuesto en el artículo 36 bis.3 de la Directiva IVA, "se entenderá por «operador intermediario» un proveedor de la cadena distinto del primer proveedor, que expide o transporta los bienes, bien él mismo o bien a través de un tercero que actúa en su nombre".

De este modo, y conforme al anterior gráfico incorporado en este apartado, la transacción A-B se calificaría como entrega doméstica de bienes o entregas de bienes sin transporte y se considerarán entregas nacionales, bien en el Estado miembro de partida de los bienes, bien en el Estado miembro de llegada de los bienes, en su caso. Por otro lado, la entrega intracomunitaria de bienes exenta sería la transacción que tendría lugar entre B-C.

La cuestión sobre la asignación del transporte al intermediario, a nuestro juicio, puede complicarse cuando en la operación en cadena intervengan más de tres sujetos[58], en la medida en que varios de ellos podrán tener tal condición lo que supondría una asignación diferente del transporte que puede variar, a su vez, cuando intervengan operadores con múltiples registros a efectos de IVA.

Por otro lado, esta regla no aparece condicionada a que la comunicación del número de identificación del IVA deba realizarse de acuerdo con alguna formalidad especial. Podría decirse que podrá llevarse a cabo por cualquier medio que permita acreditar que la comunicación ha sido re-

---

57 Téngase en cuenta que, tal y como hemos apuntado, tras la Directiva 2018/1910, se incorpora un nuevo inciso en el artículo 138 de modo que el número de identificación a efectos del IVA del adquiriente en el Sistema de intercambio de información sobre el IVA (VIES), asignado por un Estado miembro distinto de aquel en el que se inicie el transporte de los bienes, se convierte, junto con la condición de que los bienes se transporten fuera del Estado miembro de entrega, en una condición material para la aplicación de la exención.

58 Recordemos, tal y como recogen las Notas explicativas sobre los cambios introducidos en materia de IVA en la UE con respecto a los acuerdos sobre existencias de reserva, las operaciones en cadena y la exención aplicable a las entregas intracomunitarias de bienes («Soluciones rápidas 2020») Directiva (UE) 2018/1910 del Consejo Reglamento de Ejecución (UE) 2018/1912 del Consejo Reglamento (UE) 2018/1909 del Consejo, que las normas relativas a las operaciones en cadena se aplican con independencia del número de partes que intervienen en la cadena.

cibida por el proveedor. En ese sentido, parece que un intercambio de correos electrónicos podría ser suficiente[59]. En cualquier caso, el operador intermediario debe conservar prueba de la comunicación y presentar dicha prueba a las autoridades fiscales cuando sea necesario para verificar la correcta aplicación de la norma. Nos planteamos si sería válido que el proveedor tuviera conocimiento del número de identificación a efectos del IVA del cliente por otros medios.

La última duda que nos surge es si el artículo 36 bis de la Directiva IVA es compatible con la regla que la jurisprudencia introdujo sobre el criterio temporal.

3.3. Operaciones triangulares

Al régimen de operaciones triangulares[60] se refiere el artículo 141 de la Directiva IVA. A tal efecto, se dispone que:

> "Los Estados miembros adoptarán medidas específicas para no someter al IVA las adquisiciones intracomunitarias de bienes efectuadas en su territorio, en virtud del artículo 40, cuando se cumplan los siguientes requisitos:
>
> a) que quien realice la adquisición de bienes sea un sujeto pasivo no establecido en este Estado miembro, sino identificado a efectos del IVA en otro Estado miembro;
>
> b) que la adquisición de bienes se realice con motivo de una entrega subsiguiente de dichos bienes efectuada en ese mismo Estado miembro por el sujeto pasivo contemplado en la letra a);
>
> c) que los bienes así adquiridos por el sujeto pasivo contemplado en la letra a) se expidan o transporten directamente a partir de un Estado miembro que no sea aquél en el que se encuentre identificado a efectos del IVA y con destino a la persona para la cual se efectúe la subsiguiente entrega;

---

59 VAT expert group 22nd meeting, VAT "quick fixes" legislative package. Chain transactions exemption of an intra-Community supply of goods: conditions and proof, op. cit., 6.

60 Vid. B., Terra & J., Kajus: *A Guide to the European VAT Directives*, vols. 1 y 2, IBFD, Amtesdam, 2021, págs. 582 y ss. que las denomina también "ABC transactions" or "triangulation".

> d) que el destinatario de la entrega subsiguiente sea otro sujeto pasivo o una persona jurídica que no sea sujeto pasivo, identificados a efectos del IVA en ese mismo Estado miembro;
>
> e) que el destinatario contemplado en la letra d) haya sido designado, conforme a lo dispuesto en el artículo 197, como deudor del impuesto exigible en concepto de la entrega efectuada por el sujeto pasivo no establecido en el Estado miembro en que sea exigible el impuesto".

La falta de coherencia en la forma en que los Estados miembros han aplicado esta regla de simplificación en este tipo de operaciones ha dificultado determinar qué suministro en una transacción de estas características debe declararse exento. En particular, un número significativo de Estados miembros consideran que, si el proveedor intermediario está registrado a efectos del IVA y/o establecido en el Estado miembro de expedición y/o de llegada, sí podrá aplicar la simplificación recogida en la Directiva[61]. Veamos cómo se materializa.

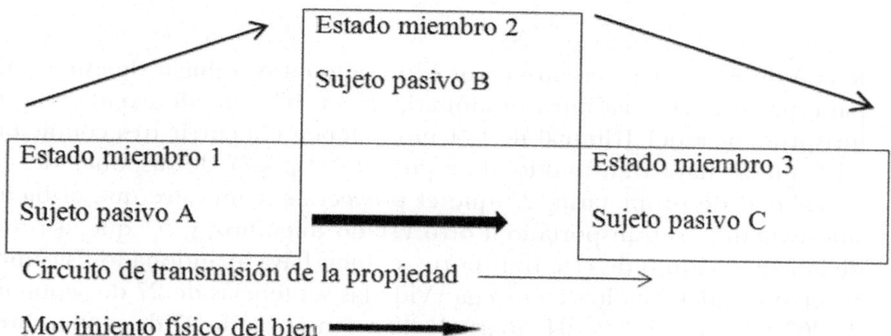

Fuente: Conclusiones del Abogado General, Sr. Yves Bot, presentadas el 30 de noviembre de 2017, Asunto C-580/16, Firma Hans Bühler KG, ECLI:EU:C:2017:930, apartado 4.

De acuerdo con la normativa general, la situación que se muestra en la imagen anterior requeriría el registro de IVA del intermediario en el país del consumidor final, de modo que B debería registrarse en el país C.

Además, tendríamos:

61 Puede consultarse https://www.vatcalc.com/eu/eu-vat-triangulation-automating-determination/, consulta realizada el 7 de marzo de 2023.

- una operación intracomunitaria: entrega intracomunitaria de A a B, exenta, y una AIB de B en el EM-3, sujeta al impuesto[62]; y
- una entrega interior[63] de B a C en el EM-3, realizada por B, pero cuyo sujeto pasivo sería B o C (por inversión del sujeto pasivo), según la legislación de dicho Estado.

Consecuentemente, B soportaría el coste financiero derivado del pago del impuesto por la citada adquisición y debería también, al realizar una adquisición y una subsiguiente entrega en el EM-3, registrarse en dicho Estado, con la consiguiente complejidad en el cumplimiento de todas las obligaciones y la carga administrativa adicional.

Ahora bien, si acudimos al artículo 141 Directiva IVA ya mencionado, y aplicamos los requisitos enunciados anteriormente, teniendo en cuenta que son presupuestos cumulativos tal y como recoge Sentencia de 19 de abril de 2018, Hans Bühler, C-580/16[64], supondría que:

---

62 Recuérdese que, tal y como hemos expresado en otro lugar de este estudio, para que una entrega intracomunitaria de un bien quede exenta, según la jurisprudencia del Tribunal de la Unión, deben concurrir tres condiciones: : 1.º que se haya transmitido al adquirente el poder de disponer del bien en calidad de propietario; 2.º que el proveedor demuestre que el bien ha sido expedido o transportado a otro Estado miembro; y, 3.º que, a resultas de la expedición o de este transporte, el bien haya abandonado físicamente el territorio del Estado de entrega (Vid., las sentencias de 27 de septiembre de 2007, Teleos , C-409/04, apartado 42 o sentencia de 27 de septiembre de 2007, Twoh International , C-184/05, apartado 23, y de 18 de noviembre de 2010, X , C-84/09, apartado 27, todas ellas citadas anteriormente).

63 Así lo entiende también De Miguel Canuto, cuando afirma que "entiendo no puede tratarse de una ulterior entrega intracomunitaria, porque entonces se incumpliría que el Estado de llegada de la expedición coincida con el lugar en donde se efectúa la entrega subsiguiente con destino a persona identificada en ese mismo Estado, como exige la norma. Cabe añadir que la inversión del sujeto pasivo no puede jugar en una entrega intracomunitaria exenta, como enuncia el artículo 84. Uno, 2.º a), letra c) de la Ley del IVA, lo que confirma la conclusión. En suma, deberá tratarse de una entrega interior" (E., De Miguel Canuto: "Operaciones triangulares en el Impuesto sobre el Valor Añadido", *Revista española de Derecho Financiero,* núm. 185, 2020, p. 5. BIB 2020\9071.

64 ECLI:EU:C:2018:261.
A este respecto, el apartado 28 dictamina que "dicho artículo 141 establece los requisitos acumulativos para que los Estados miembros adopten medidas específicas para no gravar con el IVA las adquisiciones intracomunitarias de

- La parte A, parte B y parte C deben estar registradas a efectos de IVA en tres países miembros de la UE diferentes.
- Los bienes son directamente enviados de la parte A a C. El transporte es gestionado por la parte A o por la parte B. De hecho, "la coincidencia del Estado de llegada de la expedición y el Estado donde tiene lugar la entrega subsiguiente o sucesiva es un elemento configurador de la operación triangular"65.
- La parte B es el intermediario y, conforme a lo dispuesto en el artículo 36 bis de la Directiva IVA, el transporte o expedición se imputará a la primera venta de la cadena; es decir, la que realice el primer proveedor a favor del intermediario cuando éste organiza el transporte66. Esta entrega es la que se considera como entrega intracomunitaria y, por tanto, exenta del IVA. Se produce así una operación en cadena, en combinación con la aplicación de la simplificación del artículo 141 de la Directiva IVA [67], hasta el punto de

bienes efectuadas en su territorio, en virtud del artículo 40 de la Directiva del IVA, esto es, cuando ese Estado miembro es el destinatario de la expedición o del transporte intercomunitario".

65 De Miguel Canuto, E.: "Operaciones triangulares en el Impuesto sobre el Valor Añadido", op. cit., p. 5.

66 Dicha solución debía extraerse por la interpretación y configuración de los efectos del propio artículo 141 b y c de la Directiva IVA, tal y como apuntan las Conclusiones del Abogado General, Sr. Yves Bot, presentadas el 30 de noviembre de 2017, C-580/16 Firma Hans Bühler KG, ECLI:EU:C:2017:930. A tal efecto, se señala que el criterio temporal de imputación del transporte basado en la apreciación global del caso, no resultaba de aplicación en la regla de simplificación del artículo 141 en la medida en que la dicción del propio precepto solventa la duda. A saber: "que se realice una adquisición de bienes «con motivo de una entrega subsiguiente de dichos bienes», efectuada por un sujeto pasivo en el Estado miembro del lugar de llegada de estos, por un lado, y que se expidan o transporten directamente los bienes así adquiridos con destino al beneficiario de la entrega subsiguiente, por otro" (apartado 49).

67 Notas explicativas sobre los cambios introducidos en materia de IVA en la UE con respecto a los acuerdos sobre existencias de reserva, las operaciones en cadena y la exención aplicable a las entregas intracomunitarias de bienes («Soluciones rápidas 2020») Directiva (UE) 2018/1910 del Consejo Reglamento de Ejecución (UE) 2018/1912 del Consejo Reglamento (UE) 2018/1909 del Consejo, págs. 69 y ss.

que se ha visto a las operaciones triangulares como una forma específica de operación en cadena[68].

- La parte A emite una factura a la parte B y la parte B emite una segunda factura a la parte C.
- La parte B no está registrada a efectos de IVA en el país A o el país C. Es precisamente en este presupuesto en el que existen diferencias interpretativas[69] y algunos países permiten al intermediario estar registrado en los países A o B.

Este es el caso de la legislación del IVA en Bélgica, en el que cliente final en el Estado miembro de llegada de la mercancía debe satisfacer el IVA si la adquisición es realizada por un sujeto pasivo (intermediario) no establecido en Bélgica, pero identificado en otro Estado miembro de la UE a efectos del IVA, ya sea en el Estado de salida o de llegada de la mercancía siempre que, por supuesto, se cumplan todas las condiciones y que el transporte se asigne a la primera entrega (artículo 25 ter, § 1, 3° TVA grevant les produits[70]).

En Bulgaria bajo la regulación del IVA hasta 2019, si se presentara este mismo escenario, la regla de triangulación de simplificación no podría aplicarse (artículo 15 Ley del Impuesto al Valor Añadido, en vigor desde el 01.01.2007). Sin embargo, tras la modificación operada en 2019 el intermediario puede estar registrado tanto en A como en B, pero realizando la adquisición pertinente bajo la identificación a efectos de IVA de B (SG No. 3 de 2019, en vigor desde el 01.08.2019)[71]

---

68 Conclusiones de la Abogado General, Sra. Juliane Kokott, presentadas el 10 de noviembre de 2005, Asunto C-245/04 EMAG Handel Eder OHG contra Finanzlandesdirektion für Kärnten, apartado 65.
Así se deduce también de EU VAT FORUM Subgroup – "The VAT Quick Fixes", https://taxation-customs.ec.europa.eu/system/files/2022-09/EU%20VAT%20FORUM%20-%20THE%20VAT%20QUICK%20FIXES%20%28Final%20incl.%20annexes%29.pdf, consulta realizada el 25 de marzo de 2023.

69 Cfr. B., Terra y J., Kaus: *A Guide to the European VAT Directives, Introduction to European VAT*, vol. 1, International Bureau of Fiscal Documentation, Ámsterdam, 2017, p. 619.

70 Circulaire 2020/C/50 relative au régime TVA applicable aux échanges intracommunautaires de biens dans les relations B2B, https://expert.taxwin.be/fr/tw_src_off_fisc/document/circtva20200402_2020C50-fr, consulta realizada el 25 de marzo de 2023.
Vid. F., Baltus: *La TVA: fondements et mécanismes*, 2.a ed., Larcier, Bruselas, 2016, p. 163.

71 https://lex.bg/bg/laws/ldoc/2135534826, consulta realizada el 2 de abril de 2023.

En Francia, cuando el proveedor intermedio esté registrado a efectos del IVA y/o establecido en cualquiera de estos Estados miembros, no se podrá aplicar el procedimiento de triangulación simplificada (artículo 258 D del Code général des impôts -CGI-).

En Alemania, la regla especial de simplificación en las operaciones triangulares se puede aplicar cuando el intermediario no está establecido en el Estado miembro de llegada de la mercancía y se encuentra identificado en un Estado distinto de donde se inicia y finaliza el transporte (§ 25b Abs. 2 Übergang der Steuerschuld – UstG-).

En España, el artículo 26. 3 LIVA hace necesario que los bienes partan de un Estado miembro distinto de aquel en el que el adquirente esté identificado a efectos del IVA y, en segundo lugar, que los bienes sean transportados con destino a la persona que se hace la entrega subsiguiente[72].

A este respecto, la cuestión es saber si procede una interpretación estricta y teleológica del artículo 141 de la Directiva. Pues bien, según se desprende de las Conclusiones del Abogado General, Sr. Yves Bot, presentadas el 30 de noviembre de 2017, C-580/16 Firma Hans Bühler KG, y queda recogido posteriormente en la Sentencia, "resulta obligado realizar una interpretación estricta de lo dispuesto en el artículo 141 de la Directiva sobre el IVA debido a su objeto, que no es otro que el establecimiento de una medida de simplificación que tiene como corolario una exclusión, a saber, la relativa a los casos de identificación en el Estado miembro de llegada de

---

72 Resolución de la Dirección General de Tributos V3242-20, de 30/10/2020.
No obstante, tras la Sentencia e 19 de abril de 2018, C-580/16, Firma Hans Bühler KG, ya citada, la DGT acaba admitiendo que "trasladando lo anterior al supuesto objeto de consulta, en el que la consultante tiene también un número de identificación, a efectos del impuesto, asignado por las autoridades polacas, siendo el territorio polaco uno de los lugares de partida de los transportes de bienes, no impedirá, por sí mismo, la aplicación de la exención de la adquisición intracomunitaria de bienes en las operaciones triangulares, siempre y cuando no haya sido ese número el comunicado a los proveedores polacos, sino un número de identificación, a efectos del impuesto, asignado a la consultante por un Estado miembro distinto al de salida de los bienes transportados".
Vid. J. Rodríguez Correa: "Aplicación del IVA a las operaciones triangulares: clarificación de requisitos: Contestación vinculante de la Dirección General de Tributos de 30 de octubre de 2020 (V3242-20)", *Carta tributaria,* núm. 71, 2021.
Téngase en cuenta que el artículo 25. 3 del Reglamento General de la Inspección de los Tributos, prohíbe otorgar NIF-IVA a los que realicen en el territorio de aplicación del impuesto exclusivamente las adquisiciones intracomunitarias de bienes y las entregas subsiguientes a las que se refiere el artículo 26.tres LIVA.

los bienes. Dicho de otro modo, la exclusión de la identificación del sujeto pasivo en el Estado miembro de partida de los bienes no puede deducirse de términos generales"[73]. Por ello, "desde este punto de vista, no puede denegarse la aplicación del régimen de simplificación establecido en los artículos 42, 141, 197 y 265 de la Directiva del IVA a un sujeto pasivo que realiza una adquisición de acuerdo con los requisitos establecidos en el artículo 141 de la Directiva del IVA por la única razón de que dicho sujeto pasivo también está identificado a efectos del IVA en el Estado miembro de partida de la expedición o del transporte intracomunitario…, pero dicho sujeto pasivo utiliza el número de identificación a efectos de IVA de otro Estado miembro para efectuar la adquisición intracomunitaria"[74]. De este modo, y con el fin de reducir las exigencias a lo estrictamente necesario para garantizar la correcta recaudación del impuesto en el Estado de llegada de los bienes[75], "basta con comprobar que se utilizan tres identificaciones a efectos del IVA distintas para aplicar el mecanismo de simplifi-

---

73 Conclusiones del Abogado General, Sr. Yves Bot, presentadas el 30 de noviembre de 2017, C-580/16 Firma Hans Bühler KG, apartado 68, ya citada. Y añade, "si se adoptara una solución opuesta, que impidiera al sujeto pasivo elegir su identificación a efectos del IVA, se crearía una diferencia considerable en el trato dispensado a los sujetos pasivos, lo que podría llevar a limitar el ejercicio de actividades económicas, siendo así que el número individual de identificación a efectos del IVA no es más que un medio de prueba" (apartado 72).

74 Sentencia Hans Bühler, ya citada, apartados 42 y 43.
A estos efectos, y con carácter general, debe recordarse que la Sentencia B., C-696/20 había señalado que el hecho de que se haya utilizado el número de identificación del Estado de partida del transporte no excluye por sí solo el carácter intracomunitario de la operación (apartado 38). En efecto, "el concepto de adquisición intracomunitaria definido en el artículo 20 de la Directiva del IVA está vinculado al de entrega intracomunitaria que contiene el artículo 138, apartado 1, de la misma Directiva, pues en principio aquella solo puede existir si antes hay una entrega intracomunitaria. Dado que la aplicabilidad del artículo 41 de la Directiva del IVA exige la existencia de una adquisición intracomunitaria, según se deduce de su tenor literal, esta disposición está, a su vez, vinculada tanto al artículo 20 como al 138, apartado 1, de la Directiva del IVA" (Conclusiones del Abogado General, Sr. Nicholas Emiliou, presentadas el 7 de abril de 2022, Asunto C-696/20, ya citada, apartado 56).

75 Sentencias de 27 de septiembre de 2007, Collée, C-146/05, EU:C:2007:549, apartado 29, y de 6 de septiembre de 2012, Mecsek-Gabona, C-273/11, EU:C:2012:547, apartado 61.

cación establecido en el artículo 141 de la Directiva sobre el IVA, siempre que... el recurso a múltiples números de identificación a efectos del IVA no sea fraudulento"[76].

En cualquier caso, no debe olvidarse el fundamento de la incorporación de este mecanismo de simplificación en el ámbito de las operaciones intracomunitarias, y que no es otro que "evitar que el operador [intermedio] tenga que identificarse y declarar en el Estado miembro [del lugar de llegada de los bienes]» cuando efectúa en este una adquisición intracomunitaria de bienes seguida de una entrega interna en este mismo Estado miembro sujeta al IVA según las normas aplicables en este. Se busca así «"desactivar" la imposición de esta adquisición intracomunitaria que, en principio, sería imponible en el Estado miembro [del lugar de llegada del transporte] y trasladar al subadquirente [final] el gravamen de la venta que le hace [el operador intermedio]»"[77].

Además, el artículo 141 de la Directiva IVA debe concebirse en relación con lo dispuesto en el artículo 265 de la Directiva, al que remite el artículo 42 de la misma, relativo al contenido del estado recapitulativo que debe elaborarse para las adquisiciones intracomunitarias efectuadas con motivo de una entrega subsiguiente[78]. Los términos empleados sugieren que existe una libertad de elección entre distintos números. Este tenor se recoge igualmente en el artículo 41 de la misma Directiva, relativo a la determinación del lugar de las adquisiciones intracomunitarias de bienes.

Esta interpretación está justificada por la finalidad del mecanismo en cuestión, y que no es otro que el control de la tributación en el lugar final del consumo del bien. A tal efecto, el artículo 141, e) Directiva IVA determina que el destinatario de la segunda entrega se convertirá en sujeto pasivo del impuesto conforme a lo establecido en el artículo 197 del mismo texto. Dicho de otro modo, es el artículo 265 de la Directiva IVA el que

---

[76] Conclusiones del Abogado General, Sr. Yves Bot, presentadas el 30 de noviembre de 2017, Asunto C-580/16, Firma Hans Bühler KG, op. cit., apartado 75.

[77] Conclusiones del Abogado General, Sr. Yves Bot, presentadas el 30 de noviembre de 2017, Asunto C-580/16, Firma Hans Bühler KG, op. cit., apartados 57 y 58.

[78] Cfr. M., Pozvek: "VAT Regime – Triangular Intra-Community Operations and Recent ECJ Case Law", *European taxation,* Vol. 58, N°. 10, 2018, p. 484.
A tal respecto señala que "in this regard, it should be noted that article 265 of the VAT Directive refers to the Member State that issued the VAT identification number to the acquirer under which the acquirer made its acquisitions".

se encarga de fijar los datos que debe contener el estado recapitulativo elaborado conforme a lo dispuesto en el artículo 262 IVA y que determina no solo el lugar de tributación (artículo 42 Directiva IVA), sino que el destinatario final conozca sus obligaciones fiscales para lo que deberá contemplarse la mención "inversión del sujeto pasivo"[79] exigida en el artículo 226, 11 bis de la Directiva IVA y que se convierte en eje estructural de las operaciones triangulares[80] y en garantía del funcionamiento correcto del mecanismo de simplificación arbitrado. Todo ello sin olvidar la atribución de responsabilidad solidaria prevista en el artículo 205 Directiva IVA.

Asimismo, y a raíz de la entrada en vigor de la nueva redacción del artículo 138 de la Directiva IVA, modificado por la Directiva (UE) 2018/1910, la mencionada simplificación sólo será de aplicación si, a su vez, el proveedor de los bienes suministra correctamente la información relativa a la entrega de bienes que ha quedado exenta al Estado miembro del inicio de la expedición o transporte de los bienes, a través de la declaración recapitulativa de operaciones intracomunitarias que está obligado a presentar periódicamente y que constituye, desde el 1 de enero de 2020, uno de los requisitos sustantivos para que la entrega intracomunitaria de bienes, que precede a cualquier adquisición intracomunitaria de bienes, quede exenta[81].

Visto lo anterior, ¿cómo quedaría configurada una operación triangular?

1.-Venta inicial de la Empresa A en el país 1:

- Tratamiento de IVA: la empresa A realiza una entrega intracomunitaria exenta a la empresa B en el Estado 1 conforme a lo dispuesto en el artículo 138 Directiva.
- Facturación: Debe emitirse una factura con tipo cero a B haciendo referencia al artículo 138 de la Directiva del IVA.
- Obligaciones declarativas: la empresa A declara la venta con declaración recapitulativa –artículos 138 bis, 262 a 265 Directiva IVA- como venta intracomunitaria exenta. También se declara en la declaración de IVA de la empresa A. Será precisa la justificación del trasporte conforme a lo dispuesto en el artículo 45 bis del Reglamento

79 Sentencia de 8 de diciembre de 2022, Luxury Trust, C-247/21, ECLI:EU:C:2022:966, aparatado 56.

80 E., De Miguel Canuto: "Operaciones triangulares en el Impuesto sobre el Valor Añadido", op. cit., 4.

81 Así lo ha establecido también la RDGT RDGTV3242-20, de 30 de octubre.

de Ejecución (UE) nº 282/2011 y de un NIF-IVA válido verificado a través de VIES.

2.-Operaciones de compra y venta por un intermediario en el país 2 por B:

- -Tratamiento del IVA: La compra por parte de B a A es una adquisición intracomunitaria que se encuentra bajo el régimen de simplificación triangular y, por tanto, exenta en el Estado 3 que se efectúa para la ejecución de una entrega subsiguiente de los bienes adquiridos (artículo 141 Directiva IVA).

Además, la venta subsiguiente de la empresa B a C es una entrega nacional en C exenta de IVA.

- Facturación conforme a lo dispuesto en el artículo 226 Directiva IVA: La empresa B emite una factura con tipo cero, en la que se indica el número de IVA del cliente (parte C) en el país de llegada de los bienes, haciendo referencia al artículo 141 de la Directiva IVA y a la inversión del sujeto pasivo tras la Sentencia de 8 de diciembre de 2022, Luxury Trust, (C-247/21) y como recoge el artículo 226.11, bis de la Directiva IVA.
- Obligaciones declarativas: La empresa B incluye la adquisición intracomunitaria en la declaración recapitulativa de las operaciones intracomunitarias como operación triangular (utiliza el código T o equivalente en su país) y de las entregas subsiguientes82. Por lo tanto, B no deberá registrarse ni liquidar el IVA ni en el EM 1 ni en el EM 3. Además, para garantizar que B no tributa en el EM 2 por una adquisición intracomunitaria, debe cumplir las condiciones del artículo 42 de la Directiva IVA.

3.-Compra final de la Empresa C en el país 3:

- Tratamiento del IVA: La compra de C a B se encuentra sometida al mecanismo de inversión del sujeto pasivo como entrega interior.
- Facturación: No aplica.
- Obligaciones declarativas: La compra se declara como adquisición con inversión del sujeto pasivo. La empresa C hará constar como IVA deducible y soportado en la declaración del IVA. El resultado neto será cero, salvo que la empresa C no tenga pleno derecho a la deducción.

---

[82] Vid. RDGTV3242-20, de 30 de octubre.

4.- CONCLUSIONES

La finalidad de estas especialidades es fomentar los intercambios entre países a través de una simplificación de las obligaciones tributarias y contribuir a hacer efectivo el principio de neutralidad fiscal.

Resulta relevante tener en cuenta que la operación del intermediario es el que imprime carácter a la operación triangular, tal y como reconoce la RDGT V0908-21, 14 de abril.

Es importante recordar que el intermediario debe estar dado de alta como operador intracomunitario e indicar, en la factura emitida en la operación, la naturaleza exenta de la misma o/y que el sujeto pasivo del impuesto es el cliente final mediante la indicación expresa de que se produce la inversión del sujeto pasivo.

El fraude sigue siento el talón de Aquiles y es lo que ha justificado, a nuestro juicio, que se haya incidido en la implementación de ciertos requisitos materiales relacionados con la identificación a efectos de IVA y su comunicación o la exigencia de la mención expresa a la inversión del sujeto pasivo y que pueden incidir negativamente en la idea de simplificación presente en este marco y la regla general de neutralidad. Ahora bien, la finalidad perseguida por el legislador europeo ofrece entidad suficiente para que las medidas implementadas resulten justificadas.

Queda camino por recorrer en la mejora y aproximación de las legislaciones en ciertos requisitos que permitan un mejor control y que garanticen el ingreso fiscal en el Estado miembro en el que tiene lugar el consumo final.

El control sobre ayudas de Estado en la configuración de tipos reducidos por los Estados miembros[1]

JOSÉ MIGUEL MARTÍN RODRÍGUEZ
Profesor Contratado Doctor
Universidad Pablo de Olavide de Sevilla

1. LA ARMONIZACIÓN DE LA FISCALIDAD INDIRECTA

El principal riesgo para el mercado común, como ya apuntaba el informe Neumark en 1962, es un sistema de imposición indirecta asimétrico que dificulte la libre circulación de bienes, servicios e incluso de los ciudadanos[2]. Por ello, este informe ya sentó las bases para el sistema común de IVA y el establecimiento de niveles mínimos de imposición para deter-

---

1 Este estudio ha sido desarrollado en el seno del Proyecto PGC2018-099338-B-100 "Desafíos tributarios en el nuevo contexto europeo e internacional: economía digital y mercado interior» (Proyecto DE TREDMI), financiado por el Ministerio de Ciencia e Innovación, la Agencia Estatal de Investigación (AEI) y el Fondo Europeo de Desarrollo Regional (FEDER), en el marco de la convocatoria de 2018 de concesión de ayudas a "Proyectos de I+D de Generación de Conocimiento" del que es Investigador principal el Prof. Jesús Ramos Prieto.

2 El Informe Neumark es el output del Comité Fiscal y Financiero de la Comisión de las Comunidades Europeas creado el 5 de abril de 1960 para dar respuesta al mandato del Tratado de Roma, que en su artículo 99 instaba a los Estados a examinar la mejor forma de armonizar las legislaciones estatales en materia de impuestos indirectos. En un primer momento este Informe planteaba un ambicioso plan dividido en tres etapas que concluiría con una armonización plena de los impuestos en la Unión corregida con un sistema de compensación financiera entre los Estados. Sin embargo, en su propio texto advertía que: «diferencias moderadas relativas a la naturaleza (estructura) y al tipo de los impuestos no entorpecen el libre juego de la competencia». Véase: «Informe del Comité fiscal y Financiero de la Comunidad Económica Europea», Documentación Económica, núm. 53, Comisaría del plan de desarrollo económico y social, Gabinete de Estudios, Madrid, 1965, pág. 25

minados consumos132. El principal paso en esta armonización lo constituyó la aprobación en 1977 de la Sexta Directiva del IVA[3] por la que se instauraron, entre otras cuestiones, el régimen de deducción del impuesto, el hecho imponible o los conceptos de entrega de bienes y prestación de servicios. Posteriormente, la plena apertura de las fronteras en la Comunidad vigente a partir de 1 de enero de 1993 trajo consigo la aprobación de la Directiva 91/680/CE[4], que introdujo el esquema de las entregas y adquisiciones intracomunitarias y la Directiva 92/77/CEE[5], que recogió los acuerdos sobre armonización de tipos impositivos en el IVA, imponiendo a los Estados ya entonces un tipo mínimo del 15 %.

Esta armonización de la fiscalidad indirecta tiene sus bases sólidamente afincadas en el actual artículo 113 del TFUE y ha servido también como eje para la armonización de los impuestos especiales sobre el tabaco, las bebidas alcohólicas o los productos energéticos[6]. Aunque existe cierta libertad por parte de los Estados para fijar los tipos, el régimen del IVA y

---

3 Sexta Directiva del Consejo, de 17 de mayo de 1977, en materia de armonización de las legislaciones de los Estados miembros relativas a los impuestos sobre el volumen de negocios. Sistema común del IVA: Base imponible uniforme (77/388/CEE). Derogada por la versión consolidada de las modificaciones previas, la Directiva 2006/112/CE del Consejo, de 28 de noviembre de 2006, relativa al sistema común del impuesto sobre el valor añadido.

4 *Directiva 91/680/CE, del Consejo, de 16 de diciembre de 1991, regula el régimen transitorio del Im- puesto sobre el Valor Añadido en el mercado interior de la Comunidad Europea.*

5 *Directiva 92/77/CE del Consejo, de 19 de octubre de 1992, por la que se completa el sistema común del IVA y se modifica la Directiva 77/388/CE.*

6 Los impuestos especiales reciben tal nombre por gravar la producción o el consumo de bienes determinados. Estos impuestos, existían con diversa estructura y alcance en los Estados miembros antes de la creación del mercado único y, dada su repercusión directa sobre el precio de los bienes y servicios, eran susceptibles de influir de modo muy significativo en la circulación de bienes y servicios. Su potencial peligrosidad para el desarrollo adecuado del mercado obligó a un proceso armonizador a nivel comunitario que creara un marco jurídico común que permitiera equilibrar la soberanía nacional de los Estados con una cierta coordinación fiscal que obstaculizara el desarrollo de dinámicas de competencia fiscal entre los Estados miembros, que fijaban tipos muy diversos para una misma categoría de bienes. La piedra angular de este marco jurídico común para los impuestos especiales es la Directiva del Consejo 2008/118/CE, de 16 de diciembre de 2008, relativa al régimen general de los impuestos especiales, y por la que se deroga la Directiva 92/12/CEE. Este texto entró en vigor el 15 de enero de 2009 y es de plena aplicación en la UE desde el 1 de abril de 2010

de los impuestos especiales supone uno de los ejemplos más próximos a la unificación en la normativa fiscal europea[7].

La relevancia relativa de la fiscalidad indirecta ha crecido en las últimas décadas en la UE a raíz de la adhesión de Estados del Este de Europa, que han optado claramente por un *tax mix* con preponderancia de la imposición indirecta. Una preponderancia que no se basa realmente en la aplicación de elevados tipos de gravamen en la fiscalidad indirecta, sino en la vigencia en su imposición sobre la renta de *flat taxes* que reducen el peso de la fiscalidad directa.

Actualmente, dentro de las amplias diferencias entre Estados miembros, según los últimos datos de 2020 la recaudación de los impuestos indirectos en la UE respecto al total de ingresos tributarios supera la recaudación vía impuestos directos (33,4% frente al 33,1 %)[8]. Como podemos comprobar, los cinco Estados con una proporción de recaudación proveniente de impuestos indirectos superior al 45% se corresponden con el perfil indicado anteriormente (Eslovenia, Croacia, Hungría, Bulgaria y Letonia).

---

7 Dentro de la categoría de impuestos indirectos, además de estas figuras armonizadas, se sitúa un amplio elenco de impuestos de naturaleza indirecta no armonizados. Es el caso de nuestro Impuesto sobre Transmisiones Patrimoniales y Actos Jurídicos Documentados (ITPAJD), que aglutina en nuestro ordenamiento los conocidos a nivel comunitario como "*transfer taxes*" o "*stamp duties*", asimilación realizada admitiendo las lógicas diferencias entre las múltiples figuras de los Estados miembros. Desde un punto de vista técnico también pueden tener la consideración de impuestos indirectos algunos de los tributos medioambientales, no solo los impuestos especiales con perfil ambiental (como el impuesto sobre hidrocarburos), si no cualquier otro gravamen sobre el transporte, la contaminación, otros recursos naturales o las diferentes modalidades de Impuestos sobre las Transacciones Financieras vigentes en los Estados miembros .

8 Taxation Trends in the European Union 2022, pág. 29.

Gráfico 1 – Porcentaje de recaudación por fiscalidad indirecta frente al total de recaudación tributaria (incluyendo seguridad social)

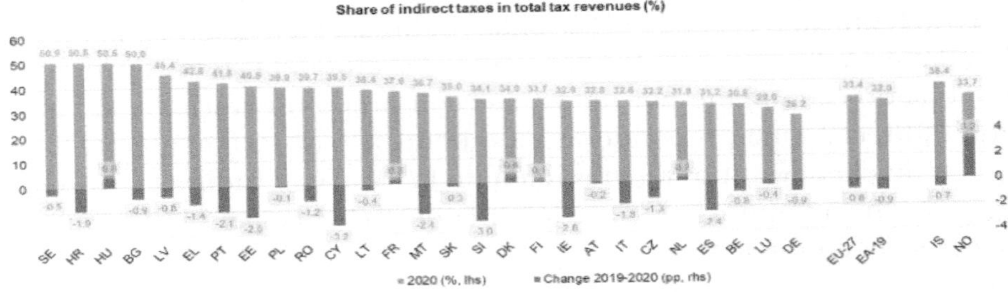

Fuente: Taxation Trends in the European Union 2022

Dada su relevancia en un plano recaudatorio y como principal instrumento de funcionamiento del mercado interior, resulta llamativo[9] la escasa atención que la doctrina ha prestado a la aplicación en el ámbito de la fiscalidad indirecta del régimen de ayudas de Estado de los arts. 107 TFUE y ss. Todo ello a pesar de que la mayoría de estas figuras de fiscalidad indirecta[10] están plagadas de incentivos de todo tipo (exenciones, tipos reducidos, regímenes preferenciales, etc.) que podrían requerir un análisis al respecto de su consideración como ayudas de Estado incompatibles con el mercado interior. Una afirmación que podemos perfectamente extender al ámbito del IVA, objeto de este estudio, donde autores como TERRA han advertido de la contrariedad de que una normativa como la del IVA "*full of favouritism*" apenas haya sido examinado bajo el prisma de las ayudas de Estado[11].

En este estudio nos centraremos particularmente en analizar si el régimen de ayudas de Estado puede aplicarse como herramienta de control para que la fijación de tipos reducidos en IVA por parte de los Estados no provoque situaciones contrarias a los principios de funcionamiento del mercado interior.

---

9 Así lo han advertido autores como Englisch, J., "EU State aid rules applied to indirect tax measures", *EC Tax Review*, Vol. 22, N°. 1, 2013, p. 9.

10 Ibídem.

11 Terra, B.,"Value Added Tax and State Aid Law in the EU", *Intertax*, Vol. 40, nº. 2, 2012, p. 101.

2. LA CONFIGURACIÓN DE LAS AYUDAS DE ESTADO EN EL TFUE Y SU ESCASA APLICACIÓN EN EL IVA

Antes de conocer las particularidades que presenta la aplicación del régimen de control de ayudas de Estado en el IVA consideramos oportuno realizar un brevísimo repaso a su configuración. Lo primero, que no debemos olvidar, es que este régimen tiene como cometido principal garantizar el funcionamiento del mercado interior, evitando que los Estados puedan falsear la competencia favoreciendo a determinados sectores o empresas. Dado que ya existe una vastísima literatura sobre la aplicación del procedimiento de ayudas de Estado al ámbito fiscal no realizaremos aquí un análisis detallado de la cuestión propio de otros trabajos, que constituyen ya un cuerpo doctrinal consistente y coherente[12].

Para empezar, es necesario reconocer que el artículo 107.1 TFUE no recoge en puridad una definición clara del concepto de ayuda de Estado, sino que se limita a enumerar, de manera poco precisa, las notas distintivas que permitirán calificar una determinada medida como incompatible con el mercado interior[13].:

> "Salvo que los Tratados dispongan otra cosa, serán incompatibles con el mercado interior, en la medida en que afecten a los intercambios comerciales entre Estados miembros, las ayudas otorgadas por los Estados o mediante fondos estatales, bajo cualquier forma, que falseen o amenacen falsear la competencia, favoreciendo a determinadas empresas o producciones."

De este párrafo se pueden extraer claramente la existencia de cuatro requisitos para calificar una medida como ayuda de Estado[14]:

- debe tratarse de una intervención del Estado o mediante fondos estatales

---

12 Entre los principales trabajos nos remitimos a: Martín López, J. *Competencia fiscal perjudicial y Ayudas de Estado en la Unión Europea,* Tirant lo Blanch, Valencia, 2006; Pérez Bernabéu, B., *Ayudas de Estado en la jurisprudencia comunitaria. Concepto y Tratamiento,* Tirant lo Blanch, Valencia, 2008; De Juan Casadevall, J., Ayudas de Estado e Imposición directa en la Unión Europea, Thomson Reuters Aranzadi, 2011.

13 En opinión de Pérez Bernabéu esta indefinición puede tener como trasfondo que las medidas de fomento están en continua evolución, de este modo, por tanto, se evita tener que acudir a una revisión permanente de las definiciones realizadas. Vid. Pérez Bernabéu, B., "Ayudas de Estado…", *op. cit.*, p. 36.

14 Entre otras, SSTJUE de 3 de marzo de 2005, *Heiser,* asunto C-172/03 (ECLI:EU:C:2005:130), ap. 27.

- esta intervención debe poder afectar a los intercambios comerciales entre los Estados miembros
- debe conferir una ventaja a su beneficiario
- debe falsear o amenazar falsear la competencia

Lo cierto es que esta aparente indefinición ha permitido, tanto a la Comisión como al TJUE, dar un paso al frente e intervenir activamente en la construcción del concepto de ayuda de Estado, tanto a través de instrumentos de *soft law*, como por medio de los respectivos pronunciamientos jurisprudenciales. En el plano fiscal, el indudable punto de partida es la Comunicación que la Comisión emitió en 1998[15] en la que precisaba los parámetros que orientarían sus decisiones respecto a la compatibilidad de las ayudas de Estado en materia fiscal, interpretando particularmente los criterios que debía satisfacer cumulativamente una medida fiscal para recibir esta calificación:

1. la ventaja debe ser concedida por el Estado o mediante fondos estatales. Una disminución de los ingresos fiscales equivale al consumo de fondos estatales en forma de gastos fiscales.
2. La medida debe afectar a la competencia y los intercambios entre los Estados miembros.
3. la medida debe ofrecer a sus beneficiarios una ventaja que aligere las cargas que, por regla general, gravan su presupuesto.
4. la medida debe ser específica o selectiva en el sentido de favorecer a «determinadas empresas o producciones». Este carácter de ventaja selectiva puede ser resultado de una excepción a las disposiciones fiscales de naturaleza legislativa, reglamentaria o administrativa, como también de una práctica discrecional por parte de la administración fiscal.

Pasados veinticinco años desde esta Comunicación, estos cuatro criterios han sido objeto de importantes matizaciones, tanto por la doctrina como por la jurisprudencia comunitaria; una jurisprudencia que ha sido crucial para determinar el alcance real de la aplicación del régimen de las ayudas de Estado al ámbito fiscal. A priori, dentro de los cuatro criterios,

---

15 Comunicación de la Comisión de 10 de diciembre de 1998 relativa a la aplicación de las normas sobre ayudas estatales a las medidas relacionadas con la fiscalidad directa de las empresas (98/C 384/03)

el tercero y el cuarto, los que configuran la "selectividad" de la medida[16], son los que han generado mayores conflictos desde un punto de vista interpretativo y, por tanto, los que han demandado también un mayor esfuerzo en su construcción por parte del Tribunal de Justicia. Por el contrario, los criterios primero y segundo han tenido una aplicación más pacífica por lo general; sin embargo, como veremos a continuación, en el ámbito específico del IVA estos primeros criterios cobran también gran relevancia.

Un aspecto que consideramos crucial es recordar que el concepto de ayuda que ha desarrollado el TJUE se caracteriza en palabras de Mamut por su "neutralidad formal"[17], lo que le otorga un mayor rango de acción ya que permite su intervención y la valoración como eventual ayuda de Estado prohibida independiente del modo en que se materialice la ayuda. Es decir, como matiza Terra, no debemos atender a la forma de la intervención, su configuración legal ni su objetivo, sino a sus verdaderos efectos[18].

2.1 La tardía y escasa aplicación del régimen de ayudas de Estado en la fiscalidad indirecta y, especialmente, en el IVA

Esta primera Comunicación de 1998 tenía como objetivo examinar las medidas tributarias nacionales a la luz del régimen de ayudas de Estado, pero se centró exclusivamente en las medidas relacionadas con la fiscalidad directa, en el marco de su preocupación por los efectos de la competencia fiscal perniciosa

No fue hasta seis años después, en febrero de 2004, cuando la propia Comisión admitió en el Informe sobre la aplicación de la Comunicación de 1998[19] que la misma podía "servir de apoyo para el análisis de algunos

16 En este aspecto respaldamos la posición defendida por el profesor Martín López (2006), que propone una fusión entre los criterios 1) y 4) enumerados anteriormente. Es decir, considera equivalentes en el ámbito tributario la obtención de una ventaja y el carácter selectivo de la medida . Por tanto, para referirse a estos dos criterios conjuntamente adopta el concepto de "ventaja fiscal", entendida esta como "aquellas desviaciones del régimen tributario ordinario vigente en un concreto Estado que benefician, de manera selectiva, a ciertos contribuyentes" .

17 Mamut, M.A.,"The State Aid Provisions of the TFEU in Tax Matters", AAVV. *Introduction to European Tax Law on Direct Taxation* (dirs. Michael Lang y otros), 2010.

18 Terra, B. (2012), "Value Added Tax...", *op.cit.*,p. 106.

19 Informe sobre la aplicación de la Comunicación de la Comisión relativa a la aplicación de las normas sobre ayudas estatales a las medidas relacionadas con

casos relacionados con impuestos indirectos"[20]. De hecho, la Comisión reconoció haber examinado durante estos primeros años de aplicación de la Comunicación algunas medidas de fiscalidad indirecta bajo los parámetros recogidos en la misma.

Ya entonces realizó una clara distinción entre las medidas en materia de IVA de las existentes en otros impuestos especiales sobre el consumo[21]. En relación al IVA, la Comisión entendió que las medidas difícilmente podrían requerir un examen a la luz de la normativa sobre ayudas de Estado, toda vez que los Estados miembros tenían un margen casi inexistente para modificarlas, pues estaban "estrictamente reglamentadas por disposiciones comunitarias y obedecen a una lógica de igualdad fiscal". En cambio, sí consideró que los impuestos especiales sobre el consumo en beneficio de determinadas empresas o producciones podrían constituir ayuda estatal.

Lo cierto es que desde entonces algunos autores cifran en torno a un tercio las Decisiones de la Comisión en procedimientos por ayudas de Estado en materia fiscal que han versado sobre figuras de imposición indirecta[22]. Sin embargo, la imposición medioambiental y sobre la energía han copado la mayoría de estas decisiones, siendo mínimas las decisiones en otros ámbitos de los impuestos especiales y totalmente residuales en el ámbito del IVA[23]. Esta mínima acción se ha extendido también, lógica e inevitablemente, al ámbito jurisprudencial, siendo muy escasos los pronunciamientos de los tribunales de la UE en materia de ayudas de Estado en estos ámbitos.

En línea con esta realidad, también ha sido mínima la atención doctrinal en este campo, por lo que entendemos que constituye una aportación original centrar este trabajo en la eventual aplicación del régimen de ayudas de Estado en el IVA, con las particularidades que el mismo representa.

---

la fiscalidad directa de las empresas. C(2004)434, 9 de febrero de 2004.

20 Ibídem, pár. 71.

21 Ibídem. pár. 72

22 Englisch, J., "EU State aid rules…", *op.cit.*, p. 10.

23 No incluimos en este análisis el amplio elenco de ayudas excepcionales adoptadas en respuesta a la crisis ocasionada por la pandemia de COVID-19 a las que resultó de aplicación el "*Temporary Framework*" aprobado por la Comunicación de la Comisión de 20 de marzo de 2020, "Marco Temporal relativo a las medidas de ayuda estatal destinadas a respaldar la economía en el contexto del actual brote de COVID-19" (2020/C 91 I/01)

3. PARTICULARIDADES QUE PLANTEA LA APLICACIÓN DEL RÉGIMEN DE AYUDAS DE ESTADO EN EL ÁMBITO DEL IVA

3. 1. ¿Quién será el beneficiario de la ayuda en un tributo que se repercute sobre el consumidor final como el IVA?

Es lógico que nos surjan dudas sobre quién es el beneficiario de la adopción de una determinada medida en el ámbito del IVA que reduce la carga fiscal sobre determinadas operaciones. ¿Será el sujeto pasivo, empresario o profesional aunque repercuta el impuesto al consumidor final?, o ¿será el consumidor final que ve reducida la carga fiscal que debe asumir? Esta respuesta no es baladí, pues el art. 107 TFUE exige para activar el mecanismo de control de ayudas de Estado que la medida en concreto beneficie a "determinadas empresas o producciones".

En el asunto *Heiser*, el TJUE resolvió por primera y única vez una controversia que versaba exclusivamente sobre ayudas de Estado en el IVA. El objeto del debate fue que Austria permitió en el ámbito de los servicios médicos que la aplicación de la exención (a partir del 1 de enero de 1997) no llevara aparejada la regularización del IVA soportado por la adquisición los bienes de inversión que se adquirieron con anterioridad a dicha fecha para el desarrollo de actividades no exentas, aunque pasaran desde entonces a emplearse en el desarrollo de servicios exentos[24].

La duda en este caso podría surgir sobre si los beneficiarios de esta ayuda eran los propios prestadores de servicios médicos o las entidades de seguros de enfermedad, que a priori verían reducido el precio final que abonarían por estos servicios conforme al sistema de salud austriaco. Pues bien, atendiendo a los datos ofrecidos por las partes en el caso, el TJUE consideró que "jurídicamente, los únicos beneficiarios (...) son los médicos", no habiéndose podido probar que estos "repercutan sistemáticamente los beneficios de tal medida sobre las entidades del seguro de enfermedad, de modo que la ventaja quedase neutralizada, a fin de cuentas, respecto de los médicos"[25].

---

[24] El régimen de la regularización de los bienes de inversión previsto en el art. 187 de la Directiva 2006/112/CE tiene su fundamento en propio art. 168 que establece que el derecho a deducir solo nace en la medida en que los bienes y los servicios se utilicen para las necesidades de sus operaciones gravadas.

[25] STJUE asunto *Heiser*, ap. 47.

Aunque sea difícil extraer conclusiones del análisis de un solo asunto sobre una materia muy particular, lo que sí podemos afirmar es que a la hora de responder a estas preguntas el TJUE, siguiendo el "antiformalismo" del concepto de ayuda antes indicado, considera de se debe atender al contexto concreto en que se aplica dicha ayuda y a su beneficiario efectivo, al margen de quién pueda ser considerado el beneficiario "legal".

En el caso del IVA, por su propia estructura, resulta a priori evidente que el beneficiario real de una menor tributación, en cualquier forma, es el consumidor final

La disyuntiva es evidente, ¿el hecho de que los beneficiarios efectivos de la ayuda sean consumidores finales y no las "empresas o producciones" que prestan los servicios o entregan los bienes excluye la aplicación del régimen de ayudas de Estado? ¿No podrían las empresas o producciones ser beneficiarios (indirectos) por la ventaja competitiva que supone poder ofrecer sus bienes y servicios a un precio inferior al consumidor final?

En este sentido, la jurisprudencia del TJUE ya ha admitido que "una ventaja directamente concedida a determinadas personas físicas o jurídicas que no sean necesariamente empresas puede constituir una ventaja indirecta y, por ende, una ayuda de Estado para otras personas físicas o jurídicas que sean empresas", existiendo de este modo un doble beneficiario, el que recibe la ayuda y el que obtiene beneficios económicos, no necesariamente vinculados a la ayuda original[26]. Así se plasmó, por ejemplo, en la STJUE de 13 de junio de 2002[27], Comisión c. Países Bajos, asunto C-382/99, en la que una ayuda a las estaciones de servicio situadas cerca de la frontera con Alemania para mitigar las compras transfronterizas de combustible se consideró que podía constituir una ventaja indirecta, según la modalidad de contratos de gestión de precios, a las compañías petroleras suministradoras, violando así el umbral de las ayudas de *minimis*[28].

En un sentido similar, realizando un paralelismo inverso con la jurisprudencia consolidada del TJUE en materia de impuestos indirectos impro-

---

26 STPI de 4 de marzo de 2009, *Associazione italiana del risparmio gestito,* asunto T-4445/05, ap. 127 (ECLI:EU:T:2009:50). ; SSTJUE de 8 de diciembre de 2011, *Residex capital,* asunto C-275/10, aps. 42 y 43 (ECLI: EU:C:2011:814)

27 ECLI:EU:C:2002:363

28 Asunto *Comisión c. Países Bajos,* aps. 62 y 66.

cedentemente repercutidos[29] (en la cual se considera que un impuesto repercutido superior afecta negativamente al volumen de ventas del sujeto pasivo), ENGLISCH[30] considera que reducciones fiscales en impuestos indirectos pueden efectivamente crear una ventaja competitiva a las empresas al permitirles reducir sus precios e incrementar sus ventas y su cuota de mercado. Esta circunstancia, en algunos casos, requerirá de estudios detallados sobre los eventuales efectos en el mercado de las medidas con el fin de identificar la naturaleza sustitutiva de determinados bienes o servicios analizando, por ejemplo, la elasticidad cruzada de la demanda[31].

A continuación vamos a exponer las particularidades que puede presentar la aplicación de los cuatro requisitos para considerar la existencia de ayudas de Estado en el ámbito del IVA, particularmente en la consideración que podría tener un incremento o una reducción de los tipos de gravamen sobre determinados bienes o servicios.

---

29 "incluso en el supuesto de que se demuestre que el tributo recaudado indebidamente ha sido repercutido sobre terceros, la devolución del mismo al agente económico no implica necesariamente un enriquecimiento sin causa de este último, ya que el hecho de incluir el importe de dicho tributo en los precios que practica puede ocasionarle un perjuicio relacionado con la disminución del volumen de ventas". SSTJUE de 6 de septiembre de 2011, asunto *Lady & Kids A/S*, C-398/09, ap. 21 (ECLI: EU:C:2011:540). De forma más reciente, ATJUE de 7 de febrero de 2022, *Vapo Atlantic S.A*, asunto C-460/21, ap. 47 (ECLI:EU:C:2022:83)

30 Englisch, J., "EU State aid rules...", *op.cit.*, p. 12

31 La elasticidad cruzada pretende determinar la medida en que la demanda de un bien cambia en respuesta a un cambio en el precio de otro bien relacionado. En otras palabras, mide la sensibilidad de la demanda de un bien ante un cambio en el precio de otro bien. Por ejemplo, si el precio de la mantequilla aumenta, la demanda de margarina puede aumentar debido a que son sustitutos cercanos y los consumidores pueden optar por la margarina en lugar de la mantequilla debido al aumento de precio de esta última. La fórmula para calcular la elasticidad cruzada de la demanda es la siguiente: EC = (% cambio en la cantidad demandada del bien A) / (% cambio en el precio del bien B). Si el valor de la elasticidad cruzada de la demanda es positivo, se considera que los bienes son sustitutos cercanos, mientras que si es negativo, se considera que son bienes complementarios. Vid. Mankiw, N.G. *Principios de economía* (6a ed.), Cengage Learning., 2014.

3.2 La concesión de las ayudas por el Estado o mediante fondos estatales

Para calificar una determinada medida como ayuda de Estado incompatible conforme al art. 107.1 TFUE es necesario que estas sean "otorgadas por los Estados o mediante fondos estatales, bajo cualquier forma".

3.2.1 La imputabilidad de la medida al Estado

Dentro de este primer requisito existen realmente dos cuestiones interesantes a analizar en el ámbito del IVA. La primera es la que podemos considerar como *imputabilidad* de la medida, cuestión especialmente relevante en un ámbito como el de la fiscalidad armonizada; es decir, cuándo podemos considerar que la ayuda es otorgada por una intervención del Estado y no es una mera consecuencia de la propia normativa armonizada del impuesto.

A este respecto, la redacción literal del art. 107.1 puede dar lugar a confusión al disponer una aparente alternatividad (otorgadas por los Estados "o" mediante fondos estatales). Sin embargo, la más reciente "Comunicación de la Comisión relativa al concepto de ayuda estatal conforme a lo dispuesto en el artículo 107, apartado 1, del Tratado de Funcionamiento de la Unión Europea" (2016/C 262/01) considera, siguiendo la jurisprudencia de los propios tribunales europeos, que "la concesión de una ventaja directa o indirecta mediante fondos estatales y la imputabilidad de dicha medida al Estado son dos condiciones separadas y acumulativas para que exista ayuda estatal"[32].

Si bien es cierto que el principal debate en torno a esta imputabilidad surge por la eventual concesión de las ayudas por organismos o empresas públicas, tiene particular recorrido también en el ámbito de la fiscalidad armonizada. En este sentido, la Comunicación de 2016 recuerda que la medida "no es imputable a un Estado miembro si el Estado miembro está obligado a ejecutarla en virtud del Derecho de la Unión sin ninguna discrecionalidad", pues "la medida se deriva de un acto del legislador de la Unión y no es imputable al Estado"[33].

---

32 Comunicación de la Comisión relativa al concepto de ayuda estatal, 2016, par. 38.

33 Comunicación de la Comisión relativa al concepto de ayuda estatal, 2016, par. 44. Como se ocupa de recordar la Comunicación, este sería el caso de la STJUE de 23 de abril de 2009, *Puffer*, asunto C-460/07 (ECLI:EU:C:2009:254) en la que el Tribunal descartó que pudiera existir una ayuda de Estado por la plasmación

En cambio, lo que resultará de especial interés para este estudio, la propia Comisión admite en esta Comunicación de 2016 que sí serán imputables las eventuales ayudas otorgadas en situaciones "en las que el Derecho de la Unión simplemente permite determinadas medidas nacionales y los Estados miembros gozan de discreción, tanto cuanto a si adoptar las medidas en cuestión como a la hora de determinar las características de la medida concreta[34]."

En su jurisprudencia el TJUE ha entendido que esta discrecionalidad se traduce en la imputabilidad de la medida dentro de la capacidad de los Estados para conceder "ventajas destinadas a favorecer la realización de los objetivos económicos o sociales perseguidos (...) mediante decisiones unilaterales y autónomas (...) con el fin de alcanzar sus propios objetivos económicos y sociales"[35].

El principal objeto de debate, lógicamente, es cuál es el alcance de esta imputabilidad en un ámbito de fiscalidad armonizada como el del IVA. Por lo que respecta al objeto de este trabajo, lo cierto es que hasta ahora la Comisión se ha mostrado contraria a examinar a la luz de las ayudas de Estado las medidas estatales adoptadas en ámbitos en los que existe una cierta discrecionalidad, como sucede en la determinación de tipos reducidos en el IVA.

No en vano, como indicamos anteriormente, en el Informe de 2004 sobre la aplicación de la Comunicación de 1998[36], la Comisión ya advirtió que en el ámbito del IVA las medidas difícilmente podrían requerir un examen a la luz de la normativa sobre ayudas de Estado toda vez que los

---

al Derecho nacional (austriaco) de la exclusión del derecho a la deducción del IVA soportado a aquellos sujetos que realizan únicamente operaciones exentas frente a aquellos que realizan solo operaciones gravadas. En opinión del TJUE "el derecho a la deducción del IVA soportado, así como la posible ventaja de tesorería correspondiente para los sujetos pasivos que realizan operaciones gravadas, deriva directamente del artículo 17, apartado 2, letra a), de la Sexta Directiva, a la cual los Estados miembros deben adaptar su Derecho nacional (...) En consecuencia, no se cumple el requisito de que exista una intervención de Estado, por lo que no puede aplicarse el artículo 87 CE, apartado 1."; aps. 69-70.

34 Comunicación de la Comisión relativa al concepto de ayuda estatal, 2016, par. 45

35 STJUE de 5 de abril de 2006, *Deutsche Bahn AG*, asunto T-351/02, ap. 100 (ECLI:EU:T:2006:104).

36 Informe sobre la aplicación de la Comunicación de la Comisión relativa a la aplicación de las normas sobre ayudas estatales a las medidas relacionadas con la fiscalidad directa de las empresas. C(2004)434, 9 de febrero de 2004.

Estados miembros tenían un margen casi inexistente para modificarlas, pues estaban "estrictamente reglamentadas por disposiciones comunitarias y obedecen a una lógica de igualdad fiscal".

En lo que respecta a la introducción y mantenimientos de tipos reducidos de IVA el TJUE siempre ha recordado que "sólo pueden ser admitidos si no vulneran el principio de neutralidad fiscal inherente al sistema común del IVA, que se opone a que mercancías similares, que compiten entre sí, sean tratadas de forma distinta desde el punto de vista del IVA"[37].

La realidad es que han sido múltiples las situaciones en las que la Comisión o los ciudadanos han puesto en entredicho a los Estados miembros por desviarse aparentemente de estos parámetros, generando posibles discriminaciones y selectividad al aplicar tipos de IVA diferentes entre bienes o servicios similares[38]. No obstante, hasta ahora los asuntos no se han dilucidado al amparo del régimen de las ayudas de Estado, si no por la vía de la vulneración del mencionado principio de neutralidad.

El aspecto clave es que el TJUE interpreta que cuando las Directivas autorizan la aplicación de un tipo reducido a una determinada categoría de operaciones, los Estados miembros, de aplicarlo, no deben extenderlo necesariamente a todos los aspectos dentro de dicha una misma categoría, es decir, el Tribunal entiende que "a condición de respetar el principio de neutralidad fiscal inherente al sistema común del IVA, los Estados miem-

---

37 Entre otras, SSTJUE de 3 de mayo de 2001, Comisión/Francia, C-481/98, aps. 21-22 (ECLI:EU:C:2001:237) y de 8 de mayo de 2003, Comisión/Francia, C-384/01, ap. 25 (ECLI:EU:C:2003:264). La Directiva 2006/112/CE recoge en su considerando 7 de hecho que "El régimen común IVA, incluso en el supuesto de que los tipos impositivos y las exenciones no se armonicen totalmente, debe conducir a una neutralidad en la competencia, en el sentido de que en el territorio de cada Estado miembro los bienes y servicios de naturaleza análoga soporten la misma carga fiscal, sea cual fuere la longitud de su circuito de producción y distribución.".

38 De hecho, el *Impact Asessment* que acompañaba a la propuesta directiva de tipos (Impact Assesment. Accompanying the document Proposal for a Council Directive amending Directive 2006/112/EC as regards rates of value added tax, 18 de enero de 2018, SWD(2018) 7 final), se hacía eco de que, al margen de las eventuales cuestiones prejudiciales, se habían iniciado hasta entonces nada menos que 40 procedimientos de infracción contra los Estados miembros por violación de las reglas de determinación de tipos de las Directivas IVA.

bros pueden aplicar un tipo reducido del IVA a aspectos concretos y específicos de una categoría de operaciones"[39].

Esta "aplicación selectiva" del tipo reducido del IVA entiende el Tribunal que se justifica particularmente porque, al constituir los tipos reducidos una excepción, "su aplicación a aspectos concretos y determinados (...) es coherente con el principio según el cual las exenciones o excepciones deben interpretarse restrictivamente"[40].

De este modo , el TJUE condiciona en estas situaciones la eventual aplicación de tipos reducidos por los Estados miembros a dos requisitos: que efectivamente se apliquen a un "aspecto concreto y específico" de los admitidos en la lista de tipos reducidos, identificable separadamente al margen de los restantes elementos de dicha categoría; y que respeten el principio de neutralidad fiscal, opuesto a que el principio de neutralidad fiscal que se opone, en concreto, a que "mercancías o servicios similares, que compiten entre sí, sean tratados de forma distinta desde el punto de vista del IVA" [41].

Por ejemplo, en la STJUE de 27 de febrero de 2014, *Med Logistik*, asuntos acumulados C-454/12 y C-455/12[42] valoró si suponía una vulneración del Derecho de la UE la aplicación en Alemania de un tipo de IVA reducido al transporte en taxi, mientras que al transporte en vehículo de alquiler con conductor se aplicaba el tipo de IVA normal. En primer lugar, el Tribunal admitió que a la vista del diferente marco jurídico aplicable, el transporte urbano de personas en taxi podía suponer "un aspecto concreto y específico" dentro de los servicios de transporte de personas y equipajes a los que cabe aplicar el tipo reducido[43]. Igualmente, consideró que estas diferencias también determinaban que no hubiera vulneración del principio de neutralidad fiscal por aplicar diferentes tipos de IVA "ya que cada uno de ellos puede responder a distintas necesidades de dicho usuario"[44], eso sí, cuando en el marco de convenios específicos este se aplique indistintamente a taxis y vehículos de alquiler con conductar (en el caso era un

---

39 Entre otras, STJUE de 6 de mayo de 2010, *Comisión/Francia*, C-94/09, ap. 26 (ECLI:EU:C:2010:253).

40 Asunto *Comisión/Francia*, C-384/01, ap. 28.

41 STJUE 10 de noviembre de 2011, The Rank Group, C-259/10 y C-260/10, ap. 32 (ECLI:EU:C:2011:719).

42 ECLI:EU:C:2014:11

43 Asunto *Med Logistik*, asuntos acumulados C-454/12 y C-455/12, aps. 49 y 50

44 Ibídem, ap. 59.

convenio especial para el transporte de enfermos) ya no estaría justificada esta distinción[45].

En todo caso, una primera conclusión que podemos extraer de estos conflictos sobre la aplicación de los tipos reducidos por los Estados es que, efectivamente, la aplicación discrecional de la normativa sobre tipos reducidos por parte de los Estados miembros puede generar distorsiones que denotan que no estamos precisamente en un ámbito tan "estrictamente reglamentado" como para que no exista espacio para la aplicación del control sobre ayudas de Estado. Como afirma ENGLISCH[46], los Estados miembros deben ser responsables por la creación de ayudas selectivas en el ejercicio de esta discrecionalidad en la fijación de los tipos de gravamen, siendo necesario el control sobre ayudas de Estado. Por supuesto, este será el caso si los Estados aplican esta su margen de acción de forma incorrecta, creando mayores distorsiones que las que había asumido la normativa al conceder esta discrecionalidad.

Como veremos en un apartado posterior, dentro del proceso de aprobación de la reciente Directiva de tipos de 2022[47], la evaluación de impacto que acompañaba a la Propuesta de Directiva original de 2018[48] menciona en varias ocasiones cómo el régimen de control de ayudas de Estado puede constituir un límite a la configuración de los tipos reducidos por los Estados miembros[49], particularmente en el caso de transformar la lista cerrada del Anexo III con los bienes y servicios a los que aplicar tipos reducidos en una "lista negativa" en la que se incluyeran solo los bienes y servicios a los que obligatoriamente se debe aplicar los tipos normales de IVA.

Si bien como veremos la reforma de la Directiva de tipos finalmente no ha optado por esta lista negativa, parece que la Comisión no descarta la eventual aplicación del art. 107 TFUE al ámbito de los tipos reducidos en

---

45 Ibídem, ap. 65.

46 English, J., "Equality under State aid rules and VAT", en AAVV. *CJEU–Recent Developments in Value Added Tax 2018*, (dir. Michael Lang y otros), Linde, 2019, p. 23.

47 Directiva (UE) 2022/542 del Consejo de 5 de abril de 2022 por la que se modifican las Directivas 2006/112/CE y (UE) 2020/285 en lo que respecta a los tipos del impuesto sobre el valor añadido

48 Propuesta de Directiva del Consejo por la que se modifica la Directiva 2006/112/CE en lo que respecta a los tipos del impuesto sobre el valor añadido, 18 de enero de 2018, COM(2018) 20 final.

49 Impact Assesment, pp. 47, 52 y 59.

IVA. De hecho, la hipótesis de partida de este estudio es valorar si los significativos cambios introducidos por la nueva Directiva de tipos en el esquema de determinación de los tipos reducidos, aunque no se alcance el nivel de liberalización que hubiera supuesto la aplicación de la "lista negativa" puede, precisamente, alentar la adopción de decisiones estatales que requieran de la activación de este mecanismo de control de la competencia.

3.2.2 Empleo de fondos estatales

En el ámbito fiscal, la propia Comisión se encargó de aclarar en su Comunicación de 1998 que: "una disminución de los ingresos fiscales equivale al consumo de fondos estatales en forma de gastos fiscales"[50]. Por tanto, este requisito siempre se verá cumplido con las ayudas de índole fiscal que supongan la concesión de un tratamiento jurídico privilegiado, dado que implican una reducción de los ingresos fiscales desde el punto de vista de las previsiones presupuestarias[51].

Aunque profundizaremos posteriormente en ello a raíz del análisis de la selectividad, conviene recordar aquí que los tribunales comunitarios han sostenido que pueden entrar dentro de la categoría de ayudas de Estado aquellas medidas que generen disparidades entre empresas porque incrementen la carga tributaria únicamente sobre algunas de ellas. Esto supone que puede existir una potencial reducción de los ingresos fiscales cuando se otorga un trato privilegiado a determinados productos al excluirlos (¿sin justificación?) de un determinado gravamen[52].

---

50 Véase: 98/C 384/03, apartado 10.

51 El TJUE ha reconocido que dentro de la concepción de fondos estatales están las ayudas otorgadas por entes subestatales como las entidades regionales o las locales. Vid., en concreto, la STJUE de 14 de octubre de 1987, *Alemania/Comisión*, 248/84, ap. 17 (ECLI:EU:C:1987:437)

52 Así lo reconoció el TJUE en su Sentencia de 8 de noviembre de 2001, *Adria-Wien Pipeline*, C-143/99 (ECLI:EU:C:2001:598) y así lo ha confirmado posteriormente el Tribunal General en Sentencia de 7 de marzo de 2012, *British Aggregates Association*, T-210/02 RENV (ECLI:EU:T:2012:110). El principal argumento en ambos supuestos, que versaban sobre impuestos con teórica finalidad medioambiental que excluían de su gravamen a determinadas empresas o productos, era que dicha diferencia de trato debía estar justificada por dichos motivos ambientales; de no estarlo, como fue el caso en ambos asuntos, dicha medida sería materialmente selectiva.

Entendemos así que se cumpliría este requisito de concesión mediante fondos estatales, tanto cuando se produce una reducción en los tipos de IVA aplicable sobre determinados bienes y servicios (lo que otorgaría a las empresas vendedoras o prestadoras de dicho bien o servicio una posible ventaja competitiva) como, incluso, si un eventual incremento en los tipos afecta de forma asimétrica a bienes y servicios similares de forma que el Estado renuncia a fondos estatales al no aplicar el mismo incremento sobre todos los bienes y servicios equivalentes[53]. Insistimos en que hasta ahora la Comisión no ha activado estos mecanismos en el ámbito de los tipos de IVA, pero al mencionar su eventual aplicación en un contexto de mayor liberalización de tipos creemos que no hace sino advertir de que sí se cumplen los requisitos para someteros al control de las ayudas de Estado.

3.3 La medida debe afectar a los intercambios entre los Estados miembros y falsear o amenazar con falsear la competencia

Si bien el art. 107.1 TFUE indica como requisitos independientes que las medidas deben afectar a los intercambios comerciales entre Estados miembros y, a la par, falsear o amenazar con falsear la competencia, realmente estamos ante dos requisitos, "indisociablemente unidos"[54]. Además, han venido siendo interpretados de forma bastante amplia por el TJUE, que ha considerado suficiente que existiese una repercusión potencial en la competencia y el comercio comunitario[55].

Realmente, por lo que respecta a la afectación al comercio comunitario es suficiente con que el beneficiario que ve fortalecido su posición desarro-

53 Esta posición que defendemos no es totalmente pacífica en la doctrina pues autores como Swinkels consideran que solo existe un empleo de fondos estatales cuando las medidas implican una minoración de los ingresos fiscales y ello se refleja en una ventaja correspondiente para determinadas empresas o producciones. Vid. Swinkels, J.,"State aid & VAT", *International VAT Monitor*, vol. 16, 2005.

54 STPI de 15 de junio de 2000, *Alzetta Mauro*, asuntos acumulados T-298/97, T-312/97, T-313/97, T-315/97, T-600/97 a 607/97, T-1/98, T-3/98 a T-6/98 y T-23/98, ap. 81. (ECLI:EU:T:2000:151)

55 Así lo señaló, por ejemplo, en la STJUE de 14 de febrero de 1990, *Comisión c. Francia*, C-30/89, ap. 33: "si la Comisión tuviera que demostrar en su Decisión el efecto real de las ayudas ya otorgadas, se favorecería a los Estados miembros que conceden ayudas infringiendo el deber de notificación (…) en detrimento de los que las notifican en fase de proyecto".

lle actividades económicas en las que existe intercambios comerciales entre los Estados miembros(recordemos que en el caso del IVA las empresas lo serían de forma indirecta).

Como recuerda Terra, la jurisprudencia ha sido muy flexible en este ámbito, admitiendo esta afectación independientemente del importe de la ayuda, del pequeño tamaño del beneficiario y su cuota de mercado, o del hecho de que este realice o no de forma efectiva comercio con otros Estados miembros[56].

En definitiva, si como resultado de la ayuda el beneficiario resulta en una posición competitiva más favorable respecto a otros, incluidos los eventuales operadores extranjeros que ven más difícil su introducción en el territorio, se estará produciendo de forma inevitable una afectación al mercado interior y, además, un falseamiento de la competencia.

A pesar de todo, incluso dentro de esta amplia flexibilidad, nos pueden surgir dudas respecto al impacto en los intercambios comerciales y la competencia de medidas de fiscalidad indirecta como el IVA porque a priori resultan neutrales en un plano internacional por la aplicación generalizada de la tributación en destino, incluso para consumidores finales[57].

Trasladando estas cuestiones al ámbito propio de la determinación de tipos reducidos podemos entender que la determinación de un tipo reducido sobre determinados bienes o servicios va a provocar, aparentemente, el mismo beneficio a las empresas o producciones nacionales como a las de otros Estados miembros. Sin embargo sí pueden producirse dos importantes distorsiones.

La primera es que a nivel interno unos productos pueden verse beneficiados/perjudicados en relación a otros por la aplicación de menores/mayores tipos de IVA respecto a productos comparables. Aunque fuera en materia de impuestos especiales sobre combustibles, la Comisión ya mostró su posición en este sentido con ocasión del análisis de la exención de impuestos especiales al biofuel prevista por la normativa italiana. A su parecer, esta medida favorecía a los productores respecto a productos sustitutivos como los combustibles fósiles, constituyendo una ventaja que podía distorsionar la competencia en el mercado interno[58].

---

56 Terra, B., "Value Added Tax...", *op.cit.*, p. 108

57 Englisch, J., "EU State aid rules…", *op.cit.*, p. 16.

58 Decisión SA.26987, de 12 de septiembre de 2011, par 24. La ayuda, eso sí, se consideró finalmente compatible al justificarse dentro de la excepción

La segunda es que en aquellas zonas y productos particularmente expuestos a las compras transfronterizas el principio de tributación en destino propio del IVA queda desvirtuado, siendo los menores tipos de IVA una verdadera ventaja de las empresas o productores internos respecto a los situados en otros Estados miembros.

Para finalizar, debemos reconocer, como señala Martín López, que existe una conexión directa entre estos dos requisitos y el de selectividad en el ámbito fiscal: aquellas normas tributarias que favorezcan a empresas específicas producirán, casi automáticamente, una distorsión potencial sobre la competencia y los intercambios comunitarios[59].

3.4 La selectividad de la medida

La selectividad constituye, sin duda alguna, el principal caballo de batalla en lo que a la apreciación de ayudas de Estado ilegales se refiere[60]. Conforme a la literalidad del art. 107.1 TFUE la selectividad consiste en que las ayudas favorecen "a determinadas empresas o producciones".

Por supuesto, la clave de la selectividad está en la palabra "determinadas"[61] que a priori permitiría excluir aquellas "medidas generales" que no están orientadas a un número concreto de destinatarios, particularmente aquellas que se aplican en todo el territorio de un Estado miembro y que se aplican a todas las empresas de todos los sectores.

---

prevista en el art. 107.3 c): ") las ayudas destinadas a facilitar el desarrollo de determinadas actividades o de determinadas regiones económicas, siempre que no alteren las condiciones de los intercambios en forma contraria al interés común"

59 Martín López, J., "Competencia fiscal perjudicial y Ayudas de Estado...", *op. cit.*, p. 396.

60 Al respecto Federico considera que el requisito de selectividad, que a priori es solo uno más de los cuatro exigidos en el art. 107.1 "absorbe" a los demás, de modo que el análisis se reduce a identificar la existencia de la ventaja selectiva. Vid. Federico R. "Case "A-Brauerei" C-374/17 or on selective deafness of the European Court of Justice", *Studi Tributari Europei*, Vol. 8, 2018, p. 4

61 En la versión inglesa se emplean los términos "certain undertakings or the production of certain goods·"; muy similar a la francesa "certaines entreprises ou certaines productions"; optándose en la versión italiana por "talune imprese o talune produzioni".

Para apreciar la existencia de esta ventaja la jurisprudencia del TJUE exige en primer lugar determinar si "en el marco de un régimen jurídico determinado, la medida nacional en cuestión puede favorecer a determinadas empresas o producciones en relación con otras que se encuentran en una situación fáctica y jurídica comparable, habida cuenta del objetivo perseguido por el referido régimen, y que por lo tanto reciben un trato diferenciado que, en esencia, puede calificarse de discriminatorio"[62]

Por tanto, el primer paso es identificar este régimen tributario "común o normal" aplicable en el Estado miembro y demostrar, como segundo paso, que la medida fiscal efectivamente constituye una excepción a este régimen común, en la medida en que introduce diferenciaciones entre estos operadores económicos que estarían en una situación fáctica y jurídica comparable. No obstante, medidas *a priori* selectivas quedarían excluidas de la consideración de ayudas de Estado si el Estado miembro consigue demostrar que esta diferenciación está justificada por la naturaleza o estructura del sistema en que se inscriben[63].

Respecto al primer elemento, el TJUE venía respaldando en su jurisprudencia tradicional que no puede ser considerada ayuda de Estado una derogación del sistema general o normal si al menos teóricamente todas las empresas podían acceder al mismo[64], pues esta constituiría en sí misma una medida general. Sin embargo, en jurisprudencia más reciente el TJUE ha reducido el alcance de estas medidas aparentemente generales, considerando que es suficiente con que exista una derogación del sistema general para entender que es *a priori* selectiva por beneficiar a "determinadas" empresas o producciones en abstracto, sin necesidad de realizar un análisis concreto del verdadero impacto de la medida en el mercado o de las características propias de las empresas beneficiadas por las mismas, siendo suficiente que ambas se encuentren en situaciones comparables[65].

---

62 Entre otras, SSTJUE de 15 de noviembre de 2011, Comisión y España/ Government of Gibraltar y Reino Unido, C-106/09 P y C-107/09 P apartados 75 y 101 (EU:C:2011:732); de 14 de enero de 2015, Eventech, C-518/13, apartados 53 a 55 (EU:C:2015:9) o , y de 21 de diciembre de 2016, World Duty Free, C-20/15 P y C-21/15 P, apartado 54 (ECLI:EU:C:2016:981)

63 En este sentido, SSTJUE de 29 de abril de 2004, Países Bajos/Comisión, C-159/01, apartados 42 y 43 (ECLI:EU:C:2004:246) o de 8 de septiembre de 2011, Paint Graphos y otros, C-78/08 a C-80/08, apartados 64 y 65 (EU:C:2011:550).

64 STJUE de 19 de septiembre de 2000, Alemania c. Comisión, C-156/98, aps. 22-23 (EU:C:2000:467)

65 Federico, R.. "Case "A-Brauerei" C-374/17...", *op.cit.*, pág. 5.

Dos claros ejemplos de este cambio de tendencia "expansiva" son las SSTJUE de 21 de diciembre de 2016, *World Duty Free* (C-20/15 P y C-21/15 P) y de 19 de diciembre de 2018, *A-Brauerei* (C.374/17). En la segunda de ellas, que viene a confirmar la línea jurisprudencial marcada por la primera, el TJUE consideró selectiva una medida que resultaba de aplicación únicamente a los grupos de sociedades por excluir a las empresas que no estaban integradas en una estructura de grupo, entendiendo que ambos estaban en situaciones comparables, sin que detrás del razonamiento encontremos un verdadero análisis de las circunstancias de los beneficiarios[66]. Eso sí, el TJUE compensó esta expansión arriesgada de la apreciación de la selectividad considerando que dicha medida, a pesar de introducir una diferenciación respecto al objetivo del régimen jurídico en cuestión entre empresas en situaciones fácticas y jurídicas comparables, estaba justificada por la naturaleza o la estructura del sistema al considerase orientada a evitar la doble imposición[67].

Realmente por lo que respecta a la determinación de los tipos de IVA es difícil apreciar la existencia de esta selectividad *a priori*, pues todos los operadores que se encuentren en una misma situación comparable, es decir, que realicen un mismo tipo de entregas o prestaciones de servicios se encontrarán en la misma situación respecto a los tipos de IVA aplicables, siendo considerada esta una medida general.

Sin duda alguna, constituiría un elemento innovador trasladar la valoración de la no discriminación en materia de tipos al campo de las ayudas de Estado[68] de forma tal que operadores que actúen en sectores en competencia, pero no idénticos (por poner dos ejemplos evidentes, el del melocotón y el plátano o el del aceite de oliva y el del aceite de girasol) pasarían a considerarse en una posible situación fáctica y jurídica comparable si tomamos como marco de referencia uno excesivamente genérico, de tal modo que casi cualquier desviación constituiría una medida selectiva.

Otra frontera que aún no se ha cruzado es la de trasladar al ámbito del IVA la posible existencia de una selectividad *de facto* entendida esta como aquella "medida que tiene una apariencia de medida general, pero que

---

66 Asunto C-374/17, *A-Brauerei*, ap. 42.

67 Ibídem, ap. 52.

68 De hecho, nos planteamos en el apartado siguiente si no era esta la intención de la Comisión al valorar en su *Impact Assesment* de la Directiva de Tipos la aplicación del regímen de ayudas de Estado en un contexto de mayor libertad de fijación para los Estados miembros.

bien posee una redacción diseñada para ser ser aplicable únicamente a un grupo reducido de empresas o incluso a una sola empresa, o bien porque concede, en su aplicación, un amplio margen de discrecionalidad al Estado (...) o bien porque, debido a su especial diseño y aplicación, por un motivo u otro, puede tener repercusiones en el mercado común" [69].

El último inciso es el que consideramos más importante, por cuanto parece sostener que aquellas medidas generales susceptibles de influir en el comercio a favor de empresas de un Estado podrían ser consideradas selectivas[70]. La pregunta que nos hacemos es lógica: ¿cabría considerar como una medida selectiva *de facto* en un Estado como España la aplicación de tipos de IVA reducidos "selectivos" a productos mayoritariamente producidos en nuestro territorio frente a otros competidores que se importan de forma preeminente? Todo ello, por supuesto, partiendo de que la determinación de tipos constituye una medida a priori general que se aplican a cualquier operador que actúe en ese sector y que el sistema definitivo de tributación en destino evita discriminaciones a operadores extranjeros.

4. LOS CAMBIOS EN LA ESTRUCTURA DE TIPOS DE IVA Y LA EVENTUAL APLICACIÓN DEL RÉGIMEN DE AYUDAS DE ESTADO

4.1 Una estructura casi invariable durante décadas a pesar de la insistencia de la Comisión

Como decíamos al inicio del estudio, el informe Neumark en 1962 ya advertía hace más de 60 años que el principal riesgo para el mercado común era un sistema de imposición indirecta asimétrico que dificultara la libre circulación de bienes, servicios e incluso de los ciudadanos[71]. Por ello, este informe

---

69 Pérez Bernabéu, B. "El criterio de la selectividad de facto en las ayudas de Estado (Aplicación en relación con las medidas forales fiscales)", *Crónica Tributaria*, núm. 138, 2011, p. 138.

70 Moreno González, S. "Tendencias recientes de la jurisprudencia comunitaria en materia de ayudas de Estado de naturaleza tributaria". *Civitas. Revista española de derecho financiero*, Nº 132, 2006, pp. 843-849.

71 El Informe Neumark es el output del Comité Fiscal y Financiero de la Comisión de las Comunidades Europeas creado el 5 de abril de 1960 para dar respuesta al mandato del Tratado de Roma, que en su artículo 99 instaba a los Estados a examinar la mejor forma de armonizar las legislaciones estatales en materia de

ya sentó las bases para el sistema común de IVA y el establecimiento de niveles mínimos de imposición para determinados consumos. El primer gran paso en esta armonización fue la aprobación en 1977 de la Sexta Directiva del IVA[72] por la que se instauraron, entre otras cuestiones, el régimen de deducción del impuesto, el hecho imponible o los conceptos de entrega de bienes y prestación de servicios. Posteriormente, la plena apertura de las fronteras en la Comunidad vigente a partir de 1 de enero de 1993 trajo consigo la aprobación de la Directiva 91/680/CE134, que introdujo el esquema de las entregas y adquisiciones intracomunitarias y la Directiva 92/77/CEE, que recogió los acuerdos sobre armonización de tipos impositivos en el IVA[73].

Esta Directiva 92/77/CEE recogía ya una estructura de tipos que ha permanecido bastante estable durante casi treinta años[74] basada en estas medidas:

- Un tipo mínimo temporal del 15%, que devino en definitivo[75]

---

impuestos indirectos. En un primer momento este Informe planteaba un ambicioso plan dividido en tres etapas que concluiría con una armonización plena de los impuestos en la Unión corregida con un sistema de compensación financiera entre los Estados. Sin embargo, en su propio texto advertía que: "diferencias moderadas relativas a la naturaleza (estructura) y al tipo de los impuestos no entorpecen el libre juego de la competencia". Véase: "Informe del Comité fiscal y Financiero de la Comunidad Económica Europea", *Documentación Económica*, núm. 53, Comisaría del plan de desarrollo económico y social, Gabinete de Estudios, Madrid, 1965, p. 25.

72 Sexta Directiva del Consejo, de 17 de mayo de 1977, en materia de armonización de las legislaciones de los Estados miembros relativas a los impuestos sobre el volumen de negocios. Sistema común del IVA: Base imponible uniforme (77/388/CEE).

73 Directiva 92/77/CEE del Consejo, de 19 de octubre de 1992, por la que se completa el sistema común del impuesto sobre el valor añadido y se modifica la Directiva 77/388/CEE (aproximación de los tipos del IVA).

74 Como indicamos al principio, ha sido modificada por la Directiva (UE) 2022/542 del Consejo de 5 de abril de 2022por la que se modifican las Directivas 2006/112/CE y (UE) 2020/285 en lo que respecta a los tipos del impuesto sobre el valor añadido.

75 A priori, se establecía que los Estados miembros aplicarían un tipo normal no inferir al 15% hasta el 31 de diciembre de 1996, modificando de este modo la redacción original del artículo 12.3 de la Sexta Directiva, en la que no existía ningún límite a la discrecionalidad de los Estados para determinar el tipo del IVA. Esta disposición fue prorrogándose de forma sucesiva en diferentes Directivas, siendo finalmente transformado en definitivo, sin restricción temporal, a través de la Directiva (UE) 2018/912 del Consejo, de 22 de junio de 2018, por la que se modifica la Directiva 2006/112/CE relativa al sistema común del impuesto sobre el valor añadido, en lo que se refiere a la obligación de respetar un tipo normal mínimo.

- la opción de aplicar uno o dos tipos reducidos de al menos el 5% a una serie de bienes y servicios definidos en el anexo H de la propia Directiva 92/77/CE[76]
- la posibilidad de que diferentes Estados miembros (entre ellos España), que hubieran tenido tipos en vigor aún inferiores al 5% (incluso cero[77]) con anterioridad a 1991 pudieran seguir aplicándolos incluso a bienes y servicios que no estuvieran relacionados en dicho anexo[78]
- Adicionalmente, estos mismos Estados podrían aplicar un tipo intermedio (*parking rate*) a dichos bienes y servicios entre el 12% y su tipo ordinario[79], con el propósito de facilitar su transición hacia el tipo ordinario[80]

---

76 Esta categoría de bienes y servicios está actualmente recogida en el anexo III de la Directiva 2006/112/ CE. Excepcionalmente, la Directiva.

77 Era el caso del Reino Unido e Irlanda. Esta posibilidad de mantener la aplicación de sus tipos "0" (exenciones con derecho a deducción) data del art. 17 *in fine* de la Segunda Directiva IVA de 1967, avalado posteriormente en el art. 28.2 de la Sexta Directiva IVA de 1977.

78 En el caso de España esta facultad estaba prevista en el artículo 114 de la Directiva 2006/112/CE [en la Directiva 92/77/ CEE artículo 28, apartado 2, letra c)]: «Los Estados miembros que, el 1 de enero de 1993 se vieron obligados a aumentar en más del 2 % su tipo normal vigente el 1 de enero de 1991, podrán aplicar un tipo reducido inferior al mínimo que se establece en el artículo 99 a las entregas de bienes y prestaciones de servicios de las categorías que figuran en el anexo III». Entraron dentro de esta excepción Luxemburgo (3 %) y España (4 %), aplicando así tipos superreducidos inferiores al 5 % estipulado en la Directiva

79 Modificación introducida en el art. 28 de la Sexta Directiva por la Directiva 92/77/CE: "e) Los Estados miembros que, el 1 de enero de 1991, estuviesen aplicando un tipo impositivo reducido a la entrega de bienes y prestación de servicios no contemplados en el Anexo H, podrán aplicar a los suministros de dichos bienes y servicios el tipo reducido o uno de los dos tipos reducidos del apartado 3 del artículo 12, siempre que el tipo no sea inferior al 12, el conocido como *parking rate*, para una adaptación progresiva. A 1 de enero de 2021 estos tipos seguían vigentes en Portugal, Luxemburgo, Irlanda o Bélgica para algunas operaciones. Para más detalle, nos remitimos a: Comisión Europea, VAT Rates A.pplied in the Member States of the European Union, 1 de enero de 2021, pp. 6-7. Disponible en: https://taxation-customs.ec.europa.eu/system/files/2021-06/vat_rates_en.pdf (última consulta 1 de abril de 2023)

80 Seely, A., "VAT: European Law on VAT Rates", *House of Common Library*, Briefing Paper, núm. 2683, 2019, p. 8.

En el fondo, no dejaba de ser un sistema plagado de excepciones[81] que parecía ir a contracorriente de cualquier avance en la aproximación de los tipos, objetivo necesario para alcanzar la teórica meta del sistema definitivo de tributación en origen. Esta crítica se plasmó en los sucesivos informes que ha debido presentar la Comisión desde 1994 sobre la aplicación de los tipos impositivos reducidos y se materializó ya en el año 2003 en una propuesta de directiva para modificar y simplificar la amalgama de tipos reducidos del IVA[82]. La negativa de los Estados a adoptar esta propuesta llevó al Consejo a solicitar en enero de 2006 un informe de expertos a la Comisión, informe que vio la luz el 21 de junio de 2007 con el título *Study on reduced VAT applied to goods and services in the Member States of the European Union*[83]

Curiosamente, en contra de la tendencia propuesta por la Comisión, este estuio, a la par que reconocía el riesgo inherente a las disparidades de tipos, era partidario de emplear los tipos reducidos como instrumento de promoción de algunas actividades, para lo cual proponía incluso la ampliación de la lista de tipos reducidos del anexo III de la directiva a nuevos bienes y servicios[84]. De hecho, algunas de estas propuestas fueron recogidas en la Directiva 2009/47/CE, que amplió la lista de los productos y servicios susceptibles de ser gravados a tipos reducidos y prorrogó algunas de las excepciones consentidas a los nuevos Estados miembros en sus Actas de Adhesión[85].

---

81 Excepciones que se incrementaron temporalmente como fruto del proceso de ampliación de la UE a 25 Estados en 2004, no obstante, la Directiva 2009/47/CE únicamente las mantuvo ya para Malta y Chipre

82 COM (2003) 397 final, 23 de julio de 2003.

83 Copenhagen Economics, *Study on reduced VAT applied to goods and services in the Member States of the European Union*, Final Report, 21 de junio de 2007, 6503 DG TAXUD.

84 Nos hacemos eco en este punto de la cuarta conclusión del informe que respalda la aplicación de estos tipos reducidos: "there is a limited and contingent argument for extending reduced VAT rates (or other subsidies) to sectors that for some (good) reason are under-consumed. The motivation can be to make cultural (merit) goods more available for low income households or to stimulate consumption of goods with positive externalities. Examples of the former could be books, music and cultural events; of the latter energy saving appliances». Véase: Ibídem, p. 5

85 Entre los acuerdos adoptados estuvo el de aplicar los mismos tipos reducidos a los diversos soportes físicos (audio libros, CD, etc.) que representan la misma información que un libro. También una prórroga y extensión de los tipos

En el año 2011 la Comisión volvió a la carga contra el esquema de tipos reducidos del IVA en su Comunicación sobre el futuro del IVA[86], en la que planteaba la supresión de los tipos reducidos que pudieran suponer un obstáculo para el funcionamiento del mercado interior o que afecten a bienes de consumo desaconsejados por otras políticas de la UE. Paralelamente, al igual que hizo en el Libro Verde, proponía avanzar en la convergencia de tipos entre bienes y servicios equivalentes, especialmente aquellos como los libros o periódicos electrónicos que quedaron durante años fuera del campo de aplicación de los tipos reducidos[87].

Un nuevo ejemplo de la voluntad comunitaria de revisar el sistema de tipos reducidos lo encontramos en el periodo de consulta abierto en el año 2012 a los principales agentes, con el título *Review of existing legislation on VAT reduced rates*[88]. Entre las cuestiones que planteaba esta consulta destacaba

---

reducidos para "servicios intensivos en mano de obra" como la peluquería, limpieza de viviendas, restauración o el cuidado de niños, ancianos y enfermos. Esta categoría fue incluida por primera vez mediante la Directiva 1999/85/CE, de 22 de octubre, que autoriza con carácter temporal el tipo reducido del IVA para servicios de gran intensidad de mano de obra. Su objetivo principal era fomentar el empleo permitiendo la aplicación de tipos reducidos en sectores en los que la prestación de servicios estaba estrechamente vinculada a un uso intensivo del factor trabajo. Inicialmente prevista para un periodo de 3 años (2000-2002), la posibilidad de fijar tipos reducidos por este motivo se hizo permanente a través de esta Directiva 2009/47/CE.

86 COM (2011) 851 final, 6 de diciembre de 2011, págs. 11-12. Uno de los principales argumentos que expone es la posibilidad de reducir los tipos generales entre 1,9 y 7,5 puntos porcentuales si se eliminaran los tipos reducidos. En el Libro Verde, en cambio, la Comisión no mostraba especial preocupación por que la heterogeneidad de tipos supusiera una perturbación importante para el mercado único. Véase: COM (2010) 695 final, pág. 17

87 Nos remitimos al respecto a la denuncia de esta incongruencia, por suerte ya subsanada, en: Ramos Prieto, J. y Macarro Osuna, J.M.. "Problemas de armonización del IVA: la tributación de los libros electrónicos y su adecuación al principio de neutralidad", *Quincena Fiscal*, núm. 1-2, 2017, págs. 23-62.

88 Este periodo de consulta finalizó el 4 de enero de 2013. En su apertura la Comisión apuntaba a tres objetivos fundamentales: la abolición de los tipos mínimos que puedan causar distorsiones al mercado único, la eliminación de los tipos mínimos aplicados a bienes o servicios penalizados por otras políticas comunitarias y la equiparación de tipos entre bienes y servicios similares, especialmente en aquellos de índole tecnológica. Véase: Consultation paper. Review of existing legislation on VAT reduced rates, TAXUD/C1.

la intención de conocer cuáles eran las situaciones en las que los agentes consideraban que la aplicación de tipos mínimos podía generar distorsiones a la competencia, en particular, a dinámicas de *cross-border shopping*[89].

4.2 El Plan de acción del IVA, el germen del cambio en la política de tipos

El conocido como Plan de Acción del IVA[90] marcaba en 2016 la senda de los avances en la configuración y funcionamiento del impuesto en la UE con el propósito de crear "un auténtico territorio único de aplicación del IVA en la UE para el mercado único"[91]. No vamos a entrar en su contenido, pues varias de las ideas en él expuestas se han materializado en propuestas y reformas comentadas en otros apartados de esta obra. Sin embargo, sí queremos dejar claro que el paradigma principal de todas es sentar las base para establecer, al fin, el régimen definitivo de IVA basado en el principio de tributación en destino.

En lo que al objeto de este estudio respecta, el apartado 5 del Plan de Acción llevaba por título "Hacia una política de tipos impositivos moderna"[92]. El adjetivo de "moderna" se empleó como forma de denunciar que la estructura de tipos entonces vigente estaba obsoleta, no solo por no estar adaptada a los avances tecnológicos (como la tributación diferenciada de libros y periódicos en edición digital e impresa), sino por ser el reflejo del recelo a que existieran grandes disparidades de tipos entre los Estados miembros en un contexto en el que aún imperaba la tributación en origen en operaciones B2C. Es más, hasta 2011, tras la consulta pública en torno al

---

89 En concreto, la primera pregunta formulada era: "Are there any concrete situations that you are aware of whereby the application of a reduced rate on certain goods and services by one or more Member States is effectively resulting in material distortion of competition within the Single Market? Please explain and, if possible, give an indication of the economic impact of the distortive effects". Ibídem, p. 8.

90 Comunicación de la Comisión al Parlamento Europeo, al Consejo y al Comité Economíco y Social europeo relativa a un plan de acción sobre el IVAHacia un territorio único de aplicación del IVA en la UE-Es hora de decidir. COM(2016) 148 final, de 7 de abril de 2016.

91 Ibídem, p. 4.

92 Ibídem, pp. 12-14.

Libro Verde del IVA[93] la Comisión no renunció al objetivo de un régimen definitivo con tributación en origen también para las operaciones B2B[94].

Precisamente, al avanzar hacia un sistema de tributación en destino, la Comisión entendía que se podría ofrecer una mayor flexibilidad a los Estados para determinar sus tipos de IVA. Una de las principales razones era, precisamente, que la vigencia del amplio elenco de excepciones contenida hasta entonces en los arts. 110 a 122 de la Directiva expiraría con la instauración del régimen definitivo de tributación en destino, limitando la capacidad de los Estados para aplicar tipos reducidos sobre materias de gran sensibilidad social y ampliamente consolidadas[95].

Otro motivo esgrimido entonces para reformar el sistema de tipos era que la rigidez de la Directiva y la lentitud para adoptar cualquier cambio provocaban que los Estados miembros incurrieran con frecuencia en potenciales infracciones del Derecho de la UE, una mayor flexibilidad reduciría la conflictividad a juicio de la Comisión. De hecho, otra de las razones para avanzar en esta liberalización de los tipos era que esos recurrentes conflictos en torno a la fijación de tipos reducidos contrarios a la Directiva por parte de los Estados miembros generaban un coste de imagen y legitimidad a las instituciones de la UE, por entenderse que limitaban de forma innecesaria la soberanía de los Estados en materias sin un verdadero impacto transfronterizo[96].

A pesar de la clara apuesta por la liberalización de tipos, la Comisión también reconocía que una liberalización absoluta tendría importantes

---

93 COM (2010) 695 final, Libro Verde sobre el futuro del IVA. Hacia un sistema de IVA más simple, más robusto y eficaz, SEC (2010) 1455, 1 de diciembre de 2010. En este documento (p. 8) la Comisión enumera tres razones en las cuales basa el fracaso de la tributación en origen: 1) La necesidad de una gran armonización de los tipos de IVA para evitar que las diferencias de tipos influyan en las decisiones relativas a dónde comprar; 2) la necesidad de un sistema de compensación para garantizar la percepción de los ingresos en concepto de IVA por el Estado miembro en el que tiene lugar el consumo; 3) la interdependencia entre los Estados miembros para la recaudación de una gran parte de los ingresos por IVA.

94 "no subsisten ya razones válidas para mantener este objetivo", motivo por el que "propondrá la renuncia al mismo". Vid. Comunicación de la Comisión al Parlamento Europeo, al Consejo y al Comité Económico y Social Europeo sobre el futuro del IVA. Hacia un sistema de IVA más simple, robusto, eficaz y adaptado al mer-cado único, COM (2011) 851 final, 6 de diciembre de 2011, p. 5

95 Impact assesment, pp. 24-28.

96 Impact Assesment, p. 21.

costes y desventajas, por lo que abogaba por un acuerdo político en torno a las diferentes posibles soluciones técnicas. La primera, menos ambiciosa, sería una simple prolongación y revisión periódica de la lista de bienes y servicios del Anexo III a los que aplicar los tipos reducidos (manteniendo el tipo mínimo del 15%), permitiendo mantener los tipos reducidos ya existente siempre que se extendiera su aplicación a todos los Estados miembros, sin excepciones. La segunda, más drástica, eliminar cualquier limitación a la fijación de tipos, tratando de establecer las oportunas salvaguardas para evitar una competencia fiscal desleal entre los Estados.

El documento de mayo de 2017 "*Reform of rules on EU VAT rates*"[97] concretaba más estas propuestas evaluando cinco opciones a la luz de diferentes parámetros

a. La situación preexistente o *status quo* (un tipo estándar mínimo del 15%, un máximo de dos tipos reducidos de al menos el 5% y un tipo adicional superreducido o tipo cero vinculado a excepciones a los EEMM).

b. La opción 1 que actualizaría la lista de bienes y servicios a los que cabe aplicar tipos reducidos ampliando las excepciones existentes a todos los EEMM.

c. La opción 2, consistente en la eliminación de la lista de bienes y servicios a los que aplicar tipos reducidos, teniendo los EEMM libertad para establecerlos con una serie de cautelas. Esta opción se subdivide en tres dependiendo del número de tipos reducidos permitidos: máximo de tres tipos reducidos (opción 2.i); de cuatro (opción 2.ii) o libertad plena para la fijación de los tipos (opción 2.iii).

97 "Reform of rules on EU VAT rates", Final Report TAXUD/2015/DE/333, FWC No. TAXUD/2015/CC/131. Disponible en: https://taxation-customs.ec.europa.eu/system/files/2018-01/vat_rates_reform_2017_en.pdf (última consulta 1 de abril de 2023)

Tabla 1. Evaluación de las diferentes opciones en la determinación de los tipos reducidos de IVA[98]

Objective	Status quo	Option 1	Option 2.i	Option 2.ii	Option 2.iii
Enhance subsidiarity	--	-	++	++	+++
Promote equal treatment of MSs	--	+++	++	+++	+++
Limit economic distortions	++	++	+[+]	+[+]	+[+]
Minimise complexity and cost	++	+	-[-]	-[-]	---
Prevent litigation between Member States and the EU	--	0	--[-]	--[-]	--[-]
Protect VAT revenues from domestic pressures	++	+	--	--	---

Key to measures of impact on objectives:

+++ Substantial positive impact ++ Some positive impact + Limited positive impact
--- Substantial negative impact -- Some negative impact - Limited negative impact
0 Negligible impact

Fuente: Reform of rules on EU VAT rates (2017)

En un sentido similar, el *Impact Asessment* que acompañaba a la propuesta Directiva de tipos de 2018 planteaba, además del escenario de base, una primera opción con la actualización de la lista de bienes y servicios del Anexo III de la Directiva a los que se pueden aplicar tipos reducidos, la generalización de las excepciones y la aplicación de hasta cuatro tipos reducidos para los EEMM. La segunda opción, en cambio, consistiría en sustituir el Anexo III por una "lista negativa" de bienes y servicios a los que no se pueden aplicar tipos reducidos.

Si atendemos a los seis objetivos específicos planteados para esta reforma de tipos se hace patente la dificultad para encontrar un equilibrio entre todos, pues varios son frontalmente contradictorios[99]:

---

98 Particularmente, la existencia de evaluaciones entre paréntesis, positivas [+] o negativas [-] responde a la concreción de las propuestas en un contexto de libertad de fijación de tipos. Entiende el estudio que si se limita la plena libertad en la aplicación de tipos reducidos en una serie de bienes y servicios de alto riesgo, dentro de un contexto de libre fijación de tipos no tiene por qué existir mayor riesgo de distorsiones económicas (de ahí la posibilidad de que con la introducción de esa medida la segunda opción reciba también una evaluación de +[+]). En sentido similar, la eventual complejidad del sistema y el riesgo de litigación se podrían limitar si la flexibilidad en la fijación de los tipos se circunscribe a determinar los tipos aplicables por categoría de bienes no permitiendo a los EEMM una libertad absoluta.

99 Impact Assesment, p. 30.

1. Ofrecer a los Estados miembros suficiente libertad de acción a la hora de determinar el alcance y nivel de tipos reducidos en IVA
2. Tratar a los Estados miembros por igual
3. Limitar las distorsiones fiscales
4. Minimizar la complejidad y los costes empresariales
5. Prevenir la litigiosidad en el ámbito de los tipos reducidos de IVA
6. Proteger la recaudación del IVA

Finalmente, la Propuesta de Directiva de 2018[100] apostó por la eliminación de todas las excepciones y la creación de esta "lista negativa" en un nuevo Anexo III bis, en el que se recogerían "las entregas de productos sujetos a impuestos especiales y las entregas de bienes o prestaciones de servicios, para las cuales la aplicación de tipos reducidos o una exención con derecho a deducción del IVA pagado en la fase anterior podrían dar lugar a una distorsión de la competencia" y que sería objeto de revisión cada cinco años.

Dentro de esta lista, en línea con lo apuntado en estudios previos, se incluirían en todo caso los bienes sujetos a impuestos especiales (alcohol, tabaco y combustible), bienes de alto valor y fácil transporte (joyas, armas, equipos de comunicaciones, obras de arte), mobiliario, maquinaria no destinada a consumidores finales, productos informáticos y electrónicos y algunos servicios con características propias (agencias de viajes o alquiler de vehículos). El cambio de paradigma sería radical, pues apenas un 15% del consumo de los hogares quedaría gravado obligatoriamente al tipo normal, frente al 35% del consumo actual al que se aplica el tipo normal[101].

Además, la propuesta consideraba permitir a través del art. art. 98 de la Directiva la aplicación de cuatro tipos reducidos: dos tipos reducidos no inferiores al 5 %, un tipo reducido para el que no se requiere el mínimo del 5 % y una exención con derecho a deducción del IVA. En todo caso, en la aplicación de los mismos los Estados miembros deberán garantizar que el tipo medio ponderado supere el 12 % en todo momento.

---

100 Propuesta de Directiva del Consejo por la que se modifica la Directiva 2006/112/CE en lo que respecta a los tipos del impuesto sobre el valor añadido. COM(2018) 20 final.

101 Para una lista de los productos que en este escenario hubieran quedado por primera vez al margen de la aplicación del tipo normal nos remitimos a: Impact Assesment, p. 38.

A pesar de las ventajas evidentes en varios ámbitos, esta "lista negativa" puede desencadenar también nuevos problemas hasta ahora no observados.

El primero de ellos, a pesar de la mayor flexibilidad, es que no todas las excepciones existentes en la actualidad podrían encajar dentro de esta nueva lista negativa, particularmente porque los tipos reducidos deben beneficiar a los consumidores finales. No solo eso, centrándonos en la materia propia de este estudio, el *Impact Assesment* advierte que la apuesta de los Estados miembros por mantener algunos de las excepciones vigentes (que formalmente sí encajarían dentro de esta lista negativa) podría generar nuevas situaciones contrarias a la prohibición de ayudas de Estado.

¿Cómo puede ser que una excepción vigente en la actualidad no sea considerada una posible ayuda de Estado y si se aprueba la lista negativa y se derogan las excepciones sí? Entendemos que el motivo es precisamente la imputabilidad de la medida al Estado, requisito analizado en un apartado anterior[102]. Hasta ahora, al estar establecida en la Directiva la posibilidad de que un Estado miembro aplique un determinado tipo reducido no cabe imputar dicha medida al Estado en el contexto de las ayudas de Estado, sin embargo, con la desaparición de estas excepciones de la Directiva las decisiones de tipos adoptadas por los Estados miembros en un contexto de lista negativa sí podrían ser consideradas "imputables" en el sentido del art. 107 TFUE.

Por este mismo motivo, al margen del caso concreto de las excepciones, el *Impact Assesment* advierte de que la amplia libertad de que dispondrían los Estados miembros para determinar sus tipos reducidos en el contexto de esta lista negativa, lejos de reducir la litigiosidad, podría incrementarla exponencialmente si estos decidieran emplear la política de tipos para adoptar medidas que pudieran incurrir en ayudas de Estado, vulnerar el principio de neutralidad o la prohibición de medidas fiscales proteccionistas[103].

Estas advertencias no venían sino a confirmar que la Comisión tenía claro que si los Estados miembros aprovechaban esta liberalización de los tipos a través de la lista negativa para beneficiar a determinados sectores (en parte porque la mayor libertad los exponía frente a eventuales presiones internas) usaría la poderosa herramienta de las ayudas de Estado para contrarrestarlo. Una herramienta que hasta ahora, como hemos comprobado, no había sido activada en materia de tipos, precisamente porque se

---

102 Vid. 3.2.1 supra

103 *Impact Assesment*, p. 52.

consideraba que el escaso margen de maniobra de los Estados excluía la imputabilidad de estas medidas.

Realmente, creemos que la "amenaza" de activar el mecanismo de las ayudas de Estado, tan temido por los Estados miembros, en un nuevo contexto de inseguridad jurídica como el de una nueva "lista negativa" ha sido uno de los principales factores que ha influido en que la Propuesta de Directiva fracasara tal y como se concibió. El mensaje de la Comisión creemos que era claro, concedía a los Estados la ansiada liberalización de tipos a cambio de introducir en la baraja un actor de control no presente hasta entonces en materia de tipos de IVA como es la prohibición de ayudas de Estado.

Ya hemos visto en apartados anteriores cómo realmente este régimen, forzando alguno de sus parámetros, sí puede aplicarse en materia de tipos en determinados contextos. Por supuesto, una de las principales conclusiones del estudio será responder a la duda de si el campo de acción de las ayudas de Estado, como novedoso instrumento para controlar la política de tipos de los Estados miembros, quedaba limitado a este escenario de "lista negativa" o podría también activarse en un escenario diferente, con menor libertad para los Estados miembros, como el finalmente planteado por la nueva directiva de tipos que pasamos a analizar.

4.3 Una reforma de la Directiva finalmente continuista

A pesar de la existencia de una propuesta previa rupturista, que planteaba un cambio radical en la estructura de tipos mediante la "lista negativa", la realidad es que el texto final de la Directiva (UE) 2022/542 del Consejo de 5 de abril de 2022 puede considerarse claramente continuista con el sistema anterior al decidirse finalmente por una simple revisión del listado de bienes y servicios del Anexo III, mantener respecto a la propuesta un amplio abanico de opciones en el número de tipos reducidos a aplicar y extender la posibilidad de aplicar las eventuales excepciones existentes en los Estados miembros a todos los demás.

El listado del Anexo III se actualiza, revisando la mayoría de los 21 apartados preexistentes y añadiendo nuevos hasta completar 29 apartados.

Particularmente queremos destacar como novedades, por los riesgos de distorsión que pueden suponer en el contexto del mercado interior, los siguientes:

(...)

10 quater) Suministro e instalación de paneles solares en viviendas familiares, alojamientos y edificios públicos y de otro tipo utilizados para actividades de interés público, y a proximidad de estos;

(...)

25) Suministro de bicicletas, incluidas las bicicletas eléctricas; servicios de alquiler y reparación de bicicletas;

26) Entrega de obras de arte, objetos de colección y antigüedades que figuran en el anexo IX, partes A, B y C;

(...)

Estos bienes reúnen como principal característica su elevado valor, lo que puede provocar que la aplicación de tipos reducidos en un Estado miembros atraiga compras transfronterizas desde zonas limítrofes a pesar de que el ahorro no sea proporcionalmente muy elevado, ya que difícilmente superaría el 20%. Si bien el estudio *Reform of rules on EU VAT rates* cuestiona la importancia relativa y el impacto en el comercio de estas eventuales compras transfronterizas en el contexto europeo[104], no es menos cierto que el estudio empírico no contemplaba un escenario en que pudieran aplicarse tipos reducidos o incluso un tipo cero sobre bienes que pueden fácilmente valer miles de euros.

Como decimos, se mantiene respecto a la Propuesta la estructura conforme a la cual los Estados miembros podrán aplicar un máximo de dos tipos reducidos de como mínimo el 5 %, un tipo reducido inferior al mínimo del 5 % y una exención con derecho a deducción del IVA soportado.

La aplicación de los tipos reducidos no inferiores al mínimo del 5 % se podrá realizar a entregas de bienes y prestaciones de servicios cubiertas por un máximo de 24 de los 29 puntos del anexo III de la Directiva 2006/112/CE. En cambio, la aplicación del tipo reducido inferior al mínimo del 5 % o la exención con derecho a deducción del IVA se podrá aplicar solo a entregas de bienes y prestaciones de servicios dentro de un máximo de 7 puntos del anexo III de la Directiva 2006/112/CE que se considera que cubren "necesidades básicas" (apartados 1 a 6 y 10 quater)[105] o a bienes y

---

104 Reform of rules on EU VAT rates, pp. 196-197.

105 Productos alimenticios, agua, medicamentos, productos farmacéuticos, productos sanitarios y de higiene, transporte de personas, algunos artículos

servicios del Anexo III que no cubran estas "necesidades básicas" cuando otros Estados miembros, en virtud de excepciones, los apliquen.

En la siguiente tabla se resume perfectamente el alcance de estos cambios:

Tabla 2: Estructura y niveles de los tipos impositivos que los Estados miembros podrán aprobar tras la entrada en vigor de la Directiva 2022/542

ESTRUCTURA Y NIVELES DE LOS TIPOS IMPOSITIVOS QUE PUEDEN SER APROBADOS POR LOS EM TRAS MODIFICACIÓN DIRECTIVA IVA POR DIRECTIVA 2022/542			
	Características	**Categorías de bienes y servicios**	
Tipo normal	**15%** en adelante	Mismo tipo impositivo aplicable tanto para las EB como para las PS	
Un **máximo de dos tipos reducidos**	**Igual o superior al 5%**	A un máximo de **24 puntos** del Anexo III	Nunca a servicios prestados por vía electrónica, salvo los enumerados en puntos 6, 7, 8 y 13 del Anexo III
Otro tipo adicional reducido	**Inferior al 5%**	A un máximo de **7 puntos** del Anexo III, entre los siguientes: - puntos 1 a 6 y 10 quater del Anexo III, - cualquier otro punto del Anexo III que se inscriba dentro de las opciones que se establecen en el **art. 105 bis. Apartado 1** (y en el que se regula un régimen excepcional para bienes o servicios a los que los EM ya aplicaban un tipo reducido a 1.1.2021).	
Una exención plena	con derecho a la deducción		

Fuente: Cuatrecasas, Legal Flash, Tipos impositivos del IVA (2022)

Se constata de esta forma que la Directiva (UE) 2022/542 ha apostado finalmente por la opción 1 del documento de 2017 "*Reform of rules on EU VAT rates*", una opción que a la vista de la evaluación entonces realizada[106], salvo por el menor respeto al principio de subsidiariedad (al seguir limitando ostensiblemente la libertad de los Estados miembros para la determinación de los tipos de IVA), era valorada de forma mucho más positiva que la opción de la lista negativa en múltiples planos (menor distorsiones económicas, menor complejidad y coste, menor riesgo de litigación y mejor protección de la recaudación frente a presiones internas).

5. A MODO DE CONCLUSIÓN. ¿EXISTE REALMENTE ESPACIO PARA APLICAR EL RÉGIMEN DE AYUDAS DE ESTADO EN EL ACTUAL CONTEXTO DE TIPOS DE IVA?

En primer lugar conviene recordar que estamos ante una materia novedosa que no se ha planteado hasta ahora más allá de documentos científicos

culturales (libros, revistas, periódicos) y el suministro e instalación de paneles solares.

106 Vid. Tabla 1, apartado 4.2 supra.

o informes de la Comisión, no existiendo, por tanto, decisiones ni jurisprudencia al respecto. Sin embargo, sí que se planteó en el *Impact Assesment* de la Propuesta de Directiva de tipos de 2018 que apostaba por la creación de una "lista negativa" que sustituiría al Anexo III, en la que únicamente se plasmarían los bienes y servicios a los que no se podrían aplicar tipos reducido. Este cambio supondría una liberalización casi completa de los tipos, en línea con los deseos de varios Estados miembros. Advirtiendo de sus consecuencias, la Comisión señaló en el *Impact Assesment* de esta propuesta que esta mayor liberalización de los tipos sería vigilada con uno de sus herramientas más poderosas, el régimen de control de ayudas de Estado, con el fin de evitar que decisiones en materia de tipo "permitidas" por esta lista negativa pudieran generar distorsiones en la competencia.

Esta sutil amenaza viene a confirmar lo que hemos plasmado en el apartado 3 del estudio, el régimen de ayudas de Estado, con algunas particularidades, sí puede aplicarse en el ámbito de la política de tipos de IVA por parte de los Estados miembros. Los aspectos más críticos son, sin duda, la determinación del beneficiario, la imputabilidad de la medida y la selectividad.

En relación al beneficiario podíamos tener dudas dado que en un impuesto con la estructura del IVA el principal beneficiado por la aplicación de un tipo reducido es el consumidor final. Sin embargo, hemos comprobado cómo la jurisprudencia del TJUE viene a admitir que determinadas empresas puedan ser beneficiarios indirectos por la ventaja competitiva que supone esta menor carga fiscal, al permitirles aumentar su cuota de mercado o sus márgenes.

La imputabilidad de la medida es el requisito sobre el que pivota realmente toda la eventual aplicación del régimen de ayudas de Estado en materia de tipos de IVA. Es evidente que una medida adoptada en cumplimiento de una "obligación clara y precisa"[107] no resulta imputable al Estado, pero la determinación de los tipos de IVA entendemos que entra dentro de un ámbito en el que los Estados miembros tienen la necesaria discrecionalidad "tanto cuanto a si adoptar las medidas en cuestión como a la hora de determinar las características de la medida concreta" [108].

El hecho de que la Comisión solo haya mencionado la eventual activación del régimen de control de ayudas de Estado en el contexto de la "lista negativa" de la Propuesta de Directiva de 2018, puede darnos a entender

---

107 Asunto *Deutsche Bahn AG*, T-351/02, ap. 102.

108 Comunicación de la Comisión relativa al concepto de ayuda estatal, 2016, par. 45

que la vuelta al sistema del Anexo III, por el que apostó finalmente la Directiva (UE) 2022/542, excluiría su aplicación. De hecho, no descartamos que la amenaza de emplear el art. 107 TFUE para controlar un escenario de aparente liberalización de tipos ha contribuido decisivamente al fracaso de la propuesta y la vuelta al sistema de lista cerrada del Anexo III. Sin embargo, ¿realmente no existe espacio de discrecionalidad en el sistema de lista cerrada del Anexo III?

Lo cierto es que la Directiva (UE) 2022/542 advierte en su considerando ocho que "El ejercicio de cualquiera de esas opciones (de aplicación de tipos reducidos a determinados bienes y servicios) por un Estado miembro debe considerarse una medida integrada en la lógica del régimen de los tipos del IVA y adoptada por motivos sociales claramente definidos en beneficio del consumidor final o con miras al interés general".

Este párrafo parece que viene a respaldar que los Estados miembros, siempre que se muevan dentro de los párametros de tipos y bienes y servicios de la reformada Directiva 2006/112/CE, están actuando conforme al Derecho de la Unión; es decir, dentro del riesgo para el mercado interior que asume la Directiva, lo que podría excluir la aplicación del régimen de control de ayudas de Estado. Sin embargo, el hecho de que el mismo párrafo estuviera presente con la misma redacción en la Propuesta de Directiva de 2018 nos demuestra que es una fórmula genérica sin especial trascendencia.

A nuestro parecer, si bien es evidente que estamos ante diferentes niveles de "discrecionalidad", entendemos que serían igualmente imputables al Estado, desde el punto de vista del art. 107 TFUE, tanto la elección de aplicar un tipo reducido a un determinado bien o servicio, dentro de la lista cerrada del Anexo III, como el hecho de haber decidido aplicar el mismo tipo reducido porque este mismo bien o servicio no se encontraba dentro de la "lista negativa" de la anterior Propuesta de Directiva.

Lo único que garantiza el esquema mediante lista cerrada del Anexo III es que los eventuales conflictos se circunscriben a un menor número de bienes y servicios, pero no impide que, cumpliéndose los restantes parámetros de las ayudas de Estado, se pudiera controlar estas decisiones mediante dicho régimen. Sí es cierto que la reducción del riesgo es tan evidente que la Comisión seguramente no se vea obligada nunca a activar el art. 107 TFUE en relación a la determinación de tipos en el IVA, máxime cuando tiene otras herramientas consolidadas como el principio de neutralidad o de no discriminación, pero la posibilidad jurídica en términos de imputabilidad de la medida entendemos que sí existe.

En tercer lugar, por lo que respecta a la apreciación de la necesaria selectividad, conforme al razonamiento habitual del TJUE, la clave está en identificar los operadores que se encuentran en una situación comparable. Si entendemos que únicamente están en situaciones comparables aquellos que prestan un mismo servicio o realizan entregas de un mismo bien, las medidas en materia de tipos de IVA nunca serán selectivas a priori, pues constituyen medidas generales que se aplican a todos los operadores máxime en un contexto de consolidación de la tributación en destino. Sin embargo, si ampliamos el marco de los operadores en situación comparable a aquellos que compiten en un mismo sector con servicios o productos similares, aunque no idénticos, sí que podemos apreciar en determinadas situaciones que la determinación de tipos reducidos puede constituir una desviación del sistema general.

Pensemos por ejemplo en la determinación de un tipo de IVA superreducido para el aceite de oliva, como sucede en Italia (también esta medida se ha aplicado en España durante unos meses aunque se ha extendido a todos los aceites de oliva y de semillas) mientras que se mantiene la alícuota reducida para otros aceites empleados en alimentación. ¿Estamos realmente ante una medida selectiva? Si el marco de referencia son los productores de aceite de oliva desde luego no, pero si ampliamos el ámbito de los operadores en situación comparable a otros aceites empleados en alimentación podríamos apreciar esta selectivad, máxime cuando el producto beneficiado es principalmente de producción nacional y los competidores se importan mayoritariamente.

Por supuesto, cabría usar también la herramienta del principio de neutralidad, que siempre había tenido la ventaja de que, una vez demostrada que el bien o servicio eran idénticos o similares desde el punto de vista del consumidor, no requería demostrar la existencia efectiva de competencia entre los servicios en cuestión o una distorsión de la competencia motivada por dicha diferencia de trato[109]. La interpretación expansiva del requisito de selectividad observado en los últimos pronunciamientos del TJUE conduce a un resultado similar, considerando suficiente que la medida beneficie a determinadas empresas o producciones en abstracto, siendo suficiente que ambas se encuentren en situaciones comparables y sin necesidad de realizar un análisis concreto del verdadero impacto de la medida en el mercado o de las características propias de las empresas be-

---

[109] STJUE de 10 de noviembre de 2011, *The Rank Group*, C-259/10 y C-260/10, aps. 32-36 (ECLI:EU:C:2011:719)

neficiadas por las mismas. Además, en el ámbito particular de los tipos de gravamen no consideramos que cupiera como justificación la naturaleza o estructura del sistema.

No debemos olvidar además la posible existencia de una selectividad *de facto*, cuando "debido a su especial diseño y aplicación" una determinada medida pueda "tener repercusiones en el mercado común" [110]. Es decir, una medida aparentemente general, como la aplicación de un tipo de IVA reducido a una categoría de bienes o servicios acaba favoreciendo a determinadas empresas o producciones, tanto en el plano interno como en el contexto fronterizo. Aunque resulta obvio que el principal problema es la difícil prueba de estas situaciones, la protección del mercado interior requiere de la activación de todas las herramientas necesarias para su efectivo funcionamiento, entre ellas las ayudas de Estado; particularmente cuando instrumentos a priori más adecuados como el art. 116 TFUE siguen olvidados en un cajón.

Respaldándonos en lo expuesto en este estudio podemos sostener que, efectivamente, la Comisión tendría las herramientas para emplear el régimen de control de las ayudas de Estado en materia de tipos de IVA también en el actual escenario de simple actualización del Anexo III, con una lista cerrada y optativa de bienes y servicios a los que poder aplicar tipos reducidos. Sin embargo, activar este mecanismo obligaría a actuar en un campo en el que los Estado siempre han gozado de una amplia (aunque limitada) discrecionalidad. Además, exigiría forzar la interpretación de conceptos como el del marco comparable, la imputabilidad o la selectividad *de facto*, precisamente en un contexto en que los Estados, aprobando finalmente la actualización del Anexo III en lugar de la lista negativa de la Propuesta de 2018, han apaciguado sus ansias de una mayor liberalización de la política de tipos en el IVA (tal vez ante el temor precisamente a un mayor activismo de la Comisión).

A pesar de todo, si bien no creemos que se comience a emplear este mecanismo de control de las ayudas de Estado en materia de tipos de IVA, sí es cierto que hemos identificado algunos sectores en los que la potencial diferencia de tipos de gravamen puede alentar situaciones de compras transfronterizas que distorsionen el comercio interior. Particularmente, conforme a los parámetros de las compras transfronterizas (prácticamente ya el único campo que escapa del principio de tributación de destino), el elevado valor de los bienes y el consecuente ahorro en el precio final para el consumidor puede constituir

110 Pérez Bernabéu, B. "El criterio de la selectividad de facto...", *op.cit.* pág. 138.

un factor determinante. De este modo, la inclusión de bienes de gran valor entre los bienes a los que cabe aplicar tipos reducidos como paneles solares, bicicletas (eléctricas o no) y obras de arte, objetos de colección y antigüedades, puede provocar particularmente el desplazamiento de negocios a zonas fronterizas con el fin de aprovechar estos tipos reducidos.

No podemos evitar pensar en el caso de Luxemburgo, Estado que se ha caracterizado por mantener un nivel de imposición indirecta muy reducido, tanto en IVA como en los impuestos especiales y que históricamente constituye un foco de compras transfronterizas desde zonas limítrofes de Francia, Bélgica o Alemania. Si decide aplicar de forma diferencial tipos de IVA reducidos a estos bienes de elevado valor resulta evidente que atraerán un buen número de compras transfronterizas, distorsionando la competencia. Si bien la Comisión no ha intervenido activamente hasta ahora en el ámbito de las compras transfronterizas, minusvalorando sus efectos distorsionadores sobre el mercado interior, debería vigilar los resultados de la nueva política de tipos en estos nuevos sectores; ante la inefectividad de otras herramientas, el art. 107 TFUE podría emplearse, al menos como amenaza, para mitigar estos efectos.

BIBLIOGRAFÍA

Copenhagen Economics, Study on reduced VAT applied to goods and services in the Member States of the European Union, Final Report, 21 de junio de 2007, 6503 DG TAXUD.

De Juan Casadevall, J., Ayudas de Estado e Imposición directa en la Unión Europea, Thomson Reuters Aranzadi, 2011.

Englisch, J., "EU State aid rules applied to indirect tax measures", *EC Tax Review*, Vol. 22, Nº. 1, 2013, págs. 9-18

"Equality under State aid rules and VAT", en AAVV. CJEU–*Recent Developments in Value Added Tax 2018*, (dir. Michael Lang y otros), Linde, 2019, pp. 15-48.

Federico, R. "Case "A-Brauerei" C-374/17 or on selective deafness of the European Court of Justice", *Studi Tributari Europei*, Vol. 8, 2018, pág. 4

Mamut, M.A.,"The State Aid Provisions of the TFEU in Tax Matters", AAVV. *Introduction to European Tax Law on Direct Taxation* (dirs. Michael Lang y otros), 2010.

Mankiw, N.G. *Principios de economía* (6a ed.), Cengage Learning., 2014.

Martín López, J. *Competencia fiscal perjudicial y Ayudas de Estado en la Unión Europea*, Tirant lo Blanch, Valencia, 2006

Moreno González, S. "Tendencias recientes de la jurisprudencia comunitaria en materia de ayudas de Estado de naturaleza tributaria". *Civitas. Revista española de derecho financiero*, Nº 132, 2006, pp. 825-893.

Pérez Bernabéu, B., *Ayudas de Estado en la jurisprudencia comunitaria. Concepto y Tratamiento*, Tirant lo Blanch, Valencia, 2008

"El criterio de la selectividad de facto en las ayudas de Estado (Aplicación en relación con las medidas forales fiscales)", *Crónica Tributaria*, núm. 138, 2011, pp. 135-142.

Ramos Prieto, J. y Macarro Osuna, J.M.. "Problemas de armonización del IVA: la tributación de los libros electrónicos y su adecuación al principio de neutralidad", Quincena Fiscal, núm. 1-2, 2017, págs. 23-62.

Seely, A., "VAT: European Law on VAT Rates", *House of Common Library*, Briefing Paper, núm. 2683, 2019, p. 8.

Swinkels, J.,"State aid & VAT", *International VAT Monitor*, vol. 16, 2005.

Terra, B., "Value Added Tax and State Aid Law in the EU", Intertax, Vol. 40, nº. 2, 2012.

Principio de neutralidad: restricción del derecho a la deducción del IVA soportado por el incumplimiento de requisitos de facturación

VALENTÍN MAGRANER BOU
Abogado

Resumen: El principio de neutralidad fiscal que impera en el IVA impide que se restrinja el derecho a la deducción del IVA soportado por la omisión de exigencias de carácter formal, siempre y cuando se pueda acreditar que se cumplen todos los requisitos materiales que dan derecho a la deducción y que el hecho o acto en cuestión no sea fraudulento ni ocasione un perjuicio a la Hacienda Pública. Así lo tiene declarado el TJUE en una consolidada jurisprudencia que nuestros órganos jurisdiccionales y administrativos han ido adoptando paulatinamente y de la que se desprende, en concreto, que la ausencia de factura o las facturas erróneas no serán obstáculo a la deducción, siempre que se aporte un documento que la sustituya, como un contrato privado, o que, en definitiva, se pruebe que se cumplen los requisitos materiales que acompañan a este derecho.

Palabras clave: Principio de neutralidad, IVA, derecho a deducción, TJUE, requisitos formales, factura, medio de prueba.

***Abstract**: The principle of fiscal neutrality that prevails in the VAT System prevents the right to deduct input VAT from being restricted due to the omission of formal requirements, provided that it can be evidenced that all the material requirements that give the right to deduct are met and that the fact or act in question is not fraudulent or detrimental to the Public Treasury. This has been declared by the CJEU in a consolidated case law that our jurisdictional and administrative bodies have gradually adopted. It follows from this case law, specifically, that the absence of an invoice or erroneous invoices will not be an obstacle to the VAT deduction, provided that a document is provided to replace it, such as a private contract, or that, in short, it is proven that the material requirements accompanying this right are met.*

***Key words**: Principle of neutrality, VAT, right to deduct, CJEU, formal requirements, invoice, means of proof.*

1. INTRODUCCIÓN

El derecho a la deducción del IVA soportado en el ejercicio de actividades de carácter empresarial o profesional es, junto con el principio de neutralidad, el pilar sobre el que se estructura nuestro vigente sistema común del IVA. Este derecho está condicionado al cumplimiento de múltiples requisitos, materiales y formales, que desempeñan un papel esencial en el correcto funcionamiento del impuesto. En particular, los requisitos formales permiten a la Administración tributaria regular y controlar las modalidades y el ejercicio de la deducción en el tráfico empresarial y luchar contra el fraude y la evasión fiscal, debiendo ser cumplidos por aquellos empresarios o profesionales que pretendan ejercer su derecho a la deducción. En particular, nos centraremos en el presente trabajo en el requisito de ostentar la correspondiente factura como un presupuesto previo y necesario para el ejercicio a la deducción.

El incumplimiento de determinados requisitos formales y, en particular, de facturación en el ejercicio de la deducción del IVA soportado ha sido analizado por el TJUE en un nutrido número de pronunciamientos. De ellos se desprende que el principio de neutralidad que impera en el IVA impide que el derecho a la deducción se pueda limitar por meras inobservancias de requisitos de carácter formal, siempre y cuando se pueda probar que se cumplen todos los requisitos materiales que acompañan a la deducción y que el acto en cuestión no forme parte de un fraude en el IVA ni cause un perjuicio a la Hacienda Pública.

Siendo este el estado de la cuestión, no obstante, no es infrecuente que surjan nuevos flecos o situaciones en las que existan discrepancias sobre el alcance de la aplicación del principio de neutralidad en los términos expuestos, en especial, cuando la factura adolece de errores u omisiones, o cuando no existe factura propiamente dicha, pero existen otros medios de prueba que podrían hacer sus veces. Tras analizar la evolución jurisprudencial comunitaria en términos de facturación, traeremos a colación la reciente Sentencia del TJUE, de 29 de septiembre de 2022 (C-235/21 *Raiffeisen Leasing),* que pone de manifiesto la pérdida de la cuasi exclusividad que la factura ostentaba como requisito previo y necesario para el ejercicio del derecho a la deducción, al admitirse como documento sustitutivo de esta, sin ninguna causa excepcional que justifique la sustitución, el contrato privado de arrendamiento financiero suscrito entre las partes, puesto que, en el caso, era suficiente para que la Administración dispusiera de todos los datos necesarios para verificar el cumplimiento de los requisitos materiales que acompañan a este derecho.

Este pronunciamiento culmina la evolución jurisprudencial comunitaria hasta la fecha al permitir que se entienda como factura cualquier otro documento que contenga los requisitos exigidos en la normativa comunitaria y nacional del Estado miembro en cuestión. En definitiva, abre la puerta a la litigación sobre la controversia, al reducirla a una cuestión esencialmente probatoria y que dependerá del análisis ad hoc llevado a cabo, primero por la Administración y después, en su caso, por los tribunales.

2. EL PRINCIPIO DE NEUTRALIDAD Y EL DERECHO A LA DEDUCCIÓN DEL IVA SOPORTADO COMO GARANTÍAS DEL BUEN FUNCIONAMIENTO DEL SISTEMA COMÚN DEL IVA

El sistema común del IVA, tal y como lo conocemos hoy en día, tiene por finalidad someter a gravamen la capacidad económica de los consumidores por la propia manifestación que supone el consumo. La armonización de este impuesto se ha cristalizado en la Unión Europea en la vigente Directiva 2006/112/CE del Consejo, de 28 de noviembre de 2006, relativa al sistema común del IVA (en adelante, la "Directiva IVA"), que ha sido objeto de sucesivas modificaciones. Como es sabido, la nota distintiva del vigente sistema es la de atribuir la condición de sujeto pasivo no a los consumidores finales, sino a los empresarios o profesionales que intervienen en la cadena productiva de bienes y servicios y que, mediante un sistema basado en la repercusión-deducción del impuesto, van trasladando la carga impositiva al siguiente operador hasta que esta desemboca en el consumidor final, toda vez que se les permite deducir la que soportan directamente de la repercusión del operador previo.

Esta estructura, a diferencia de los anteriores impuestos indirectos plurifásicos en cascada, tiene como fin último garantizar la neutralidad fiscal de los empresarios y profesionales que intervienen en la producción y comercialización de bienes y servicios, en la medida en que solo deben ingresar al Tesoro, en su caso, la diferencia entre el IVA repercutido y el soportado en el ejercicio de su actividad económica. De esta manera, se grava únicamente el valor añadido generado en cada fase.

El considerando 5 de la Directiva IVA establece que el régimen del IVA logra un máximo de sencillez y de neutralidad cuando el impuesto se recauda con la mayor generalidad posible y su ámbito de aplicación abarca la totalidad de las fases del proceso de producción y distribución de bienes y la prestación de servicios. Estas notas de sencillez y neutralidad en el IVA han quedado positivadas en el artículo 1 de la vigente Directa IVA, sobre el objeto y aplicación del IVA, que establece que el principio del sistema común de IVA consiste en aplicar al comercio de bienes y servicios un impuesto general sobre el consumo exactamente proporcional al precio de los bienes y de los servicios, sea cual fuere el número de operaciones que se produzcan en el circuito de producción y distribución precedente a la fase de gravamen, extendiéndose hasta la fase de venta al por menor, incluida esta. En cada operación, por tanto, será exigible el IVA, liquidado sobre la base del precio del bien o del servicio gravados al tipo impositivo aplicable a dichos bienes y servicios, previa deducción del importe de las cuotas impositivas devengadas que hayan gravado directamente el coste de los diversos elementos constitutivos del precio.

El régimen de deducciones tiene por objeto liberar completamente al empresario del peso del IVA devengado o ingresado en el marco de todas sus actividades económicas. Gracias a ello, el sistema común del IVA puede garantizar la neutralidad con respecto a la carga fiscal de todas las actividades económicas, cualesquiera que sean sus fines o resultados, a condición de que dichas actividades estén, en principio, sujetas al IVA. Se proclaman, por tanto, el principio de neutralidad y, como consecuencia directa, el derecho a deducir como garantes del buen funcionamiento del sistema común del IVA.

El Tribunal Supremo delimitó muy acertadamente el estado de la cuestión ya en su Auto de 7 de febrero de 2018 (FJ 3.°, rec. núm. 163/2016), en el que concretó que la aplicación del principio de neutralidad fiscal en la normativa de la Unión Europea y en la jurisprudencia emanada del Tribunal de Justicia podía resumirse en los dos puntos siguientes: en primer lugar, que el TJUE tiene señalado, con absoluta reiteración, que el derecho de los sujetos pasivos a deducir del IVA del que son deudores, el soportado por los bienes adquiridos y por los servicios recibidos "constituye un principio fundamental del sistema común del IVA, establecido por la legislación de la Unión", en tanto que "el régimen de deducciones tiene por objeto liberar completamente al empresario de la carga del IVA devengado o pagado en todas sus actividades económicas", de manera que "el sistema común del IVA garantiza la neutralidad respecto de la carga fiscal de todas las actividades económicas, cualesquiera que sean los fines o los resultados de las mismas, a condición de que dichas actividades estén, a su vez, sujetas al IVA" (Sentencia de 15 de septiembre de 2016, Senatex GmbH v. Finanzamt Hannover-Nord, asunto C-518/14[1], con abundante cita de pronunciamientos anteriores del propio Tribunal); y, en segundo lugar, que "de los artículos 63, 167 y 168 de la Directiva 2006/112 y de la jurisprudencia que los interpreta se desprende, en efecto, que las operaciones efectuadas por los empresarios en el ejercicio de su actividad empresarial no pueden ser penalizadas fiscalmente mediante la imposición de gravámenes que no sean susceptibles con posterioridad de deducción con ocasión de la realización por ese mismo empresario de actividades sujetas a IVA derivadas, relacionadas o conectadas con aquellas primeras operaciones".

---

1 Esta tendencia no ha variado y, recientemente, se han unido a esta línea jurisprudencial, entre otras, las SSTJUE de 1 de diciembre de 2022 (C-512/21, *Aquila Part Prod Com SA*), 14 de octubre de 2021 (C-45/20 y C-46/20, *Finanzamt N (Communication de l'affectation)*), 15 de abril de 2021 (C-935/19, *Grupa Warzywna*), 18 de marzo de 2021 (C-895/19, *A. (Exercice du droit 'a déduction)*), 17 de diciembre de 2020 (C-656/19, *BAKATI PLUS*) y 30 de abril de 2020 (C-661/18, *CTT–Correios de Portugal*), entre otras.

En este contexto de búsqueda de la neutralidad fiscal, es innegable la relevancia que adquiere el derecho de los empresarios y profesionales a deducir el IVA soportado en el ejercicio de su actividad, que, sin duda, se erige como el eje cardinal sobre el que pivota el sistema común del IVA. Si bien este derecho, de acuerdo con lo dispuesto en el considerando 5 de la Directiva IVA, debe ser sencillo de ejercitar para una correcta aplicación del principio la neutralidad, está condicionado, no obstante, al cumplimiento de múltiples requisitos materiales y formales.

Los requisitos materiales configuran el alcance y fundamento del ejercicio del derecho a la deducción propiamente dicho, y se concretarían, de manera resumida, en que, primero, el derecho a deducir nace en el momento en que es exigible el impuesto deducible, que además debe entenderse generado en el territorio de aplicación del impuesto del Estado miembro que pretenda su recaudación; segundo, que, en la medida en que los bienes y servicios se utilicen para las necesidades de sus operaciones gravadas, el sujeto pasivo tendrá derecho, en el Estado miembro en el que realice estas operaciones, a deducir el importe del impuesto del que es deudor; y tercero, que, en lo concerniente a bienes y servicios utilizados por un sujeto pasivo para efectuar indistintamente operaciones con derecho a deducción y operaciones que no conlleven tal derecho, solo se admitirá la deducción por la parte de las cuotas del IVA que sea proporcional a la cuantía de las operaciones primeramente enunciadas.

Por otro lado, los requisitos formales desempeñan un papel totalmente distinto en el sistema del IVA, pero también fundamental, en la medida en que permiten a la Administración tributaria regular las modalidades y el ejercicio del derecho a la deducción, garantizándose así el control de las operaciones llevadas a cabo en su ámbito soberano en aras de prevenir y luchar contra el fraude, el abuso y la evasión fiscal por parte de los obligados a ingresar el IVA. Entre estas obligaciones formales, dado que el nutrido número de supuestos y pronunciamientos del TJUE y nacionales en la materia es inabarcable en la extensión del presente trabajo, pondremos el foco de atención en la tenencia de la correspondiente factura como requisito previo y necesario para el ejercicio de la deducción y la evolución jurisprudencial comunitaria en esta materia.

El rigor formalista que se desprende de una interpretación estricta y literal de los preceptos que transcribe nuestra normativa interna de la Directiva IVA derivaría en situaciones absolutamente desproporcionadas y contrarias, en lo que ahora interesa destacar, al principio de neutralidad que impera en el IVA. Este principio —insistimos— debe velar por el funcionamiento sencillo y eficiente del sistema en todo momento, sin que las formalidades exigidas en cada Estado miembro puedan llevar consigo cargas excesivas para los empresarios o profesionales que traben la correcta aplicación del principio de neutralidad en el ámbito doméstico, ni mucho menos que, en un perseguido mercado común y único, torpedeen el disfrute efectivo de la libre circulación consagrada como corolario de los derechos fundamentales de la Unión Europea.

Con todo, pese a que se cumplan los requisitos materiales y formales que dan lugar al derecho a la deducción, hay que destacar que, como cierre del sistema, el legislador tiene establecidas ciertas restricciones al derecho a deducir, por considerar que estos bienes o servicios son intrínsecamente ajenos al desarrollo de la actividad empresarial o profesional. En ausencia de una cobertura meridianamente clara en el artículo 176 de la Directiva IVA, que solo hace referencia a gastos "que no tengan un carácter estrictamente profesional, tales como los de lujo, recreo o representación", estas restricciones pueden suponer una grave quiebra del principio de neutralidad, sobre todo cuando el sujeto pasivo tiene argumentos suficientes para probar que dicho gasto está estrictamente relacionado con su actividad empresarial o profesional[2].

Centrándonos en la restricción del derecho a deducir por incumplimiento de requisitos formales y, en particular, por exigencias de facturación, veremos en el presente trabajo que la jurisprudencia emanada del Tribunal de Luxemburgo ha mantenido desde antaño un criterio antiformalista, con el fin de llegar a una doctrina que a día de hoy está sobradamente consolidada[3] y que establece que el incumplimiento de requisitos formales no puede suponer una limitación al ejercicio del derecho a la deducción cuando se cumplan el resto de requisitos materiales. Contra este principio general, se ha admitido —con carácter restrictivo y por razones de imperiosa necesidad—

---

2 *V. gr., la STJUE de 18 de julio de 2013 (C-124/12, AES-3C Maritza East) y las SSAN de 23 de diciembre de 2012 (rec. 14/2012), de 30 de abril de 2014 (rec. 281/2013) y de 2 de junio de 2014 (rec. 443/2012); y las reflexiones de* DURÁN HAEUSSLER Y ARREGUI BRAVO sobre la restricción del derecho a deducir en España los gastos de atenciones a clientes, en "IVA en atenciones a clientes. ¿Dónde queda la neutralidad?", *Revista de Actualidad Jurídica Uría Menéndez, 51, 2019, pp. 83-89.*

3 Fue pionera en el reconocimiento del principio de neutralidad en el IVA la STJUE de 14 de febrero de 1985 (C-268/83, *Rompelman),* cuyo párrafo 19 estableció que "el sistema de deducción tiene por objeto liberar totalmente al operador económico de la carga del IVA devengado o pagado en el curso de todas sus actividades económicas. Así pues, el sistema común del Impuesto sobre el Valor Añadido garantiza que todas las actividades económicas, cualquiera que sea su objeto o resultado, siempre que estén sujetas a su vez al IVA, estén gravadas de forma totalmente neutral".

que se restrinja el derecho a deducir cuando exista riesgo de pérdidas recaudatorias o cuando se constate que el interesado ha participado de forma activa en un fraude o, en ausencia de ese elemento intencional, se pruebe con base en elementos objetivos que, empleando un mínimo de diligencia, debió haber conocido de su participación en dicho fraude.

3. EVOLUCIÓN DE LA JURISPRUDENCIA COMUNITARIA SOBRE EL PRINCIPIO DE NEUTRALIDAD Y LA RESTRICCIÓN DEL DERECHO A DEDUCIR POR INCUMPLIMIENTO DE REQUISITOS DE FACTURACIÓN

Una vez sentadas las bases del funcionamiento general del sistema común del IVA y la enorme relevancia del principio de neutralidad como clave de bóveda del buen funcionamiento del impuesto, se pone de manifiesto la indisociable interrelación de este principio con el derecho a la deducción del IVA soportado, que actualmente se regula en los artículos 178 y siguientes de la Directiva IVA; 92 y siguientes de la Ley 37/1992, de 28 de diciembre, reguladora del IVA en España; y 27 y 28 de su Reglamento de desarrollo, aprobado por el Real Decreto 1624/1992, de 29 de diciembre. Esta normativa se completa, en materia de facturación, por nuestro Reglamento aprobado por Real Decreto 1619/2012, de 30 de noviembre.

Como anticipábamos, la manifestación más relevante de la presencia del principio de neutralidad trae causa de una consolidada jurisprudencia del TJUE que establece que este principio impide que se restrinja el derecho a la deducción de un IVA soportado por la inobservancia de exigencias de carácter formal, siempre y cuando se pueda acreditar que se cumplen todos los requisitos materiales que dan derecho a la deducción; que el acto en cuestión no haya ocasionado un perjuicio a la Hacienda Pública, con la consiguiente pérdida de ingresos fiscales para el Estado miembro en cuestión; y que, siguiendo la denominada "teoría del conocimiento", no se haya demostrado con base en datos objetivos que el obligado tributario conocía o debía haber conocido que el hecho o acto invocado como base para el ejercicio de la deducción formaba parte de un fraude cometido por el suministrador de bienes o servicios, o por un operador anterior de la cadena[4]. Los Estados

---

4 Esta postura ha sido acogida y defendida por nuestros autores desde hace muchos años. A título de ejemplo, CALVO VÉRGEZ afirmó con rotundidad que "una simple obligación formal, por muy justificación que la misma pueda llegar a tener

miembros, por tanto, no podrán imponer formalismos excesivos que impidan el ejercicio *inmediato del derecho a la deducción*[5].

Estos requisitos formales, a modo de resumen, consisten en contar con un número de identificación a efectos del IVA, registrar el alta, baja y modificación de la situación censal, llevar una adecuada contabilidad y registro de las operaciones, declarar y, en su caso, ingresar la cuota resultante y, por último —en el que nos centraremos en este trabajo—, *disponer de la correspondiente factura, cumpliendo con todos los requisitos que a tal efecto establece la normativa comunitaria y nacional.*

3.1. El requisito de facturación

Las facturas revisten un carácter esencial en el sistema del IVA al constituir el medio necesario para llevar a cabo la repercusión y consecuente deducción del impuesto, ya que, según se desprende del artículo 178 de la Directiva IVA, con reflejo en el artículo 97.Uno de nuestra Ley del IVA, "solo podrá ejercerse el derecho a la deducción respecto de aquellas cuotas de IVA que consten expresamente y con carácter separado en factura". En el mismo sentido, el artículo 164.Uno.3.º de la Ley del IVA establece que los sujetos pasivos estarán obligados a "expedir y entregar factura de todas sus operaciones, ajustada a lo que se determine reglamentariamente". Este desarrollo se completa con lo dispuesto en nuestro Reglamento de facturación, cuyo artículo 2 establece que "los empresarios o profesionales están obligados a expedir factura y copia de esta por las entregas de bienes y prestaciones de servicios que realicen en el desarrollo de su actividad, incluidas las no sujetas y las sujetas pero exentas del Impuesto, en los términos establecidos en este Reglamento y sin más excepciones que las previstas en él". El artículo 218 de la Directiva IVA, que no tiene una correlación clara en

---

para facilitar la correcta aplicación del oportuno procedimiento administrativo, no puede implicar la pérdida del derecho a deducir" (en *El derecho de deducción en el IVA, Wolters Kluwer España, S.A., Ed. La Ley, Madrid, 1.ª ed., 2015, p. 52).*

5 *V. gr.*, entre otras, las SSTJUE de 22 de marzo de 2012 *(C-153/11, Klub),* 19 de septiembre de 2000 *(C-177/99 y C-181/99, Ampafrance y Sanofi),* 8 de junio de 2000 *(C-400/98, Breitsohl; C-396/98, Schloßstraße y C-98/98, Midland Bank)* y 21 de marzo de 2000 *(C-110/98 y C-147/98, Gabalfrisa).* De esta jurisprudencia se desprende que *"la neutralidad avala el derecho a la deducción del IVA y su ejercicio inmediato y blinda ese derecho frente a la posible exigencia de requisitos formales excesivos", como bien apunta* GARCÍA NOVOA en "Deducibilidad del IVA soportado. ¿La neutralidad en retirada?", *Taxlandia, Blog fiscal y de opinión tributaria, 2018.*

nuestra normativa interna, establece que "los Estados miembros aceptarán como factura cualquier documento o mensaje en papel o en forma electrónica que cumpla las condiciones determinadas por el presente capítulo", lo cual podría abrir la puerta a la admisión de documentos sustitutivos de la "factura separada", como veremos más adelante.

Por último, el artículo 203 de la Directiva IVA establece que "será deudora del IVA cualquier persona que mencione este impuesto en una factura", precepto que no ha estado exento de controversias. El TJCE aclaró en su Sentencia de 13 de diciembre de 1989 (C-342/87, Genius Holding BV) que no toda factura genera el derecho a la deducción, y que este precepto se debía interpretar en el sentido de que solo se permite el derecho a la deducción en el caso de que la operación se corresponda con un IVA realmente debido, es decir, que tiene que traer causa de una operación sujeta y no exenta y devengada con arreglo a la normativa aplicable. Esta tesis fue refrendada por el propio Tribunal en sus Sentencias de 19 de septiembre de 2000 (C-454/98, Schmeink & Cofreth AG & Co. KG) y de 4 de julio de 2013 (C-572/11, Menidzherski biznes reshenia). Este precepto tiene como objeto, por tanto, eliminar la pérdida de ingresos fiscales que puede derivar del ejercicio del derecho a la deducción, e implica, como recientemente ha reconocido el TJUE en su Sentencia de 18 de marzo de 2021 (C-48/20, P (Cartes de carburant)), que el deudor del IVA mencionado en una factura es quien la expide, incluso si no existe una operación real sujeta al impuesto.

Estos preceptos encuentran su razón de ser en que las facturas garantizan que la Administración pueda llevar a cabo un control de la correcta aplicación del impuesto, verificando que la deducción practicada trae causa de una operación real con un proveedor debidamente identificado. De este modo, se refuerza la prevención y lucha contra el fraude y la evasión fiscal, evitando la pérdida de ingresos que ello conllevaría. Además, con carácter general, las facturas dotan de cierta confianza y seguridad jurídica al tráfico empresarial, tanto para la Administración como para los propios operadores.

La Directiva 2010/45/UE del Consejo, de 13 de julio de 2010, incorporó en la Directiva IVA importantes novedades en materia de facturación, con indicaciones para los Estados miembros sobre las normas y plazos de facturación que estos debían aplicar, toda vez que armonizaba el contenido de las facturas y equiparaba el valor de las facturas electrónicas al de las tradicionales facturas en papel, siempre y cuando se garantizase su autenticidad, integridad y legibilidad. Desde entonces, se han producido notables avances en materia de facturación y registro electrónico, y, por ejemplo, en lo que respecta al novedoso sistema de registro de Suministro Inmediato de Información, todavía es frecuente encontrarse con discrepancias entre lo registrado electrónicamente por el empresario o profesional y lo consignado en su declaración, que se ha trasladado directamente de los libros registro tradicionales del empresario. Puede ocurrir, por tanto, que en un determinado periodo un empresario se deduzca más IVA del reflejado en este novedoso libro electrónico, cuya consecuencia directa, en principio, sería la no deducibilidad de dicho exceso, que podría corregirse mediante el oportuno registro en los periodos posteriores, siempre y cuando no hubiera transcurrido el plazo de caducidad de cuatro años.

Muy recientemente se ha publicado la Propuesta de Directiva del Consejo por la que se modifica la Directiva 2006/112/CE en lo que respecta a las normas del IVA en la "era digital", cuyos objetivos, entre otros, son la introducción obligatoria de notificaciones electrónicas a efectos del IVA y del uso de facturación electrónica en operaciones transfronterizas. Con ello, esperamos que los errores que puedan tener estas facturas electrónicas no influyan en el ejercicio a la deducción del IVA soportado, en garantía de la correcta aplicación del principio de neutralidad.

3.2. Evolución de la jurisprudencia comunitaria

La factura constituye, por tanto, el documento justificativo del derecho a la deducción del IVA en nuestro ordenamiento interno, pero esta formalidad no puede excederse hasta el punto de denegar el derecho a la deducción por la ausencia de la correspondiente factura o porque esta sea defectuosa o incompleta, como se desprendería de una interpretación literal de los preceptos transcritos, cuestión que a día de hoy sigue siendo litigiosa. Y no debe llegarse a esta conclusión porque la factura "*no es un elemento constitutivo del derecho a la deducción, sino un mero y simple requisito para poder ejercerlo*"[6], respecto del cual el Tribunal de Justicia ha venido haciendo una interpretación antiformalista y laxa, como ya hemos anticipado y como desarrollamos a continuación.

3.2.1. Primeros pasos

La corriente antiformalista que hoy permite a los operarios ejercer su derecho a deducción aun cuando hayan incumplido determinados requisitos de facturación, en línea con la correcta aplicación del principio de neutralidad, en nuestra opinión, se remonta a la Sentencia del TJCE de 14 de julio de 1988

[6] STS de 30 de enero de 2014 (rec. núm. 4717/2009).

(C-123/87 y C-330/87, *Lêa Jeunehomme y Société anonyme d'étude et de gestion immobilière «EGI»)*. En ella, el Tribunal expuso que los Estados miembros pueden subordinar el ejercicio del derecho a la deducción a la tenencia de una factura que contenga obligatoriamente determinadas indicaciones necesarias para garantizar la percepción del IVA y su control por la Administración fiscal, a condición de que dichas indicaciones no deberán, por su número o su carácter técnico, hacer prácticamente imposible o excesivamente difícil el ejercicio del derecho a la deducción. Y ello con una cita muy ilustradora a nuestros efectos del Tribunal de première instance de Bruselas, que ya por aquel entonces tenía declarado que "en lo que se refiere a las facturas irregulares en la forma, se admite la deducción cuando la realidad de la operación no plantea dudas", doctrina que tardaría casi veinte años en llegar a España.

Especialmente relevante también como punto de partida fue la Sentencia del Tribunal de Justicia de 5 diciembre de 1996 (C-85/95, John Reisdorf), en la que el Tribunal declaró que los Estados miembros, con carácter excepcional, podían entender por factura cualquier otro documento que produzca sus efectos, y que, si bien tienen la facultad de exigir la presentación del original de la factura para justificar este derecho, también deben admitir, cuando el sujeto pasivo ya no lo posea, porque lo ha perdido o destruido, otras pruebas que demuestren que la transacción objeto de la solicitud de deducción se produjo efectivamente. De una interpretación conjunta de ambos pronunciamientos se desprende que, para garantizar la neutralidad del IVA, las facturas no pueden exigirse de forma que se haga imposible o sumamente difícil ejercitar el derecho a la deducción de las cuotas, pudiendo el Estado miembro en cuestión verificar la realidad de los hechos mediante otros medios de prueba distintos a la factura cuando el obligado a aportarla, por circunstancias excepcionales, ya no pueda hacerlo[7].

Sin perjuicio de lo anterior, se mantenía como regla general la tesis de que el derecho a la deducción solo podía ejercitarse en el período impositivo en el que, habiéndose realizado la entrega de bienes o la prestación de servicios, el sujeto pasivo estuviera en posesión de la correspondiente factura completa y sin errores. Este derecho, tal y como sostuvo el Tribunal de Justicia en su Sentencia de 29 de abril de 2004 (C-152/02, *Terra Baubedarf-Handel)*, no se puede ejercer antes de recibir la correspondiente factura, ni

---

7 RAMOS HERRERA, en *Los requisitos formales en el ejercicio del derecho a la deducción del IVA, Tirant lo Blanch, Valencia, 2021, p. 213, y* Checa González, en *El Derecho a la Deducción del IVA. Criterios establecidos en la jurisprudencia del Tribunal de Justicia Comunitario, y su reflejo en nuestro Derecho interno, Aranzadi, Cizur Menor (Navarra), 2006, p. 38.*

siquiera con carácter retroactivo al ejercicio en que nació el derecho a la deducción, cuando la factura se recibe en otro posterior.

3.2.2. Hacia una mayor flexibilización

Pese a que se entreveían los primeros pasos hacia una mayor flexibilización del incumplimiento de requisitos de facturación, surgía ahora la siguiente cuestión: si una factura puede ser válida aunque no cumpla todos y cada uno de los requisitos establecidos en la normativa comunitaria y del Estado miembro en cuestión y, por tanto, si una factura errónea puede dar lugar al derecho a la deducción o, por el contrario, tiene que ser rectificada en todo caso para que se pueda ejercer el derecho a deducir.

Del elenco de sentencias emitidas por el Tribunal de Luxemburgo sobre el reconocimiento del principio de neutralidad en el ejercicio del derecho a la deducción del IVA soportado, pese a no haberse cumplido todos y cada uno de los requisitos de facturación que acompañan este derecho, sin que estos requisitos sean imposibles o excesivamente difíciles de cumplir, podemos afirmar que la de 21 de abril de 2005 (C-25/03, *HE)* abrió la puerta a interpretaciones laxas de las exigencias de facturación impuestas por los Estados miembros. En el caso, una sociedad conyugal sin actividad económica propia había adquirido un inmueble para afectarlo íntegramente a la actividad de uno de los dos cónyuges, sin constar en la oportuna factura recibida por la sociedad conyugal el desglose de la copropiedad sobre el inmueble que le correspondía a quien pretendía ejercer el derecho a la deducción, tal y como exigía la normativa alemana aplicable. El TJUE, en contra de la interpretación estricta de las formalidades que acompañaban al requisito de facturación defendida por las autoridades alemanas, estableció que de la entonces vigente Directiva del IVA no se desprendía, para poder ejercer el derecho de deducción en circunstancias como las del litigio principal, que el sujeto pasivo dispusiera de una factura emitida a su nombre en la que constaran las fracciones del precio y del IVA correspondientes a su cuota de copropiedad. A tal fin, bastaba que la factura se dirigiera indistintamente a los cónyuges que forman la sociedad conyugal, sin necesidad de que conste tal desglose.

En su Sentencia de 18 de junio de 2009 *(C-566/07, Staatssecretaris van Financiën)*, el Tribunal afirmó que el derecho a deducir nace aunque se omita en la factura el lugar de prestación de servicios. En la misma línea, en su Sentencia de 15 de julio de 2010 *(C-368/09, Pannon Gép Centrum kft)*, el TJUE estableció que tampoco es obstáculo que en la factura conste un error en la fecha y que no exista una numeración continua de la factura rectificada posteriormente y de la nota de crédito por la que se anulaba la factura inicial, si se cumplen los requisitos materiales de la deducción y si, antes de que la autoridad competente adoptara su decisión, el sujeto pasivo presentó a esta última una factura rectificada que indicaba la fecha exacta en que había concluido dicha prestación de servicios.

En la Sentencia de 15 de septiembre de 2016 *(C-516/14, Barlis 06 — Investimentos Imobiliários e Turísticos, S.A.)*, el TJUE estableció que no se podía denegar el derecho a la deducción simplemente porque la factura presentada por el obligado tributario no tuviera una descripción suficientemente detallada de la operación. En el caso, constaba en la factura la mención genérica "servicios jurídicos" y, en el procedimiento de comprobación ante las autoridades portuguesas, el interesado presentó un anexo con el desglose de todos los servicios prestados en detalle. Esta tendencia antiformalista fue seguida por el Tribunal de Justicia en su Sentencia de 15 de noviembre de 2017 (*C-374/16 y C-375/16, Geissel)* y en su Auto de 13 de diciembre de 2018 *(C-491/18, Mennica Wrocławska)*, en los que declaró que las facturas que omitían las menciones obligatorias del lugar en el que el emisor ejerce su actividad económica o que introducían una identificación errónea de los bienes transmitidos, respectivamente, no podían impedir el ejercicio a la deducción del IVA soportado.

Por lo tanto, se consolidaba en el ámbito comunitario la idea de que una factura que no cumpliera con todos y cada uno de los requisitos establecidos por el Estado miembro podía admitirse en el curso de un procedimiento de comprobación, sin necesidad de rectificación, siempre y cuando el sujeto pasivo aportara otros medios de prueba que verificasen el cumplimiento de los requisitos materiales que dan lugar al derecho a la deducción.

Finalmente, se suscitaba la duda de si, en ausencia de un procedimiento de comprobación, en el caso de que una factura errónea se rectificara con posterioridad, el derecho a deducir nacía en el momento en el que se expidió la factura originaria o, por el contrario, en el momento en el que se rectifica. En este sentido, podemos afirmar que el TJUE aclaró esta cuestión en la Sentencia de 15 de septiembre de 2016 *(C-518/14, Senatex GmbH)*, en virtud de la cual estableció que la rectificación de una factura para incluir un dato obligatorio, a saber, el número de identificación a efectos del IVA, debía tener efectos retroactivos, de tal forma que el derecho a deducir el mencionado impuesto repercutido en la factura rectificada puede ejercitarse en el período impositivo en que se expidió esta inicialmente.

En definitiva, consolidaba el TJUE la idea de que la emisión de una factura errónea no se puede penalizar fiscalmente con la no deducibilidad del derecho a la deducción, puesto que el ordenamiento ya debe disponer, en su caso, de medidas para sancionar estas irregularidades. De otro modo, en nuestra opinión, implicaría la imposición de una sanción impropia en manifiesta vulneración, además de los principios de proporcionalidad y neutralidad, del de ne bis in idem.

3.2.3. Los casos específicos de inversión del sujeto pasivo y no establecidos

Por otro lado, existen determinados supuestos en los que, por las especialidades de la operación en el ámbito del IVA, el Tribunal de Justicia ha rechazado de plano la exigencia de factura como requisito necesario para el ejercicio a la deducción.

De este modo, en su Sentencia de 1 de abril de 2004 (C-90/02 *Bockemühl),* el Tribunal estableció que los sujetos que, por su condición de destinatario de servicios, son deudores del IVA correspondiente a dichos servicios no están obligados a estar en posesión de una factura para poder ejercer su derecho a deducción. La misma tesis se adoptó en la posterior Sentencia de 8 de mayo de 2008 *(C-95/07 y C-96/07, Ecotrade).* Y ello encuentra su justificación, tal y como se desprende de las Opiniones de la Dirección General de la Comisión Europea de 27 de mayo de 2008 y del Servicio Jurídico de la Comisión de 6 de agosto de 2008, en que, en estos casos, la factura no desempeña su función normal, que es la de probar la repercusión del impuesto sobre el sujeto pasivo que pretende efectuar la deducción del IVA soportado, por lo que sería desproporcionado denegar el derecho a la deducción del IVA por la omisión de este requisito, cuando la Administración puede acreditar el cumplimiento de los requisitos materiales, sin perjuicio de la imposición de sanciones efectivas, disuasorias y proporcionadas por tales incumplimientos[8].

La misma justificación merece, en nuestra opinión, la ausencia de factura en operaciones que hayan gravado una entrega de bienes por un sujeto no establecido en el Estado miembro en el que solicita la devolución del IVA soportado, pero sí en otro, tal y como expresó el TJUE en su Sentencia de 21 de octubre de 2021 (C-80/20, *Wilo Salmson France).* De esta reciente sentencia debemos extraer dos cuestiones adicionales cuya tesis podemos hacer extensiva a todo tipo de supuestos: por un lado, que *"solo si un documento adolece de vicios tales que privan a la Administración tributaria nacional de los datos necesarios para fundamentar una solicitud de devolución es posible considerar que tal documento no constituye una «factura» en el sentido de la Directiva 2006/112, en su versión modificada por la Directiva 2010/45";* y, por otro lado, que *"no es posible*

---

8 I. IBÁÑEZ GARCÍA. "Cristalización de la jurisprudencia del TJUE sobre las obligaciones tributarias formales", *Diario La Ley,* núm. 8.870, Sección Dossier, 24 de noviembre de 2016, Ref. D-411, Wolters Kluwer, 2016, p. 2.

denegar una solicitud de devolución del IVA correspondiente a un determinado período de devolución por el mero hecho de que dicho IVA se hizo exigible durante un período de devolución anterior, mientras que no fue facturado hasta ese período determinado".

En definitiva, como regla general, se admite la ausencia de factura en estos supuestos especiales de inversión del sujeto pasivo o de devoluciones específicas a no establecidos, siempre y cuando se pueda acreditar el cumplimiento de los requisitos materiales que acompañan el derecho a la deducción y —como veremos a continuación— dicha ausencia de factura u omisión de determinada mención en ella no sea deliberada o fraudulenta.

3.2.4. La lucha contra el fraude y el abuso

Así las cosas, el principio de neutralidad impide que se restrinja el derecho a la deducción del IVA soportado, siempre y cuando no se pruebe con base en elementos objetivos que el sujeto pasivo participó en un fraude, bien ocasionado por él mismo, bien por su proveedor o cualquier otro operador previo de la cadena, o que debió haber sabido de su participación en dicho fraude.

En el ámbito comunitario, existe una reiterada jurisprudencia del TJUE que implica que los sujetos pasivos no pueden prevalerse de las normas comunitarias de forma abusiva o fraudulenta[9]. Como declara el Tribunal en su Sentencia de 21 de febrero de 2006 (C-255/02, *Halifax),* este principio de prohibición de prácticas abusivas se aplica igualmente en el ámbito del IVA, puesto que la lucha contra el fraude, la evasión de impuestos y los eventuales abusos es un objetivo reconocido y promovido por la Directiva IVA[10].

En el asunto *Halifax,* el Tribunal reconoce que todas las operaciones constituyen entregas de bienes o prestaciones de servicios cuando cumplen los criterios objetivos en que se basan dichos conceptos, aunque se hayan llevado a cabo con la única finalidad de obtener una ventaja fiscal, sin otro objetivo económico, con lo que se reconoce, en principio, la licitud de la planificación fiscal en el ámbito del IVA. No obstante, afirma que estos criterios no se cumplen en caso de fraude fiscal, por ejemplo, por la emisión de declaraciones falsas o facturas irregulares.

---

9 *v. gr., entre otras, las SSTJUE de 12 de mayo de 1998 (C-367-96, Kefalas); 24 de marzo de 2000 (C-373/97, Diamantis); 3 de marzo de 2005 (C-32/03, Fini); 21 de febrero de 2006 (C-255/02, Halifax).*

10 *v. gr., entre otras, la STJUE de 29 de abril de 2004 (C-487/01 y C-7/02, Gemeente Leusden y Holin Groep).*

Para determinar la existencia de un fraude se requiere un doble test en el que deben concurrir tanto el elemento objetivo como el subjetivo. En lo que respecta al elemento subjetivo, la comprobación de que existe una práctica abusiva exige que, a pesar de la aplicación formal de los requisitos establecidos en la Directiva IVA y en la normativa nacional, las operaciones de que se trate tengan como resultado la obtención de una ventaja fiscal cuya concesión sería contraria al objetivo perseguido por tales disposiciones. Y en lo que respecta al elemento objetivo, también se debe apreciar que la obtención de una ventaja fiscal es el único motivo perseguido por las partes, cuestión que corresponde verificar al órgano jurisdiccional.

Por lo tanto, concluye el Tribunal que permitir a los sujetos pasivos que se deduzcan la totalidad del IVA soportado sería contrario al principio de neutralidad fiscal y, por consiguiente, al objetivo del referido régimen cuando, en el curso de sus transacciones comerciales normales, ninguna operación conforme con las disposiciones del régimen de deducciones de la Directiva IVA o de la legislación nacional por la que se adapte el Derecho interno a esta les habría permitido deducir este IVA, o solo les habría permitido una deducción parcial. En consecuencia, cuando se comprueba la existencia de una práctica abusiva, las operaciones implicadas deben ser redefinidas para restablecer la situación a como habría sido de no haber existido operaciones constitutivas de esta práctica abusiva, lo que implicaría, en conclusión, denegar el derecho a la deducción del IVA practicada.

Trasladando esta doctrina al ámbito del incumplimiento de requisitos de facturación, conviene traer a colación el Auto del TJUE de 6 de febrero de 2014 (C-33/13, Jagiełło), en el que quedó de manifiesto que no se le puede denegar a un sujeto pasivo el derecho a deducir el IVA devengado o pagado por una entrega de bienes que le haya sido efectuada alegando que, "habida cuenta de los fraudes o irregularidades cometidos por el emisor de la factura correspondiente a dicha entrega, se considerará que ésta no ha sido efectivamente realizada por el emisor de dicha factura", a menos que se demuestre mediante pruebas objetivas, sin que el sujeto pasivo esté obligado a efectuar comprobaciones que no le incumben, que dicho sujeto pasivo sabía o debía haber sabido que la entrega formaba parte de un fraude en materia de IVA, extremo que corresponde comprobar al órgano jurisdiccional remitente. En el mismo sentido versa la Sentencia de 28 de julio de 2016 (C-332/15, Astone), en la que se admite la denegación del derecho a deducir, siempre y cuando se acredite el incumplimiento fraudulento de múltiples obligaciones formales.

Por último, es especialmente relevante la Sentencia del TJUE de 11 de noviembre de 2021 (C-281/20, Ferimet), en la que se reconoce que, incluso en los supuestos especiales de inversión del sujeto pasivo, se le puede denegar a este el derecho a deducir que ha indicado deliberadamente un proveedor ficticio en la factura que él mismo ha expedido para dicha operación si, habida cuenta de las circunstancias fácticas y de los elementos aportados por el sujeto pasivo, faltan los datos necesarios para comprobar que el verdadero proveedor tenía la condición de sujeto pasivo[11] o si se acredita suficientemente con arreglo a Derecho que ese sujeto cometió un fraude en el IVA o sabía o debería haber sabido que la operación invocada para fundamentar el derecho a deducción formaba parte de un fraude de este tipo[12]. Acreditado lo anterior, no es necesario comprobar que existe un riesgo de pérdida de ingresos fiscales para fundamentar tal denegación ni que deba acreditarse la mala fe del sujeto pasivo.

Por último, la reciente Sentencia de 1 de diciembre de 2022 (C-512-21, *Aquila Part Prod Com SA)* viene a pronunciarse de nuevo sobre el fraude en el IVA. Esta sentencia recuerda que, cuando la autoridad tributaria tiene la intención de denegar a un sujeto pasivo el derecho a la deducción del IVA soportado porque ha participado en un fraude del IVA de tipo carrusel, esta autoridad tributaria no se puede limitar a decir que esa operación forma parte de una cadena de facturación circular, sino que incumbe a dicha autoridad tributaria, por un lado, caracterizar con precisión los elementos constitutivos del fraude y probar las actuaciones fraudulentas y, por otro lado, acreditar que el sujeto pasivo participó activamente en dicho fraude o que sabía o debería haber sabido que la operación invocada para fundamentar ese derecho formaba parte del referido fraude.

En virtud de lo expuesto, queda acreditado que, en aplicación del principio de neutralidad que gobierna el sistema del IVA, la omisión de determinados requisitos formales como el de facturación no puede implicar que las autoridades fiscales de los Estados miembros impidan de manera automática la deducción de las cuotas de IVA soportado[13]. Siempre y cuando,

---

11 *A contrario sensu, el Tribunal ya había declarado unos meses antes que, en los casos en los que se acredite que el destinatario incluido en una factura indebida hubiera tenido derecho a la devolución del IVA soportado si las facturas se hubiesen declarado correctamente, se le debe permitir a un sujeto pasivo de buena fe regularizar dichas facturas en el curso de una inspección posterior (STJUE de 18 de marzo de 2021, C-48/20, P (Cartes de carburant)).*

12 En el mismo sentido se ha pronunciado nuestro Tribunal Supremo, en sus Sentencias de 22, 23 y 24 de febrero de 2022 (recs. núms. 1820/2018, 2801/2020 y 2693/2018).

13 En algunos casos, el TJUE también se ha valido del principio de proporcionalidad, en lugar del principio de neutralidad, para llegar a la misma conclusión: que el incumplimiento de requisitos formales no puede impedir el derecho a la

eso sí, el acto en cuestión no forme parte de un fraude, en los términos expuestos, ni cause un perjuicio económico a la Hacienda Pública, y se haya comprobado que se cumplen los requisitos materiales aplicables al caso, entre ellos —quizá el más relevante— el de la afectación directa del gasto a la actividad económica ejercida por el sujeto pasivo. Motivo este que, a la sazón, también se ha convertido en un recurrente objeto de discrepancia entre la Administración tributaria y los contribuyentes[14].

En definitiva, la relevancia que para el funcionamiento correcto del IVA se le ha dado al derecho de deducción de las cuotas soportadas ha sido constatada por un nutrido número de pronunciamientos del TJUE, cuya doctrina ha sido acogida paulatinamente por nuestros tribunales y órganos administrativos[15]. De esta manera, hoy en día, no se alberga duda alguna de que se ha consolidado como un principio fundamental del sistema común del IVA establecido por la legislación de la Unión el derecho de los sujetos pasivos a deducir del IVA del que son deudores el IVA soportado por los bienes adquiridos y los servicios recibidos. De tal manera que el derecho a la deducción, en principio, no puede limitarse por el incumplimiento de requisitos formales ni, en particular, de facturación.

---

deducción del IVA soportado (*v. gr., STJUE de 21 de abril de 2005, C-25/03, HE)*. Compartimos esta aproximación, si bien consideramos que, en todo caso, se debe invocar también el principio de neutralidad por su estrecha relación con el IVA y, muy en particular, con el ejercicio del derecho a la deducción del IVA soportado.

14 Un ejemplo claro de esta litigiosidad en probar la afectación de un gasto al uso profesional o empresarial, y en qué grado, ha sido —y es actualmente— el de los vehículos adquiridos para el ejercicio de una actividad profesional o empresarial, y el de sus gastos de mantenimiento y reparación y de combustible y peajes (*v. gr., STJUE de 11 de julio de 1991, C-97/90, Lennartz)*.

15 Para un estudio detallado de esta evolución jurisprudencial, nacional y comunitaria, para todo tipo de incumplimientos formales, me remito, por su gran labor científica, a CHECA GONZÁLEZ, en *op. cit., pp. 103-559;* CALVO VÉRGEZ, en *op. cit., pp. 68-194;* COLAO MARÍN, en *La prueba de la realidad de la operación que da lugar al gasto, o a la deducción del IVA soportado, Thomson Reuters Aranzadi, Cizur Menor (Navarra), 2018, pp. 281-365;* y RAMOS HERRERA, en *El Derecho a la deducción del IVA soportado: una revisión de los requisitos necesarios para su ejercicio en aras de flexibilizar las relaciones entre el sujeto pasivo y la Administración Tributaria,* Tesis Doctoral, Universidad de Extremadura, 2017, pp. 281-289 y 293-301, y, más recientemente, en *Los requisitos formales..., op. cit., pp. 207-225 y 230-253.*

4. LA PÉRDIDA DE EXCLUSIVIDAD DE LA FACTURA COMO REQUISITO PREVIO PARA EL EJERCICIO DE LA DEDUCCIÓN Y LOS DOCUMENTOS SUSTITUTIVOS. COMENTARIO AL ASUNTO C-235/21, *RAIFFEISEN LEASING*

Tras lo expuesto, surge ahora una cuestión que ha sido objeto de debate y litigio en nuestros tribunales y órganos administrativos desde antaño, y es la de si, en ausencia de una factura específica y separada en una operación, se puede aportar otro documento sustitutivo y cuáles deberían servir a tal efecto.

Sobre esta cuestión, tenemos en nuestro ordenamiento muchos pronunciamientos que, con base en los principios de libertad de la prueba, han adoptado soluciones dispares en cuanto al reconocimiento de unos u otros como documentos sustitutivos de la factura. No obstante, en el ámbito comunitario, no ha habido prácticamente pronunciamientos al respecto, si bien se llegó a reconocer, con carácter excepcional, la admisión de estos documentos cuando el sujeto pasivo, habiendo expedido en su día la correspondiente factura, ya no disponía de ella (*John Reisdorf*).

En este ámbito, es relevante la Sentencia del TJUE de 21 de noviembre de 2018 *(C-664/16, Lucreţiu Hadrian Vădan)*, en la que se declaró que un sujeto pasivo al que no le resultaba posible demostrar, mediante la presentación de facturas o de cualquier otro documento, el importe del IVA previamente pagado no puede disfrutar de un derecho a deducir el IVA basándose únicamente en una estimación resultante de un dictamen pericial ordenado por un órgano jurisdiccional nacional.

Muy recientemente, la Sentencia del TJUE de 29 de septiembre de 2022 (C-235/21 Raiffeisen Leasing) ha reconocido que un contrato privado de venta y arrendamiento financiero, después de cuya celebración las partes no emitieron una factura, puede tener la consideración de factura, siempre que el contrato contenga todos los datos necesarios para que la Administración tributaria de un Estado miembro pueda determinar si se cumplen los requisitos materiales del derecho a la deducción del IVA en el caso de autos, extremo este que corresponderá verificar al órgano jurisdiccional remitente.

Sin entrar en los pormenores de la operación objeto del litigio, interesa extraer las siguientes conclusiones: primero, que el objetivo de los preceptos de la Directiva IVA aplicables es eliminar el riesgo de pérdida de ingresos fiscales, y este puede evitarse cuando la Administración tributaria disponga de los datos necesarios para determinar si se cumplen los requisitos materiales del derecho a la deducción del IVA, independientemente de si el IVA se ha consignado en un documento que lleve el encabezamiento de "Factura" o en otro documento, como, por ejemplo, un contrato celebrado por las partes; segundo, que en vistas de que el documento en cuestión es un contrato, no es pertinente examinar si de él se desprende objetivamente la voluntad de las partes contratantes de que sea una factura que pueda generar en una de las partes la convicción de que, sobre la base de ese contrato, podrá deducir el IVA soportado; y tercero, que corresponderá al órgano administrativo o jurisdiccional apreciar, en el contexto del conjunto de las circunstancias pertinentes del asunto, si el documento sustitutivo contiene efectivamente los datos necesarios para determinar si se cumplen los requisitos materiales del derecho a la deducción del IVA.

Queda acreditado que, si bien en el ámbito del IVA la factura es el medio de prueba prioritario, este no es exclusivo, ya que de otro modo podríamos entrar en una vulneración de la tutela judicial efectiva consagrada en el artículo 24.1 de nuestra Constitución y, falte decirlo, del principio de neutralidad consagrado en el ámbito comunitario. En conjunción con los anteriormente citados preceptos en materia del IVA, debemos estar a lo dispuesto en el artículo 105.1 de la Ley General Tributaria, que establece que "en los procedimientos de aplicación de los tributos quien haga valer su derecho deberá probar los hechos constitutivos del mismo" y en el 106.4, que establece que "los gastos deducibles y las deducciones que se practiquen, cuando estén originados por operaciones realizadas por empresarios o profesionales, deberán justificarse, de forma prioritaria, mediante la factura entregada por el empresario o profesional que haya realizado la correspondiente operación que cumpla los requisitos señalados en la normativa tributaria", pero "sin perjuicio de lo anterior, la factura no constituye un medio de prueba privilegiado respecto de la existencia de las operaciones, por lo que una vez que la Administración cuestiona fundadamente su efectividad, corresponde al obligado tributario aportar pruebas sobre la realidad de las operaciones".

De ello se desprende que la factura no es un medio de prueba absoluto ni exclusivo, tanto a favor del contribuyente como a favor de la Administración. Por tanto, en el ámbito del IVA deben ser de aplicación los dos principios generales que vertebran el derecho probatorio en nuestro ordenamiento, a saber, el principio de prueba libre o de prueba no tasada, y el de apreciación conjunta de la prueba[16]. Son dos los escenarios principales en los que, en el ámbito del presente trabajo, la carga de la prueba juega un papel fundamental: por un lado, en procedimientos de comprobación o inspección, por aplicación del artículo 105 de la Ley General Tributaria, debe ser el propio sujeto el que pruebe la realidad de los hechos para hacer valer el derecho a

---

16 CHECA GONZÁLEZ, en *op. cit., p. 39.*

la deducción del IVA soportado, sin bastar para ello, *a priori*, el cumplimiento de requisitos formales o de facturación; y, por otro lado, en casos en los que se debe aplicar la "teoría del conocimiento" para probar que el obligado tributario no conocía ni podía razonablemente haber conocido de su participación en un fraude por parte del suministrador o un operador anterior de la cadena que, como ya hemos visto, se permite la deducción siempre que la Administración o el tribunal en cuestión no consiga probar, pues a estos les corresponde la carga de la prueba, la connivencia de quien pretende ejercer el derecho a la deducción con los sujetos defraudadores.

En cuanto a la admisión de documentos sustitutivos a la factura, podemos afirmar que se trata de una cuestión totalmente casuística y que dependerá de los documentos aportados al caso concreto. En este sentido, la Audiencia Nacional, en su Sentencia de 20 de octubre de 2021 (rec. núm. 637/2020), ha establecido que "lo determinante es comprobar si la Administración contaba con datos suficientes para comprobar que el sujeto pasivo es destinatario de la transacción por la que se solicita la deducción en el cuarto trimestre de 2010, y el importe del IVA repercutido y soportado, no tanto, como dice el TEAC, que exista un documento en el que consten todos los datos que formalmente se exige a la factura original en el artículo 97.1 de la Ley del IVA —y que vienen establecidos en el artículo 6 del Real Decreto 1619/2012, de 30 de noviembre, por el que se aprueba el Reglamento por el que se regulan las obligaciones de facturación—", y que "es cierto que la jurisprudencia ha admitido que la factura puede ser sustituida por otro documento y, concretamente, ha admitido que una escritura pública puede ser documento formal que permita justificar la repercusión y la posterior deducción del IVA, pero ello será así siempre y cuando en la escritura pública consten, al menos, todos los datos exigidos legalmente para que sea posible acreditar que se han soportado cuotas de IVA y permita así la deducción de las cuotas de IVA soportado".

Así las cosas, nuestros tribunales y órganos administrativos han admitido, como documentos sustitutivos a las facturas, sin ánimo exhaustivo, los siguientes: la escritura pública, la liquidación de un derecho de superficie, el DUA de importación, cartas de pago de un Ayuntamiento, una sentencia judicial o billetes de RENFE y tiques de taxistas, siempre que cumplan con todos o casi todos los requisitos establecidos a tal efecto (difícilmente van a cumplir, por ejemplo, el requisito de numeración de la factura). En cambio, no han admitido una provisión de fondos, un extracto bancario de la tarjeta de crédito, un certificado expedido por el Ayuntamiento para acreditar el reparto de gastos de urbanización, un justificante de ingreso efectuado ante la TGSS en la ejecución de créditos de un proveedor embargado, una sentencia firme, un documento en el que el destinatario rellena los datos del proveedor de su página web, un justificante del transporte acompañado del justificante del pago con tarjeta, un documento de reserva expedido por una aerolínea, tiques o billetes justificativos de determinados servicios de transporte, una manifestación notarial de la adquisición de un inmueble, un documento emitido por un prestador de servicio de ITV en el que no consta la descripción del inmueble, tiques de aparcamiento o facturas con mera remisión a albaranes, entre otras.

Por tanto, el estudio de la validez de la prueba aportada como documento sustitutivo de la factura dependerá de un análisis *ad hoc* practicado por la Administración y, posteriormente, en su caso, por los tribunales.

5. CONCLUSIONES

En primer lugar, ha quedado de manifiesto que el principio de neutralidad y el derecho a deducir el IVA soportado constituyen los pilares fundamentales sobre que los que se estructura el vigente sistema del IVA.

En segundo lugar, si bien los requisitos formales —como la factura— cumplen funciones muy importantes de control y verificación del tráfico empresarial, no pueden excederse hasta el punto de hacer imposible o de difícil cumplimiento el derecho a la deducción. El incumplimiento de estos requisitos formales, tal y como tiene declarado el TJUE en una consolidada jurisprudencia, no puede limitar el ejercicio de ese derecho, que debe ejercerse con carácter inmediato siempre y cuando se cumplan todos los requisitos materiales que dan derecho a la deducción y que el acto invocado no sea fraudulento ni ocasione un perjuicio a la Hacienda Pública.

En tercer lugar, la factura, lejos de ser un medio de prueba tasado o exclusivo, constituye un mero requisito. Aunque su relevancia se intensifica en el IVA, la factura puede ser admitida con defectos o errores, o incluso sustituida por cualquier otro documento que haga sus veces, como un contrato privado, cuya validez dependerá de la apreciación de la prueba aportada en el caso concreto.

Por último, como apuntaba la Audiencia Nacional, no se debe perder de vista que lo esencial, en ausencia de factura, es que la Administración tributaria pueda disponer de todos los datos necesarios para acreditar el cumplimiento de los requisitos materiales que acompañan el derecho a la deducción, y no tanto que exista un documento sustitutivo que contenga todas las menciones exigidas para la factura.

6. BIBLIOGRAFÍA

CALVO VÉRGEZ, J. *El derecho de deducción en el IVA*, Wolters Kluwer España, S.A., Ed. La Ley, Madrid, 2015.

CHECA GONZÁLEZ, C. *El Derecho a la Deducción del IVA. Criterios establecidos en la jurisprudencia del Tribunal de Justicia Comunitario, y su reflejo en nuestro Derecho interno*, Aranzadi, Cizur Menor (Navarra), 2006.

COLAO MARÍN, P. Á. *La prueba de la realidad de la operación que da lugar al gasto, o a la deducción del IVA soportado*, Thomson Reuters Aranzadi, Cizur Menor (Navarra), 2018.

DURÁN HAEUSSLER, C., ARREGUI BRAVO, J. "IVA en atenciones a clientes. ¿Dónde queda la neutralidad?", *Actualidad Jurídica Uría Menéndez, 51, 2019, pp. 83-89.*

GARCÍA NOVOA, C. "*Deducibilidad del IVA soportado. ¿La neutralidad en retirada?*", Taxlandia, Blog fiscal y de opinión tributaria, 2018.

IBÁÑEZ GARCÍA, I. "Cristalización de la jurisprudencia del TJUE sobre las obligaciones tributarias formales", *Diario La Ley*, 8870, Sección Dossier, 24 de noviembre de 2016, Ref. D-411, Wolters Kluwer, 2016.

PAWEL SLOWINSKI, K. "Los principios de neutralidad y proporcionalidad como vectores del derecho de deducción en el IVA. Una revisión crítica al hijo de la sentencia del TJUE de 18 de marzo de 2021 (asunto C-895/19)". *Crónica Tributaria*, 183, 2022, pp. 137-163.

RAMOS HERRERA, A. J. *El Derecho a la deducción del IVA soportado: una revisión de los requisitos necesarios para su ejercicio en aras de flexibilizar las relaciones entre el sujeto pasivo y la Administración Tributaria*, Tesis Doctoral, Universidad de Extremadura, 2017.

RAMOS HERRERA, A. J. *Los requisitos formales en el ejercicio del derecho a la deducción del IVA*, Tirant lo Blanch, Valencia, 2021.

La asistencia digital integral como modelo de impulso a la generalización de programas de cumplimiento cooperativo en el marco de la creación de la Administración de Asistencia Digital Integral (ADI)[1].

PEDRO JOSÉ CARRASCO PARRILLA
Profesor Titular de Derecho Financiero y Tributario. Universidad de Castilla-La Mancha. Centro Internacional de Estudios Fiscales

SUMARIO.-1.A MODO DE INTRODUCCIÓN. 2.EL DERECHO DE LOS OBLIGADOS TRIBUTARIOS A SER INFORMADOS Y ASISTIDOS POR LA ADMINISTRACIÓN TRIBUTARIA SOBRE EL EJERCICIO DE SUS DERECHOS Y EL CUMPLIMIENTO DE SUS OBLIGACIONES TRIBUTARIAS. 3. LA ADMINISTRACIÓN DE ASISTENCIA DIGITAL INTEGRAL (ADI). 3.1.Ventajas. 3.2.Asistentes virtuales. 3.2.1. Herramientas de asistencia virtual en el IRPF. 3.2.2. Herramientas de asistencia virtual de Censos e Impuesto sobre Actividades Económicas (IAE). 3.2.3. Herramientas de asistencia virtual en el IVA. 3.2.4. Herramientas de asistencia virtual del SII. 3.2.5. Herramientas de asistencia virtual de Recaudación. 3.2.6. Herramientas de asistencia virtual de Aduanas e Impuestos Especiales. 4.CONCLUSIONES. 5.BIBLIOGRAFÍA

1. A MODO DE INTRODUCCIÓN

En esencia, se trata de exponer la incidencia de la Asistencia Digital Integral en el cumplimiento voluntario de las obligaciones tributarias, esto es, en la reducción de la conflictividad o litigiosidad, haciendo también re-

1 Este trabajo se realiza en el marco de los proyectos de investigación: "El cumplimiento cooperativo de las obligaciones tributarias en la era post BEPS: nuevos retos", Ministerio de Ciencia, Innovación y Universidades (PGC2018-097713-B-I00, 2019-2022) y Proyecto UPO-1263899 "Retos actuales de la tributación indirecta en España y Europa" (Proyecto RATIEE), resultado de la convocatoria de ayudas competitivas a proyectos de I+D+i efectuado por la Universidad Pablo de Olavide.

ferencia al cumplimiento cooperativo de las obligaciones tributarias como una forma de reducir la litigiosidad tributaria.

Y es que desde hace unos cuantos años estamos asistiendo al cambio de paradigma en el cumplimiento de las obligaciones tributarias, en el que la relación jurídico-tributaria ya no está basada en la idea de una relación de poder por parte de la Administración como acreedor tributario sino que ha evolucionado hacia una relación cooperativa entre acreedor y deudor tributario, una relación que está basada en la transparencia y la confianza mutua así como en actuaciones preventivas, de asistencia y de colaboración.

Así, uno de los modos de evitar la conflictividad tributaria se encuentra en una actuación administrativa a priori, sobre todo si tenemos en cuenta que con el cumplimiento cooperativo se trata de pasar de un procedimiento inquisitivo a un procedimiento preventivo, y dentro de estas labores preventivas, en este caso, para evitar la conflictividad y la litigiosidad tributaria, se encontrarían las actuaciones administrativas de información y asistencia a los obligados tributarios.

2. EL DERECHO DE LOS OBLIGADOS TRIBUTARIOS A SER INFORMADOS Y ASISTIDOS POR LA ADMINISTRACIÓN TRIBUTARIA SOBRE EL EJERCICIO DE SUS DERECHOS Y EL CUMPLIMIENTO DE SUS OBLIGACIONES TRIBUTARIAS

Las actuaciones administrativas de información y asistencia a los obligados tributarios encuentran su fundamento legal en la letra a) del art. 34.1 LGT, que recoge como derecho que asiste a los obligados tributarios el "derecho a ser informado y asistido por la Administración tributaria sobre el ejercicio de sus derechos y el cumplimiento de sus obligaciones tributarias". Consideramos que una aplicación correcta del sistema tributario en gran parte depende de que los obligados tributarios puedan cumplir sus obligaciones tributarias y ejercer sus derechos con un buen sistema de información y asistencia por parte de la Administración tributaria[2].

---

2 El Código del contribuyente europeo contiene directrices para garantizar un equilibrio entre los derechos y obligaciones de los contribuyentes y de las administraciones tributarias, y está basado en las buenas prácticas y los principios generales básicos de los Estados miembros que se consideran útiles para promover la cooperación, la fiabilidad y la confianza entre las administraciones tributarias y los contribuyentes, con la finalidad de garantizar una mayor transparencia en relación con los derechos y las obligaciones de ambos, así como de promover que

Por lo que se refiere al fundamento constitucional de este derecho podemos encontrarlo en los principios constitucionales de seguridad jurídica (art. 9.3 CE) y de eficacia administrativa (art. 103 CE)[3].

En efecto, el principio de seguridad jurídica, junto con el de interdicción de la arbitrariedad o, entre otros, el de confianza legítima, garantizan que la actuación administrativa sea ejercicio real de servicio objetivo al interés general[4]. Así, por lo que se refiere al principio de confianza legítima en el cumplimiento de las obligaciones tributarias, en conexión con el principio de seguridad jurídica, podemos extraer el derecho de los obligados tributarios a prever razonablemente y con claridad los efectos de carácter tributario de sus actos y negocios jurídicos antes de su realización[5], para

---

las administraciones tributarias adopten un enfoque más orientado a los servicios. El Código también contempla que las administraciones tributarias puedan publicar interpretaciones de carácter general como puntos de vista oficiales, así como "servicios de resolución prejudicial" (mediante los que el obligado tributario pueda solicitar facilitando todos los detales que una administración tributaria manifieste por escrito su punto de vista sobre cómo se aplican las disposiciones tributarias a determinadas situaciones personales o en un acuerdo especificado en la solicitud). Realmente estamos ante unas orientaciones para un modelo de Código del contribuyente europeo, y más concretamente ante un instrumento de *soft* law, un documento no vinculante y debe considerarse como un modelo al que los Estados miembros pueden añadir elementos, o adaptarlos, para satisfacer las necesidades o los contextos nacionales, en el que se refleja un conjunto de principios que reúnen los principales derechos y obligaciones que regulan las relaciones entre los contribuyentes y las administraciones tributarias en Europa. Puede consultarse en: https://ec.europa.eu/taxation_customs/system/files/2016-11/guidelines_for_a_model_for_a_european_taxpayers_code_en.pdf (últ. consulta 17-3-2023).

3 *Vid.*, en este sentido R.Oliver Cuello. *Derechos de los contribuyentes en la gestión tributaria,* Aranzadi, Cizur Menor, 2018, libro electrónico.

4 *Cfr.*: J.Rodríguez Arana. "El principio general del derecho de confianza legítima", *Ciencia Jurídica, Universidad de Guanajuato,* núm.4, 2013, pág.63.

5 El Tribunal Constitucional ha establecido que el principio de confianza legítima en el ámbito tributario implica que el conocimiento previo de las normas tributarias "es imprescindible a la hora de planificar cualquier actividad empresarial, en tanto el tributo es siempre un componente más [...] del coste de la misma"(STC 173/1996, de 12 de octubre, FJ5, entre otras), o en relación con la estabilidad de las normas tributarias, que junto con la claridad y la certeza constituyen "la base de la confianza de los ciudadanos en el ordenamiento jurídico, y aunque de ello no se sigue un derecho a la inalterabilidad de aquéllas sí obliga, en estos casos, al legislador, a justificar de modo muy riguroso el cambio legislativo retroactivo en derechos, principios y bienes constitucionalmente protegidos" (STC 182/1997, de 28 de octubre, entre otras).

lo que deberán tener conocimiento exacto de sus obligaciones y derechos, pues no sólo deben cumplir las normas sino también interpretarlas.

En cuanto al principio de eficacia, proyecta su fundamento tanto en el deber de información como en el de asistencia, aunque podríamos afirmar que las actuaciones de asistencia al contribuyente no tienen al principio de seguridad jurídica como fundamento, sino sólo al principio de eficacia, concretamente una de sus manifestaciones, esto es, el principio de Administración al servicio de los ciudadanos[6], por lo que una correcta actuación de los obligados tributarios en la aplicación de los tributos precisa que los mismos conozcan, interpreten y apliquen la normativa tributaria que como es sabido es compleja y cambiante, de ahí que la Administración deba informarles y asistirles, lo cual redundará también en mejorar su imagen, así como crear un clima de mayor confianza en la eficacia administrativa[7].

El deber administrativo de informar y asistir a los obligados tributarios se materializa en el art. 85 LGT y se concreta en los arts. 86 a 91 LGT, enmarcados en la Sección 2.ª del Capítulo I, que recoge los principios generales que deben regir en la aplicación de los tributos.

Dicho deber se materializará a través de las siguientes actuaciones, entre otras:

a) Publicación de textos actualizados de las normas tributarias, así como de la doctrina administrativa de mayor trascendencia.

b) Comunicaciones y actuaciones de información efectuadas por los servicios destinados a tal efecto en los órganos de la Administración tributaria.

c) Contestaciones a consultas escritas.

d) Actuaciones previas de valoración.

e) Asistencia a los obligados en la realización de declaraciones, autoliquidaciones y comunicaciones tributarias.

Como objetivos fundamentales de la información y asistencia a los obligados tributarios podemos considerar los siguientes: servir de garantía de la aplicación efectiva del sistema tributario, potenciando la lucha contra el fraude fiscal, así como facilitar a los obligados tributarios el adecuado

---

6 En este sentido R.Oliver Cuello: op.et loc. cit.

7 *Vid.*S.Fernández Doctor. "La información y asistencia al contribuyente", *Cuadernos de Actualidad*, núm. 3, 1994, págs. 86-87.

cumplimiento de sus obligaciones. Precisamente, debido a la complejidad de los sistemas tributarios apoyados en una generalización de las autoliquidaciones tributarias junto con suministros masivos de información, se hace imprescindible llevar a cabo labores de información y asistencia a los obligados tributarios[8].

Pero "información y asistencia" son dos términos que a pesar de estar vinculados no tienen el mismo significado, pues a través del servicio de información la Administración tributaria facilita al obligado tributario elementos objetivos, esto es, le indica las normas aplicables, así como los derechos que le asisten. Y en cuanto a la asistencia, es la propia Administración tributaria la que facilita o ayuda al obligado tributario a ejercer sus derechos y a cumplir con sus obligaciones, por lo general, a formalizar documentalmente las declaraciones o autoliquidaciones tributarias. En este último aspecto, debido a la generalización de la utilización de los medios telemáticos, estamos asistiendo a una transformación del deber de asistencia, concretado en facilitar la realización y el cumplimiento de obligaciones a través de internet, sin necesidad de desplazamientos, lo cual supone un beneficio adicional para los ciudadanos al disminuir los costes fiscales indirectos derivados de los desplazamientos físicos. En efecto, la evolución del ejercicio de las funciones de información y asistencia tributaria ha sido evidente como también el avance de las tecnologías, de manera que hoy en día son múltiples los sistemas que se utilizan en estas funciones, con importancia creciente de aquellos en los que no existe presencia física del ciudadano (atención telefónica, portal de la Agencia Tributaria en internet, asistentes virtuales, aplicación para dispositivos móviles, etc.) siendo además difícil de prever qué sistemas podrán ser utilizados en el futuro[9].

Por su parte el Real Decreto 1065/2007, de 27 de julio, por el que se aprueba el Reglamento General de las actuaciones y los procedimientos de gestión e inspección tributaria y de desarrollo de las normas comunes de los procedimientos de aplicación de los tributos (en adelante, RGAYPGIT), dedica sus arts. 62 a 78 a desarrollar la información y asistencia a los

---

8 Vid., en parecidos términos, G.García de Castro. "Las TIC aplicadas a la gestión tributaria en la AEAT", en A.MªDelgado García y R.Oliver Cuello (Coords.): *Administración Electrónica Tributaria*, Bosch Editor, Barcelona, 2009, pág.264.

9 *Cfr.*: Orden PCM/3/2021, de 11 de enero, por la que se modifica la Orden PRE/3581/2007, de 10 de diciembre, por la que se establecen los departamentos de la Agencia Estatal de Administración Tributaria y se les atribuyen funciones y competencias (BOE de 13-1-2021).

obligados tributarios. En efecto, la Administración tributaria promoverá y facilitará a los obligados tributarios el cumplimiento de sus obligaciones y el ejercicio de sus derechos, poniendo a su disposición servicios de información y asistencia tributaria (art. 62 RGAYPGIT).

El Plan Estratégico de la Agencia Tributaria 2020-2023, partiendo de la constatación de que la gran mayoría de los contribuyentes desea cumplir con sus obligaciones tributarias, establece que se debe facilitar dicho cumplimiento, por lo que desde el punto de vista de la información y asistencia, establece como líneas prioritarias de actuación las siguientes:

- El incremento del número de asistentes virtuales, de modo que ofrezcan nuevas fórmulas de "autoservicio" a los contribuyentes demandantes de información y asistencia, y cuando aquel no sea suficiente, se deben ofrecer a los contribuyentes servicios de atención personalizada de calidad.
- Completar la prestación de servicios de atención personalizada multicanal (presenciales, telefónicos y telemáticos) con Administraciones de Asistencia Digital Integral que permitan optimizar la gestión de los recursos disponibles y aprovechar al máximo los avances tecnológicos.
- Perfeccionar, en colaboración con la Dirección General de Tributos, los canales existentes para que los contribuyentes puedan presentar solicitudes de información tributaria y consultas vinculantes, mediante un sistema más integrado, facilitando la agilización de los procedimientos y la unificación de criterios.
- Mejorar la cesión de información fiscal personalizada (información de terceros) a los distintos colectivos de contribuyentes para facilitarles la presentación de las declaraciones a las que estén obligados.
- Perfeccionar los borradores de declaración del IRPF y extender esta práctica, en la medida de lo posible, a otros impuestos.

Así, y dentro de las labores administrativas de información y asistencia a los obligados tributarios, se encuentra la creación de las Administraciones de asistencia Digital Integral (ADI) que, como veremos en el siguiente apartado, forman parte de un nuevo modelo de asistencia digital integral y que comprenden no sólo la asistencia sino también el servicio de información, priorizando los canales electrónicos y telefónicos.

3. LA ADMINISTRACIÓN DE ASISTENCIA DIGITAL INTEGRAL (ADI)

En efecto, y con independencia del término que utilicemos, pues la propia AEAT se refiere indistintamente a la Administración Digital Integral (ADI), Administración de Asistencia Digital Integral o Administraciones de Asistencia Digital Integral (ADIs), estamos frente a una nueva categoría de Administración que van a dirigir sus actuaciones a todos los contribuyentes sin necesidad de asignación de un ámbito geográfico específico[10], pues se integra en las correspondientes Delegaciones Especiales de la AEAT sin perjuicio de poder desarrollar sus funciones en todo el ámbito nacional.

La creación de las ADIs se contiene en el Plan Estratégico de la Agencia Tributaria 2020-2023, bajo la denominación "Creación de Administraciones de asistencia Digital Integral", a las que denomina "ADIs" y se configuran como administraciones en las que la atención y asistencia al contribuyente se realiza exclusivamente por medios electrónicos y telefónicos.

El propio Plan Estratégico, establece la creación de la Administración de asistencia Digital Integral de Valencia, como prueba piloto en el último trimestre de 2020.

1.Ubicación. La ubicación de las diferentes ADIs tendrá en cuenta la actual estructura territorial de la Agencia Tributaria, determinándose su situación definitiva tras el análisis de los recursos humanos y materiales necesarios para su implantación, así como las ventajas que pueden ofrecer las distintas localizaciones en otros aspectos, como prestar atención en las distintas lenguas cooficiales, así como la demanda de destinos de los funcionarios.

2.Personal. Cuenta con la estructura, competencia y formación que garanticen la prestación de un servicio profesional y de calidad, estructurándose en varios niveles:

- Nivel directivo: encargado de establecer directrices y criterios, así como de la actualización del asistente virtual, atención de preguntas que se puedan plantear en los foros y de aquellas dudas de mayor complejidad que puedan haber llegado a través del correo electrónico. El Plan Estratégico contempla que este servicio se pueda reforzar con parte del personal de las oficinas de Información y Asistencia.

---

[10] *Vid.*, en este sentido la Orden HAC/1324/2020, de 30 de octubre, por la que se modifica la Orden de 2-6-1994, por la que se desarrolla la estructura de la Agencia Estatal de Administración Tributaria (BOE de 13-1-2021).

- Nivel de atención: atención telefónica, respuesta a los correos electrónicos recibidos y seguimiento y control de las contestaciones que se realizan a través del asistente virtual.

3.Servicios prestados: atención telefónica y electrónica.

Por lo que se refiere a la atención telefónica, comprenderá, entre otras:

- Información tributaria general, información específica, asistencia en el cumplimiento de obligaciones y asistencia en los procedimientos de comprobación, en un primer momento en el ámbito de los no declarantes del IRPF y en la comprobación del IVA, gestiones recaudatorias de cobro e incluso recursos, así como el asesoramiento para la utilización del canal telemático.
- La asistencia en general sobre la forma de tramitación de procedimientos de gestión con Código Seguro de Verificación (CSV), la gestión centralizada de conformidades prestadas a las propuestas de resolución consecuencia de procedimientos de gestión y otras tareas actualmente desempeñadas a través de centralitas telefónicas.
- El canal de atención será preferentemente mediante llamadas salientes, siempre previa petición de cita previa.

Se mantiene la atención telefónica a través del servicio de Información Tributaria Básica (ITB), que permite resolver cuestiones menos complejas pero que representan un volumen importante de llamadas, lo cual aconseja su mantenimiento[11], si bien desde esta plataforma se podrán derivar

---

11 Según se establece en la página web de la AEAT, el servicio telefónico de información tributaria básica facilita información sobre cuestiones tributarias y aduaneras, sobre impuestos que configuran el sistema tributario estatal, plazos, modelos, servicios de ayuda o programas informáticos para cumplimentar declaraciones, presentación telemática, o las cuestiones técnicas que planteen el IRPF, el Impuesto sobre el Patrimonio, Impuesto sobre Sociedades, Impuesto sobre la Renta de No Residentes, Impuesto sobre Sucesiones y Donaciones de No Residentes, Impuesto sobre Transmisiones Patrimoniales y Actos Jurídicos Documentados de No Residentes y tasas, IVA, Impuesto sobre Actividades Económicas y censos, Impuestos Especiales. Impuestos Medioambientales. Intrastat, Aduanas. Cuestiones informáticas, portal de Internet o programas de ayuda. Otras cuestiones sobre el sistema tributario estatal. Vid.: https://sede.agenciatributaria.gob.es/Sede/contacta-nosotros/telefonos-interes/informacion-tributaria-basica.html (últ.consulta: 17-3-2023).

cuestiones complejas hacia las herramientas digitales de asistencia y en su caso a la petición de cita telefónica en las ADIs.

El sistema de atención se estructura a través de niveles de especialización en función de la complejidad de la pregunta, los dos primeros niveles son telefónicos y el último a través de correo electrónico. Las ADIs también contestarán las dudas que el Asistente Virtual derive para responder por correo electrónico.

El sistema de atención telefónica se configurará con un solo número para todos los trámites a realizar con la Agencia Tributaria, con un horario más amplio que el que existía, lo que equilibra la atención prestada por este canal con el acceso a la Sede electrónica.

Por otra parte, este sistema de asistencia integral contempla la posible ampliación de los medios de identificación electrónica admitidos para facilitar un mayor uso por los contribuyentes, como la utilización del número de registro de algún documento presentado (CSV), teniendo en cuenta que cualquiera de los medios de identificación que se utilice tendrá como premisa la salvaguarda de la seguridad[12].

A la hora de crear e implantar las diferentes Administraciones de Asistencia Digital Integral se ha tenido que considerar tanto la ubicación física (valorando las opciones más ventajosas, considerando tanto los espacios disponibles como su adecuación al personal, a la utilización de lenguas cooficiales, la demanda de destino por parte de los funcionarios, etc.) como la provisión de personal y su formación.

Como ha quedado señalado anteriormente, las ADIs comenzaron a funcionar con un proyecto piloto en octubre de 2020 en Valencia, con dedicación exclusiva a la atención y asistencia al contribuyente por medios electrónicos y telefónicos. La prueba piloto se focalizó especialmente en el IVA, aprovechando la existencia de los asistentes virtuales del IVA y de su sistema de gestión basado en el Suministro Inmediato de Información (SII), al igual que la calculadora de plazos de remisión de los registros de facturación y el localizador del hecho imponible en IVA. En la ADI valenciana se prestan determinados servicios de IVA y censos, de Aduanas e Impuestos Especiales e Inspección.

---

12 El CSV o Código Seguro de Verificación es un código único que identifica un documento electrónico, garantiza su integridad mediante el cotejo en la sede electrónica del organismo que generó el documento.

Por su parte, las directrices generales del Plan Anual de Control Tributario y Aduanero para el año 2021[13] contemplaban la consolidación del nuevo modelo de asistencia integral, implantando medidas que favorecieran el cumplimiento voluntario, llevando a cabo una intensificación de las actuaciones de lucha contra el fraude más complejo, considerando prioritaria la cesión de datos fiscales a los contribuyentes, incluyendo a las personas jurídicas, extendiendo de manera progresiva los borradores de declaración a otros impuestos distintos del IRPF, la normalización y digitalización de los libros fiscales y su incorporación a los servicios de asistencia, la mejora de la información y asistencia en el ámbito recaudatorio y el desarrollo del modelo de cumplimiento cooperativo de las obligaciones tributarias.

Así, en octubre de 2021 se crea la segunda ADI, localizada en Vigo, que presta los mismos servicios que la de Valencia y a partir de esta última fecha ambas ADIs comienzan a prestar determinados servicios relacionados con el IRPF.

En 2022 se ha abierto la tercera ADI, ubicada en Madrid-Getafe y viene a reforzar la oferta de servicios en IVA, censos e IRPF y de Aduanas e Impuestos Especiales e Inspección.

Aunque inicialmente se contemplaba para 2022, en 2023 está prevista la creación de una cuarta ADI, en este caso en Andalucía, más concretamente en Granada, destinada a la prestación de servicios relacionados con contribuyentes no residentes. En efecto, entre los planes de la AEAT está la puesta en marcha para otoño de 2023 de la cuarta y última de las Administraciones de asistencia Digital Integral (ADI) previstas en el Plan Estratégico 2020-2023. Esta cuarta ADI tendrá su sede en Granada y su estructura será similar a las ADI de Valencia, Vigo y Madrid-Getafe, ya en funcionamiento. Una vez creada formalmente la ADI de Granada, comenzarán las labores de preparación de la nueva administración y formación de su personal, de manera que la nueva ADI pueda iniciar su labor de asistencia al contribuyente en el otoño, elevando ya a más de 300 los funcionarios especializados que atenderán telemáticamente a contribuyentes de toda España para toda una serie de trámites desde cualquiera de los cuatro centros ADI. La ADI de Granada estará especialmente dedicada a prestar información y asistencia en materia tributaria a no residentes y complementará el servicio que ofrecen las tres administraciones digitales ya existentes en materia de IVA,

---

13 Aprobadas por Resolución del Director General de la AEAT, se encuentran publicadas en el BOE de 1-2-2021.

censos y otros ámbitos. De esta forma, también la asistencia a ciudadanos no residentes se verá mejorada con la posibilidad de aprovechar las herramientas multicanal con las que cuentan las ADI[14].

3.1. Ventajas

Entre las ventajas que el citado Plan le atribuye a esta nueva forma de relación entre la Administración y los obligados tributarios podemos destacar las siguientes:

-Fácilmente accesibles para toda la población y en un horario amplio (de lunes a viernes desde las 9 de la mañana a las 7 de la tarde). En realidad, no todo son ventajas, aunque ese sea el objetivo, pues si tenemos en cuenta la denominada "brecha digital", no toda la población puede acceder con facilidad a estas oficinas virtuales[15]. Por ello, la Adenda 2023 al Plan Estratégico de la AEAT 2020-2023 se contempla la potenciación y mejora de la atención presencial a las personas mayores o personas que puedan verse afectadas por la brecha digital, con la intención de asegurar que en cualquier oficina de la AEAT, además de prestarse a las personas mayores una asistencia con cita previa, se pueda prestar la atención sin cita cuando "la capacidad del servicio lo permita", ofreciéndoles en su caso la posibilidad de elegir una cita presencial o telefónica para la fecha más próxima[16].

---

14 Así lo dispone la nota de prensa de 3 de marzo de 2023 de la Agencia Tributaria.

15 En este sentido, lo ejemplifica con las personas mayores que no utilizan dispositivos digitales, Navarro Egea, M.: "La Administración Tributaria electrónica: un traje a medida para la AEAT", en Cazorla González-Serrano, L. (Dir.): Estudios en homenaje al profesor Luis María Cazorla Prieto, Ed.Aranzadi, Cizur Menor, 2021, libro electrónico. Pero también podemos incluir dentro de esta brecha digital a poblaciones del territorio español que aún no cuentan con acceso a internet de calidad.

16 https://sede.agenciatributaria.gob.es/static_files/Sede/Agencia_Tributaria/Planificacion/Plan_estrategico_2020_2023/Adenda_2023_Plan_Estrategico.pdf (últ.consulta 21-3-2023). En consonancia con el citado Plan, las directrices generales del Plan Anual de Control Tributario y Aduanero de 2023, aprobadas por Resolución de 6 de febrero de 2023 (BOE de 27-2-2023), de la Dirección General de la AEAT, establecen que "se trabajará en la potenciación y mejora de la atención presencial a las personas mayores o personas que puedan verse afectadas por la brecha digital asegurando que cada ciudadano pueda ser atendido en el canal elegido". No obstante, y en relación con la cita telefónica los problemas de audición de las personas mayores pueden constituir una limitación para el uso de esta vía, por lo que nos decantamos por la asistencia presencial. En este sentido puede

-Reducción de costes para los contribuyentes, pues pueden resolver sus dudas sin necesidad de desplazamientos. Esta ventaja se puso de manifiesto con ocasión del confinamiento derivado del estado de alarma decretado en España por la COVID-19, lo que aceleró el uso de las tecnologías de la comunicación y la información[17].

-Favorecen la unificación de criterio en la aplicación de la norma.

-Permiten una mayor especialización de los funcionarios que trabajen en ellas, mejorando de este modo la asistencia al contribuyente.

-Mayor optimización de recursos humanos y materiales. En este sentido, el Plan contempla llevar a cabo el estudio y seguimiento centralizado de todas las preguntas y respuestas efectuadas a través de las ADIs, lo que va a permitir un proceso de unificación y mejora constante de estas herramientas. Además, al estar conectadas las ADIs a la misma red, permite el trasvase de llamadas de forma transparente para los usuarios, facilitando asimismo la posibilidad de uso de las distintas lenguas cooficiales.

Otra de las ventajas que consideramos se derivan de la implantación de las ADIs sería la fomentar el cumplimiento voluntario de las obligaciones tributarias a la vez que pueden servir como herramienta para el desarrollo de los programas de cumplimiento cooperativo de las obligaciones tributarias, pues la introducción de la posibilidad de que los obligados tributarios remitan una solicitud de información tributaria a través de la herramien-

---

consultarse E.Gil García (Dir.). La fiscalidad del envejecimiento, Ed.Aranzadi, 2023 (libro electrónico). En todo caso, abogamos por garantizar la presencialidad a todos los obligados tributarios que lo soliciten, en consonancia con el Informe de octubre de 2022 de la Fundación Impuestos y Competitividad sobre el cumplimiento por parte del Gobierno de España de los compromisos asumidos en el componente 27 del Plan de Recuperación, Transformación y Resiliencia (P.R.T.R.): https://static.fundacionic.com/2023/02/02181952/informe-sobre-cumplimiento-del-componente-27-del-prtr-6-10-22.pdf, pág.53 (últ.consulta 31-3-2023).

17 Navarro Egea, M.: op.et loc.cit. De hecho, 2020 fue el año en el que se empezó a utilizar un sistema informático que permite interactuar a los obligados tributarios y a sus representantes o asesores con la Inspección sin necesidad del desplazamiento físico a la sede del órgano inspector actuante o sistema de Visita Virtual (VIVI). Al fuerte impulso de la utilización de las tecnologías informáticas y telemáticas como consecuencia de la Covid-19 se refiere también M.García Freiria. "Asistencia e información a los obligados tributarios a través de la inteligencia artificial", en A.MªPita Grandal, L.A.Malvárez Pascual y C.Ruiz Hidalgo (Dirs.): La digitalización en los procedimientos tributarios y el intercambio automático de información, Aranzadi, 2023 (libro electrónico).

ta INFORMA+ para obtener una respuesta por escrito personalizada, va a otorgarles certeza jurídica acerca del tratamiento tributario de una determinada operación económica que prevean realizar, si bien para ello se precisa identificarse a través de certificado electrónico o bien mediante DNI con fecha de validez. La contestación por escrito a esta solicitud de información va a incluir un Código Seguro de Verificación (CSV) acreditativo de su emisión por parte de la AEAT, lo que implica que, si el contribuyente actúa con arreglo a esa respuesta, no podrá ser sancionado por considerarse que ha obrado con la debida diligencia conforme al art.179.2.d) de la LGT, si bien dicha contestación no tiene el carácter de consulta vinculante en los términos dispuestos en el art.88 de la LGT, pues éstas sólo pueden ser llevadas a cabo por la Dirección General de Tributos.

En esencia, estamos ante una especie de mostrador virtual creado para dar facilidades al cumplimiento voluntario de las obligaciones tributarias, a la vez que se ofrece ayuda personalizada, no presencial a contribuyentes, complementando el trabajo que prestan las oficinas físicas.

También hay que destacar el importante número de beneficiarios de este servicio de ayuda al contribuyente: emprendedores que comienzan su actividad, autónomos, Pymes, arrendadores de inmuebles y profesionales tributarios, contribuyentes que necesiten ayuda o información para tramitar procedimientos tributarios, receptores de una notificación de la Agencia Tributaria, entre otros.

3.2. Asistentes virtuales

El artículo 96 de la LGT contempla la utilización de tecnologías informáticas y telemáticas, mientras que el art.78 del RGAYPGIT hace referencia a los programas informáticos y el uso de medios telemáticos en la asistencia a los obligados tributarios, de ahí que los citados preceptos constituyan la cobertura jurídica para la utilización de los diferentes asistentes virtuales en las relaciones entre la Administración y los obligados tributarios.

Los asistentes virtuales constituyen una de las aplicaciones con mayor potencial dentro de la aplicación de la inteligencia artificial a la Administración tributaria. Se considera que los asistentes virtuales mejoran la calidad de la información, permitiendo a su vez un ahorro en costes de personal eventual para las campañas de presentación de declaraciones, ofreciendo información dinámica (a diferencia de los sistemas tradicionales que la ofrecen de manera estática a través de un banco de preguntas frecuentes o notas divulgativas sobre obligaciones fiscales), y como son capaces de interpretar el lenguaje natural y comprender las preguntas, ofrecen la respuesta pertinente de forma rápida y segura, mejorando la experiencia del usuario[18].

El Plan Estratégico de la Agencia Tributaria 2020-2023, partiendo de la constatación de que la gran mayoría de los contribuyentes desea cumplir con sus obligaciones tributarias, dispone que se debe facilitar dicho cumplimiento, por lo que desde el punto de vista de la información y asistencia, marca como líneas prioritarias de actuación, entre otras, el incremento del número de asistentes virtuales, de modo que brinden nuevas fórmulas de "autoservicio" a los contribuyentes demandantes de información y asistencia, y cuando aquel no sea suficiente, se deben ofrecer a los contribuyentes servicios de atención personalizada de calidad; pero también contempla la puesta en funcionamiento de asistentes virtuales, como el asistente virtual de la declaración censal (alta, modificación y baja de actividades económicas), así como asistentes virtuales, para los trámites relacionados con el área de recaudación.

En relación con las directrices generales del Plan Anual de Control Tributario y Aduanero para el año 2021, contemplaban la consolidación del nuevo modelo de asistencia integral, implantando medidas que favorecieran el cumplimiento voluntario, llevando a cabo una intensificación de las actuaciones de lucha contra el fraude más complejo, considerando prioritaria la cesión de datos fiscales a los contribuyentes, incluyendo a las personas jurídicas, extendiendo de manera progresiva los borradores de declaración a otros impuestos distintos del IRPF, la normalización y digitalización de los libros fiscales y su incorporación a los servicios de asistencia, la mejora de la información y asistencia en el ámbito recaudatorio y el desarrollo del modelo de cumplimiento cooperativo de las obligaciones tributarias.

Las directrices generales del Plan Anual de Control Tributario y Aduanero para el año 2022, constatan la consolidación de los Asistentes Virtuales de IVA y del sistema de Suministro Inmediato de Información (SII), existentes con carácter previo a la creación de las ADIs, así como de las herramientas complementarias de asistencia online en el IVA y censos, contemplando el incremento del colectivo de contribuyentes a los que se ofrecerán los libros agregados, dentro del servicio de ayuda a la cumplimentación del modelo 303 del IVA (denominado PRE-303), incluyendo en un primer momento a

18 *Vid.*: U.González de Frutos: "Inteligencia artificial y Administración tributaria", en: F.Serrano Antón (Coord.): *Fiscalidad e Inteligencia artificial: Administración tributaria y contribuyentes en la era digital*, Aranzadi, Cizur Menor, 2020, libro digital.

los contribuyentes en prorrata general y, posteriormente, a los contribuyentes en los regímenes especiales de bienes usados, agencias de viajes y del criterio de caja. También se destaca la consolidación y evolución del denominado REC@T (Centro de Atención Telefónica de Recaudación), y la potenciación del sistema de Cl@vePIN en la identificación de los contribuyentes, sistema que permite a los ciudadanos a través de esta forma segura de identificación la obtención de información individualizada y la posibilidad de realizar una diversidad de trámites a través de este canal de comunicación.

Si bien 2020 fue el año en el que se empezó a utilizar el sistema de Visita Virtual (VIVI), que permite interactuar a los obligados tributarios y a sus representantes o asesores con la Inspección sin necesidad del desplazamiento físico a la sede del órgano inspector actuante, ahorrando tiempo y costes de desplazamiento, su consolidación se llevó a cabo en 2021, en el que se empezó a utilizar este sistema informático en la firma de las actas de inspección, consolidándose durante 2022 su uso también para la firma de las actas, y complementando este sistema con el tradicional presencial, pudiendo incluso, extenderse dicho sistema informático a otras áreas, utilizando, por tanto, las técnicas digitales a las que alude el artículo 99.9 en relación con el 151.1.e), ambos de la Ley General Tributaria, conforme a la redacción operada en los mismos por el RDLey 22/2020, de 16 de junio.

Las directrices generales del Plan Anual de Control Tributario y Aduanero para el año 2023 contemplan para el ámbito del Impuesto sobre la Renta de las Personas Físicas, la mejora de los contenidos de los denominados "Informador de renta" e "Informador de renta para actividades económicas" y, por otra parte, se avanzará en el diseño del Asistente virtual de Renta con la finalidad, por un lado, de contestar, a través del uso de sistemas automatizados, las "consultas" formuladas por los contribuyentes sobre este impuesto, y por otro, de obtener información sobre cuáles son las dudas más habituales de los contribuyentes en esta materia para que, a través de la misma, se retroalimente la base de conocimientos de la propia herramienta.

En esencia, como se puede extraer de lo expuesto en este epígrafe, la creación de las ADIs ha servido para potenciar el cumplimiento de las obligaciones tributarias, por lo que vamos a detallar las diferentes herramientas de asistencia virtual existentes hasta la fecha, siguiendo la información ofrecida en la página web de la AEAT[19]:

---

19 https://sede.agenciatributaria.gob.es/Sede/ayuda/herramientas-asistencia-virtual.html (últ.consulta 23-3-2023).

3.2.1. Herramientas de asistencia virtual en el IRPF

Ofrecen respuestas interactivas a las preguntas más comunes relacionadas con la declaración del IRPF. Se pueden seleccionar distintas opciones para obtener respuesta a preguntas de carácter general sobre el IRPF, y específicas sobre actividades económicas.

- Informador de Renta: Muestra información sobre cuestiones más generales a tener en cuenta en la declaración de la renta, así como la posibilidad de consultar las especialidades en el caso de los Territorios Forales. Si la información recibida no es la que se necesita, para "cuestiones sencillas o sobre cumplimentación de modelos que requieran una respuesta inmediata", se puede acceder a un chat con un especialista de la ADI (debiendo facilitarse el nombre y una dirección de correo electrónico), pero también se da la opción de escribir el motivo por el que la consulta no ha sido de utilidad a los efectos de mejorar la herramienta de asistencia virtual.
- Informador de Renta para actividades económicas: Ofrece información sobre cómo determinar el rendimiento de las actividades económicas, así como las obligaciones fiscales a efectos del IRPF por el desarrollo de la correspondiente actividad, mostrando también la posibilidad de consultar las especialidades en el caso de los Territorios Forales. Si la información ofrecida no es la que requerida, para "cuestiones sencillas o sobre cumplimentación de modelos que requieran una respuesta inmediata", se puede acceder a un chat con un especialista de la ADI, pero también se da la opción de escribir el motivo por el que la consulta no ha sido de utilidad a los efectos de mejorar la herramienta de asistencia virtual.
- Asistente virtual de Renta sobre inmuebles. Muestra información sobre la tributación de la vivienda y otros inmuebles en Renta: rendimientos derivados de inmuebles en alquiler o a disposición de sus titulares, ganancias o pérdidas patrimoniales derivadas de venta o donación de inmuebles, daciones en pago o división de la cosa común y deducciones a las que dan derecho los inmuebles según su uso.

Permite la posibilidad de formular directamente preguntas a través de un chat, describiendo los detalles de la consulta a través de frases concretas, para lo que facilite ejemplos de preguntas. Para obtener copia de la "consulta" realizada habrá que identificarse mediante Cl@ve PIN o certificado electrónico, enviándose la información en formato PDF al correo electrónico que se facilite por el interesado. No obstante, se advierte que conforme al art.87 de la LGT la contestación recibida tiene el carácter de mera información de los criterios administrativos existentes para la aplicación de la normativa tributaria, por lo que si se desea plantear una consulta tributaria escrita respecto al régimen, clasificación o calificación tributaria que le corresponda, deberá formularse la misma a la Dirección General de Tributos como órgano competente para la elaboración de contestaciones vinculantes, conforme determinan los arts.88 y 89 de la LGT, aunque consideramos que en todo caso si el contribuyente actúa con arreglo a la misma, no podrá ser sancionado por considerarse que ha obrado con la diligencia debida conforme al art.179.2.d) de la LGT.

3.2.2. Herramientas de asistencia virtual de Censos e Impuesto sobre Actividades Económicas (IAE)

Se obtienen respuestas de forma interactiva a las preguntas más habituales relacionadas con el Censo de obligados tributarios, así como para determinar el epígrafe del IAE de las actividades empresariales o profesionales y sus obligaciones tributarias y censales.

- Buscador de actividades y sus obligaciones tributarias. Esta herramienta ofrece información sobre los grupos o epígrafes en los que se clasifican las actividades económicas incluidas en las Tarifas del IAE. También permite determinar las obligaciones tributarias de la actividad realizada por el contribuyente, para lo que será necesario, una vez que se acceda al detalle del grupo o epígrafe del IAE, es necesario que se indique el perfil tributario (persona física o jurídica, residente o no, con o sin establecimiento permanente) y pulsar la opción "Ver Obligaciones", tras lo cual se ofrecerá información sobre el epígrafe de la actividad a desarrollar según las Tarifas del IAE y las obligaciones tributarias derivadas del desarrollo de la misma correspondientes al perfil indicado.

Para poder obtener una copia escrita, será necesario identificarse con Certificado electrónico o Clave PIN, y facilitar una cuenta de correo electrónico a la que se enviará el enlace al correspondiente archivo en formato PDF.

Si no se ha obtenido la información necesaria se podrá acceder a la herramienta INFORMA+, para lo que será necesario identificarse con certificado digital, DNI electrónico o DNI con fecha de vigencia.

- Informador Censal. Se ofrece información sobre cómo solicitar el NIF, los distintos modelos de declaraciones censales, forma, lugar de presentación y causas de presentación, así como documentación a adjuntar en cada caso. También se indica cómo realizar los trámites censales de carácter personal y/o los que afectan al ejercicio de actividades económicas y sus obligaciones tributarias, como responder a requerimientos o trámites recibidos en el seno de procedimientos de comprobación censal.

Al margen del aspecto censal, se incluyen materias referentes a los sistemas de identificación y firma electrónica, registro de apoderamientos y sucesores, así como solicitar y obtener certificados tributarios.

Para obtener una copia del resultado de la "consulta" se deberá facilitar una dirección de correo electrónico donde se enviará la información en formato PDF. Si la información recibida no es la que se necesita, para "cuestiones sencillas o sobre cumplimentación de modelos que requieran una respuesta inmediata", se puede acceder a un chat con un especialista de la ADI.

3.2.3. Herramientas de asistencia virtual en el IVA

Se muestra un conjunto de herramientas formado por asistentes virtuales, localizadores de entrega de bienes, prestación de servicios, y calificador inmobiliario, así como ayudas para la confección de los modelos 303 y 390, mediante las cuales se podrán obtener respuestas interactivas y en lenguaje sencillo a dudas relacionadas con el IVA, con la determinación y localización de las operaciones de entrega de entrega de bienes o prestación de servicios, entre otras. Las herramientas son las siguientes:

- Asistente virtual IVA. Ofrece información sobre comercio exterior, modificación de base imponible y rectificación de deducciones, operaciones inmobiliarias, facturación y registro, sujeción y exenciones, cálculo de IVA repercutido (devengo, base imponible y tipos impositivos), deducciones y devoluciones.

También comprende otras herramientas como los localizadores de entrega de bienes y prestación de servicios.

Hay que acceder a un chat con el Asistente Virtual que muestra ejemplos de preguntas, a los efectos de poder solicitar la información. Para obtener una copia de la consulta realizada hay que introducir la dirección de correo electrónico donde se recibirá la información en formato PDF, para lo que será precisa la autenticación mediante Cl@ve PIN o certificado electrónico. No obstante, se advierte que conforme al art.87 de la LGT la contestación recibida tiene el carácter de mera información de los criterios administrativos existentes para la aplicación de la normativa tributaria, por lo que si se desea plantear una consulta tributaria escrita respecto al régimen, clasificación o calificación tributaria que le corresponda, deberá formularse la misma a la Dirección General de Tributos como órgano competente para la elaboración de contestaciones vinculantes, conforme determinan los arts.88 y 89 de la LGT, aunque consideramos que en todo caso si el contribuyente actúa con arreglo a la misma, no podrá ser sancionado por considerarse que ha obrado con la diligencia debida conforme al art.179.2.d) de la LGT.

Si, en todo caso, no se ha obtenido la información que se necesitaba se puede acceder al chat con un especialista de la ADI, para "cuestiones sencillas o sobre cumplimentación de modelos que requieran una respuesta inmediata", o bien acceder a INFORMA+.

- Localizador de Entrega de Bienes. Indica dónde se localiza y tributa en el IVA la entrega de un bien, quién debe declarar el IVA devengado en la operación o cómo debe declararse en el supuesto de no estar sujeta o exenta en el territorio de aplicación del impuesto español y si en la factura debe repercutirse o no el IVA. Para obtener copia de la información consultada deberá facilitarse la dirección de correo electrónico donde se recibirá la información en formato PDF en los mismos términos expuestos en los apartados anteriores, y si no se ha obtenido la información que se necesitaba se puede acceder al chat con un especialista de la ADI, para "cuestiones sencillas o sobre cumplimentación de modelos que requieran una respuesta inmediata", o bien para solicitar criterio sobre cuestiones que requieran mayor análisis, acceder a INFORMA+.
- Localizador de Prestación de Servicios. Establece dónde se localiza y tributa en el IVA la prestación de un servicio, quién debe declarar el IVA devengado en la operación o cómo debe declararse en caso de no estar sujeta en el territorio de aplicación del impuesto español y si en la factura se debe repercutir o no IVA. Se puede obtener copia de la información consultada en los términos expuestos en el apartado anterior, así como pasar a un nivel superior de respuesta, bien a través del chat o de INFORMA+, en función de la complejidad de la consulta.
- Pre303. Un servicio para todos. Se trata de un servicio de ayuda a la cumplimentación de la autoliquidación del modelo 303 que está disponible en la actualidad para todos los contribuyentes según su perfil de actividad. No obstante, se establecen diferentes servicios en función del perfil de los diferentes contribuyentes: para todos los contribuyentes, servicios específicos para contribuyentes que no participen del Suministro Inmediato de Información (SII), para contribuyentes en el SII, para arrendadores, para empresarios en régimen simplificado y para sujetos pasivos exclusivamente forales con IVA diferido a la importación.

- Calificador de operaciones inmobiliarias. Permite consultar la tributación en IVA o en ITP, para lo cual ofrece opciones en desplegables. Para obtener copia de la información consultada deberá facilitarse la dirección de correo electrónico donde se recibirá la información en formato PDF en los mismos términos expuestos en los apartados anteriores, y si no se ha obtenido la información que se necesitaba, para solicitar criterio sobre cuestiones que requieran mayor análisis de la posibilidad de acceder a INFORMA+.

- Calculadora de modificación de bases imponibles de IVA y otras rectificaciones. Esta calculadora no tiene en cuenta las especialidades del Régimen especial de criterio de caja, por lo que no se puede utilizar si se aplicó este régimen especial en la operación que se documenta en la factura. No obstante, se sugiere la utilización del Asistente Virtual del IVA, donde se podrá obtener información sobre esta cuestión en el apartado "Modificación de base imponible".

- Calculadora de prorratas. Permite calcular la prorrata general y especial, la regularización anual del porcentaje definitivo de prorrata y de bienes de inversión al final del ejercicio, así como la regularización por transmisión de bienes de inversión.

- Calculadora de sectores diferenciados. Si el contribuyente desarrolla más de una actividad, esta herramienta permite determinar si constituyen sectores diferenciados a efectos del IVA.

- -Ayuda confección modelo 303 para arrendadores. Sirve asistencia para determinar los importes y otra información a consignar en el modelo 303 para su posterior traslado al Formulario 303, donde se mostrará el resultado de la declaración, ofreciendo también la posibilidad de consultar el Asistente Virtual de IVA.

- Ayuda modelo 390 básico para autónomos. Este servicio ayuda a determinar los importes y otra información a consignar en el modelo 390 de declaración-resumen anual, que contiene las operaciones realizadas a lo largo del año natural relativas a la liquidación del IVA, siempre que tributen exclusivamente a la Administración del Estado. Este servicio puede ser utilizado por contribuyentes que apliquen exclusivamente el régimen general con período trimestral y durante el ejercicio: no apliquen prorrata ni sectores diferenciados, no realicen operaciones de comercio exterior, no tengan clientes que estén en recargo de equivalencia, no estén incluidos en régimen de caja ni sean destinatarios del mismo, no tengan operaciones en las que se aplique la inversión de sujeto pasivo, o no satisfagan compensaciones del régimen especial de agricultura, ganadería y pesca.

- Consulta minoristas en recargo de equivalencia. Para acceder a este servicio hace falta identificarse con certificado digital o DNI electrónico. Con este servicio de ayuda se puede consultar si el cliente (empresario) del consultante está sometido o no al Régimen especial del recargo de equivalencia. La herramienta recuerda que el comerciante minorista tiene la obligación de acreditar ante sus proveedores el hecho de estar sometido o no al Régimen del recargo de equivalencia, así como que la información que se obtenga corresponderá con la situación censal en la fecha de consulta[20].

3.2.4. Herramientas de asistencia virtual del SII

Según dispone la página web de la AEAT, mediante estas herramientas se podrán obtener respuestas de forma interactiva y "en lenguaje natural" a las dudas relacionadas con la gestión del Suministro Inmediato de Información (SII), así como calcular los plazos y periodos de registro[21]. Las herramientas ofrecidas son:

- Asistente virtual del SII: En la actualidad ofrece información sobre Suministro Inmediato de Información (libros Registro de IVA a través de la Sede Electrónica de la AEAT). Además, este asistente engloba otras herramientas como los localizadores. Permite seleccionar opciones según los desplegables que irán apareciendo, obteniéndose al final los resultados, en los mismos términos expuestos con anterioridad, es decir, para obtener una copia de la "consulta" realizada, deberá facilitarse la dirección de correo electrónico del "consultante", siendo necesario identificarse mediante Cl@ve PIN o certificado electrónico, teniendo el de mera información de los criterios administrativos existentes para la aplicación de la normativa tributaria. En caso de no haber obtenido la información solicitada se facilita el acceso al chat con un especialista de la ADI para "cuestiones sen-

---

20 Para la redacción de este trabajo se acudió a la web de la AEAT y los diferentes asistentes virtuales. Cuando se estaba consultando este asistente recibimos el siguiente aviso, del que queremos dejar constancia: "La finalidad de este servicio es facilitar el correcto cumplimiento de las obligaciones tributarias. El posible uso para otras finalidades o el abuso de este servicio podrá suponer el bloqueo del acceso al mismo, de forma temporal o permanente".

21 https://sede.agenciatributaria.gob.es/Sede/ayuda/herramientas-asistencia-virtual/herramientas-asistencia-virtual-sii.html (últ.consulta, 23-03-2023).

cilllas" o para una respuesta inmediata, o bien a INFORMA+ para "solicitar criterio sobre cuestiones que requieran mayor análisis".

- Calculadora de plazos del SII. Se trata de una herramienta de cálculo de plazos para la remisión de registros de facturas tanto emitidas como recibidas.

Por otra parte, y en relación con el SII, el sistema nos suscita algunas dudas en cuanto al régimen de aplicación voluntario para determinados contribuyentes, pues nos recuerda a los momentos iniciales de implantación del sistema de determinación objetiva de rendimientos en el IRPF y el régimen simplificado del IVA, pues por aquel entonces, mediados de los años 80 del pasado siglo, existió la creencia de que aquellos contribuyentes a los que era de aplicación este régimen y renunciaran al mismo para determinar la base imponible con arreglo al régimen de estimación directa, tenían más posibilidades de ser objeto de una inspección tributaria que aquellos que se mantuvieran en el régimen calificado como "voluntario". Lo mismo podría suceder en caso de que la adscripción "voluntaria" al SII no se lleve a término, ya que el control de las actividades económicas adscritas al SII es mucho más fácil y acorde con un sistema de cumplimiento cooperativo de las obligaciones tributarias, por lo que donde va a tener que centrar sus esfuerzos la Administración tributaria es precisamente en aquellas actividades económicas que no se hayan adherido voluntariamente al sistema de SII.

3.2.5. Herramientas de asistencia virtual de Recaudación

Se trata de un conjunto de calculadoras interactivas mediante las que se pueden determinar los plazos de pago de los diferentes tipos de deudas en periodo voluntario o ejecutivo, los intereses de demora correspondientes (intereses de aplazamientos y fraccionamientos, intereses de deudas tributarias a favor del contribuyente, intereses de demora de deudas tributarias, interés legal a favor del contribuyente, así como el interés legal de deudas no tributarias), así como el cálculo embargable de sueldos[22].

---

22 https://sede.agenciatributaria.gob.es/Sede/ayuda/herramientas-asistencia-virtual/herramientas-asistencia-virtual-recaudacion.html (últ. consulta, 23-3-2023).

3.2.6. Herramientas de asistencia virtual de Aduanas e Impuestos Especiales

Se ofrecen estas herramientas digitales con el fin de servir de ayuda tanto para cumplimentar las formalidades aduaneras (clasificación arancelaria, etc.) como en la cuantificación de los impuestos especiales y medioambientales[23].

- Clasificación arancelaria. Se lleva a cabo a través del asistente virtual CLASS, de la Comisión Europea, donde a través de un único punto de acceso, se incluyen diferentes tipos de información de clasificación arancelaria (conclusiones de los Comités del Código Aduanero, Reglamento de Clasificación, Sentencias del Tribunal de Justicia de las Comunidades Europeas, Nomenclatura Combinada (NC) y Notas Explicativas de la NC, Información TARIC)24.
- Cálculo del volumen de hidrocarburos a 15°C.
- Informador del Impuesto especial sobre envases de plástico no reutilizables. Este impuesto ha entrado en vigor a partir del 1 de enero de 2023 y se ha creado con la finalidad de fomentar la prevención de la generación de residuos de envases de plástico no reutilizables, así como el fomento del reciclado de los residuos plásticos. Se podrá obtener copia del resultado de la "consulta" introduciendo una dirección de correo electrónico donde se enviará la información en formato PDF, previa identificación mediante DNI con fecha de vigencia o DNI electrónico o certificado digital.

---

23 https://sede.agenciatributaria.gob.es/Sede/ayuda/herramientas-asistencia-virtual/herramientas-asistencia-virtual-aduanas-impuestos-especiales.html (ùlt. consulta 23-3-2023). Nos sorprende que el nuevo sistema de llevanza de la contabilidad de los productos objeto de los Impuestos Especiales (SILICE), implantado por la AEAT, de acuerdo con lo establecido en el artículo 50 del Reglamento de los Impuestos Especiales, no disponga de asistentes virtuales accesibles, siendo necesaria la identificación del interesado para acceder a cualquier tipo de información relacionada con este sistema. Y es que desde el 1 de enero de 2020, las fábricas, depósitos fiscales, almacenes fiscales, depósitos de recepción y fábricas de vinagre, deberán cumplir la obligación de llevanza de la contabilidad de los productos objeto de los Impuestos Especiales, a través de la sede electrónica de la Agencia Tributaria, mediante el suministro electrónico de los asientos contables, reduciéndose de este modo las declaraciones informativas, no siendo exigibles las declaraciones de operaciones cuando la contabilidad de los Impuestos Especiales de Fabricación se lleve en sede electrónica de la Agencia Tributaria.

24 https://webgate.ec.europa.eu/class-public-ui-web/#/search (últ.consulta 23-3-2023).

4. CONCLUSIONES

La Asistencia Digital Integral ha incidido notablemente en el cumplimiento voluntario de las obligaciones tributarias, esto es, en la reducción de la conflictividad o litigiosidad tributaria.

Como consecuencia del cambio de paradigma en el cumplimiento de las obligaciones tributarias, en el que la relación jurídico-tributaria ya no está basada en la idea de una relación de poder por parte de la Administración como acreedor tributario sino que ha evolucionado hacia una relación cooperativa entre acreedor y deudor tributario, esta relación encuentra su fundamento en la transparencia y la confianza mutua entre las partes implicadas así como en actuaciones preventivas, de asistencia y de colaboración, entre las que se encontrarían las actuaciones administrativas de información y asistencia a los obligados tributarios, que constituyen a la vez un derecho de los obligados tributarios a ser informados y asistidos por la Administración tributaria sobre el ejercicio de sus derechos y el cumplimiento de sus obligaciones tributarias.

Dentro del derecho a ser informados, existe la posibilidad, contemplada en el art.88 LGT, de formular consultas administrativas para las que los obligados tributarios deberán identificarse previamente, evitando la imposición de sanciones si adecúan su actuación a la respuesta formulada por la Administración. No podemos desconocer que en ocasiones los ciudadanos prefieren guardar el anonimato a la hora de recibir este tipo información, por lo que existe la posibilidad de las consultas del art.88 LGT puedan ser planteadas de manera colectiva por colegios profesionales, cámaras oficiales, organizaciones patronales, sindicatos, asociaciones de consumidores, asociaciones o fundaciones que representen intereses de personas con discapacidad, asociaciones empresariales y organizaciones profesionales, así como a las federaciones que agrupen a los organismos o entidades antes mencionados, cuando se refieran a cuestiones que afecten a la generalidad de sus miembros o asociados. Esta posibilidad puede ser de gran utilidad, no sólo por la mayor publicidad que pueden tener los planteamientos corporativos o asociativos sino también porque los contribuyentes pueden preferir que se lleve a cabo una consulta generalizada, que no permita identificar al obligado tributario particularmente considerado, pues de este modo no se deja rastro a los efectos de una ulterior actuación fiscalizadora por parte de la Administración tributaria, máxime si la consulta no ha sido respondida[25]. Tal vez esta opción podría extenderse a la solicitud

25 LUCAS DURÁN se muestra favorable a la ampliación de los legitimados, tanto por economía procesal como para favorecer el anonimato, pues a pesar de que la

de información tributaria o a los usuarios del INFORMA +, aunque es cierto que entonces no podríamos afirmar que dichas solicitudes sean consecuentes con el régimen de cumplimiento cooperativo de las obligaciones tributarias, ya que faltaría uno de sus pilares fundamentales como es el de la transparencia, si el contribuyente no es transparente no puede pretender la misma seguridad jurídica que la que correspondería a un contribuyente transparente a la hora de solicitar información tributaria a la Administración.

La implantación de la Asistencia Digital Integral, junto con la creación de las ADIs, a partir de la experiencia en el uso de la inteligencia artificial para facilitar información personalizada sobre un nuevo sistema, el Suministro Inmediato de Información (SII) del IVA[26], además de evitar desplazamientos físicos a los contribuyentes y otras ventajas expuestas a lo largo de este trabajo, y sin perjuicio de algunos inconvenientes como la brecha digital o incluso el uso desconocido que se pueda dar con la introducción de determinados algoritmos que conlleva la inteligencia artificial[27], ha su-

---

contestación no obliga a seguir el criterio administrativo, puede poner de manifiesto un posible criterio interpretativo por parte de determinado sujeto; *Vid.*: M.Lucas Durán, M.: "La aplicación de las normas tributarias", en I. Merino Jara (Dir.): *Derecho Financiero y Tributario. Parte general*, 5.ª ed., Tecnos, Madrid, 2015, pág. 275.

26 U.González de Frutos.: "Innovación e IA para mejorar el cumplimiento tributario en el ALC", en F.Serrano Antón (Dir.): Inteligencia artificial y Administración tributaria: eficiencia administrativa y defensa de los derechos de los contribuyentes, Ed.Thomson-Reuters Aranzadi, Cizur Menor, 2021, libro electrónico.

27 En efecto, las herramientas tecnológicas suponen un gran avance para la gestión de los tributos, pero para evitar disfunciones debe extremarse la diligencia en cuanto a su programación, tal y como se pone de manifiesto en el Informe de la Fundación Impuestos y Competitividad de octubre de 2022, en el que se destacan "casos en los que la decisión de configuración de la herramienta ha limitado el ejercicio de los derechos de los contribuyentes, al imponer determinadas interpretaciones administrativas carentes de suficiente respaldo legal (a título de ejemplos, en IRPF, el cálculo de la amortización de inmuebles adquiridos a título lucrativo, que dio lugar a la STS de 15 de septiembre de 2021; más recientemente, respecto del IS de grupos consolidados, el criterio administrativo respecto de la aplicación de los créditos fiscales generados "constante el grupo" en proporción a las aportaciones a la base consolidada de cada una de las sociedades que componen el grupo); vid.: Informe de octubre de 2022 de la Fundación Impuestos y Competitividad sobre el cumplimiento por parte del Gobierno de España de los compromisos asumidos en el componente 27 del Plan de Recuperación, Transformación y Resiliencia (P.R.T.R.): https://static.fundacionic.com/2023/02/02181952/informe-sobre-cumplimiento-del-componente-27-del-prtr-6-10-22.pdf , pág.54 (últ.consulta 31-3-2023). Como señala MATA SIERRA, es necesario que las actuaciones de la Administración tributaria que utilicen estas tecnologías, "deben inspirarse en los principios

puesto dotar de mayor seguridad jurídica y transparencia a las relaciones entre la Administración y los contribuyentes, que constituyen, como es sabido, los pilares básicos de la relación cooperativa.

BIBLIOGRAFÍA

Fernández Doctor, S. "La información y asistencia al contribuyente", *Cuadernos de Actualidad*, núm. 3, 1994.

Fundación Impuestos y Competitividad: Informe de octubre de 2022 sobre el cumplimiento por parte del Gobierno de España de los compromisos asumidos en el componente 27 del Plan de Recuperación, Transformación y Resiliencia (P.R.T.R.): https://static.fundacionic.com/2023/02/02181952/informe-sobre-cumplimiento-del-componente-27-del-prtr-6-10-22.pdf.

García-Herrera Blanco, C. "El uso de la inteligencia artificial por las Administraciones fiscales, una cuestión de principios", CIAT, 2020: https://www.ciat.org/el-uso-de-la-inteligencia-artificial-por-las-administraciones-fiscales-una-cuestion-de-principios/ .

García de Castro, G. "Las TIC aplicadas a la gestión tributaria en la AEAT", en A.MªDelgado García y R.Oliver Cuello (Coords.): *Administración Electrónica Tributaria,* Bosch Editor, Barcelona, 2009.

García Freiria, M. "Asistencia e información a los obligados tributarios a través de la inteligencia artificial", en A.MªPita Grandal, L.A.Malvárez Pascual y C.Ruiz Hidalgo (Dirs.): La digitalización en los procedimientos tributarios y el intercambio automático de información, Aranzadi, Cizur Menor, 2023.

Gil García, E. (Dir.). *La fiscalidad del envejecimiento,* Ed.Aranzadi, Cizur Menor, 2023.

González de Frutos, U. "Inteligencia artificial y Administración tributaria", en: F.Serrano Antón (Coord.): *Fiscalidad e Inteligencia artificial: Administración tributaria y contribuyentes en la era digital,* Aranzadi, Cizur Menor, 2020.

González de Frutos, U. "Innovación e IA para mejorar el cumplimiento tributario en el ALC", en F.Serrano Antón (Dir.): *Inteligencia artificial y Administración tributaria: eficiencia administrativa y defensa de los derechos de los contribuyentes,* Aranzadi, Cizur Menor, 2021.

Lucas Durán, M. "La aplicación de las normas tributarias", en I.Merino Jara (DIr.): *Derecho Financiero y Tributario. Parte general,* 5.ª ed., Tecnos, Madrid, 2015.

Mata Sierra, MªT. "Big data e inteligencia artificial en la administración tributaria", en A.MªPita Grandal, L.A.Malvárez Pascual y C.Ruiz Hidalgo (Dirs.): *La digitalización en los procedimientos tributarios y el intercambio automático de información,* Aranzadi, 2023 (libro electrónico).

---

de prudencia, proporcionalidad, no discriminación, igualdad, transparencia y gobernanza de la información", MªT.Mata Sierra. "Big data e inteligencia artificial en la administración tributaria", en A.MªPita Grandal, L.A.Malvárez Pascual y C.Ruiz Hidalgo (Dirs.): op.cit. (libro electrónico); en similares términos, C.García-Herrera Blanco. "El uso de la inteligencia artificial por las Administraciones fiscales, una cuestión de principios", CIAT, 2020: https://www.ciat.org/el-uso-de-la-inteligencia-artificial-por-las-administraciones-fiscales-una-cuestion-de-principios/ .

Navarro Egea, M. "La Administración Tributaria electrónica: un traje a medida para la AEAT", en Cazorla González-Serrano, L. (Dir.): *Estudios en homenaje al profesor Luis María Cazorla Prieto*, Ed.Aranzadi, Cizur Menor, 2021.

Oliver Cuello, R. *Derechos de los contribuyentes en la gestión tributaria*, Aranzadi, Cizur Menor, 2018, libro electrónico.

Rodríguez Arana, J. "El principio general del derecho de confianza legítima", *Ciencia Jurídica, Universidad de Guanajuato*, núm.4, 2013.

Colaboración e intercambio de información entre administraciones tributarias en el seno del ordenamiento interno

MARÍA ESTHER SÁNCHEZ LÓPEZ
Prfra. Titular de Derecho Financiero y Tributario. UCLM

RESUMEN: La colaboración y el intercambio de información entre las distintas Administraciones tributarias, en el seno de un Estado descentralizado como el español, se ha convertido en una auténtica necesidad tanto en lo que se refiere a la efectiva realización del deber de contribuir como en orden a la asistencia a los obligados tributarios.

Siendo indiscutible la relevancia de la cooperación en este ámbito, incluso para un adecuado intercambio de datos a nivel europeo e internacional, nos encontramos ante un tema todavía pendiente, a pesar del impulso otorgado por las TIC. Situación que deriva, esencialmente, de la ausencia de cauces normativos que canalicen la cooperación entre los distintos niveles de Hacienda, más allá de Convenios o directrices incluidas en los distintos Planes de Control Aduanero y Tributario.

Razón por la que se propone la creación de una "Administración tributaria integrada" desde el punto de vista de la *interoperabilidad* de la información y en aras, por tanto, de la consecución de una efectiva colaboración e intercambio de datos entre las distintas Administraciones Tributarias.

PALABRAS CLAVE: intercambio de información tributaria, cooperación, Comunidades Autónomas, Corporaciones Locales, Administración tributaria integrada

ABSTRACT: Collaboration and exchange of tax information between the different tax administrations has become a real necessity in the context of a decentralized State such as Spain, both in relation to the effective realization of the duty to contribute and in order to assist taxpayers.

Although its relevance is indisputable, even for an adequate exchange of data at European and international level, we are facing an issue still pending, despite the impetus given by ICT. This situation is, essentially, the result from the absence of regulatory channels for cooperation between the different levels of Public Finance, beyond the Agreements or guidelines included in the different Customs and Tax Control Plans.

For this reason, it is proposed to create an "integrated tax administration" in terms of interoperability of information in order to achieve a real collaboration and exchange of data between the different Tax Administrations.

KEY WORDS: tax information exchange, collaboration, Autonomous Regions, Local Authorities, integrated Tax Administration.

1. INTRODUCCIÓN

El ámbito en que se desenvuelve el intercambio de información tributaria se encuentra especialmente afectado por los problemas que presenta la distribución de competencias en un Estado descentralizado como el español. Escenario en que la realización efectiva del *principio de colaboración* entre las distintas Administraciones y, en particular, las tributarias, en orden a la adecuada aplicación del sistema tributario se impone a los poderes públicos como una exigencia ineludible[1].

Partiendo de que el principio de colaboración carece de reconocimiento expreso en la Constitución Española, el mismo pertenece, sin embargo, a la esencia del modelo de organización territorial implantado por la Carta Magna, según ha declarado nuestro Tribunal Constitucional[2]. Sentido en que, siendo indiscutible la relevancia del intercambio de información en orden a la realización del deber de contribuir constitucionalmente consagrado, es preciso comenzar señalando que la colaboración y coordinación entre los distintos niveles de Hacienda, en lo que respecta a la realización de un *efectivo* intercambio de datos, constituye todavía un *tema pendiente*. Más aun, y como indica ADAME MARTÍNEZ, "el control tributario en el ámbito autonómico", del mismo modo que en el ámbito local (añadimos nosotros), aparece como "una materia huérfana de tratamiento por la doctrina"[3].

Situación que es *reflejo*, a nuestro modo de ver, de la práctica ausencia de vías efectivas de colaboración e intercambio de información entre las distintas Administraciones tributarias y que, obedeciendo a diversas razones, además de a "la dificultad intrínseca de la materia"[4], según se verá a continuación, ha experimentado un cierto impulso a raíz de la aplicación de las TIC, cuya implementación ha creado posibilidades sin precedentes.

---

1 Sentido en que ha señalado J.M. LAGO MONTERO, "La colaboración entre el Estado y los Entes locales en la gestión tributaria", *Revista de Tributos Locales*, núm. 35/2003, p. 33, que "los poderes públicos tienen que tomarse más en serio el art. 103.1 CE", en cuanto que ordena que todas las Administraciones Públicas "actúen con arreglo a criterios de eficacia y coordinación".

2 Vid., entre otras, SSTC 80/1985, de 4 de julio y 214/1989, de 21 de diciembre.

3 Vid. F. ADAME MARTÍNEZ, "La lucha contra el fraude fiscal en el ámbito de las Comunidades Autónomas", en *La lucha contra el fraude fiscal en España y en la Unión Europea*, ADAME MARTÍNEZ, F. (Dir.), Thomson Reuters, Aranzadi, Cizur Menor, Navarra, 2019, p. 69.

4 J.M. LAGO MONTERO, "La colaboración entre el Estado y los Entes locales en la gestión tributaria", cit., p. 25.

Muestra de ello, es la afirmación contenida en la Memoria de la AEAT de 2019, que en referencia a las actuaciones de *Intercambio y cesión de información* y a la *Colaboración con otras Administraciones*, subraya cómo "los avances tecnológicos están siendo esenciales, facilitando en gran medida la labor administrativa al permitir la transferencia telemática de datos entre ordenadores, los cruces de ficheros y la creación de registros informáticos en los que se procesa y organiza la información".

Intercambio de datos entre las distintas Administraciones tributarias que, tras la previsión de la obligación de aportación de información contenida en el art. 93 de la Ley General Tributaria (LGT), encuentra respaldo normativo en el contenido del art. 95.1 de la LGT, a cuyo tenor los datos obtenidos por la Administración tributaria en el desempeño de sus funciones "tienen carácter reservado" y no pueden ser cedidos a terceros *salvo* que "la cesión tenga por objeto: (...) b) La colaboración con otras Administraciones tributarias a efectos del cumplimiento de obligaciones fiscales en el ámbito de sus competencias", sin que sea necesario el consentimiento del afectado (art. 94.5 LGT)[5]. Ámbito en que, en palabras de GARCÍA MARTÍNEZ, la concreción del deber de colaboración entre las distintas Administraciones tributarias "representa una típica actuación de auxilio, en virtud de la cual una Administración realiza una actividad complementaria, auxiliar o coadyuvante respecto del ejercicio de una función ajena, de forma que con ello posibilite una mayor eficacia en el ejercicio de la competencia a la entidad a cuyo favor se presta auxilio"[6].

Previsión importante ya que supone la asunción *implícita* del principio de cooperación en lo que se refiere al intercambio de información entre los distintos niveles de Hacienda en nuestro país, desde la *premisa* del papel esencial que desempeña dicho instrumento en relación con el *cumplimiento efectivo* de las obligaciones tributarias en el ámbito de las distintas Administraciones, así como para *una adecuada asistencia* al obligado tributario[7], a

---

5 Ausencia de consentimiento coherente con lo previsto tanto en la L.O. 3/2018, de Protección de Datos Personales y garantía de los derechos digitales como en el Reglamento (UE) 2016/679, del Parlamento Europeo y del Consejo, de 27 de abril de 2016, relativo a la protección de las personas físicas en lo que respecta al tratamiento de datos personales y a la libre circulación de estos datos y por el que se deroga la Directiva 95/46/CE (Reglamento general de protección de datos).

6 A. GARCÍA MARTÍNEZ, *La gestión de los tributos autonómicos,* Civitas, Madrid, 2000, p. 146.

7 Vid., en relación con esta idea, J. ARRIETA MARTÍNEZ DE PISÓN, "Cesión, intercambio y protección de la información tributaria y de los datos

la que se refiere el Plan de Control Aduanero y Tributario, aprobado por Resolución de 6 de febrero de 2023, de la Agencia Estatal de Administración Tributaria, por la que se aprueban las directrices generales del Plan de Control Tributario y Aduanero de 2023[8], como "uno de los ejes vertebradores de la Agencia Tributaria"[9]. Dicho de otro modo, y en caso de no llevarse a cabo un efectivo intercambio de datos entre las distintas Administraciones, la misma quedaría circunscrita a la existente en el ámbito territorial de la correspondiente Administración tributaria[10] dejando de cumplir la función para la que ha sido recabada, que como se viene advirtiendo, no es otra que la realización del deber de contribuir en referencia al ordenamiento tributario en su conjunto.

Por consiguiente, y teniendo en cuenta el aumento exponencial de los deberes de información en nuestro país y, por ende, la cantidad de datos disponibles en poder de la Administración Tributaria (sobre todo, a nivel estatal), creemos que, con las debidas garantías, es preciso caminar hacia una "Administración tributaria integrada" desde el punto de vista de la *interoperabilidad* de la información y, en consecuencia, la colaboración y el intercambio de datos entre las distintas Administraciones Tributarias, lo que redundaría en una reducción de la presión fiscal indirecta así como en una utilización más eficaz de la misma[11], incluso en lo que respecta al in-

---

automatizados: la incidencia de la informática en el contribuyente", *Revista Técnica Tributaria*, núm. 43/1998, p. 46.

8 BOE núm. 49, de 27 de febrero de 2023

9 Plan de Control que añade a lo expuesto en el texto que "más allá de ser únicamente una obligación para la Agencia Tributaria, la asistencia y la información a los contribuyentes (…) suponen a su vez una clara manera de prevenir el fraude, al facilitar y minimizar los costes indirectos asociados al cumplimiento de las obligaciones tributarias".

10 Vid. J.J. RUBIO GUERRERO, "La Agencia estatal de la Administración Tributaria española como modelo de gestión tributaria integrada. (II) Control e inspección y coordinación con otras administraciones tributarias", *Boletín del Instituto Universitario de Estudios Fiscales y Financieros*, núm. 3/2006, p. 19.

11 Señala, en este sentido LAGO MONTERO, que "resulta histriónico que las normas tributarias establezcan profusos deberes de información a cargo de toda persona física, jurídica o ente susceptible de personalizar deberes, y que luego esa información no circule fluidamente entre las diversas Administraciones encargadas de aplicar el sistema, que la necesitan como alimento insuprimible para el ejercicio de sus competencias ("La colaboración entre el Estado y los Entes locales en la gestión tributaria", cit., p. 34).

tercambio de datos entre Estados, según se analizará brevemente, debiendo implicar, por tanto, un límite al aumento de los deberes de información en nuestro ordenamiento jurídico.

Situación, que exige, por otro lado, como afirma GARCÍA MARTÍNEZ, aludiendo a la jurisprudencia de nuestro Tribunal Constitucional, y con fundamento en los principios de unidad del sistema y de eficacia de la actuación de la Administración pública, que "el legislador establezca fórmulas y cauces de relación entre las distintas Administraciones locales y entre éstas y las Administraciones del Estado y de las Comunidades Autónomas"[12]. Idea que, como se verá, entendemos fundamental para un intercambio *fluido* de información entre las distintas Administraciones tributarias siendo precisa, por tanto, una seria coordinación homogeneizadora y una sólida estrategia global a fin de avanzar hacia una Administración tributaria integrada (evitando, de este modo, los problemas que generan las diferencias entre los distintos niveles de Administración).

Consideración junto a la cual creemos importante reflexionar acerca del hecho, no siempre tomado en consideración, de que la gestión de los tributos puede "orientar la política fiscal en una determinada dirección". Esto es, siguiendo a RAMALLO MASSANET, "las decisiones sobre las competencias de administración de los tributos no es inocente o aséptica ya que supone decidir sobre qué relaciones jurídicas y sobre qué sujetos se va a actuar", lo que implica la toma de "una decisión eminentemente política que puede condicionar a su vez la actuación de los contribuyentes de manera decisiva en una u otra dirección"[13]. Aplicación de los tributos en cuya orientación no puede ocultarse el papel clave de la información disponible por parte de las distintas Administraciones tributarias.

---

12 A. GARCÍA MARTÍNEZ, "La colaboración de la AEAT en la aplicación de los Tributos Locales", *Tributos Locales,* núm. 88/2009, pp. 81-82. Abundando en la idea señalada en el texto, afirma este mismo autor que "para que este deber que incumbe a las distintas Administraciones tributarias alcance un aceptable grado de cumplimiento es necesaria una cierta especificación reglamentaria que establezca, entre otros extremos, los supuestos específicos en que este intercambio de información ha de institucionalizarse, los cauces a través de los cuales va a ser posible el intercambio de información, así como los requisitos y las garantías necesarias que ha de revestir" (Vid. *La gestión de los tributos autonómicos,* cit., p. 147).

13 Vid. J. RAMALLO MASSANET, Prólogo al libro de A. GARCÍA MARTÍNEZ, *La gestión de los tributos autonómicos,* cit., p. 25.

2. INTERCAMBIO DE INFORMACIÓN TRIBUTARIA ENTRE LA AEAT Y LAS CCAA

El examen del intercambio de datos con trascendencia tributaria entre la Agencia Estatal de Administración Tributaria (AEAT) y las Comunidades Autónomas de Régimen Común y Ciudades con Estatuto de Autonomía, encuentra su fundamento último, como no podía ser de otra manera, en el principio de cooperación, a que se refiere la Ley Orgánica de Financiación de las Comunidades Autónomas (LOFCA)[14] configurándose la misma como una auténtica *necesidad* si lo que se persigue es una aplicación adecuada tanto de los tributos cedidos como de los propios, así como de los tributos estatales para cuya adecuada gestión sea precisa la información existente en manos de la Administración autonómica y, por ende, su transmisión por parte de éstas a la Agencia Tributaria.

El análisis del intercambio de información entre la AEAT y las Comunidades Autónomas (CCAA) encuentra como marco normativo el art. 95.1.b) de la LGT junto a la LOFCA y la Ley 14/1996, de 30 de diciembre, de Cesión de tributos del Estado a las Comunidades Autónomas y de medidas fiscales complementarias. Norma esta última que, previendo la colaboración entre ambas Administraciones en relación con los tributos cedidos[15], encuentra "desarrollo" fundamentalmente en las Resoluciones que, con carácter anual, aprueban las directrices generales de los distintos Planes de Control Tributario y Aduanero, tanto en el ámbito estatal como autonómico.

En este sentido, y ciñéndonos a la última Resolución de 6 de febrero de 2023, de la Dirección General de la Agencia Estatal de Administración Tributaria, por la que se aprueban las directrices generales del Plan Anual de Control Tributario y Aduanero de 2023, nos parece importante destacar

---

14 Ley Orgánica 8/1980, de 22 de septiembre, cuyo art. 2.Uno dispone que "La actividad financiera de las Comunidades Autónomas se ejercerá en coordinación con la Hacienda del Estado (…)". Principio a que también alude el art. 3 dicha Ley.

15 Como ha señalado, en este sentido, I. MÉNDEZ CORTEGANO, "La lucha contra el fraude fiscal desde la perspectiva de la Agencia Estatal de Administración Tributaria", en *La lucha contra el fraude fiscal en España y en la Unión Europea*, F. ADAME MARTÍNEZ (Dir.), Thomson Reuters, Aranzadi, Cizur Menor, Navarra, 2019, p. 43, "la colaboración entre la Agencia Tributaria y las Administraciones Tributarias autonómicas resulta esencial para el adecuado control de los tributos cedidos, sean gestionados por la Agencia Tributaria o por las Comunidades Autónomas por delegación del Estado".

la previsión en la misma de un apartado dedicado a la "Colaboración entre la Agencia Tributaria y las Administraciones tributarias de las Comunidades Autónomas" que, reproduce, *grosso modo,* las previsiones contenidas en el Plan de Control del año anterior. Y ello, partiendo de la base, según se expone en el Preámbulo de la misma, de que las directrices que se siguen en dicho Plan giran, entre otros pilares, sobre la "Información y asistencia" y "La colaboración entre la Agencia Tributaria y las Administraciones tributarias de las Comunidades Autónomas", constituyendo "un mecanismo de refuerzo y consolidación de las actuaciones realizadas ya en años anteriores"[16].

Documento sobre el que pretendemos realizar algunas reflexiones sobre la *base* de que las TIC "posibilitan la plena interoperabilidad entre Administraciones", de manera que "además de conseguir una mayor homogeneidad, eficiencia, eficacia y calidad en la actividad administrativa", permiten no solo rentabilizar los recursos sino también el ingente volumen de información que obra en poder de las distintas Administraciones[17].

Ahora bien, esta afirmación debe ser correctamente entendida o matizada teniendo en cuenta que, en el seno de nuestro complejo escenario competencial, el desarrollo de las nuevas tecnologías es muy inferior en el ámbito de la Administración autonómica y local que en el del Estado. En otras palabras, "la evolución hacia la Administración electrónica no ha sido la misma" en los distintos niveles de Administración[18], constatándose diferencias importantes que, como es lógico, y en lo que a este estudio interesa, van a influir en la eficacia y calidad de los intercambios de datos tributarios entre las distintas Administraciones, amén de generar desigualdades en relación con la aplicación de los tributos en función de qué Administración sea la competente para ello.

---

16 Pilares, junto a los que se indican, la prevención de los incumplimientos, junto al fomento del cumplimiento voluntario y la prevención del fraude, la investigación y las actuaciones de comprobación del fraude aduanero y tributario y el control del fraude fiscal durante la fase recaudatoria.

17 I. ROVIRA FERRER, *Los deberes de información y asistencia en las Administraciones tributarias autonómicas y locales: análisis especial de la Agencia Tributaria de Cataluña y del Instituto Municipal de Hacienda de Barcelona,* Huygens Editorial, Barcelona, 2017, p. 10. Sentido en que ha señalado GARCÍA MARTÍNEZ, "La colaboración de la AEAT en la aplicación de los Tributos Locales", cit., p. 86, que "el gran avance que "ha experimentado la colaboración interadministrativa en los últimos años, especialmente en lo que respecta al intercambio de información, ha venido propiciado por las nuevas tecnologías de la información y la comunicación".

18 Vid. I. ROVIRA FERRER, op. cit., p. 11.

2.1 El Plan de Control Tributario y Aduanero de 2023

Sin perjuicio del análisis del Plan de Control Aduanero y Tributario correspondiente a 2023, creemos importante contextualizar el mismo en el escenario descrito por el Plan del Control Aduanero y Tributario, aprobado mediante Resolución de 26 de enero de 2022, de la Dirección General de la Agencia Estatal de Administración Tributaria, por la que se aprueban las directrices generales del Plan Anual de Control Tributario y Aduanero de 2022[19], al que se remite el Plan objeto de análisis, en el sentido de ser "un mecanismo de refuerzo y consolidación de las actuaciones desarrolladas ya en años anteriores".

Así pues, del contenido del apartado dedicado a la "Colaboración entre la Agencia Tributaria y las Administraciones tributarias de las Comunidades Autónomas", incluido en el Plan de 2022, cabe extraer, esencialmente, un conjunto de directrices que pretenden fundamentar el *refuerzo* de la cooperación entre la AEAT y las CCAA y que, desde luego, se entienden aplicables al año 2023.

Así, en primer lugar, se hace referencia a que "la colaboración entre la Agencia Tributaria y las Administraciones tributarias autonómicas resulta esencial para el adecuado control de los tributos cedidos, sean gestionados por la Agencia Tributaria o por las Comunidades Autónomas por delegación del Estado", resaltándose a continuación que la LOFCA "consagra como principio esencial la colaboración entre las Administraciones tributarias del Estado y de las Comunidades Autónomas" dirigida, en particular, al fomento y desarrollo de intercambios de información así como a la planificación coordinada de las actuaciones de control sobre los tributos cedidos.

Ideas junto a las que se subraya el papel asignado al Consejo Superior para la Dirección y Coordinación de la Gestión Tributaria –y los correspondientes Consejos Territoriales en el ámbito de cada Comunidad-, órgano colegiado de coordinación de la gestión de los tributos cedidos al que se atribuyen, entre otras, "las funciones de concretar criterios uniformes y procedimientos comunes de intercambio de información y acordar las líneas básicas y directrices de ejecución de programas de control sobre los tributos cedidos", destacándose, en este escenario, que la AEAT "potenciará" los intercambios de información con trascendencia tributaria entre las Administraciones tributarias del Estado y de las CCAA "con la finalidad de incrementar la eficacia de la gestión tributaria, mejorar la asistencia a los

19 BOE núm. 26, de 31 de enero de 2022

contribuyentes y, singularmente, potenciar la lucha contra el fraude fiscal y la economía sumergida".

Directrices, en efecto, que diseñan, a nuestro juicio, y con carácter general, el marco adecuado para el intercambio de datos fiscales entre la AEAT y las CCAA, sin olvidar que carecen de rango normativo y, por tanto, de la fuerza vinculante necesaria para su efectiva realización.

Pues bien, en el apartado dedicado a la "Colaboración entre la Agencia Tributaria y las Administraciones tributarias de las Comunidades Autónomas", correspondiente al Plan de Control de 2023 y, desde la premisa de que "la colaboración entre la Agencia Tributaria y las anteriores resulta esencial para el adecuado control de los tributos cedidos", sean gestionados por la Agencia Tributaria o por las CCAA, por delegación del Estado, se incide en cuestiones ya incluidas en el Plan anterior añadiendo alguna novedad.

De este modo, y con base en el art. 21.Dos de la Ley 14/1996, dedicado a la "Colaboración entre Administraciones"[20], nos hemos permitido agrupar los instrumentos de colaboración previstos en el último Plan de Control (incluyendo las remisiones al Plan de 2022) en cinco mecanismos, siendo posible aludir a los siguientes:

a.- El Intercambio a través del *acceso a una base de datos común*, en relación con los que se establece que "continuarán los intercambios de información sobre los datos censales más relevantes de los obligados tributarios a través del Censo Único Compartido, base de datos consolidada de información censal obtenida por las Administraciones tributarias autonómicas y estatal". Censo que, como se indica en el Plan de Control de 2023, constituye "la base de la información de la

---

20 Precepto que, tras disponer en su apartado Uno, que "Las Administraciones del Estado y de la Comunidad Autónoma de que se trate, entre sí y con las demás Comunidades Autónomas, colaborarán en todos los órdenes de gestión, liquidación, recaudación e inspección de los tributos, así como en la revisión de actos dictados en vía de gestión tributaria", indica en el siguiente apartado que:
"Dos. En particular, dichas Administraciones:
a) Se facilitarán toda la información que mutuamente se soliciten, estableciéndose los procedimientos de intercomunicación técnica precisos.
b) Los Servicios de Inspección prepararán planes de inspección coordinados en relación con los tributos cedidos, sobre objetivos y sectores determinados, así como sobre contribuyentes que hayan cambiado su residencia o domicilio fiscal".

Agencia Tributaria para la asistencia, la prevención y el control tanto intensivo como extensivo".

b.- Intercambio *periódico* de información *por parte de las CCAA*, que afectaría fundamentalmente a los datos siguientes:

1) Tributos cedidos gestionados por las CCAA (en particular, el Impuesto sobre Sucesiones y Donaciones, el Impuesto sobre Transmisiones Patrimoniales y Actos Jurídicos Documentados y tributos sobre el juego), "dado que dicha información pone de relieve la existencia de otros posibles hechos imponibles, especialmente, en el Impuesto sobre la Renta de las Personas Físicas, Impuesto sobre Sociedades e Impuesto sobre el Patrimonio". Clase de intercambio de datos al que no alude expresamente el Plan de Control de 2023, si bien sí se mencionaba en el Plan de 2022;

2) Familias numerosas y grados de discapacidad. Información que resultaría necesaria para la tramitación de los pagos anticipados de las deducciones por familias numerosas y grados de discapacidad previstas en el artículo 81 bis de la Ley 35/2006, de 28 de noviembre, del Impuesto sobre la Renta de las Personas Físicas. Previsiones que encontrarían fundamento en el art. 21.Cuatro de la Ley 14/1996[21] (intercambio que se contempla en el Plan de 2023, del mismo modo que en el de 2022).

3) Se continuará y consolidará el suministro por parte de las CCAA a la Agencia Tributaria de información sobre fianzas derivadas del arrendamiento de inmuebles a que se refiere el artículo 36 de la Ley de Arrendamiento Urbanos. Información que permitirá asistir en el cumplimiento de las obligaciones tributarias (tanto del arrendador como del arrendatario), como también la mejora del control de los rendimientos de capital inmobiliario y, en su caso, de las deducciones que puedan aplicarse por estos alquileres. Suministro de información que se incluye tanto en el Plan de 2023 como en el de 2022.

4) En el ejercicio 2022, será necesario el intercambio de información respecto a los certificados de eficiencia energética registrados en el 2021 y las resoluciones definitivas de ayuda que hayan sido concedidas por obras de mejora de la eficiencia energética de viviendas,

---

21 Apartado a cuyo tenor se establece que: "La Agencia Estatal de Administración Tributaria podrá convenir con las Comunidades Autónomas la aportación por éstas de medios financieros y materiales para la mejora de la gestión de los Impuestos sobre la Renta de las Personas Físicas y sobre el Patrimonio".

junto con la relación de números de referencia catastrales a los que se refieran, etc. Colaboración que se incorporó como "novedad" en el Plan de Control de 2022 y que también se prevé de modo expreso en el de 2023.

c.- Intercambio de información *previa petición*: mecanismo respecto al que se indicaba en el Plan de Control de 2022 que "la Agencia Tributaria continuará proporcionando a las Administraciones tributarias autonómicas acceso a la información sobre los impuestos cedidos que sea necesaria para su adecuada gestión tributaria", información que, como parece obvio, cabe entender como la más importante para dichos entes en orden a la correcta gestión del sistema tributario autonómico, previéndose, en este sentido (tanto en el Plan de 2022 como en el de 2023), que "se potenciarán los intercambios de información específicos sobre determinados hechos, operaciones, valores, bienes o rentas con trascendencia tributaria que resulten relevantes para la gestión tributaria de cualquiera de las Administraciones, especialmente para la lucha contra el fraude".

Asimismo, en este ámbito, y en particular, durante el año 2022, "se intensificará el intercambio de información para la mejora de la gestión recaudatoria de los importes adeudados a las Administraciones tributarias". Ello, junto al mantenimiento de la transmisión por parte de las CCAA de información sobre los valores reales de transmisión de bienes y derechos en el Impuesto sobre Transmisiones Patrimoniales y Actos Jurídicos Documentados y en el Impuesto sobre Sucesiones y Donaciones "que hayan sido comprobados por las Administraciones tributarias autonómicas en el curso de procedimientos de control", debido a la repercusión de este valor comprobado tanto en el IRPF como en el IS gestionados por la Agencia Tributaria. Intercambio que, si bien no se menciona en el Plan de 2023, debe entenderse aplicable también en el marco del mismo.

Asimismo, se continúa indicando en el Plan de Control de 2023 (en línea con el anterior), que se potenciará la remisión de información por parte de las CCAA "sobre la constitución de rentas vitalicias, operaciones de disolución de sociedades y de reducción del capital social con atribución de bienes o derechos de la sociedad a sus socios, préstamos entre particulares y pagos presupuestarios antes de su realización, a efectos de proceder al embargo del correspondiente derecho de crédito en caso de que el acreedor mantenga deudas pendientes de pago con la Agencia Tributaria".

Peticiones de información por parte de las Administraciones autonómicas que se concreta en la solicitud de datos específicos y en la remisión por parte de la Agencia Tributaria de un fichero-resumen relativo a la información requerida, bien a través de la sede electrónica, bien mediante servicios web[22]. Dicho de otro modo, el requerimiento de datos tributarios por las CCAA no posibilita la "libertad de navegación" de los funcionarios que llevan a cabo la misma, como sí sucede en cambio, con carácter general, cuando son los órganos de la Agencia Tributaria los que tienen necesidad de obtener información de las bases de datos de la propia Agencia (sin perjuicio del consiguiente control *a posteriori*).

Sentido en que bien se podría señalar con cierto simbolismo que el "cauce" del intercambio de datos *disminuye* cuando llega al ámbito autonómico siendo ello debido quizá tanto a la necesidad de protección de la información, el difícil control del acceso a la misma (siendo un ejemplo de ello el ciberataque sufrido en octubre de 2022 por el Punto Neutro Judicial, red de comunicaciones que conecta los órganos judiciales con otras instituciones, y que podría haber revelado millones de datos fiscales de los contribuyentes[23]), como a la ausencia de medios técnicos e incluso de una voluntad política efectiva en este sentido[24].

d.- Información que cabría denominar "espontánea", siguiendo la terminología utilizada en la normativa sobre intercambio de infor-

---

22 Requerimientos de información por parte de las CCAA que se llevan a cabo previa cumplimentación del correspondiente documento, disponible en la página web de la AEAT; esto es, bien del "Formulario de alta para la solicitud de información tributaria por Comunidades Autónomas para finalidades tributarias mediante servicios web", bien del "Formulario de alta para la solicitud de información tributaria por Comunidades Autónomas para finalidades tributarias a través de la sede electrónica".

23 El ciberataque al CGPJ podría haber revelado datos fiscales de medio millón de ciudadanos y el nombre y domicilio de 50.000 policías (20minutos.es). Fecha de consulta: 17 de febrero de 2022.

24 En relación con esta idea, señala S. MORENO GONZÁLEZ, "Intercambio de información tributaria y Haciendas Forales: dimensión internacional, europea e interna", en *Concierto Económico y Derecho de la Unión Europea*, I. MERINO JARA y J.I. UGARTEMENDÍA ECEIZABARRENA (Dirs.), European Inklings, Oñate 2014, p. 314, que la conexión informática, en cuanto cauce adecuado para el intercambio de información "puede verse afectada no solo por problemas de carácter técnico, cuanto por la resistencia de los responsables de los diferentes ficheros a compartir esa información".

mación a nivel comunitario[25]. Mecanismo en relación con el que se afirma que "se continuará potenciando la colaboración entre la Agencia Tributaria y las Administraciones tributarias autonómicas en la transmisión de la información obtenida en los procedimientos de control desarrollados por cada una de ellas que resulte relevante para la tributación por otras figuras impositivas gestionadas por otra Administración", siendo esta una práctica habitual por parte de ambas Administraciones[26], debiendo recordar que dicho cauce no se encuentra previsto en la ley General Tributaria.

e.- Actuaciones *coordinadas* entre ambas Administraciones; área de atención preferente por parte de la Agencia Tributaria que permite la colaboración y coordinación "en la selección de los contribuyentes que serán objeto de actuaciones de control"[27] y que, como el instrumen-

---

25 La Directiva 2011/16/UE, de 15 de febrero de 2011, relativa a la cooperación administrativa en el ámbito de la fiscalidad y por la que se deroga la Directiva 77/799/CE, se refiere en el art. 9 a esta clase de intercambio de información, indicando en su número 2 que "Las autoridades competentes de cada Estado miembro podrán comunicar espontáneamente a las autoridades competentes de los demás Estados miembros la información de la que tengan conocimiento y que pueda ser útil a las autoridades competentes de los demás Estados miembros".

26 Cabe pensar, por ejemplo, en el supuesto en que en una comprobación llevada a cabo por el órgano competente de la Administración tributaria estatal se detecta que una determinada operación, en lugar de tributar por IVA debe hacerlo en el ITPAJD, lo que conduce a la transmisión de dicha información a la Comunidad Autónoma correspondiente.

27 La Resolución de 26 de enero de 2022, que aprueba las directrices generales del Plan de Control Aduanero y Tributario de 2022, especifica, entre otros supuestos en que se podrán llevar a cabo las mencionadas actuaciones coordinadas, los siguientes:
a) Control global de las deducciones sobre el tramo autonómico del Impuesto sobre la Renta de las Personas Físicas, aprobadas por las distintas Comunidades Autónomas, partiendo especialmente de la información suministrada por dichas Comunidades;
b) Se utilizará intensivamente la información remitida por las Comunidades Autónomas en materia de discapacidad y familia numerosa para el control de la tributación en el Impuesto sobre la Renta de las Personas Físicas;
c) Impuesto sobre el Patrimonio correspondiente a ejercicios no prescritos y su relación con el ISD, mediante el cruce de información sobre la titularidad de bienes y derechos, incluidos los situados en el extranjero, y la identificación

to anterior, encuentra previsión en el seno de la normativa europea sobre intercambio de información[28], pero no en la LGT. Actuaciones a las que también se refiere el Plan de Control de 2023, destacando, en este ámbito, y entre otros, "el control global de las deducciones sobre el tramo autonómico del IRPF, partiendo de la información suministrada por dicha Comunidades, el control del Impuesto sobre el Patrimonio y su relación con el Impuesto sobre Sucesiones y Donaciones mediante el cruce de información sobre titularidad de bienes y derechos, la comprobación del domicilio declarado y la comprobación del disfrute de la exención o bonificación del Impuesto Especial sobre Determinados Medios de Transporte por adquisición de vehículos por discapacitados y familias numerosas".

Mecanismo cuya importancia ha sido destacada por la doctrina debido a que la canalización del intercambio de información con trascendencia tributaria entre las distintas Administraciones "exige la elaboración y puesta en práctica de planes conjuntos o coordinados de informática fiscal que posibiliten una fácil interconexión técnica entre ellas"[29] y de la que, a nuestro juicio, da muestra el conjunto de supuestos en que, entre otros, la AEAT y las Administraciones autonómicas podrían llevar a cabo actuaciones coordinadas.

Así pues, el análisis de las previsiones contenidas tanto en el Plan de Control Tributario para 2022 como en el de 2023 no hace sino poner de relieve la enorme importancia de la existencia de un intercambio fluido y eficaz de datos entre la AEAT y las CCAA, que se presenta absolutamente necesario para la aplicación del *sistema tributario en su conjunto* y que, en lo

---

de contribuyentes no declarantes de dicho impuesto que estén obligados a presentar declaración;

d) Operaciones inmobiliarias significativas al objeto de determinar su tributación por el Impuesto sobre el Valor Añadido o, alternativamente, por el concepto «Transmisiones Patrimoniales Onerosas» del Impuesto sobre Transmisiones Patrimoniales y Actos Jurídicos Documentados.

e) Domicilios declarados y sus modificaciones, etc.

28 En concreto, el art. 12 de la Directiva 2011/16/UE, se refiere a los "Controles simultáneos".

29 Vid. A. GARCÍA MARTÍNEZ, "La colaboración de la AEAT en la aplicación de los Tributos Locales", cit., p. 83, situándose en esta misma línea J. ARRIETA MARTÍNEZ DE PISÓN, "Cesión, intercambio y protección de la información tributaria y de los datos automatizados: la incidencia de la informática en el contribuyente", cit., p. 46.

que respecta a los mecanismos aplicables, *excede*, según se ha analizado, las previsiones de la LGT que, como es conocido, se limita a los mecanismos de "suministro" y "captación" (art. 93.2 de la LGT). Dicho de otro modo, el examen del cruce e intercambio de datos entre ambos niveles de Hacienda pone de manifiesto la "imbricación" entre ambos sistemas tributarios (autonómico y estatal) en orden a la efectiva gestión de los tributos.

Afirmación que, si bien se presenta obvia a nivel teórico, tenemos serias dudas de que sea así en la práctica debido a que su *realización efectiva* requiere, a nuestro juicio, más allá de las recomendaciones contenidas en los Planes de Control Tributario, el *adecuado diseño normativo* de las vías de intercambio de información entre ambos niveles de Hacienda, lo que, además, pensamos que produciría el importante efecto de otorgar mayor *visibilidad* a las actuaciones de intercambio de información, trasladando a los contribuyentes la percepción de un mayor control y lucha frente al fraude fiscal fomentando, de este modo, el cumplimiento voluntario de las obligaciones tributarias.

Carencia que podría entenderse "corregida" hasta cierto punto por medio de los Planes de Control Tributario de las Comunidades Autónomas que recogen actuaciones de cruce e intercambio de información con la AEAT e, incluso, entre las propias CCAA, como instrumento imprescindible en la lucha contra el Fraude Fiscal[30].

Vía, sin embargo, a la que pensamos que cabría realizar, al menos, dos objeciones. La primera, referida a su naturaleza de *meras recomendaciones*, careciendo, por tanto, de la necesaria fuerza vinculante que conduce a dejar en manos de la "buena voluntad" de las partes la eficacia de dicho instrumento. La segunda consideración, sin perjuicio de admitir el carácter beneficioso de esta clase de previsiones, se refiere a que no deja de ser chocante que las cesiones de información tributaria relevante entre

---

30 Vid., en relación con este punto, el interesante trabajo de F. ADAME MARTÍNEZ, "La lucha contra el fraude fiscal en el ámbito de las Comunidades Autónomas", cit., pp. 71 y ss., en que lleva a cabo el estudio de las directrices generales de los Planes de Control Tributario aprobados por las Comunidades Autónomas de régimen común, afirmando, en concreto, dicho autor que una "constante en los Planes de Control es la importancia que se otorga al intercambio de información con trascendencia tributaria, dado que la información contenida en las declaraciones tributarias de impuestos cedidos puede poner de relieve la existencia de otros hechos imponibles en el Impuesto sobre la Renta de las Personas Físicas o en el Impuesto sobre Sociedades" (p. 144).

Administraciones tenga que depender de la firma de convenios de colaboración[31], lo que a nuestro juicio supone un importante obstáculo a su efectividad, no siendo posible olvidar, en este sentido, que la colaboración entre las Administraciones Públicas es una obligación y no una facultad.

En todo caso, y siguiendo a RUBIO GUERRERO, cabe señalar que la adecuada implementación de un Plan General de Control Fiscal requiere la existencia de un censo y base de datos integrados, lo que permite, por un lado, "la implantación y mantenimiento de importantes instrumentos de definición de riesgos y de selección de contribuyentes, tanto al servicio de la Agencia Estatal como de los propios Gobiernos Regionales" o locales y, de otra parte, "de instrumentos informáticos y de ayuda a la comprobación" que permitan cruzar y comparar tanto la información integral del contribuyente existente en la base de datos como la que aporta el propio contribuyente a los órganos actuarios[32]. Dicho de otro modo, el correcto diseño de los Planes Generales de Actuación de la Agencia Tributaria *depende directamente* de la cantidad y calidad de la información en poder de la Administración tributaria.

Finalmente, deben destacarse los acuerdos para intercambiar información entre las CCAA u otras Administraciones Públicas y la AEAT en materia de *suministro de información para finalidades no tributarias,* que se incardinan en "el marco de la colaboración mutua que debe presidir las relaciones entre las Administraciones Públicas", de conformidad con lo dispuesto en los arts. 3.1.k), 140 y 141 de la Ley 40/2015, de 1 de octubre, de Régimen Jurídico del Sector Público, en cuya virtud "los representantes de ambas partes consideran que sería muy beneficioso para el cumplimiento de sus respectivos fines" establecer un marco que regule el suministro estable de información tributaria por parte de la Agencia Tributaria a la Comunidad correspondiente. Intercambio, por tanto, que encontrando fundamento en el desempeño de las funciones por la respectiva Comunidad Autónoma, tienen como finalidad la gestión de procedimientos administrativos distin-

---

31 J.M. LAGO MONTERO, "La colaboración entre el Estado y los Entes locales en la gestión tributaria", cit., p. 36.

32 J.J. RUBIO GUERRERO, "La Agencia estatal de la Administración Tributaria española como modelo de gestión tributaria integrada. (II) Control e inspección y coordinación con otras administraciones tributarias", cit., p. 18.

tos de los tributarios y que se presenta independiente de la cesión de datos prevista en las letras b) y d) del art. 95.1 de la LGT[33].

3. INTERCAMBIO DE INFORMACIÓN TRIBUTARIA ENTRE LA AEAT Y LAS CORPORACIONES LOCALES

Siendo las Corporaciones Locales (CCLL) quizá las Administraciones más necesitadas de una efectiva cooperación tanto con otros entes locales como, en particular, con la AEAT y las CCAA en orden a una adecuada gestión de los tributos y para lograr, por ende, la "anhelada autoadministración"[34], debemos comenzar indicando el marco normativo que sustenta dicha colaboración, el cual se ciñe a lo previsto tanto en los arts. 106.3 y 55 de la Ley 7/1985, de 2 de abril, de Bases de Régimen Local (LBRL) así como al contenido del art. 8 del Texto Refundido de la Ley Reguladora de las Haciendas Locales (TRLHL)[35].

Dispone, en efecto, el art. 106.3 de la Ley de Bases de Régimen Local[36] (LBRL) que "3. Es competencia de las entidades locales la gestión, recaudación e inspección de sus tributos propios, sin perjuicio (...) de las fórmulas de colaboración con otras entidades locales, con las Comunidades Autónomas o con el Estado, de acuerdo con lo que establezca la legislación del Estado", señalando, en este sentido, el art. 55 de dicha Norma que "para la efectiva coordinación y eficacia administrativa, la Administración General del Estado, así como las Administraciones autonómica y local, de acuerdo con el principio de lealtad institucional, deberán en sus relaciones recíprocas: (...)

---

33 Así se indica en las Exposiciones de Motivos de las distintas Resoluciones de la Dirección del Servicio de Planificación y Relaciones Institucionales de la Agencia Estatal de Administración Tributaria, por la que se publica el Convenio con la Comunidad Autónoma correspondiente en materia de suministro de información para finalidades no tributarias. Cuestión en referencia a la que debe indicarse que actualmente la totalidad de las CCAA de régimen común tienen firmado un Convenio de esta naturaleza con la AEAT, todos ellos redactados, además, en los mismos términos.

34 J.M. LAGO MONTERO, "La colaboración entre el Estado y los Entes locales en la gestión tributaria", cit., p. 34.

35 Real Decreto Legislativo 2/2004, de 5 de marzo, por el que se aprueba el Texto Refundido de la Ley Reguladora de las Haciendas Locales.

36 Ley 7/1985, de 2 de abril, Reguladora de las Bases del Régimen Local.

d) Facilitar a las otras Administraciones la información sobre la propia gestión que sea relevante para el adecuado desarrollo por éstas de sus cometidos; y

e) Prestar, en el ámbito propio, la cooperación y asistencia activas que las otras Administraciones pudieran precisar para el eficaz cumplimiento de sus tareas".

Por otra parte, y como desarrollo del art. 106.3 de la LBRL, dispone el art. 8 del Texto Refundido de la Ley de Haciendas Locales[37] que "1. De conformidad con lo dispuesto en el artículo 106.3 de la Ley 7/1985, de 2 de abril, Reguladora de las Bases del Régimen Local, las Administraciones tributarias del Estado, de las comunidades autónomas y de las entidades locales colaborarán en todos los órdenes de gestión, liquidación, inspección y recaudación de los tributos locales", añadiendo en su apartado 2 que "En particular, dichas Administraciones:

a) Se facilitarán toda la información que mutuamente se soliciten y, en su caso, se establecerá, a tal efecto la intercomunicación técnica precisa a través de los respectivos centros de informática.

b) Se prestarán recíprocamente, en la forma que reglamentariamente se determine, la asistencia que interese a los efectos de sus respectivos cometidos y los datos y antecedentes que se reclamen.

c) Se comunicarán inmediatamente, en la forma que reglamentariamente se establezca, los hechos con trascendencia para los tributos y demás recursos de derecho público de cualquiera de ellas, que se pongan de manifiesto como consecuencia de actuaciones comprobadoras e investigadoras de los respectivos servicios de inspección.

d) Podrán elaborar y preparar planes de inspección conjunta o coordinada sobre objetivos, sectores y procedimientos selectivos.

Apartado cuyas previsiones se entienden sin perjuicio del régimen legal al que están sometidos el uso y la cesión de la información tributaria.

Precepto cuyo contenido, como cabe apreciar, "excede" las modalidades de intercambio de información y asistencia mutua previstas en la Ley General Tributaria (de la misma manera que las previsiones contenidas en el Plan de Control Tributario analizado en relación con la colaboración en-

---

37 Aprobada mediante Real Decreto Legislativo 2/2004, de 5 de marzo, por el que se aprueba el texto refundido de la Ley Reguladora de las Haciendas Locales.

tre la AEAT y las Administraciones autonómicas). De este modo, mientras en los apartados a) y b) parece contemplarse el denominado intercambio de datos previa petición, así como mediante suministro, respectivamente, en el apartado c) se prevé el denominado intercambio "espontáneo" de información. Mecanismo que, no encontrando plasmación en la LGT, nos parece muy acertada su previsión sin perjuicio de que su efectividad práctica dependa, en último término, de la voluntad de las distintas Administraciones. Finalmente, se contempla en el apartado último la coordinación en la elaboración de los planes de inspección cuya planificación y adecuada realización *depende,* a nuestro juicio, de la existencia de una *efectiva* y *eficaz* interconexión telemática entre dichos entes públicos que permita la selección de los contribuyentes en función del perfil de riesgo.

3.1. Convenios entre la FEMP y las CCLL en materia de intercambio de información

Con fecha 3 de abril de 2021, se publicaron en el BOE los nuevos Convenios entre la AEAT y la Federación Española de Municipios y Provincias (FEMP). El primero, en materia de suministro de información de carácter tributario a las Corporaciones Locales y, el segundo, en materia de intercambio de información tributaria y colaboración en la gestión recaudatoria con las CCLL. Convenios que, como se verá, si bien se publicaron en el BOE de 3 de abril de 2021, se ubican en el marco de las Resoluciones de 26 de marzo de 2021, a las que nos referiremos seguidamente.

Pues bien, estos Convenios *sustituyen* a los suscritos en el año 2003; por ello, las CCLL que se encontraban adheridas a los Convenios anteriores, de 15 de abril de 2003, debieron adherirse a los nuevos Convenios, mediante el correspondiente procedimiento de adhesión (regulado en el Anexo II de dicha Resolución) y el nombramiento de interlocutor único (Anexo III de dicha Resolución) siendo la fecha límite el 14 de enero de 2022. Transcurrida dicha fecha, la AEAT procedió a la baja de los suministros de información a las entidades autorizadas (salvo respecto de aquellas Corporaciones Locales que justifiquen haber iniciado los trámites para la adhesión).

Adhesión, por tanto, que se realiza por el órgano competente de cada Entidad local, señalando, en este sentido, la Cláusula Séptima de los Convenios mencionados, bajo la rúbrica "Interlocutor único", que "Tanto en la Agencia Tributaria como en cada Entidad Local existirá un órgano al que ambas podrán dirigirse para resolver cualquier aspecto o incidencia relacionado con la aplicación del presente Convenio". (...) en la Agencia Tributaria, dicho órgano será la Delegación de la Agencia Tributaria del ámbito al que pertenezca la

Entidad Local correspondiente, mientras que, en la Entidad Local, dichas funciones serán ejercidas por quien designe su máximo órgano representativo".

3.1.1. Convenio con la FEMP en materia de suministro de información de carácter tributario a las Entidades Locales

El Convenio a que nos vamos a referir a continuación es objeto de publicación a través de la Resolución de 26 de marzo de 2021, de la Dirección del Servicio de Planificación y Relaciones Institucionales de la Agencia Estatal de Administración Tributaria, en cuya Exposición de Motivos destacan tres ideas.

En primer término, comienza recordándose que en el año 2003 se firmó entre la Agencia Tributaria y la FEMP un convenio de colaboración en materia de intercambio de información tributaria y colaboración en la gestión recaudatoria con las entidades locales, como parte del marco general de colaboración establecido por el Protocolo de colaboración suscrito entre ambos organismos, "el cual instituyó un sistema estable de colaboración mutua en los ámbitos de gestión tributaria, recaudación en vía ejecutiva de los tributos propios de las Entidades Locales, suministro e intercambio de información".

Marco que se pretende *reforzar*, a partir de la colaboración y, en concreto de la instauración de un sólido intercambio de información, que presida las relaciones entre las Administraciones públicas, según se infiere de la afirmación relativa a que "sería muy beneficioso establecer un *nuevo marco* que regule el intercambio estable de información tributaria por parte de la Agencia Tributaria a las entidades locales, así como convenir algunos aspectos relacionados con la gestión recaudatoria de las citadas entidades"[38].

En segundo lugar, se recuerda que el art. 55 de la LBRL establece que "Para la efectiva coordinación y la eficacia administrativa, la Administración General del Estado, así como las Administraciones autonómica y local, de acuerdo con el principio de lealtad institucional, deberán en sus relaciones recíprocas: d) Facilitar a las otras Administraciones la información sobre la propia gestión que sea relevante para el adecuado desarrollo por éstas de sus cometidos y e) Prestar, en el ámbito propio, la cooperación y asistencia activas que las otras Administraciones pudieran precisar para el eficaz cumplimiento de sus tareas". Suministro de información que, previsto en la LGT, encuentra justificación en "los principios genera-

38 El subrayado es nuestro.

les de eficacia y limitación de costes indirectos derivados del cumplimiento de obligaciones formales que han de articular la aplicación del sistema tributario". Dicho con otros términos, dicho mecanismo se orienta a la puesta a disposición de información con relevancia tributaria, precisa para la aplicación efectiva del sistema tributario, junto a la disminución de la presión fiscal indirecta como resultado de la aplicación de las TIC.

Consideración esta última a la que se alude, en tercer lugar, al afirmar que "se hace necesaria una nueva regulación del sistema de suministro de información tributaria que prevea todas las posibilidades tecnológicas que soportan en la actualidad el suministro de datos y permita a las Entidades Locales la agilización en la disposición de la información y disminución de los costes incurridos aprovechando al máximo el desarrollo de las actuales tecnologías", siendo precisamente esta razón, a nuestro juicio, la que justifica la necesidad del "nuevo marco" estable de cooperación a que más arriba se hacía referencia y que, en el fondo, parece ser la razón última de los nuevos Convenios.

Convenio, por otra parte, cuyo ámbito de aplicación se ciñe casi en su totalidad a lo que se denomina requerimiento "previa petición". En efecto, y tras preverse en la Cláusula Tercera que "los suministros de información tributaria que se realicen al amparo de los apartados b) y j) del artículo 95.1 de la Ley General Tributaria no requerirán el previo consentimiento de los interesados", se precisa en la Cláusula Cuarta que "la cesión se realizará con la estricta afectación de la información remitida por la Agencia Tributaria a los fines que la justifican y para los que se solicita", prohibiéndose que el destinatario pueda ceder a terceros la información remitida por la Agencia Tributaria. Previsión que, a nuestro juicio, y aunque se encuentre recogida en los mismos términos en el art. 95.1 LGT, debe ser valorada muy positivamente desde la perspectiva de la protección del contribuyente.

En el marco expuesto, es la Cláusula Octava la que se dedica al Procedimiento de obtención de información con trascendencia tributaria por parte de las CCLL distinguiéndose entre solicitud, tramitación, contestación y formato.

"1. Solicitud: Los órganos, organismos y entidades de derecho público dependientes de la misma previamente autorizados y para cada tipo de procedimiento, remitirán a la Agencia Tributaria por vía telemática sus solicitudes de información en las que se incluirán todos los datos que sean precisos para identificar claramente la finalidad concreta que ampara cada suministro, así como a los interesados afectados y el contenido concreto de la información solicitada, que deberá ajustarse a los diferentes tipos de información previamente determinados por la Agencia Tributaria.

2. Tramitación y contestación: Una vez recibida la petición, tras las verificaciones y procesos correspondientes, la Agencia Tributaria remitirá la información solicitada de forma inmediata, salvo que se requiera un plazo superior, que en ningún caso superará los quince días desde la recepción de dicha solicitud. En el supuesto de que alguna petición no fuese atendida en ese plazo, el usuario podrá conocer el motivo para que, en su caso, pueda ser objeto de subsanación.

3. Formato: Tanto la solicitud como la entrega de la información se realizará por medios telemáticos (…)", a través de la sede electrónica de la AEAT.

3.1.2. Convenio con la FEMP, en materia de intercambio de información tributaria y colaboración en la gestión recaudatoria con las entidades locales

El presente Convenio es objeto de publicación a través de la Resolución de 26 de marzo de 2021, de la Dirección del Servicio de Planificación y Relaciones Institucionales de la Agencia Estatal de Administración Tributaria, en cuya Exposición de Motivos, además de reproducirse las ideas mencionadas en relación con el Convenio anterior, debe resaltarse la indicación de que las Corporaciones Locales que se adhieran al mismo no tendrán que adherirse al anterior; y ello, añadimos nosotros, debido al alcance más amplio de este último.

Pues bien, si algo debe subrayarse del Convenio objeto de examen respecto del anterior, es la previsión en el mismo, en su Cláusula Cuarta, de un auténtico intercambio de información tributaria o por *suministro*. Y ello, sin perjuicio de que se recojan supuestos concretos de obtención de información previa *petición*, entre los que se encuentran los "apellidos y nombre, en el caso de personas físicas, o razón social, para las personas jurídicas y entidades del artículo 35.4 de la Ley General Tributaria, NIF y domicilio fiscal", la información acerca de "participaciones en fondos de inversión de la provincia en cuyo ámbito territorial se encuentre la Entidad Local, cuya titularidad corresponda a los deudores de la citada Entidad Local, siempre que se trate de deudas que se encuentren en fase de embargo" o la identificación de las compañías comercializadoras que declaran ingresos en el término municipal correspondiente así como el importe total declarado.

Petición de datos que se encuentra sometida al procedimiento examinado en el Convenio anterior, sin perjuicio de que las partes puedan solicitarse "la información que precisen para el desarrollo de sus funciones, en los términos previstos en el presente Convenio" (Cláusula Primera, párrafo segundo).

Respecto al suministro de información tributaria que se produce desde la Agencia a las Entidades Locales, se limita al "Censo de obligados tributarios", que se refiere a los contribuyentes que pertenecen al ámbito territorial de la Entidad Local, y que se prevé que tenga una periodicidad semestral. De otra parte, la transmisión de información que tiene lugar desde la Entidad Local a la Agencia Tributaria se contempla de una forma más amplia imponiéndose, por tanto, mayores deberes de suministro de información a las Corporaciones Locales, siendo estos los siguientes:

- Transmisión con una periodicidad anual de: a) los datos identificativos contenidos en el padrón municipal (art. 16 LBRL); b) las liquidaciones del Impuesto sobre Construcciones Instalaciones y Obras; c) Altas y bajas en el Impuesto sobre Actividades Económicas; d) cambios en la clasificación del suelo (rústico o urbano).
- Transmisión con una periodicidad semestral: liquidaciones del Impuesto sobre el Incremento del Valor de los Terrenos de Naturaleza Urbana.

4. REPERCUSIÓN DEL INTERCAMBIO DE INFORMACIÓN A NIVEL INTERNO EN EL ÁMBITO COMUNITARIO

En relación con el estudio que venimos realizando, nos parece importante llevar a cabo una breve alusión a la *repercusión* que un intercambio fluido y eficaz de información puede tener en relación con el intercambio de datos a nivel europeo e internacional. Con otras palabras, la *eficacia* y *celeridad* en la remisión de información tributaria por parte del Estado español a cualquiera de las Administraciones tributarias que componen la Unión Europea (así como a nivel internacional), a través de las diversas modalidades previstas en la Directiva 2011/16/UE, requiere como *premisa* indispensable la existencia de vías adecuadas de intercambio de información entre los distintos niveles de Hacienda en el seno del ordenamiento español.

De no ser así, se corre el riesgo de que los únicos datos cuyo intercambio puede asegurarse, en términos de calidad y eficacia, en un Estado descentralizado como el nuestro, son los que se encuentran en poder de la AEAT. Situación que no es obstáculo para la existencia de "un interlocutor válido y del mismo nivel" para el intercambio de información a nivel europeo o internacional[39].

---

[39] Entre las ventajas que RUBIO GUERRERO extrae de la existencia de una Administración tributaria centralizada se encuentra la existencia de "un interlocutor válido y del mismo nivel para el intercambio de información, actuaciones y

En efecto, tanto la Directiva 2011/16/UE, de 15 de febrero de 2011, relativa a la cooperación administrativa en el ámbito de la fiscalidad y por la que se deroga la Directiva 77/799/CE como la Directiva 2010/24/UE del Consejo, de 16 de marzo de 2010, sobre la asistencia mutua en materia de cobro de los créditos correspondientes a determinados impuestos, derechos y otras medidas, *distinguen* entre la "oficina central de enlace", como la principal responsable de "los contactos con otros Estados miembros en materia de cooperación administrativa", centralizando tanto el envío como la recepción de solicitudes de asistencia por parte de otros Estados Miembros y el "servicio de enlace", encargado de tramitar la asistencia mutua "en relación con ámbitos territoriales u operativos específicos"[40]. Servicios de enlace que remitirán sus peticiones a la oficina central de enlace siendo, a su vez, órganos a los que dicha oficina central enviará las peticiones cursadas por otras oficinas centrales[41].

Marco normativo comunitario en materia de asistencia mutua e intercambio de información que, como apunta MORENO GONZÁLEZ, "podría constituir una buena ocasión para desarrollar iniciativas tendentes a estrechar y fortalecer la colaboración interna entre las distintas Administraciones tributarias" con la finalidad de conseguir una mayor eficacia y operatividad del sistema interno de recepción y suministro de información tributaria". En otros términos, los progresos realizados a nivel internacional y, en particular, a nivel comunitario en materia de transparencia e intercambio de información pueden contribuir a reforzar la eficacia y operatividad del intercambio de información entre los distintos niveles de Hacienda existentes en el Estado español[42].

Asimismo, y desde otro punto de vista, el avance experimentado por el intercambio de información en el seno de la Unión Europea podría ver obstaculizada su eficacia si los ordenamientos descentralizados, como

---

experiencias con otras administraciones tributarias internacionales" que, a nuestro juicio, también puede aplicarse a una Hacienda descentralizada como la española (Vid. "La Agencia estatal de la Administración Tributaria española como modelo de gestión tributaria integrada. (II) Control e inspección y coordinación con otras administraciones tributarias", cit., p. 27).

40 Vid. el art. 3 de la Directiva 2011/16/UE y el art. 4 de la Directiva 2010/24/UE.

41 Vid., en relación con estas ideas, S. MORENO GONZÁLEZ, "Intercambio de información tributaria y Haciendas Forales: dimensión internacional, europea e interna", cit., pp. 310 y 311.

42 S. MORENO GONZÁLEZ, op. cit., pp. 311 y 319.

España, no diseñan mecanismos y vías adecuadas para que la información fluya correctamente entre los distintos niveles de Administración.

5. ALGUNAS REFLEXIONES

Tras el análisis realizado, cabe comenzar subrayando la importancia de la efectividad de los principios de colaboración y eficacia en un Estado descentralizado como el nuestro. Premisa, a partir de la cual, se van a realizar varias afirmaciones.

En primer término, la necesidad de un *marco normativo común* para la colaboración entre los diversos entes territoriales en materia de intercambio de información tributaria[43]. Marco que, a nuestro juicio, garantiza la "unidad de acción" en materia de intercambio de información para asegurar el cumplimiento del deber de contribuir que no debería ser incompatible con el ejercicio legítimo de las competencias propias de los distintos entes en materia tributaria[44].

Idea que nos permite afirmar que es saludable que se abunde en los convenios de colaboración entre la AEAT y la FEMP, así como entre las CCAA y la AEAT, si bien no deja de ser sorprendente que las cesiones de información tributaria entre las distintas Administraciones tengan que depender de la firma de convenios de colaboración, no siendo posible olvidar que la cooperación entre las Administraciones Públicas es una obligación y no una facultad. Esto es, *condicionar* la colaboración con la AEAT a la firma del Convenio correspondiente bien por las CCAA, bien por las Corporaciones Locales, no pensamos que sea la mejor forma de garantizar una "auténtica cooperación" entre dichas Administraciones y, menos aún, la consecución de un intercambio fluido de información tributaria[45].

---

43 Sentido en que se ha referido Mª DEL MAR, PÉREZ VELASCO, "Intercambio de datos entre Administraciones Públicas", *Revista de Internet, Derecho y Política,* núm. 272006, p. 49, a "la ausencia de un marco general que regule la interconexión".

44 Vid. S. MORENO GONZÁLEZ, "Intercambio de información tributaria y Haciendas Forales: dimensión internacional, europea e interna", cit., p. 319.

45 Opinión que mantenemos a pesar de la sustentada por RUBIO GUERRERO, para quien "cada Administración debería articular su propio esquema de relaciones con todos estos organismos y administraciones públicas, multiplicando exponencialmente el número de acuerdos institucionales

Escenario en que es preciso volver a señalar que es el papel clave que juega la información con trascendencia tributaria en la aplicación del sistema tributario y en la realización, por ende, del deber de contribuir, consagrado en el art. 31 de la CE, al que se encuentran dispuestas las competencias de gestión tributaria atribuidas a las distintas Administraciones tributarias, lo que "justifica que cualquier Administración tributaria en el ejercicio de sus funciones tenga acceso a la información recabada por otra u otras Administraciones para la aplicación de los tributos"[46].

En segundo lugar, y junto a la existencia de un marco normativo común, cabe aludir a la necesidad de una *distribución de competencias de gestión más sencilla,* basada en reglas concretas de coordinación, dirigida a la consecución de una Administración integrada[47]. Idea en relación con la que cabe afirmar, además, que se ha llevado a cabo el reparto de competencias sin prestar atención a si las distintas Administraciones cuentan con los medios técnicos necesarios para ejercerlas siendo un hecho constatable las diferencias existentes en relación con el desarrollo tecnológico en los distintos niveles de Hacienda.

Finalmente, tras el estudio realizado, y en conexión con la idea anterior, es ineludible reflexionar acerca de la necesidad de una Administración Tributaria Integrada, que, según algunos autores, actuaría con independencia funcional, en lo que respecta, sobre todo, a las Administraciones estatal y autonómica y a la que, siguiendo a otra parte de la doctrina, cabría oponer como principal objeción el hecho de que su existencia podría "chocar" con el reconocimiento por el art. 137 de la CE a los entes territoriales de autonomía para la gestión de sus respectivos intereses[48].

---

necesarios para cumplir con los objetivos básicos de una administración tributaria eficiente" (Vid. "La Agencia estatal de la Administración Tributaria española como modelo de gestión tributaria integrada. (II) Control e inspección y coordinación con otras administraciones tributarias", cit., p. 18).

46 J. ARRIETA MARTÍNEZ DE PISÓN, "Cesión, intercambio y protección de la información tributaria y de los datos automatizados: la incidencia de la informática en el contribuyente", cit., p. 47.

47 En este sentido, se ha referido LAGO MONTERO a "la ineficacia y la descoordinación que provoca una distribución de competencias de gestión tributaria excesivamente compleja", añadiendo que lo que falta "es una atribución de competencias de gestión más sencilla, con reglas claras y más concretas de coordinación allí donde sea menester" (Vid. "La colaboración entre el Estado y los Entes locales en la gestión tributaria", cit., p. 33).

48 Vid. A. GARCÍA MARTÍNEZ, *La gestión de los tributos autonómicos,* cit., p. 131.

Razón por la que pensamos que sería oportuno afirmar que "los principios de coordinación y colaboración administrativa habilitan, por lo que al intercambio de información se refiere, al establecimiento de una única administración funcionalmente hablando desde el punto de vista del aprovechamiento de la información con trascendencia tributaria", que respete las garantías de los obligados tributarios[49] y que, a nuestro juicio, debería ser el "resultado" de la *plena interoperabilidad* entre las distintas Administraciones tributarias en lo que se refiere al intercambio de información. Propuesta cuya efectiva realización, además de los medios tecnológicos y humanos necesarios, requiere una seria voluntad política, así como una efectiva actitud colaboradora que venza las resistencias a posibilitar un amplio y fluido intercambio de información, acompañado de los controles y garantías necesarios.

Ámbito, finalmente, en que no cabe pasar por alto que el intercambio de información entre los distintos niveles de Hacienda no solamente beneficia a las Administraciones tributarias implicadas (fomentando, además, el cumplimiento voluntario), sino que debe dirigirse a facilitar al propio contribuyente el cumplimiento de sus obligaciones frente a la Hacienda Pública[50].

BIBLIOGRAFÍA

ADAME MARTÍNEZ, F., "La lucha contra el fraude fiscal en el ámbito de las Comunidades Autónomas", en *La lucha contra el fraude fiscal en España y en la Unión Europea,* ADAME MARTÍNEZ, F. (Dir.), Thomson Reuters, Aranzadi, Cizur Menor, Navarra, 2019.

ARRIETA MARTÍNEZ DE PISÓN, J., "Cesión, intercambio y protección de la información tributaria y de los datos automatizados: la incidencia de la informática en el contribuyente", *Revista Técnica Tributaria,* núm. 43/1998.

GARCÍA MARTÍNEZ, A., *La gestión de los tributos autonómicos,* Civitas, Madrid, 2000.

GARCÍA MARTÍNEZ, A., "La colaboración de la AEAT en la aplicación de los Tributos Locales", *Tributos Locales,* núm. 88/2009.

---

49 Vid., en este sentido, A. GARCÍA MARTÍNEZ, op. cit., p. 153 y J. ARRIETA MARTÍNEZ DE PISÓN, "Cesión, intercambio y protección de la información tributaria y de los datos automatizados: la incidencia de la informática en el contribuyente", cit., p. 47.

50 Supuesto que tendría lugar en casos en que, al entenderse producido el rendimiento del impuesto en distintas CCAA, incluso por un mismo hecho imponible, el contribuyente debe presentar los documentos y las autoliquidaciones en las oficinas de cada una de las CCAA el rendimiento, según los puntos de conexión (Vid. GARCÍA MARTÍNEZ, A., op. cit., p 161).

LAGO MONTERO, J.M., "La colaboración entre el Estado y los Entes locales en la gestión tributaria", *Revista de Tributos Locales*, núm. 35/2003.

MÉNDEZ CORTEGANO, I., "La lucha contra el fraude fiscal desde la perspectiva de la Agencia Estatal de Administración Tributaria", en *La lucha contra el fraude fiscal en España y en la Unión Europea*, ADAME MARTÍNEZ, F. (Dir.), Thomson Reuters, Aranzadi, Cizur Menor, Navarra, 2019.

MORENO GONZÁLEZ, S., "Intercambio de información tributaria y Haciendas Forales: dimensión internacional, europea e interna", en *Concierto Económico y Derecho de la Unión Europea*, MERINO JARA, I. y UGARTEMENDÍA ECEIZABARRENA, J. I. (Dirs.), European Inklings, Oñate 2014.

PÉREZ VELASCO, Mª DEL M., "Intercambio de datos entre Administraciones Públicas", *Revista de Internet, Derecho y Política*, núm. 272006

ROVIRA FERRER, I., *Los deberes de información y asistencia en las Administraciones tributarias autonómicas y locales: análisis especial de la Agencia Tributaria de Cataluña y del Instituto Municipal de Hacienda de Barcelona*, Huygens Editorial, Barcelona, 2017.

RUBIO GUERRERO, J.J., "La Agencia estatal de la Administración Tributaria española como modelo de gestión tributaria integrada. (II) Control e inspección y coordinación con otras administraciones tributarias", *Boletín del Instituto Universitario de Estudios Fiscales y Financieros*, núm. 3/2006.

El valor de referencia desde el principio de capacidad económica

CARMEN RUIZ HIDALGO[1]
Profesora Titular de Derecho Financiero y Tributario
Universidad de Vigo

Resumen: La determinación de la base imponible por el valor de referencia en el Impuesto sobre Sucesiones y Donaciones y del Impuesto sobre Transmisiones Patrimoniales y Actos Jurídicos Documentados en el caso de las transmisiones de bienes inmuebles tiene trascendencia tributaria en otros impuestos como el Impuesto sobre las Rentas de las Personas Físicas o el Impuesto sobre Incremento de Valor de Terrenos de Naturaleza Urbana. De ahí que tras más de un año de vigencia del valor de referencia sea necesario un análisis desde el punto de vista de la capacidad económica en casos concretos.

Abstract: The determination of the taxable base based on the reference value in the Inheritance and Gift Tax and Transfer Tax and Stamp Duty in the case of transfers of real estate has tax implications in other taxes such as Personal Income Tax or the Tax on the Increase in Value of Urban Land. Therefore, after more than a year of validity of the reference value, it is necessary to analyze specific cases from the point of view of economic capacity.

Palabras clave: valor de referencia, bienes inmuebles, valor normal de mercado, capacidad económica

Key Words: reference value, real estate, fair market value, economic capacity.

1. INTRODUCCIÓN

Como es de todo conocido la Ley 11/2021, de 9 de julio de medidas de prevención y lucha contra el fraude fiscal, de transposición de la Directiva (UE) 2016/1164, del Consejo de 12 de julio de 2016, por la que se establecen normas contra las prácticas de elusión fiscal que inciden directamente en el funcionamiento del mercado interior, de modificación de diversas normas tributarias y en materia de regulación del juego, introdujo cambios de diferente calado en todo el ordenamiento tributario que abarcaron desde la Ley General Tributaria (LGT, en adelante) -como la regulación de infracciones-, hasta los distintos tributos. En efecto, el legislador modifica la

---

[1] Este trabajo se enmarca en el Proyecto de Investigación PID2019-107450GB-C31, "Retos y oportunidades de la Administración Tributaria".

base imponible de los Impuestos sobre Trasmisiones Patrimoniales y Actos Jurídicos Documentados (ITPAJD, en adelante) y Sucesiones y Donaciones (ISD, en adelante), eliminando la referencia al valor real de los bienes y derechos transmitidos[2] y sustituyéndolo por el valor de mercado

En ambos impuestos, a pesar de la regla general referida al valor de mercado, la base imponible de los bienes inmuebles -artículo 10.2 del TR-LIPTAJD y artículo 9.3 de la LISD- se determina en atención a una serie de reglas específicas. En primer lugar, la base imponible se fija en el valor de referencia previsto por la Dirección General del Catastro. Este valor de referencia tiene un carácter objetivo, tal y como se verá posteriormente, sin que, haya sido comprobado materialmente por el Catastro[3], a la fecha del devengo. Este valor es diferente del valor catastral y, por supuesto del valor de mercado. En segundo lugar, si el valor del bien inmueble declarado por los interesados, el precio o contraprestación pactada, son superiores a su valor de referencia, se toma como base imponible la mayor de estas magnitudes. En tercer lugar, cuando no exista valor de referencia o este no pue-de ser certificado por la Dirección General del Catastro, se establece que la base imponible, sin perjuicio de la comprobación administrativa, sea la mayor de las siguientes magnitudes: el valor declarado por los interesados, el precio o contraprestación pactada o el valor de mercado.

La regulación del valor de referencia en estos impuestos supuso la modificación del artículo 30, en lo relativo a la base imponible de Actos Jurídicos Documentados, al disponer que ésta se determina en función del valor de los bienes inmuebles siempre que no resulte inferior al valor de referencia, de tal manera que este último valor se configura como un límite mínimo.

El cambio del valor de los bienes inmuebles para la determinación de la base imponible en el ITPAJD y en el ISD requirió que la Ley 11/2021, de 9 de julio, modificara la Ley del Catastro, en concreto al artículo 3.1, donde

---

2 El Tribunal Supremo ha manifestado de manera reiterada que no existe un valor real y estableció como doctrina jurisprudencial que, cuando exista un mercado de los bienes de que se trate, existe una equivalencia entre el valor real del bien transmitido y el valor de mercado. En este sentido, de manera ejemplificativa, se pueden destacar las sentencias del Tribunal Supremo 17245/1991, de 7 de mayo de 1991 (TOL4.702.513), 5 de octubre de 1995 (TOL1.674.219); 18 de junio de 2012 (TOL2.571.716); 23 de mayo de 2018 (TOL6.640.180).

3 Cfr. LASARTE LÓPEZ, R.: "La nueva configuración legal de la base imponible en los impuestos patrimoniales: el valor de referencia", *Tributos Locales*, nº 153, 2021, pág. 245.

se sustituyó la alusión al "valor de referencia de mercado" por el "valor de referencia"[4]. De hecho, el valor de referencia se cuantifica por la Dirección General del castro de manera objetiva y con el límite del valor de mercado, a partir de datos obrantes en el Catastro[5]. En concreto, el Catastro analiza los precios comunicados por los fedatarios públicos en las compraventas inmobiliarias efectuadas durante el año anterior. Como ha señalado SANCHEZ PINO, "se prescinde, por tanto, de posibles fuentes de información disponibles en el Catastro, como precios ofertados en portales inmobiliarios, tasaciones de inmuebles a efectos de concesión de préstamos, etc."[6]. Por eso decimos que el valor de referencia es un valor fijado de manera objetiva por la Administración, sin que exista una comprobación pericial del inmueble[7].

---

4 El concepto de valor de referencia se introdujo por la Ley 6/2018, de 3 de julio, de Presupuestos Generales del Estado para 2018, que modificó la normativa reguladora del Catastro Inmobiliario para permitir que la descripción catastral de los inmuebles incluyese, además, del valor catastral, el valor de referencia que es un concepto distinto del valor catastral, ya que es un valor medio de mercado que el Catastro estima para cada bien inmueble teniendo en cuenta, como se ha dichos, las compraventas de inmuebles realizadas y formalizadas ante fedatario público.

5 Vaya por delante que la Dirección General del Catastro lleva años intentando una actualización permanente de la valoración de los inmuebles a través de datos que recibe de los notarios, registradores de la propiedad, ayuntamientos y otras Administraciones Públicas que disponen de información con transcendencia registral. BLANCO GARCÍA hace referencia al procedimiento de comunicación registral del artículo 14 del Texto Refundido de la Ley de Catastro Inmobiliario que lo convierte en una de las principales actuaciones que permiten una actualización cuasi-inmediata de la información obrante en el Catastro inmobiliario. Vid. BLANCO GARCÍA, A.: "El valor de referencia y su empleo en la normativa tributaria", en AA.VV.: *Desafíos fiscales en un mundo post-COVID, valoración y retos pendientes a nivel interno e internacional,* Tirant lo Blanc, Valencia, 2022, págs. 728-729.

6 Cfr. SANCHEZ PINO, A.J.: "El valor de referencia: ¿medida de prevención y lucha contra el fraude fiscal", en AA.VV.: *Estudios sobre la prevención y lucha contra el fraude fiscal. Homenaje al Dr. D. Alejandro Menéndez Moreno,* en publicación, ed. PROFIT, 2023.

7 En este sentido, SANCHEZ PINO recuerda que la "comprobación de valores procede cuando se ha de cuantificar un bien o derecho al que se refiere con un concepto jurídico indeterminado, en cuanto que, al requerir una apreciación subjetiva en su valoración, se puede confrontar la del obligado tributario con la propia Administración. Por tanto, el valor de referencia, aun cuando sea un valor fijado por la Administración, no cabe considerarse resultante de una comprobación de valores, pues, no se verifica una valoración previamente declarada, sino que se determina de forma unilateral por la Dirección General del Catastro un valor precioso para cada inmueble". Cfr. Cfr. SANCHEZ PINO, A.J.: "El valor de referencia: ¿medida de prevención...", *op. cit.*, pág.

En definitiva, la novedad supuso sustituir el valor real por una valoración objetiva, es decir, cambiar la estimación directa de los bienes inmuebles, con independencia de que en muchas ocasiones se tenía que acudir a la tasación pericial para determinar el valor real, por este nuevo sistema objetivo de cuantificación de la base imponible. Sin lugar a dudas, esta configuración del valor de referencia como un nuevo método objetivo de valoración en las transmisiones de bienes inmuebles implica facilidades en la gestión tributaria a las Comunidades Autónomas, pero, sobre todo, supone superar la conocida conflictividad que existía en esta materia para determinar el valor real de los bienes inmuebles; en concreto, las Administraciones autonómicas multiplicaban el valor por un coeficiente[8], ante la imposibilidad inicial de una comprobación personal de cada inmueble.

Lo cierto es que el uso del método de la multiplicación de los coeficientes a los efectos de determinar el valor real trascendió de su función como medio de comprobación por parte de la Administración, y se adoptó, aunque no estuviese regulado en el ITPAJD ni ISD, como el método de determinación del valor real de los bienes inmuebles. A ello hay que añadir que, a pesar de la falta de legalidad, los contribuyentes también optaron por este método de valoración para evitar conflictos con las autoridades tributarias en la medida en que esos casos no eran objeto de comprobación tributaria[9]. Por supuesto, no todos los contribuyentes siguieron este criterio y mantuvieron como valor real del bien el que se hubiese puesto de manifiesto en la transmisión ante fedatario público, considerándolo como el valor de mercado, con las consecuencias fiscales correspondientes tras la incoación de procedimientos de inspección y, la posterior impugnación por parte de los contribuyentes de las liquidaciones resultantes.

Esta conflictividad entre la Administración autonómica y los contribuyentes a la hora de determinar el valor real de los bienes inmuebles ocasionó la judicialización de estos impuestos. Sin ánimo de ser exhaustivo, el Tribunal Supremo dictó diversos pronunciamientos, de los que destaca-

---

8 El artículo 57.1.b) de la LGT establece como uno de los medios de comprobación de valores la estimación por referencia a los valores que figuren en los registros oficiales de carácter fiscal. En el caso de los bienes inmuebles, dicho registro será el Catastro Inmobiliario.

9 Vid. PEREZ-FADÓN MARTÍNEZ, J.J.: "Análisis del concepto de <<valor de referencia de mercado>>", *Temas Fiscales*, BTplus, nº 228, 2018, págs. 11 y ss.

mos la Sentencia 843/2018 de 23 de mayo de 2018[10]. En esta resolución, el Alto Tribunal afirmó que el sistema citado anteriormente -estimación por referencia a valores catastrales multiplicados por índices o coeficientes-, no resultaba idóneo para aquellos impuestos cuya base imponible se configuraba atendiendo al valor real del bien inmueble[11]. Además, con la aplicación de este sistema se invertía la carga de la prueba en el caso de que el contribuyente hubiese cuantificado como valor real el efectivamente pagado, en atención, a que ese era el valor de mercado, sobre todo en un momento de crisis inmobiliaria.

Por todo ello, el Tribunal Supremo puntualizó que correspondía a la Administración la carga de la prueba acerca de la valoración del bien inmueble, debiendo explicar las razones por las que, a su juicio, el valor declarado por el contribuyente no se correspondía con el valor real[12]. Además, el Tribunal Supremo consideró que el valor real calculado a través de los coeficientes sobre el valor catastral exigía una actividad comprobatoria

---

10 (TOL6.640.180). En esta sentencia, el Tribunal Supremo se apartó del criterio fijado en sentencias anteriores de 6 de abril de 2017 (TOL6.033.471 Y TOL6.033.392), en las que se reconocía la discrecionalidad de la Administración tributaria para seleccionar cualesquiera de los métodos de valoración previstos en el artículo 57.1 de la LGT, con la única limitación de que se justificase adecuadamente la elección y que se razonase el resultado de la comprobación. La doctrina fijada en la sentencia arriba indicada fue refrendada por las siguientes Sentencias del Tribunal Supremo 948/2018, de 5 de junio de 2018 (TOL6.639.598), 943/2018, de 5 de junio (TOL6.640.108), 1000/2018, de 13 de junio (TOL6.656.124), 1283/2018, de 18 de julio (TOL6.677.594) y 1799/2018, de 18 de diciembre (TOL6.978.585).

11 MALVAREZ PASCUAL puntualiza que este método era excesivamente genérico y no tenía en cuenta las características del bien concreto, "salvo que se complemente con la realización de una actividad estrictamente comprobadora directamente relacionada con el inmueble que se sometía a avalúo". Cfr. MALVAREZ PASCUAL, L.M.: "Comentarios al Proyecto de Ley de Medidas de Prevención y Lucha contra el Fraude Fiscal", *Quincena Fiscal*, nº 3, 2021, pág. 10; en el mismo sentido, CALVO VÉRGEZ, R.: "El llamado valor de referencia de mercado y su futura aplicación de cara a la determinación de la base imponible de los distintos impuestos", *Quincena Fiscal*, nº 18, 2020, págs. 15-16 (24), (BIB 20220/36200).

12 Vid. LASARTE LÓPEZ, R.: "La aplicación del valor de referencia. La valoración de los inmuebles a efectos tributario", en AA.VV.: *Prevención y Fraude: nuevas medidas tributarias*, La Ley, 2020, págs. 617 y ss.

in situ del inmueble por parte de la Administración[13]. Si bien en un primer momento, el legislador en el Anteproyecto de Ley 11/2021 introdujo una presunción por la que el valor de mercado de los bienes inmuebles coincidía con el valor de referencia establecido por el Catastro, permitiendo que pudiera ser enervada por el contribuyente en el caso de que el valor de mercado resultase inferior, la normativa finalmente aprobada, como luego se verá, resultó diferente. Tanto es así que algún autor ha afirmado que la Ley 11/2021 ha pretendido sortear la jurisprudencia del Tribunal Supremo cunado exigía una serie de requisitos estrictos en las comprobaciones de valores[14], exigiendo un examen material del inmueble, lo que hacía prácticamente imposible que se pudiera comprobar por parte de las Haciendas Autonómicas.

La normativa finalmente aprobada, al incorporar el valor de referencia en la determinación de la base imponible, tiene el límite del valor de mercado, porque el objetivo del valor de referencia es que coincida o, al menos, no supere este segundo valor. Este es uno de los motivos por los que el Ministerio de Hacienda a través de una orden ministerial fija un "factor de minoración al mercado" para los bienes de la misma clase. Siguiendo este mismo objetivo, se prevé que, de manera anual, la Dirección General

13 Sentencia del Tribunal Supremo de 23 de septiembre de 2020 (TOL8.094.910); en la sentencia del 21 de enero de 2021 (TOL8.299.454), el Tribunal Supremo, además de ratificar la necesidad de que un perito de la Administración conozca de manera personal y directa los bienes inmuebles objeto de valoración, de tal modo que la resolución de la Administración se puede calificar de no motivada, sustrayendo al conocimiento del interesado las razones, justificaciones y datos que llevaron al valor otorgado por la Administración: "en particular: a) ha de razonarse individualmente y caso por caso, con justificación racional y suficiente, por qué resulta innecesaria, de no llevarse a cabo, la obligada visita personal al inmueble; b) La mera utilización de valores de venta de inmuebles semejantes, por comparación o análisis, requiere una exacta identificación de las muestras obtenidas y una aportación certificada de los documentos públicos en que tales valores y las circunstancias que llevan a su adopción se reflejan, de acuerdo con lo que ha establecido el TEAC en el criterio que recoge la resolución impugnada en la instancia; c) en los casos en que el heredero o contribuyente se haya sometido, en su declaración o autoliquidación, a los valores de referencia aprobados por la propia Administración cesionaria del tributo de que se trata, la motivación ha de extenderse a la propia necesidad de la prueba de peritos, correctora de tales valores y, además, al desacierto de la declaración del contribuyente en ese punto".

14 Vid. CALVO VERGEZ, J.: "¿Servirá el nuevo concepto de "valor de referencia" para poner fin a la tradicional litigiosidad que afecta a las comprobaciones de valores?", *Quincena Fiscal*, nº 4, 2022, págs. 7-8 (11), (BIB 2022/337).

del Catastro apruebe, a través de una resolución, los elementos precisos para la determinación del valor de referencia, teniendo en cuenta el valor medio de los inmuebles por zonas y los factores de minoración sin que el contribuyente pueda intervenir. Esto solo se produce cuando el obligado tributario impugne la liquidación del impuesto correspondiente, y, ahí será el momento para que la Dirección General del Catastro, que tiene que emitir un informe, tenga en cuenta las circunstancias singulares de ese inmueble concreto como, por ejemplo, el deterioro o el entorno físico del inmueble[15]. Por consiguiente, la regulación del ISD y TPAJD traslada la carga de la prueba al contribuyente teniendo que desvirtuar lo dicho hasta el momento por la Administración.

Ciertamente, la labor impuesta a la Dirección General del Catastro al elaborar los valores de referencia no parece fácil, ya que, es un procedimiento masivo en el que resulta muy difícil tener en cuenta las peculiaridades de cada inmueble, sin perder de vista que el valor de referencia tiene una periodicidad anual. La inclusión del factor de minoración pretende mantener el valor de referencia por debajo del valor de mercado y de este modo, evitar la litigiosidad que en la transmisión de los bienes inmuebles se ha venido producido entre los contribuyentes y las Haciendas Autonómicas. Sin lugar a dudas, en una gran parte de los casos, el valor de referencia resulta más bajo que el valor de mercado[16], pero no siempre, tal y como veremos en las siguientes páginas.

Por todo ello, una vez que ha transcurrido más de un año durante el cual los contribuyentes han aplicado el valor de referencia en sus autoliquidaciones, y tras la abundante literatura científica producida en este período, parece conveniente llevar a cabo una reflexión sobre la incidencia que tiene el valor de referencia en otros impuestos y, por tanto, la per-

---

15 Acerca del procedimiento seguido en la DGC sobre el cálculo del valor de referencia, vid. BLANCO GARCÍA, A.: "El valor de referencia…", *op. cit.*, págs. 730-743; LASARTE LÓPEZ, R.: "La aplicación del valor de referencia…", *op. cit.*, 625 y ss.

16 Como ha puntualizado VARONA ALABERN, el éxito del valor de referencia depende de si se determina adecuadamente, "lo que significa que en su mayoría se encuentren por debajo del valor de mercado. El sistema fracasará si un número considerable supera el valor de mercado, o si las diferencias entre unos y otros valores de referencia respecto del valor de mercado son muy acusadas, ya que en este caso perderá credibilidad". Cfr. VARONA ALABERN, J.E.: "El valor de referencia y el valor catastral: su incidencia en el sistema impositivo español", *Tributos Locales*, nº 153, 2021, pág. 28

tinencia de que existan otros valores que configuran la base imponible de otros impuestos relacionados con la transmisión de los bienes inmuebles como, por ejemplo, el Impuesto sobre la Renta de las Personas Físicas o el Impuesto sobre el Incremento de Valor de Terrenos de Naturaleza Urbana. Indudablemente, esta consideración nos lleva a plantear como afecta al principio de capacidad económica sobre el que pivota nuestro ordenamiento tributario.

2. LA VALORACIÓN DE LOS BIENES INMUEBLES EN EL ORDENAMIENTO TRIBUTARIO: UNIDAD VERSUS ESTANQUEIDAD

La incorporación del valor de referencia en el ordenamiento tributario, según se ha expuesto anteriormente, obliga a introducir en el debate los principios de estanqueidad y unidad en la valoración fiscal de los inmuebles[17]. En efecto, la elección de un principio u otro por el legislador no resulta baladí, si se tiene en cuenta que aquellos tributos que gravan el ámbito inmobiliario no miden igual la capacidad económica. En atención a esta última, podemos clasificar tres grupos[18]:

a. Aquellos tributos que gravan la tenencia o titularidad. Los impuestos más característicos son el Impuesto sobre Bienes Inmuebles y el Impuesto sobre el Patrimonio.

b. Los tributos que gravan la transmisión de la titularidad o la cesión de derechos, como, el Impuesto sobre Transmisiones Patrimoniales Onerosas, el Impuesto sobre Sucesiones y Donaciones o el Impuesto sobre el Valor Añadido.

c. Por último, los tributos que gravan el rendimiento, uso o aprovechamiento ajeno y propio, como es el caso del Impuesto sobre la Renta de las Personas Físicas o el Impuesto sobre Sociedades.

---

17 Vid. PATÓN GARCÍA, G.: "Causas y posibles efectos de la dualidad en la valoración de inmuebles: ¿es el valor de referencia la solución?", *Civitas, REDF*, nº 190, 2021, pág. 19

18 Vid. BLANCO GARCÍA, A. "Hacia un nuevo valor fiscal inmobiliario de referencia", *Quincena Fiscal*, nº 9, 2019, págs. 2-3 (18) (BIB 2019/3095); LASARTE LÓPEZ, R.: "La aplicación del valor de referencia...", *op. cit.*, págs. 642-644.

La clasificación que hemos propuesto, desde el punto de vista de los principios de justicia tributaria, incide directamente en la elección del legislador de un criterio de valoración o de varios criterios. En efecto, en la transmisión onerosa de un bien inmueble no sólo se grava la capacidad económica del adquirente sino también del transmitente con impuestos distintos como son el ITPAJD y el IRPF respectivamente[19].

De este modo, el principio de estanqueidad respeta que cada impuesto incorpore un criterio de valoración diferente, lo que supone que la base imponible de cada uno de ellos sea distinta. Mientras que el principio de unidad se refiere a que exista un único valor aplicable a todos los tributos, o como indica VARONA ALBERN "al menos, a buena parte de ellos, los cuales diseñarían sus respectivas bases imponibles tomando como referencia aquella magnitud"[20]. La dualidad planteada no parece retórica; además, no se puede confrontar estos dos principios como si fuesen extraños porque la elección de uno u otro debe tener en cuenta no sólo el principio de capacidad económica sino otros principios de justicia tributaria como es el de seguridad jurídica[21].

Así las cosas, tal y como señalada VARONA ALBERN[22], decantarse por un principio u otro parece difícil en la medida en que ambos tienen ventajas e inconvenientes. En favor del principio de estanqueidad concurren varios matices. De este modo, el que existan varios criterios de valoración puede resultar más acorde con la capacidad económica que se quiere gravar en cada impuesto; sin embargo, no queda garantizada la seguridad jurídica material de los contribuyentes porque una misma operación como ocurre en el caso de una transmisión onerosa entre particulares, la base

---

19 En contra de utilizar valores diferentes en los impuestos porque puede contravenir los principios constitucionales que deben presidir la ordenación de los tributos, sobre todo cuando el legislador utiliza la expresión "el mayor de". Cfr. ROZAS VALDÉS, J.A.: "El valor de referencia desde la jurisprudencia del Supremo", *Revista Técnica Tributaria*, nº 134, 2021, pág. 123.

20 Cfr. VARONA ALBERN, J.E.: "El valor comprobado por la Administración: crisis e incidencia en otros impuestos distintos", *Quincena Fiscal*, nº 6, 2021, pág. 9 (23) (BIB 2021/1523).

21 Cfr. PATÓN GARCÍA, G.: "Causas y posibles efectos de la dualidad en la valoración de inmuebles...", *op. cit.*, pág. 18.

22 Cfr. VARONA ALBERN, J.E.: "El valor comprobado por la Administración...", *op. cit.*, pág. 10 (23) (BIB 2021/1523).

imponible de los impuestos que gravan la transmisión difiere en función del valor que le otorgue las leyes de cada impuesto[23].

La referencia al principio de unidad no es otra cosa que el reverso del principio de estanqueidad. Es decir, el que exista un solo criterio de valoración o algunos más pero muy generales refuerza el principio de seguridad jurídica a diferencia del principio de estanqueidad. No obstante, tiene el inconveniente de que uniformiza todas las valoraciones con independencia de que la magnitud económica que se pretende gravar resulta distinta, lo que puede ser contrario al principio de capacidad económica recogido en el artículo 31.1 de la Constitución. Aunque también es cierto que una transmisión onerosa de un mismo bien inmueble puede diferir según si el transmitente tiene la consideración de empresario o profesional, de tal calibre que se trataría de manera desigual la misma capacidad económica reflejada en el adquirente[24].

Tal vez por estas razones el legislador no ha utilizado uno u otro principio de manera pura, sino que ha optado por un criterio intermedio. De ahí que el valor de mercado se ha posicionado como un criterio de valoración aplicable en muchos de los impuestos que gravan tanto la transmisión de la operación tanto para el transmitente como el adquirente. En atención a lo cual, la aplicación de los criterios de valoración, en el caso

---

23 Vid. RUIZ GARIJO, M.: "El valor de referencia en el Impuesto sobre el Patrimonio: problemas", AA.VV.: *Comentarios a la Ley 11/2021, de 9 de julio, de Medidas de Prevención y Lucha contra el Fraude Fiscal,* Aranzadi-Thomson Reuters, 2022, pág. 228.

24 Debemos destacar que la regulación del valor de referencia como criterio específico en la transmisión de los bienes inmuebles no se aplica a todos los impuestos que gravan este negocio jurídico, lo que podría dar lugar a incidencias en el principio de igualdad. En efecto, RUIZ GARIJO considera que, en el IVA en el caso de transmisiones de segundas viviendas, cuando en algunos casos se pueda renunciar a la exención del artículo 20. Uno.22º y en otro no, la base imponible difiere aun cuando sean bienes inmuebles idénticos. En el primer caso, en el IVA, la base imponible es el valor de la contraprestación -que normalmente será igual que las cantidades consignadas en el contrato público o se asemejará al valor de mercado-, mientras que en TPOneras la base imponible será el valor de referencia a no ser que sea inferior al valor de mercado. Vid. RUIZ GARIJO, M.: "Causas determinantes de la judicialización de los valores de referencia establecidos en la Ley 11/2021, de Medidas de Lucha y Prevención contra el Fraude Fiscal", *Tributos Locales,* nº 156, 2022, pág. 275.

de los inmuebles donde existen otros valores como el catastral, por parte de la Administración tributaria debe guardar coherencia y, sobre todo, la coordinación exigible del ordenamiento tributario[25], cuestión ésta que no siempre acontece. Por este motivo, tal y como destaca VARONA ALBERN "serán los tribunales los que deberán ponderar las circunstancias de cada caso a fin de concluir la conveniencia de aplicar uno y otro principio en función de determinadas singularidades, siempre sin poderse apartar frontalmente del mandato del legislador y teniendo en cuenta otros principios jurídicos (especialmente el de seguridad jurídica) que permitan reforzar su conclusión"[26]. A nuestro juicio, no sólo los tribunales, sino que este desiderátum se extiende a la propia Administración tributaria, tal y como veremos en el apartado siguiente.

En definitiva, no parece un desatino exhortar al legislador que garantice la adecuada valoración de los bienes inmuebles atendiendo a la realidad de las transacciones inmobiliarias. Sin embargo, la regulación del valor de referencia pone el acento en una valoración objetiva. Como ha señalado GONZÁLEZ GONZÁLEZ "la solución no debería ser trasladar todo el recelo hacía el contribuyente, como si de un presunto defraudador se tratase, descartando sistemáticamente el valor de contraprestación cuando lo haya, y acudiendo a valores presuntos", con la finalidad de reducir la litigiosidad y garantizar la recaudación.

3. ANALISIS DE LA PROBLEMÁTICA EN SUPUESTOS CONCRETOS

3.1. La cuantificación de la plusvalía en el IRPF cuando se transmite un inmueble en el caso de que la adquisición inicial tuviese carácter lucrativo y oneroso.

Como se acaba de señalar, si bien la base imponible del ISD, al igual que en el ITPAJD, se determina en función del valor de mercado, en los bienes inmuebles, el legislador ha conferido como criterio específico el valor de referencia. Sólo cuando el valor declarado por los contribuyentes sea superior al valor de referencia, se toma el primero. De este modo, la cuan-

---

[25] Vid. ESPEJOS POYATOS, I.: "Valoración unitaria o estanqueidad en las valoraciones. ¿Es esta la cuestión?", *Carta Tributaria,* nº 109, 1990, pág. 38.

[26] Cfr. VARONA ALBERN, J.E.: "El valor comprobado por la Administración...", *op. cit.*, pág. 11 (23) (BIB 2021/1523).

tificación de la base imponible por el valor de referencia impide la aplicación de la doctrina establecida por el Tribunal Supremo que entendía que el acto de determinación del valor debía ser individualizado, motivado y fruto de un examen[27].

En ambos impuestos, por tanto, nos hallamos ante tres valores distintos: valor de mercado, valor de referencia y valor declarado por los contribuyentes[28]. Pudiera parece que el valor de mercado se asemeja al valor que vayan a declarar los contribuyentes que, como no puede ser de otra manera, será el que conste, por ejemplo, en la escritura pública de compraventa o de partición de herencia o la donación respectivamente[29]. Esta afirmación puede resultar veraz en el caso del ITPAJD sobre todo en relación con los efectos que tiene en el Impuesto sobre la Renta de las Personas Físicas como veremos más tarde.

Sin embargo, la aseveración anterior no resulta tan clara en el caso del ISD. Es de todo conocido que en los últimos años algunas Comunidades Autónomas han regulado una serie de reducciones y bonificaciones en lo relativo a aquellos contribuyentes que tienen la condición de cónyuges, ascendientes y descendientes, provocando una disminución considerable de la cuota tributaria. Por este motivo, puede ocurrir que el heredero o donatario declarare un valor más alto que el valor de referencia porque no tiene incremento en la cuota tributaria de este impuesto, sobre todo si está considerando la transmisión del bien inmueble en un tiempo corto, ya que

---

27 Cfr. en este sentido, SANCHEZ PINO, A.J.: "El valor de referencia: ¿medida de prevención…?", *op. cit.*; GONZÁLEZ GONZÁLEZ, A.I.: "Comprobación de valores y valor de referencia de bienes inmuebles. Consecuencias de la Ley de Medidas de Prevención y Lucha contra el Fraude Fiscal", *Civitas, REDF*, nº 195, 2022, pág. 7 (28), (BIB 2022/2980).

28 PATÓN GARCIA refiere que la opción prevista en la normativa de optar por el valor de mercado o pactado por los contribuyentes cuando sea superior al valor de referencia tiene un signo claro de política recaudatoria. Cfr. PATÓN GARCÍA, G.: "Causas y posibles efectos de la dualidad en la valoración de inmuebles…", *op. cit.*, pág. 24.

29 GONZÁLEZ GONZÁLEZ afirma que identificar valor de mercado como valor de la base imponible no está exenta de dificultades, sobre todo en el ámbito de los bienes inmuebles, para determinar cuál sería el valor de manera cierta, lo que supondría la necesidad de llevar a cabo una comprobación concreta e individualizada del valor del bien objeto de discusión. Cfr. GONZÁLEZ GONZÁLEZ, A.I.: "Comprobación de valores y valor de referencia de bienes inmuebles…", *op. cit.*, pág. 10 (28).

la futura ganancia patrimonial derivada de la eventual enajenación será menor cuando más elevado sea el valor inicial. Vaya por delante que el único límite que establece el legislador al valor declarado por las partes es que no supere el valor de mercado y, además, la Administración no puede comprobar los valores, tal y como se recoge en el artículo 18.1 de la LISD[30].

Pongamos un ejemplo respecto de la tributación de la plusvalía en el IPRF del transmitente que se pone de manifiesto en la transmisión lucrativa:

Si la adquisición fue, a su vez, lucrativa, la plusvalía que se grava es la diferencia entre el valor de transmisión, que según se establece en el artículo 36 de la LIRPF "toma el importe real de los valores respectivos aquéllos que resulten de aplicación de las normas del Impuesto sobre Sucesiones y Donaciones, sin que puedan exceder del valor de mercado", y el valor de adquisición. De este modo, el valor de adquisición inicial se determina en función de las normas del ISD con el límite del valor de mercado. Si en el momento de la adquisición lucrativa el valor declarado en la liquidación por el ISD fue más alto que el valor de referencia y el valor de mercado, no se tiene en cuenta a efectos de la cuantificación de la plusvalía que se pone de manifiesto en la posterior transmisión, porque el artículo 36.2 del IRPF imposibilita en estos casos adoptar un valor de adquisición que exceda del valor de mercado. La consecuencia es que se impide el riesgo de que no existan plusvalías que gravar; además, la Administración no puede conocer si el valor de declarado resulta correcto, en caso de que sea superior al de referencia, hasta que no haya procedido a la comprobación de valores, salvo que el contribuyente haya declarado el valor de referencia que, como ya se ha indicado, es un valor administrativo inferior al valor de mercado[31]. Por supuesto, obvia decir que el valor del inmueble toma como referencia el año de la adquisición, aunque la comprobación de valores se realice antes de que prescriba la obligación del IPRF; de este modo, sólo el caso de una adquisición lucrativa realizada después del 2022 tendrá en cuenta

---

30 El citado artículo dispone que "la Administración podrá comprobar el valor de los bienes y derechos transmitidos por los medios de comprobación establecidos en el artículo 57 de la LGT, salvo que, en el caso de los inmuebles, la base imponible sea su valor de referencia o el valor declarado sea superior, de acuerdo con lo establecido en el artículo 9 de esta Ley". Cfr. VARONA ALABERN, J.E.: "Análisis constitucional e impugnación del valor de referencia", *Quincena Fiscal,* nº 9, 2022, pág. 7 (32), (BIB 2022/1345).

31 Cfr. VARONA ALABERN, J.E.: "Análisis constitucional e impugnación...", *op. cit.*, pág. 7(32).

el valor de referencia y, por tanto, la posibilidad de que no sea necesaria la comprobación de valores.

En el caso de que la adquisición del inmueble hubiese tenido carácter oneroso, el legislador regula la cuantificación de la base imponible en función -artículo 10.2 del TRLITPAJD-, del mayor valor de las cantidades siguientes: valor de referencia -siempre que exista-, valor declarado por el contribuyente o el precio o contraprestación pactada -siempre que sea por una cantidad superior al valor de referencia-[32]. En este caso, tal y como se establece en el artículo 46.1 del mismo cuerpo normativo, la Administración no puede iniciar el procedimiento de comprobación de valores, lo cual, facilita notablemente la actuación administrativa para determinar la base imponible[33].

A nuestro juicio, no tendría mucho sentido que el contribuyente hubiese declarado un valor muy superior a todos los previstos en el TRLITPAD, porque el artículo 35.1 de la LIRPF determina que el valor de adquisición y transmisión son los importes reales, que puede identificarse con el precio de la operación respectivamente, que será lo más habitual cuando la transmisión quede documentada ante fedatario público. Por este motivo, acierta VARONA ALBERN al afirmar, respecto del ITPAJD; que "no tiene sentido conceder autonomía al contribuyente para declarar un valor diferente al de referencia o al precio o contraprestación. La base imponible debería consistir en el mayor valor de los siguientes: valor de referencia, precio o contraprestación, sin permitir que el valor declarado por el sujeto pasivo se apartara de aquellos"[34].

Por tanto, el valor de adquisición se puede considerar como el importe real por el que la adquisición se hubo efectuado; es decir, se puede considerar como tal el valor consignado en la escritura y realmente pagado, incluso si el valor de referencia es menor a este[35]. Pero, en caso de que el valor de referencia sea el más alto, aunque el valor escriturado y pagado resulte inferior, es el que se consigna en la liquidación del Impuesto sobre Transmisiones. Por tanto, a efectos del ITPAJD se sigue el valor de referencia en la adquisición, pero no se puede tener en cuenta a efectos del

---

32 Consulta de la DGT V0453-22, de 9 de marzo de 2022.

33 Cfr. VARONA ALABERN, J.E.: "Análisis constitucional e impugnación...", *op. cit.*, pág. 8 (32).

34 Cfr. VARONA ALABERN, J.E.: "Análisis constitucional...", *op. cit.*, pág. 8 (32).

35 Consulta de la DGT V1694-22 del 15 de julio de 2022.

IRPF en el caso de que se transmita el inmueble, ya que el artículo 35 de la LIPRF anteriormente citado se refiere al "valor de adquisición". El valor de transmisión será el efectivamente satisfechos siempre que no resulte inferior al valor de mercado porque si no prevale este último[36].

Pensemos, por ejemplo, que, además, la transmisión se produce al cabo de un corto período de tiempo desde la adquisición. De este modo, se plantea el siguiente escenario:

El 1-2-2023, el obligado tributario, ante la subida de tipos de interés y la bajada de los precios de los inmuebles, compra uno por un precio de 225.000 €. El valor de referencia es de 235.000 euros, mientras que a la Administración le consta que el año anterior el valor de mercado se situaba en torno a los 242.000. El adquirente debe presentar la autoliquidación por Trasmisiones Patrimoniales Onerosas por una base imponible de 235.000 euros, aunque lo que pagó fueron 225.000, y posteriormente, rectificar la autoliquidación. ¿Podría presentar un autoliquidación por la cantidad real en la que se mueve el valor de mercado a fecha de febrero de 2023? Si, pero, con total seguridad se iniciará el procedimiento de gestión por el que la Administración girará una liquidación por 235.000 euros y, además, iniciará un procedimiento sancionador. Como podemos observar en ambos casos, irremediablemente, el obligado tributario se encuentra impelido a que sea en vía económica-administrativa y, en su caso, la judicial si no ve satisfecha su pretensión, donde se determine el valor del bien, sobre todo, a efectos de la cuantificación de la ganancia en el caso de una transmisión posterior.

El 30-9-2023, nuestro contribuyente vende el piso por el mismo precio que lo adquirió -225.000 €-, porque no puede pagar el préstamo hipotecario suscrito en febrero ante la subida de los tipos de interés. Desde el mes de febrero de 2023, se ha ido produciendo una bajada del valor de mercado de los inmuebles. En concreto, las inmobiliarias a las que acude el adquirente le refieren que el valor de mercado del inmueble que quiere vender ha bajado a 238.000 €; mientras, el valor de referencia sigue siendo el mismo, porque tiene carácter anual.

A los efectos de calcular la ganancia o pérdida patrimonial, nuestro contribuyente determinaría el Valor de adquisición por 225.000+ la cuota de ITPAJD, mientras que el Valor de transmisión sería de 225.000 euros, lo que supondría una pérdida patrimonial en su autoliquidación del año 2023;

---

[36] Consulta de la DGT V1601-22 de 1 de julio de 2022.

pero, a los ojos de la Administración tributaria, como el valor de transmisión resulta inferior al valor de mercado, procedería a una regularización del IRPF del 2023 (pongamos en noviembre del 2024), estableciendo el valor de transmisión por el valor de mercado, según la Administración de 238.000 euros y, cuantificando una ganancia patrimonial. Teniendo en cuenta que esta operación no se puede calificar ni simulada, ni fraudulenta, la realidad es que el contribuyente ha pagado el ITPAJD con una base imponible que no se corresponde con el precio efectivamente satisfecho porque resultó inferior al valor de referencia y, además, la Administración ha regularizado en el 2024 el IRPF, declarando una ganancia, ya que consideró que el valor de mercado era superior al declarado por el contribuyente.

Efectivamente, el contribuyente podrá impugnar la liquidación practicada por la Administración. Conviene observar que esta sería la segunda impugnación que tiene que asumir por la compra de un inmueble, aunque los impuestos sean distintos. La pregunta está servida, ¿no se está vulnerando el principio de capacidad económica? Este mismo ejemplo sirve en el caso de que la adquisición o transmisión sea lucrativa, ya que se el valor por el que el contribuyente tendría que liquidar es el de referencia que resulta ser superior al real, es decir, por el que se produce la adquisición o transmisión.

El ejemplo que hemos descrito resulta muy similar a las situaciones que se produjeron antes de la regulación del valor de referencia cuando la Administración utilizaba los valores catastrales multiplicados por coeficientes para determinar el valor del bien sin que existiese una comprobación material del inmueble.

3.2. Valor de referencia versus *valor de adquisición del inmueble fijado por vía judicial o por otra Administración.*

En el caso de que el valor del inmueble venga fijado por otra Administración pública o por vía judicial, la pregunta pertinente es si el valor de referencia se debe tener en cuenta a los efectos de liquidar el Impuesto sobre Transmisiones Patrimoniales y Actos Jurídicos Documentados. Pues bien, en el análisis que vamos a proponer haremos mención a distintas resoluciones de la Dirección General de Tributos.

¿Qué ocurre en el caso de que el inmueble se adquiera en fase de liquidación de un concurso, en el caso que el juzgado apruebe la oferta del inmueble en la subasta por un valor inferior al valor de referencia? A nuestro juicio, a tenor de la regulación prevista en el artículo 10.2 del TRLITPAJD, el contribuyente sólo podría atender al valor judicial en el caso de que fuese superior al valor de referencia, nunca cuando sea inferior, aunque esta solución puede ser contraria al principio de capacidad económica. En efecto, si se atiende a lo establecido en el artículo 46.5 del TRLITPAJD que regula que el valor fijado en las resoluciones del juez del concurso para los bienes y derechos transmitidos corresponde a su valor y, por tanto, no procede la comprobación de valores. De este modo, a pesar de lo establecido en el artículo 10.2 del Texto Refundido del ITPAJD, el valor que se debería tener en cuenta en estos casos es el establecido por el juez del concurso frente al valor de referencia.

A pesar de ello, la DGT no llega a la misma conclusión, porque considera que "la base imponible del impuesto estará constituida, conforme a lo establecido en el artículo 10.2 del TRLITPAJD, por el valor de referencia previsto en la normativa reguladora del catastro inmobiliario a la fecha del devengo del impuesto, salvo que el valor declarado por los interesados o el precio fijado sea superior, en cuyo caso se tomará estas últimas magnitudes. Asimismo, conforme a lo previsto en el artículo 46 del TRLITPAJD, al tratarse de un bien inmueble, si la base imponible se determina por el mencionado valor de referencia, la administración no podrá comprobar el valor del inmueble"[37].

No podemos estar más en desacuerdo con la conclusión de la DGT, porque si bien es cierto que el artículo 46 TRLITAJD se refiere a la comprobación de valores, establece excepciones como la prevista en el apartado 5, donde el legislador establece que el valor establecido en la subasta judicial para las transmisiones de bienes y derechos que se produzcan en un procedimiento concursal -incluyendo cesiones de créditos y enajenaciones de activos-, es el que tiene que tenerse en cuenta a efectos de la liquidación de Transmisiones Patrimoniales Onerosas, y, por tanto, excluye la comprobación de valores, ya que no puede haber otro valor -es decir, declarado por el interesado, precio o contraprestación pactada-. En efecto, ¿qué va a comprobar la Administración si ya existe un valor otorgado por una resolución judicial? No se puede olvidar que la regla general en el gravamen de Transmisiones Patrimoniales Onerosas es el valor de mercado como "el precio más probable por el cual podría venderse, entre partes independientes, un bien libre de cargas". Considerar qué, en estos casos, también se debe aplicar la regla especial del valor de referencia supone, a nuestro juicio, una vulneración del principio de capacidad económica, tal y como se relatará posteriormente.

---

37 Consulta de la DGT V1512-22, de 24 de junio de 2022.

Otro supuesto es aquel en el que se produce la adquisición de un inmueble de segunda mano que tiene la calificación de vivienda de protección pública con un precio fijado por la Administración autonómica con un valor de referencia superior al primero. Las viviendas con precio de venta limitado -es decir, viviendas de protección oficial o de protección pública[38]-, se regulan por una normativa que dispone expresamente que queda absolutamente prohibido todo sobreprecio o prima en la venta de estas viviendas, de tal modo que, el precio pactado entre los particulares no puede superar los precios máximos fijados en la calificación definitiva. Este límite en el precio de venta queda restringido durante el plazo de vigencia del régimen legal de las viviendas de protección oficial.

¿Cómo se determina la base imponible, en atención al valor de referencia o al precio fijado por otra Administración que por su calificación como vivienda de protección oficial se configura como el valor de mercado? Pues bien, a nuestro juicio, por mor del principio de capacidad económica, este tendría que ser el valor que conforma la base imponible. Sin embargo, la Dirección General de Tributos puntualiza que lo normal es que la vivienda protegida no "debería" tener un valor de referencia superior al precio máximo de venta fijado administrativamente, ya que éste debería ser su valor de mercado, ya que el valor de referencia no puede superar el valor de mercado[39].

---

38 Las viviendas de protección pública y no de protección oficial, en la medida en que cumplen con los requisitos fijados en la normativa sobre Viviendas de Protección Oficial en cuanto a los parámetros de superficie máxima protegible, previo de la vivienda y límite de ingresos de los adquirentes, a pesar de la denominación, tienen la consideración de viviendas de protección oficial y, por ende, les resulta de aplicación las exenciones previstas para estas en el TRLITPAJD -artículo 45.I.B) 12-, sin que tal interpretación pueda entenderse como una extensión de la exención prevista para las viviendas de protección oficial en el citado impuesto. La DGT en la Consulta V0636-21, de 18 de marzo de 2022, puntualiza que, en estos casos, se declara aplicable el régimen jurídico de "viviendas de protección oficial" a una determinada vivienda con independencia de que se denomine de ese u otro modo por la legislación de la Comunidad Autónoma competente, de donde resulta la equivalencia de los conceptos de vivienda de protección oficial y viviendas de promoción pública con independencia de su denominación.

39 Consulta de la DGT V0298-22, de 17 de febrero de 2022; Consulta de la DGT V0689-22, de 30 de marzo de 2022; Consulta de la DGT V0690-22, de 30 de marzo de 2022.

Efectivamente, este desiderátum de la Dirección General de Tributos resulta correcto, pero, ante esta discrepancia, la DGT soluciona por la vía de en medio. Es decir, estipula que el contribuyente tiene que autoliquidar el Impuesto sobre Transmisiones Patrimoniales Onerosas por el valor de referencia y, "si el interesado entendiese que el valor asignado perjudica sus intereses legítimos podrá impugnar la autoliquidación y solicitar la rectificación en los términos establecidos en el artículo 10 del TRLITPAJD"[40]. Parece que, ante esta situación, la Dirección General de Tributos no puede decir otra cosa que la prevista en la norma tributaria, pero deja que sean los Tribunales Económico-Administrativos, o en su caso, los judiciales, lo que den respuesta a la cuestión planteada a favor del contribuyente aplicando los principios de justicia tributaria.

Por último, otra cuestión que se planteó ante la Dirección General de Tributos estaba relacionada con la adquisición de una vivienda mediante un procedimiento de subasta judicial, en el que el valor de tasación inicial coincidía con el valor de mercado, el valor de referencia del inmueble era menor, aunque, finalmente el inmueble se adquirió por vía de remate por una cantidad inferior al valor de referencia. En este caso, el artículo 39 del Reglamento del Impuesto sobre Transmisiones Patrimoniales y Actos Jurídicos Documentados establece que "las transmisiones realizadas mediante subasta pública, notarial, judicial o administrativa, servirá de base el valor de adquisición". Este precepto constituía el desarrollo reglamentario de lo dispuesto en el artículo 10.1 del TRLITPAJD, cuando se refería al "valor real". Pues bien, en este caso, la DGT considera que el artículo 39 del Reglamento del ITPAJD no contradice a la regla general del artículo 10 del TRLITPAJD, porque el valor de adquisición de un bien realizada mediante subasta pública, notarial, judicial o administrativa, celebrada conforme a derecho, puede ser considerado como el precio fijado entre partes independientes -valor de mercado-; por tanto, según la DGT el artículo 39 del Reglamento del IPTAJD no ha perdido vigencia, aunque ha reducido su ámbito de aplicación a aquellos supuestos en los que el valor de referencia sea inferior al valor otorgado en las subastas públicas, notariales, judiciales o administrativas, de tal modo, que si el valor de referencia es superior será éste el que se aplique a efectos de la liquidación del ITPAJD[41].

---

40 Consulta de la DGT V0298-22, de 17 de febrero de 2022; Consulta de la DGT V0689-22, de 30 de marzo de 2022; Consulta de la DGT V0690-22, de 30 de marzo de 2022.

41 Consulta de la DGT V0453-22, de 9 de marzo de 2022.

En definitiva, en los tres supuestos analizados, la Administración tributaria prioriza el valor de referencia respecto de valores fijados por el juez en caso de concurso, por la Administración en caso de viviendas de protección oficial, y los asignados en una subasta pública. Como ha puntualizado VARONA ALBERN, "resulta extraño tanto el silencio del legislador como su resultado, porque no tiene sentido otorgar más relevancia a un valor administrativo calculado por aproximación que a una magnitud fijada en una licitación, donde se ha generado un cierto mercado respecto de un inmueble específico"[42]. Sólo en el caso de que el contribuyente rectifique su autoliquidación podría conseguir que el Catastro le pudiera dar la razón y acabase corrigiendo el valor de referencia; aun así, el cambio de valor de referencia se circunscribiría para el año en el que se produce la situación de concurso o de subasta, no para los años siguientes. Sin embargo, en lo referente a los inmuebles calificados de protección oficial, Catastro debería cambiar el valor de referencia mientras dure el plazo de vigencia del régimen legal aplicable al inmueble.

3.3. Incidencia del valor de referencia en otros impuestos

Llegados a este punto, debemos mencionar la incidencia del valor de referencia en otras operaciones jurídicas relacionadas con los inmuebles como, por ejemplo, la disolución de condominio sobre un inmueble, que inciden en la base imponible de Actos Jurídicos Documentados. En concreto, cuando la operación deba tributar por la cuota variable del documento notarial, según se establece en el artículo 70 del Reglamento del Impuesto sobre Transmisiones Patrimoniales Onerosas y Actos Jurídicos Documentados, en atención a lo dispuesto en el artículo 10.2 del Texto Refundido de TPAJD, la base imponible no puede ser inferior a lo establecido en este artículo[43]. Es decir, el valor declarado del documento notarial, cuando se determine en función del valor de bienes inmuebles, no puede ser inferior al valor de referencia[44].

Otro supuesto en que el valor de referencia adquiere un papel capital alude al artículo 314 de la Ley del Mercado de Valores, donde se regula la exención de la transmisión de acciones y participaciones sociales tanto en el IVA como en Transmisiones Patrimoniales Onerosas, salvo que se enmas-

---

42 Cfr. VARONA ALABERN, J.E.: "Análisis constitucional…", *op. cit.*, pág. 9 (32).

43 Consulta de la DGT V0053-22, de 14 de enero de 2022.

44 Consulta de la DGT V0143-22, de 28 de enero de 2022.

care la transmisión de un inmueble con ánimo elusorio[45]. El legislador establece tres presunciones *iuris tantum* para delimitar la existencia del ánimo defraudatorio, cuando el valor de los inmuebles no afectos a una actividad económica de la entidad alcance al menos el 50% de su activo, ya sea por control directo o indirecto o como consecuencia de la venta de títulos que se recibieron previamente en contraprestación por una aportación inmobiliaria a la entidad. En este caso, VARONA ALABERN considera que por mor de la reforma introducida en la Ley 11/2021, de 9 de julio, en el caso de los inmuebles, a los que se le aplica las reglas de valoración de Transmisiones Patrimoniales Onerosas, se debe utilizar el valor de referencia para verificar si resulta aplicable la exención que, como no podía ser de otra manera, el contribuyente puede impugnarlo si la Administración le deniega la exención[46].

Otro tributo que resultan afectados por la incorporación del valor de referencia a nuestro ordenamiento es el Impuesto sobre Incremento de Valor de Terrenos de Naturaleza Urbana, modificado por el Real Decreto-ley 26/2021, de 8 de noviembre[47]. En este caso, resulta importante determinar si existe, o no, un incremento de valor por la diferencia entre los valores de dichos terrenos en las fechas de transmisión y adquisición -artículo 104.5 y por remisión el artículo 107.5 del TRLRHL-. Para constatar la inexistencia de incremento de valor, tanto para el valor de transmisión como de adquisición del inmueble se tomará en cada caso el mayor valor de los siguientes; si la adquisición o transmisión es a título oneroso, el valor de adquisición o transmisión será[48]:

a. el valor que conste en título que documente la operación;

b. el valor comprobado, en su caso, por la Administración tributaria.

---

45 Vid. Artículo 314 del Real Decreto Legislativo 4/2015, de 23 de octubre, por el que se aprueba el Texto Refundido de la Ley de Mercado de Valores.

46 Cfr. VARONA ALABERN, J.E.: "El valor de referencia y el valor catastral...", *op. cit.*, págs. 36-37.

47 El Real Decreto-ley 26/2021, de 8 de noviembre, por el que se adapta el Texto Refundido de la Ley Reguladora de las Haciendas Locales, aprobado por el Real Decreto Legislativo 272004, de 5 de marzo, a la jurisprudencia del Tribunal Constitucional respecto del Impuesto sobre Incremento de Valor de Terrenos de Naturaleza Urbana, llevó a cabo modificaciones en los artículo 104, 107 y 110 del TRLRHL con el fin de adaptar la normativa del IIVTNU a las sentencias 59/2017, 11 de mayo (TOL6.092.482), 126/2019, de 31 de octubre (TOL7.587.398) y 182/2021, de 26 de octubre (TOL8.641.521) del Tribunal Constitucional.

48 Consulta de la DGT V1513-22, de 24 de junio de 2022.

En el caso de que la adquisición o transmisión sea a título lucrativo se aplicará el mayor de los siguientes valores:

a. el valor declarado en el Impuesto sobre Sucesiones y Donaciones

b. el valor comprobado, en su caso, por la Administración tributaria.

En estos casos, si la Administración tributaria encargada de la gestión del impuesto considera que el valor consignado en el título que documente la transmisión o la adquisición no se corresponde con el verdadero valor de la transmisión o adquisición, puede iniciar un procedimiento de comprobación limitada[49]. Así, la Administración local puede utilizar cualquiera de los medios previstos en el artículo 57 de la LGT, pero, en la medida en que en el apartado b) del artículo 57.1 de la LGT se refiere a la "estimación por referencia a los valores que figuren en los registros oficiales de carácter fiscal", cuando la transmisión sea onerosa, a tenor de lo previsto en la normativa del Impuesto sobre Transmisiones Patrimoniales Onerosas, la Administración local debe recurrir al valor de referencia de los inmuebles, en el caso de que el valor que consta en el título que documenta la operación sea inferior al valor de referencia. En el caso de que la adquisición o transmisión sea lucrativa, en la medida en que el valor declarado en el ISD apunta al valor de referencia previsto en el artículo 9.3 de la LISD, entendemos que la Administración también debe atender al valor de referencia. En ninguno de los dos casos, la Administración puede iniciar una comprobación de valores.

4. EL VALOR DE REFERENCIA EN RELACIÓN CON EL PRINCIPIO DE CAPACIDAD ECONÓMICA

Cuando el legislador reguló el valor de referencia uno de los objetivos era reducir la conflictividad que existía entre la Administración tributaria autonómica y los contribuyentes en la transmisión de los bienes inmuebles. Ejemplo de ello es que el procedimiento de comprobación de valores queda restringido a otros supuestos. No obstante, la determinación objetiva de la base imponible debe tener fundamento en el principio de capacidad económica, o como indica SANCHEZ PINO, que "al menos no la contrarie", sobre el que pivota un sistema tributario justo[50].

---

49 Consulta de la DGT V1128-22, de 20 de mayo de 2022.

50 Cfr. SANCHEZ PINO, A.J.: "El valor de referencia…", *op. cit.*

En efecto, el artículo 52 de la LGT establece que el método de estimación objetiva se puede en la determinación de la base imponible en aquellos impuestos que así lo decida el legislador. Pero, esta elección tiene que responder a razones de justicia tributaria y de técnica legislativa; la opción de regular en un impuesto concreto un régimen de estimación objetiva supone una simplificación en la aplicación del impuesto tanto para el contribuyente como para la Administración tributaria, en la medida en que ambos dedican menos recursos en la gestión del impuesto y, además, se eliminan posibles supuestos de elusión fiscal. De ahí que exista el dilema acerca de si la determinación de la base imponible en estimación objetiva implica una renuncia por parte de la Administración en las funciones que tiene atribuidas para la correcta aplicación del sistema tributario. Es decir, parece que aprobación por parte del legislador de la determinación de la base imponible en estimación directa implica que, en aquellos impuestos, como es el caso de ITPAJD y el ISD, en los que existen divergencias en la calificación y cuantificación de entre la Administración y el contribuyente, se pueda concluir que existe un ámbito donde la defraudación es la normalidad, lo que no parece totalmente cierto tras el análisis realizado en el apartado anterior. Por supuesto, no cabe dudas de que en algunos casos el comportamiento del contribuyente no resulta diligente en el cumplimiento del deber de contribuir y, por tanto, se puede hablar de defraudación, pero en otros lo que hay es meramente una disparidad en la valoración de los bienes y, no siempre la razón la tiene la Administración tributaria. De ahí que, a nuestro juicio, la regulación de la base imponible de un impuesto en régimen de estimación objetiva cercena, por una parte, la posibilidad de que pueda hallarse cierto atisbo de fraude fiscal, pero, por otra, la Administración renuncia a la correcta determinación de la capacidad económica en aras de la simplificación del sistema tributario.

Por consiguiente, cualquier régimen de estimación objetiva debe aplicar valores, magnitudes o índices que permitan determinar de la manera más real posible la capacidad económica del contribuyente. En el caso que nos ocupa, el legislador utiliza el valor de referencia que, como ya se indicó anteriormente, se construye teniendo en cuenta la valoración catastral y los informes de los fedatarios públicos sobre las transacciones llevadas a cabo. De ahí que, a nuestro juicio, nos suscite dudas si realmente el valor de referencia como método de estimación objetiva se adecúa a los principios constitucionales que se exigen a un sistema tributario fundamentado en el principio de capacidad económica.

Con este propósito, parece acertado tener en cuenta la Sentencia del Tribunal Constitucional 182/2021, de 26 de octubre, que, si bien, determinaba la inconstitucionalidad del método de cuantificación del Impuesto sobre Incremento de Valor de Terrenos de Naturaleza Urbana, declarando la nulidad de los artículo 107.1, segundo párrafo, 107.2.a) y 107.4 del texto refundido de la Ley Reguladora de las Haciendas Locales, establece una nueva doctrina sobre los límites constitucionales cuando se aplica el régimen de estimación objetiva en la base imponible[51]. Conviene recordar que el Tribunal Constitucional siempre ha confirmado el principio de capacidad económica como fundamento y medida de imposición del sistema tributario en su conjunto, pero también de cada tributo con mayor acento en los impuestos sobre, por ejemplo, las tasas, con independencia de que no tenga la misma intensidad en cada uno de ellos por razón, por ejemplo, de la diferente naturaleza de los mismos. Es decir, la riqueza que se grava se mide de manera distinta dependiendo de si el impuesto es directo, periódico, personal, real... No obstante, en ocasiones la consecuencia es que el principio de capacidad económica se disipa, en determinados casos de manera justificada, sin llegar a desaparecer, aún el caso de que el impuesto utilice métodos indiciarios.

El Tribunal Constitucional exige que la justificación sea "objetiva y razonable; justificación que debe ser más sólida cuanto más se aleje de la realidad el método objetivo elegido normativamente. En suma, la falta de conexión entre el hecho imponible y la base imponible no sería inconsti-

---

51 (TOL8.641.521). Aunque el Tribunal Constitucional dictó otras Sentencias en relación con este Impuesto, como las de 11 de mayo de 2017 (TOL6.092.482) y 31 de octubre de 2019 (TOL7.587.398), lo cierto es que no fueron tan minuciosas en sus fundamentos jurídicos en la valoración del régimen de estimación objetiva del Impuesto sobre Incremento de Valor de Terrenos de Naturaleza Urbana, ya que se referían al principio de capacidad económica en el conjunto del sistema tributario, así como de los impuestos más relevante en el ordenamiento español. Así, respecto de los demás tributos, el principio de capacidad económica no se considera como el único parámetro de la imposición y, por tanto, el legislador tiene una mayor libertad para configurar la cuantificación de los tributos, incluyendo las rentas presuntas. Como ha indicado VARONA ALBERN, de seguirse entre planteamiento, el análisis constitucional del valor de referencia queda muy simplificado porque únicamente se centraría en examinar si los impuestos que lo integran en su base imponible tienen la consideración de tributos estructurales del ordenamiento español. En caso negativo, el legislador gozaría de libertad para establecer el régimen de cuantificación sin que la naturaleza indiciaria del valor de referencia se tuviese que justificar. Cfr. VARONA ALBERN, J.E.: "Análisis constitucional...", *op. cit.*, pág. 26.

tucional per se, salvo que carezca de justificación objetiva y razonable"[52]. En el caso que nos ocupa, las justificaciones presentadas por el legislador sobre la incorporación del valor de referencia en el ordenamiento tributario son, por una parte, la lucha contra el fraude fiscal[53], y en mayor medida, por cuestiones de técnica tributaria, en concreto, de simplificación y practicabilidad administrativa[54], lo que puede considerarse como métodos válidos de valoración de la base imponible siempre que la justificación tenga peso[55].

Por consiguiente, en la medida en que se utiliza para la cuantificación de la base imponible un método indiciario, la constitucionalidad del impuesto exige la concurrencia de una serie de requisitos. En primer lugar, cualquier sistema de valoración objetiva debe ser voluntario y, en segundo lugar, además debe gravar las rentas medias/incrementos o rentas presuntas por debajo del valor real que se haya cuantificado de manera directa[56]. El ejemplo de esto, lo hallamos en el IRPF, en los rendimientos de actividades económicas. La Ley del IRPF regula respecto de estos rendimientos dos regímenes de determinación de la renta neta, estimación directa y estimación objetiva, este último con carácter voluntario y con la finalidad de facilitar el cumplimiento de las obligaciones contables inherentes a cualquier actividad económica; además, la cuantificación por el régimen de estimación objetiva se encuentra por debajo de la que se hubiese obtenido aplicando el régimen de estimación directa. Ejemplo de ello fue lo que ocurrió en los primeros meses de confinamiento del COVID-2019; una de

---

52 Sentencia del Tribunal Constitucional 182/2021, 26 de octubre (TOL8.641.521).

53 Vid. HERNÁNDEZ GUIJARRO, F.: "La prueba y la motivación en la doctrina del Tribunal Supremo ante la reforma del <<valor de referencia>>", *Quincena Fiscal*, nº 9, 2021, pág. 10 (15), (BIB 2021/2762).

54 Cfr. Cfr. VARONA ALBERN, J.E.: "Análisis constitucional...", *op. cit.*, pág. 26.

55 Cfr. ARANA LANDÍN, S.: "Aviso para navegantes: sobre la posible inconstitucionalidad del Impuesto sobre Sucesiones y Donaciones, el Impuesto sobre el Patrimonio y el Impuesto sobre Transmisiones Patrimoniales y Actos Jurídicos Documentados", *Tributos Locales*, nº 154, 2022, pág. 216.

56 El Fundamento Jurídico Quinto de la Sentencia del Tribunal Constitucional 182/2021 recoge que "para que un método estimativo de la base imponible sea constitucionalmente legítimo por razones de simplificación en la aplicación del impuesto o de practicabilidad administrativa, debe (i) bien no erigirse en método único de determinación de la base imponible, permitiéndose legalmente las estimaciones directas del incremento de valor, (ii) bien gravar incrementos medios o presuntos (potenciales)".

las primeras medidas adoptadas por el gobierno fue posibilitar que aquellos contribuyentes que hubiesen optado al principio del período impositivo por el régimen de estimación objetiva pudieran solicitar el cambio al de estimación directa.

Sin embargo, a este respecto, tanto en el ISD como en el ITPAJD, el legislador establece de manera obligatoria la aplicación del valor de referencia para la cuantificación de la base imponible en cuanto no permite alternativa posible. Es cierto que el legislador contempla también el valor de mercado y el valor declarado, precio o contraprestación pactada por los interesados respectivamente[57], pero la única posibilidad de optar por el estos valores, que conforman la base imponible en estimación directa, se plantea en el caso de que sean superiores al valor de referencia, ya que, en otro caso, se aplica el citado valor de referencia. De este modo, aunque se establecen varios métodos, la realidad, como ha indicado ARANA LANDIN, es que "no existe alternativa posible y se está obligando a tributar, imperativamente, por un valor desconectado de la realidad, en contra del principio de capacidad económica"[58], lo que merece un reproche de constitucionalidad[59]. Tal y como se analizó en el apartado anterior, existen supuestos reales y concretos en los que el valor de mercado determinado por otra Administración o por vía judicial es inferior al valor de referencia y, sin embargo, la Administración tributaria se encuentra impelida a la aplicación de este último. En esta situación hay que recordar que el Tribunal

---

57 A este respecto, el Tribunal Constitucional en la Sentencia 182/2021 (TOL8.641.521), en el Fundamento Jurídico Quinto puntualiza que "el propio establecimiento de una estimación objetiva supone dejar al margen la capacidad económica real demostrada por el contribuyente, ya que, como ha argumentado la doctrina científica desde antiguo, la evaluación directa y la estimación presuntiva o indiciaria no son métodos alternativos de determinación de una misma base imponible, sino de determinación de bases alternativas. Y ello porque no solo ambos métodos se diferencian desde el punto de vista cuantitativo, ya que para ser alternativos sería necesario que por ambos se llegara al mismo resultado; sino también desde el punto de vista cualitativo, porque la evaluación directa mide la capacidad económica real del contribuyente y la estimación presuntiva mide otra cosa, cuyo concepto sólo puede inferirse de las normas reguladoras de tal estimación".

58 Cfr. ARANA LANDÍN, S.: "Sobre las valoraciones objetivas de la base imponible de bienes inmuebles: propuesta para un cambio inesperado, pero extremadamente urgente y necesario", *Quincena Fiscal*, nº 22, 2021, pág. 20.

59 Sentencia del Tribunal Constitucional 182/2021 de 26 de octubre (TOL8.641.521).

Constitucional ha afirmado que del principio de capacidad económica no solo se deriva la obligación de contribuir al sostenimiento de los gastos públicos, sino también un derecho a que esa contribución "sea configurada en cada caso por el legislador según aquella capacidad"[60]. De este modo, "todo tributo que someta a gravamen una riqueza inexistente o en contra del principio de capacidad económica, o que aporte la riqueza imponible so pretexto del deber de contribuir al sostenimiento de los gastos públicos, estaría incurriendo, además, en un resultado obviamente confiscatorio"[61].

No obstante, SANCHEZ PINO considera que a pesar de que el valor de referencia se pueda convertir en un único método de valoración, puede ser admisible constitucionalmente siempre que atienda a criterios y reglas que permitan determinar el valor de cada inmueble por debajo del valor de mercado[62]. Con independencia de que sea necesario el desarrollo reglamentario de la cuantificación del valor de referencia, persiste el interrogante de si el Catastro cuenta con suficientes datos y criterios que permitan

---

60 Sentencia del Tribunal Constitucional 26/2017 de 16 de febrero (TOL6.000.116); Sentencia del Tribunal Constitucional 182/2021, de 26 de octubre (TOL8.641.521).

61 Sentencia del Tribunal Constitucional 126/2019, de 31 de octubre (TOL7.587.398).

62 Cfr. SANCHEZ PINO, A.J.: "El valor de referencia…", *op. cit.* En las primeras páginas de este capítulo se mencionó que el valor de referencia se cuantificaba atendiendo a varios criterios: un valor asignado por el Catastro después de haber desarrollado un mapa de valores de cada población; los informes de los fedatarios públicos acerca de las transmisiones inmobiliarias practicadas durante el año anterior; y, finalmente se establecía un factor de minoración -0'9 para bienes de una misma clase-, con la finalidad alejar el valor de referencia al valor de mercado. No han faltado voces que han criticado que la normativa que regula el valor de referencia es escasa y paraca -Disposición Final Tercera del Texto Refundido de la Ley del Catastro Inmobiliario-, que falta un desarrollo reglamentario. Basta recordar que en la actualidad la construcción del valor de referencia se rige por la citada Disposición Transitoria Novena del Texto Refundido de la Ley del Catastro Inmobiliario desarrollada por una circular del Ministerio de Hacienda, lo cual, sin lugar a dudas debe ser subsanado, ARANA LANDÍN considera que el coeficiente reductor del 0,90 no parece suficiente para evitar que el valor de referencia sea superior al valor de mercado. Cfr. ARANA LANDÍN, S.: "Aviso a navegantes: sobre la posible…", *op.cit.*, pág. 221; MARÍN BARNUEVO-FABO, D y HERRERO DE EGAÑA ESPINOSA DE LOS MONTEROS, J.M.: "La impugnación del valor de referencia", *Técnica Tributaria*, nº 134, julio-septiembre de 2021, págs. 49-52

la individualización del valor de referencia como un valor medio[63]. Si así fuera, es decir, que con la información recibida se puede cuantificar el valor de referencia muy por debajo del valor de mercado, la conclusión es que, a nuestro juicio, no puede ser tachado de inconstitucional. Es decir, aunque formalmente se regulan dos métodos de cuantificación, objetiva y directa, la realidad es que el ISD y el ITPAJD otorga preferencia al valor de referencia, cuya cuantificación se califica como indiciaria porque atiende al valor medio de los inmuebles en base a una serie de criterios objetivos. A ello hay que sumarle que el contribuyente puede hacer valer las particularidades de un inmueble que no se tuvieron en cuenta por el Catastro en un primer momento. Ciertamente, como se ha repetido en páginas anteriores, esto sólo es posible si el contribuyente puede rectificar la autoliquidación correspondiente impugnando el valor de referencia. Este aspecto es realmente controvertido cuando nos planteamos la adecuación del valor de referencia a los principios de justicia tributaria. La inversión de la carga de la prueba que se produce implica que el contribuyente tenga que destruir la "presunción <<iuris tantum>> de defraudación en tanto en cuanto pasa a ser él quien debe demostrar la ausencia de defraudación mediante la prueba de que el valor utilizado es el real, aunque pueda ser inferior al valor de mercado"[64].

5. IMPUGNACIÓN DEL VALOR DE REFERENCIA

La determinación de la base imponible atendiendo al valor de referencia en el caso de la transmisión de un inmueble produce efectos jurídicos tanto para el contribuyente como la Administración. A esta última le basta contrastar si el contribuyente ha liquidado correctamente -en el caso de

---

63 VARONA ALBERN considera que "este sistema no quedaría justificado si el valor de referencia se limitara a no superar el de mercado, porque podría suceder que se cumpliera este requisito, pero mostrara una diferencia en la valoración de unos y otros inmuebles que poco tuviesen que ver con la situación de mercado, incurriendo en una arbitrariedad denunciable ante los tribunales". Cfr. VARONA ALABERN, J.E.: "Análisis constitucional…", *op. cit.*, pág. 39. El propio Tribunal Constitucional en la Sentencia 182/2021, de 26 de octubre, valida el régimen de estimación objetiva, pero, incide en la necesidad de la justificación sobre todo cuanto mayor sea la falta de conexión entre el hecho imponible y la base imponible.

64 Cfr. ARANA LANDÍN, S.: "Aviso a navegantes: sobre la posible…", *op.cit.*, pág. 222.

las autoliquidaciones- o aplicando el valor de referencia en la liquidación, sin necesidad de iniciar ningún procedimiento de gestión, en concreto, la comprobación de valores.[65]

Para el contribuyente, el legislador no permite la impugnación directa del valor de referencia cuando se publica anualmente por la Dirección General del Catastro [66], aunque no impide que pueda solicitar la corrección de errores en los que ha incurrido la valoración del Catastro a través de los procedimientos catastrales oportunos antes de la aprobación anual del valor de referencia. Con independencia de que el contribuyente realice las actuaciones oportunas en el ámbito catastral y así se le reconozca en la rectificación del valor de referencia, hasta que no se produzca la transmisión del inmueble, el citado valor no se toma en consideración a efectos de las autoliquidaciones de los impuestos correspondientes, y sólo en ese momento, el legislador prevé la impugnación indirecta del valor de referencia tal y como se va a comentar en este apartado[67].

En efecto, la regulación prevista en la LISD y en el TRLITPAJD de la impugnación del valor de referencia supone invertir la carga de la prueba porque se obliga al contribuyente a autoliquidar de acuerdo con el valor de referencia, para que en el caso de que considere que el valor de referencia resulta incorrecto, solicite la rectificación de la autoliquidación probando que, o bien se trata de un valor erróneamente calculado, o bien supera el valor de mercado [68].

Si en el momento en el que se produce la transmisión onerosa o lucrativa el valor de mercado resulta inferior al valor de referencia, la obligación de autoliquidar los impuestos por el citado valor supone un perjuicio para

---

65 Cfr. GONZÁLEZ GONZÁLEZ, A.I.: "Comprobación de valores y valor de referencia de bienes inmuebles...", op. cit., pág. 14 (28).

66 VARONA ALABERN se muestra partidario de que no se pueda impugnar cuando el Catastro procede a la publicación porque en ese momento no se deriva un efecto positivo o negativo con entidad suficiente para reconocer la existencia de un interés legítimo, ya que con la publicación no existe ningún tipo de obligación legal alguna. Cfr. VARONA ALABERN, J.E.: "Análisis constitucional...", op. cit., pág. 10.

67 Vid. por todos, MARÍN BARNUEVO-FABO, D y HERRERO DE EGAÑA ESPINOSA DE LOS MONTEROS, J.M.: "La impugnación del valor...", op. cit., págs. 49-52; RUIZ GARIJO, M.: "Causas determinantes de la judicialización de los valores de referencia...", op. cit., págs. 289-292.

68 No olvidemos que la rectificación de la autoliquidación no es un recurso propiamente dicho. Vid. GONZÁLEZ GONZÁLEZ, A.I.: "Comprobación de valores y valor de referencia de bienes inmuebles...", op. cit., pág. 16 (28).

el contribuyente desde el punto de vista del principio de capacidad económica. Ciertamente, tanto la LISD y el TRLITPAJD como la LGT ofrecen la posibilidad de impugnar de manera indirecta el valor de referencia a través de una rectificación de la autoliquidación o de interponer un recurso de reposición en el caso de una liquidación. Sin embargo, las consecuencias para el contribuyente poder resultar gravosas porque se le obliga a liquidar el impuesto con el valor de referencia, pagar el impuesto y luego solicitar la rectificación de la autoliquidación sobre un valor aceptado inicialmente, y esperar a la resolución de la Administración tributaria [69], sin que la posible interposición de la reclamación suspenda la ejecución, que desde luego debe motivar por qué no acepta el valor del inmueble que declara el contribuyente tanto en la rectificación de la autoliquidación o de la impugnación de la liquidación. Teniendo en cuenta, además, que cuando el contribuyente no autoliquida ambos impuestos atendiendo al valor de referencia -si el valor de mercado es inferior-, sería sancionado, por supuesto tras el procedimiento sancionador correspondiente, en virtud del artículo 191 de la LGT: dejar de ingresar en el plazo establecido. Esta última cuestión no es baladí, porque la realidad es que la Administración sanciona por la mera negligencia lo que nos lleva a afirmar que las sanciones tributarias se imponen casi de manera cuasi-objetiva sin atender al elemento intencional.

---

69 Cfr. SANCHEZ PINO, A.J.: "El valor de referencia...", op. cit. Aunque el Tribunal Supremo en la Sentencia 75/2023, de 23 de enero de 2023 (TOL9.379.637), respecto de la comprobación de valores realizadas por la Administración, sí que hace referencia que tiene que motivar la asignación del valor, sin que quepa una presunción inmotivada. Pues bien, si se parte de la presunción "de certeza de la que gozan las autoliquidaciones tributarias conforme al artículo 108.4 LGT y de la naturaleza de nuestro sistema fiscal que, como recoge la sentencia tantas veces referida, descansa ampliamente en la autoliquidación como forma preponderante de gestión, de forma que sólo reconociendo tal valor de presunción, respaldado por la ley, un acto puramente privado puede desplegar sus efectos en el seno de una relación jurídico fiscal de Derecho público sin que intervenga para ello, de un modo formal y explícito, la Administración. En consecuencia, una autoliquidación que contenga un ingreso se equipara en sus efectos, por la ley tributaria, a un acto de ejercicio de potestad en que se obtuviera el mismo resultado, lo que sucede cuando lo declarado por el obligado a ello no se comprueba, investiga o revisa. De esta forma, si las autoliquidaciones, como se declaró por este Tribunal, comportan una carga para el administrado, favorecida legalmente por la presunción del artículo 108.4 LGT, la Administración correlativamente tendrá que justificar, antes de comprobar, que "hay algo que merezca ser comprobado, esto es, verificado en su realidad o exactitud por ser dudosa su correspondencia con la realidad. En este caso, tiene que justificar por qué no acepta el valor declarado"".

La cuestión es que, con la redacción actual de ambas normas, resulta muy difícil que la Administración pueda resolver de manera positiva para el contribuyente, a no ser que la Dirección General del Catastro, a la que se le debe solicitar un informe con carácter preceptivo y vinculante, corrija el valor de referencia atendiendo a la documentación que haya aportado el contribuyente en la defensa de sus intereses. A nuestro juicio, este informe será positivo solo en dos supuestos: a) que, a tenor de los ejemplos vistos anteriormente, el Catastro considera que el valor de referencia supera el valor de mercado y que, por tanto, debe rebajarse al menos en ese año por las peculiaridades que se producen en la transmisión del bien inmueble; b) que compruebe el estado del inmueble a los efectos de confirmar que el valor de mercado resulta inferior al valor de referencia. La comprobación por parte de Catastro del inmueble resulta trascendental y, a nuestro juicio, la Administración no puede invertir la carga de la prueba al contribuyente, si éste ha declarado que el valor de mercado es inferior al valor de referencia de manera motivada [70]. Es más, el Tribunal Supremo considera que la obligación de motivar que se impone a la Administración "no desaparece ni se diluye como sostiene el Abogado del Estado en su escrito de oposición, dependiendo del método de comprobación empleado, pues como se ha expuesto, la exigencia impuesta a la Administración deriva de la presunción de certeza de la que gozan las autoliquidaciones tributarias conforme al artículo 108.4 de la LGT" [71]

En el caso de que la respuesta sea negativa o exista silencio por parte de la Administración autonómica, el contribuyente puede interponer una reclamación económico-administrativa, donde el informe resulta preceptivo,

---

70 En las Sentencias de 23 de mayo de 2018(TOL6.640.180), 5 de junio de 2018 (TOL6.639.598) , y de 13 de junio de 2018 (TOL6.656.124), entre otras, en relación con la presunción de que gozan las autoliquidaciones tributarias, el Alto Tribunal ha señalado "2) La aplicación del método de comprobación establecido en el artículo 57.1.b) LGT no dota a la Administración de una presunción reforzada de veracidad y acierto de los valores incluidos en los coeficientes, figuren en disposiciones generales o no. 3) La aplicación de tal método para rectificar el valor declarado por el contribuyente exige que la Administración exprese motivadamente las razones por las que, a su juicio, tal valor declarado no se corresponde con el valor real, sin que baste para justificar el inicio de la comprobación la mera discordancia con los valores o coeficientes generales publicados por los que se multiplica el valor catastral. 4) El interesado no está legalmente obligado a acreditar que el valor que figura en la declaración o autoliquidación del impuesto coincide con el valor real, siendo la Administración la que debe probar esa falta de coincidencia"".

71 Sentencia del Tribunal Supremo 75/2023, de 23 de enero de 2023 (TOL9.379.637).

pero no vinculante -artículo 9.5 LISD y artículo 10.4 TRITPAJD-. Los Tribunales económico-administrativos carecerían del referido informe y, en su caso, deberían solicitarlo al Catastro, aunque no quedan vinculados por su contenido. Esta petición sólo se produce cuando exista silencio administrativo por parte de la Administración autonómica, porque si lo que se impugna es la resolución que resuelve la solicitud de rectificación de la autoliquidación, el informe se encuentra con el resto del expediente. Así, los TEA pueden valorar las pruebas, hechos, datos y razonamientos del contribuyente y de la Administración autonómica para decidir lo que más se ajusta a Derecho y, en su caso, los tribunales de lo contencioso-administrativo [72].

Más allá de la garantía procedimental para impugnar el valor de referencia que se ofrece por parte del legislador, a nuestro juicio, el contribuyente debe motivar tanto cuando solicite la rectificación de la autoliquidación como cuando interponga la correspondiente reclamación económico-administrativa. ¿Qué puede argüir el contribuyente? Los motivos que puede aducir el contribuyente son variados [73], porque al regularse la base imponible de manera objetiva, aunque, aducir que la transmisión se ha realizado por un valor distinto al de referencia se puede circunscribir a estos supuestos: a) cualquier cuestión relacionada con el inmueble como que existen datos erróneos o que se han ignorado determinados elementos relevantes para la correcta valoración; b) la aplicación incorrecta de la normativa; c) que el valor de referencia resulte superior al valor de los bienes, porque tienen otro valor administrativo, a pasear de que la aplicación de la normativa resulta correcto. Sin lugar a dudas, este último supuesto es el más problemático, ya que, si el valor de referencia no sobrepasa el valor de mercado y está correctamente calculado, el contribuyente debe probar la vulneración de la capacidad económica.

---

72 la Sentencia 75/2023, de 23 de enero (TOL9.379.637) del Tribunal Supremo, aunque hace referencia a la valoración de los bienes por un perito tercero, entendemos resulta extrapolable, ya que el valor de referencia se encuentra comprendido en el artículo 57.i) de la LGT. En esta sentencia, el Alto Tribunal afirma que "el hecho de que la liquidación dictada haya tomado como valor de los bienes el asignado por el perito tercero no excluye el control pleno de su legalidad por los Tribunales".

73 Añade la Sentencia 75/2023, de 23 de enero (TOL9.370.637) que en estos casos los contribuyentes pueden "alegar los motivos de impugnación que consideren oportunos, sin merma o limitación alguna".

6. CONCLUSIONES

Si bien, la regulación legal del valor de referencia no se puede considerar arbitraria, no significa que la normativa actual adolece de errores cuando el valor de referencia se encuentra muy alejado del valor de mercado. En efecto, como ya reconoció el Tribunal Constitucional, aunque puede ser que exista un ánimo de defraudar cuando la transmisión de un inmueble se lleva a cabo por un valor inferior al de "mercado", lo cierto es que también existen otro tipo de circunstancias legítimas y legales que legitiman la transmisión, como pueden ser, la situación coyuntural del mercado, la necesidad de liquidez o valores administrativos o judiciales. Por consiguiente, no estaría de más que el legislador estableciese reglas especiales no sólo cuando no existe valor de referencia o no puede ser certificado por la Dirección General del Catastro, sino cuando nos hallamos en alguno de los supuestos analizados en este trabajo.

A pesar de que ha trascurrido poco tiempo desde la aprobación de la Ley 11/2021, de 9 de julio, sería conveniente empezar a estudiar una modificación del ISD y del ITPAJD. Una posible propuesta de modificación sería permitir la dualidad de valoraciones de bienes inmuebles de forma que se permita asignar el criterio de valor de referencia o el valor de mercado/adquisición/ declarado, de acuerdo con la manifestación de capacidad económica gravada y el resto de exigencias de los principios de justicia tributaria. De no ser así, la inclusión del valor de referencia puede provocar el efecto contrario al deseado, es decir, una nueva conflictividad derivada de la falta de adecuación de la nueva base imponible de estos impuestos al principio de capacidad económica.

BIBLIOGRAFÍA

ARANA LANDÍN, S.: "Sobre las valoraciones objetivas de la base imponible de bienes inmuebles: propuesta para un cambio inesperado, pero extremadamente urgente y necesario", *Quincena Fiscal*, nº 22, 2021.

"Aviso para navegantes: sobre la posible inconstitucionalidad del Impuesto sobre Sucesiones y Donaciones, el Impuesto sobre el Patrimonio y el Impuesto sobre Transmisiones Patrimoniales y Actos Jurídicos Documentados", *Tributos Locales*, nº 154, 2022.

BLANCO GARCÍA, A. "Hacia un nuevo valor fiscal inmobiliario de referencia", *Quincena Fiscal*, nº 9, 2019, (BIB 2019/3095

"El valor de referencia y su empleo en la normativa tributaria", en AA.VV.: *Desafíos fiscales en un mundo post-COVID, valoración y retos pendientes a nivel interno e internacional*, Tirant lo Blanc, Valencia, 2022.

CALVO VÉRGEZ, R.: "El llamado valor de referencia de mercado y su futura aplicación de cara a la determinación de la base imponible de los distintos impuestos", *Quincena Fiscal*, nº 18, 2020, (BIB 2020/36200).

"¿Servirá el nuevo concepto de "valor de referencia" para poner fin a la tradicional litigiosidad que afecta a las comprobaciones de valores?", *Quincena Fiscal*, nº 4, 2022, (BIB 2022/337).

ESPEJOS POYATOS, I.: "Valoración unitaria o estanqueidad en las valoraciones. ¿Es esta la cuestión?", *Carta Tributaria*, nº 109, 1990.

GONZÁLEZ GONZÁLEZ, A.I.: "Comprobación de valores y valor de referencia de bienes inmuebles. Consecuencias de la Ley de Medidas de Prevención y Lucha contra el Fraude Fiscal", *Civitas, REDF*, nº 195, 2022, (BIB 2022/2980).

HERNÁNDEZ GUIJARRO, F.: "La prueba y la motivación en la doctrina del Tribunal Supremo ante la reforma del <<valor de referencia>>", *Quincena Fiscal*, nº 9, 2021, (BIB 2021/2762).

LASARTE LÓPEZ, R.: "La aplicación del valor de referencia. La valoración de los inmuebles a efectos tributario", en AA.VV.: *Prevención y Fraude: nuevas medidas tributarias*, La Ley, 2020.

"La nueva configuración legal de la base imponible en los impuestos patrimoniales: el valor de referencia", *Tributos Locales*, nº 153, 2022.

MALVAREZ PASCUAL, L.M.: "Comentarios al Proyecto de Ley de Medidas de Prevención y Lucha contra el Fraude Fiscal", *Quincena Fiscal*, nº 3, 2021.

MARÍN BARNUEVO-FABO, D y HERRERO DE EGAÑA ESPINOSA DE LOS MONTEROS, J.M.: "La impugnación del valor de referencia", *Técnica Tributaria*, nº 134, julio-septiembre de 2021.

PATÓN GARCÍA, G.: "Causas y posibles efectos de la dualidad en la valoración de inmuebles: ¿es el valor de referencia la solución?", *Civitas, REDF*, nº 190, 2021.

PEREZ-FADÓN MARTÍNEZ, J.J.: "Análisis del concepto de <<valor de referencia de mercado>>", *Temas Fiscales*, BTplus, nº 228, 2018.

ROZAS VALDÉS, J.A.: "El valor de referencia desde la jurisprudencia del Supremo", *Revista Técnica Tributaria*, nº 134, 2021.

RUIZ GARIJO, M.: "Causas determinantes de la judicialización de los valores de referencia establecidos en la Ley 11/2021, de Medidas de Lucha y Prevención contra el Fraude Fiscal", *Tributos Locales*, nº 156, 2020.

"El valor de referencia en el Impuesto sobre el Patrimonio: problemas", AA.VV.: *Comentarios a la Ley 11/2021, de 9 de julio, de Medidas de Prevención y Lucha contra el Fraude Fiscal*, Aranzadi-Thomson Reuters, 2022.

SANCHEZ PINO, A.J.: "El valor de referencia: ¿medida de prevención y lucha contra el fraude fiscal", en AA.VV.: *Estudios sobre la prevención y lucha contra el fraude fiscal. Homenaje al Dr. D. Alejandro Menéndez Moreno*, en publicación, ed. PROFIT, 2023.

VARONA ALBERN, J.E.: "El valor comprobado por la Administración: crisis e incidencia en otros impuestos distintos", *Quincena Fiscal*, nº 6, 2021, (BIB 2021/1523).

"El valor de referencia y el valor catastral: su incidencia en el sistema impositivo español", *Tributos Locales*, nº 153, 2021.

"Análisis constitucional e impugnación del valor de referencia", *Quincena Fiscal*, nº 9, 2022, (BIB 2022/1345).

El ITPAJD y los precios medios de venta de vehículos automóviles

MARÍA JOSÉ TRIGUEROS MARTÍN
Profesora Titular
Universidad Pablo de Olavide, de Sevilla

1. INTRODUCCIÓN

La intervención de los particulares en el mercado transmitiendo bienes de los que son propietarios no resulta en absoluto un hecho extraño o novedoso. Es algo que viene sucediendo desde tiempo inmemorial. Sin embargo, en los últimos tiempos se han producido cambios en la forma de llevar a cabo tales transacciones, existiendo una elevada tendencia al empleo de las plataformas digitales por parte de aquellos cuyo objetivo es lograr la compraventa de algunos elementos patrimoniales[1].

Podemos evidenciar en este sentido que los vehículos automóviles son bienes muebles que sus titulares pueden vender a cambio de precio o de una forma, llamémosla, tradicional o convencional (anuncios privados o en medios de comunicación, entrega a una empresa de reventa...) o a través de portales *web* de economía colaborativa (Wallapop, Coches.net, Milanuncios, Trovit, Vibbo, Auto Scout24, Autocasion ...). En cualquier caso, sea cual sea el camino elegido para ultimar la operación, lo importante es conocer su factura fiscal, ya que diversas son las figuras tributarias que pueden devengarse. Todo penderá de la naturaleza jurídica del vendedor y de las características o condiciones del vehículo transmitido.

Así, desde la perspectiva de la tributación indirecta, hemos de señalar que si el vendedor actúa como sujeto pasivo del Impuesto sobre el Valor Añadido (en adelante, IVA), el comprador estará

---

1 Según el Instituto Nacional de Estadística el porcentaje de empresas con 10 o más empleados que realizaron ventas vía comercio electrónico en 2020 fue del 26,86 por 100. Véase la página *web*: https://www.ine.es/jaxi/Datos.htm?tpx=49852, visitada por última vez el 12 de marzo de 2023.

obligado a soportar que aquel se lo repercuta cuando se produzca la entrega del bien[2]. La Ley 37/1992, de 28 de diciembre *(Tol 224.743)*, por la que se regula este tributo, define la base imponible como el importe total de la contraprestación (artículo 78.Uno), siendo el tipo de gravamen a aplicar en las entregas de tales bienes del 21 por 100 (artículo 90.Uno), salvo que se trate de vehículos para personas con movilidad reducida o que vayan a ser utilizados como autotaxis o autoturismos especiales para el transporte de personas con discapacidad en silla de ruedas, directamente o previa su adaptación, o de vehículos a motor que, adaptados o no, transporten habitualmente a personas con discapacidad en silla de ruedas o con movilidad reducida, con independencia de quien sea el conductor de los mismos, en cuyo caso el porcentaje pasará a ser el superreducido del 4 por 100 (artículo 91.Dos.1.4.°).

Nos estamos refiriendo a operaciones con automóviles localizadas en el territorio de aplicación del IVA español, tal y como lo entiende el artículo 3, apartados Uno y Dos de su normativa reguladora. Las de naturaleza intracomunitaria (adquisiciones y entregas) y las realizadas con países terceros (importaciones y exportaciones) tienen una normación propia en la misma Ley 37/1992 y en la Directiva 2006/112/CE, del Consejo, de 28 de noviembre de 2006 *(Tol 1.014.663)*.

A pesar del interés que pueden despertar las unas y las otras a efectos de la fiscalidad reseñada, nuestra atención se va a focalizar en aquellos supuestos en los que el transmitente es una persona física, que no se comporta como empresario o profesional a efectos del IVA, pues el deber del adquirente no será otro que liquidar el Impuesto sobre Transmisiones Patrimoniales Onerosas y Actos Jurídicos Documentados (en adelante, ITPAJD), regulado por el Real Decreto Legislativo 1/1993, de 24 de septiembre, por el que se aprueba el Texto Refundido de la Ley del Impuesto sobre Transmisiones Patrimoniales y Actos Jurídicos Documentados (en adelante, TRLITPAJD) (*Tol*

---

2 El artículo 38.1 y 2 de la Ley 58/2003, de 17 de diciembre, General Tributaria (en adelante, LGT) *(Tol 327.278)*, determina que es obligado a repercutir aquel que realiza las operaciones gravadas y es obligado a soportar la repercusión el destinatario de las mismas, salvo que la ley disponga otra cosa. "El repercutido no está obligado al pago frente a la Administración tributaria pero debe satisfacer al sujeto pasivo el importe de la cuota repercutida".

224.742), desarrollado a su vez por el Real Decreto 828/1995, de 29 de mayo, por el que se aprueba el Reglamento del Impuesto sobre Transmisiones Patrimoniales y Actos Jurídicos Documentados *(Tol 198.363)*. A los elementos esenciales de cuantificación de esta figura impositiva, también de naturaleza indirecta, dedicaremos las líneas de este capítulo (artículo 1.1 TRLITPAJD).

2. LA TRIBUTACIÓN DE LAS OPERACIONES DE VENTA DE VEHÍCULOS AUTOMÓVILES POR PARTICULARES

2.1. El hecho imponible del ITPAJD: su realización por el contribuyente

El ITPAJD, tributo cedido a las Comunidades Autónomas de régimen común[3], grava, de acuerdo con el artículo 1.1 del TRLITPAJD, las transmisiones patrimoniales onerosas (artículos 7 a 18), las operaciones socie-

---

3 Respecto al concepto de tributo cedido y al posible alcance de la cesión véanse los artículos 4.1.c) y 10.Uno y Tres de la Ley Orgánica 8/1980, de 22 de septiembre, de Financiación de las Comunidades Autónomas *(Tol 269.666)*. La Ley 22/2009, de 18 de diciembre, por la que se regula el sistema de financiación de las Comunidades Autónomas de régimen común y Ciudades con Estatuto de Autonomía y se modifican determinadas normas tributarias *(Tol 1.725.006)*, en su artículo 25.1.d) reconoce la cesión del rendimiento total del ITPAJD a los entes autonómicos, entendiéndose por rendimiento cedido, conforme al artículo 26.1.A), letra c), el "importe de la recaudación líquida derivada de las deudas tributarias correspondientes a los distintos hechos imponibles cedidos". Por su parte, el artículo 33.1.1.º establece que se cede el rendimiento del impuesto producido en el territorio autonómico en cuanto a las transmisiones onerosas por actos *inter vivos* de toda clase de bienes y derechos que integren el patrimonio de las personas físicas o jurídicas. Y ya cerrando el círculo, el apartado 2.2.º.C), regla 3.ª, de este último precepto concreta que dicho rendimiento se entiende producido en aquella Comunidad Autónoma en la que el adquirente tenga su residencia habitual si es persona física [artículo 28.1.1.º.c)] o el domicilio fiscal si es persona jurídica (artículo 29), siempre que el acto o contrato comprenda una transmisión de bienes muebles. Por último, el artículo 103.1.B).3.ª del Real Decreto 828/1995 precisa que si existiesen diversos adquirentes con distinta residencia o domicilio, la oficina competente será la correspondiente al territorio del adquirente de bienes y derechos de mayor valor, según las reglas del Impuesto sobre el Patrimonio.

tarias (artículos 19 a 26) y los actos jurídicos documentados (notariales, administrativos y mercantiles) (artículos 27 a 44). Sin embargo, de las tres formas de gravamen que reviste el tributo, únicamente estudiaremos la primera de ellas, desencadenando su devengo la transmisión onerosa *inter vivos* de un vehículo usado por un particular (que no es empresario o profesional a efectos del IVA), quedando el adquirente instituido por ley como sujeto pasivo contribuyente[4] [artículos 6.1.a), 7.1.a) y 8.a) TRLITPAJD].

Advierten, al respecto, PLAZA VÁZQUEZ y RUIZ GARIJO que los medios de transporte, particularmente los vehículos automóviles, son bienes de consumo duradero susceptibles de ser transmitidos en varias ocasiones, lo que conlleva la existencia de un importante mercado de vehículos usados en el que confluirán los transmitentes y los adquirentes de tales bienes[5].

No debemos obviar el papel que juega la normativa reguladora del IVA en este punto concreto, pues el artículo 13.2.ª.a) de la Ley 37/1992 viene a considerar medios de transporte, entre otros, los vehículos terrestres accionados a motor cuya potencia exceda de 7,2 Kw. Su tipificación como nuevos o usados penderá de que su entrega se efectúe antes o después de los seis meses siguientes a la fecha de la primera puesta en servicio o de que no hayan recorrido más de 6.000 kilómetros[6].

Concretando aún más, el artículo 2 del Reglamento del Impuesto sobre el Valor Añadido[7] define como fecha de puesta en servicio de un medio

---

4 La posición del sujeto pasivo contribuyente, elemento esencial o estructural del tributo, no puede ser alterada por pactos entre las partes, los cuales no surtirán efectos ante la Administración, dado el principio de inderogabilidad de la obligación tributaria (artículo 17.5 LGT).

5 A. L. Plaza Vázquez y M. Ruiz Garijo. "Adquisición de vehículos y otros medios de transporte. El Impuesto sobre el Valor Añadido y el Impuesto sobre Transmisiones Patrimoniales", en *Tributación del Automóvil y otros medios de transporte*, Thomson, Aranzadi, Cizur Menor (Navarra), 2005, pág. 125.

6 El artículo 13.2.ª de la LIVA representa la trasposición del artículo 28 bis.1.b) de la Sexta Directiva 77/388/CEE del Consejo, de 17 de mayo de 1977, en materia de armonización de las legislaciones de los Estados Miembros relativas a los impuestos sobre el volumen de negocios–Sistema común del Impuesto sobre el Valor Añadido: base imponible uniforme, siendo su equivalente el artículo 2.1.b), inciso ii) de la Directiva 2006/112/CE.

7 Véase el Real Decreto 1624/1992, de 29 de diciembre, por el que se aprueba el Reglamento del Impuesto sobre el Valor Añadido y se modifica el Real Decreto 1041/1990, de 27 de julio, por el que se regulan las declaraciones censales que han de presentar a efectos fiscales los empresarios, los

de transporte "la correspondiente a la primera matriculación, definitiva o provisional, en el interior de la Comunidad y, en su defecto, la que se hiciera constar en el contrato de seguro más antiguo, referente al medio de transporte de que se trate, que cubriera la eventual responsabilidad civil derivada de su utilización o la que resulte de cualquier otro medio de prueba admitido en Derecho, incluida la consideración de su estado de uso[8]". En cuanto a la circunstancia de no haber recorrido más de 6.000 kilómetros, se acreditará, conforme al apartado 2 de este precepto, por cualquiera de los medios de prueba admitidos en Derecho, particularmente con los aparatos contadores incorporados a aquellos, sin perjuicio de que puedan ser comprobados para determinar que no han sido manipulados.

2.2. La determinación de la base imponible del ITPAJD: ¿quizás un exceso normativo?

La base imponible es un elemento esencial de cualquier tributo amparado por el principio de reserva de ley. Así se hace constar en el artículo 8.a) de la Ley 58/2003, General Tributaria. Norma en la que se define como la magnitud dineraria o de otra naturaleza que resulta de la medición del hecho imponible, determinándose, como regla general, por estimación directa [artículo 50.1 y 2.a) LGT].

En el caso que nos ocupa, para su cálculo o cuantificación hay que acudir a lo dispuesto en el artículo 10.1 del TRLITPAJD, en la redacción dada

---

profesionales y otros obligados tributarios; el Real Decreto 338/1990, de 9 de marzo, por el que se regula la composición y la forma de utilización del número de identificación fiscal, el Real Decreto 2402/1985, de 18 de diciembre, por el que se regula el deber de expedir y entregar factura que incumbe a los empresarios y profesionales, y el Real Decreto 1326/1987, de 11 de septiembre, por el que se establece el procedimiento de aplicación de las Directivas de la Comunidad Económica Europea sobre intercambio de información tributaria *(Tol 349.044)*.

8 Con relación a la matriculación, el artículo 25.1 del Real Decreto 2822/1998, de 23 de diciembre, por el que se aprueba el Reglamento General de Vehículos *(Tol 10.921)*, establece que: "Para poner en circulación vehículos de motor, así como remolques y semirremolques de masa máxima autorizada superior a 750 kilogramos, será preciso matricularlos y que lleven las placas de matrícula con los caracteres que se les asigne, del modo que se establece en el anexo XVIII. Esta obligación será exigida a los ciclomotores y ciclos de motor de acuerdo con lo que se determina en el artículo 28 del presente Reglamento".

por el artículo sexto de la Ley 11/2021, de 9 de julio, de medidas de prevención y lucha contra el fraude fiscal, de transposición de la Directiva (UE) 2016/1164, del Consejo, de 12 de julio de 2016, por la que se establecen normas contra las prácticas de elusión fiscal que inciden directamente en el funcionamiento del mercado interior, de modificación de diversas normas tributarias y en materia de regulación del juego. De conformidad con este precepto, la base de imposición estará constituida por el valor de mercado del bien transmitido o del derecho que se constituya o ceda, salvo que otra regla resulte aplicable[9]. Dicho valor será entendido como el precio más probable por el cual podría venderse, entre partes independientes, un bien libre de cargas. Solo podrán deducirse las cargas que disminuyan el valor de los bienes, pero no las deudas, aunque estén garantizadas con prenda o hipoteca[10].

---

9 El valor de mercado viene a reemplazar al valor real como base imponible del impuesto. No obstante, el artículo 37.1 del Reglamento del ITPAJD sigue haciendo referencia a este último. A pesar de la manifiesta dejadez del titular de la potestad reglamentaria no revisando esta norma, tras la aprobación de la Ley 11/2021 habrá que entender derogadas las referencias al "valor real", lo cual no significa que por respeto al principio de seguridad jurídica no hubiese sido preferible la derogación expresa de la misma (artículo 9.2 LGT) o, en todo caso, su actualización.

10 De conformidad con el artículo 37.2 del Reglamento del ITPAJD: "(...) serán deducibles del valor comprobado por la Administración las cargas o gravámenes de naturaleza perpetua, temporal o redimible que afecten a los bienes y aparezcan directamente establecidos sobre los mismos. En este sentido, serán deducibles las cargas que, como los censos y las pensiones, disminuyen realmente el capital o valor de los bienes transmitidos sin que merezcan tal consideración las cargas que constituyan obligación personal del adquirente ni aquéllas que puedan suponer una minoración en el precio a satisfacer, pero no una disminución del valor de lo transmitido, aunque se hallen garantizadas con prenda o hipoteca".
En efecto, sobre los vehículos automóviles pueden recaer cargas (embargos, reservas de dominio, hipotecas mobiliarias, ...) que es posible conocer solicitando una nota simple al Registro de Bienes Muebles o un informe completo o de cargas al Registro General de Vehículos, competencia de la Dirección General de Tráfico. Estos informes se expedirán, previo pago por el interesado, de la correspondiente tasa. Sin embargo, el citado centro directivo nos advierte que también es posible acceder telemática y gratuitamente a un informe reducido que ofrece datos sobre la fecha de la primera matriculación en España del vehículo y si existe alguna incidencia que impida su transferencia o la circulación de este.

Para ALFONSO GALÁN, el legislador entiende que tales derechos reales de garantía inciden en el precio, pero no en el valor intrínseco del bien sobre el que recaen[11].

A pesar de lo manifestado, si el valor declarado por los interesados, el precio o contraprestación pactada o ambos son superiores al valor de mercado, la mayor de esas magnitudes se tomará como base imponible. No pretende ocultar el legislador en esta norma su voluntad recaudatoria, de tal forma que se configura la base imponible a partir de un valor objetivo con el que pretende gravar la capacidad económica que manifiesta el sujeto pasivo del referido impuesto en las transmisiones patrimoniales onerosas del tráfico civil, pero renunciando a su aplicación si el declarado o acordado por las partes es superior.

El dictado de este precepto nos sugiere las siguientes cuestiones: ¿acaso teme el legislador que de no indicar la norma un valor (el de mercado), los contribuyentes vayan a declarar como base imponible un importe inferior y alejado del realmente pactado con la intención fraudulenta de evitar el pago del impuesto? Incapaces de aventurar el comportamiento de la generalidad de los sujetos que operan en el tráfico civil, no debemos olvidar que la Administración dispone de medios, puestos a su disposición por el legislador, para corregir las conductas contrarias al ordenamiento. Amén de esta apreciación, también conviene tener presente que con relación al precio de las compraventas el artículo 1445 del Código Civil *(Tol 220.310)* solo dice que debe ser cierto, en dinero o signo que lo represente, sin ningún otro aditamento. Opera el principio de autonomía de la voluntad (artículo 1255 Código Civil). Los únicos límites son la ley (imperativa), la moral y el orden público[12]. Nada impide, por tanto, que puedan celebrarse com-

---

Véase lo pergeñado en la siguiente dirección *web*: https://sede.dgt.gob.es/es/vehiculos/informe-de-vehiculo/, de la que se ha obtenido dicha información, consultada por última vez el 15 de febrero de 2023.

11 R. M. Alfonso Galán. *El Impuesto sobre Transmisiones Patrimoniales y Actos Jurídicos Documentados,* Tirant lo Blanch, Valencia, 2015, pág. 54.
Véase también en relación con la base imponible M. Pérez Ron. *Fiscalidad práctica 2017. Impuesto sobre Transmisiones Patrimoniales y Actos Jurídicos Documentados,* Aranzadi, Cizur Menor (Navarra), 2017.

12 Eso sí hay que tener en cuenta, respecto a los precios "simbólicos" o "irrisorios", que no debe incurrirse en la simulación del contrato (por ejemplo, una donación encubierta por una compraventa), pues ello podría implicar la falta de causa del contrato y su posible nulidad. Este tipo de actuaciones acarrearía consecuencias no solo civiles, sino tributarias, pues el hecho

praventas en las que el precio acordado sea inferior al valor de mercado, ¿por qué entonces hay que tomar este como base imponible? ¿Hay que evidenciar de una manera tan clara la ruptura entre el Derecho privado patrimonial y el Derecho Financiero? ¿Solo es creíble el comportamiento de los sujetos cuando han pactado como precio de compra un montante más elevado al que ofrece el mercado? ¿El valor de mercado responde al principio de capacidad económica o con su empleo solo se busca agilizar la actividad administrativa?

Las respuestas a estas preguntas se hallan, como hemos podido comprobar, en la propia ley, cuyas reglas de juego favorecen, como regla general, a la Administración, en perjuicio de los contribuyentes, vaciando de contenido, a nuestro juicio, algunos de los principios relatados por el constituyente en el artículo 31.1: justicia y capacidad económica primordialmente.

2.3. La estimación objetiva de la base imponible del ITPAJD a través de los precios medios de venta de vehículos

2.3.1. Su aprobación por Orden Ministerial

Acabamos de señalar que la base de imposición de la modalidad TPO del ITPAJD en una operación o negocio jurídico que implique la transmisión de un bien es, como regla general, el valor de mercado, a menos que el declarado o la contraprestación pactada por las partes intervinientes resulte superior. Aunque aquel se identifique con el precio más probable por el que podría venderse un elemento libre de cargas, nadie discute la indeterminación o inexactitud que lo circunda[13].

---

imponible gravado será el efectivamente realizado por las partes, exigiéndose los intereses de demora y las sanciones que correspondan (artículo 16 LGT).

13 La indeterminación era una característica igualmente innata al sustituido en 2021 valor real y continúa siéndolo del valor de mercado. El Tribunal Supremo, en el fundamento de derecho tercero de la Sentencia 2399/2018, de 19 de junio, sienta que: "Esa inexactitud a priori (...) guarda relación directa con la que padece otra noción relativamente semejante, la de valor de mercado".
Este continuismo nos hace pensar que no tiene el legislador la intención de abandonar el pozo de indeterminación, porque le va a permitir dotarlo de contenido de la forma que más convenga a sus intereses.
Sobre el aludido concepto de "valor real" pueden leerse J. L. Muñoz del Castillo, M. Villarín Lagos y C. De Pablo Varona. *Comentarios al Impuesto sobre Transmisiones*

Por ello, la Orden HFP/1259/2022, de 14 de diciembre, por la que se aprueban los precios medios de venta aplicables en la gestión del Impuesto sobre Transmisiones Patrimoniales y Actos Jurídicos Documentados, Impuesto sobre Sucesiones y Donaciones e Impuesto Especial sobre Determinados Medios de Transporte[14] *(Tol 9.315.990)*, establece en su artículo 2 que los precios medios de venta, que se aprueban en ella, serán utilizables como medios de comprobación, entre otros, a los efectos del ITPAJD. ¿Cuál es la razón? La respuesta es simple, los precios consignados en las tablas actúan o se comportan como los precios o valores de mercado de los medios privados de transporte[15]. Precisamente, en la parte expositiva de dicha norma reglamentaria, primer párrafo, el Ministerio de Hacienda y Función Pública viene a reconocer que estos últimos son idóneos para la comprobación de valores de los bienes indicados, de ahí la aprobación para cada ejercicio de una Orden Ministerial en la que se recogen los precios en el mercado de los vehículos automóviles y también de otros elementos de transporte (autocaravanas, embarcaciones de recreo, motoci-

---

Patrimoniales y Actos Jurídicos Documentados, Thomson, Civitas, Madrid, 2004, pág. 209, y C. Colomer Ferrándiz. *Jurisprudencia del Impuesto sobre Transmisiones Patrimoniales y Actos Jurídicos Documentados*, Colegio de Registradores de la Propiedad y Mercantiles de España, Madrid, 2010, págs. 259-266.

14 Advertidos errores en esta norma reglamentaria, se procede a efectuar las oportunas rectificaciones por parte del Ministerio de Hacienda y Función Pública, publicándose en el Boletín Oficial del Estado de 4 de marzo de 2023.

15 Llama la atención, dicho sea de paso, la falta de uniformidad terminológica de la norma reglamentaria que alude a precios medios de venta, precios medios sin más o precios medios en el mercado, ... Quizás ayudaría a una mejor comprensión del texto que el Ministerio identificara los precios medios de venta con los precios medios en el mercado, que es lo que se busca y pretende, en lugar de empujar al administrado a una labor interpretativa que en una gran mayoría de los casos no está preparado para realizar. Y ello sin olvidar que la ignorancia de las leyes no excusa de su cumplimiento (artículo 6.1 Código Civil).

En cualquier caso, para la elaboración de las tablas en las que aquellos quedan reseñados se subraya el uso de los datos facilitados por las asociaciones de fabricantes y vendedores de medios de transporte.

Como curiosidad, añadiremos que Extremadura ha publicado la Orden de 2 de diciembre de 2022 por la que se aprueban los precios medios en el mercado para estimar el valor de determinados vehículos usados, a efectos de la liquidación de los hechos imponibles de los Impuestos sobre Transmisiones Patrimoniales y Actos Jurídicos Documentados y sobre Sucesiones y Donaciones, que se devenguen en el año 2023 y que no figuren en las tablas de precios medios de venta aprobados por el Ministerio de Hacienda y Función Pública.

cletas, ...). Por consiguiente, aunque la Ley General Tributaria cobije en su artículo 57.1 otros medios para la comprobación del valor de los bienes que determinen la obligación tributaria, la norma reglamentaria subraya la conveniencia de recurrir a los precios que se han apuntado, dadas las características y naturaleza de los bienes que están siendo analizados[16].

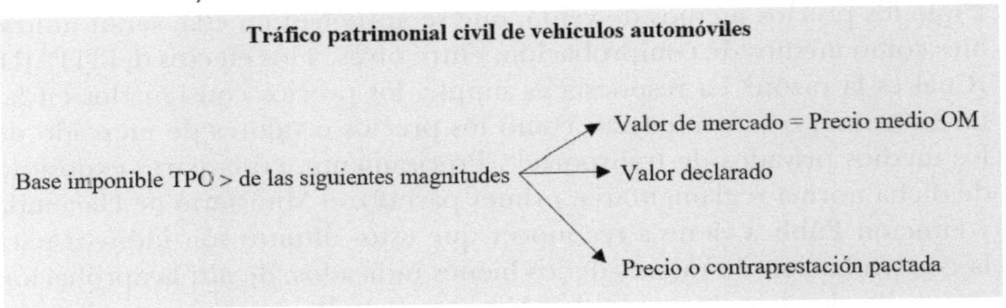

2.3.2. Elementos que considerar para la cuantificación del valor de los vehículos

En la norma reglamentaria los vehículos aparecen diferenciados por marca, modelo-tipo, período comercial (inicio-fin), datos de la ficha técnica (cilindrada, número de cilindros, potencia en kilowatios, caballos fiscales, carburante, ...) y potencia en caballos de vapor, reflejándose en base a ellos un valor en euros para el ejercicio en curso, 2023.

El artículo 3 de la Orden HFP/1259/2022 señala que para la determinación, entre otros, del valor de los vehículos ya matriculados se aplicarán sobre los precios medios del anexo I los porcentajes que correspondan establecidos en la tabla e instrucciones que figuran en el anexo IV. Estos varían según los años de utilización y, en su caso, actividad del vehículo. La horquilla oscila entre un 100 por 100 (hasta un año de uso) y un 10 por 100 (más de doce años de uso), por lo que se fijan porcientos decrecientes a medida que aumentan los años de utilización.

Además, el importe que resulte de la aplicación de los porcentajes anteriores se reducirá al 70 por 100 cuando el vehículo transmitido se hubiera dedicado exclusivamente durante más de seis meses, desde la

16 En lo referente a la aplicación de la Orden Ministerial sobre precios medios de venta para determinar el valor de mercado del medio transmitido, véanse, entre otras, las consultas vinculantes de la Dirección General de Tributos V0378-22 de 25 de febrero, V0805-22 de 12 de abril, V0947-22 de 29 de abril, y V2270-22 de 27 de octubre.

primera matriculación definitiva, "a las actividades de enseñanza de conductores mediante contraprestación o de alquiler de vehículos, sin conductor, o bien tuviera la condición, según la legislación vigente, de taxi, autotaxi o autoturismo[17]".

Esta reducción es un "clásico" de las Órdenes Ministeriales sobre precios medios de venta, lo que no significa que no hallemos incomprensible que un beneficio fiscal de esta naturaleza tenga cobijo en una norma reglamentaria y no en el articulado de una ley, considerando que según el artículo 133.3 de la Constitución Española cualquier "beneficio fiscal que afecte a los tributos del Estado deberá establecerse en virtud de Ley". En el mismo sentido, el artículo 8.d) de la LGT corrobora que se habrá de regular por ley el "establecimiento, modificación, supresión y prórroga de las exenciones, reducciones, bonificaciones, deducciones y demás beneficios o incentivos fiscales".

La falta de respeto al dictado constitucional no impide que la reducción esté en vigor y se aplique, pudiendo ser elogiada y reprobada a partes iguales. Elogiada por mermar en un alto porcentaje el precio medio de aquellos vehículos dedicados durante un concreto período de tiempo al desarrollo de determinadas actividades empresariales: alquiler, taxis, ... Reprobada por la falta de consideración hacia otros medios de transporte que pueden hallarse afectos a distintas actividades económicas en las que se deprecien igualmente de forma acelerada.

2.3.3. Las posibles comprobaciones de valores

Según lo hasta ahora expuesto, una vez aplicados sobre los precios medios reflejados en el anexo I los porcentajes del anexo IV obtendremos los valores de mercado de los bienes que nos incumben: los vehículos automóviles, debiendo compararlos con los declarados o los precios pactados para elegir como base imponible de la operación el mayor importe. Entendemos que esta normativa guía sin ningún recato a los sujetos por la senda de

---

17 Según el anexo II "Definiciones y categorías de los vehículos" del Real Decreto 2822/1998, de 23 de diciembre, por el que se aprueba el Reglamento General de Vehículos, se califica como taxi el vehículo adscrito al servicio público de viajeros en vehículo turismo. Es un autoturismo un turismo destinado al servicio público de viajeros con licencia municipal, excluido el taxi.

los valores de mercado vigentes en la fecha de devengo del impuesto[18] [artículo 49.1.a) TRLITPAJD]. En caso de que el contribuyente, adquirente del vehículo, opte por declarar un valor inferior, normalmente coincidente

---

18 El recurso a los valores de mercado para la cuantificación de las bases de imposición es una constante en un nuestro sistema tributario. El artículo 69.b) de la Ley 38/1992, de 28 de diciembre, de Impuestos Especiales *(Tol 330.067)*, identifica la base imponible en los supuestos de matriculación de vehículos usados con el valor de mercado en la fecha de devengo del impuesto. Para dotar de contenido a este valor se permite al sujeto pasivo acudir a las tablas de precios medios de venta vigentes en la fecha de devengo del impuesto.
Sobre el particular, pueden leerse, entre otras, las consultas vinculantes de la Dirección General de Tributos V1280-19 de 5 de junio, V2817-21 de 16 de noviembre, V0947-22 de 29 de abril y V2270-22 de 27 de octubre.
La Ley 29/1987, de 18 de diciembre, del Impuesto sobre Sucesiones y Donaciones *(Tol 224.744)*, en el artículo 9.2 sienta que, salvo que exista regla propia, el valor de los bienes y derechos que conforman la base imponible en las transmisiones *mortis causa* e *inter vivos* será el de mercado, a menos que el declarado por los interesados sea superior. Considerando además que se puede recurrir a los medios del artículo 57 de la LGT para comprobar el valor de los elementos transmitidos es evidente que en caso de ser vehículos la Administración acudirá, dada su idoneidad, a los precios medios de venta aprobados por Orden Ministerial.
Y el efecto dominó continúa, puesto que en un trabajo reciente, J. Ramos Prieto. "Reforma de los impuestos de matriculación y circulación: reflexiones a propósito del Libro Blanco sobre la reforma tributaria", Documentos de Trabajo 3/2023, II Jornadas sobre la Reforma Ambiental de las Haciendas Locales: La reforma en el marco jurídico europeo, estatal y autonómico, Instituto de Estudios Fiscales, Madrid, 2023, págs. 296-321, se hace eco de la propuesta que hiciera en su día la Federación Española de Municipios y Provincias dirigida a la adopción de las tablas oficiales de valoración de medios de transporte usados del Ministerio de Hacienda como base imponible también del Impuesto sobre Vehículos de Tracción Mecánica, con la idea de reforzar su carácter patrimonial y de reconfigurarlo desde el punto de vista medioambiental.
En efecto, en el Informe elaborado allá por 2008 dicha Federación señaló que la sustitución del sistema de gestión del tributo local referido, basado en factores como la potencia fiscal o la capacidad del vehículo, elementos parcialmente indicativos de la capacidad económica gravada, por la utilización de las tablas de valoración de medios de transporte usados aprobadas por el Ministerio competente a efectos del Impuesto sobre Transmisiones Patrimoniales, del Impuesto sobre Sucesiones y Donaciones y del Impuesto Especial sobre Determinados Medios de Transporte, representaría un claro avance en cuanto supondría la ruptura del principio de estanqueidad tributaria. Así se constata en J. Suárez Pandiello, N. Bosch Roca, F. Pedraja Chaparro, J. J. Rubio Guerreo, y A. Utrilla De La Hoz. *La financiación local en España: radiografía del presente y propuestas de futuro*, Federación Española de Municipios y Provincias, Salamanca, 2008, pág. 294.

con el precio pactado, este será comprobado por la Administración, con base a lo dispuesto en el artículo 57.1.c) de la LGT, que no dudará en emplear aquellos para el cálculo de la cuota impositiva, con los requisitos formales y materiales necesarios y con la debida motivación[19]. En el modelo de autoliquidación del impuesto aprobado por la Comunidad Autónoma andaluza se interpela expresamente al administrado acerca de la voluntad de mantener el valor declarado, aun siendo inferior al calculado según la Orden de precios medios de venta. Parece una velada advertencia al contribuyente sobre las posibles consecuencias de su proceder.

---

[19] El artículo 55.1.a) de la Ley 22/2009 dispone que corresponde a los entes autonómicos la incoación de los expedientes de comprobación de valores, utilizando los mismos criterios que el Estado. De ahí que la normativa que al respecto aprueben las Comunidades Autónomas puede desarrollar la contenida en la LGT (artículos 57, 134 y 135) y en el Real Decreto 1065/2007, de 27 de julio, por el que se aprueba el Reglamento general de las actuaciones y los procedimientos de gestión e inspección tributaria y de desarrollo de las normas comunes de los procedimientos de aplicación de los tributos (artículos 157 a 162) *(Tol 1.126.658)*, pero respetando los criterios establecidos en dichas normas. Véase, sobre el particular, O. Alcalde Barrero. *Impuesto sobre Transmisiones Patrimoniales y Actos Jurídicos Documentados. Comentarios y casos prácticos*, CEF, Madrid, 2010, pág. 333. Así lo puso de manifiesto con claridad el Pleno del Tribunal Constitucional en la Sentencia núm. 161 de 20 de septiembre de 2012, cuyos fundamentos jurídicos 6 y 7 abordaron la impugnación del artículo 23.4 de la Ley del Parlamento de Andalucía 10/2002, de 21 de diciembre, por la que se aprueban normas en materia de tributos cedidos y otras medidas tributarias, administrativas y financieras (*Tol 224.722)*. Para el Tribunal una norma autonómica puede regular la comprobación de valores, sin exceder por ello el ámbito de la delegación de competencias normativas, que expresamente incluye la gestión y liquidación de los tributos (artículos 48.2 y 49.2 Ley 22/2009). Los órganos de gestión tributaria de la Comunidad Autónoma tan solo pueden incoar expedientes de comprobación de valores, utilizando los mismos criterios que el Estado, esto es, los contenidos en el artículo 57 de la LGT. Ley que es una "verdadera norma de unificación de criterios a cuyo través se garantiza el mínimo de uniformidad imprescindible en los aspectos básicos del régimen tributario" (Sentencia del Tribunal Constitucional 66/1998, de 18 de marzo, fundamento jurídico 14), fundamental también "para garantizar a los administrados un tratamiento común ante las Administraciones públicas" (Sentencia del Tribunal Constitucional 14/1986, de 31 de enero, fundamento jurídico 14), tratamiento que conculcaba la Ley andaluza, pues alteraba el contenido y sentido de un medio de comprobación ya existente y regulado por el Estado, como es el dictamen de peritos, declarándose por tal motivo inconstitucional.

De este modo se viene operando desde la Orden de 30 de enero de 1987[20], pero que sea práctica consuetudinaria no significa que la necesidad de simplificación administrativa y de recaudación lleven a convertir a los administrados en meros títeres. Además, claro está, de que pueda provocarse el efecto totalmente contrario, es decir, que estos ajusten el precio señalado en contrato o documento acreditativo de la transmisión y el valor declarado a lo que determine la Orden reseñada, aunque hayan acordado otro distinto y superior, a sabiendas de que no va a haber comprobación, lo que implicará la existencia de un dinero fuera de los cauces del control público. Realmente, nadie discute que el sistema pergeñe un camino cómodo para la Hacienda autonómica competente en la aplicación del impuesto, que los contribuyentes también puedan llegar a beneficiarse de la simplificación que brinda la norma y que la litigiosidad disminuya, pero con toda probabilidad tampoco va a objetarse el desinterés por la verdadera capacidad económica que revelen las partes en un negocio jurídico de compraventa de un vehículo automóvil.

El artículo 46.3 del TRLITPAJD, en la búsqueda incesante del mayor valor, sienta que cuando el valor declarado por los interesados sea mayor que el comprobado, aquel constituirá la base imponible, no quedando la Administración tributaria vinculada por sus propios actos. Sin embargo, lo argüido no parece tener hoy en día virtualidad práctica, ya que si en el modelo autoliquidativo que se emplee a estos efectos se ha de consignar tanto el valor declarado como el estimado según la Orden de precios medios de venta, no parece necesario iniciar un expediente de comprobación para conocer el mayor importe y aplicar sobre él el tipo de gravamen que resulte pertinente.

Por otro lado, continúa relatando la norma que cuando el valor comprobado o el declarado resultaren inferiores al precio o contraprestación pactada, será esta última magnitud la base imponible. Si ha de aportarse el contrato de compraventa o el documento acreditativo de la transmisión,

---

20 La Orden de 30 de enero de 1987 por la que se aprueba el modelo de declaración-liquidación que debe utilizarse para la autoliquidación de las transmisiones de vehículos usados sujetas al Impuesto sobre Transmisiones Patrimoniales y Actos Jurídicos Documentados, así como las tablas de precios medios de venta, se derogó por la Orden de 29 de abril de 1994 por la que se aprueba el modelo de declaración-liquidación que debe utilizarse en las transmisiones de determinados medios de transporte usados sujetas al Impuesto sobre Transmisiones Patrimoniales y Actos Jurídicos Documentados.

dudamos asimismo de la eficacia de este apartado, ya que lo normal será que las partes reflejen como valor declarado el precio pactado y que este sea como mínimo igual al de mercado establecido en la invocada norma reglamentaria, procediéndose en caso contrario a la consabida comprobación[21]. La declaración de un valor distinto al pactado solo exonerará del pertinente expediente administrativo si aquél es superior no solo al acordado entre las partes, sino también al precio de mercado.

En cualquier caso, el artículo 46.2 dicta lo siguiente:

> "Si de la comprobación resultasen valores superiores a los declarados por los interesados, éstos podrán impugnarlos en los plazos de reclamación de las liquidaciones que hayan de tener en cuenta los nuevos valores[22]".

Asimismo, el artículo 134.3 de la LGT sienta que si bien no puede interponerse recurso o reclamación independiente contra la valoración, podrán los obligados tributarios plantear las cuestiones relativas a la valoración con ocasión de los recursos o reclamaciones que, en su caso, interpongan contra el acto de regularización o bien promover la tasación pericial contradictoria "dentro del plazo del primer recurso o reclamación que proceda contra la liquidación efectuada de acuerdo con los valores comprobados administrativamente o, cuando la normativa tributaria así lo

---

21 ¿Qué ocurriría si el contrato fuese verbal? No olvidemos que el artículo 1278 del Código Civil reconoce que los contratos son obligatorios, con independencia de cómo se hayan celebrado, siempre que concurran las condiciones esenciales para su validez: consentimiento, objeto cierto y causa de la obligación que se establezca, tal y como advierte el artículo 1261 del mismo texto normativo. Confluyendo estos tres requisitos puede entenderse que un contrato verbal es válido, el problema se plantea ante la dificultad de probar en estos casos el precio pactado para compararlo con el valor declarado y el precio de mercado, de tal modo que de los tres se elija el mayor como base imponible del ITP. Se trataría de una *probatio diabolica*, por lo que sería aconsejable celebrar el negocio jurídico de la compraventa por escrito.

22 El apartado 2 del artículo 46 del TRLITPAJD continúa diciendo: "Cuando los nuevos valores puedan tener repercusiones tributarias para los transmitentes se notificarán a éstos por separado para que puedan proceder a su impugnación en reposición o en vía económico-administrativa o solicitar su corrección mediante tasación pericial contradictoria y, si la reclamación o la corrección fuesen estimadas en todo o en parte, la resolución dictada beneficiará también a los sujetos pasivos del Impuesto sobre Transmisiones Patrimoniales y Actos Jurídicos Documentados".

prevea, contra el acto de comprobación de valores debidamente notificado[23]" (artículo 135.1 LGT).

Su solicitud, o la reserva del derecho a promoverla, tal y como se recoge en el segundo párrafo del precepto citado, implicará la suspensión de la ejecución de la liquidación, y del plazo para interponer recurso o reclamación contra la misma. Igualmente conllevará la suspensión del plazo para iniciar el procedimiento sancionador derivado, en su caso, de la liquidación o, si este se hubiera iniciado, del plazo máximo para la terminación de dicho proceso. De esta forma lo establece el tercer párrafo del artículo 135.1 de la LGT[24].

Una vez solicitada será necesaria la valoración realizada por un perito de la Administración si el valor comprobado no se ha cuantificado mediante dictamen de peritos de aquella. "Si la diferencia entre el valor determinado por el perito de la Administración y la tasación practicada por el perito designado por el obligado tributario, considerada en valores absolutos, es igual o inferior a 120.000 euros y al 10 por ciento de dicha tasación, esta última servirá de base para la liquidación. Si la diferencia es superior, deberá designarse un perito tercero de acuerdo con lo dispuesto en el apartado siguiente" (artículo 135.2 LGT). Lo lógico, por tanto, será recurrir a ella cuando pueda compensar al administrado el pago de los honorarios de un perito que determine el valor del bien e incluso, llegado el caso, de un perito tercero. Pero esto, que, hasta la aparición del valor de referencia, podía resultar muy habitual en las transmisiones de bienes inmuebles (en las que se manejan valores altos), nos parece infrecuente en las operaciones de venta de vehículos usados, ya que puede ser mínimo o inexistente el beneficio que conseguir y muy elevado el coste que pagar.

Por último, conforme al dictado del artículo 46.4 del TRLITPAJD: "Si el valor obtenido de la comprobación fuese superior al que resultase de la aplicación de la correspondiente regla del Impuesto sobre el Patrimonio, surtirá efecto en relación con las liquidaciones a practicar a cargo del adquirente

---

23 Véase con relación a la tasación pericial contradictoria, AAVV (Dir. I. Merino Jara), *Derecho Financiero y Tributario. Parte General*, Tecnos, Madrid, 2022, págs. 481-489.

24 Si en el momento de solicitar la referida tasación contra la liquidación ya se hubiera impuesto una sanción y como consecuencia de aquella se dictara una nueva liquidación, se procederá a su anulación y a la imposición de otra considerando la nueva liquidación (artículo 135.1, cuarto párrafo, LGT).

por dicho Impuesto por la anualidad corriente y las siguientes[25]". Dado que según el artículo 18 de la Ley 19/1991, de 6 de junio, del Impuesto sobre el Patrimonio *(Tol 224.740)*, los automóviles se computarán por el valor de mercado a la fecha de devengo del impuesto, para cuya determinación podrá acudirse a las tablas de valoración de vehículos aprobadas por el Ministerio de Hacienda y Función Pública, no parece que este precepto vaya a ser aplicable en las comprobaciones de valores de tales bienes, pues terminaría confrontándose el mismo valor: el de mercado. Para los bienes inmuebles, el artículo 10.Uno[26] de esta última ley sí establece distintos parámetros de comparación (el valor catastral, el determinado o comprobado por la Administración a efectos de otros tributos o el precio, contraprestación o valor de la adquisición), por lo que la operatividad de la transcrita regla cobra sentido. Lo dejamos apuntado, aunque no sea objeto de nuestro estudio[27].

2.4. Los precios medios de venta de los vehículos automóviles *versus* los valores de referencia de los bienes inmuebles: una rápida comparativa

La Orden HFP/1259/2022 se extiende a lo largo de 2.049 páginas del Boletín Oficial del Estado núm. 304 de 20 de diciembre de 2022. Considerando que se intenta recoger con la mayor exactitud posible los datos necesarios para determinar el valor de mercado no solo de los vehículos automóviles sino de otros medios de transporte que no son tratados en este capítulo, no es de extrañar su amplitud[28]. En cualquier caso, recordamos que para la elaboración de las tablas de modelos y precios se nos indica que

---

[25] La redacción de este precepto es prácticamente idéntica a la del artículo 18.3 de la Ley 29/1987, del Impuesto sobre Sucesiones.

[26] Apartado modificado por el artículo 5.1 de la Ley 11/2021, de 9 de julio.

[27] A propósito de este tema puede consultarse J. L. García Gil y F. J. García Gil. *Tratado del Impuesto sobre Transmisiones Patrimoniales y Actos Jurídicos Documentados*, Dijusa, Madrid, 2004, pág. 582.

[28] En la ayuda del modelo 621 aprobado por la Junta de Andalucía se indica lo siguiente, a pesar de que la Orden Ministerial no dice nada sobre el particular:
Si el vehículo no aparece en la lista de vehículos, se aconseja eliminar o modificar alguno de los criterios de búsqueda (Modelo/Año/Motor, Cilindrada, Potencia Fiscal) y pulsar de nuevo el botón "Filtrar".
Si la matrícula del vehículo corresponde a un modelo antiguo, es posible que este no conste en la indicada lista, pero que sí aparezca un modelo genérico que se pueda seleccionar.
Visítese al respecto la web: https://www.juntadeandalucia.es/agenciatributariadeandalucia/instrucciones/inst621, consultada por última vez el 28 de marzo de 2023.

se han empleado los datos facilitados por las asociaciones de fabricantes y vendedores de medios de transporte. Unos datos que no están publicitados, ignorando igualmente si las aportaciones de aquellos que operan en este sector son las únicas que se han tenido en cuenta.

La estimación objetiva de la base imponible del ITPAJD en las operaciones de venta de vehículos entre particulares es, a priori, "voluntaria". Si el contribuyente cuantifica el hecho imponible, declarando un importe inferior al valor de mercado, ello dará pie para que la Administración competente incoe un expediente de comprobación de valores, recurriendo a los precios de mercado como medio idóneo de comprobación [artículo 57.1.c) LGT]. En corrección del mismo podrá el interesado promover tasación pericial contradictoria en los términos del artículo 135.1 de la LGT.

Si el objeto de la operación de venta entre particulares es un inmueble, el artículo 10.2 del TRLITPAJD establece que la base imponible será "el valor de referencia previsto en la normativa reguladora del catastro inmobiliario, a la fecha de devengo del impuesto[29]". La disposición final tercera del texto refundido de la Ley del Catastro Inmobiliario[30], en la redacción dada por el artículo 14.8 de la Ley 11/2021, señala que la "Dirección General del Catastro determinará de forma objetiva y con el límite del valor de mercado, a partir de los datos obrantes en el Catastro, el valor de referencia, resultante del análisis de los precios comunicados por los fedatarios públicos en las compraventas inmobiliarias efectuadas. A este efecto, incluirá las conclusiones del análisis de los citados precios en un informe anual del mercado inmobiliario, y en un mapa de valores que contendrá la delimitación de ámbitos territoriales homogéneos de valoración, a los que asignará módulos de valor medio de los productos inmobiliarios representativos. El citado mapa se publicará en la sede electrónica de la Dirección General del Catastro. Con el fin de que el valor de referencia de los inmuebles no supere el valor de mercado se fijará, mediante orden de la Ministra de Hacienda, un factor de minoración al mercado para los bienes de una misma clase" (párrafos 1.º a 3.º).

A pesar de lo manifestado, si el valor declarado por los interesados, el precio o contraprestación pactada, o ambos son superiores al valor de re-

---

29 Sobre el valor de referencia aconsejamos visitar la siguiente dirección *web*: http://www.catastro.minhap.gob.es/esp/faqs.asp, consultada por última vez el 27 de marzo de 2023.

30 El Real Decreto Legislativo 1/2004, de 5 de marzo, aprueba el texto refundido de la Ley del Catastro Inmobiliario.

ferencia, se tomará como base imponible, a tenor del artículo 10.2 del TRLITPAJD, la mayor de las magnitudes indicadas. En caso de no existir valor de referencia o de que no pueda ser certificado por la Dirección General del Catastro, la base imponible, sin perjuicio de la comprobación administrativa, será la mayor de las siguientes cantidades: el valor declarado por los interesados, el precio o contraprestación pactada o el valor de mercado.

Se trata de una estimación objetiva "obligatoria", pudiendo impugnarse el valor de referencia únicamente, según el artículo 10.3 del TRLITPAJD, cuando se recurra la liquidación realizada en su caso por la Administración Tributaria o con ocasión de la solicitud de rectificación de la autoliquidación, de conformidad con los términos que recoge el apartado 4 de este precepto[31].

Así pues, aunque los precios medios de venta de vehículos, utilizados desde 1987 como medios de comprobación a efectos de distintas figuras impositivas, pueden llegar a considerarse la antesala de los valores de referencia de los bienes inmuebles, existen diferencias significativas, probablemente, fundadas en la importancia que en el tráfico patrimonial civil alcanzan las operaciones de transmisión de unos y otros y en las repercusiones fiscales, sobre todo a nivel recaudatorio, de las mismas.

2.5. Tipos de gravamen

Según el artículo 55.1 de la LGT: "El tipo de gravamen es la cifra, coeficiente o porcentaje que se aplica a la base liquidable para obtener como resultado la cuota íntegra". El tipo impositivo aplicable en la transmisión de vehículos usados es el 4 por 100, alícuota establecida en el artículo 11.1.a) del TRLITPAJD para la transmisión de bienes muebles[32], siempre que la respectiva Comunidad Autónoma no haya establecido un tipo diferente.

---

[31] Los apartados 2, 3 y 4 han sido añadidos al artículo 10 del TRLITPAJD por el artículo sexto de la ley 11/2021, de 9 de julio.

[32] En cuanto a la calificación de los bienes como muebles o inmuebles se estará a lo dispuesto en el Código Civil y en el Derecho Administrativo (artículo 3 TRLITPAJD). A tales efectos, el artículo 333 del Código Civil señala que: "Todas las cosas que son o pueden ser objeto de apropiación se consideran como bienes muebles o inmuebles". El artículo 334 define los bienes inmuebles y el 335 considera bienes muebles: "(...) los susceptibles de apropiación no comprendidos en el capítulo anterior, y en general todos los que se pueden transportar de un punto a otro sin menoscabo de la cosa inmueble a que estuvieren unidos".

Efectivamente, los entes autonómicos pueden ejercer competencias normativas sobre este impuesto cedido, las que reconoce el artículo 49 de la Ley 22/2009, cuyo apartado 1.a) advierte que pueden regular el tipo de gravamen en las transmisiones de bienes muebles[33]. Dicho ejercicio procurará diferencias de gravamen para los sujetos pasivos contribuyentes en el conjunto del territorio español, amparadas por la norma y arropadas por el Tribunal Constitucional[34].

Resulta de interés constatar que el artículo 11.2 del TRLITPAJD se decanta por aplicar el tipo de gravamen que corresponda a los bienes inmuebles cuando un mismo acto o contrato comprenda bienes de distinta naturaleza sin especificar la parte de valor que a cada uno de ellos corresponda. Según R. Falcón y Tella. *Impuesto sobre Transmisiones Patrimoniales y Actos Jurídicos Documentados. Tributación práctica,* Iustel, Madrid, 2005, pág. 73, este precepto, tradicionalmente, buscaba la aplicación del tipo más elevado, pero dado que algunas Comunidades Autónomas han aprobado tipos reducidos para ciertas transmisiones de bienes inmuebles, ha de entenderse que la norma se limita a los supuestos en que el posible conflicto se plantea entre el tipo general de las operaciones inmobiliarias y el tipo previsto para los bienes muebles.

33 El ITPAJD ya aparecía en el listado de tributos cedidos del artículo uno.1.c) de la Ley 30/1983, de 28 de diciembre, reguladora de la cesión de tributos del Estado a las Comunidades Autónomas *(Tol 220.352)*. Así se plasmaba también en el artículo 2.Uno.d) de la Ley 14/1996, de 30 de diciembre, de cesión de tributos del Estado a las Comunidades Autónomas y de medidas fiscales complementarias *(Tol 138.519),* que derogó con salvedades a la anterior, sin embargo, hasta la Ley 21/2001, de 27 de diciembre, por la que se regulan las medidas fiscales y administrativas del nuevo sistema de financiación de las Comunidades Autónomas de régimen común y Ciudades con Estatuto de Autonomía *(Tol 147.478),* que pasa a derogar a las dos normas anteriores, no se les reconoce competencias normativas para regular los porcentajes de gravamen en las transmisiones de bienes muebles, como los vehículos [artículo 41.1.a) y disposición derogatoria única].
Acerca de este tema puede consultarse J. Ramos Prieto, *La cesión de impuestos del Estado a las Comunidades Autónomas. Concepto, régimen jurídico y articulación constitucional,* Comares, Granada, 2001, págs. 528-531 y 626-630.

34 Entre otras, en las Sentencias 37/1987, de 26 de marzo, 201/1988, de 27 de octubre, 159/1990, de 18 de octubre, 233/1999, de 16 de diciembre, y 60/2015, de 18 de marzo, el Tribunal Constitucional reconoce que la igualdad no puede ser entendida como sinónimo de uniformidad en el conjunto del territorio español, pues ello supondría dejar sin efecto la autonomía de los entes territoriales. En cualquier caso, esta defensa de la autonomía financiera de las regiones, no debe realizarse de espaldas a lo dispuesto por el artículo 19.Dos de la Ley Orgánica 8/1980, que evoca la necesidad de que las Comunidades Autónomas, en el ejercicio de sus competencias normativas, velen por el cumplimiento del principio de solidaridad entre todos los españoles, conforme a lo establecido al respecto en la Constitución, no adoptando medidas que discriminen por razón del lugar de

En el caso del ente andaluz, el artículo 46 de la Ley 5/2021, de 20 de octubre, de Tributos Cedidos de la Comunidad Autónoma de Andalucía *(Tol 8.623.223)*, establece que en la modalidad transmisiones patrimoniales onerosas del ITPAJD se aplicará el tipo de gravamen reducido del 1 por 100 a las adquisiciones de una serie de bienes muebles, entre los que se encuentran, letra a), "los vehículos de turismo, ciclomotores y motocicletas clasificados en el Registro de Vehículos con la categoría ambiental «0 emisiones», de conformidad con la clasificación establecida en el apartado E.2.a) del Anexo II del Real Decreto 2822/1998, de 23 de diciembre, por el que se aprueba el Reglamento General de Vehículos, o norma que lo sustituya. Dicha condición será acreditada mediante el correspondiente distintivo ambiental aprobado por la Dirección General de Tráfico".

Asimismo, el artículo 47 de esta ley autonómica alude a un tipo de gravamen incrementado del 8 por 100 aplicable a las transmisiones de vehículos de turismo y vehículos todo terreno que superen los 15 caballos de potencia fiscal[35].

En el resto de supuestos se aplicará, con carácter supletorio, el tipo del 4 por 100.

---

ubicación de los bienes, de procedencia de las rentas, de realización del gasto, de la prestación de los servicios o de celebración de los negocios, actos o hechos; lo cual habrá de redundar en una presión fiscal efectiva global equivalente a la del resto del territorio nacional.

M. A. Ortega Almón, T. J. Vílchez Ortiz y A. Rojo Gallego-Burin. "El Impuesto sobre Transmisiones Patrimoniales y Actos Jurídicos Documentados y el ciclo político: incidencia económica desde una doble perspectiva", *Revista de Estudios de la Administración Local y Autonómica*, núm. 13, 2020, págs. 131-151, analizan las desigualdades entre los ciudadanos a la hora de tributar, según sea su lugar de residencia, exponiendo la evolución de la normativa autonómica durante los períodos pre-electorales y post-electorales.

[35] El Decreto-ley 1/2010, de 9 de marzo, de medidas tributarias de reactivación económica de la Comunidad Autónoma de Andalucía *(Tol 1.791.138)*, fue el que introdujo, con efectos desde el 19 de marzo de 2010, este tipo de gravamen incrementado, aplicado también a las embarcaciones de recreo con más de ocho metros de eslora y aquellos otros bienes muebles que se puedan considerar como objetos de arte y antigüedades, según la definición que de los mismos se realiza en la Ley 19/1991, de 6 de junio, antes citada.

Las medidas adoptadas por otras Comunidades Autónomas con relación al tipo de gravamen aplicable a determinados medios de transporte quedan extractadas en el siguiente cuadro[36]:

Comunidad Autónoma	Tipo de gravamen aplicable
Aragón (artículo 121.6 Decreto Legislativo 1/2005, de 26 de septiembre, del Gobierno de Aragón, por el que se aprueba el texto refundido de las disposiciones dictadas por la Comunidad Autónoma de Aragón en materia de tributos cedidos) *(Tol 776.009)*	En la transmisión de turismos con más de 10 años de uso, en función de la cilindrada, se aplican determinadas cuotas fijas. Si se transmiten otros vehículos se ha de aplicar el tipo supletorio estatal del 4 por 100
Canarias [artículo 31.1.b) y 38 ter Decreto Legislativo 1/2009, de 21 de abril, por el que se aprueba el Texto Refundido de las disposiciones legales vigentes dictadas por la Comunidad Autónoma de Canarias en materia de tributos cedidos) *(Tol 1.482.724)*	El tipo impositivo aplicable a las transmisiones de vehículos es como regla general del 5,5 por 100. No obstante, en la transmisión de turismos con más de 10 años de uso o con más de 10 años de matriculación, en función de la cilindrada, se contemplan cuotas fijas. La adquisición de vehículos históricos queda sujeta al tipo de gravamen establecido para los bienes muebles, cualquiera que sea su período de matriculación y su cilindrada
Cantabria (artículo 11 Decreto Legislativo 62/2008, de 19 de junio, por el que se aprueba el texto refundido de la Ley de Medidas Fiscales en materia de Tributos cedidos por el Estado) *(Tol 1.331.888)*	El tipo de gravamen aplicable a las transmisiones de bienes muebles o semovientes será, con carácter general, del 8 por 100. No obstante, en la transmisión de turismos con más de 10 años de antigüedad, en función de la cilindrada, se aplica una escala que cobija cuotas fijas
Castilla y León [artículos 24.1.b) y 25.2 Decreto Legislativo 1/2013, de 12 de septiembre, por el que se aprueba el texto refundido de las disposiciones legales de la Comunidad de Castilla y León en materia de tributos propios y cedidos) *(Tol 3.914.380)*	El tipo de gravamen aplicable a las transmisiones de bienes muebles o semovientes será, con carácter general, del 5 por 100. Las transmisiones de vehículos de turismo y vehículos todo terreno que superen los 15 caballos de potencia fiscal tributarán al 8 por 100
Cataluña (artículo 12 Ley 12/2004, de 27 de diciembre, de medidas financieras) *(Tol 518.946)*	5 por 100 en las transmisiones de medios de transporte. No existe, no obstante, obligación de presentar autoliquidación en los supuestos de transmisión de turismos de diez o más años de antigüedad, salvo que su valor sea igual o superior a 40.000 euros según la orden de precios medios de venta
Comunidad Valenciana (artículo 27 Ley 7/2021, de 29 de diciembre, de medidas fiscales, de gestión administrativa y financiera y de organización de la Generalitat 2022[464]) *(Tol 8.736.841)*	Tributará al tipo del 6 por 100, entre otros, la adquisición de automóviles tipo turismo, cualquiera que sea su valor
Extremadura (artículo 38 Decreto Legislativo 1/2018, de 10 de abril, por el que se aprueba el texto refundido de las disposiciones legales de la Comunidad Autónoma de Extremadura en materia de tributos cedidos por el Estado) *(Tol 6.605.879)*	El tipo de gravamen aplicable a las transmisiones de bienes muebles o semovientes será del 6 por 100

36 Puede resultar de ayuda la obra de J. M. Pérez Lara. *Impuesto sobre Transmisiones Patrimoniales y Actos Jurídicos Documentados. Normativa estatal y autonómica 2022 (10.ª edición concordada y anotada)*, Tirant lo Blanch, Valencia, 2022.

Galicia (artículo 14.Uno. 2 y 3 Decreto Legislativo 1/2011, de 28 de julio, por el que se aprueba el texto refundido de las disposiciones legales de la Comunidad Autónoma de Galicia en materia de tributos cedidos por el Estado[465]) *(Tol 2.250.524)*	Con carácter general, en la modalidad de transmisiones patrimoniales onerosas del ITPAJD, el tipo aplicable a la transmisión de bienes muebles y semovientes, así como en la constitución y cesión de derechos reales que recaigan sobre los mismos, salvo los derechos reales de garantía, será del 8 por 100. No obstante, en los casos de transmisión de automóviles turismo y todoterrenos, con un uso igual o superior a quince años, se aplicará una cuota fija en euros
Islas Baleares (disposición final 2.13 Decreto-ley 4/2022, de 30 de marzo de 2022, por el que se adoptan medidas extraordinarias y urgentes para paliar la crisis económica y social producida por los efectos de la guerra en Ucrania[466]) *(Tol 8.888.303)*	Con efectos desde el 31 de marzo de 2022, se establecen dos tipos de gravamen específicos: uno, del 0 por 100 aplicable a las transmisiones de vehículos clasificados con el distintivo ambiental de la Dirección General de Tráfico de cero emisiones; otro, del 2 por 100 aplicable a las transmisiones onerosas de vehículos clasificados con el distintivo ambiental de vehículos ECO
Principado de Asturias [artículo 32.b) Decreto Legislativo 2/2014, de 22 de octubre, por el que se aprueba el texto refundido de las disposiciones legales del Principado de Asturias en materia de tributos cedidos por el Estado] *(Tol 4.529.683)*	El tipo aplicable a las transmisiones de vehículos de turismo y vehículos todo terreno que superen los 15 caballos de potencia fiscal, según la clasificación establecida en las órdenes de precios medios de venta establecidos anualmente en Orden Ministerial, será del 8 por 100
Región de Murcia (artículo 6.10 Decreto Legislativo 1/2010, de 5 de noviembre, por el que se aprueba el Texto Refundido de las disposiciones legales vigentes en la Región de Murcia en materia de tributos cedidos[467]) *(Tol 2.016.081)*	A las transmisiones onerosas por actos *inter vivos* de automóviles tipo turismo y demás vehículos con más de doce años de antigüedad les serán de aplicación determinadas cuotas fijas en euros

Fuente: Elaboración propia a partir, entre otros, de los datos obtenidos de la página *web*: https://www.hacienda.gob.es/Documentacion/Publico/PortalVarios/FinanciacionTerritorial/Autonomica/Capitulo-II-Tributacion-Autonomica-2022.pdf

Los territorios autonómicos de régimen general no se han prodigado en exceso adoptando medidas que afecten a los tipos de gravamen aplicables en las transmisiones de vehículos usados, lo cual nos ofrece una ligera idea de la escasa importancia que se da, a nivel recaudatorio, a este tipo de operaciones, frente al interés que despiertan las de naturaleza inmobiliaria. Ello se traduce en el hecho de que la supletoriedad de la norma estatal adquiera un importante protagonismo.

Cuando han actuado en el ejercicio de su poder tributario no han seguido un patrón común. Se vislumbra cierta homogeneidad en la determinación de cuotas fijas para las transmisiones de vehículos que superen determinados años de uso o matriculación. Así ocurre en Aragón, Canarias, Cantabria o Murcia. Del mismo modo, algunas Comunidades Autónomas aplican tipos impositivos altos en las transmisiones de vehículos con más de 15 caballos de potencia fiscal. Es el caso de Andalucía, Castilla y León y el Principado de Asturias. Entendemos que, por un lado, la mayor potencia fiscal se asocia a un valor más elevado del bien y a una capacidad contributiva más alta de su adquirente, buscándose por derivación un incremento de la recaudación y, por otro lado, si tales medios de transporte provocan una superior contaminación, el impuesto se estará empleando con un fin, amén de recaudatorio, extrafiscal (artículo 2.1 LGT), dirigido a la conservación y defensa del medio ambiente[37]. Este es el sentir del artículo 46 de la Ley 5/2021, de 20 de octubre, de Tributos Cedidos de la Comunidad Autónoma de Andalucía y de la disposición final 2.13 del Decreto-ley 4/2022, de 30 de marzo de 2022, aprobado por las Islas Baleares, si bien en estos dos últimos casos, aprobándose tipos reducidos (entre un 0 y un 2 por 100) para las adquisiciones de vehículos poco contaminantes.

3. CONCLUSIONES

Al hilo de lo analizado y expuesto pasamos a enumerar las siguientes conclusiones:

1.ª Las operaciones de venta de vehículos automóviles realizadas por particulares son una constante en el tráfico patrimonial civil, pero, como la gran mayoría de negocios jurídicos, entrañan un coste fiscal que habrá de tenerse en cuenta.

2.ª Desde el punto de vista de la tributación indirecta se devenga el Impuesto sobre Transmisiones Patrimoniales y Actos Jurídicos, modalidad Transmisiones Patrimoniales Onerosas, cuya autoliquidación y pago corresponden por ley al comprador como sujeto pasivo contribuyente.

3.ª Especialmente interesante resulta la medición del hecho imponible en estas operaciones, pues la base imponible será igual al valor de mercado del vehículo transmitido, apareciendo este determinado en una Orden sobre precios medios de venta que anualmente publica el Ministerio de Hacienda y Función Pública.

---

[37] Algunos de los factores que para cuantificar la cuota tributaria se manejan en el cuadro de tarifas del artículo 95.1 del Real Decreto Legislativo 2/2004, de 5 de marzo, por el que se aprueba el texto refundido de la Ley Reguladora de las Haciendas Locales, guardan cierta relación con el efecto contaminante de los vehículos, por ejemplo, la potencia fiscal de turismos o tractores.
Así mismo el artículo 70 de la Ley 38/1992 establece tipos de gravamen diferenciados para los vehículos en atención a su mayor o menor incidencia medioambiental, vinculando el nivel de contaminación generado por el vehículo al índice de consumo, la clase de carburante y la potencia fiscal del motor.

4.ª Tales precios se comportan como valores mínimos, pues en caso de que se declare o pacte un valor inferior, la Administración competente, atendiendo a lo dispuesto en el artículo 57.1.c) de la LGT, recurrirá a los precios de mercado como medios de comprobación. En cambio, si se declara o acuerda un valor superior al consignado en la referida orden será este el que se tome como base de imposición.

5.ª De este modo, cuando los interesados pactan o acuerdan como importe de la transacción un valor realmente inferior al que resulta de la Orden sobre precios medios, pueden optar por declarar estos como base imponible, aunque ello conlleve aplicar el porcentaje de gravamen a un valor superior al que se ha recibido como contraprestación, o bien pueden enfrentarse a una comprobación de valores, con las implicaciones que para el cálculo de la deuda tributaria final pueda tener la suma de otros elementos adicionales (intereses de demora y sanciones, fundamentalmente).

6.ª Si de la comprobación resultasen valores superiores a los declarados, podrán impugnarse por los interesados, si bien dudamos de las posibilidades de éxito de dicha reclamación, pues la Administración, recordémoslo, actúa amparada por la ley y el reglamento. Resulta difícil actuar contracorriente. Al margen de que el valor que pueden alcanzar los bienes que tratamos y la cuantía, en líneas generales, del tipo de gravamen que determine la cuota resultante, probablemente desmerezcan el conflicto con la Administración. Y con estos mimbres también cuenta aquella.

7.ª Por otro lado, la aceptación de los precios medios de venta como base imponible, evitándose de esta forma el inicio y desarrollo de un procedimiento de comprobación de valores, entraña también riesgos para la Administración, por ejemplo, cuando se celebren operaciones en las que se pacte un precio superior al de mercado, que las partes intervinientes no van a declarar, salvo que les interese por motivos distintos a los de naturaleza fiscal. Ello provocará la circulación de dinero fuera de los cauces del control público. Entendemos, sin embargo, que estas situaciones se asumen, porque, como hemos constatado anteriormente, por muy alto que sea el valor de estos bienes, en absoluto será comparable con el de los inmuebles y, por tanto, lo que se pague de más al vendedor y el ahorro fiscal para el comprador no van a originar importantes descalabros en las arcas públicas.

8.ª El sistema es simple, pero poco respetuoso con el principio de capacidad contributiva que debiera inspirar al conjunto del sistema tributario.

9.ª En cuanto a los porcentajes de gravamen, ha podido comprobarse cómo en el ejercicio de su poder tributario originario de segundo grado algunas Comunidades Autónomas han establecido algunos de carácter propio, aplicándose en su defecto el tipo supletorio estatal.

En la actualidad tanto unos como otro resultan inferiores al tipo general del IVA del 21 por 100. Eso significa que la factura fiscal es de menor cuantía cuando se adquiere un vehículo usado a un particular que a un empresario o profesional, los cuales se encuentran impelidos, como regla general, puesto que hay excepciones, a repercutir el IVA reseñado. No obstante, cabría otra lectura complementaria, pues si el adquirente es empresario o profesional, probablemente, la elección más ventajosa sea la de adquirir un vehículo de dicha naturaleza a otro sujeto pasivo del IVA para de esta forma deducirse el impuesto soportado, siempre y cuando el bien vaya a afectarse a la actividad. No podemos obviar que el ITPAJD no es deducible como el IVA, sino que se añadirá al valor de compra del vehículo, recuperándose, en los impuestos que gravan el beneficio, vía amortización. Los particulares no disfrutan de esta posibilidad, pero tienen la oportunidad de reducir la carga fiscal si optan por la compra del vehículo a otro particular.

BIBLIOGRAFÍA

AAVV (Dir. I. MERINO JARA), *Derecho Financiero y Tributario. Parte General*, Tecnos, Madrid, 2022

ALCALDE BARRERO, O. *Impuesto sobre Transmisiones Patrimoniales y Actos Jurídicos Documentados. Comentarios y casos prácticos*, CEF, Madrid, 2010.

ALFONSO GALÁN, R. M. *El Impuesto sobre Transmisiones Patrimoniales y Actos Jurídicos Documentados*, Tirant lo Blanch, Valencia, 2015.

COLOMER FERRÁNDIZ, C. *Jurisprudencia del Impuesto sobre Transmisiones Patrimoniales y Actos Jurídicos Documentados*, Colegio de Registradores de la Propiedad y Mercantiles de España, Madrid, 2010.

FALCÓN Y TELLA, R. *Impuesto sobre Transmisiones Patrimoniales y Actos Jurídicos Documentados. Tributación práctica*, Iustel, Madrid, 2005.

GARCÍA GIL, J. L. y GARCÍA GIL, F. J. *Tratado del Impuesto sobre Transmisiones Patrimoniales y Actos Jurídicos Documentados*, Dijusa, Madrid, 2004

MUÑOZ DEL CASTILLO, J. L., VILLARÍN LAGOS, M. y DE PABLO VARONA, C. *Comentarios al Impuesto sobre Transmisiones Patrimoniales y Actos Jurídicos Documentados*, Thomson, Civitas, Madrid, 2004.

ORTEGA ALMÓN, M. A., VÍLCHEZ ORTIZ, T. J. y ROJO GALLEGO-BURIN, A. "El Impuesto sobre Transmisiones Patrimoniales y Actos Jurídicos Documentados y el ciclo político: incidencia económica desde una doble perspectiva", *Revista de Estudios de la Administración Local y Autonómica*, núm. 13, 2020.

PÉREZ LARA, J. M. *Impuesto sobre Transmisiones Patrimoniales y Actos Jurídicos Documentados. Normativa estatal y autonómica 2022 (10.ª edición concordada y anotada)*, Tirant lo Blanch, Valencia, 2022.

PÉREZ RON, M. *Fiscalidad práctica 2017. Impuesto sobre Transmisiones Patrimoniales y Actos Jurídicos Documentados*, Aranzadi, Cizur Menor (Navarra), 2017.

PLAZA VÁZQUEZ A. L. y RUIZ GARIJO, M. "Adquisición de vehículos y otros medios de transporte. El Impuesto sobre el Valor Añadido y el Impuesto sobre Transmisiones Patrimoniales", en *Tributación del Automóvil y otros medios de transporte*, Thomson, Aranzadi, Cizur Menor (Navarra), 2005.

RAMOS PRIETO, J. *La cesión de impuestos del Estado a las Comunidades Autónomas. Concepto, régimen jurídico y articulación constitucional*, Comares, Granada, 2001.

- "Reforma de los impuestos de matriculación y circulación: reflexiones a propósito del Libro Blanco sobre la reforma tributaria", Documentos de Trabajo 3/2023, II Jornadas sobre la Reforma Ambiental de las Haciendas Locales: La reforma en el marco jurídico europeo, estatal y autonómico, Instituto de Estudios Fiscales, Madrid, 2023.

SUÁREZ PANDIELLO, J., BOSCH ROCA, N., PEDRAJA CHAPARRO F., RUBIO GUERREO, J. J. y UTRILLA DE LA HOZ, A. *La financiación local en España: radiografía del presente y propuestas de futuro*, Federación Española de Municipios y Provincias, Salamanca, 2008.

El impuesto especial sobre los envases de plástico no reutilizables [1]

MÓNICA ARRIBAS LEÓN
Profesora titular de Derecho Financiero y Tributario
Universidad Pablo de Olavide

1. INTRODUCCIÓN

El 1 de enero de 2023 ha entrado en vigor el nuevo impuesto especial sobre los envases de plástico no reutilizables en España, que recae sobre el consumo en nuestro territorio de estos bienes de un solo uso, tanto si se ofrecen vacíos como conteniendo, protegiendo, manipulando o distribuyendo mercancías[2]. Se configura como un instrumento económico para proteger el medio ambiente, fundamentalmente a través de la prevención de generación de residuos de esta naturaleza y el fomento del reciclado de tales materiales desechados. A pesar de que el sujeto pasivo sea el fabricante, como estudiaremos más adelante, se prevé la repercusión jurídica de las cuotas devengadas al adquirente, quien a su vez podrá trasladar, ya de forma económica vía precios y no mediante una repercusión jurídica expresa, la carga financiera del tributo hasta llegar al consumidor.

Es una figura novedosa en el escenario de la Unión Europea dado que no hay ningún Estado miembro que a día de hoy tenga vigente un tributo similar, como veremos en el apartado siguiente. Sí lo tiene Reino Unido, por ejemplo, cuyo *Plastic Packaging Tax* se aplica desde el 1 de abril de 2022 y grava los envases de plástico fabricados o importados en el Reino Unido siempre que contengan menos de un treinta por ciento de plástico reciclado, con un objetivo evidente de incentivar el uso de plástico reciclado, lo que a su vez tendrá el efecto de impulsar el reciclaje[3].

---

1 Este trabajo ha sido cerrado y enviado para su publicación el 31 de marzo de 2023.

2 Disposición final decimotercera de la Ley 7/2022, de 8 de abril, de residuos y suelos contaminados para una economía circular.

3 Su regulación puede consultarse en https://www.legislation.gov.uk/uksi/2022/117/contents/made. Están sujetos los envases de plástico diseñados para su uso en la cadena de suministro o para un solo uso por parte del consumidor. A diferencia del impuesto español, en el caso inglés no hay sujeción cuando el envase está compuesto por plástico reciclado en un porcentaje superior al 30 por ciento. La deuda se calcula en función

Es una exacción que desde un plano sustantivo presenta un elevado carácter técnico, ya que implica manejar conceptos que escapan por completo al ámbito del Derecho y entran en campos bastante alejados; ocurre, por ejemplo, con la noción de plástico o de envase. Resulta evidente que no vamos a adentrarnos en esas esferas y nos vamos a limitar a su perspectiva fiscal. Para ello, en las siguientes páginas, siguiendo un esquema clásico, vamos a efectuar un acercamiento a la figura tributaria. Tras analizar el origen comunitario de la medida, vinculado al establecimiento de un nuevo recurso propio de la Unión desde el año 2021, delimitaremos sus normas reguladoras, naturaleza y finalidad; a continuación, dedicaremos sendos apartados a fijar el ámbito objetivo y espacial; tras ello, abordaremos el hecho imponible, diferenciando los cuatro elementos básicos que lo integran: material, personal, temporal y cuantitativo; cerraremos resumiendo las principales normas de gestión. Como último epígrafe incluiremos una valoración personal.

2. ORIGEN: EL NUEVO RECURSO PROPIO DE LA UNIÓN EUROPEA PROPORCIONAL A LA CANTIDAD DE RESIDUOS DE ENVASES DE PLÁSTICO

En la reunión extraordinaria del Consejo Europeo celebrada en Bruselas los días 17 a 21 de julio de 2020 se concluyó que la Unión debía reformar el sistema de recursos propios e instaurar nuevas fuentes de ingresos en los próximos años. A tal fin, la Decisión (UE, Euratom) 2020/2053 del Consejo, de 14 de diciembre de 2020, *sobre el sistema de recursos propios de la Unión Europea y por el que se deroga la Decisión 2014/335/UE, Euratom*, estableció las normas de asignación de estos recursos propios con objeto de garantizar la financiación del presupuesto anual de la Unión[4]. En su considerando (7) señalaba:

---

de las toneladas de plástico, aplicando un gravamen de 210,82 libras esterlinas por cada tonelada desde el 1 de abril de 2023 (hasta esta fecha la alícuota era de 200 libras esterlinas por cada tonelada), estableciéndose una exención para los fabricantes e importadores de menos de 10 toneladas al año. Puede obtenerse información más completa a través del enlace https://www.gov.uk/government/collections/plastic-packaging-tax.

4 Para un estudio más en profundidad sobre este tema nos remitimos a los trabajos de CORDERO GONZÁLEZ, E. V., “La reforma del sistema de recursos propios de la UE: el recurso sobre los residuos de envases de plástico no reciclados y el proyecto de mecanismo de ajuste en frontera de las emisiones de carbono”, *Studi Tributari Europei*, volumen 11, 2021, páginas 128-137 y COBOS GÓMEZ, J. M., “El impuesto sobre envases de plástico no reutilizables y otras medidas fiscales en el anteproyecto de Ley de residuos”, *Crónica tributaria*, número 178, 2021, páginas 22-23.

> "El primer paso consistirá en introducir una nueva categoría de recursos propios basada en contribuciones nacionales calculadas en función de los residuos de envases de plástico no reciclados. De conformidad con la Estrategia Europea para el Plástico, el presupuesto de la Unión puede contribuir a reducir la contaminación procedente de los residuos de envases de plástico. Un recurso propio basado en contribuciones nacionales proporcionales a la cantidad de residuos de envases de plástico que no se reciclen en el Estado miembro proporcionará un incentivo para reducir el consumo de plásticos de un solo uso, fomentar el reciclado e impulsar la economía circular. Al mismo tiempo, los Estados miembros tendrán libertad para adoptar las medidas más apropiadas que permitan alcanzar esos objetivos, de conformidad con el principio de subsidiariedad (...)"[5]

El artículo 2.1.c) de la Decisión, que se aplica desde el 1 de enero de 2021 según dispone su artículo 12, instauró como recurso propio para el Presupuesto de la Unión 2021-2027 el ingreso obtenido de aplicar un tipo uniforme de referencia de 0,80 euros/kilogramo sobre el peso de los residuos de envases de plástico que no se reciclen generados en cada Estado miembro[6].

---

5 La Comunicación de la Comisión al Parlamento Europeo, al Consejo, al Comité Económico y Social Europeo y al Comité de las Regiones, COM(2018)28 final, de 16 de enero de 2018, *Una estrategia europea para el plástico en una economía circular*, ya se refería a la posibilidad de desarrollar medidas a nivel de la UE "para reducir la generación innecesaria de residuos plásticos, especialmente envases o artículos desechables, y para fomentar la reutilización de los envases" y apuntaba que "la Comisión (...) explorará la viabilidad de introducir medidas de naturaleza fiscal a escala de la UE". Aunque todo apuntaba inicialmente hacia la implantación de un nuevo impuesto, al final, como vemos, acabó en la inclusión de una cesta de nuevos recursos propios entre los que se encuentra "una contribución nacional calculada en función de la cantidad de residuos de envases de plástico no reciclados (dicha contribución creará un incentivo para que los Estados miembros reduzcan los residuos de envases y estimulará la transición de Europa hacia una economía circular mediante la aplicación de la estrategia europea en el sector del plástico)" (Propuesta de Decisión del Consejo de 2 de mayo de 2018, sobre el sistema de recursos propios de la Unión Europea, COM(2018)325 final).

6 La propuesta de Decisión del Consejo sobre el sistema de recursos propios de la Unión Europea, COM(2018)325 final, estimaba esta aportación en unos 7000 millones de euros al año, lo que implicaba un 4 por ciento del total de ingresos. En sus propias palabas, "la contribución proporcionará un incentivo para que los Estados miembros reduzcan estos flujos de residuos. De esta forma, el presupuesto de la UE contribuiría al logro de los objetivos de la estrategia en el sector del plástico y de la economía circular. La contribución al recurso propio sería proporcional a la cantidad de residuos de envases de plástico no reciclados notificada cada año a Eurostat. Las contribuciones de los Estados miembros al recurso propio se calcularían aplicando un tipo de referencia máximo de 0,80 EUR/kg a esta cantidad, lo cual aportaría aproximadamente 7 000 millones EUR al año".

Todos los Estados miembros han aceptado esa contribución, teniendo dos alternativas para financiarla: pagar con cargo a su propio presupuesto nacional o diseñar una legislación fiscal para recaudar el dinero mediante un impuesto específico. España se ha decantado por la segunda. De hecho, actualmente, sólo en nuestro país existe un gravamen específico al respecto. Italia ha propuesto un impuesto sobre el consumo de artículos de plástico fabricados para un solo uso que tengan o vayan a tener la función de contener, proteger, manipular o entregar ciertos bienes, que, tras varios retrasos, no ha sido implementado todavía[7].

3. REGULACIÓN, NATURALEZA Y FINALIDAD

Este tributo es regulado en el Capítulo I del Título VII, artículos 67 a 83, de la Ley 7/2022, de 8 de abril, de residuos y suelos contaminados para una economía circular (Ley 7/2022 en adelante), siendo también de aplicación lo preceptuado en la disposición transitoria décima sobre la acreditación de la cantidad de plástico reciclado contenida en los productos que forman parte del ámbito objetivo de la exacción. Además, como señala el artículo 71.2 del texto legal, se tendrá que acudir a la normativa europea y estatal de carácter sectorial para resolver las dudas respecto a los conceptos y términos con sustantividad propia no especificados en esta Ley[8].

La disposición final cuarta del citado cuerpo legislativo habilita al Gobierno para el oportuno desarrollo reglamentario. Esto ha fructificado en

---

7 Creado por la Ley de Presupuesto 2020 (Ley nº 160/2019), su puesta en marcha estaba prevista para julio de 2020. Tras varios aplazamientos, la Ley de Presupuestos para 2022 (Ley nº 234/2021) fijó como nueva fecha el 1 de enero 2023. Sin embargo, la Ley de Presupuestos para 2023 (Ley nº 197, de 29 de diciembre de 2022) lo ha vuelto a posponer a 1 de enero de 2024.

8 Entre otras, para el concepto de envase habrá que acudir, según indica el artículo 2.m) de la Ley 7/2022, al artículo 2.1 de la Ley 11/1997, de 24 de abril, de Envases y Residuos de Envases, mientras que para aclarar el significado del término "plástico", según ordena la letra u) del mismo artículo 2 de la Ley 7/2022, deberemos acudir al artículo 3.5 del Reglamento (CE) nº 1907/2006, del Parlamento y del Consejo, de 18 de diciembre de 2006, relativo al registro la evaluación, la autorización y la restricción de las sustancias y preparados químicos (REACH), por el que se crea la Agencia Europea de Sustancias y Preparados Químicos, se modifica la Directiva 1999/45/CE y se derogan el Reglamento (CEE) nº 793/93 del Consejo y el Reglamento (CE) nº 1488/94 de la Comisión así como la Directiva 76/769/CEE del Consejo y las Directivas 91/155/CEE, 93/67/CEE, 93/105/CE y 2000/21/CE de la Comisión.

la Orden HFP/1314/2022, de 28 de diciembre, que aprueba el modelo 592 «Impuesto especial sobre los envases de plástico no reutilizables. Autoliquidación» y el modelo A22 «Impuesto especial sobre los envases de plástico no reutilizables. Solicitud de devolución», determina la forma y procedimiento para la presentación de ambos, y se regulan tres obligaciones que conciernen al contribuyente: la inscripción en el Registro territorial, la llevanza de la contabilidad y la presentación del libro registro de existencias.

Desde este primer momento queremos poner de manifiesto nuestra posición crítica respecto a esta regulación. Las normas están escritas, como comprobaremos, desde una perspectiva técnica que fuerza a tener que realizar una interpretación jurídica, lo que unido a la falta de claridad de la que adolecen en ocasiones, hace que nos encontremos con una figura tributaria difícil de entender por la extremada complejidad de su sistematización normativa.

Entrando en su naturaleza, el apartado 1 del artículo 67 de la Ley 7/2022 detalla que estamos ante un tributo especial e indirecto, que grava un consumo específico como es la utilización de ciertos envases, a lo que habría que añadir las notas de estatal, tanto por su regulación como por su gestión[9], monofásico y no armonizado[10].

---

9 COBO GÓMEZ se plantea la posibilidad de que hubiera sido "una figura a introducir por las Comunidades Autónomas en forma de impuesto propio, como ha ocurrido con la mayor parte de los tributos ambientales (...)", o, al menos, como solución intermedia, "podría haberse configurado como un impuesto cedido, en el que el marco general fuera establecido a nivel estatal y se otorgaran a las Comunidades Autónomas competencias para regular ciertos elementos del tributo, así como las competencias de gestión, comprobación y recaudación". No obstante, concluye que la "opción por el tributo estatal frente al tributo autonómico parece acertada por la tipología del problema ambiental que se pretende combatir y por simplificación de su gestión por parte del contribuyente, si bien dichas ventajas no se verían perjudicadas por una eventual cesión de la recaudación en un modelo intermedio" ("El impuesto sobre envases...", *op. cit.*, páginas 29-30). Compartimos este punto de vista, que parte del *Informe de la Comisión de Expertos para la Revisión del Modelo de Financiación Autonómica*, publicado en 2017, que recomendaba, para anticiparse al previsible conflicto entre tributos propios autonómicos y nuevos tributos estatales que pudieran aparecer por la presión de la Unión Europea para establecer ciertos tributos ambientales, una "ley marco de fiscalidad ambiental que atribuyera las distintas figuras impositivas o los hechos imponibles relevantes a los diferentes niveles de gobierno, teniendo en cuenta el alcance espacial de los hechos gravables" (página 59).

10 El artículo 1 de la Directiva 2008/118/CE, del Consejo, de 16 de diciembre de 2008, *relativa al régimen general de los impuestos especiales, y por la que se deroga*

El apartado 2 del mismo precepto señala que su finalidad es doble; por un lado, "la prevención de la generación de residuos de envases de plástico no reutilizables"; por otro, "el fomento del reciclado de los residuos plásticos, contribuyendo a la circularidad de este material". El carácter medioambiental del tributo es innegable[11].

En palabras del Plan Presupuestario del Reino de España para 2023, enviado a la Comisión Europea el 15 de octubre de 2022:

> "(...) se pretende minorar el número de unidades de estos productos que son puestos en el mercado y, por ende, reducir su consumo, de forma que se prevenga la generación de residuos plásticos, con la consiguiente reducción de los costes de gestión de residuos y, en especial de los que pudieran derivarse de su abandono en el medio ambiente, mostrando el compromiso en el cumplimiento del Acuerdo de París y avanzar hacia el objetivo de alcanzar la neutralidad climática en 2050. Debe servir también para alumbrar nuevos modelos de negocio, y alentar una producción y consumo más sostenibles, priorizando los productos reutilizables y las prácticas correctas de fabricación, sin comprometer la seguridad alimentaria o las propiedades de los productos."[12]

4. OBJETO DEL IMPUESTO

Tres son los elementos que el artículo 68 de la Ley 7/2022 incluye en el ámbito objetivo del impuesto: los envases de plástico no reutilizables, los productos plásticos semielaborados o intermedios y los productos que

---

la Directiva 92/12/CEE, sólo fija como productos sujetos a impuestos especiales dentro del ámbito de aplicación de la norma comunitaria a los productos energéticos y electricidad, el alcohol y las bebidas alcohólicas y las labores del tabaco. Nada acerca de los envases de plástico, lo que significa que no entran en su ámbito.

11 Sin embargo, el gravamen ha sido criticado por cuanto implica una clara sobreimposición de los envases, sobre todo indirecta, desde el momento en que forman también parte de la base imponible del IVA. Nos remitimos a las explicaciones de GARCÍA NOVOA, C., "El impuesto sobre envases de plástico no retornables", en la obra colectiva *Digitalización, inteligencia artificial e economía circular*, Thomson Reuters Aranzadi, Cizur Menor, 2021, páginas 43 a 46.

12 Página 61. Consultable en https://www.hacienda.gob.es/CDI/EstrategiaPoliticaFiscal/2023/Plan-Presupuestario-2023-ES.pdf.

contengan plástico destinados a permitir el cierre, la comercialización o la presentación de envases no reutilizables[13].

En primer lugar, aparecen los envases de plástico no reutilizables. Se entiende como tal el artículo diseñado para contener, proteger, manipular, distribuir y preservar mercancías, incluyendo envases de venta o primarios, colectivos o secundarios y de transporte o terciarios[14]. Hay dos salvedades: por una parte, que formen parte de un bien y sean necesarios para contener, sustentar o preservar dicho efecto[15]; por otra, que hayan sido concebidos, diseñados y comercializados para realizar múltiples circuitos o rotaciones a lo largo de su ciclo de vida; en estos dos últimos casos no esteremos ante un envase no reutilizable sujeto al tributo.

Para que un envase esté dentro del ámbito objetivo de aplicación del impuesto debe cumplir tres requisitos, como especifica la consulta vinculante de la Dirección General de Tributos V0016-23, de 10 de enero de 2023:

1. Que tenga encaje dentro del concepto de "envase" dado por el artículo 2.m) de la Ley 7/2022, que a su vez se remite al artículo 2.1 de la Ley 11/1997, del 24 de abril, de envases y residuos de envases, aunque no sólo comprende a esos sino también a cualquier otro que, no encontrando encaje en dicha definición, esté destinado a

---

13 En las páginas 3 a 5 del documento de preguntas y respuestas elaborado por el Ministerio de Hacienda y Función Pública con relación a este Impuesto Especial, existe una lista de ejemplos de productos que forman parte del ámbito objetivo del impuesto. A ella nos remitimos puesto que puede consultarse en el enlace https://sede.agenciatributaria.gob.es/static_files/Sede/Tema/II_especiales/envases_plasticos/Ayuda/PREGUNTAS_RESPUESTASdic22.pdf.

14 Los embalajes primarios son los que se encuentran en contacto directo con el bien, protegiéndolo de manera directa (ejemplo, una botella o un brik de plástico); los embalajes secundarios ayudan al transporte y seguridad de la mercancía, conteniendo una o más unidades de embalaje primario (ejemplo, el plástico que agrupa un pack de diferentes botellas o briks); los embalajes terciarios agrupan a varios embalajes secundarios y, por lo tanto, primarios, y tiene como objetivo que no se produzcan daños en la manipulación y el traslado de los efectos (ejemplo, el plástico que protege un palé que contiene varios packs de botellas o briks).

15 Este es el caso de las cápsulas de café que se eliminan con el café usado, que según la consulta vinculante de la Dirección General de Tributos V0010-23, de 5 de marzo de 2023, no están incluidas en el ámbito objetivo del impuesto.

cumplir idénticas funciones y que puedan ser objeto de utilización en los iguales términos[16].

2. Que sea "no reutilizable" en los términos del propio artículo 68.1.a) de la Ley 7/2022.
3. Que contenga "plástico", según se define éste en el artículo 2.u) de la Ley 7/2022[17].

---

16 La Ley 11/1997, de 24 de abril, de Envases y Residuos de Envases pasó a tener rango reglamentario por imposición de la disposición derogatoria única de la Ley 22/2011, de 28 de julio, de residuos y suelos contaminados, aunque quedó finalmente derogada, con efectos de 29 de diciembre de 2022, por la disposición derogatoria única.1 del Real Decreto 1055/2022, de 27 de diciembre, de envases y residuos de envases.

17 Sobre la base de esa previsión previa, este órgano consultivo analiza tres objetos concretos relacionados con el uso doméstico: las bolsas de basura de plástico, el film que se vende en los comercios y las bolsas de congelación. Respecto a las bolsas de basura que se comercializan como artículo acabado para uso doméstico, señala que es un artículo que se utiliza para contener y manipular residuos, no mercancías; por este motivo no encajarían en la definición de envase de la Ley 7/2022, no estando incluido en el ámbito objetivo del gravamen. Por lo que respecto al film para conservar, es sin duda un artículo que está diseñado para contener, proteger, manipular, distribuir y presentar bienes, teniendo por lo tanto la consideración de envase a los efectos del artículo 68.1.a) de la Ley 7/2022, siendo irrelevante que esté destinados a un uso doméstico o no pues la ley, en aras de una mayor objetividad, no hace consideración alguna al tipo de uso que se dé; además, no es reutilizable, pues parece evidente que no fue concebido, diseñado y comercializado para realizar múltiples circuitos o rotaciones a lo largo de su ciclo de vida, ni para ser rellenado o reutilizado con igual fin para el que fue diseñado, y por supuesto contiene plástico; en consecuencia, este producto está incluido en el ámbito objetivo del impuesto. Y en cuanto a las bolsas de congelación, al igual que en caso anterior, se trata de un envase (al estar diseñado para contener, proteger, manipular, distribuir y presentar mercancías, que no forman parte integrante del producto que contienen, y no son necesarias para contener, sustentar o preservar el mismo durante toda su vida útil, ni todos sus elementos están destinados a ser usados, consumidos o eliminados conjuntamente), no reutilizable y que contiene plástico, por lo que también está incluido en el ámbito objetivo del tributo.

En la consulta vinculante V0017-23, de 10 de enero de 2023, la Dirección General de Tributos se plantea si la tripa artificial usada en la elaboración del embutido formaría parte del ámbito objetivo del impuesto, llegando a

Respecto a los elementos plásticos semielaborados o intermedios destinados a la obtención de los anteriores, el artículo 71.1.e) de la Ley 7/2022 los define como "aquellos productos intermedios obtenidos a partir de materias primas que han sido sometidas a una o varias operaciones de transformación y que requieren de una o varias fases de transformación posteriores para poder ser destinados a su función como envase" [18].

Finalmente están los productos que contengan plástico destinados a permitir el bloqueo o cerramiento, la comercialización o la presentación de envases no reutilizables[19].

El precepto contiene una cláusula de cierre de ese ámbito objetivo dado que, en la medida en que los bienes anteriores pudieran tener una com-

---

una respuesta afirmativa al estar diseñada para contener, proteger, manipular, distribuir y presentar el embutido.

En la consulta vinculante V0020-23, de 10 enero de 2023, concluye que las envolturas o pieles para salchichas o embutidos, las envolturas retráctiles sellables para carne fresca o congelada y las "interleavers" (láminas plásticas aptas para estar en contacto con los alimentos y cuya función es la de separar los loncheados con el fin de facilitar su manejo al consumidor final) tienen la consideración de envases al estar diseñadas para contener, proteger, manipular, distribuir y presentar mercancías y no resultarle de aplicación los criterios excluyentes de la definición de envase. No así los globos compuestos de varias capas de poliamida con finalidad decorativa o utilizados como juguete para los niños, que por lo tanto no forman parte del ámbito objetivo del Impuesto especial sobre los envases de plástico no reutilizables.

Y en la consulta vinculante V0076-23, de 20 de enero, determina que los embalajes de espuma de poliestireno para protección de equipos electrónicos constituyen un envase a efectos del tributo.

18 La consulta de la Dirección General de Tributos V0023-23, de 10 de enero de 2023, analiza este tema. A tal efecto la consultante es una empresa dedicada a fabricación y comercialización de productos lácteos que, para realizar esa actividad, fabrica botellas a partir de granza de polietileno, preguntado sobre la calificación, a efectos del Impuesto especial sobre los envases de plástico no reutilizables, de la granza de polietileno. El órgano consultivo resuelve que la granza de polietileno no es un producto semielaborado según la definición transcrita de la Ley 7/2022 y, por tanto, no está incluido en el ámbito objetivo del tributo. En cambio, sí quedan incluidas en el en el mismo las botellas obtenidas, al ser un envase en el sentido del artículo 68.1.a) de la Ley 7/2022.

19 Sería el caso de la rosca de cierre que se fabrica a partir de grazna para los envases de bebidas en brik, como detalla la consulta vinculante de la Dirección General de Tributos V0022-23, de 10 de enero de 2023.

posición mixta, se determina que quedarán gravados por la cantidad de plástico que comprendan[20].

5. ÁMBITO DE APLICACIÓN DEL IMPUESTO

El artículo 69 de la Ley 7/2022 determina que el impuesto se aplicará en todo el territorio español. No obstante, los Territorios Históricos del País Vasco y la Comunidad Foral de Navarra se regirán por su propia normativa.

La Disposición final décima de la Ley 7/2022 lleva por rúbrica Adaptación del Concierto Económico con la Comunidad Autónoma del País Vasco y del Convenio Económico entre el Estado y la Comunidad Foral de Navarra. En ella se establece la obligación de que la Comisión Mixta del Concierto Económico con el País Vasco y la Comisión del Convenio Económico con Navarra se reúnan en el primer semestre desde la publicación de la Ley estatal en el BOE para acordar la correspondiente adaptación del Concierto Económico y del Convenio Económico a los impuestos creados por esta ley. Van con algo de retraso, puesto que ese plazo venció el 9 de octubre de 2022, seis meses después de la publicación de la Ley 7/2022 en el BOE del 9 de abril, y, aunque las respectivas comisiones mixtas ya se han reunido[21], aún no se han publicado las modificaciones a las leyes de Concierto y Convenio Económico[22]. Eso significa que la regulación y recaudación corresponderá hasta entonces a la Administración del Estado.

---

20 La consulta vinculante de la Dirección General de Tributos V0013-23, de 5 de enero de 2023, precisa que el plástico biodegradable es un tipo de plástico y por lo tanto los productos sujetos elaborados con plástico biodegradable entran en el ámbito objetivo del impuesto.

21 En el caso del País Vasco, fue en la reunión de la Comisión Mixta del Concierto Económico celebrada el 17 de noviembre de 2022 donde se acordó la concertación del impuesto. En el caso de Navarra, la reunión de la Comisión Coordinadora y Negociadora del Convenio Económico se celebró el 28 de diciembre de 2022.

22 En el caso de Navarra, actualmente se está tramitando en el Parlamento de Navarra el Proyecto de Ley Foral del Impuesto especial sobre los envases de plástico no reutilizables, 10-23/LEY-00002, que se presentó el 23 de febrero de 2023 y se publicó en el Boletín Oficial del Parlamento de Navarra cinco días después, el 28 de febrero.

Y todo ello sin perjuicio de lo dispuesto en los tratados y convenios internacionales que hayan pasado a formar parte del ordenamiento interno español de acuerdo con el artículo 96 de la Constitución Española.

6. HECHO IMPONIBLE

Pasemos ahora a abordar el hecho imponible definido por el legislador, diferenciando entre su elemento material, personal y temporal.

6.1. Elemento material. Supuestos de no sujeción y de exención

A la hora de dar respuesta a la pregunta de qué se grava, debemos incidir en los supuestos de sujeción recogidos en la norma y completarlo con los de no sujeción y los de exención.

6.1.1. Supuestos de sujeción

El apartado 1 del artículo 72 de la Ley 7/2022 comienza preceptuando:

> "Están sujetas al impuesto la fabricación, la importación o la adquisición intracomunitaria de los productos que forman parte del ámbito objetivo del impuesto".

El artículo precedente delimita esos tres conceptos. Así, la fabricación se identifica con la elaboración de los productos sujetos, bajo dos precisiones: primera, se excluye expresamente la obtención de envases a partir únicamente de elementos semielaborados sujetos o en conjunción con otros que no contengan plástico[23]; segunda, se incluye la incorporación a

---

[23] En las notas elaboradas por el Departamento de Aduanas e Impuestos Especiales de la Agencia Tributaria sobre este tributo se contempla el siguiente caso: empresa fabricante realiza una adquisición intracomunitaria o una importación de un producto semielaborado con el objeto de transformarlo y convertirlo en un envase de plástico no reutilizable. Se pregunta si, además de la adquisición intracomunitaria/importación por la que la empresa quedaría sometida al impuesto, quedaría también gravada la fabricación del envase final. La conclusión no puede ser otra que negativa: la fabricación del envase final a partir de los materiales plásticos adquiridos, sin incorporar nuevos elementos plásticos a los semielaborados, no implica el hecho imponible de "fabricación" y por lo tanto quedará no sujeta. Dichas notas pueden puede

los envases de piezas de plástico que, aunque no constituyan *per se* bienes sujetos, tras su agregación pasan a forman parte de aquellos.

La Dirección General de Tributos ya ha tenido ocasión de pronunciarse sobre la materia. Así, en la consulta vinculante V0006-23, de 5 de enero de 2023, aclara que las siguientes operaciones no pueden considerarse fabricación en el ámbito de este tributo en la medida en que no se incorporan componentes plásticos adicionales sobre el efecto adquirido del proveedor español: 1) la simple unión de diferentes bobinas (producto sujeto semielaborado) para la obtención de una única bobina de plástico mediante la aplicación de adhesivos; 2) la simple aplicación de tintas y barnices a esas bobinas para obtener una bobina tintada; 3) el corte de la bobina con el objeto de adecuar sus medidas a las exigidas por las máquinas envasadoras de sus clientes.

La adquisición intracomunitaria es definida en la letra a) del artículo 72.1 de la Ley 7/2022 en los siguientes términos:

> "La obtención del poder de disposición sobre los productos objeto del impuesto expedidos o transportados al territorio de aplicación del impuesto, excepto Canarias, Ceuta y Melilla, con destino al adquirente, desde otro Estado miembro de la Unión Europea, por el transmitente, el propio adquirente o un tercero en nombre y por cuenta de cualquiera de los anteriores.
>
> Se considerarán, asimismo, operaciones asimiladas a las adquisiciones intracomunitarias la recepción de envases objeto del impuesto por su propietario en el territorio de aplicación del impuesto, excepto Canarias, Ceuta y Melilla, cuyo envío haya realizado él mismo desde otro Estado miembro."

Se contempla de esta manera la entrada de las mercancías sujetas en la Península y Baleares procedentes de otro Estado miembro de la Unión Europea con destino al adquirente[24]. El párrafo segundo prevé que los movimientos que el propio adquirente pueda realizar en ese sentido como

---

consultarse en el enlace https://sede.agenciatributaria.gob.es/static_files/Sede/Tema/II_especiales/envases_plasticos/Ayuda/ASP_GEN_IEPNR.pdf.

24 Según la consulta vinculante de la Dirección General de Tributos V0019-23, de 10 de enero de 2023, la adquisición en otros Estado miembro de la Unión de lo que denomina "tripas sintéticas plásticas" en bobinas, para su posterior comercialización o transformación en diferentes formatos y distribución, con el objetivo de venderlas a los fabricantes de embutidos dentro del sector alimentario, quienes embuten sus productos para su posterior cocción y así obtener el producto final, es una operación sujeta a este tributo. Reitera idéntico parecer sobre el mismo objeto en la consulta V0021-23.

transferencias de bienes se calificarán como operación asimilada a una adquisición intracomunitaria.

Queremos destacar dos datos. Por un lado, al igual que ocurre en el caso del Impuesto sobre el Valor Añadido (IVA en adelante), el transporte puede ser realizado por cualquiera de las partes[25]. Por otro, y a diferencia del IVA, el territorio de aplicación del impuesto (TAI en adelante) no comprende sólo el territorio peninsular y las Islas Baleares; incluye también Canarias, Ceuta y Melilla[26].

Y la importación incluye dos tipos de operaciones diferentes: la entrada en el TAI desde zonas no comprendidas en el territorio aduanero de la Unión de los productos sujetos, cuando dicha transacción de lugar al despacho a libre práctica; y el acceso a Canarias, Ceuta y Melilla de esos mismos bienes procedentes de lugares comprendidos en el territorio aduanero de la Unión distintos de España, cuando hubiese dado lugar al despacho a libre práctica.

Incidimos en tres ideas. De una parte, la entrada en Canarias, Ceuta y Melilla de objetos sujetos al gravamen transportados desde territorio peninsular o balear no puede considerarse como importación. El apartado 2.º del artículo 71.1.c) de la Ley 7/2022 recoge expresamente que, para el caso de Canarias, se deben conceptuar como tales "las entradas procedentes de territorios comprendidos en el territorio aduanero de la Unión que no formen parte del territorio de aplicación del impuesto" y obviamente la Península y Baleares están integradas en el TAI por lo que no cabe la calificación aludida de esos movimientos como importaciones. Por su parte, el apartado 3.º del precepto, para Ceuta y Melilla, sólo alude a la llegada de efectos "procedentes de territorios que no formen parte del territorio de aplicación del

---

25 Artículo 20 de la Directiva 2006/112/CE, de 28 de noviembre de 2006, *relativa al sistema común del impuesto sobre el valor añadido* (Directiva 2006/112/CE en adelante) y artículo 15 de la Ley 37/1992, de 28 de diciembre, del Impuesto sobre el Valor Añadido (LIVA en adelante).

26 Así se desprende, como acabamos de ver, del artículo 71.1.a) de la Ley 7/2022, donde literalmente se habla de "los productos objeto del impuesto expedidos o transportados al territorio de aplicación del impuesto, excepto Canarias, Ceuta y Melilla", de donde puede interpretarse que éstos forman parte de aquél, salvo previsión expresa en contrario como en este caso. En el caso del IVA, el artículo 6 de la Directiva 2006/112/CE y el artículo 3 de la LIVA disponen que sus preceptos no se aplicarán a estas tres zonas, que quedan de este modo excluidas del sistema armonizado.

impuesto", pertenezcan o no a la Unión aduanera, y, nuevamente, Península y Baleares son parte del TAI, con la misma consecuencia anterior.

De otra, la entrada al territorio peninsular o balear de mercancías provenientes de Canarias tampoco poco puede reputarse en este tributo como una importación. El apartado 1.º de la norma que venimos comentando se refiere a bienes "procedentes de territorios no comprendidos en el territorio aduanero de la Unión"; Canarias pertenece a ese territorio aduanero.

Finalmente, y más controvertido que lo anterior, es que sí debería ser considerada como importación, a pesar de la incongruencia que ello supone, la entrada en la Península o las Islas Baleares de elementos que vengan de Ceuta y Melilla, dado que estas áreas no forman parte del territorio aduanero de la Unión y no aparecen excepcionadas en la norma[27]. Pero, a pesar de la consecuencia a la que conduce la literalidad del precepto, es evidente que tal calificación resulta incoherente desde el momento en que la entrada en Ceuta y Melilla de bienes procedentes de la Península o Islas Baleares no merece la consideración de importación; como hemos visto, el artículo 71.1.c) de la Ley 7/2022, en su apartado 3.º, lo dispone de forma incontrovertida. En base a un elemental principio de reciprocidad, si la llegada a Ceuta y Melilla de efectos procedentes del TAI queda al margen del hecho imponible "importación", la entrada en territorio peninsular o balear desde Ceuta y Melilla no debería tampoco calificarse bajo esa tipología. Pero, como venimos apuntando, el legislador no lo ha previsto así cuando entiende como importación la "entrada en el territorio de aplicación del impuesto distinto de Ceuta y Melilla de los productos objeto del mismo procedentes de territorios no comprendidos en el territorio aduanero de la Unión", sin salvar, como debería haber hecho, los territorios de Ceuta y Melilla.

---

27 Así lo dispone el artículo 4.1 del Reglamento (UE) nº 952/2013, del Parlamento Europeo y del Consejo, de 9 de octubre de 2013, *por el que se establece el Código aduanero de la Unión*.

La Guía elaborada por el Departamento de Aduanas e Impuestos Especiales de la Agencia Tributaria, cuyo enlace para su consulta aparece en la nota el pie 22, no califica esta operación como importación.

COBO GARCÍA, citando el artículo 6.2 de la Directiva 2006/112/CE, sostiene que "los movimientos de productos entre Ceuta y Melilla y el resto del territorio español no tendrán la consideración de importación" ("El impuesto sobre envases...", *op. cit.*, página 39).

Veámoslo de modo resumido en el siguiente cuadro, con la referencia literal legislativa correspondiente:

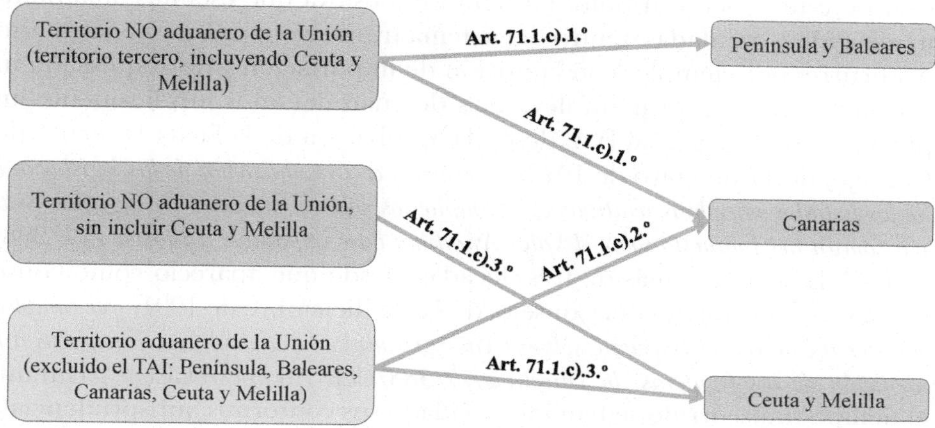

La consulta vinculante de la Dirección General de Tributos V0009-23 precisa que la adquisición intracomunitaria o la importación de los productos incluidos en el ámbito objetivo de la ley supone la realización del hecho imponible del impuesto, siendo irrelevante que el objeto de la compraventa sean esos envases o el objeto que es contenido, protegido y presentado mediante el envase[28].

El apartado 2 del artículo 72 de la Ley 7/2022 amplía ese elemento material a la introducción irregular de los productos sujetos en el TAI, entendiendo por tal el supuesto de que quien los posea, comercialice, transporte o utilice no acredite haber realizado su adquisición, dentro o fuera de las fronteras españolas, o su fabricación.

En resumen, cuatro son los hechos gravados: la fabricación, la importación, la adquisición intracomunitaria y la introducción irregular de los bienes sujetos.

---

28 La consultante es una sociedad dedicada a la fabricación de cables, para lo que adquiere intracomunitariamente e importa materias primas. Esas materias primas vienen protegidas por envases de plástico que acaban gestionados como residuos en territorio español. Se plantea si estos envases se encuentran dentro del ámbito objetivo del impuesto, a pesar de que el objeto de la compra que realiza la consultante no es el envase, sino el producto que protege el envase. La respuesta que da la Dirección General de Tributos es afirmativa, determinando que la consultante tendrá la consideración de contribuyente de este impuesto por la realización de las adquisiciones intracomunitarias e importaciones de los envases objeto de consulta.

Llegados a este punto creemos pertinente remarcar un aspecto que, en nuestra opinión, deviene básico y hubiera simplificado bastante la comprensión de este reciente tributo. La figura impositiva que estamos analizando maneja ideas asentadas dentro del sistema tributario español y comunitario. Así ocurre, por ejemplo, con la noción de importación y de adquisición intracomunitaria. La primera lleva más de cuarenta años jurídicamente implantada con relación al IVA, desde la aprobación de la Sexta Directiva del Consejo, de 17 de mayo de 1977, *en materia de armonización de las legislaciones de los Estados miembros relativas a los impuestos sobre el volumen de negocios–Sistema común del Impuesto sobre el Valor Añadido: base imponible uniforme* (77/388/CEE)[29]; la segunda, más de tres décadas, desde que apareció como consecuencia de la Directiva del Consejo, de 16 de diciembre de 1991, *que completa el sistema común del Impuesto sobre el Valor Añadido y que modifica, con vistas a la abolición de las fronteras, la Directiva 77/388/CEE* (91/680/CEE)[30]. Durante el tiempo transcurrido se han ido perfilado sus contornos, jurisprudencial y doctrinalmente, hasta el punto de que son conceptos que están bien definidos en el modelo actual. A nuestro juicio, el legislador debería haberse remitido a éstos, ampliamente conocidos y manejados no sólo por la jurisprudencia y la doctrina administrativa y científica, sino también por parte de los operadores económicos y empresariales. Sin embargo, como observamos, no lo ha hecho así; ha preferido soslayar esos conceptos, que, si bien fueron introducidos principalmente con relación al IVA, han calado y son bastante incontrovertidos, para empezar desde cero, definiéndolos de forma aislada e individual para el nuevo impuesto al margen del acervo ya existente. No compartimos este método y debemos por lo tanto criticarlo. Si existe un entendimiento generalizado acerca de un concepto, que ha sido perfeccionado durante décadas, cambiarlo con relación a una exacción determinada nos parece no sólo arriesgado sino equivocado, por cuanto introduce una evidente inseguridad.

6.1.2. Supuestos de no sujeción

A continuación, el artículo 73 de la Ley 7/2022 contempla cuatro supuestos de no sujeción. Los dos primeros afectan sólo a la operación de

---

29 Publicada en el Diario Oficial de las Comunidades Europeas nº L 145, de 23 de junio de 1977.

30 Publicada en el Diario Oficial de las Comunidades Europeas nº L 376, de 31 de diciembre de 1991.

fabricación de los elementos mencionados en el ámbito objetivo. Se relacionan con el hecho de que, antes de su devengo, hayan dejado de ser aptos para su utilización o hayan sido destruidos[31], o cuando el fabricante, directamente o a través de un tercero que actúe en nombre y por cuenta de aquel, los envíe fuera del TAI (tanto por una exportación como por una entrega intracomunitaria)[32].

Los otros dos supuestos alcanzan a la fabricación, la importación y la adquisición intracomunitaria de las pinturas, tintas, lacas y los adhesivos incorporados a los productos[33], por una parte, y a los envases no reuti-

---

31 El legislador da una solución técnica distinta para evitar el coste tributario (o recuperarlo en su caso) en función del hecho imponible realizado para el caso de que las mercancías hayan dejado de ser aptas para su utilización, por ejemplo, porque se estropeen a lo largo de la cadena de distribución antes de su entrega al consumidor final. Si estamos ante una fabricación, la Ley 7/2022 recoge, como vemos, un supuesto de no sujeción en el artículo 73.a), evitándose cualquier tipo de carga financiera; si fuera una adquisición intracomunitaria, en principio quedaría sujeta, aunque se define un supuesto de exención y otro de deducción (artículo 80.1.b), de forma que el contribuyente que realice la compra intracomunitaria para luego revenderlo al exterior se podrá deducir el importe del impuesto pagado; y si fuera una importación se prevé una devolución (art. 81.1.b).

El Anteproyecto de la Ley, en su artículo 65, calificaba de forma coincidente como exentas estas operaciones, cualquiera que fuera el hecho imponible considerado.

32 Al igual que en el caso de que las mercancías hayan dejado de ser aptas para su utilización, analizado en la nota al pie anterior, el legislador recurre a diferentes calificaciones en función del hecho imponible. Así, si es el fabricante quien expide al exterior los bienes, la operación quedará no sujeta; si es el adquirente intracomunitario quien después envía los productos fuera, se calificará como sujeta y exenta y se reconoce el derecho a deducir el gravamen soportado; y si es el importador, estaríamos ante una operación plenamente sujeta que, sin embargo, general el derecho a la devolución del impuesto.

Nuevamente, el artículo 65 del Anteproyecto de la Ley consideraba en todo caso como exentas estas operaciones, al margen del concreto hecho imponible realizado.

33 En la consulta vinculante V0023-23, de 10 de enero de 2023, la consultante pregunta sobre la posible apreciación del supuesto de no sujeción respecto a los colorantes y concentrados, blanco y negro, que contienen plástico y que se mezclan con granza de polietileno durante el proceso de extrusión de las botellas. La Dirección General de Tributos determina que la sujeción no resulta de aplicación

lizables que contengan plástico que pudiendo desempeñar funciones de contención, protección y manipulación no estén diseñados para ser entregados conjuntamente con dichas mercancías, por otra[34].

6.1.3. Supuestos de exención

Los casos de exención recogidos en el artículo 75 de la Ley 7/2022 pueden agruparse en tres bloques: motivos sanitarios, fundamentos agrícolas y ganaderos y razones técnicas.

En el primer bloque nos encontramos los supuestos de las letras a) y b) [35]. El primero se enlaza con el hecho de que los objetos sujetos al impuesto se destinen efectivamente a medicamentos, productos sanitarios,

---

al caso planteado porque además de que esos colorantes o concentrados no están incluidos en la enumeración del artículo 73.c) de la Ley 7/2022, el supuesto de no sujeción se aplica a ciertos elementos que se incorporan a productos incluidos en el ámbito objetivo; es decir, se necesita un producto objeto del impuesto al que se le incorporan estos elementos, cuando, en el caso de la consulta, esos colorantes o concentrados se emplean antes de que exista un producto sujeto al impuesto, porque son parte de la materia prima necesaria para la obtención de los mismos.

34 Con ello, según el documento de preguntas y respuestas confeccionado por el Ministerio citado en la nota el pie 12 de este trabajo, se trata de clarificar que "no todo artículo diseñado para contener, proteger, manipular, distribuir y presentar mercancías forma parte del ámbito objetivo del impuesto, se requiere además que pueda ser objeto de entrega conjunta con la mercancía. Por ejemplo, si bien el plástico que recubre un invernadero sirve para proteger mercancías (las plantas que están en macetas dentro del invernadero, por ejemplo) al no estar diseñada para ser entregada junto con las macetas, no tendrá la consideración de envase".

35 En la consulta vinculante V00024-23, de 10 de enero de 2023, la Dirección General de Tributos se plantea si cabe o no considerar como exenta la fabricación de envases de plástico estériles y asépticos de un solo uso para la recogida de muestras para el análisis in vitro de orina, heces y esputos y legionelosis y salmonelosis. La Dirección General de Tributos concluye que la calificación correcta de esta actividad no es la de sujeta pero exenta, sino que debe considerarse como no sujeta, ya que esos elementos no pueden ser considerados como envases; un envase sujeto al impuesto debe estar destinado a contener, proteger, manipular, distribuir y presentar mercancías y las muestras para el análisis in vitro de orina, heces y esputos y legionelosis y salmonelosis no son tales; por ese motivo los productos objeto de la consulta no tienen la consideración de envases a efectos del Impuesto especial sobre envases de plástico no reutilizables, por lo que no están sujetos a dicho impuesto.

Sobre un tema similar se pronuncia en la consulta vinculante V0026-23, de 10 de enero, respecto a las bolsas de recogida de orina estériles y no estériles bajo

alimentos para usos médicos especiales, preparados para lactantes de uso hospitalario o residuos peligrosos de origen sanitario. El segundo se refiere a la importación y adquisición intracomunitaria de los envases que se introduzcan en el territorio español para servir de contención, protección, manipulación, distribución y presentación de medicamentos[36].

La letra c), por su parte, se refiere a los rollos de plástico empleados en los fardos para ensilado de forrajes o cereales de uso agrícola o ganadero.

Por último, las letras d), e), f) y g) aglutinan varias operaciones exoneradas de tributación por una justificación técnica. Hacen referencia a la adquisición intracomunitaria de bienes sujetos para su posterior venta al exterior (dentro de la Unión Europea o fuera del territorio comunitario)[37],

---

licencia de la Agencia Española de Medicamentos y Productos Sanitarios, llegando a la misma conclusión: no están sujetas a este impuesto especial.

36 COBOS GÓMEZ apunta que hay dos razones del tratamiento preferencial que se dispensa a los medicamentos: por una parte, la situación de pandemia en la que se gesta el impuesto; por otra, porque es coherente con el tratamiento previsto en otros impuestos ambientales como el Impuesto sobre Gases Fluorados de Efectos Invernadero ("El impuesto sobre envases...", *op. cit.*, página 41).

Acerca de esta exención se pronuncia el documento de preguntas y respuestas del Ministerio citado en la nota al pie 12. Se pregunta si por medicamentos y productos sanitarios se debe entender solo a los de consumo humano o también a los de uso veterinario. La respuesta es diferente para ambos. Mientras que los productos sanitarios son sólo aquellos utilizados en personas (por aplicación de lo previsto en el artículo 2.1 del Reglamento (UE) 2017/745 del Parlamento Europeo y del Consejo, de 5 de abril de 2017, sobre los productos sanitarios, por el que se modifican la Directiva 2001/83/CE, el Reglamento (CE) nº 178/2002 y el Reglamento (CE) nº 1223/2009 y por el que se derogan las Directivas 90/385/CEE y 93/42/CEE del Consejo), por medicamentos, al no especificar la Ley nada, se debe entender tanto los de uso humano como los de uso veterinario.

37 V. nota al pie 31.

En la página 8 del documento de preguntas y respuesta del Ministerio citado en la nota al pie 12 aparece un ejemplo de esta exención. La cuestión que se plantea es si las tiendas limítrofes con Francia y Portugal o las ubicadas en los aeropuertos, por ejemplo, podrían apreciar el supuesto de exención regulado en la letra d) del artículo 75 de la Ley. La respuesta es afirmativa siempre que, con anterioridad a la finalización del plazo de presentación de la correspondiente autoliquidación, envíen las mercancías fuera del territorio español. No podrán gozar de dicho beneficio fiscal cuando realicen la entrega o la puesta a disposición del adquirente de los bienes en el territorio español, aunque el adquirente viaje fuera.

la adquisición intracomunitaria de productos sujetos que hayan dejado de ser adecuados para su uso o hayan sido destruidos fehacientemente[38], la compra en el exterior (dentro de la Unión Europea o fuera del territorio comunitario) de envases siempre que su peso total de plástico no supere los cinco kilos en un mes y las operaciones vinculadas con componentes plásticos semielaborados o que contengan plástico destinados al cierre, la comercialización o la presentación de envases no reutilizables cuando no se vayan a utilizar para obtener los envases sujetos o para las finalidades mencionadas.

6.2. Elemento personal: el contribuyente

El artículo 76 de la Ley 7/2022 dispone que, como regla general, será contribuyente quien realice la fabricación, importación o adquisición intracomunitaria, sea persona física, jurídica o alguno de los entes sin personalidad a que se refiere el artículo 35.4 de la Ley 58/2003, de 17 de diciembre, General Tributaria.

La consulta vinculante de la Dirección General de Tributos V0008-23, de 5 de enero de 2023, precisa que una empresa envasadora de alimentos española no puede considerarse contribuyente del impuesto cuando se limita a adquirir envases de plástico no reutilizables directamente de un fabricante español con la finalidad de vender posteriormente los productos envasados a sus clientes; será contribuyente la empresa fabricante por esa primera venta o entrega realizada tras la fabricación de los envases, debiendo repercutir a la empresa envasadora el importe de las cuotas que se devenguen al realizar dicha operación.

A continuación, la norma recoge dos supuestos especiales. Por una parte, en el caso de la introducción irregular de mercancías sujetas en el TAI, será contribuyente quien las posea, comercialice, transporte o utilice. Por otra, en el caso de la exención de la letra g), se prevé el sometimiento preventivo de la operación al pago de la exacción y, en su caso, de las oportunas sanciones, hasta en tanto no se justifique la recepción de los efectos por el comprador facultado para recibirlos mediante la aportación de una declaración del adquirente sobre el destino efectivo dado a dichos productos.

El artículo 82.9 de la Ley 7/2022 implanta la obligación del fabricante de repercutir la cuota devengada por la primera venta o entrega realizada.

---

[38] V. nota al pie 30.

No instituye esta obligación para el adquirente intracomunitario ni el importador ni otros operadores económicos que compren o vendan productos de plástico de un solo uso, lo que no significa que sean éstos quienes vayan a asumir la carga financiera dimanada del tributo. Es evidente que se producirá una traslación económica vía precio[39].

6.3. Elemento temporal: devengo

El devengo del tributo va a depender del tipo de operación: fabricación, importación, adquisición intracomunitaria o introducción irregular en el TAI.

Según el artículo 74 de la Ley 7/2022, la obligación tributaria para los casos de fabricación de elementos sujetos nacerá en el momento en que se realice la primera entrega o puesta a disposición a favor del adquirente en el TAI; al igual que en el IVA, se prevé expresamente que los pagos efectuados con antelación a la entrega anticiparán el devengo al momento de ese cobro total o parcial del precio[40].

Respecto a los supuestos de importación, tal fecha coincidirá con el devengo de los derechos de importación de acuerdo con la legislación aduanera.

Y por cuanto hace a las adquisiciones intracomunitarias, el devengo se producirá el día 15 del mes siguiente a aquel en que comience la expedición o el transporte de los bienes sujetos, salvo que la factura se emita con anterioridad, en cuyo caso el devengo se sitúa en la fecha de la factura. Eso significa que, si el transporte comenzó un 28 de marzo, la obligación tributaria se considerará nacida el 15 de abril, salvo que la factura sea previa.

---

39 El anteproyecto de la Ley guardaba silencio sobre la repercusión del impuesto al consumidor. GARCÍA NOVOA lo critica porque "en los impuestos de este tipo no se debe excluir, *a priori*, el traslado al consumidor de la carga tributaria porque ello supondría influir sobre las decisiones de tales consumidores y el impuesto pretende desincentivar las actuaciones que tengan un impacto negativo en el medio ambiente"; según constata, "en impuestos ambientales está presente la intención de externalizar costes medioambientales, puesto que los precios deben tender a reflejar el valor del bien medioambiente. En este caso, la influencia de la elasticidad de la demanda es importante. Si el bien es difícilmente sustituible, el mayor precio del producto no solamente no será aceptado por los ciudadanos, si no que provocará efectos regresivos" (El impuesto sobre envases...", *op. cit.*, página 42).

40 Artículo 75.Dos de la LIVA.

No le vemos demasiado sentido, máxime cuando existen unas reglas de fijación del devengo de estas mismas operaciones en el ámbito del IVA[41]. A nuestro juicio, la regla general debería ser el momento en que los bienes son puestos a disposición del comprador.

En los casos de introducción irregular de productos sujetos en el interior del país, se estará al momento en que se produce esa entrada o, si se desconoce éste, al periodo de liquidación más antiguo de entre los no prescritos, salvo prueba del contribuyente al respecto.

7. CUANTIFICACIÓN DEL IMPUESTO

El procedimiento para cuantificar la deuda tributaria tiene tres fases; en primer lugar, habrá que calcular la base imponible (artículo 77 de la Ley 7/2022); después habrá que aplicar el tipo de gravamen sobre ésta para determinar la cuota íntegra (artículos 78 y 79 de la Ley 7/2022); y finalmente minorar las deducciones para fijar la cuota a pagar (artículo 80 de la Ley 7/2022). Veamos estos pasos de forma individual.

La base imponible está constituida por la cantidad de plástico no reciclado contenida en los objetos sujetos, expresada en kilogramos. En el caso de mercancías mixtas compuestas por plástico reciclado y no reciclado, la cuantía de plástico reciclado debe ser certificada por una entidad acreditada o habilitada a tales efectos[42]. A este respecto, el artículo 82 de la Ley 7/2022, que analizaremos más adelante, consigna en su apartado 9 la obligación de que el número de kilogramos plástico de un solo uso contenido en los pro-

---

41 El artículo 64.3 del Anteproyecto de Ley remitía de forma expresa a las normas de la LIVA para determinar cuándo se producía el devengo en los supuestos de adquisiciones intracomunitarias. A nuestro juicio esa previsión era más correcta a la que finalmente se consignó en la norma jurídica que, al margen de su complejidad, conduce un tratamiento dispar con respecto al régimen del IVA de las adquisiciones intracomunitarias (nos remitimos a la monografía escrita junto a la profesora HERMOSÍN, *Tributación de las adquisiciones intracomunitarias de bienes en el Impuesto sobre el Valor Añadido*, Marcial, Pons, Madrid, 2010, páginas 139-146).

42 El Anteproyecto de la Ley pergeñaba un sistema diferente caracterizado por contemplar como base imponible la cantidad total de plástico expresada en kilogramos (artículo 67) y permitir luego una reducción por la cantidad de plástico reciclado incorporado al proceso de producción para determinar la base liquidable (artículo 68).

ductos sujetos conste expresamente; en el caso de la primera entrega por el fabricante, deberá consignarse en la propia factura emitida, y en el resto de hechos imponibles (adquisición intracomunitaria e importación), será el adquirente quien deberá solicitar ese dato a los transmitentes, que estarán obligados a reflejarlo en la factura o a través de un certificado.

La cuota íntegra será el resultado de aplicar sobre la base anterior el tipo impositivo de 0.45 euros por kilogramo[43].

Y la cuota a pagar se obtendrá como resultado de detraer dos deducciones sobre la cuota íntegra: una relacionada con el hecho imponible de adquisiciones intracomunitarias y otra con la fabricación. Por una parte, el contribuyente que haya realizado una adquisición intracomunitaria de bienes sujetos podrá deducirse el importe pagado por los siguientes conceptos, siempre que lo pruebe:

- Por el envío de esos productos fuera del TAI[44].
- Por la destrucción de los mismos o porque hayan dejado de ser adecuados para su utilización antes de su primera entrega al adquirente en el TAI[45].

---

43 Como bien apunta COBOS GÓMEZ con relación al Anteproyecto de Ley, no se prevén tipos reducidos que tomen en consideración plásticos que puedan tener un menor impacto medioambiental, por ejemplo, en función del carácter biodegradable o en función del grado de reciclaje de los envases, lo que acentuaría su carácter medioambiental. Este autor deja constancia en su trabajo de diferentes propuestas que se presentaron en fase de consulta pública sobre el tema. ("El impuesto sobre envases...", *op. cit.*, páginas 48-49).

44 V. nota al pie 31.

45 V. nota al pie 30. En el documento de preguntas y respuestas del Ministerio referenciado en la nota al pie 12 se plantea la siguiente situación: contribuyente que realiza adquisiciones intracomunitarias de mercancías contenidas en envases secundarios que agrupan varias unidades, los cuales rompe para desagregar dichas unidades de venta y ponerlas a disposición del siguiente adquirente. Se pregunta si puede acogerse al supuesto de deducción del artículo 80.1.b) de la Ley, considerando que dichos envases secundarios han dejado de ser adecuados para su utilización o han sido destruidos. La contestación es negativa; el adquirente intracomunitario no podrá minorar de las cuotas del impuesto devengadas el importe del impuesto pagado respecto de dichos envases. La razón es que "para poder extraer las mercancías que contienen dichos envases hay que abrirlos, y eso implica que no se van a poder volver a utilizar, dado que son envases no reutilizables; pero esta actuación no es un caso de destrucción o de inadecuación para su uso en el sentido del artículo 80.1.b) de la Ley, sino que es el final natural del ciclo de vida de envases secundarios no

- Porque hayan sido devueltos para su destrucción o reincorporación al proceso de fabricación tras su entrega al adquirente, previo reintegro del importe al adquirente.

Por otra, el contribuyente podrá minorar de la cuota devengada la cuantía del impuesto pagado respecto de la fabricación de los elementos sujetos que sean objeto de devolución para su destrucción o para su reincorporación al proceso de fabricación tras la primera entrega o puesta a disposición del comprador, previo reintegro del importe al adquirente. Para ello será preciso probar el hecho (destrucción o reincorporación) y acreditar el pago del gravamen.

No se prevé ninguna deducción para los casos de importación.

8. COMPENSACIÓN Y DEVOLUCIÓN DEL IMPUESTO

El artículo 80 de la Ley 7/2022 dedica sus apartados 3 y 4 a regular dos derechos que asisten al contribuyente: por una parte, con carácter general, cuando las deducciones sean superiores a la cuota devengada, podrá compensar la diferencia a su favor con cuotas de periodos de liquidación posteriores; en este sentido el artículo 82.1 de la Ley 7/2022 prevé el trimestre natural como periodo de liquidación, salvo que a efectos de IVA el periodo de liquidación fuera mensual, pues en tal caso también pasaría a ser mensual en este tributo. Por otra, en el último periodo de liquidación del año natural el sujeto pasivo podrá solicitar la devolución del saldo a su favor. Ambas actuaciones deben reflejarse en el correspondiente modelo de autoliquidación al que haremos referencia en el apartado siguiente.

Pero el artículo 81 de la Ley 7/2022, bajo la rúbrica "Devoluciones", consigna siete supuestos más de reembolso del impuesto pagado vinculados con las siguientes operaciones:

- Importaciones de productos sujetos que se hayan enviado fuera del TAI[46].

---

reutilizables. El beneficio fiscal recogido en el artículo 80.1.b) de la Ley procede cuando los productos objeto del impuesto «hayan dejado de ser adecuados para su utilización o destruidos» como consecuencia de circunstancias extraordinarias, sin llegar a cumplir las funciones que estaban destinados a desempeñar hasta el final de su ciclo de vida, por ejemplo, porque el edificio donde están almacenados a la espera de su venta al adquirente se incendia".

46 V. nota al pie 31.

- Importaciones de bienes sujetos que antes de su primera entrega o puesta a disposición del adquirente en el TAI hayan dejado de ser adecuados para su utilización o hayan sido destruidos[47].
- Importaciones de mercancías sujetas que, tras su entrega o puesta a disposición del comprador, hayan sido objeto de devolución para su destrucción o para su reincorporación al proceso de fabricación, previo reintegro de su importe al adquirente.
- Los adquirentes que, no ostentando la condición de contribuyentes, acrediten el envío de los mismos fuera del territorio de aplicación de aquel.
- Los adquirentes que, no ostentando la condición de contribuyentes, acrediten que el destino de dichos objetos es el de envases de medicamentos, productos sanitarios, alimentos para usos médicos especiales, preparados para lactantes de uso hospitalario o residuos peligrosos de origen sanitario, o el de la obtención de envases para tales usos o el de permitir el cierre, la comercialización o la presentación de los envases para medicamentos, productos sanitarios, alimentos para usos médicos especiales, preparados para lactantes de uso hospitalario o residuos peligrosos de origen sanitario.
- Los adquirentes de bienes sujetos que hayan resultado sometidos a tributación por haber sido concebidos, diseñados y comercializados para ser un solo uso, cuando acrediten que, en su caso, tras la realización de alguna modificación, puedan ser reutilizados.
- Los adquirentes de componentes plásticos semielaborados cuando no se vayan a destinar a obtener los envases sujetos y de productos que contengan plástico destinados a permitir el cierre, la comercialización o la presentación de envases no reutilizables cuando no se vayan a utilizar en dichos usos.

9. GESTIÓN DEL IMPUESTO. INFRACCIONES Y SANCIONES

La Ley 7/2022 dedica el artículo 82 a establecer normas generales de gestión a propósito del nuevo tributo y el artículo 83 contempla una serie de infracciones vinculadas a esas obligaciones, con las consiguientes sanciones. Veámoslas.

---

47 V. nota al pie 30.

9.1. Autoliquidación

En primer lugar, se prevé la obligación del contribuyente de autoliquidar e ingresar el importe de la deuda tributaria cumplimentado el oportuno modelo. Es la Orden HFP/1314/2022, de 28 de diciembre, la que se dedica a tal menester, aprobando dos modelos: el 592 para la autoliquidación y el A22 para la solicitud de devolución a la que nos referimos en el epígrafe anterior.

El plazo para presentar ambos, como regla general, comprenderá los veinte primeros días naturales siguientes a aquel en que finaliza el periodo de liquidación[48] y deberá verificarse de forma preceptiva a través de vía electrónica por Internet[49]. Se excluye a los importadores, que liquidarán el tributo mediante la propia declaración aduanera[50].

Si un fabricante es titular de varios establecimientos, deberá presentar varias autoliquidaciones, incluso cuando de alguna no resulte cuota a pagar, salvo que obtenga autorización para presentar una única centralizada[51]; en el caso de adquirentes intracomunitarios ello no es necesario.

Los importadores, como ya se ha reseñado, no están obligados a presentar el modelo 592 de autoliquidación.

9.2. Nueva obligación censal: inscripción en el Registro territorial competente

Pero la mencionada Orden ministerial va mucho más allá de aprobar los citados modelos y determinar la forma, condiciones y procedimiento

---

48 Artículos 2.2 y 3.3 de la Orden HFP/1314/2022.

49 Artículo 4.1 de la Orden HFP/1314/2022.

50 Artículo 82.1 in fine de la Ley 4/2022.

51 Según la nota informativa de la Subdirección General de Gestión e Intervención de Impuestos Especiales relativa al Impuesto Especial sobre los envases de plástico no reutilizables de 10 de marzo de 2023, cuando los fabricantes dispongan de varios establecimientos en el ámbito territorial de más de una Delegación Especial de la Agencia, la competencia para autorizar la centralización de las autoliquidaciones corresponde a la Oficina Nacional de Gestión de Adunas e Impuestos Especiales. Si éstos fabricantes realizan además adquisiciones intracomunitarias, deberán presentar autoliquidación por éstas operaciones; no así si realizan importaciones (consultable en el enlace https://sede.agenciatributaria.gob.es/static_files/Sede/Tema/II_especiales/envases_plasticos/Ayuda/Notaplastico.pdf).

para su presentación. Siguiendo la obligación pergeñada en el apartado 3 del artículo 82, que impone a los fabricantes y a quienes efectúen adquisiciones intracomunitarias en las que el peso total de plástico no reciclado exceda de cinco kilogramos en un mes natural la necesidad de inscribirse en el Registro territorial del Impuesto especial, el desarrollo reglamentario regula dicho procedimiento. El artículo 83 de la Ley 7/2022 considera como infracción la falta de esta inscripción y la sanciona con multa pecuniaria de 1.000 euros.

Según el artículo 5 de la Orden HFP/1314/2022, los fabricantes deberán solicitar la inscripción en el registro territorial de la oficina gestora de impuestos especiales de la Agencia Estatal de Administración Tributaria (AEAT) donde radique el establecimiento en el que ejerzan su actividad. Y los adquirentes intracomunitarios deberán hacer lo propio en la oficina donde radique su domicilio fiscal, siempre que el peso total de plástico de un solo uso exceda de cinco kilogramos en un mes natural. Si un fabricante efectúa además adquisiciones intracomunitarias deberá inscribirse como tal también; no así si efectúa importaciones, dado que los importadores no tienen que solicitar la inscripción.

Para el caso de contribuyentes no establecidos en el TAI (tanto adquirentes intracomunitarios con NIF o sin NIF como importadores), el apartado 7 del artículo 82 les insta a nombrar a un representante antes de la realización de la primera operación sujeta. Este representante deberá inscribirse en el registro territorial de la oficina donde radique su domicilio fiscal. La falta de este nombramiento constituirá una infracción tributaria grave que será sancionada, según preceptúa el artículo 83.3.a) de la Ley 7/2022, con una multa pecuniaria de 1.000 euros.

La inscripción deberá formalizarse mediante una solicitud telemática previa al inicio de la actividad o, en su caso, durante los treinta días naturales siguientes a la entrada en vigor de la Orden ministerial[52], formalizada ante la sede electrónica de la AEAT a la que acompañarán: identificación y descripción del establecimiento en el que los fabricantes desarrollen la actividad, indicación del epígrafe del Impuesto sobre Actividades Económicas oportuno y, en su caso, la documentación acreditativa de la representación cuando se actúe a través de esta figura.

---

[52] La disposición final sexta de la Orden HFP/1314/2022 dispone que entrará en vigor el 1 de enero de 2023.

El acuerdo de inscripción será notificado al interesado, junto con la tarjeta acreditativa de la inscripción, donde se consignará el "código de identificación del plástico (CIP)" que se les asigne, regulado en el artículo 6 de la Orden ministerial.

9.3. Obligaciones contables

El artículo 82, en su apartado 4, impone a los fabricantes la obligación de llevar una contabilidad de los productos sujetos al tributo y de las materias primas necesarias para su obtención, así como la presentación del libro registro de existencias. Respecto a las obligaciones contables, el artículo 7 de la Orden HFP/1314/2022 especifica cómo se concretan esas obligaciones: se realizarán mediante un sistema contable en soporte informático, a través de la sede electrónica de la AEAT, con el suministro electrónico de los asientos contables dentro del mes siguiente al periodo de liquidación al que se refiera; si el fabricante tiene varios establecimientos no cabe una contabilidad centralizada. Además, la disposición transitoria primera de la Orden ministerial exige a estos fabricantes que incluyan en su contabilidad las existencias sujetas que tengan almacenadas a 1 de enero de 2023[53].

---

53 Compartimos plenamente la critica que efectúa GONZÁLEZ VÁZQUEZ cuando advierte que se está trasladando "al contribuyente una obligación fiscal de 2023 a ejercicios anteriores al propio 2023 (sin amparo legal), y sin justificación alguna que pueda valer. Efectivamente, por existencias iniciales solamente deberían registrarse las «generadas» a partir del 1 de enero de 2023, nunca las generadas en la tarde-noche del 31 de diciembre de 2022. Una cosa es la «imagen fiel» y otra muy distinta lo que se pretende con este sistema registral contable el cual, repito, no goza de habilitación legal suficiente. Esta extensión *krakeniana* de la obligación formal registral a existencias anteriores a la entrada en vigor del Impuesto es, para mí, una más que evidente extralimitación reglamentaria" ("El impuesto Especial sobre Envases de Plástico no Reutilizables", en *Taxlandia. Blog fiscal y de opinión tributaria*, 12 de enero de 2023, consultable en https://www.politicafiscal.es/equipo/pablo-gonzalez-vazquez/el-impuesto-especial-sobre-envases-de-plastico-no-reutilizables).
Este autor pone además de manifiesto una incongruencia entre lo dispuesto en el artículo 82.4 de la Ley 7/2022, que exige que la contabilidad alcance a las materias primas necesarias para la obtención de los productos que formen parte del ámbito objetivo del impuesto, y la nota informativa emitida por la Subdirección General de Gestión e Intervención de Impuestos Especiales de 10 de marzo de 2023 (citada en la nota al pie 47), que afirma lo siguiente: "No deberán ser objeto de la contabilidad de existencias las materias primas necesarias para la obtención de los productos objeto del impuesto". Como bien aprecia, "para los afectados el coste empresarial indirecto de contabilizar total o parcialmente no es baladí".

Para los adquirentes intracomunitarios, el apartado 5 de la citada norma legal sólo les exige que lleven un libro registro de existencias en formato electrónico, que se presentará de igual forma a través de la sede electrónica de la AEAT dentro del mes siguiente al periodo de liquidación correspondiente, salvo que no resulte cuota a ingresar, en cuyo caso quedan exceptuados de la obligación.

No obstante, la disposición transitoria segunda de la Orden ministerial otorga un plazo especial para el cumplimiento de las obligaciones anteriores atinentes al primer semestre de 2023 dentro del mes de julio del mismo año.

Los importadores no están obligados llevar una contabilidad de las existencias ni a llevar y presentar un libro registro.

9.4. Obligación de repercusión jurídica

El apartado 9 del artículo 82 establece que, en la primera venta localizada en el TAI tras la fabricación, el contribuyente-fabricante deberá repercutir el importe de las cuotas devengadas al adquirente; se trata de una repercusión jurídica y no de un simple traslado económico de la carga fiscal. En la factura que se emita, deberá consignar de modo separado el importe de las cuotas devengadas, la cantidad de plástico no reciclado contenido en los bienes, expresado en kilogramos, y si resulta de aplicación algún supuesto de exención, detallando el oportuno precepto aplicable.

En el resto de supuestos, sólo será obligatorio facilitar el importe del impuesto en un certificado o en las propias facturas, si fue de aplicación alguna exención, especificando en base a qué artículo, y la cantidad de plástico de un solo uso. No hay una obligación legal de repercusión jurídica de la cuota devengada en estos casos, aunque se asume que se producirá una traslación económica.

Para el Grupo de Expertos de Asesores Internos de la Asociación Española de Asesores Fiscales, el legislador está imponiendo al contribuyente unas obligaciones de casi imposible cumplimento desde el momento en el que, por ejemplo, se le exige la identificación de la cantidad y el tipo de plástico de cada envase y embalaje[54]. A este respecto, el artículo 83

---

[54] Documento accesible a través del siguiente enlace: https://www.aedaf.es/Plataforma/Impuesto%20sobre%20envases%20de%20pl%C3%A1stico%20AEDAF%20oct22.pdf.

de la Ley 7/2022 califica como infracción tributaria la falsa o incorrecta certificación de la cantidad de plástico reciclado contenida en los productos, a la que ensambla una multa pecuniaria proporcional del 50 por ciento del importe de las cuotas que se hubiesen dejado de ingresar, con un importe mínimo de 1.000 euros; esta sanción se incrementará en un 25 por ciento en caso de reiteración de la infracción dentro de los dos años anteriores, cuando existiese resolución firme de la sanción previa por la misma conducta. Si los datos consignados en la factura no son correctos, ese mismo precepto prevé una multa fija de 75 euros por cada factura con apuntes erróneos.

10. VALORACIÓN PERSONAL

Estamos ante una figura tributaria sin parangón en el panorama impositivo comunitario; ningún Estado miembro tiene a día hoy una exacción similar. Y, sin embargo, va a tener una trascendencia muy relevante ya que van a ser numerosos los operadores económicos afectados, pues no sólo obligará a tenerlo en cuenta a las empresas dedicadas a la fabricación o distribución de envases, sino también a cualquier importador o adquirente intracomunitario, con el impacto que eso va a tener.

Si nos planteamos si está justificada la implementación de este impuesto ambiental, creemos que la respuesta debe ser afirmativa. Ahora bien, si la pregunta fuese ¿es oportuno?, ahí somos más reticentes. No comprendemos las prisas del legislador español en aprobar una medida de tanto calado, salvo que esté pensando sólo en no asumir con cargo al presupuesto nacional el recurso propio vigente de la Unión Europea, sino que su coste se sufrague, al menos de manera parcial, con los ingresos obtenidos por este impuesto. En este sentido, la previsión de ingresos para esta exacción realizada desde el Gobierno es de 491 millones de euros para 2023[55]; aunque ya conocemos todos que estas previsiones presupuestarias no suelen coincidir con la realidad de la recaudación.

Pero no sólo dudamos de la oportunidad de la medida, que a fin de cuentas ha sido una decisión de política interna, que tendrá, no podemos olvidarlo, innegables consecuencias en el entorno económico. Además, como juristas, nos parece muy grave y criticable la falta de

---

55 Página 60 del Plan Presupuestario 2023 (https://www.hacienda.gob.es/CDI/EstrategiaPoliticaFiscal/2023/Plan-Presupuestario-2023-ES.pdf)

técnica jurídica de la normativa reguladora de la misma. Tanto la Ley como la Orden ministerial que la desarrolla presentan muchas lagunas e imprecisiones, utilizan en ocasiones una redacción farragosa que hace difícilmente comprensible sus mandatos y descartan recurrir a conceptos bien delimitados a efectos de otros tributos para definirlos desde cero. Esto ha provocado una reacción inmediata, y podríamos decir que hasta casi inédita, por parte de la AEAT, que se ha visto obligada a aclarar numerosas cuestiones, como hemos visto a lo largo del trabajo, que deberían estar recogidas en las propias normas. La misma Subdirección General de Gestión e Intervención de Impuestos Especiales ha tenido que publicar hace menos de un mes (10 de marzo) una nota informativa sobre las obligaciones de los contribuyentes y sus representantes en relación con este impuesto dadas las incertidumbres que provoca la Ley 7/2022. Es más, la Dirección General de Tributos de la Secretaria General de Tributos ha evacuado, sólo en los primeros veinte días del mes de enero, dieciocho consultas vinculantes del Impuesto sobre los envases de plástico no reutilizables. Consideramos inadmisible que, para comprender el alcance de la nueva figura, resulte imprescindible acudir a estas fuentes.

El nuevo régimen de comercio de derechos de emisión y su coordinación con los impuestos energético-medioambientales: especial referencia al transporte por carretera

ÁLVARO ANTÓN ANTÓN
Profesor Titular Derecho Financiero y Tributario
Universidad Cardenal Herrera CEU, CEU Universities

Abstract:

Como se señala en el *Libro Blanco sobre la Reforma Tributaria,* aunque que existen numerosas alternativas regulatorias para el control de los problemas ambientales y no ambientales asociados al transporte, se trata de un sector en el que las medidas tributarias pueden jugar un papel fundamental. En particular, mediante la incentivación económica al cambio de comportamiento y a la inversión en alternativas limpias . Sin embargo, con la entrada en vigor a escala de la UE de un nuevo régimen de comercio de derechos de emisión para los "sectores difusos", entre los que se encuentra el transporte por carretera, es preciso plantearse si los impuestos medioambientales pueden seguir jugando algún papel en el ámbito de la lucha contra el cambio climático en el sector del transporte. Concretamente, habría que analizar la coordinación del sistema de comercio aprobado para su posible aplicación simultánea con otros instrumentos económicos como los impuestos medioambientales o energéticos. En este sentido, hay que tener en cuenta que la propia Comisión Europea afirma que los distintos "instrumentos de tarificación" deben complementarse entre sí y, conjuntamente, formar un marco político coherente. Teniendo en cuenta lo anterior , este capítulo llevará a cabo un análisis del nuevo régimen de comercio de GEI aplicado al transporte para, posteriormente, empezar a estudiar su solapamiento o complementariedad con otros instrumentos económicos vigentes en la actualidad como pueden ser los impuestos sobre el CO2, los impuestos al carbono o los impuestos introducidos en virtud de la Directiva 2003/96 sobre Imposición Energética.

Palabras Clave: Directiva 2003/97, Directiva 2023/959, Régimen de Comercio de Derechos de Emisión, Impuesto energético, impuestos medioambiental, impuesto sobre el carbono

Abstract Inglés:

As stated in the *Libro Blanco sobre la Reforma Tributaria,* although there are numerous regulatory alternatives for controlling environmental and non-environmental issues associated with transportation, it is a sector where tax measures can play a fundamental role. Specifically, through economic incentives for behavioral change and investment in clean alternatives. However, with the entry into force at the EU level of a new emission trading regime for "diffuse sectors," including road transportation, it is necessary to consider whether environmental taxes can still play a role in combating climate change in the transportation sector. In particular, the coordination of the approved trading system for simultaneous application to transportation with other economic instruments such as environmental or energy taxes should be analyzed. In this regard, it is important to note that the European Commission itself states that different "pricing instruments" should complement each other and together form a coherent policy framework. Taking the above into account, this chapter will carry out an analysis of the new greenhouse gas emission trading regime applied to transportation, and subsequently begin to study its overlap or complementarity with other existing instruments such as CO2 or carbon taxes or the Directive 2003/96 on Energy Taxation.

Key Words: Directive 2003/97; Directive 2023/959; Emissions Trading Scheme; Energy tax; Environmental tax; Carbon tax

1. INTRODUCCIÓN[1].

Dentro del paquete de propuestas presentado por la Comisión para alcanzar de forma efectiva la neutralidad climática en la UE se ha avanzado definitivamente en la tarificación del precio de las emisiones de gases de efecto invernadero (GEI) en el sector del transporte por carretera y la edificación con la adopción de la Directiva 2023/959[2]. Esta norma introduce finalmente un régimen para el comercio de derechos de emisión de GEI específico para los llamados "sectores difusos" -el sector del transporte por carretera, los edificios y los combustibles de las pequeñas industrias- e independiente del Régimen Europeo de Comercio de Derechos de Emisión

---

1 Este trabajo es resultado del Proyecto de Investigación financiado por el Ministerio de Ciencia e Innovación: *Reformas fiscales medioambientales para una recuperación verde y digital justa: España en el contexto europeo (PID2020-119151RB-I00)*

2 *Directiva (UE) 2023/959 del Parlamento Europeo y del Consejo de 10 de mayo de 2023 que modifica la Directiva 2003/87/CE por la que se establece un régimen para el comercio de derechos de emisión de gases de efecto invernadero en la Unión y la Decisión (UE) 2015/1814, relativa al establecimiento y funcionamiento de una reserva de estabilidad del mercado en el marco del régimen para el comercio de derechos de emisión de gases de efecto invernadero en la Unión,* DOUE L 130/134 de 16.5.2023 *(TOL9.552.196).*

(RCDE UE)[3] que se viene aplicándose desde 2003 en la UE para reducir las emisiones GEI en los sectores eléctrico, la industria o la aviación[4].

La aprobación de un instrumento económico en forma de régimen de comercio para cubrir las emisiones del sector del transporte por carretera se justifica si tenemos en cuenta que, según datos de la Agencia Europea del Medio Ambiente (AEMA), las emisiones de los "sectores difusos" -sectores que como el transporte por carretera no estaban sujetos al RCDE UE- estaban en 2020 un 16 % por debajo de los niveles de 2005, una reducción más modesta que en los sectores sujetos al RCDE UE[5]. Las estimaciones para 2021 indicaban que las emisiones cubiertas por la normativa europea que trataba de reducir las emisiones GEI en los "sectores difusos" -el Reglamento de Reparto de Esfuerzo (RRE) [6]-, aumentaron un 3,5 % en compa-

---

3 *Directiva 2003/87/CE del Parlamento Europeo y del Consejo, de 13 de octubre de 2003, por la que se establece un régimen para el comercio de derechos de emisión de gases de efecto invernadero en la Comunidad y por la que se modifica la Directiva 96/61/CE del Consejo.* DOUE L 275/32 de 25.10.2003 *(TOL526.432).*

4 A los efectos de este trabajo las siglas RCDE UE hacen referencia exclusivamente al régimen de comercio aprobado por la Directiva 2003/87 y aplicable a los sectores de la electricidad, industria, aviación y, actualmente, transporte marítimo y, por tanto, debe diferenciarse de la referencia al nuevo régimen de comercio aprobado para el sector del transporte y la edificación.

5 Las emisiones en la UE-27 cubiertas por el RCDE UE, que cubre principalmente los sectores de suministro de energía e industria, fueron un 37 % inferiores a los niveles de 2005 en 2021. En el sector energético, la producción renovable siguió creciendo, pero la producción de combustibles fósiles experimentó un cambio del uso de gas natural al uso de carbón y lignito en los últimos meses de 2021. Vid. European Environment Agency. *Trends and Projections in Europe 2022-Assessment of EU progress towards its climate and energy targets*, Publications Office of the European Union, Luxemburgo, 2022.

6 Esta norma establece objetivos anuales vinculantes en materia de emisiones de GEI para los EEMM que contribuyen colectivamente a lograr esta reducción, con el objetivo de alcanzar reducciones del 30% para 2030 en los llamados sectores difusos, esto es, sectores que representan el 60% de las emisiones GEI y que hasta 2023 no estaban cubiertas ni por el RCDE UE ni por el Reglamento sobre el uso de la tierra, el cambio de uso de la tierra y la silvicultura (UTCUTS). El RRE cubría las emisiones directas GEI procedentes del transporte (excepto de la aviación y del transporte marítimo no nacional), los edificios, la agricultura, las instalaciones industriales y los gases no cubiertos por el RCDE UE, así como los residuos y las emisiones no relacionadas con la combustión procedentes de la energía y del uso de productos. Vid. *Reglamento (UE) 2018/842 del Parlamento*

ración con los niveles de 2020 (lo que equivale a un nivel un 13 % inferior en comparación a 2005). En el caso del transporte, las emisiones en 2021 solo se habían reducido en 8% en comparación con los niveles de 2005.

Teniendo en cuenta estos datos, organismos con la AEMA confirman que, dentro de los "sectores difusos, el sector del transporte es que el que presenta mayores retos para alcanzar una reducción efectiva de las emisiones GEI. De hecho, defienden la necesidad de adoptar medidas adicionales en estos sectores para lograr los objetivo de reducción de las emisiones. Los Estados miembros (EEMM) proyectan que las políticas y medidas existentes mantendrán las emisiones GEI relacionadas con el transporte en aproximadamente el nivel de 2020 para 2030. Por tanto, estiman que solo será posible avanzar en la reducción de estas emisiones con la implementación de políticas y medidas adicionales a las vigentes. En el caso de que estas políticas y medidas adicionales sean adoptadas se estimó que las emisiones podrían disminuir un 26 % por debajo de los niveles de 2005 para 2030, lo que sería un 19 % más bajo que las estimaciones de emisiones para 2021. En el caso concreto del transporte, para lograr la reducción del 90 % de las emisiones de GEI en este sector para 2050, como se describe en el Pacto Verde Europeo, se considera imprescindible combinar instrumentos de "mandato y control" -como la normativa de la UE sobre estándares de CO2 para turismos, furgonetas y vehículos[7]- con instrumentos económicos que, al hacer efectivo el principio de "quien contamina, paga" introduzcan incentivos mediante la fijación de precios al carbono.

Como se señala en el *Libro Blanco sobre la Reforma Tributaria*, aunque que existen numerosas alternativas regulatorias para el control de los problemas ambientales y no ambientales asociados al transporte, se trata de un sector en el que las medidas tributarias pueden jugar un papel fundamental. En particular, mediante la incentivación económica al cambio de comportamiento y a la inversión en alternativas limpias[8]. Sin embargo, tras la adopción del nuevo

Europeo y del Consejo, de 20 de mayo de 2018, sobre reducciones anuales vinculantes de las emisiones de gases de efecto invernadero por parte de los Estados miembros entre 2021 y 2030 que contribuyan a la acción por el clima, con objeto de cumplir los compromisos contraídos en el marco del Acuerdo de París, DOUE L 156 de 19.6.2018. (*TOL6.641.508*).

7 Vid. *Reglamento (UE) 2023/851 del Parlamento Europeo y del Consejo de 19 de abril de 2023 por el que se modifica el Reglamento (UE) 2019/631 en lo que respecta al refuerzo de las normas de comportamiento en materia de emisiones de CO2 de los turismos nuevos y de los vehículos comerciales ligeros nuevos, en consonancia con la mayor ambición climática de la Unión,* DOUE L 110/5 de 25.4.2023 *(TOL9.506.478).*

8 Comité de Personas Expertas. *Libro Blanco sobre la Reforma Tributaria,* Ministerio de Hacienda, Madrid, 2022.

régimen de comercio de derechos de emisión habría que plantearse si los impuestos medioambientales sobre estas mismas emisiones o sectores juegan algún papel complementario en el ámbito de la lucha contra el cambio climático en el sector del transporte o, por el contrario, darán lugar a supuestos de doble carga económica sin un beneficio ambiental adicional. Concretamente, habría que analizar la coordinación del sistema de comercio aprobado para su aplicación simultánea al transporte con otros instrumentos económicos como los impuestos medioambientales o energéticos. En este sentido, hay que tener en cuenta que la propia Comisión Europea afirma que los distintos "instrumentos de tarificación" deben complementarse entre sí y, conjuntamente , formar un marco político coherente.

Teniendo en cuenta lo anterior, este capítulo llevará a cabo un análisis del nuevo régimen de comercio de GEI aplicado al transporte para, posteriormente, empezar a estudiar su solapamiento o complementariedad con otros instrumentos existentes en la actualidad comopueden ser los impuestos sobre el CO2, los impuestos al carbono o los impuestos introducidos en virtud de la Directiva 2003/96 sobre Imposición Energética..

2. OBJETVIOS DE REDUCCIÓN DE LAS EMISIONES GEI EN EL TRANSPORTE POR CARRETERA: LA LEGISLACIÓN EUROPEA SOBRE EL CLIMA

El Pacto Verde Europeo fija como objetivo la neutralidad climática de la Unión Europea (UE) para 2050[9]. Este compromiso político se ha convertido en una obligación jurídicamente vinculante para los Estados Miembros (EEMM) como consecuencia de la aprobación del Reglamento 2021/1119 (Reglamento conocido en el ámbito de la UE como: "Ley del Clima")[10]. El Reglamento establece en su art. 2.1 un objetivo vinculante de neutralidad climática en la Unión de aquí a 2050. Para garantizar la consecución de este objetivo introduce en su art. 4 un objetivo climático intermedio vinculante de la Unión para 2030 y el cual consistirá en una reducción interna

---

9 Comisión Europea. *Pacto Verde Europeo, COM (2019) 640 final,* Comisión Europea, Bruselas, 2019.

10 *Reglamento (UE) 2021/1119 del Parlamento Europeo y del Consejo de 30 de junio de 2021 por el que se establece el marco para lograr la neutralidad climática y se modifican los Reglamentos (CE) nº 401/2009 y (UE) 2018/1999 («Legislación europea sobre el clima»),* DOUE L 243/1 de 09.07.2021 *(TOL8.502.255).*

de las emisiones netas de gases de efecto invernadero (GEI)o de, al menos, un 55 % con respecto a los niveles de 1990, de aquí a 2030.

De acuerdo con la "Ley del Clima", y sin perjuicio de la legislación vinculante vigente hasta la fecha y de otras iniciativas adoptadas a escala de la UE, todos los sectores de la economía deben contribuir a lograr la neutralidad climática en la Unión de aquí a 2050 con independencia de que dichos sectores se incluyan o no en el Régimen de Comercio de Derechos de GEI de la UE (RCDE UE). Esta afirmación incluye, concretamente, a sectores como la energía, la industria, el transporte, la calefacción y la refrigeración y los edificios, la agricultura, los residuos y el uso del suelo, el cambio del uso del suelo y la silvicultura.

De acuerdo con la "Ley del Clima", y sin perjuicio de la legislación vinculante vigente hasta la fecha y de otras iniciativas adoptadas a escala de la UE, todos los sectores de la economía deben contribuir a lograr la neutralidad climática en la Unión de aquí a 2050 con independencia de que dichos sectores se incluyan o no en el Régimen de Comercio de Derechos de GEI de la UE (RCDE UE). Esta afirmación incluye, concretamente, a sectores como la energía, la industria, el transporte, la calefacción y la refrigeración y los edificios, la agricultura, los residuos y el uso del suelo, el cambio del uso del suelo y la silvicultura.

El sector del transporte es la segunda mayor fuente de emisiones en la EU-27[11] y representa la cuarta parte de las emisiones de GEI de la UE. Para lograr la neutralidad climática a la que se ha comprometido la UE es necesario una reducción del 90 % de las emisiones procedentes del transporte de aquí a 2050. Para alcanzar este objetivo el sector tendrá que contribuir a esta reducción en todos los tipos de transporte: por carretera, por ferrocarril, aéreo y el transporte marítimo.

---

11 Estas estimaciones no incluyen la aviación o el transporte marítimo internacional. Las emisiones de la aviación internacional incluyen las emisiones de los viajes que parten de un Estado miembro de la UE y llegan a cualquier otro país de la UE o fuera de la UE. Estas emisiones casi se duplicaron entre 1990 y 2005 y aumentaron un 39 % adicional entre 2005 y 2019 las emisiones en 2020 siguieron siendo considerablemente más altas que en 1990. La aviación es responsable de entre el 2 y 3 % de las emisiones mundiales de CO2 convirtiéndola en la segunda fuente más importante de impacto climático en el transporte después del transporte por carretera. Por su parte, las emisiones de CO2 procedentes del transporte marítimo representan entre el 3 y el 4 % de las emisiones de la UE.

En aras a alcanzar este nivel de reducción, la Comisión ya defendía en 2020 la necesidad de implementar una estrategia de movilidad dirigida a[12]: 1) Hacer que todos los modos de transporte sean más sostenibles[13] 2) Generalizar la disponibilidad de alternativas sostenibles en un sistema de transporte multimodal[14] 3) Introducir los incentivos adecuados para impulsar la transición. La Comisión incluía como factores fundamentales para alcanzar este último pilar, por un lado, la internalización de los costes externos mediante la aplicación de los principios de "quien contamina, paga" y de "el usuario paga". Principalmente, mediante instrumentos económicos de fijación de precio o tarificación del carbono y mecanismos de tarificación de las infraestructuras. Y, por el otro, mediante la eliminación de las subvenciones a los combustibles fósiles. En la UE ya existen instrumentos que podrían desempeñar un papel significativo y complementario en el contexto de la hoja de ruta descrita tanto para fijar efectivamente el precio al carbono como para aplicar de forma efectiva el principio de "quien contamina, paga": El Régimen Europeo de Comercio de Derechos de Emisión (RCDE UE)[15] y la Directiva Europea sobre Imposición Energética (DIE)[16].

El RCDE UE es un sistema de permisos negociables basado en el principio de "cap and trade"[17]. Este sistema no introduce obligaciones individua-

---

12 Comisión Europea. *Estrategia de movilidad sostenible e inteligente: encauzar el transporte europeo de cara al futuro,* COM(2020) 789 final, Bruselas, 2020.

13 Lo que incluye medidas para reducir significativamente la actual dependencia de los combustibles fósiles; sustituyendo las flotas existentes por vehículos de baja emisión y de emisión cero e impulsando la utilización de combustibles renovables e hipocarbónicos.

14 La Comisión defiende la necesidad de introducir acciones decisivas para desviar más actividad hacia modos de transporte más sostenibles. En particular, aumentar el número de pasajeros que viajan en tren y se desplazan al lugar de trabajo en transporte público y mediante modos de transporte activos, así como desviar una cantidad considerable del transporte de mercancías hacia el ferrocarril, las vías navegables interiores y el transporte marítimo de corta distancia.

15 *Directiva 2003/87/CE del Parlamento Europeo y del Consejo, de 13 de octubre de 2003, por la que se establece un régimen para el comercio de derechos de emisión de gases de efecto invernadero en la Comunidad y por la que se modifica la Directiva 96/61/CE del Consejo.* DOUE L 275/32 de 25.10.2003 *(TOL526.432).*

16 *Directiva 2003/96/CE del Consejo de 27 de octubre de 2003 por la que se reestructura el régimen comunitario de imposición de los productos energéticos y de la electricidad.* DOUE L 283/51 de 31.10.2003 *(TOL1.233.213).*

17 En virtud del principio de "cap and trade" se fija un tope sobre la cantidad total de determinados GEI que pueden ser emitidos por los operadores cubiertos por el sistema. El límite se reduce con el tiempo para que las emisiones totales se reduzcan.

lizadas de reducción de emisiones, sino un régimen de fijación de precios al carbono, que permite a los sujetos sometidos al mismo decidir entre realizar invertir para reducir sus emisiones o acudir al mercado para adquirir derechos que cubran las emisiones producidas. De acuerdo con datos de la Agencia Europea de Medio Ambiente (AEMA), desde la introducción del RCDE UE las emisiones se han reducido en un 37% entre 2005 y 2021 en los sectores cubiertos por este sistema hasta esa fecha: generación de electricidad y calor, instalaciones industriales con gran consumo de energía y aviación[18].

El RCDE UE no cubría sectores relevantes como el transporte por carretera o el transporte marítimo, los cuales no estaban sometidos a ningún sistema de fijación de precios al carbono a escala de la UE con independencia de las iniciativas adoptadas a nivel interno, fundamentalmente, en la forma de impuestos al carbono o sobre el CO2. En el caso del transporte hay que tener en cuenta que, en un principio, y salvo en el caso de la aviación[19], estaba considerado como uno de los sectores difusos, es decir, un sector no sujeto al RCDE UE sino al Reglamento de Reparto de Esfuerzo(RRE)[20].

Sin superar nunca este límite total, los operadores compran o recibe derechos de emisión, que pueden intercambiar entre los participantes en el sistema. El límite en el número total de derechos de emisión disponibles garantiza que tengan un valor. La señal del precio incentiva la reducción de emisiones y promueve la inversión en tecnologías innovadoras bajas en carbono, mientras que el sistema basado en el comercio brinda flexibilidad garantiza que las emisiones se reduzcan de forma eficiente, donde menos cueste hacerlo. Tras cada periodo fijado, generalmente cada año, los operadores sometidos al sistema deben entregar suficientes derechos de emisión para cubrir completamente sus emisiones, de lo contrario, se les aplicará el régimen sancionador previsto. Por el contrario, si una instalación reduce sus emisiones, puede quedarse con los derechos sobrantes para cubrir sus necesidades futuras o bien venderlos a otro operador que tenga escasez de derechos.

18 European Environment Agency. *Trends and Projections in Europe 2022-Assessment of EU progress towards its climate and energy targets*, Publications Office of the European Union, Luxemburgo, 2022.

19 Las emisiones de vuelos nacionales e internacionales entre aeropuertos dentro del Espacio Económico Europeo están cubiertas por el RCDE UE.

20 Esta norma establece objetivos anuales vinculantes en materia de emisiones de GEI para los Estados miembros que, contribuyen colectivamente a lograr esta reducción, con el objetivo de alcanzar reducciones del 30% para 2030 en los llamados sectores difusos, esto es, sectores que representan el 60% de las emisiones GEI y que hasta 2023 no estaban cubiertas ni por el RCDE UE ni por el Reglamento sobre el uso de la tierra, el cambio de uso de la tierra y la silvicultura (UTCUTS). El RRE cubría las emisiones directas GEI procedentes del transporte (excepto de la aviación y

Por lo que respecta a la DIE, la Comisión considera que, en su versión actual, no está alineada con el resto de los objetivos del Pacto Verde Europeo. La modificación de esta Directiva es prioritaria si se pretende que a través de los impuestos energéticos se emitan señales de precio adecuadas para dirigir conductas e inversión hacia combustibles sostenibles y, consecuentemente, que la imposición energética contribuya a la consecución de los objetivos del Pacto Verde. Entre otros extremos, la Comisión considera que deberían examinarse las exenciones fiscales en vigor, incluidas las aplicables a los combustibles marítimos y de aviación. De igual forma, entiende, por un lado, que debe alcanzarse una armonización más efectiva en la fiscalidad basada en el contenido energético de diversos combustibles utilizados en el transporte y, por el otro, que es preciso perfeccionar los incentivos para la implantación de combustibles de transporte sostenibles

En general, la UE llegó a la conclusión de que, pese a los compromisos políticos asumidos, las políticas de fijación de los precios en el sector del transporte para internalizar sus costes externos no estaba siendo justa y eficiente. Y, por tanto, que había margen para aplicar con mayor efectividad los principios de "quien contamina paga" y de "el usuario paga" en todos los modos de transporte. Por está razón, la Comisión ha venido defendiendo la necesidad de aunar el comercio de emisiones, la tarificación de infraestructuras y los impuestos sobre la energía y los vehículos en una política coherente, complementaria y mutuamente compatible. En definitiva, la Comisión considera que para que los instrumentos citados jueguen un papel efectivo de cara a la consecución de la neutralidad climática su diseño tiene que alinearse con los objetivos del Pacto Verde de forma que introduzcan de forma efectiva señales de precio adecuadas para favorecer cambios de conducta hacía alternativas menos contaminantes.

Así, con el fin de seguir el camino establecido por la "Ley del Clima" y lograr este mayor nivel de ambición para 2030, la Comisión ha revisado la legislación en materia de clima y energía en vigor. En julio de 2021 la Co-

---

del transporte marítimo no nacional), los edificios, la agricultura, las instalaciones industriales y los gases no cubiertos por el RCDE UE, así como los residuos y las emisiones no relacionadas con la combustión procedentes de la energía y del uso de productos. Vid. *Reglamento (UE) 2018/842 del Parlamento Europeo y del Consejo, de 20 de mayo de 2018, sobre reducciones anuales vinculantes de las emisiones de gases de efecto invernadero por parte de los Estados miembros entre 2021 y 2030 que contribuyan a la acción por el clima, con objeto de cumplir los compromisos contraídos en el marco del Acuerdo de París,* DOUE L 156 de 19.6.2018. (*TOL6.641.508*).

misión presentó una serie de propuestas -el paquete "Objetivo 55" [21]- para adaptar las políticas de la UE en materia de clima, energía, transporte y fiscalidad con el fin de reducir las emisiones netas de gases de efecto invernadero en al menos un 55 % de aquí a 2030. Se trata de un paquete de propuestas legislativas interconectadas que buscan:

- Fijar un precio al carbono en más sectores, lo que aportará importantes ingresos adicionales para garantizar una transición justa y hace que las soluciones limpias sean más baratas.
- Apoyar un mayor uso de las energías renovables y un mayor ahorro energético.
- Facilitar el aumento de las ventas de nuevos vehículos limpios y de combustibles más limpios para el transporte.
- Garantizar que la industria pueda liderar la transición y le ofrece la seguridad que necesita para impulsar la inversión y la innovación.

Desde el punto de vista fiscal y medioambiental, el paquete pretende la modificación u adopción de distintos instrumentos económicos con el fin de introducir definitivamente en la práctica el principio de que "quien contamina, paga" y gravar las fuentes de energía en consonancia con los objetivos climáticos y medioambientales. En el caso concreto del transporte, estas propuestas se han concretado hasta ahora, fundamentalmente, en dos Directivas:

- La Directiva (UE) 2023/958[22]., en virtud de la cual los derechos de emisión gratuitos que recibe actualmente el sector de la aviación en el marco del RCDE EU se irán eliminando gradualmente y se aplicará la subasta completa a partir de 2026. El RCDE UE se aplicará a los vuelos intraeuropeos (incluidos aquellos cuyo destino sea el Reino Unido o Suiza). Por su parte, los vuelos extraeuropeos–origen y des-

---

21 Comisión Europea. *"Objetivo 55": cumplimiento del objetivo climático de la UE para 2030 en el camino hacia la neutralidad climática,* COM(2021) 550 final, Comisión Europea, Bruselas, 2021.

22 *Directiva (UE) 2023/958 del Parlamento Europeo y del Consejo de 10 de mayo de 2023 por la que se modifica la Directiva 2003/87/CE en lo que respecta a la contribución de la aviación al objetivo de la Unión de reducir las emisiones en el conjunto de la economía y a la adecuada aplicación de una medida de mercado mundial,* DOUE L 130/115 de 16.5.2023 *(TOL9.552.174).*

tino en terceros países- estarán sometidos entre 2022 y 2027 al plan CORSIA23 cuando sean participantes del mismo.

- La Directiva (UE) 2023/95924 por la que se incluye a las emisiones del transporte marítimo25, en el ámbito de aplicación del RCDE UE y se establece un régimen para el comercio de derechos de emisión de GEI específico e independiente para los sectores del transporte por carretera, los edificios y la pequeña industria. El nuevo régimen de comercio se aplicará, concretamente, a los combustibles utilizados en los sectores de los edificios, el transporte por carretera y otros sectores que correspondan a las actividades industriales no incluidas en el anexo I de la Directiva 2003/87/CE, como la calefacción de instalaciones industriales.

Estas nuevas normas han extendido el ámbito de aplicación de un instrumento de fijación del precio del carbono a sectores excluidos hasta ahora como el transporte por carretera y el transporte marítimo. Esto significa,

---

23 El Consejo de la Organización de Aviación Civil Internacional (OACI) adoptó en el Plan de Compensación y Reducción del Carbono para la Aviación Internacional (CORSIA, por sus siglas en inglés), por el que se establecen las normas y métodos recomendados internacionales sobre protección del medio ambiente.

24 *Directiva (UE) 2023/959 del Parlamento Europeo y del Consejo de 10 de mayo de 2023 que modifica la Directiva 2003/87/CE por la que se establece un régimen para el comercio de derechos de emisión de gases de efecto invernadero en la Unión y la Decisión (UE) 2015/1814, relativa al establecimiento y funcionamiento de una reserva de estabilidad del mercado en el marco del régimen para el comercio de derechos de emisión de gases de efecto invernadero en la Unión,* DOUE L 130/134 de 16.5.2023 *(TOL9.552.196).*

25 La actividad de transporte marítimo internacional -viajes entre puertos bajo la jurisdicción de dos Estados miembros (EEMM) diferentes o entre un puerto bajo la jurisdicción de un Estado miembro (EM) y un puerto situado fuera de la jurisdicción de cualquier EM- constituía el único medio de transporte no incluido en los compromisos anteriores de la Unión de reducir las emisiones de gases de efecto invernadero. La ampliación del RCDE UE al transporte marítimo incluye la mitad de las emisiones procedentes de los buques que realicen viajes que lleguen a un puerto bajo la jurisdicción de un EM desde un puerto situado fuera de la jurisdicción de un Estado miembro, la mitad de las emisiones procedentes de los buques que realicen viajes que salgan de un puerto bajo la jurisdicción de un EM y que lleguen a un puerto situado fuera de la jurisdicción de un EM, todas las emisiones procedentes de los buques que realicen viajes con llegada a un puerto bajo jurisdicción de un EM desde un puerto bajo jurisdicción de un EM, y todas las emisiones en un puerto bajo jurisdicción de un EM.

por un lado, que la subasta vinculada a estas emisiones aportará nuevos ingresos adicionales y, por el otro, que se han introducido señales de precio que fomentarán cambios en el comportamiento de los consumidores y las empresas. De esta forma, los sistemas de comercio se han convertido en la piedra angular de la política climática de la Unión y constituyen su instrumento clave para reducir las emisiones de gases de efecto invernadero de manera eficiente en términos de costes en el sector del transporte.

Junto a estas dos Directivas, ya aprobadas, quedaría pendiente la necesidad de modificar el marco de la imposición energética de la UE para adecuarla a los nuevos objetivos. Sin embargo, todavía no se ha avanzado de forma suficiente en la modificación de la Directiva 2003/96[26] sobre Imposición energética de la que únicamente existe una propuesta que, en cualquier caso, debería ser adoptada por la unanimidad del Consejo en virtud de los art. 113 y 192.2 del Tratado de Funcionamiento de la Unión Europea (TFUE) a diferencia de las anteriores que se han aprobado a través del procedimiento ordinario en virtud del art. 192.1 del TFUE. No obstante, y como se analizará posteriormente, para evitar posibles solapamientos con los nuevos instrumentos de fijación de precio al transporte por carretera ya adoptados, cualquier modificación de la Directiva sobre Imposición Energética deberá efectuarse tras fijar claramente los objetivos específicos, complementarios o adicionales que pretendan alcanzarse con la imposición energética.

3. EL "PRINCIPIO DE QUIEN CONTAMINA PAGA" EN EL CONTEXTO DE LA POLÍTICA CLIMÁTICA Y ENERGÉTICA DE LA UE.

El art. 191.1 del TFUE hace de la lucha contra el cambio climático un objetivo expreso de la política medioambiental de la Unión y, en este sentido, el principio de "quien contamina, paga" es -junto a los principios de cautela, de acción preventiva y de corrección de los atentados al medio ambiente, preferentemente en la fuente misma- uno de los principios subyacentes a la política medioambiental de la UE y que debe inspirar el conjunto de técnicas que se desarrollen para hacer frente los problemas

---

26 Comisión Europea. *Propuesta de Directiva del Consejo por la que se reestructura el régimen de la Unión de imposición de los productos energéticos y de la electricidad*, COM/2021/563 final, Comisión Europea, Bruselas, 2021.

relacionados con el medio ambiente. Así se desprende concretamente del art. 191.2 del TFUE cuando dispone que "La política de la Unión en el ámbito del medio ambiente (...) se basará en los principios de cautela y de acción preventiva, en el principio de corrección de los atentados al medio ambiente, preferentemente en la fuente misma, y en el principio de quien contamina paga".

Como ha señalado el TJUE, el art. 191.2, explicita que la política de la Unión en el ámbito del medio ambiente tiene como objetivo alcanzar un nivel de protección elevado y se basa en el principio de "quien contamina, paga". Por tanto, dicha disposición se limita a definir los objetivos generales de la Unión en materia de medio ambiente en la medida en que el art. 192.1 TFUE confía al Parlamento Europeo y al Consejo de la Unión Europea, con arreglo al procedimiento legislativo ordinario, la tarea de decidir qué acción debe emprenderse para realizar esos objetivos. Dado que la política ambiental es una competencia compartida, así lo establece el art. 4.2 del TFUE, incumbe al legislador de la Unión determinar las medidas que considera necesarias para alcanzar los objetivos medioambientales previstos. No obstante, el ámbito de actuación de la UE se ve limitada, por un lado, por el necesario respeto a los principios de subsidiariedad y proporcionalidad y[27], por el otro, por el requisito de unanimidad en el Consejo cuando se trate de disposiciones esencialmente de carácter fiscal con las que se pretenda hacer efectivo el principio analizado[28].

Se trata, en cualquier caso, de un principio legal que dirige a la acción de la Unión, de modo que la referida disposición no puede ser invocada en cuanto tal ni por los particulares a fin de excluir la aplicación de una normativa nacional adoptada en un ámbito comprendido dentro de la política

---

27 Vid. STJUE de 29 de marzo de 2012 asunto C-505/09 P *(TOL2.516.884)*.

28 De acuerdo con el art. 192.2 del TFUE el Parlamento Europeo y el Consejo, con arreglo al procedimiento legislativo ordinario y previa consulta al Comité Económico y Social y al Comité de las Regiones, decidirán las acciones que deba emprender la Unión para la realización de los objetivos fijados en el artículo 191. No obstante, y sin perjuicio del art. 114 del TFUE, el Consejo, por unanimidad con arreglo a un procedimiento legislativo especial, a propuesta de la Comisión y previa consulta al Parlamento Europeo, al Comité Económico y Social y al Comité de las Regiones, adoptará: (a) disposiciones esencialmente de carácter fiscal; (b) las medidas que afecten a la ordenación territorial; a la gestión cuantitativa de los recursos hídricos o que afecten directa o indirectamente a la disponibilidad de dichos recursos; y a la utilización del suelo, con excepción de la gestión de los residuos.

medioambiental cuando no sea aplicable ninguna normativa de la Unión adoptada sobre la base del art. 192 TFUE que cubra específicamente la situación de que se trate, ni por las autoridades administrativas[29].

Así, por ejemplo, la Directiva 2004/35 sobre responsabilidad y reparación de los daños medioambientales tiene por objeto establecer un marco de responsabilidad medioambiental, basado en el principio de "quien contamina, paga", para la prevención y la reparación de los daños medioambientales. En el marco del régimen previsto por esta Directiva, basado en un grado elevado de protección del medio ambiente y en el principio de "quien contamina, paga", los operadores están sujetos tanto a obligaciones de prevención como de reparación[30]. Desde el punto de vista del citado principio, esto se traduce en que un operador cuya actividad haya causado daños al medio ambiente o haya supuesto una amenaza inminente de tales daños sea declarado responsable desde el punto de vista financiero a fin de inducir a los operadores a adoptar medidas y desarrollar prácticas dirigidas a minimizar los riesgos de que se produzcan daños medioambientales, de forma que se reduzca su exposición a responsabilidades financieras[31].

Por su parte, la Directiva 2018/851[32] sobre los residuos dispone en su artículo 14 que, de acuerdo con el principio de "quien contamina, paga", los costes relativos a la gestión de los residuos tendrán que correr a cargo del productor inicial de residuos, del poseedor actual o del anterior poseedor de residuos. Esta obligación económica incumbe a dichos poseedores

---

29 Sentencia del TJUE de 4 de marzo de 2015, Fipa Group y otros, C-534/13 (*TOL4.742.736*).

30 Sentencia del TJUE de 9 de Marzo de 2010, ERG y otros, asuntos C-379/08 y C-380/08(*TOL4.742.736*).

31 En el marco de esta Directiva, cuando una autoridad competente actúe por sí misma o a través de un tercero en lugar de un operador, dicha autoridad deberá garantizar que el coste en que haya incurrido se cobre al operador. Procede igualmente que sean los operadores quienes sufraguen en último término el coste ocasionado por la evaluación de los daños medioambientales y, en su caso, por la evaluación del riesgo inminente de que tales daños se produzcan. Vid. *Directiva 2004/35/CE del Parlamento Europeo y del Consejo, de 21 de abril de 2004, sobre responsabilidad medioambiental en relación con la prevención y reparación de daños medioambientales*, DOUE L 143 de 30.4.2004 (*TOL502.158*).

32 *Directiva (UE) 2018/851 del Parlamento Europeo y del Consejo de 30 de mayo de 2018 por la que se modifica la Directiva 2008/98/CE sobre los residuos*, DOUE L 150/109 de 14.6.2018.

por el hecho de haber contribuido a la generación de tales residuos. En transposición de esta Directiva, la Ley de Residuos y Suelos Contaminados de 2022 incorpora al ordenamiento español la aplicación de este principio a lo largo de su articulado de forma explícita en este ámbito. Concretamente, su art. 11 lo incluye como uno de los principios de la política de residuos al disponer que, de acuerdo con el principio "quien contamina, paga ", los costes relativos a la gestión de los residuos, incluidos los costes correspondientes a la infraestructura necesaria y a su funcionamiento, así como los costes relativos a los impactos medioambientales y en particular los de las emisiones de GEI, tendrán que ser sufragados por el productor inicial de residuos, por el poseedor actual o por el anterior poseedor de residuos.

El principio legal de "quien contamina, paga"[33] fue introducido por la OCDE en 1972[34] como un principio económico de asignación de costes en virtud del cual los contaminadores deben asumir los gastos derivados de las medidas de prevención y control de la contaminación establecidas por las autoridades públicas para asegurarse de que el medio ambiente se encuentre en un estado aceptable[35]. Aunque en un inicio este principio se centraba exclusivamente en la prevención de la contaminación y el control de los costes, su alcance se fue ampliado progresivamente para cubrir, entre otros, los costes de las medidas adoptadas para hacer frente a las emisiones de agentes contaminantes[36].

Así, ya en 1991 la OCDE recomendaba la internalización de los costes de prevención, control y daños de la contaminación para alcanzar una gestión

---

33 La Comunidad Europea recogió la recomendación de la OCDE en su primer Programa de Acción Medioambiental (1973-1976) y en una Recomendación de 3 de marzo de 1975 sobre asignación de costes y actuación de las autoridades en materia medioambiental. En 1987 el principio se consagró en el Tratado de las Comunidades Europeas. Desde 1990 este principio ha sido considerado como un "principio general de derecho ambiental internacional". Vid. Instrumento de Ratificación del Convenio Internacional sobre cooperación, preparación y lucha contra la Contaminación por Hidrocarburos, 1990, hecho en Londres el 30 de noviembre de 1990. BOE núm. 133, de 05/06/1995. *(TOL662.700).*

34 OCDE. *The Polluter-Pays Principle, Analyses and Recommendations,* OCDE, París, 1992.

35 OECD. *Recommendation of the Council on the Implementation of the Polluter-Pays Principle, OECD/LEGAL/0132,* OCDE, París, 2022.

36 OCDE. *The Polluter-Pays Principle, Analyses and Recommendations,* op. cit.

sostenible y económicamente eficiente de los recursos ambientales[37]. Un año más tarde, el principio 16 de la Declaración de las Naciones Unidas sobre el Medioambiente y el Desarrollo de 1992 (conocida como la "Declaración de Río") incluía el principio de "quien contamina paga" como uno de los 27 principios que permitiesen establecer las nuevas orientaciones en materia ambiental y para el desarrollo sostenible en el futuro al señalar que: "Las autoridades nacionales deberían procurar fomentar la internalización de los costos ambientales y el uso de instrumentos económicos, teniendo en cuenta el criterio de que el que contamina debe, en principio, cargar con los costos de la contaminación, teniendo debidamente en cuenta el interés público y sin distorsionar el comercio ni las inversiones internacionales"[38].

En el caso concreto de la políticas climática y energética de la UE hemos asistido a una significativa y paulatina integración de citado principio con aquellas y que ha culminado, en la esfera concreta de la lucha contra el Cambio Climático, con el Reglamento 221/1119, la "Ley del Clima". El citado Reglamento concreta en su considerado 9 que la acción por el clima de la Unión y de los EEMM deben guiarse por los principios de cautela y de que "quien contamina paga" establecidos en el TFUE y también deben tener en cuenta el principio "primero, la eficiencia energética" de la Unión de la Energía y el principio de "no ocasionar daños" del Pacto Verde Europeo. En el caso de España, la Ley de Cambio Climático y Transición Energética de 2021 recoge expresamente en su art. 2 al principio de "quien contamina, paga" como uno de los principios rectores que deben regir las actuaciones derivadas de dicha ley y de su desarrollo[39].

4. EL PRINCIPIO DE "QUIEN CONTAMINA, PAGA" COMO PRINCIPIO ECONÓMICO PARA FIJAR UNA SEÑAL DE PRECIOS A LAS EMISIONES GEI: EL CASO DEL TRANSPORTE POR CARRETERA.

El reconocimiento legal del principio económico de "quien contamina, paga" ha ido de la mano de una progresiva integración de este en las

---

37 OCDE. *Recommendation on the Use of Economic Instruments in Environmental Policy OECD/LEGAL/0258*, OCDE, París, 2022.

38 Naciones Unidas. *Declaración de Río sobre el Medio Ambiente y el Desarrollo*, 1992.

39 *Ley 7/2021, de 20 de mayo, de cambio climático y transición energética*, BOE núm.121, de 21/05/2021 *(TOL8.425.064)*.

políticas implementadas por los Estados y organismo supranacionales para frenar la contaminación y restaurar el medio ambiente. Como señala la OCDE, la aplicación de este principio implica que el contaminador sufrague los costes de su contaminación, incluso los de las medidas adoptadas para prevenir, controlar y reparar la contaminación y los costes que supone para la sociedad. Al aplicar este principio se incentiva a quienes contaminan a evitar el daño medioambiental, al tiempo que se les obliga a asumir la responsabilidad por la contaminación que generan. Esto supone que sea el contaminador, y no el contribuyente o el conjunto de la sociedad, quien paga no solo los costes asociados a la contaminación que causa, sino también que se le haga responsables de los costes que tiene para la sociedad las medidas adoptadas para prevenir, controlar y reparar dicha contaminación[40].

En términos económicos lo anterior significa que, junto al resto de costes que ya soporta el contaminador, se le "internalizaran" los costes de las "externalidades ambientales negativas" causas por aquel en forma de contaminación. Externalidades que impactan negativamente en el conjunto de la sociedad y que correrían a cargo de agentes económicos distintos del contaminador en caso de no producirse dicha "internalización". Por tanto, el concepto de "internalización de los costes ambientales" implica que los precios de mercado deben reflejar los costes ambientales de la producción y uso de un producto en términos de utilización de recursos naturales, contaminación, generación de residuos, consumo, eliminación y otros fac-

---

40 Como señaló desde un principio la OCDE, el principio de "quien contamina, paga" no es un principio de equidad y, consecuentemente, no está diseñado para castigar a los contaminadores, sino para establecer las señales apropiadas en el sistema económico para que los costes ambientales se incorporen en el proceso de toma de decisiones y, por lo tanto, alcanzar un desarrollo sostenible y respetuoso con el medio ambiente. El objetivo es evitar el uso ineficiente de los recursos naturales y acabar con el uso gratuito del medio ambiente como receptáculo de la contaminación. La citada institución reconocía que el propio diseño de este principio implica el reconocimiento tanto de que persistirá cierto grado de contaminación ambiental, como de que el consumidor asumirá el coste cargado inicialmente al contaminador. No obstante, también entendía ya en un primer momento que el uso de este principio contribuye tanta a garantizar la eficiencia económica como a reducir al mínimo las distorsiones en el comercio y la inversión internacionales. Vid. OCDE. *The Polluter-Pays Principle, Analyses and Recommendations, op.cit.*

tores[41]. Cuando los costes de la contaminación se imputan al contaminador, el precio de los bienes y servicios aumenta para incluir estos costes, lo que emite una señal de precios hacía los consumidores. La preferencia de estos últimos por los precios más bajos constituye un incentivo para que los productores comercialicen productos menos contaminantes[42].

En el caso de la UE, estudios de la Comisión Europea defendían la existencia de margen para aplicar el principio de "quien contamina, paga" de manera más rigurosa a través de una expansión de los impuestos ambientales y otros instrumentos económicos como los sistemas de comercio de derechos de emisión. Y ello, porque estimaba que los costes de la contaminación y el daño ambiental superan los ingresos generados por impuestos y otros instrumentos económicos introducidos para hacer frente a las actividades contaminantes[43]. En la misma línea, el Tribunal de Cuentas Europeo consideró que se estaba desaprovechado muchas oportunidades para una aplicación más rigurosa del principio de "quien contamina, paga" en la UE[44].

---

41 Como apunta la OCDE, la internalización de los costes medioambientales ha sido un punto focal de la economía ambiental y subyace en el trabajo conceptual y analítico en áreas tales como la fijación de precios de los recursos, el uso de instrumentos económicos en la política ambiental, el cálculo de costos y beneficios ambientales, y método de contabilidad verde. Aunque se relaciona con el principio de "quien contamina, paga" el concepto de internalización de los costes ambientales se refiere a cómo medir los costes y beneficios ambientales y cuánto se debe pagar para cubrir los costos ambientales. Es un concepto mucho más complejo que el principio de "quien contamina, paga" que se refiere a quién debe pagar y deja en manos de las autoridades públicas la decisión sobre la cantidad exacta a pagar para garantizar que el medio ambiente se encuentre en un estado aceptable. OCDE. *Environmental principles and concepts, OCDE/GD(95)124*, OCDE, París, 1995.

42 D. Sanchez Trancon (et.al.). *Background note: The implementation of the Polluter Pays Principle,* OCDE, París, 2022.

43 Algunos estudios exponen que los costes externos de la contaminación del aire y los GEI ascienden a aproximadamente 720.000 millones de euros al año en toda la UE -alrededor del 5 % del PIB de la UE-, de los cuales solo el 44 % se internaliza en impuestos u instrumentos económicos en toda la economía. Vid. D. Mottershead (et. al.). *Green taxation and other economic instruments. Internalizing environmental costs to make the polluter pay,* Comisión Europea, Bruselas, 2021.

44 Tribunal de Cuentas Europeo. *Principio de «quien contamina paga»: Aplicación incoherente entre las políticas y acciones medioambientales de la UE. Informe Especial*

Uno de los sectores en los que el principio de "quien contamina, paga" no estaba siendo aplicado de forma efectiva era, precisamente, el sector del transporte. Como se señala en diversos informes y documentos, el sector del transporte es fuente de importantes externalidades negativas que deben ser "reconocidas y corregidas a través de la intervención pública"[45]. Entre ellas encontramos las causadas por los contaminantes atmosféricos -emisiones de GEI y de muchos de los contaminantes- pero también otra amplia gama de externalidades negativas que incluyen los costes asociados al ruido, congestión o accidentes[46]. Estos impactos están relacionados entre sí y demandan una estrategia correctora coordinada en objetivos e instrumentos.

Se trata de un sector en el que existen numerosas alternativas regulatorias para el control de los problemas asociados al transporte -por ejemplo, políticas tecnológicas-. Sin embargo, se considera que es un sector en el que las medidas tributarias y otros sistemas de tarificación del precio

---

12/2021. Tribunal de Cuentas Europeo, Luxemburgo, 2021.

45 Junto las externalidades negativas de carácter medioambiental, el transporte también es fuente de costes de construcción y mantenimiento de infraestructuras que no son cubiertos por sus usuarios. A través de este principio se pretende utilizar instrumentos económicos en de prestaciones, en forma de prestaciones patrimoniales públicas tributarias y no tributarias, para hacer frente a las externalidades negativas no medioambientales que precisan corrección y la necesaria cobertura de costes infraestructurales. Dentro es estos instrumentos se encuadran, por ejemplo, los mecanismos tributarios para el pago por uso de determinadas infraestructuras viarias o los tributos sobre la congestión en determinadas ciudades. Vid. Comité de Personas Expertas, *op. cit.*

46 Estudios específicos -que abordaron las emisiones directas de CO2 y contaminantes atmosféricos, las emisiones indirectas de CO2 y contaminantes atmosféricos procedentes de la producción de energía, la contaminación atmosférica y el ruido excesivo y los daños en los hábitats- calcularon que el importe de los impuestos y tasas totales recaudados del sector del transporte en la Europa de los 27 ascienden a 340 000 millones EUR como mínimo. Según este estudio, los costes por los retrasos derivados de la congestión suponen un importe adicional de 228 000 millones EUR. Se estimó que los costes externos de los accidentes de tráfico alcanzaban los 250 000 millones EUR. Asimismo, en el estudio se calculó que los costes totales de infraestructura ascendían a 256 000 millones EUR. Vid. A. Schroten (et. al.). *Sustainable Transport Infrastructure Charging and Internalisation of Transport Externalities*, European Commission Directorate-General for Mobility and Transport, Bruselas, 2019.

de la contaminación pueden desempeñar un papel fundamental para la incentivación económica al cambio de comportamiento y a la inversión en alternativas limpias[47]. Concretamente, se entiende que , al internalizar los citados costes externos, serán las personas que utilizan el transporte, y no el conjunto de la sociedad, quienes sufragarán todos los costes, lo que introduciría un incentivo en forma de señal de precio para disponer de modos de transporte más sostenibles con menos costes externos.

En este sentido, hay que tener en cuenta que hasta la aprobación del nuevo régimen derechos de emisión para el sector del transporte hablamos de un sector que, tradicionalmente, y por la dificultad de medir y contralar directamente las emisiones, se había incluido, salvo en el caso de la aviación, dentro de los denominados "sectores difusos", es decir, no sujetos al principal instrumento económico de tarificación de precios al carbono vigente en la UE hasta la fecha: el RCDE UE.

Fijar un precio a las emisiones de GEI puede ser un factor relevante para crear un entorno propicio para las inversiones bajas en carbono. Sin embargo, algunos autores consideran que los impactos difieren considerablemente entre sectores y la efectividad depende de la elasticidad precio de la actividad y de la disponibilidad de alternativas asequibles. En el caso del sector del transporte, se estima más efectivo, incluso, abordar la reducción de las emisiones a través de estándares e instrumentos de política no basados en precios (como estándares de emisión u objetivos intermedios de ventas de vehículos eléctricos).

Un ejemplo de lo anterior lo encontramos en el caso de Alemania que, como veremos posteriormente, ha adoptado de forma unilateral un régimen de comercio para el sector del transporte y la calefacción análogo al que introduce la Directiva (UE) 2023/959. En el caso del citado Estado estudios advierten que con los precios fijos establecidos hasta ahora en el marco del sistema de comercio interno -25 € por tonelada de CO2- las reducciones de emisiones en el sector del transporte solo se lograrían en una medida limitada debido a la baja sensibilidad al precio en el sector del transporte. Para estimular las innovaciones correspondientes en el mercado de vehículos, la señal de precio generada por un sistema como el introducido por Alemania no es suficiente a corto plazo, sino que se necesita adicionalmente un ambicioso objetivo de reducción de CO2 en el marco de los estándares de emisión, posiblemente combinado con una cuota para

---

47 Vid. Comité de Personas Expertas, *op. cit.*

vehículos eléctricos, para lograr el aumento necesario en la eficiencia de los vehículos y en los registros de vehículos eléctricos. Sin embargo, estos estudios estiman que, aunque se elimine el tope fijo de 25€ para que sea el mercado el que lo determine libremente, el estímulo para alcanzar los objetivos de protección del clima en el sector del transporte hasta 2030 debería provenir principalmente de un precio más alto del CO2[48].

Uno de los problemas que se plantean es que, a diferencia del sector de la energía y la industria, los actores clave para los cambios en el transporte de pasajeros no son empresas que actúan según principios económicos, sino ciudadanos que a menudo tienen en cuenta aspectos de costes solo de manera subjetiva y sin cálculos de costes racionales en sus decisiones. Por esta razón, consideran que las estrategias de reducción de CO2 en el sector del transporte requieren cambios estructurales profundos que hagan frente a una gran variedad de desafíos[49].

Concretamente, entienden que para lograr una reducción significativa de las emisiones GEI en el sector del transporte, se requiere un enfoque integral que incluya medidas reguladoras, incentivos financieros, educación y concienciación pública, así como inversiones en infraestructura y desa-

---

48 W. Zimmer (et. al.) *Rolle der CO2-Bepreisung im Instrumentenmix für die Transformation im Verkehrssektor*, Climate Change 27, Umweltbundesamt, 2022.

49 Entre estos desafíos se enumeran los siguientes: a) Barreras económicas. Las opciones de transporte más sostenibles a menudo tienen un coste inicial más alto en comparación con los vehículos convencionales. Para superar esta barrera, se requieren políticas de apoyo, como incentivos fiscales, subsidios o programas de financiamiento a bajo interés para facilitar la adquisición de vehículos eficientes o el uso compartido de automóviles. b) Infraestructura insuficiente. La falta de infraestructura adecuada, como estaciones de carga para vehículos eléctricos o una red de transporte público bien desarrollada, puede obstaculizar la adopción de opciones de transporte sostenibles. Es necesario invertir en la expansión y mejora de la infraestructura de transporte para facilitar la transición hacia modos de transporte más respetuosos con el medio ambiente. c) Factores socioculturales. Las actitudes y normas sociales también pueden influir en las decisiones de movilidad. Es importante promover cambios culturales que valoren la sostenibilidad y fomenten la adopción de opciones de transporte más respetuosas con el medio ambiente. d) Cambio de comportamiento y preferencias. Es necesario influir en las preferencias de los ciudadanos y fomentar la adopción de opciones de transporte más sostenibles. Esto puede lograrse a través de campañas de concienciación, educación, incentivos financieros y mejoras en la infraestructura del transporte público y la movilidad compartida. *Ibid.*

rrollo tecnológico. También se ha argumentado en reiteradas ocasiones que introducir señales de precios al carbono en estos sectores a través de instrumentos directos, como sistemas de comercio o impuestos al carbono o al CO2, puede resultar costoso y administrativamente complejo de implementar. A mayor abundamiento, se asocia a estos instrumentos el riesgo de dar lugar a impactos distributivos en los sectores más vulnerables o afectar negativamente a la competitividad de las empresas.

Pese a todo lo anterior, estos mismos estudios consideran que, dentro de una combinación equilibrada de instrumentos y políticas, el precio del CO2 es un elemento importante para crear e intensificar incentivos en todos los niveles. Al mismo tiempo, desempeña un papel importante en la financiación de la transformación y puede garantizar la justicia social si se redistribuyen adecuadamente los ingresos generados. Esta interacción es crucial para una mitigación efectiva y aceptable desde el punto de vista de la sociedad.

La Comisión reconoce que las normas de comportamiento en materia de emisiones de CO2 de los turismos constituye el principal instrumento para garantizar la consecución de los objetivos de reducción de emisiones en este sector[50]. Sin embargo, también entiende que el sector por carrete-

---

50 La AEMA considera que las normas sobre comportamientos en materia de emisiones de CO2 para los turismos y los vehículos comerciales más estrictos para toda la flota de la UE, que comenzaron a aplicarse en 2020, ya han tenido un efecto positivo en la disminución de las emisiones de automóviles y furgonetas recién matriculados. Así, las emisiones medias de CO2 de los coches y furgonetas nuevos matriculados en la UE, Islandia, Noruega y el Reino Unido en 2020 disminuyeron un 12 % en comparación con 2019. En 2021 se observó una disminución adicional del 12 % en comparación con 2020. Esto se debió en gran parte a el marcado aumento en el número de vehículos de cero y bajas emisiones matriculados, con la proporción de coches eléctricos de batería en el total de nuevas matriculaciones aumentando al 10 % en 2021. *Ibid.* El nuevo Reglamento (UE) 2023/851 establece objetivos de reducción de las emisiones de CO2 del 55 % para los turismos nuevos y del 50 % para las furgonetas nuevas con respecto a los niveles de 2021 entre 2030 y 2034; y un objetivo de reducción de las emisiones de CO2 del 100 % tanto para los turismos como para las furgonetas nuevos a partir de 2035. De acuerdo con el Reglamento, los fabricantes deben garantizar que las emisiones medias de CO2 de su parque de vehículos matriculados por primera vez en un año natural no superen su umbral anual de emisiones específicas. Los fabricantes que superen estos umbrales tendrán que pagar, por cada vehículo matriculado, una prima de 95 euros por cada gramo de CO2/km

ra tiene un importante potencial de reducción rentable y que la cobertura de estos sectores mediante el comercio de derechos de emisión, en el contexto de otras medidas reguladoras y de inversión adecuadas, podría proporcionar una mayor seguridad jurídica e incentivos económicos mayores y armonizados para reducir las emisiones en estos sectores. A mayor abundamiento, considera que la aplicación de un instrumento económico para fijar el precio del carbono en el sector del transporte por carretera, basado en un régimen de comercio de derechos de emisión, tendría la ventaja de captar las emisiones de la flota por debajo de los límites máximos derivados de la normativa sobre emisiones de vehículos y, al mismo tiempo, incentivar a través de la señal en los precios el cambio de comportamiento con efectos duraderos en las soluciones de movilidad.

5. EL NUEVO RÉGIMEN DE COMERCIO DE DERECHOS DE EMISIÓN PARA LOS "SECTORES DIFUSOS".

Teniendo en cuenta las consideraciones anteriores, la Directiva (UE) 2023/959 modifica la Directiva 2003/87/CE (RCDE EU) para introducir en un nuevo capítulo IV bis un régimen de comercio de derechos de emisión paralelo al RCDE UE pero que, como señala el art. 30bis, se aplicará en exclusiva a los combustibles utilizados en los sectores de los edificios[51],

---

que esté por encima del objetivo. Vid. *Reglamento (UE) 2023/851 del Parlamento Europeo y del Consejo de 19 de abril de 2023 por el que se modifica el Reglamento (UE) 2019/631 en lo que respecta al refuerzo de las normas de comportamiento en materia de emisiones de CO2 de los turismos nuevos y de los vehículos comerciales ligeros nuevos, en consonancia con la mayor ambición climática de la Unión,* DOUE L 110/5 de 25.4.2023 *(TOL9.506.478)*

51 Tal como se especifica en el Plan del Objetivo Climático para 2030, en la actualidad, el sector de los edificios es responsable directa e indirectamente del 36 % de las emisiones de gases de efecto invernadero relacionadas con la energía en la UE y tiene un potencial muy rentable para reducir las emisiones. Más de la mitad de esas emisiones ya están cubiertas por el actual RCDE UE, en particular el suministro de electricidad para uso en edificios y la mayor parte de las emisiones de calefacción urbana. Sin embargo, muchos hogares siguen calentándose con sistemas anticuados que utilizan combustibles fósiles contaminantes, como el carbón y el petróleo. Comisión Europea. *Propuesta de Directiva que modifica la Directiva 2003/87/CE por la que se establece un régimen para el comercio de derechos de emisión de gases de efecto invernadero en la Unión,* COM(2021) 551 final, Comisión Europea, Bruselas, 2021

el transporte por carretera y otros sectores que correspondan a las actividades industriales no incluidas en el anexo I de la Directiva 2003/87/CE, como la calefacción de instalaciones industriales.

En las fases de consultas previas a la adopción del nuevo sistema se planteó la cuestión de si debía crearse un régimen de comercio distinto exclusivamente para los edificios y el transporte o, en cambio, si lo más conveniente no sería aplicar un régimen de comercio ampliado para todas las emisiones procedentes de la combustión de combustibles fósiles que complementasen otras políticas reforzadas del paquete "Objetivo 55" y centradas en el apoyo tecnológico, las barreras no relacionadas con los precios y los incentivos continuos para medidas nacionales que reflejen las circunstancias nacionales. Una de las razones que se esgrimieron para rechazar esta segunda opción era la eficiencia económica, al entender la Comisión Europea que un régimen específico para la combustión de combustibles fósiles en los "sectores difusos" evitaría la creación de un nuevo régimen de protección contra la fuga de carbono al ser estos sectores que no están expuestos a la competencia internacional como los sectores sujetos al RCDE UE[52].

De igual forma, se planteó la posibilidad de incluir directamente a los "sectores difusos" en el RCDE UE ya existente. En este caso, se argumentó que la integración del transporte y los edificios en el RCDE UE existente debía evitarse, fundamentalmente, por dos razones: 1) El transporte por carretera y los edificios tienen costes de reducción de carbono mucho más elevados (hasta 250€/t CO2)[53]. 2). No están expuestos a la competencia internacional. En el caso del transporte, su resiliencia a la reducción de carbono podría llevar a la compra de derechos de emisión en el RCDE UE que tendrían un efecto limitado en sus emisiones pero que, sin embargo, se traduciría en un aumento el precio del carbono que impactaría en sectores que sí que están expuestos a la competencia internacional y al riesgo de fuga de carbono.

A la vista de estos factores se estimó que la tarificación del carbono en el sector del transporte por carretera y la edificación requería de un sistema de comercio específico y separado del RCDE UE, aunque paralelo a este.

---

52 Comisión Europea. *Documento de trabajo de los servicios de la comisión resumen del informe de la evaluación de impacto que acompaña al documento directiva del parlamento europeo y del consejo que modifica la directiva 2003/87/CE*, SWD(2021) 602 final, Comisión Europea, Bruselas, 2021.

53 https://www.boell.de/sites/default/files/2020-07/Der-Preis-auf-CO2_Web.pdf

De esta forma, se pretendía evitar cualquier perturbación del correcto funcionamiento del RCDE UE aplicable a las instalaciones fijas y la aviación, habida cuenta de los diferentes potenciales de reducción de esos sectores y de los distintos factores que influyen en la demanda. Es cierto que la Comisión no cierra la posibilidad de una posible fusión de los dos sistemas en el futuro, sin embargo, esta posibilidad se evaluará sobre la base de la experiencia adquirida tras unos años de funcionamiento del nuevo sistema de comercio. De igual forma, y como se explicará a continuación, la Comisión consideró que el nuevo sistema de comercio, a diferencia del RCDE UE, tenía que diseñarse de acuerdo con un enfoque ascendente para las entidades reguladas.

5.1 *El enfoque ascendente para las entidades reguladas del nuevo régimen de comercio.*

Tanto el RCDE UE como el nuevo régimen para el transporte y la edificación funcionan según el principio de "límite y comercio" (cap and trade). Así, en primer lugar, se toma la decisión política sobre la cantidad de GEI que se permite emitir ("límite") y, por tanto, el número de derechos que se asignarán o subastarán. En el caso del nuevo régimen de comercio, el límite máximo de emisiones se fijará a partir de 2026 sobre la base de los datos recogidos en el marco del Reglamento de Reparto del Esfuerzo (RRE) y el nivel de ambición, y disminuirá hasta alcanzar una reducción de las emisiones del 43 % en 2030 en comparación con 2005 para los sectores de los edificios y el transporte por carretera (artículo 30 quater y anexo III bis)[54].

---

[54] La cantidad total de derechos de emisión se establecerá por primera vez en 2027, seguirá una trayectoria que comience en 2024 a partir del valor de los límites de emisiones de 2024, calculado de conformidad con el art. 4.2, del Reglamento 2018/842) sobre la base de las emisiones de referencia para los sectores cubiertos en 2005 y durante el período comprendido entre 2016 y 2018, conforme a los establecido por el art. 4.3 de dicho Reglamento. En este periodo, el factor de reducción lineal se fija en el 5,10 %. A partir de 2028, la cantidad total de derechos se fijará sobre la base de la media de las emisiones notificadas en los años 2024, 2025 y 2026, y debe disminuir con la misma tasa de reducción anual absoluta establecida a partir de 2024, lo que se corresponde con un factor de reducción lineal del 5,38 % con respecto al valor comparable de 2025. En el caso de que estas emisiones sean superiores el

Bajo este sistema, los sujetos sometidos al régimen y que emitan GEI tendrán que pagar un precio por cada tonelada de CO2 al comprar derechos para emitir dichos gases. El precio de estos certificados se determina mediante el comercio en el mercado ("comercio"). Cuanto menor sea la cantidad permitida de emisiones de gases de efecto invernadero, más escasos y, por lo tanto, más caros se vuelven los derechos. Si el precio sube, aumenta el incentivo financiero para evitar las emisiones de CO2, por un lado, e invertir en medidas de protección del clima, por otro.

En el caso del nuevo régimen de comercio para los "sectores difusos" la Directiva (UE) 2023/959 fija la subasta como el único método de asignación de derechos[55]. Los derechos de emisión se subastarán independientemente de los Derechos del RCDE UE y los del sector del transporte marítimo. Se descarta la asignación gratuita al entender que tanto el sector de los edificios como el del transporte por carretera no están expuestos a un riesgo de fuga de carbono. Las normas de distribución de las acciones de subasta se distribuirán entre los EEMM sobre la base de la de la distribución media de las emisiones del transporte por carretera, los edificios comerciales e institucionales y los edificios residenciales durante el período 2016-2018[56].

Hasta aquí, el régimen que introduce la Directiva (UE) 2023/959 y el RCDE UE que regula la Directiva 2003/87/CE no presentan grandes diferencias. Sin embargo, ambos sistemas presentan un punto de partida diferente. El RCDE UE parte de un enfoque descendiente o *downstream* -en dirección a donde se produce la combustión del producto contaminante- mientras que el nuevo régimen de comercio introduce un enfoque ascendiente o *upstream* -en dirección al proveedor que suministra el producto contaminante responsable de las emisiones tras su combustión-.

---

factor de reducción lineal deberá ajustarse para alcanzar el nivel de reducción de emisiones requerido en 2030.

55 De acuerdo con el art. 30 quinquies, a partir de 2027, los derechos de emisión se subastarán, a menos que se incorporen a la reserva de estabilidad del mercado establecida por la Decisión (UE) 2015/1814.

56 Las Directiva reconoce la importancia de las normas que fijen la distribución de las acciones de subasta de cara a los posibles ingresos procedentes de las subastas que recaerían sobre los EEMM, especialmente, porque estos ingresos adicionales tendrán que reforzar la capacidad de los EEMM para abordar las repercusiones sociales de una señal de precio del carbono en los sectores de los edificios y el transporte por carretera

Bajo un sistema *downstream,* el comercio de emisiones se origina en el lugar donde se generan las emisiones: las instalaciones fijas en el caso de la industria y la energía o las aeronaves en el caso de la aviación. Los sujetos regulados por el RCDE UE son los mismos sujetos que deben comprar derechos de emisiones por las emisiones de CO2 que ellos mismos generan.

Sin embargo, el punto de partida es diferente en un sistema *upstream* como el Esquema Nacional de Comercio de Combustibles (nEHS, por sus siglas en inglés) que introdujo Alemania en 2021 a través de la BEHG (Ley de Comercio de Emisiones de Combustibles)[57], precisamente, para someter las emisiones del sector del transporte y la calefacción al régimen de comercio[58]. Bajo el sistema introducido por la BEHG las partes sometidas al mismo son los proveedores de gas, proveedores de carbón o empresas de la industria del petróleo y gas. Por tanto, son estos sujetos los que deben adquirir derechos de emisión y, consecuentemente, son estos los que pagan por las emisiones que resultan de la combustión posterior de los combustibles fósiles por parte del usuario final.

El Esquema Nacional de Comercio de Combustibles alemán empezó a operar en octubre de 2021 con un precio fijo para la asignación de emisiones de 25 euros por tonelada de CO2. Todas las emisiones de combustibles no reguladas bajo el RCDE UE (principalmente, calefacción y transporte por carretera) están cubiertas el sistema introducido unilateralmente por Alemania. Estas emisiones provienen de diversas fuentes como calefacción, petróleo, gas natural, gasolina y diésel. Algunos combustibles (por ejemplo, carbón y residuos) se incorporarán gradualmente en 2023. El nEHS está diseñado para implementarse gradualmente con un precio fijo en las asignaciones de emisiones desde 2021 hasta 2025, fecha en la que empezará a funcionar el nuevo régimen de comercio introduce a escala de la UE. El precio fijo aumentará continuamente a 55 euros por tonelada de CO2 en 2025. En 2026, está previsto que las asignaciones se subasten en un margen de precios que oscilará entre 55 euros por tonelada de CO2 y 65 euros por tonelada de CO2e. A partir de 2027, los precios de las asignaciones serán establecidos por el mercado a menos que el gobierno proponga un nuevo margen de precios en 2025. El límite se establece sobre la base de los objetivos de mitigación de Alemania para los sectores no cubiertos por el EU ETS, según lo establecido en el RRE. Los ingresos se utilizarán para

---

57 *Brennstoffemissionshandelsgesetz (BEHG) – Zweites Gesetz zur Änderung vom 09.11.2022*

58 https://www.dehst.de/EN/national-emissions-trading/understanding-national-emissions-trading/understandingnehs_node.html

una variedad de medidas, en particular, para apoyar la descarbonización, reducir las tarifas eléctricas para los consumidores y deducir los costos de transporte de los impuestos sobre la renta para los viajeros diarios. En julio de 2021, se adoptó un Reglamento de Fugas de Carbono que tiene como objetivo garantizar la competitividad transfronteriza de las empresas reguladas bajo el nEHS[59].

A grandes rasgos, y como veremos a continuación, poder intuir que el sistema alemán no es más que la "prueba piloto" de lo que será el nuevo régimen de comercio que empezar a aplicarse en el resto de EEMM de forma efectiva en de 2027.

El diferente punto de partida del RCDE UE con respecto al sistema aplicado a los "sectores difusos" se justifica si tenemos en cuenta, precisamente, los sectores involucrados. En el caso del RCDE UE, se pretender limitar las emisiones de asociadas a las instalaciones fijas y la aviación, lo que supone un número controlable y limitado de actores que participan directamente en el sistema. Por el contrario, si -como en el caso de Alemania- se pretende gravar el transporte y la calefacción un sistema como el RCDE UE debería incluir a un gran número de emisores, por ejemplo, ciudadanos que utilizan combustibles fósiles para operar sus vehículos o calentar sus viviendas. Adoptar un enfoque *downstream* en estos casos equivaldría a introducir un esquema de asignación personal de carbono[60] muy difícil de adoptar desde el punto de vista del coste, la viabilidad práctica y la aceptabilidad pública. En estos casos, un sistema *upstream* como el introducido por Alemania y reproducido, como veremos a continuación, en el nuevo régimen de comercio de la UE para el transporte y la edificación, presenta una mayor aceptabilidad política, al tiempo que ofrece un desempeño comparable en términos de eficiencia económica, efectividad ambiental y equidad social[61].

A efectos meramente didácticos, se podría argumentar que hay un cierto paralelismo, salvando las distancias, entre el funcionamiento de los sistemas *upstream* a efectos de hacer efectivo el principio de "quien contamina,

---

59 Banco Mundial. *State and Trends of Carbon Pricing 2022. State and Trends of Carbon Pricing, World Bank Washington, 2022.*

60 Vid. D. Fleming. "Tradable quotas: using information technology to cap national carbon emissions", European Environment, Vol. 7, 1997, pp. 139-148.

61 Vid. S. Sorrell. "An upstream alternative to personal carbon trading", Climate Policy, Vol. 10, 2011, pp. 481-486

paga" y la imposición indirecta a efectos de gravar la capacidad económica que se pone de manifiesto con el consumo de bienes o servicios.

Así, si en el caso del IVA o los Impuestos Especiales se introduce una operatividad de funcionamiento en virtud de la cual la carga económica final del impuesto recae sobre los consumidores finales, que son los que la soportan finalmente al ser los titulares de la capacidad económica objeto de gravamen, pero son los empresarios o profesionales que intervienen en el proceso de suministro de bienes y servicios los que ocupan la posición de obligado tributario y, por tanto, los responsables de recaudar el impuesto en calidad de obligado tributario. En el caso de los sistemas de comercio *upstream* se introduce una colaboración análoga con los empresarios o profesionales, en este caso los suministradores de combustibles, que cuentan con una organización suficiente–ya están sujetos al régimen general de los impuestos especiales en los que se basa gran parte de la operatividad del nuevo sistema- para cumplir con la efectividad del sistema a un coste menor que el consumidor final. Serán estos lo que participen efectivamente en el sistema en calidad de "entidades reguladas" y, por tanto, los que quedan obligados a entregar a las autoridades derechos de emisión suficientes para cubrir las emisiones asociadas a los combustibles que suministran. Por tanto, la obligación de entregar derechos de emisión no recae en el consumidor, esto es, el sujeto que realmente emite las emisiones GEI con la combustión en su vehículo de los productos sujetos al régimen.

Sin embargo, existe una diferencia fundamental entre ambas operativas. En el caso de los impuestos especiales o el IVA, dado que se impone la obligación de ingreso a un sujeto que no es el titular de la capacidad económica llamada a gravamen, el propio sistema introduce legalmente la posibilidad de resarcirse a través de la repercusión legal de las cuotas devengadas. En el caso del nuevo régimen de comercio, y pese a lo que se pretende es hacer efectivo el principio de "quien contamina, paga" en la fase del consumo final, no se prevé un sistema de repercusión legal por lo que los costes, y consecuentemente la señal de precios, solo podrán trasladarse al consumidor de forma indirecta vía incremento del precio final del combustible despachado a consumo.

Los productores o proveedores de combustible entregan certificados por las emisiones contenidas en sus ventas de combustible. Dado que en un sistema como el descrito los costes administrativos son relativamente bajos, dicho esquema ofrece una alternativa más simple, económica y práctica al comercio personal de carbono, al mismo tiempo que brinda beneficios económicos y ambientales comparables.

Desde el punto de vista del consumidor final, se podría argumentar que un sistema *upstream* guarda muchos paralelismos con la estructura y funcionamiento de los impuestos sobre el carbono o el CO2 vigentes en varios países europeos. Concretamente, porque el efecto de incentivo para los consumidores finales sería prácticamente idéntico al que introduce un impuesto al carbono o sobre el CO2.

No obstante, SORRELL apunta a una diferencia importante entre un impuesto sobre el CO2 o el carbono y un régimen de comercio de emisiones con un enfoque *upstream*: en el caso del impuesto el tipo impositivo sería fijo y visible, sin embargo, la fijación de precio al carbono con el sistema de comercio sería variable y, en gran parte, oculto dentro del precio de los combustibles. En este sentido, el citado autor considera que este sistema se asemeja más bien en ciertos aspectos a instrumentos existentes como los esquemas de "certificados verdes negociables"[62]. Bajo el esquema de estos instrumentos económicos- introducidos para fomentar la producción y el consumo de electricidad proveniente de fuentes renovables- un productor de energía renovable recibe un "certificado verde" por cada unidad de electricidad producida a partir de fuentes renovables. Estos certificados representan la propiedad y el origen renovable de la electricidad. Al mismo tiempo se obliga a los proveedores de electricidad a incorporar una cuota de energía renovable en el total de energía que suministran y se les da la opción de cubrir la cuota con la compra en el mercado de "certificados verdes". Frente a los instrumentos de "mandato o control" o las subvenciones estos sistemas ofrecen una mayor flexibilidad y eficiencia económica y, además, tienen una mayor aceptabilidad política porque su impacto en los consumidos no es explícito. El coste que supone para los proveedores la adquisición de certificados se recupera a través de la factura de energía doméstica, siendo menos visibles al integrarse en el precio de la electricidad. Por tanto, el coste se recupera a través de la factura de energía doméstica y no tienen un impacto explícito[63].

---

62 Vid. S. Sorrel. "An upstream alternative to personal carbon trading", *op.cit.*

63 Algunos ejemplos de países que han implementado este tipo de esquema incluyen: a) El Reino Unido implementó el Renewable Obligation Certificate (ROC) Scheme en 2002, que establecía una obligación para los proveedores de electricidad de adquirir una cantidad específica de Certificados de Obligación Renovable (eliminar) en proporción a su suministro de electricidad. b) Suecia implementó un sistema similar llamado Certificado de Energía Eléctrica Renovable. Los productores de energía renovable recibían certificados por cada MWh de electricidad renovable que generasen, y los proveedores de electricidad estaban obligados a adquirir una cantidad

En cualquier caso, el nuevo régimen de comercio aplicado al transporte también esta basado en obligaciones procedentes de fases previas que se repercutirán a los consumidores. En este sentido, la Directiva alerta de la necesidad de dotar de transparecía a todo lo relativo a los costes del carbono que serán repercutidos. Concretamente, se puntualiza que el nuevo régimen de comercio de derechos de emisión tiene por objeto incentivar a las entidades reguladas a reducir el contenido de carbono de los combustibles, y dichas entidades no deben obtener beneficios indebidos repercutiendo a los consumidores más costes del carbono que aquellos en los que efectivamente incurren. De igual forma, la Comisión reconoce la necesidad de llevar a cabo seguimientos para evitar beneficios inesperados, si bien entiende que, en principio, la asignación completa de derechos mediante subasta debería ser suficiente para limitar la aparición de estos beneficios.

Con el fin de dotar de transparencia al sistema, la Comisión informará anualmente, si es posible por tipo de combustible, sobre el nivel medio de los costes del carbono que se repercutirán a los consumidores y la Directiva introduce en su art.30 Septies, apartados 2 y 3, la obligación de que los EEMM velen por que las entidades reguladas lleven a cabo un seguimiento de las emisiones correspondientes a las cantidades de combustible despachadas a consumo, así como que suministren información sobre el porcentaje medio de los costes relacionadas con la entrega de derechos de emisión que repercuten al consumidor final[64].

---

específica de certificados para cumplir con su cuota. c) Noruega adoptó un esquema de Certificados Verdes llamado Certificado de Garantía de Origen. Bajo este esquema, los generadores de energía renovable podían obtener certificados que demostrasen el origen renovable de la electricidad producida, y los proveedores de electricidad debían adquirir una cierta cantidad de certificados para cumplir con su obligación.

64 De acuerdo con el apartado 2 "Los Estados miembros velarán por que cada entidad regulada realice un seguimiento, para cada año natural a partir de 2025, de las emisiones correspondientes a las cantidades de combustible despachadas a consumo de conformidad con el anexo III. Garantizarán, asimismo, que cada entidad regulada notifique dichas emisiones a la autoridad competente el año siguiente, a partir de 2026, de conformidad con los actos de ejecución a que se refiere el artículo 14, apartado 1." Por su parte, el apartado 3 dispone que "A partir del 1 de enero de 2028, los Estados miembros velarán por que, a más tardar el 30 de abril de cada año hasta 2030, cada entidad regulada notifique el porcentaje medio de los costes relacionados con la entrega de derechos de emisión con arreglo al presente capítulo que repercutieron a los consumidores el año anterior. La Comisión

Adicionalmente, el art. 30.5 establecen la obligación a los EEMM de velar por que las entidades reguladas puedan identificar, documentar y diferenciar de manera fiable y precisa: 1) Los sectores en los que se despachan a consumo los combustibles; 2) El uso final de los combustibles despachados a consumo por las entidades reguladas para poder identificar a los usuarios finales de los combustibles, a fin de evitar efectos no deseados, como un doble gravamen; 3) Las cantidades exactas de combustible despachado a consumo, por tipo de combustible, que se utiliza para la combustión en los sectores sujetos al mismo;

Para poder llevar a cabo un seguimiento de las emisiones con un alto grado de certidumbre y a un coste razonable la Directiva prevé que las emisiones se asignen a las entidades reguladas sobre la base de las cantidades de combustible despachado a consumo y combinadas con un factor de emisión. [Combustible despachado a consumo (incluirá la cantidad de combustible) × factor de emisión][65].

5.2 Las entidades reguladas del nuevo sistema de comercio

Las emisiones que cubrirá el nuevo sistema de comercios de emisión introducidos por la Directiva 2023/959 serán las de los llamados "sectores difusos", esto es, sectores que no estaban sometidos al RCDE UE, precisamente, por la dificultad que entrañaba desde el punto de vista técnico y de gestión su inclusión. Teniendo en cuenta lo señalado arriba parece claro que el gran número de pequeños emisores en los sectores de los edificios,

adoptará actos de ejecución relativos a los requisitos y los modelos de dichos informes. Dichos actos de ejecución se adoptarán de conformidad con el procedimiento de examen a que se refiere el artículo 22 bis, apartado 2. La Comisión evaluará los informes presentados e informará anualmente de sus conclusiones al Parlamento Europeo y al Consejo. Cuando la Comisión constate que existen prácticas inadecuadas en relación con la repercusión de los costes del carbono, el informe podrá ir acompañado, cuando proceda, de propuestas legislativas destinadas a abordar tales prácticas inadecuadas".

65 Se utilizarán los factores de emisión por defecto que figuran en las Directrices de 2006 del GIECC para los inventarios nacionales de gases de efecto invernadero (anexo III) o actualizaciones ulteriores de estas Directrices, a menos que los factores de emisión específicos de un combustible, identificados por laboratorios independientes acreditados mediante métodos analíticos reconocidos, sean más exactos.

el transporte por carretera y otros sectores seguirían haciendo inviable e ineficiente un sistema como el previsto en el RCDE UE para estos sectores.

Teniendo en cuenta lo anterior, el nuevo sistema adopta un enfoque *upstream* y, por tanto, la señal de precios llegará a los consumidores a través de las empresas distribuidoras de combustibles, que son las que tendrán la condición de entidades reguladas y, consecuentemente, las que deberán entregar derechos de emisión por sus emisiones verificadas, que se corresponderán con las cantidades de combustible que hayan despachado a consumo. Consecuentemente, también serán estas entidades las que participarán efectivamente el sistema de compraventa de derechos de emisión[66].

Con el fin, precisamente, de limitar los costes administrativos adicionales de la ampliación al transporte por carretera y a los edificios la Directiva ha optado, en la medida de lo posible, por hacer uso de las estructuras, conceptos e instituciones tributarias existentes, por ejemplo, en la Directiva sobre fiscalidad de la energía[67] y, en general, del sistema de los impuestos especiales establecido por la Directiva 2020/262 del Consejo[68]. En parte, esto es posible porque el nuevo sistema no establece el punto de

---

66 Para reducir la carga administrativa la Directiva extrapola al nuevo régimen de comercio de derechos de emisión, con las adaptaciones necesarias, las normas previstas en el RCDE UE para las instalaciones fijas y la aviación. Esto incluye, en concreto, las normas sobre transferencia, entrega y cancelación de derechos de emisión, así como las normas sobre la validez de los derechos de emisión, las sanciones, los órganos competentes y las obligaciones de información de los EEMM

67 Así, por ejemplo, a efectos del del nuevo sistema se entenderá por "combustible" uno de los productos energéticos a que se refiere el art. 2.1, de la Directiva 2003/96/CE, incluidos los combustibles enumerados en los cuadros A y C del anexo I de dicha Directiva, así como cualquier otro producto destinado a ser utilizado, puesto a la venta o utilizado como carburante de automoción o combustible para calefacción, tal como se especifica en el art. 2.3, de dicha Directiva, también para la generación de electricidad;

68 Directiva (UE) 2020/262 del Consejo, de 19 de diciembre de 2019, por la que se establece el régimen general de los impuestos especiales, DOUE L 58 de 27.2.2020 46 En este último caso a menos que se extinguiera la deuda aduanera en virtud del art. 124, apartado 1, letras e), f), g) o k), del Reglamento 952/2013. Si la deuda aduanera se extinguió con arreglo a lo dispuesto en el art. 124, apartado 1, letra e), del Reglamento 952/2013, los EEMM podrán establecer en su Derecho nacional una sanción que tenga en cuenta la cantidad de deuda en términos de impuestos especiales que se habría contraído

regulación a nivel de las entidades que emiten directamente GEI, como sucede en el caso de las instalaciones fijas y de la aviación, sino que establece el punto de regulación en fases previas de la cadena de suministro.

Concretamente, la Directiva 2023/959 define el punto de regulación remitiéndose, con las adaptaciones necesarias, al sistema de impuestos especiales establecido por la Directiva 2020/262. Esto sígnica que prevé efectuar el control efectivo de las emisiones sujetas al nuevo régimen a través de los sistemas de control de las cantidades de combustible despachadas a consumo ya existentes a efectos del pago de los impuestos especiales.

Por esta razón, a efectos del capítulo IV bis la Directiva dispone que serán entidades reguladas a efectos del nuevo régimen toda persona física o jurídica, con excepción de cualquier consumidor final de los combustibles, que ejerza la actividad contemplada en el anexo III y que pertenezca a una de las categorías siguientes: i) Cuando el combustible pase a través de un depósito fiscal, tal como se define en el art. 3.11, de la Directiva 2020/262, el depositario autorizado, tal como se define en el artículo 3.1, de dicha Directiva, sujeto al pago de los impuestos especiales que se hayan devengado en virtud del art. 7 de dicha Directiva ii) Si el inciso i) no es aplicable, cualquier otro deudor del impuesto especial que se haya devengado en virtud del art. 7 de la Directiva 2020/262 o del art. 21.5, párrafo primero, de la Directiva 2003/96/CE iii) Si los incisos i) y ii) no son aplicables, cualquier otra persona que deban registrar las autoridades competentes pertinentes del EM para ser deudora del impuesto especial, incluida cualquier persona exenta del pago del impuesto especial a que se refiere el art. 21.5, párrafo cuarto, de la Directiva 2003/96/CE. iv) Si no son aplicables ninguno de los incisos anteriores o si varias personas son responsables solidarias del pago del mismo impuesto especial, cualquier otra persona designada por un Estado miembro.

Como señala el art. 30 ter de la Directiva 2023/959, estas entidades no podrán llevar a cabo la actividad a que se refiere el anexo III a menos que dicha entidad esté en posesión de un permiso expedido por una autoridad competente de conformidad con la Directiva[69]. A mayor abundamiento,

---

69 De acuerdo con el art. 30.2 ter, la solicitud de permiso de emisión de gases de efecto invernadero que la entidad regulada presente a la autoridad competente incluirá, como mínimo, una descripción de lo siguiente: a) la entidad regulada; b) el tipo de combustibles que despacha a consumo y que se utilizan para la combustión en los sectores a los que se refiere el anexo III, y los medios a través de los cuales despachan dichos combustibles a consumo; c) el uso o usos finales de los combustibles despachados a consumo para la actividad contemplada en

el acto que desencadenará la obligación de cumplimiento en virtud del nuevo régimen del comercio de derechos de emisión será el despacho a consumo de combustibles utilizados para la combustión en los sectores sujetos al régimen tal como lo define el art. 6.3 de la Directiva 2020/262: a) la salida, incluso irregular, de productos sujetos a impuestos especiales de un régimen suspensivo; b) la tenencia o almacenamiento de productos sujetos a impuestos especiales fuera de un régimen suspensivo cuando no se hayan percibido impuestos especiales con arreglo a las disposiciones aplicables del Derecho de la Unión y de la legislación nacional; c) la fabricación, incluida la transformación, de productos sujetos a impuestos especiales y la producción o transformación irregular, fuera de un régimen suspensivo; d) la importación de productos sujetos a impuestos especiales, a no ser que dichos productos se incluyan en un régimen suspensivo inmediatamente después de su importación, o la entrada irregular de productos sujetos a impuestos especiales[70].

El nuevo Anexo IV bis considera no incluidas dentro de las actividades de despacho a consumo de combustibles que se utilizan para la combustión en los sectores de los edificios, el transporte por carretera y otros sectores y, por tanto, excluye del ámbito de aplicación del régimen de comercio, a las siguientes acciones: a) el despacho a consumo de combustibles utilizados en las actividades enumeradas en el anexo I, excepto si se utilizan para la combustión en actividades de transporte de gases de efecto invernadero con fines de almacenamiento geológico tal y como se dispone en el cuadro, fila veintisiete, de dicho anexo o si se utilizan para la combustión en instalaciones excluidas en virtud del artículo 27 bis; b) el despacho a consumo de combustibles cuyo factor de emisión sea cero; c) el despacho

---

el anexo III; d) las medidas previstas para el seguimiento y la notificación de las emisiones e) Un resumen no técnico de las informaciones a las que se refieren las letras a) a d) del presente apartado. Por su parte, de acuerdo con el art. 30.3 ter, la autoridad competente expedirá un permiso de emisión por el que se concede una autorización a la entidad regulada para la actividad a que se refiere el anexo III, si considera que la entidad es capaz de realizar un seguimiento y notificar las emisiones correspondientes a las cantidades de combustible despachadas a consumo de conformidad con el anexo II de la Directiva.

70 En este último caso a menos que se extinguiera la deuda aduanera en virtud del art. 124, apartado 1, letras e), f), g) o k), del Reglamento 952/2013. Si la deuda aduanera se extinguió con arreglo a lo dispuesto en el art. 124, apartado 1, letra e), del Reglamento 952/2013, los EEMM podrán establecer en su Derecho nacional una sanción que tenga en cuenta la cantidad de deuda en términos de impuestos especiales que se habría contraído.

a consumo de residuos peligrosos o residuos urbanos utilizados como combustible. Como veremos posteriormente, la no inclusión de las actividades del Anexo I responde a una medida destinada a evitar solapamientos y el doble cómputo de las emisiones del RCDEU UE con el régimen de comercio aplicado al transporte.

5.3 Impactos distributivos y medidas de mitigación.

Con respecto a los posibles impactos distributivos derivados de la fijación de un precio al carbono asociado al sector del transporte por carretera y las edificaciones, la propia Directiva, en línea con los planteamientos del Pacto Verde, señala que la introducción del nuevo sistema irá acompañada de una compensación social efectiva[71].

Así, por un lado, la Directiva afecta los ingresos adicionales que recauden los EEMM procedentes de las subastas a fines relacionados con el clima y la energía ya especificados para el actual régimen de comercio de derechos de emisión, dando prioridad a actividades que puedan contribuir a abordar los aspectos sociales del comercio de derechos de emisión en los sectores de los edificios, el transporte por carretera y otros sectores. De acuerdo con su art. 10.3, a excepción de los ingresos constatados como recursos propios, de conformidad con el art. 311, párrafo tercero, del TFUE y consignados en el presupuesto de la Unión, los EEMM podrán utilizar los ingresos generados por las subastas para uno o varios de los fines incluidos en el mismo. Entre estos fines, la letra h) bis incluye aquellas destinadas a "proporcionar ayuda financiera a fin de abordar los aspectos sociales de los hogares de renta baja y media, también mediante la reducción de impuestos con efectos distorsionadores y reducciones específicas de los impuestos y los gravámenes sobre la electricidad renovable". Por su parte, el art. 30 quinquies da prioridad a las actividades que puedan contribuir a abordar los aspectos sociales del régimen de comercio de derecho de emisión aplicado al transporte y la edificación[72].

---

71 En su Considerando 84 la Directiva (UE) 2023/959 explicita los niveles existentes de pobreza energética en 2021: alrededor de 34 millones de europeos, casi el 6,9 % de la población de la Unión, comunicaron que no podían calentar adecuadamente sus hogares.

72 De acuerdo con este artículo los ingresos generados por la subasta de este régimen podrán destinarse a uno o varios de los siguientes fines: a) medidas destinadas a contribuir a la descarbonización de la calefacción y la refrigeración

Paralelamente a la medida anterior, se espera que el Fondo Social para el Clima establecido por el Reglamento (UE) 2023/955[73] proporcione financiación específica a los EEMM para apoyar a los colectivos vulnerables más afectados, especialmente los hogares en situación de pobreza energética o de transporte[74].

---

de los edificios o a la reducción de las necesidades energéticas de los edificios, incluida la integración de las energías renovables y medidas complementarias, así como medidas para proporcionar apoyo financiero a los hogares de bajos ingresos en los edificios con peor rendimiento; b) medidas destinadas a acelerar la adopción de vehículos de emisión cero o a proporcionar apoyo financiero para la implantación de infraestructuras de repostaje y recarga totalmente interoperables para vehículos de emisión cero, o medidas para fomentar el cambio al transporte público y mejorar la multimodalidad, o para proporcionar apoyo financiero para abordar los aspectos sociales relativos a los usuarios de transporte de renta baja y media; c) financiar su plan social para el clima de conformidad con el artículo 15 del Reglamento (UE) 2023/955; d) proporcionar una compensación financiera a los consumidores finales de combustibles en los casos en que no haya sido posible evitar el doble cómputo de las emisiones o cuando se hayan entregado derechos de emisión por las emisiones no contempladas en el presente capítulo a que se refiere el artículo 30 septies, apartado 5. El mismo artículo aclara que se entenderá que los Estados miembros han cumplido lo dispuesto en el presente apartado cuando hayan establecido y puesto en práctica políticas de ayuda fiscal o financiera, o políticas de regulación que den lugar a ayuda financiera, elaboradas con los fines expuestos en el párrafo primero del presente apartado, y que tengan un valor equivalente a los ingresos a que se refiere dicho párrafo generados por la subasta de los derechos de emisión a que se refiere el presente capítulo.

73 *Reglamento (UE) 2023/955 del Parlamento Europeo y del Consejo de 10 de mayo de 2023 por el que se establece un Fondo Social para el Clima y se modifica el Reglamento (UE) 2021/1060,* DOUE L 130/1 de 16.5.2023 *(TOL9.552.066)*

74 La Directiva establece que para Financiar el Fondo de destinarán hasta un máximo de 65.000.000.000 EUR procedentes: a) De los ingresos obtenidos por la subastarán 150 millones de derechos en el nuevo régimen (art. 30 quinquies) b) De la subasta de 50 millones de derechos de emisión del RCDE UE (art. 10.8 bis) c) De una cantidad adicional que garantiza la Comisión que se subastará hasta alcanzar el importe máximo descrito. Estos ingresos obtenidos por la subasta se constituirán ingresos afectados externos y se utilizarán conforme a las normas aplicables al Fondo Social para el Clima. No obstante, tendrán carácter temporal y excepcional, a la espera de los debates y las deliberaciones sobre la propuesta de la Comisión, de 22 de diciembre de 2021, de una decisión del Consejo por la que se modifica la Decisión (UE, Euratom) 2020/2053 sobre el sistema de recursos propios de la UE en relación con el establecimiento de un nuevo recurso propio basado

Dado que el sistema es nuevo, junto a las medidas anteriores se establecen medidas de mitigación para hacer frente al posible riesgo de volatilidad excesiva de los precios, que podría ser especialmente elevada al inicio del comercio de derechos de emisión en los nuevos sectores (art. 30 nonies), y menoscabar en un inicio la predisposición de los hogares y las personas a invertir en la reducción de sus emisiones de GEI. Las medidas de salvaguardia se activarán mediante un mecanismo automático basado en normas, según el cual los derechos de emisión solo van a retirarse de la reserva de estabilidad del mercado si se cumplen una o más condiciones concretas de activación basadas en el aumento del precio medio de los derechos de emisión. Las condiciones de activación serán objeto de seguimiento por parte de la Comisión. Esto se entiende sin perjuicio de las medidas de acompañamiento que los EEMM puedan adoptar para hacer frente a los efectos sociales adversos. De igual forma, con el fin de aumentar la seguridad de los ciudadanos de que el precio del carbono no superará los 45 EUR durante los primeros años, se incluye un mecanismo adicional de estabilidad de precios para retirar derechos de emisión de la reserva de estabilidad del mercado en caso de que el precio del carbono supere dicho nivel. A mayor abundamiento, la Directiva introduce un mecanismo de salvaguardia adicional para retrasar la aplicación del límite máximo y las obligaciones de entrega cuando los precios al por mayor del gas o del petróleo sean excepcionalmente elevados en comparación con las tendencias históricas. Se trata de un mecanismo automático que se activará cuando se cumplan determinadas condiciones de activación basadas en el precio de la energía.

En virtud del art. 30 quinquies, para garantizar "un comienzo sin complicaciones del nuevo régimen de comercio de derechos de emisión en los nuevos sectores y teniendo en cuenta la necesidad de las entidades reguladas de cubrir o comprar derechos de emisión futuros para mitigar su riesgo de precio y liquidez" la Directiva prevé subastar anticipadamente una cantidad mayor de derechos de emisión. Así, en 2027 los volúmenes de las subastas deben, por tanto, ser un 30 % superiores a la cantidad total de derechos de emisión para 2027.

---

en el RCDE UE, de conformidad con el art. 311, párrafo tercero, del TFUE. En el caso de que se adopte una decisión de conformidad con el citado art. 311, y los ingresos de la subasta pasen a ser considerados un recurso propio de la UE, dejarán de ser considerado como un ingreso afectado externo y la Comisión deberá presentar las propuestas necesarias para financiar el Fondo Social para el Clima.

Por último, para garantizar la eficiencia del nuevo sistema y tener en cuenta los posibles impactos distributivos, está previsto que se ponga en funcionamiento progresivamente desde 2025. Durante los primeros años, las entidades reguladas deberán obtener un permiso de emisión de GIE y notificar las emisiones correspondientes a los años 2024 a 2026. La expedición de derechos de emisión y las obligaciones de cumplimiento de dichas entidades será aplicable a partir de 2027. Esta secuenciación permitiría que el comercio de derechos de emisión en dichos sectores se inicie de manera ordenada y eficiente.

6. POSIBLES SOLAPAMIENTOS ENTRE INSTRUMENTOS ECONÓMICOS PARA FIJAR UN PRECIO EN EL TRANSPORTE.

6.1 Potenciales solapamientos entre el RCDE UE y el régimen de los "sectores difusos"

Con independencia de su enfoque *downstream* o *upstream* existe el riesgo de que la aplicación paralela del RCDE UE junto con el nuevo régimen de comercio para el transporte por carretera y la edificación de lugar a supuestos de doble contabilización y/o doble regulación

Por lo que respecta al riesgo de doble regulación, hay que tener en cuenta que en estos casos los participantes del RCDE UE o del nuevo régimen de comercio para el transporte se enfrentarían simultáneamente a dos sistemas de fijación de precios al carbono por el combustible que consumen (el precio del RCDE UE y el precio del régimen de comercio específico para el transporte). De manera similar, los consumidores de electricidad se enfrentarían a dos sistemas de tarificación del precio de carbono por la electricidad que consumen. En este caso porque el precio del carbono del RCDE UE se refleja en el precio mayorista de la electricidad.

Adicionalmente, el escenario que se producirá con la entrada en vigor del nuevo régimen de comercio, donde los dos esquemas se superpondrán, podría ocasionar que una sola acción de reducción de emisiones llevase a la venta de dos asignaciones de carbono separadas, una en cada esquema produciéndose lo que se conoce como una doble contabilización[75].

---

75 Vid. S. Sorrell. "An upstream alternative to personal carbon trading", *op.cit.* y R. Starkey, K. Anderson. *Domestic Tradable Quotas: The Policy Instrument for*

En el caso del sistema aplicado por Alemania que se ha descrito arriba, se detectó que algunas empresas estaban cubiertas por ambos sistemas de comercio de emisiones debido a sus campos de actividad. En este caso, se introdujeron dos mecanismos para evitar una posible doble carga económica. De acuerdo con la normativa del BEHG, las partes obligadas pueden reducir sus obligaciones de entrega cuando venden combustibles a empresas que ya están cubiertas por el RCDE UE. Esto elimina los costes de CO2 de las cantidades de combustible para estas instalaciones. Como opción adicional, las empresas cubiertas por ambos sistemas pueden solicitar compensación por estos costes adicionales a la autoridad reguladora del sistema.

Para SORREL, a fin de evitar efectos negativos como de doble regulación o de doble gravamen el sistema deberá asegurar que el combustible comprado por los participantes de un sistema no incluya el precio de las asignaciones de carbono ya cubiertas por el otro. Esto requeriría establecer mecanismos de información y seguimiento suficientes para rastrear las ventas de combustibles fósiles a lo largo de la cadena de suministro, por ejemplo, a través de mayoristas e intermediarios hasta el consumo final[76].

El nuevo régimen europeo adopta un sistema análogo al régimen alemán para estos casos. En este sentido, el art.art. 30.5 septies impone a los EEMM la obligación de velar por que las entidades reguladas puedan identificar y documentar de forma fiable y precisa tanto las cantidades exactas de combustible despachado a consumo, por tipo de combustible, que se utilizan para la combustión en los sectores a que se refiere el anexo III, y como el uso final de los combustibles despachados a consumo por las entidades reguladas. Y, en caso necesario, los EEMM adoptarán las medidas adecuadas para limitar el riesgo de doble cómputo de las emisiones régimen de comercio del transporte y de las emisiones del RCDE UE y el régimen de comercio del transporte marítimo, así como el riesgo de entrega de derechos de emisión por las emisiones no sometidas al régimen de comercio del transporte[77].

Reducing Greenhouse Gas Emissions from Energy Use, Tyndall Centre for Climate Change Research, Norwich, Reino Unido, 2005.

76 *Ibid.*

77 De acuerdo a este mimo artículo, se prevé que la Comisión adopte actos de ejecución relativos a las normas detalladas para evitar el doble cómputo y la entrega de derechos de emisión por las emisiones no contempladas en el régimen de comercio del transporte, así como para proporcionar una compensación financiera a los consumidores finales de los combustibles, en los casos en que no pueda evitarse dicho doble cómputo o entrega. Dichos

Concretamente, para evitar la doble cobertura y el consecuente doble gravamen se excluyen del ámbito de aplicación del nuevo régimen aplicable al transporte el despacho a consumo de combustibles que se utilizan en las actividades contempladas en el Anexo I de la Directiva 2003/87 y, por tanto, que ya están sometidas al RCDE UE.

Para los casos en los que no se pueda evitar el doble cómputo entre emisiones en el RCDE UE existente y el nuevo régimen de comercio de derechos de emisión para los edificios, el transporte por carretera y otros sectores, o cuando surjan costes derivados de la entrega de derechos de emisión de actividades a las que no se aplica la Directiva 2003/87/CE, la nueva Directiva estima que los EEMM deben utilizar esos ingresos para compensar el doble cómputo u otros costes de este tipo fuera de los sectores de los edificios, el transporte por carretera y otros sectores, de conformidad con el Derecho de la Unión. En este sentido, de acuerdo con el nuevo art. 30.6 quinquies, letra d) entre los fines a los que los EEMM podrían destinar los ingresos generados por la subasta de derechos de emisión está el de "proporcionar una compensación financiera a los consumidores finales de combustibles en los casos en que no haya sido posible evitar el doble cómputo de las emisiones o cuando se hayan entregado derechos de emisión por las emisiones no contempladas en el presente capítulo".

Como hemos señalado arriba, de acuerdo con la nueva Directiva 2023/959, las entidades reguladas deberán poder identificar y diferenciar de manera fiable y precisa los sectores en los que se despachan a consumo los combustibles, así como los usuarios finales de los combustibles, a fin de poder introducir las medidas diseñadas para evitar estos efectos no deseados como un doble computo o gravamen.

6.2 Posibles solapamientos entre el nuevo régimen de comercio y otros instrumentos económicos de naturaleza fiscal: los impuestos sobre el carbono.

En el caso de la aplicación simultánea del nuevo régimen de comercio sobre el transporte con otros instrumentos económicos introducidos a ni-

---

actos de ejecución se adoptarán de conformidad con el procedimiento de examen a que se refiere el artículo 22.2 bis, apartado 2. El cálculo de la compensación financiera para los consumidores finales de los combustibles se basará en el precio medio de los derechos de emisión en las subastas celebradas de conformidad con los actos delegados adoptados con arreglo al artículo 10.4, en el año de notificación correspondiente.

vel interno por los estados miembros como los impuestos sobre el CO2 o el carbono debemos descartar supuestos de doble imposición, precisamente, por la naturaleza no tributaría de los regímenes de comercio[78]. Sin embargo, sí que podrían producirse supuestos de "doble regulación" al tratarse de dos instrumentos que pretenden conseguir una mimas finalidad y que comparten algunas características. De igual forma, no se puede descartar que se produzca situaciones de "overlapping regulation" entre el nuevo régimen de comercio y la Directivas sobre Imposición energética, y ello porque, en este caso, aunque pudiéramos argumentar que no persiguen realmente los mismos objetivos medioambientales su coexistencia podría llevar a ineficiencias entre ellos[79].

Cuando estamos ante una aplicación simultánea de un sistema de tarificación al carbono basado en un sistema de régimen de comercio del transporte y otro sistema de tarificación basado en impuestos sobre el CO2 o el carbono y ambos recaen sobre las emisiones de los vehículos o sobre el contenido de carbono de los combustibles utilizados, hay que tener presente que si estos cubren las mismas emisiones con los mismos objetivos de reducción se podrían producir ineficiencias entre ellos además de un doble gravamen. La ciencia económica ha reiterado en el pasado que los objetivos ambientales pueden alcanzarse mediante la aplicación simultánea de diversos instrumentos basados en el mercado. El uso conjunto de dichos instrumentos puede aumentar la efectividad ambiental y la eficiencia económica que se obtendría de la aplicación de solo un instrumento. Sin embargo, también enfatizan que los objetivos de ambos instrumentos deben estar claramente definidos y que su uso combinado debe ser proporcional y estar justificado. Desde un punto de vista económico, si uno de los instrumentos es más eficiente y efectivo que el otro, pero ambos buscan alcanzar el mismo objetivo, entonces la política mixta no solo podría re-

---

78 Vid. I Bilbao Estrada, M. Pérez de Ayala Becerril y A. Antón Antón. "¿Doble imposición o doble coste económico? Una reflexión sobre la coordinación de los impuestos sobre emisiones atmosféricas y el régimen de comercio de derechos de emisión" en *La fiscalidad de los derechos de emisión: estado de situación y perspectivas de futuro*, Instituto de Estudios Fiscales, Madrid, 2009.

79 Vid. C. Dias Soares. "Energy tax treatment of undertakings covered by emissions trading", EC Tax Review, n. 17, 2007, pp. 184 y ss. y A. Antón Antón y I. Bilbao Estrada. "La coordinación del régimen de comercio de derechos de emisión y los impuestos autonómicos sobre emisiones atmosféricas: ¿un supuesto de ayuda de Estado ilegal no compatible?", Crónica Tributaria, n. 133, 2009, pp. 7-58

sultar redundante, sino también llevar a una situación en la que la doble regulación cause distorsiones en el mercado interno[80]. Y ello, porque la aplicación acumulativa de ambos instrumentos no permitiría reducciones de emisiones más allá de las obtenidas, globalmente, mediante la aplicación exclusiva del régimen de comercio aplicado al transporte, sino que simplemente incrementaría el coste total de estas reducciones.

Cuando la Comisión presentó en 2011 su propuesta para introducir en la Directiva 2003/96 sobre imposición energética un doble componente -un componente sobre el contenido energético y otro relacionado con el contenido de CO2 de los productos energéticos- señalo que esta doble estructura podía ser un medio eficaz para que los EEMM alcanzasen la reducción de las emisiones de GEI en aquellos sectores, como el transporte, que no estaban cubiertos por el RCDE UE. Al mismo tiempo, este componente también conseguiría fomentar los biocarburantes y otros productos con menor contenido de carbono de una manera indirecta al emitir señales de precios que orientarían a los agentes económicos hacia productos energéticos menos contaminantes. Sin embargo, ya entonces apuntaba que la introducción de este componente relacionado con el CO2 debía adaptarse a la aplicación RCDE UE de manera que lo complementase de manera eficaz y no se produjera solapamientos entre ambos instrumentos. En este sentido, la Comisión entendía que la imposición relacionada con el CO2 no debía aplicarse a aquellas instalaciones sujetas al RCDE UE[81]. Esto es extrapolable a una situación como la analizada en la que las emisiones de CO2 relacionadas con el transporte de carretera pasarán a estar sometidas de forma efectiva a un sistema de comercio de derechos y, por tanto, ya contarán con un instrumento de tarificación del precio de emisiones de CO2.

Cuando se presentó dicha propuesta se entendió que los impuesto sobre las emisiones de CO2 o el carbono ya no tendrían sentido o utilidad desde el punto de vista medioambiental, dado que para las empresas sujetas al RCDE UE estos impuestos ya no serían eficaces para reducir las emisiones

---

80 Vid. A. Antón Antón y I. Bilbao Estrada. "State Aid and the EU Council Directive 2003/96/EC: The case for Augmenting the Environmental Component" en *Critical Issues in Environmental Taxation: International and Comparative Perspectives,* Oxford University Press, Oxford, 2010, pp. 448-463

81 Vid. Comisión Europea. *Propuesta de Directiva del Consejo, por la que se modifica la Directiva 2003/96/CE del Consejo por la que se reestructura el régimen comunitario de imposición de los productos energéticos y de la electricidad,* COM (2011) 169 final, Comisión Europea, Bruselas, 2011.

de CO2, sino simplemente una carga económica extra. Los Estados pioneros en el establecimiento de impuestos sobre el CO2, como Dinamarca o Suecia, ya argumentaron estas cuestiones ante la Comisión en el marco de diversos procedimientos sobre ayudas de Estado[82]. Así, por ejemplo, las autoridades danesas alegaron concretamente que tanto los derechos de emisión del RCDE UE como el impuesto sobre las emisiones de CO2 son instrumentos rentables basados en el mercado que tienen como objetivo reducir las emisiones de CO2 vinculadas al consumo de productos energéticos. Ambos instrumentos provocan un aumento de los costes marginales del consumo de estos productos, aunque los derechos de emisión se distribuyan gratuitamente. En el caso del régimen de comercio se establece un tope "cap" y, por tanto, las emisiones totales de CO2 están limitadas al total de los derechos de emisión. En consecuencia, cualquier reducción adicional que se consiga en una empresa a través de la medida nacional solo limitaría las emisiones por debajo de ese tope. Esta reducción adicional se compensaría con la venta de derechos excedentes o la posibilidad de adquirirlo otra empresa que, consecuentemente, contaría con un margen de maniobra para aumentar sus emisiones. Debido a la doble regulación, por tanto, el impuesto ya no constituye un instrumento de gestión rentable. No tiene un efecto medioambiental adicional, sino que solo supone una carga financiera adicional para las empresas en cuestión que afectaría a la efectividad del sistema ya que este depende, en gran parte, de que todas las empresas paguen el mismo precio por emisiones para conseguir reducciones al mínimo precio.

Por tanto, es necesario una correcta coordinación entre el nuevo régimen y los impuestos nacionales sobre el carbono vigentes en algunos EEMM para evitar supuestos de doble carga económica. La Directiva tiene en cuenta el hecho de que algunos EEMM ya tienen impuestos nacionales sobre el carbono que se aplican a los edificios, el transporte por carretera y otros sectores contemplados en el anexo III de la Directiva 2003/87/CE. Por esta razón, el art. 30.3 sexies de la Directiva 2023/959 introduce la posibilidad de que estos EEMM introduzcan una excepción temporal en la aplicación del régimen de comercio hasta finales de 2030. De acuerdo con este art., hasta el 31 de diciembre de 2030 cuando una entidad regulada establecida en un Estado miembro determinado esté sujeta a un impuesto

---

82 Vid. Decisión de la Comisión de 17 de junio de 2009, *relativa a la ayuda estatal C 41/06 (ex N 318/A/04) que Dinamarca tiene previsto ejecutar para la devolución del impuesto sobre las emisiones de CO2 aplicado al consumo de combustibles sujetos a cuotas en la industria*, C (2009) 4517.

nacional sobre el carbono en vigor para los años 2027 a 2030 aplicable a la actividad contemplada en el anexo III, la autoridad competente del Estado miembro de que se trate podrá eximir a dicha entidad regulada de la obligación de entregar derechos de emisión para un año de referencia determinado, siempre que cumplan las condiciones establecidas en el mismo y sea autorizada por la Comisión previa notificación del Estado miembro[83]

Para garantizar la consecución de los objetivos de la Directiva 2003/87/CE y que el nuevo régimen de comercio de derechos de emisión sea coherente, la Directiva dispone que esta excepción únicamente se podrá aplicar cuando el tipo impositivo del impuesto nacional sobre el carbono pagado por las entidades reguladas sea superior al precio medio de subasta del año pertinente y, únicamente, debe aplicarse a la obligación de entrega de las entidades reguladas que paguen dicho impuesto[84]. No obstante, la entidad regulada tendrá que cumplir con el resto de las obligaciones formales sobre seguimiento, notificación y verificación de emisiones de la Directiva.

Por último, la Directiva dispone que la excepción no debe afectar a los ingresos afectados externos para el Fondo Social para el Clima ni, si se establece en virtud del art. 311 del TFUE, a un recurso propio basado en los

---

83 De acuerdo con la letra a) del citado artículo, el Estado miembro de que se trate tendrá que notificar a la Comisión dicho impuesto nacional sobre el carbono a más tardar el 31 de diciembre de 2023, y que ya esté en vigor para esa fecha la legislación nacional por la que se fijan los tipos impositivos aplicables en los años 2027 a 2030. De igual forma el Estado miembro de que se trate notificará a la Comisión cualquier modificación posterior del impuesto nacional sobre el carbono.

84 El Estado miembro que pretenda mantener los impuestos sobre el carbono y eximir a las entidades reguladas de la obligación de entregar derechos deberá notificar a la Comisión la correspondiente cantidad de derechos de emisión que deban cancelarse y, de igual forma, deberá abstenerse de subastar la cantidad de derechos de emisión para un año de referencia concreto hasta que se determine la cantidad de derechos de emisión que se deben cancelar. Concretamente, deberá cancelar una cantidad de derechos de emisión de la cantidad total de derechos de emisión por subastar a que se refiere el art. 30.5 quinquies, para el año de referencia, que sea equivalente a las emisiones verificadas de dicha entidad regulada para el año de referencia. Cuando la cantidad de derechos de emisión que quede por subastar en el año de referencia sea inferior a la cantidad de derechos de emisión por cancelar el Estado miembro de que se trate se asegurará de cancelar la cantidad de derechos de emisión correspondiente a la diferencia antes de que finalice el año siguiente al año de referencia.

ingresos procedentes de las subastas del comercio de derechos de emisión en los sectores del transporte por carretera, los edificios y otros sectores. De igual forma, el Estado miembro deberá comprometerse a afectar la recaudación del impuesto en un importe equivalente a la cantidad que se hubiera obtenido mediante la subasta a financiar una o varias de las medidas recogidas en el art. 30.6 quinquies para hacer frente los impactos sociales y distributivos asociados al comercio de derechos de emisión

Con respecto a esta medida hay que tener presente que, como señaló DIAS SOARES, dar libertad a los EEMM para eximir o no del impuesto del CO2 a las empresas sometidos a una doble reglamentación aumentaría el coste de cumplimiento de los objetivos del RCDE UE, ya que para poder obtener reducciones al mínimo coste en virtud de este sistema todas las empresas tienen que hacer frente al mismo coste por unidad emitida. Cuestión que no puede asegurarse con la existencia de impuestos nacionales divergentes[85].

Una de las propuestas del *Libro Blanco* para la reforma tributaria presentada por el Comité de Personas Expertas era aumentar de forma general de la fiscalidad de hidrocarburos, en particular gas natural y carburantes de automoción, con la creación de un impuesto sobre emisiones de CO2 que garantizase el cumplimiento de los compromisos medioambientales para los sectores difusos si en el sistema de comercio de emisiones para transporte y edificación propuesto no prosperase. Con esta medida no solo se pretendía intensificar la tributación medioambiental sino también alcanzar un importante aumento recaudatorio. Para mitigar los posibles impactos distributivos y sobre la competitividad de este nuevo impuesto se recomendaba, al igual que sucede con el régimen de comercio del transporte, implantación gradual y la introducción de compensaciones distributivas y sectoriales[86].

Concretamente, en el caso de los carburantes de automoción, además de igualar los tipos impositivos de gasolina y diésel de automoción, se previa la introducción de un precio de carbono de 50 €/tCO2. Como se señala en el informe, el mercado europeo sobre edificación y transporte contemplado en *Fit for 55*, de ser aprobado, originaría (precios actuales del EU ETS) impactos similares en precios y en ingresos para el sector público

85 DIAS SOARES, C.: "Energy Tax Treatment of Undertakings Covered by Emissions Trading", *op.cit.*

86 Comité de Personas Expertas, *op. cit.*

español. En el caso que el régimen de comercio no se hubiera aprobado, hubiera sido imprescindible introducir una tributación adicional sobre emisiones de CO2 de transporte y gas para garantizar el cumplimiento de los ambiciosos objetivos de la UE en los sectores difusos.

Ante la aprobación del nuevo régimen de comercio, hay que tener presente que el propio Libro Blanco fija la "coordinación y complementariedad con el contexto regulatorio medioambiental" como uno de principios rectores de una reforma fiscal medioambiental es España. Concretamente, señalan que, aunque los tributos medioambientales propuestos tienen como razón fundamental la incorporación de los costes medioambientales asociados a ciertas actividades para facilitar el cumplimiento de compromisos medioambientales de España, no se puede obviar el contexto regulatorio en el que se ubican las propuestas para garantizar su idoneidad, proporcionalidad, eficacia y utilidad en la práctica. Precisamente, en el *Libro Blanco* ya se reconocía que, en el caso de los GEI, no hay margen para la alternativa impositiva porque el sector eléctrico ya se encuentra sujeto al RCDE UE y, en caso contrario, se produciría superposición de instrumentos y doble pago por emisión de contaminantes. Teniendo en cuenta lo anterior, parece que la tributación adicional sobre el CO2 solo tendría sentido hasta 2027, fecha en la que empezará a estar vigente la asignación de un precio a las emisiones de CO2 en el sector del transporte a través el nuevo régimen de comercio. Sin embargo, habría que plantearse la idoneidad de introducir este impuesto en el contexto actual o esperar a la entrada en vigor efectiva del nuevo sistema armonizado a nivel de la UE.

6.3. Posibles solapamientos entre el nuevo régimen de comercio y otros instrumentos económicos de naturaleza fiscal: la Directiva sobre Imposición Energética.

Con respecto a la aplicación simultánea de impuestos sobre el carbono y el nuevo régimen de comercio, hay que tener en cuenta que, en muchos casos, estos impuestos han sido introducidos para dar cumplimiento a los mínimos impositivos fijados por la DIE. Esta Directiva fija niveles mínimos de imposición para la electricidad y los productos energéticos utilizados como carburante automoción y combustibles de calefacción[87]. Sin embar-

---

87 En concreto, y por lo que se refiere al ámbito de aplicación objetivo de estos impuestos, es preciso señalar que, de acuerdo con los arts. 1 y 2 de la DIE, los EEMM han tenido que someter a gravamen la fabricación e importación de la electricidad y los productos energéticos destinados al consumo como

go, la DIE permite a los EEMM fijar tipos nacionales por encima de dichos mínimos, así como introducir impuestos adicionales. Se consideró que esta estructura la convertía en un instrumento potencialmente adecuado para que estos productos reflejasen en sus precios el coste para la sociedad de las emisiones de CO2 derivadas de su uso. Precisamente, la idea original era que la DIE se convirtiera en un instrumento para que los EEMM pudieran hacer uso de la política fiscal en apoyo de: la protección del medio ambiente y el cumplimiento de los compromisos internacionales relacionados con el clima, la eficiencia energética o las políticas de transporte. Para tal fin, la DIE dotaba de flexibilidad a los EEMM para introducir impuestos a la energía o elementos tributarios en su sistema tributario nacional con un verdadero propósito ambiental[88]. En particular, los EEMM tenían la posibilidad tanto de establecer impuestos nacionales sobre el carbono o de incluir elementos ambientales en los impuestos energéticos tradicionales en forma de exenciones o beneficios fiscales[89].

Sin embargo, la realidad es que los impuestos introducidos para cumplir con los mínimos de la Directiva y el nuevo régimen de comercio tienen, en el fondo, fines diferentes: en el caso del régimen de comercio del transporte, la reducción de las emisiones de gases de efecto invernadero, mientras que en el caso de los impuestos sobre el CO2 asociados a la Directiva sobre Imposición Energética, no solo una finalidad medioambiental, sino garantizar el correcto funcionamiento del mercado interno a través de la imposición mínima sobre los productos energéticos y la electricidad. De hecho, ya hemos señalado en el pasado que la lógica inherente a la DIE, y trasladada por muchos EEMM a los impuestos nacionales aprobados para cumplir con los mínimos impositivos fijados en ella, es la de gravar a la

---

combustible para calefacción o como carburantes de automoción con independencia de su origen fósil o renovable

88 El considerando 10 de la DIE establece que "Los EEMM desean introducir o mantener diferentes clases de impuestos sobre los productos energéticos y la electricidad. Con este fin, conviene permitir a los EEMM ajustarse a los niveles mínimos comunitarios de imposición mediante la acumulación de todos los impuestos indirectos recaudados que hayan decidido aplicar (a excepción del IVA)".

89 El considerando 28 dispone que "pueden revelarse necesarias determinadas exenciones o reducciones del nivel de imposición, en particular debido a la falta de una mayor armonización a escala comunitaria, debido a los riesgos de pérdida de competitividad internacional o por motivos sociales o medioambientales".

electricidad y a los productos energéticos de su ámbito de aplicación con independencia de su origen fósil o renovable y sin tener en cuenta consideración alguna sobre sus distintos impactos en el medio ambiente[90].

En este sentido, hay que tener presente que, en general, y como señalaron autores como CARBAJO VASCO y HERRERA MOLINA, la función fiscal de la imposición energética es más antigua que el interés por la protección del medio ambiente[91]. Tradicionalmente, los Estados han visto en los impuestos energéticos una fuente de ingresos que presentaban una gran estabilidad recaudatoria gracias a la baja reacción de la demanda a incrementos de precios (baja elasticidad-precio). De hecho, la propia Comisión Europea ha recomendado en los últimos años el uso de impuestos indirectos, como los impuestos sobre la energía, frente a los impuestos directos. Y ello, porque considera que, desde una perspectiva económica, los impuestos indirectos pueden generar ingresos con un menor impacto negativo en el crecimiento y menores distorsiones en el mercado que la fiscalidad directa[92].

Por tanto, los EEMM que tuvieran vigentes impuestos sobre el carbono y opten por no mantenerlo tendrán que introducir, en cualquier caso, impuestos indirectos sobre los productos energéticos para cumplir con los mínimos impositivos fijados por la DIE. Sin embargo, sería conveniente que el impuesto relacionado con el cumplimiento de los mínimos fijados por la Directiva se base en el contenido energético y, por tanto, responda a un impuesto energético tradicional que persiga fines de recaudatorios sin poner en riesgo el correcto funcionamiento del mercado interior. Por tanto, la modificación de la Directiva sobre Imposición Energética resultaría adecuada para garantizar una correcta coordinación entre el nuevo régimen de comercio y la imposición energética.

---

90 A. Antón Antón y M. Villar Ezcurra. "Inherent Logic of EU Energy Taxes: Toward a Balance Between Market Protection and Environment Protection" en *Environmental Taxation and Green Fiscal Reform: Theory and Impact, Critical Issues in Environmental Taxation*, Edward Elgar, Cheltenham, 2014.

91 D. Carbajo Vasco y P. Herrera Molina. "Marco general jurídico de la tributación medioambiental: concepto, marco constitucional y marco comunitario", en *Tributación medioambiental: teoría, práctica y propuestas*, Thomson-Civitas, Madrid, 2004.

92 A. Antón Antón. "La fiscalidad energética en el contexto del pacto verde europeo", Documentos–Instituto de Estudios Fiscales, n. 8, 2022, pp. 154-191

A mayor abundamiento, la Comisión considera que la estructura actual de la DIE crea incentivos que están en contradicción con los objetivos del Pacto Verde de la UE al favorecer *de facto* a los carburantes y combustibles fósiles sobre aquellos con un mejor desempeño ambiental (por ejemplo, promueve el uso de carbón como combustible para calefacción). Concretamente, la versión actual de la DIE no proporciona ni incentivos ni señales de precios adecuadas para fomentar las energías alternativas o el ahorro energético. La actual Directiva ni tiene en cuenta de forma uniforme el contenido de carbono de cada producto energético, ni contempla la aparición de nuevos usos a la energía, no cubre la aparición de nuevas fuentes energéticas (e-fuel, biocombustibles avanzados, hidrógeno)[93].

En estos caos se podría argumentar que estas señales de precios e incentivos se introducirán en los combustibles con el régimen de comercio y, por tanto, no es preciso la modificación de la DIE. Sin embargo, junto a las cuestiones anteriores también se ha puesto de manifiesto que el enfoque actual de la DIE no es apto para cumplir con su principal objetivo; garantizar el buen funcionamiento del mercado interior[94]. En este sentido, la DIE ha permitido que, respetando los mínimos fijados en ella, proliferen tipos impositivos asimétricos entre los EEMM[95].

---

93 *Ibid.*

94 La DIE no asegura el grado de coherencia deseable en el tratamiento de las fuentes de origen fósil básicas y de la electricidad, ya que teniendo en cuenta el contenido en energía de cada producto energético los niveles de imposición varían sustancialmente según el producto. Así, por ejemplo, el mínimo fijado actualmente para el gasóleo utilizado como combustibles para calefacción es de 21 euros por cada 1000 litros, siendo su precio mínimo actual con arreglo a su contenido energético de 0,59 euros/Gigajulio. Esto significa que el precio del gasóleo para calefacción es más alto por Gigajulio que los tipos impositivos fijados para el carbón y el gas natural, para los que la DIE fija un precio mínimo de 0,15 euros/ Gigajulio. Asimismo, también existen diferencias entre los mínimos fijados para los carburantes utilizados en el transporte, 359 euros por cada 1000 litros para la gasolina y 330 euros por cada 1000 litros para el gasóleo. De acuerdo con la Comisión, los tipos mínimos más bajos para el gasóleo de automoción refuerzan todavía más la ventaja natural que el gasóleo tiene sobre la gasolina debido a su alto contenido energético.

95 El tipo mínimo que la Directiva fija sobre la gasolina sin plomo es de 359 euros/1.000 litros. EEMM como Bulgaria presentan el menor tipo de la UE, 363 euros mientras que nos encontramos con EEMM como los Países Bajos el máximo que alcanzan los 800 euros. Vid. M. Larrea Basterra. *Tendencias*

Concretamente, las principales carencias en la estructura actual de la Directiva se pueden resumir en cuatro: 1) Configuración de la base imponible (imposición basada en el volumen). 2) Desactualización de los niveles de tipos mínimos a lo largo del tiempo. 3) Ámbito de aplicación obsoleta, no tiene en cuenta nuevos productos energéticos. 4) Presencia de exenciones o reducciones para energías o sectores específicos. Con respecto a estas deficiencias, habría que tener presente que la propuesta presentada por la Comisión en 2021 abandona la idea de introducir un componente sobre emisiones de CO2, como preveía en su propuesta de 2011, y se centra exclusivamente en el componente energético para alcanzar fines recaudatorios y de eficiencia energética. Y concretamente, recupera la idea de gravar a los productos energéticos en función de su contenido energético. Con este diseño hay que tener en cuenta, en primer lugar, que no se produciría una doble imposición jurídica, ya que la DIE es un impuesto de salida sobre los combustibles y carburantes y el régimen de comercio una prestación patrimonial sobre las emisiones de CO2. Y, asimismo, tampoco parece que exista riesgo de un doble precio al carbono como puede suceder actualmente ya que las emisiones de CO2 estarían gravadas exclusivamente por el RCDE[96].

En definitiva, aunque podemos concluir que el papel principal en la "descarbonización" de la economía de la UE recaerá, esencialmente, en el RCDE revisado y en el nuevo régimen de comercio para los "sectores difusos". Sin embargo, debe tenerse en cuenta la necesidad de modificar la DIE para abordar otras deficiencias presentadas anteriormente. En especial, las relacionadas con el buen funcionamiento del mercado interior. Además, la revisión sigue siendo necesaria tanto para alinear la DIE con los objetivos ambientales como para eliminar los incentivos que reciben los combustibles fósiles en el marco actual.

7. CONCLUSIONES

Primera. Con la introducción del nuevo régimen de comercio de derechos de emisión para los "sectores difusos", incluido el transporte por carre-

---

en fiscalidad energética y medioambiental en el entorno europeo, Instituto Vasco de Competitividad-Fundación Deusto, San Sebastián, 2020.

96 A. Antón Antón. "La fiscalidad energética en el contexto del pacto verde europeo", *op.cit.*

tera, y la revisión del RCDE UE se confirma la primacía de estos instrumentos económicos frente a los impuestos sobre el carbono y energéticos para introducir señales de precio sobre el carbono y, por tanto, como principales instrumentos de tarificación de las emisiones de CO2 en la UE. En el caso concreto del transporte, es preciso aunar el comercio de emisiones, la tarificación de infraestructuras y los impuestos sobre la energía y los vehículos en una política coherente, complementaria y mutuamente compatible.

Segunda. La aplicación simultánea del régimen de comercio y la imposición energética o sobre el carbono no daría lugar a supuestos de doble imposición jurídica, ya que la DIE es un impuesto de salida sobre los combustibles y carburantes y el régimen de comercio una prestación patrimonial sobre las emisiones de CO2. Sin embargo, si no se introducen las medidas adecuadas podría dar lugar a supuestos de doble regulación o doble carga que, en lugar de introducir beneficios medioambientales adicionales, comprometiese la eficiencia del conjunto del sistema. Por esta razón, hay que garantizar una correcta coordinación entre el RCDE UE revisado, el nuevo régimen de comercio para los "sectores difusos" y las iniciativas legislativas relacionadas en el ámbito del clima y la energía (por ejemplo, la propuesta para modificar la DIE) de forma que sean complementarios y estén coordinados para responder a finalidades y objetivo distintos.

Tercera. Pese al papel principal de los sistemas basados en regímenes de comercio debe tenerse en cuenta la necesidad de modificar la DIE para abordar otras deficiencias. En especial, las relacionadas con el buen funcionamiento del mercado interior. Además, la revisión sigue siendo necesaria tanto para alinear la DIE con los objetivos ambientales como para eliminar los incentivos que reciben los combustibles fósiles en el marco actual. Concretamente, sería conveniente que los impuestos energéticos introducidos por los EEMM y relacionados con el cumplimiento de los mínimos fijados por la DIE se basen en el contenido energético y, por tanto, responda a un impuesto energético tradicional que persiga fines de recaudatorios sin poner en riesgo el correcto funcionamiento del mercado interior. Por tanto, pese al nuevo régimen de comercio de emisión para los "sectores difusos", la modificación de la DIE resultaría adecuada para garantizar una correcta coordinación entre el nuevo régimen de comercio y la imposición energética.

Bibliografía

A. Antón Antón y I. Bilbao Estrada. "La coordinación del régimen de comercio de derechos de emisión y los impuestos autonómicos sobre emisiones atmosféricas: ¿un supuesto de ayuda de Estado ilegal no compatible?", Crónica Tributaria, n. 133, 2009, pp. 7-58

A. Antón Antón y I. Bilbao Estrada. "State Aid and the EU Council Directive 2003/96/ EC: The case for Augmenting the Environmental Component" en *Critical Issues in Environmental Taxation: International and Comparative Perspectives,* Oxford University Press, Oxford, 2010, pp. 448-463

A. Antón Antón y M. Villar Ezcurra. "Inherent Logic of EU Energy Taxes: Toward a Balance Between Market Protection and Environment Protection" en *Environmental Taxation and Green Fiscal Reform: Theory and Impact, Critical Issues in Environmental Taxation,* Edward Elgar, Cheltenham, 2014, pp.55-68.

A. Antón Antón. "La fiscalidad energética en el contexto del pacto verde europeo", Documentos–Instituto de Estudios Fiscales, n. 8, 2022, pp. 154-191

A. Schroten (et. al.). *Sustainable Transport Infrastructure Charging and Internalisation of Transport Externalities,* European Commission Directorate-General for Mobility and Transport, Bruselas, 2019.

Banco Mundial. *State and Trends of Carbon Pricing 2022. State and Trends of Carbon Pricing, World Bank Washington, 2022.*

C. Dias Soares. "Energy tax treatment of undertakings covered by emissions trading", EC Tax Review, n. 17, 2007, pp. 184 y ss.

Comisión Europea. *"Objetivo 55": cumplimiento del objetivo climático de la UE para 2030 en el camino hacia la neutralidad climática,* COM(2021) 550 final, Comisión Europea, Bruselas, 2021.

Comisión Europea. *Documento de trabajo de los servicios de la comisión resumen del informe de la evaluación de impacto que acompaña al documento directiva del parlamento europeo y del consejo que modifica la directiva 2003/87/CE,* SWD(2021) 602 final, Comisión Europea, Bruselas, 2021.

Comisión Europea. *Documento de trabajo de los servicios de la comisión resumen del informe de la evaluación de impacto que acompaña al documento directiva del parlamento europeo y del consejo que modifica la directiva 2003/87/CE,* SWD(2021) 602 final, Comisión Europea, Bruselas, 2021.

Comisión Europea. *Estrategia de movilidad sostenible e inteligente: encauzar el transporte europeo de cara al futuro,* COM(2020) 789 final, Bruselas, 2020.

Comisión Europea. *Pacto Verde Europeo, COM (2019) 640 final,* Comisión Europea, Bruselas, 2019.

Comisión Europea. *Propuesta de Directiva del Consejo por la que se reestructura el régimen de la Unión de imposición de los productos energéticos y de la electricidad,* COM/2021/563 final, Comisión Europea, Bruselas, 2021.

Comisión Europea. *Propuesta de Directiva del Consejo, por la que se modifica la Directiva 2003/96/CE del Consejo por la que se reestructura el régimen comunitario de imposición de los productos energéticos y de la electricidad,* COM (2011) 169 final, Comisión Europea, Bruselas, 2011.

Comité de Personas Expertas. *Libro Blanco sobre la Reforma Tributaria,* Ministerio de Hacienda, Madrid, 2022.

D. Carbajo Vasco y P. Herrera Molina. "Marco general jurídico de la tributación medioambiental: concepto, marco constitucional y marco comunitario", en *Tributación medioambiental: teoría, práctica y propuestas,* Thomson-Civitas, Madrid, 2004, pp. 61-146.

D. Fleming. "Tradable quotas: using information technology to cap national carbon emissions", European Environment, Vol. 7, 1997, pp. 139-148.

D. Mottershead (et. al.). *Green taxation and other economic instruments. Internalizing environmental costs to make the polluter pay,* Comisión Europea, Bruselas, 2021.

D. Sanchez Trancon (et.al.). *Background note: The implementation of the Polluter Pays Principle,* OCDE, París, 2022.

European Environment Agency. *Trends and Projections in Europe 2022-Assessment of EU progress towards its climate and energy targets,* Publications Office of the European Union, Luxemburgo, 2022.

I Bilbao Estrada, M. Pérez de Ayala Becerril y A. Antón Antón. "¿Doble imposición o doble coste económico? Una reflexión sobre la coordinación de los impuestos sobre emisiones atmosféricas y el régimen de comercio de derechos de emisión" en *La fiscalidad de los derechos de emisión: estado de situación y perspectivas de futuro,* Instituto de Estudios Fiscales, Madrid, 2009.

M. Larrea Basterra. *Tendencias en fiscalidad energética y medioambiental en el entorno europeo,* Instituto Vasco de Competitividad-Fundación Deusto, San Sebastián, 2020.

OCDE. *Environmental principles and concepts, OCDE/GD(95)124,* OCDE, París, 1995.

OCDE. *Recommendation on the Use of Economic Instruments in Environmental Policy OECD/LEGAL/0258,* OCDE, París, 2022.

OCDE. *The Polluter-Pays Principle, Analyses and Recommendations,* OCDE, París, 1992

OECD. *Recommendation of the Council on the Implementation of the Polluter-Pays Principle, OECD/LEGAL/0132,* OCDE, París, 2022.

R. Starkey, K. Anderson. *Domestic Tradable Quotas: The Policy Instrument for Reducing Greenhouse Gas Emissions from Energy Use,* Tyndall Centre for Climate Change Research, Norwich, Reino Unido, 2005.

S. Sorrell. "An upstream alternative to personal carbon trading", Climate Policy, Vol. 10, 2011, pp. 481-486

Tribunal de Cuentas Europeo. *Principio de «quien contamina paga»: Aplicación incoherente entre las políticas y acciones medioambientales de la UE. Informe Especial 12/2021.* Tribunal de Cuentas Europeo, Luxemburgo, 2021.

W. Zimmer (et. al.) *Rolle der CO2-Bepreisung im Instrumentenmix für die Transformation im Verkehrssektor*, Climate Change 27, Umweltbundesamt, 2022

Figuras tributarias indirectas en la financiación autonómica y local para revertir la despoblación del medio rural

JOSÉ ÁNGEL GÓMEZ REQUENA
Profesor Contratado Doctor Interino de Derecho Financiero y Tributario
Centro Internacional de Estudios Fiscales
Universidad de Castilla-La Mancha

RESUMEN: La revitalización de las zonas despobladas necesita de la articulación de nuevas medidas de financiación y tributarias para allegar más recursos financieros a los municipios y Comunidades Autónomas que más sufren la despoblación. Los tributos pueden tener una finalidad extrafiscal con la cual intentar conseguir una mejor distribución de la renta regional y mejorar el progreso social y económico de las zonas despobladas. El presente trabajo aborda la aplicación de incentivos fiscales para revertir la despoblación y estimular el asentamiento de nuevas empresas y personas físicas en estas zonas, desde el enfoque de la tributación indirecta.

ABSTRACT: The revitalization of depopulated areas requires the articulation of new financing and tax measures to allocate more financial resources to the municipalities and Autonomous Communities that suffer the most from depopulation. The taxes may have an extra-fiscal purpose with which to try to achieve a better distribution of regional income and improve the social and economic progress of depopulated areas. This work addresses the application of tax incentives to reverse depopulation and stimulate the settlement of new companies and individuals in these areas, from the approach of indirect taxation.

PALABRAS CLAVE: Despoblación, fiscalidad, incentivos fiscales, financiación autonómica y local, tributos indirectos.

1. INTRODUCCIÓN

El fenómeno de la despoblación ha existido a lo largo de la historia, si bien, en lo que a ciertos territorios de España atañe se ha acelerado en las últimas décadas. La despoblación, entendida como la migración de los ciudadanos desde zonas rurales hacia núcleos de población de más grandes, es consecuencia de una dinámica socioeconómica que invita a los ciudadanos de zonas menos pobladas a buscar nuevas y mejores oportunidades en el medio urbano. La despoblación es tiene efectos negativos cuando se intensifica de tal manera que las zonas rurales pierden tejido empresarial y servicios públicos.

La despoblación forma parte de un gran desequilibrio demográfico existente en nuestro país y sobre el que los poderes públicos, así como diversas asociaciones civiles están poniendo sobre la mesa. Ese gran reto demográfico implica un envejecimiento de la población, la propia despoblación del medio rural y los efectos de la población flotante, tal y como señalan las *Directrices Generales de la Estrategia Nacional frente al Reto Demográfico,* del año 2019, realizadas por el Comisionado del Gobierno frente al Reto Demográfico.

No obstante, el fenómeno de la pérdida de población puede extrapolarse más allá del medio rural. Según las citadas Directrices, el 80% de los municipios de España están perdiendo población y un 48,4% tiene una densidad de población por debajo de los 12,5 habitantes por km^2 que la Unión Europea marca como umbral para la calificación de zona en riesgo de despoblación. Por lo tanto, este fenómeno también es predicable de núcleos de población con más habitantes, incluso capitales de provincia, que sufren paulatinamente una pérdida de población. Más alarmante es la situación, si cabe, cuando la población que emigra es joven, vaticinando un mayor envejecimiento en el medio y largo plazo para determinadas zonas, entrando en una espiral de posible reducción del PIB y de la economía[1]. Ese envejecimiento de la población afecta de manera más significativa a zonas despobladas, encareciéndose el coste de los servicios públicos[2].

La fiscalidad puede ser un instrumento para intentar, por un lado, retener a la población ya existente en zonas despobladas, y, por otro lado, estimular el traslado de residentes a estas zonas, tanto de personas físicas como de empresas que puedan coadyuvar a un mayor progreso económico de la zona que haga más atractiva la mudanza a dichos territorios. No obstante, la fiscalidad debe ser una de las múltiples herramientas que, en

---

1 Como señala el Informe "Despoblación y políticas de lugar", elaborado por *ESADE – Center for Economic Policy,* en las zonas rurales la población mayor de 65 años es en torno al 40%, frente al 28% de las zonas urbanas. Por su parte, en las zonas rurales hay 102 hombres por cada 100 mujeres, mientras que en las grandes ciudades la cifra ronda los 95 hombres por cada 100 mujeres. Esto pone de manifiesto una mayor masculinización del entorno rural. Informe disponible en: https://www.esade.edu/ecpol/es/publicaciones/despoblacion-politicas-de-lugar-analisis-brecha-demografica-economica-y-de-actitudes/ (último acceso: 1.03.2023).

2 Cfr. B. Sesma Sánchez. "El impacto fiscal del envejecimiento en el sistema tributario: medidas estatales y autonómica" en *La fiscalidad del envejecimiento,* Tirant lo Blanch, Valencia, 2023, p. 184.

plena coordinación, luchen contra este fenómeno. Por ejemplo, una de las principales causas que provocan la despoblación es la pérdida de servicios públicos esenciales y la falta de inversiones en dichos territorios. Por lo tanto, es necesaria una conjunción de políticas, que sean mejores que las realizadas hasta la fecha para revertir sobre la práctica este reto demográfico[3].

Los incentivos fiscales, articulados a través de exenciones, reducciones en las bases imponibles, deducciones sobre la cuota tributaria o la creación de regímenes fiscales especiales, son los instrumentos que más eficacia pueden tener en la lucha contra la despoblación. Las Comunidades Autónomas están siendo las que están explotando esta vía dentro de sus competencias tributarias. La introducción de estos incentivos debe realizarse con cierta cautela ya que suponen una excepción al régimen general de tributación. Tal y como indica un informe emitido por el Instituto de Estudios Fiscales en las Directrices Generales de 2019, la introducción de estas medidas ya sea modificando los incentivos ya existentes o formulando otros nuevos, "genera complejidad, incrementando, entre otros, los costes de gestión y control para la Administración tributaria". Asimismo, se alerta sobre la necesidad de respetar el principio de igualdad por razón del territorio y la normativa europea de ayudas de Estado.

Si bien la introducción de incentivos fiscales parece la más plausible y acertada, la fiscalidad también podría resultar aplicable a este fenómeno a través de figuras tributarias muy puntuales que busquen allegar recursos extraordinarios a las Haciendas locales de zonas que sufren la despoblación, como, por ejemplo, los tributos sobre estancias turísticas.

En definitiva, se trata de buscar un equilibrio entre diversas políticas y, dentro de la política fiscal y financiera, intentar compaginar una serie de incentivos fiscales *ad hoc* para las zonas despobladas con otra serie de instrumentos que aseguren una suficiencia de recursos a las Haciendas locales y autonómicas para aumentar la financiación de servicios públicos en dichas zonas. Asimismo, los sistemas de financiación autonómica y local pueden jugar otro papel fundamental. No solo la política fiscal será im-

---

3 Como indican Collantes y Pinilla, "luchar contra la despoblación requiere políticas que, de manera necesariamente gradual y experimental, vayan reorientando una miríada de decisiones que las empresas y las familias toman de manera descentralizada en función de una variedad de factores. Cfr. F. Collantes y V. Pinilla. "La verdadera historia de la despoblación de la España rural y cómo puede ayudarnos a mejorar nuestras políticas" en *La despoblación del mundo rural,* Thomson Reuters-Aranzadi, Cizur Menor, 2019, p. 77.

portante, sino también la articulación de ayudas públicas directas a determinadas personas, entidades y empresarios pueden ayudar a revertir este proceso de despoblación.

Ante este contexto, presente trabajo expone las principales líneas de actuación de algunos tributos indirectos para la llamada "España despoblada", tanto para el ámbito autonómico como el local. Por ello, se analizará, en primera instancia, el papel del Derecho Financiero y Tributario ante el reto de la despoblación. En segundo lugar, se analizará la viabilidad de implementar incentivos fiscales en algunos tributos indirectos que estimulen el desarrollo económico y social de estas zonas.

2. DESPOBLACIÓN Y OPORTUNIDAD DEL DERECHO FINANCIERO Y TRIBUTARIO

Ante el reto al que se enfrentan buena parte de los poderes públicos para revertir o, al menos, ralentizar el ritmo de pérdida de habitantes de algunas zonas, especialmente rurales, cabe preguntarse las oportunidades que el Derecho Financiero y Tributario puede ofrecer[4].

En buena medida podríamos responder a este interrogante ensalzando la importancia del gasto público, pues unos buenos presupuestos que financien los servicios públicos fundamentales y nuevas infraestructuras para las zonas despobladas serían una gran ayuda[5]. Sin embargo, los recursos financieros son limitados, por lo que habría que articular mecanismos de obtención de nuevos ingresos para las respectivas haciendas, sin olvidar la racionalización del gasto público, de tal forma que responda efectivamente a los principios de asignación equitativa, economía y eficiencia del art 31.2 de nuestra Carta Magna. Pese a que hablar de incentivos fiscales suponga una pérdida de ingresos tributarios y esto pueda acarrear una disminución

---

4 El reto de la despoblación está intrínsecamente ligado al del envejecimiento. Sobre este particular y la adaptación del marco tributario al envejecimiento, *vid.* M. González Aparicio. "Fiscalidad y envejecimiento: algunas claves para adaptar el sistema fiscal al reto demográfico", en *Adaptación de la normativa tributaria a las nuevas realidades familiares,* Tirant lo Blanch, Valencia, 2023, pp. 361-390.

5 Cfr. J.M. Lago Montero. "El Derecho Financiero frente a la despoblación en el ámbito rural" en *Rural renaissance: derecho y medio rural,* Thomson Reuters-Aranzadi, Cizur Menor, 2020, p. 68.

de ingresos disponibles para revitalizar las zonas despobladas, se espera un efecto de atracción para que operadores económicos y personas físicas se muden a estas zonas y se produzca un aumento de ingresos tributarios a través del consumo, el tráfico de bienes y servicios, la actividad económica, el patrimonio y la obtención de rentas personales[6].

Por lo tanto, el Derecho Financiero y Tributario puede jugar un papel importante en la lucha contra la despoblación, tanto en la vía de los tributos como en la parte de los gastos. La Hacienda Pública, en su conjunto, debe ser la directora de orquesta que dirija un concierto coordinado a todos los niveles para mitigar, con objetivos reales, la sangría demográfica que están sufriendo partes del territorio español.

2.1. El reto demográfico de la despoblación rural

El reto demográfico y, específicamente, la despoblación del entorno rural es algo que trasciende los estudios estadísticos. Según donde situemos el foco de análisis, los resultados pueden resultar diferentes, si bien nunca logran esconder una realidad que se sufre in situ sobre el terreno.

Si algo dejan claro los estudios demográficos es que la despoblación en España no es uniforme. No se sufre con la misma intensidad en todas las regiones de España. Según el estudio de ESADE-Center for Economic Policy, citado con anterioridad, entre 1996 y 2020, la población en municipios pequeños creció un 9,6%. Bien es cierto, que este dato es consecuencia de los efectos causados por la pandemia del Covid-19 que propició, coyunturalmente, un traslado al medio rural de algunos ciudadanos.

Ese fugaz crecimiento debido a unas circunstancias extraordinarias fue desigual y puso de manifiesto la incidencia del problema sobre zonas especialmente despobladas, las cuales siguieron perdiendo población. Por

---

6 Hasta la fecha no existen estudios concluyentes de los efectos económicos sobre las zonas despobladas que están teniendo algunos tímidos incentivos fiscales aprobados por las Comunidades Autónomas. Sin embargo, en países como Escocia, han conseguido incrementar en los últimos 40 años un 22% la población de las Tierras Altas e Islas de Escocia., si bien han compaginado los incentivos fiscales con otras políticas de estímulo del medio rural. Cfr. C. Banacloche Palao. "Incentivos fiscales para la España despoblada: su consideración como ayudas de Estado compatibles con el mercado interior" en *Estudios en homenaje al Profesor Luis María Cazorla Prieto,* Vol. I, Thomson Reuters-Aranzadi, Cizur Menor, 2021, p. 1083.

ejemplo, los municipios de Asturias (-26,9%), Castilla y Leon (-19,7%) o Extremadura (-9,6%) perdieron población, mientras que los municipios de Madrid (45%) o Cataluña (31%) incrementaron notablemente su población. Esta estadística refleja, desde nuestra posición, el desequilibrio territorial existente y la consiguiente brecha de desigualdad que se origina ante un desarrollo económico muy notable y focalizado en zonas geográficas muy concretas de nuestro país, en comparación al que sucede en otras zonas menos pobladas. A mayor abundamiento, debe señalarse que el crecimiento de población se aprecia en municipios satélites y bien localizados respecto a un gran núcleo de población, como pueden ser grandes ciudades o capitales de provincia. Sin embargo, este efecto no se aprecia en zonas más alejadas, sino que es a la inversa. La población se traslada hacia estos núcleos urbanos en busca de mejores servicios y un mejor nivel de vida.

El rol de la actividad económica es importante en la lucha contra la despoblación. Esta no debe entenderse como una afirmación categórica, puesto que es necesario una población más o menos viable para que una empresa pueda instalarse. Aunque pueden existir excepciones, nos resulta llamativo que algunas zonas tradicionalmente despobladas en los Pirineos hayan conseguido revitalizarse con la mejora del turismo y de las actividades de montaña, junto a nuevas infraestructuras y servicios básicos[7]. A nuestro modo de ver, parece que es necesaria un conglomerado de medidas que sirvan de impulso a las zonas despobladas, y no solo fiscales.

El proceso de despoblación se intensificó a mediados del siglo XX con el tránsito hacia grandes núcleos urbanos donde existían mayores y mejores oportunidades de vida. Quizá el planteamiento de algunas políticas en aquellos años no fue del todo acertado al no estimular el crecimiento económico en el medio rural y volcar todos los esfuerzos y el gasto público en la expansión de las ciudades y grandes núcleos de población. Ahora mismo, los poderes públicos están intentando frenar e incluso revertir un proceso que ya ha causado graves daños a estas zonas. Sin embargo, es posible una revitalización del medio rural y poner freno al envejecimiento y éxodo de jóvenes que residen en algunas poblaciones, para así evitar los errores del pasado que han afectado a las actuales zonas despobladas.

---

[7] Este es el caso de la zona pirenaica de la provincia de Huesca que ha conseguido aumentar su población gracias al impulso económico del turismo y de las actividades de montaña. Cfr. F.J. Goerlich y S. Mollá. "Desequilibrios demográficos en España: evolución histórica y situación actual", *Presupuesto y Gasto Público,* núm. 102, 2021, p. 51.

De los diversos estudios realizados sobre las estadísticas del INE, cabe destacarse que en el periodo 2001-2018, el 63% de los municipios españoles han perdido población. Las estadísticas recogidas en las *Directrices Generales de la Estrategia Nacional frente al Reto Demográfico* muestran que la pérdida de población afecta también a las ciudades pequeñas y cabeceras. Asimismo, el 38,1% de los municipios españoles están en riesgo severo de despoblación según las directrices de la UE con una densidad de población inferior a 8 habitantes por km^2. A nivel provincial, contrastan densidades de población superiores a la media nacional (94 hab./km^2), como Madrid con 845 hab./km^2, con provincias que sufren duramente este fenómeno como Soria y Teruel, con 9 hab./km^2, y Cuenca con 11 hab./km^2.

En lo que a envejecimiento atañe, el INE fija el índice de envejecimiento en 133,46% para el año 2022. A nivel autonómico, destaca el índice de Asturias, que se sitúa en 239,7%, Castilla y Leon con 211,40%, Galicia con 213,54%, y Aragón con 151,66%. Estas tasas seguirán aumentando en los sucesivos años dado el incremento de esperanza de vida y la baja natalidad existente. El envejecimiento de la población es otro elemento importante en la acentuación de la despoblación ya que es necesario un relevo generacional, no solo a nivel nacional, sino especialmente en el medio rural.

Estas estadísticas no reflejan más que una realidad que se puede palpar en cada uno de los territorios que sufren la despoblación. Insistimos en que el problema no solo está en los municipios que ya la sufren, sino también sobre otros núcleos de población que, como consecuencia de la baja natalidad y de un éxodo hacia otras grandes ciudades, están notando los primeros efectos de este fenómeno.

2.2. El Plan de Recuperación con 130 medidas frente al reto demográfico

El ambicioso *Plan de Recuperación: 130 medidas ante el reto demográfico*[8], aprobado en 2021, es de los primeros documentos sobre el reto demográfico y la despoblación que emplea los términos "territorios-oportunidad" para referirse a lo que puede denominarse típicamente como la España despoblada.

Desde nuestro punto de vista, este calificativo trae a colación una reflexión personal que mantenemos y es que la baja densidad de población,

---

8 https://www.miteco.gob.es/es/plan_recuperacion_130_medidas_tcm30-528327.pdf (último acceso: 4.03.2023).

en algunos casos, no es negativa y puede ofrecer mejores oportunidades a ciertos modelos de negocio que las zonas altamente pobladas. Desde nuestro punto de vista, el objetivo final no puede ser tan utópico como apostar por el incremento notable de la población y reconvertir una zona típicamente rural en una zona urbana. Estimamos que sigue siendo necesario la existencia de zonas rurales y menos pobladas, pues presentan más ventajas en muchas circunstancias que las zonas urbanas. Lo que sí que debe ser una línea de acción pública es la implementación de políticas y medidas que logren equilibrar la cohesión territorial y social de España, eliminando cualquier tipo de desigualdad a las personas por el hecho de residir o establecer su negocio en una zona menos poblada. En este gran objetivo de revertir la despoblación habrá situaciones en las que no se consiga evitar lo inevitable, como es la despoblación completa de un municipio concreto. Sin embargo, estamos a tiempo de poner freno al proceso y de revertir la situación en núcleos de población que actualmente están en riesgo de despoblación, y no es solo, desde nuestro punto de vista, una cuestión que afecte a pueblos o aldeas, sino que también deben adaptar estas políticas para frenar la pérdida de población, especialmente joven, en grandes núcleos de población y ciudades que son capitales de provincia.

El objetivo de las 130 medidas propuestas es mejorar la cohesión territorial, eliminar las desigualdades y la brecha entre las zonas rurales y urbanas e impulsar una serie de actuaciones en las zonas más afectadas por la despoblación, como son los pequeños municipios y el conjunto de las áreas rurales. Como ya hemos remarcado, estimamos que este Plan debería abrirse en el futuro a esas poblaciones más grandes e incluso ciudades que están entrando en un proceso de pérdida de población.

El Plan está concebido para el periodo 2021-2023 y busca revertir el proceso de la despoblación a través del fomento del desarrollo social y económico generando actividad económica. Se busca una transformación económica de estas zonas acompañadas de cualquier iniciativa emprendedora o innovadora que pueda surgir aprovechando los recursos locales. Es un proyecto transversal en el que han participado todos los Ministerios. Se condensa en 10 ejes de acción que recogen las 130 medidas señaladas. Los ejes son los siguientes:

Eje 1. Impulso de la transición ecológica.

Eje 2. Transición digital y plena conectividad territorial.

Eje 3. Desarrollo e innovación en el territorio.

Eje 4. Impulso del turismo sostenible.

Eje 5. Igualdad de derechos y oportunidades de las mujeres y los jóvenes.

Eje 6. Fomento del emprendimiento y de la actividad empresarial.

Eje 7. Refuerzo de los servicios públicos e impulso de la descentralización.

Eje 8. Bienestar social y economía de los cuidados.

Eje 9. Promoción de la cultura.

Eje 10. Reformas normativas e institucionales para abordar el reto demográfico.

A los efectos de nuestro trabajo, nos interesan la medida 2.4 "Digitalización de la relación con la Administración tributaria" y la medida 10.4 "Sistema de financiación autonómica y local".

La primera medida referente a la digitalización de la relación con la Administración tributaria se encuentra en el Eje 2. Transición Digital y Plena conectividad territorial. Es una medida alineada con el Plan Estratégico de la AEAT 2020-2023 y es una actuación que va avanzando positivamente mediante el uso de nuevas tecnologías por parte de la Administración tributaria, en paralelo a un avance de la denominada relación cooperativa.

Esta medida consiste en implementar un "nuevo modelo de información y asistencia que prioriza el uso de las nuevas tecnologías y que supone un paso adelante en la Digitalización de la relación con la Administración Tributaria con el objetivo de agilizarla, a fin de facilitar el cumplimiento de las obligaciones tributarias, así como el acceso a la información, que persigue, de forma prioritaria, mejorar la relación de la Administración con los colectivos de ciudadanos menos familiarizados con las tecnologías de la información, con la finalidad de reducir la brecha digital existente en el territorio".

Es una medida que depende esencialmente de la implantación de una red de Internet con plena conectividad y de alta velocidad en los municipios más pequeños y zonas rurales. Asimismo, debe llevar consigo una estrategia de formación en nuevas tecnologías para los residentes en dichas zonas, especialmente personas de avanzada edad. En lo que respecta a las empresas y jóvenes autónomos que se trasladen a zonas despobladas será un paso muy positivo la creación de una estrategia de relación tributaria *ad hoc* a través de las nuevas tecnologías. En todo caso, esta estrategia puede ser abordada desde el objetivo de la AEAT de implementar una Asistencia Digital Integral. Las funciones de esta ADI "rural" serían las siguientes, según detalla la medida 2.4:

- Difusión de información tributaria general a través de canales de comunicación no presenciales.
- Realizar actuaciones de asistencia no presencial en el cumplimiento de las obligaciones tributarias, tales como la asistencia en la confección y presentación de solicitudes, declaraciones y autoliquidaciones.
- Realizar actuaciones de asistencia no presencial en el curso de procedimientos tributarios, tanto en la aclaración de las dudas que se susciten como, en su caso, en la cumplimentación de trámites.
- La contestación de solicitudes de información formuladas por escrito.

Como puede comprobarse, son actuaciones ligadas a la información y asistencia a los obligados tributarios empleando las nuevas tecnologías. Asimismo, puede señalarse que la Adenda 2023 al Plan Estratégico de la AEAT[9] incide en continuar avanzando el proyecto de digitalización de autónomos y PYMES para modernizar y profesionalizar la gestión administrativa y el cumplimiento de las obligaciones formales. La línea de actuación más cercana va a ser la del desarrollo reglamentario de la prohibición del software de doble uso para establecer las condiciones mínimas de los sistemas de facturación empresarial. La línea de actuación que tendrá un desarrollo a "varios años vista" es la del diseño y puesta en marcha de un proyecto de digitalización. Ambas iniciativas van a ser positivas para la creación de una relación tributaria 100% digital con los contribuyentes establecidos en zonas despobladas.

Desde nuestro punto de vista, no toda la cuestión tributaria respecto a la despoblación transita por la vía de la creación de regímenes fiscales diferenciados o la introducción de bonificaciones fiscales, sino también en la construcción de una "confortable" relación tributaria con la Administración tributaria que facilite el cumplimiento tributario y no se atasque con disputas tributarias y malinterpretaciones de la normativa tributaria por parte de los contribuyentes.

Por su parte, la medida 10.4 "Sistema de financiación autonómica y local" se asienta en el Eje 10. Reformas normativas e institucionales para abordar el reto demográfico. El objetivo de esta medida es una reivindicación de una propuesta que gana fuerza entre las Comunidades Autónomas que más sufren la despoblación. La medida aboga por implementar un

9 https://sede.agenciatributaria.gob.es/static_files/Sede/Agencia_Tributaria/Planificacion/Plan_estrategico_2020_2023/Adenda_2023_Plan_Estrategico.pdf (último acceso:4.03.2023).

nuevo sistema de financiación autonómica y local que garantice la vertebración del territorio y la igualdad de los españoles en el acceso a los servicios públicos esenciales, con independencia del lugar donde residan.

El objetivo de la medida es bastante amplio y no profundiza ni detalla tan siquiera la posibilidad de incorporar los parámetros de densidad de población o superficie afectada por la despoblación a la hora de fijar un nuevo mecanismo de reparto de los fondos de financiación autonómica o la participación en los ingresos del Estado de las entidades locales.

La medida propuesta en el Plan señala que el nuevo sistema de financiación autonómica deberá contemplar aspectos como la "solidaridad, suficiencia, equidad, transparencia, corresponsabilidad fiscal y garantía de acceso de los ciudadanos a los servicios públicos fundamentales". Por su parte, en el ámbito de la financiación local se apela a la garantía de suficiencia de recursos y la mejora técnica del sistema tributario local.

En último lugar, si bien no es una medida específica, entendemos que dentro del Eje 4. Impulso del turismo sostenible, podría tener encaje y relación, en conjunción con la medida 10.4 que acabamos de mencionar, la introducción de tributos que graven las estancias turísticas de personas físicas con una finalidad extrafiscal de afectar los recursos tributarios obtenidos a la promoción, el fomento y el desarrollo de un turismo sostenible.

Las soluciones que el Derecho Financiero y Tributario puede ofrecer a la "España despoblada" no se reducen a una simple introducción de incentivos fiscales, como hemos señalado. También puede ser interesante en los territorios que las circunstancias lo permitan introducir algún tipo de tributo autonómico o local que permita allegar más recursos a las respectivas Haciendas con el fin de promocionar un turismo sostenible. El turismo puede ser uno de los motores económicos de algunas zonas actualmente despobladas o en riesgo de despoblación.

2.2. La finalidad extrafiscal de los tributos en el reto de la despoblación

Los tributos tienen como característica esencial su finalidad contributiva; es decir, buscan gravar la riqueza allí donde se encuentre para allegar recursos financieros a la Hacienda Pública. Sin embargo, existen ciertas figuras tributarias que abogan por dar mayor preponderancia a un elemento extrafiscal sobre el elemento recaudatorio.

Los tributos extrafiscales buscan incentivar o desincentivar ciertas actuaciones sociales y económicas, en el seno de una política de protección de los fines constitucionales del Estado social y de bienestar[10]. Dicha finalidad extrafiscal de los tributos se encuentra recogida en la propia Ley General Tributaria, donde se señala en su art. 2.1. que éstos, "además de ser medios para obtener los recursos necesarios para el sostenimiento de los gastos públicos, podrán servir como instrumentos de la política económica general y atender a la realización de los principios y fines contenidos en la Constitución".

La vertiente extrafiscal no siempre concurre aisladamente, sino que en ocasiones se solapa con la finalidad recaudatoria tradicional, teniendo una naturaleza mixta, pero con una finalidad clara por parte del legislador de estimular o desincentivar cierta conducta[11]. La inclusión de incentivos fiscales también puede perseguir una finalidad extrafiscal. Con esto quiere señalarse que no solo existen tributos puramente extrafiscales, como sucede con buena parte de los tributos medioambientales, sino que también existen cotos de parafiscalidad en la introducción de ciertas deducciones o exenciones en el sistema tributario[12].

---

10 Cfr. J.M. Martín Rodríguez. "La extrafiscalidad en la jurisprudencia del Tribunal Constitucional español" en *Setenta años de Constitución italiana y cuarenta años de Constitución española*, Volumen V, Centro de Estudios Políticos y Constitucionales, Madrid, 2020, p. 221.

11 Siguiendo a Gutiérrez Bengoechea, pueden clasificarse los tributos extrafiscales en: a) tributos extrafiscales en sentido estricto; b) tributos cuyos ingresos públicos están afectos a un fin u objetivo extrafiscal; c) tributos con finalidad recaudatoria, pero con algunos preceptos de finalidad extrafiscal; d) tributos mixtos en su finalidad. Cfr. M. Gutiérrez Bengoechea. "Algunas notas sobre la extrafiscalidad y su desarrollo en el derecho tributario", *Revista Técnica Tributaria,* núm. 107, 2014, p. 150.
Como señaló la STC 53/2014, de 10 de abril, "la naturaleza extrafiscal o recaudatoria de un tributo es una cuestión de grado, por lo que difícilmente existirán casos 'puros'", lo cierto es que en estas figuras impositivas difiere la "manera" en que la correspondiente fuente de capacidad económica (u objeto del mismo) es sometida a gravamen en la estructura del tributo". Esta sentencia pone de manifiesto la naturaleza mixta de estas figuras.

12 Respecto de la calificación de un tributo como extrafiscal, hemos de indicar que no existe unas características cerradas que permitan como tal su calificación. La sentencia del Tribunal Constitucional 53/2014, 10 de abril, indicó que los elementos principales para señalar la existencia de un tributo extrafiscal descansan sobre la presencia de dicha finalidad extrafiscal en la estructura del hecho imponible, los presupuestos de no sujeción o exención, los sujetos pasivos, la base imponible y el resto de los elementos de

El uso de los incentivos fiscales con un uso para la realización de principios y fines contenidos en la Constitución puede resultar efectivo parcialmente. Es un instrumento que cohabita con las subvenciones por lo que en función de la idoneidad para cada política podría utilizarse una u otra herramienta, o incluso las dos en una relación de complementariedad. Uno de los problemas que pueden tener los incentivos fiscales es que, al ir ligados a figuras impositivas concretas sobre determinados sujetos (tributos personales) o determinadas operaciones (tributos reales), no sean accesibles a todos los colectivos u operaciones que deciden estimularse. En definitiva, puede ser que afecten a sujetos con cuotas tributarias íntegras positivas y que tengan la obligación de presentar la declaración correspondiente, así como cumplan algún requisito o umbral en su base imponible para acceder a los mismos[13].

Al hilo de los incentivos fiscales en vigor que recaen sobre la cuota tributaria autonómica, autores como Vaquera García[14] abogan por potenciar las campañas informativas en el IRPF para que las personas físicas que no tienen obligación de presentar la autoliquidación del IRPF en zonas despobladas lo hagan para así beneficiarse de los incentivos fiscales aprobados.

En definitiva, es una realidad que algunos incentivos fiscales de nuestro sistema tributario, principalmente en el estatal y autonómico, están condicionados a umbrales de bases imponibles o al cúmulo de ciertos requisitos que terminan desnaturalizando la efectividad de éstos y que los contribuyentes afectados puedan beneficiarse de ellos. Esta es una

---

cuantificación, sin que sea suficiente una declaración de su extrafiscalidad en el preámbulo de la norma.

Siguiendo a Martín Rodríguez, existen tres parámetros que pueden vencer la balanza hacia el lado de la extrafiscalidad de un tributo. En primer lugar, que su razón de ser no sea exclusivamente recaudatoria. En segundo lugar, que se reduzca la recaudación cuanto mayor sea la realización de los fines extrafiscales que persigue. Y, en tercer lugar, que la finalidad extrafiscal esté presente en los elementos esenciales del tributo, como ha señalado la STC 53/2014, de 10 de abril. Cfr. J.M. Martín Rodríguez. "La extrafiscalidad en la jurisprudencia del Tribunal Constitucional español", *op. cit.*, p. 225.

13 Cfr. A. Castillo Murciego et al. "Incentivos fiscales y despoblación rural", *Fundación de Estudios Rurales Anuario 2019,* p. 55.

14 A. Vaquera García. "Las deducciones autonómicas en el Impuesto sobre la Renta de las Personas Físicas para hacer frente a la despoblación", *Revista Jurídica de la Universidad de León,* núm. 10, 2022, p. 113.

cuestión de política fiscal que, a nuestro juicio, debería tener una visión más general del problema que se desea revertir y afrontar con firmeza y eficacia la adopción de beneficios fiscales que impacten notablemente sobre la economía de las personas y de las empresas.

En esta línea, la fiscalidad extrafiscal puede ser efectiva para luchar frente al reto demográfico y, especialmente, frente a la despoblación. Es evidente que el establecimiento de incentivos deberá ser respetuosos con la doctrina constitucional y el Derecho de la UE, en tanto que suponen una quiebra de los principios de capacidad económica y de generalidad. Podrá actuarse a través de beneficios fiscales sobre tributos ya existentes, pero tampoco puede ocultarse la posible efectividad de la creación de figuras extrafiscales que, adecuada y racionalmente dirigidas, luchen contra el fenómeno de la despoblación propiciando una mayor recaudación para las haciendas locales y autonómicas que con mayor intensidad sufran este reto demográfico.

El empleo de la fiscalidad para lograr la consecución de fines constitucionales ante el reto de la despoblación nos invita a pensar que estas políticas fiscales encontrarían encaje en el art. 40 de la Constitución, dentro del Capítulo Tercero del Título I. El apartado primero del art. 40 señala que "[l]os poderes públicos promoverán las condiciones favorables para el progreso social y económico y para una distribución de la renta regional y personal más equitativa, en el marco de una política de estabilidad económica. De manera especial realizarán una política orientada al pleno empleo". En las zonas despobladas o en riesgo de despoblación es precisa una actuación pública para asegurar el crecimiento social y económico. Asimismo, la utilización extrafiscal de los tributos puede justificarse en la necesidad de redistribuir la renta regional y personal de una manera justa y equitativa. Por su parte, no puede pasarse por alto los problemas económicos y de empleo que sufren las zonas despobladas. Por lo tanto, este precepto da, a nuestro modo de ver, cobertura a las políticas de beneficios fiscales en zonas despobladas.

De igual manera y conectado con el art. 40.1, estimamos que el art. 39.1 CE también puede ser tomado en consideración. Este precepto indica que "[l]os poderes públicos aseguran la protección social, económica y jurídica de la familia". La familia, en cualquiera de sus diversas manifestaciones y expresiones, es un motor fundamental para el repoblamiento de las zonas despobladas. Por lo tanto, tendrán un papel interesante los incentivos fiscales ligados a la familia, con el fin de contribuir a una mayor natalidad, la conciliación laboral y en la igualdad de las mujeres en el medio rural.

2.3. Financiación autonómica y local ante el reto de la despoblación

El sistema de financiación autonómica y local son un conjunto de mecanismos que permiten garantizar la autonomía financiera y suficiencia de recursos de la Administración autonómica y local respectivamente. Son, pues, unos instrumentos importantes para garantizar una mayor atención presupuestaria a las zonas despobladas, sin desmerecer el importante papel que debe asumir el poder financiero estatal sobre un reto como el demográfico que afecta al territorio español en su conjunto.

El marco jurídico básico parte de los arts. 156 y 142 de nuestra Carta Magna. El art. 156.1 CE garantizar la autonomía financiera de las Comunidades Autónomas para el desarrollo y ejecución de sus competencias, con respeto a una serie de principios basilares: la coordinación con la Hacienda estatal y el principio de solidaridad. Por su parte, el art. 142 CE reconoce el principio de suficiencia financiera a tenor del cual el Estado debe disponer de los medios suficientes a las Haciendas locales para el desempeño de sus funciones. Esta suficiencia financiera se logra a través de los tributos propios y de las participaciones en los ingresos del Estado y de las Comunidades Autónomas.

Las normas que configuran el sistema de financiación de las Comunidades Autónomas son la Ley Orgánica 8/1980, de 22 de septiembre, de financiación de las Comunidades Autónomas (LOFCA) y la Ley 22/2009, por la que se regula el sistema de financiación de las Comunidades Autónomas de régimen común y Ciudades con estatuto de autonomía, sin perjuicio de lo establecido en los tratados internacionales y las normas que regulan los sistemas tributarios vasco y navarro *ex* Disposición Adicional Primera de la Carta Magna.

El sistema de financiación autonómica en vigor data de 2009, si bien con ligeras actualizaciones y fondos complementarios que se han introducido posteriormente como el Fondo de Liquidez Autonómica. Uno de los recursos financieros de las Comunidades Autónomas son los tributos estatales cedidos. En este sentido, podemos encontrar tributos cedidos totalmente y otros parcialmente, así como tributos sobre los que se han cedido competencias normativas a las CCAA (IRPF) y otros donde se ha cedido también la gestión de los mismos (ITPAJD o ISD).

La Ley 22/2009 prevé un régimen de financiación autonómica que pivota sobre transferencias a cargos de fondos, cada uno de los cuales cumple una función. Los fondos más importantes son el Fondo de Garantía de Servicios Públicos Fundamentales; el Fondo de Suficiencia Financiera; los fondos de convergencia, compuestos por el Fondo de Competitividad y el

Fondo de Cooperación; los Fondos de Compensación Interterritorial, los cuales son los únicos constitucionalizados.

En estos fondos es necesario dar un mayor protagonismo a variables que están ligadas con el reto demográfico como son la despoblación, la superficie territorial o la dispersión de la población[15]. Actualmente, el Fondo de Garantía de Servicios Públicos Fundamentales pondera en un 0,6 % la dispersión y un 1,8% la superficie. Otorga un valor del 30% a la población y un 8,5% a la población mayor de 65 años, la cual es protagonista en las zonas despobladas. La despoblación supone un mayor gasto de las Administración autonómica para continuar prestando los servicios públicos esenciales. Asimismo, el incremento de los servicios públicos en estas zonas supone aún un coste mayor, el cual debe ser tenido en consideración a través de los factores que se han señalado por la doctrina para tener en cuenta el fenómeno de la despoblación. La Hacienda estatal debe garantizar dicha autonomía financiera y suficiencia de recursos para que en todas las CCAA se presente los servicios públicos fundamentales. Con mayor solidaridad si cabe en las zonas con mayor declive demográfico, tanto despoblación como envejecimiento y baja natalidad. Por ello, abogamos porque en la futura reforma del sistema de financiación autonómica se tengan en cuenta nuevos factores que permitan transferir más recursos financieros a las Comunidades Autónomas que más sufren la despoblación.

En lo que respecta a la financiación de las Haciendas locales también se detectan similares críticas y una desconexión con la actual realidad que representa la despoblación, ya que el principal fondo de financiación de las entidades locales, las participaciones en los ingresos del Estado (PIE), no establece ningún criterio de despoblación o dispersión para justificar el reparto[16]. Más bien, al contrario, se da importancia en el reparto de fondos a los municipios pequeños ya que una de las principales variables ponderadas es el número de habitantes, tal y como indica el art. 124 del TRLRHL, algo contraproducente ya que los municipios más despoblados

---

15 Cfr. en el mismo sentido J.M. Lago Montero. "El Derecho Financiero frente a la despoblación en el ámbito rural", *op. cit.,* pp. 68-69 y E. Manzano Silva. "La reforma de la financiación autonómica ante la cohesión territorial y demográfica de España" en *Reformas para la cohesión territorial de España,* Marcial Pons, Madrid, 2022, pp. 119-120.

16 Cfr. J.M. Lago Montero. "El Derecho Financiero frente a la despoblación en el ámbito rural", *op. cit.* p. 73.

recibirán menos ingresos, profundizando más en la merma de unos servicios públicos ya debilitados o inexistentes.

El art. 142 CE establece junto a los recursos tributarios propios que las Haciendas locales se nutrirán de los recursos procedentes de las PIE y de las participaciones en los ingresos de las Comunidades Autónomas (PICA). Podría pensarse que la financiación aportada por cada PIE y PICA debería estar en una proporción del 50% cada una, ya que la Constitución las sitúa a la par; sin embargo, en la práctica las PIE son la principal fuente de financiación de las entidades locales, siendo inferiores los recursos financieros obtenidos a través de las PICA[17].

El régimen jurídico de las PIE se encuentra en los arts. 111 a 125 TRLRHL, para los municipios, y arts. 135 a 146 TRLRHL, para las provincias. El cumplimiento del mandato constitucional del art. 142 CE se ha materializado en la cesión parcial de la recaudación de ciertos tributos estatales obtenidos en el correspondiente municipio o provincia.

En lo que respecta a las PIE para los municipios, el TRLRHL establece un régimen de participación diferente, el cual pivota, esencialmente, sobre la mayor o menor población. En este sentido, se encuentran, en primera instancia, las capitales de provincia, o de comunidad autónoma, así como los municipios con una población superior a 75.000 habitantes. En virtud del art. 112 y 112 TRLRHL, a estos municipios se les cede un porcentaje de los rendimientos que no hayan sido objeto de cesión a las Comunidades Autónomas sobre los siguientes impuestos estatales y a tenor de las siguientes proporciones: un 2,1336 % de la cuota líquida estatal del IRPF; un 2,3266 % de la recaudación líquida del IVA imputable a cada municipio; y, un 2,9220 % de la recaudación líquida imputable a cada municipio por los IIEE sobre la cerveza, el vino y bebidas fermentadas, sobre productos intermedios, sobre alcohol y bebidas derivadas, sobre hidrocarburos y sobre labores de tabaco. Cabe señalarse que estos municipios participan también de un Fondo Complementario de Financiación *ex* arts. 118-121 TRLRHL.

---

[17] Cfr. M. Iglesias Caridad. "La despoblación y el envejecimiento desde la perspectiva del municipio: análisis de las políticas financieras" en *La fiscalidad del envejecimiento,* Thomson Reuters-Aranzadi, Cizur Menor, 2023, p. 303. Como reclama Ramos Prieto, las PICA deben ganar en importancia en la futura reforma del sistema de financiación local. Cfr. J. Ramos Prietos. "Situación de la participación en los tributos de las Comunidades Autónomas como recurso de las Haciendas locales: ¿avance, retroceso o estancamiento?", *Tributos Locales,* núm. 152, 2021, p. 173.

Por su parte, el resto de los municipios no incluidos en el art. 111 TRLRHL se les aplicará el régimen de financiación establecido en los arts. 122-125. La fórmula de la participación data de 2004 y su distribución sigue los siguientes porcentajes. En primer lugar, se aporta un 75% en función del número de habitantes de derecho de cada municipio, con diferentes coeficientes de ponderación que fluctúan entre 5.000 y más de 50.000 habitantes. En segundo lugar, un 12,5% en función del esfuerzo fiscal medio de cada municipio obtenido en el segundo ejercicio anterior al de la Ley de Presupuestos Generales del Estado correspondiente, ponderado, nuevamente, por el número de habitantes. Y, en tercer lugar, un 12,5% en función inversa a la capacidad tributaria en los términos que se establezcan las leyes de Presupuestos Generales del Estado. Se fija una *norma de minimis* a tenor de la cual en ningún caso la financiación de un municipio podrá ser inferior a la que resulte, en términos brutos, de la liquidación definitiva de la PIE del año 2003[18].

En lo que atañe a la PIE de las provincias también se detectan dos regímenes. Por un lado, el establecido en los arts. 135 y ss. TRLRHL para las provincias y Comunidades Autónomas uniprovinciales que, a la entrada en vigor del TRLRHL, no hubiesen integrado su participación en tributos del Estado como entidad análoga a las provincias en la que les pudiere corresponder con arreglo a su naturaleza institucional como comunidad autónoma[19]; y, por otra parte, el resto de las provincias y entes asimilados[20].

En lo que atañe a la articulación del sistema tributario local para la lucha contra la despoblación, indudablemente la primera idea nos conduce a pensar en la inclusión de incentivos fiscales para incentivar la actividad

---

18 Como indica Iglesias Caridad, este límite es "un balón de oxígeno" que evita que un municipio sufra una financiación peor a través de estos recursos que la que se produjo en 2003, fecha en la cual, posiblemente, la población era mayor que la actual. Cfr. M. Iglesias Caridad. "La despoblación y el envejecimiento desde la perspectiva del municipio: análisis de las políticas financieras", *op. cit.*, p. 305.

19 La PIE de estas provincias se nutre de la cesión parcial de estos tributos estatales: IRPF (1,2561%); IVA (1,3699%); IIEE sobre la cerveza, el vino y bebidas fermentadas, sobre productos intermedios, sobre alcohol y bebidas derivadas, sobre hidrocarburos y sobre labores de tabaco (1,7206%).

20 La PIE de estas provincias se determina, según el art. 146 TRLRHL, aplicando un índice de evolución a la correspondiente al año base. Este índice de evolución se determina por el incremente que experimenten los ingresos tributarios del Estado entre el año al que corresponda la participación y el año base.

económica y el asentamiento de nuevos residentes en municipios despoblados. Sin embargo, desde el punto de vista de la Hacienda local esto puede suponer una renuncia a la obtención de unos recursos tributarios que son imprescindibles para la financiación de servicios públicos que deben tener una potencia y calidad interesantes para atraer población[21].

El art. 133.3 de la Constitución Española establece la reserva de ley para el establecimiento de beneficios fiscales que afecten a los tributos del Estado. Asimismo, el art. 8 de la Ley General Tributaria vuelve a señalar que se regulará, en todo caso, mediante ley "el establecimiento, modificación, supresión y prórroga de las exenciones, reducciones, bonificaciones, deducciones y demás beneficios o incentivos fiscales". Por su parte, en el ámbito de los tributos locales, dada la especial singularidad de ausencia de potestad legislativa, los tributos y demás elementos esenciales de los mismos vienen establecidos mediante ley estatal. El art. 9 TRLRHL determina también el principio de reserva de ley al prever en su apartado primero que la imposibilidad de reconocerse beneficios fiscales distintos a los expresamente previstos en normas con rango de ley o los derivados de tratados internacionales. A mayor abundamiento, se permite que las entidades locales establezcan beneficios fiscales en sus ordenanzas, pero solo en la medida en que previamente estén establecidos expresamente por una ley.

En este sentido, los beneficios fiscales sobre tributos locales pueden ser de dos tipos. Por un lado, aquellos de aplicación obligatoria y que vienen recogidos por una norma de rango legal y, por otro lado, los de carácter potestativo, los cuales serían aquellos que cada corporación local, en el seno de su autonomía, decide o no incorporar en sus ordenanzas fiscales, siempre y cuando dicho incentivo esté previamente previsto en una norma con rango de ley.

Por lo tanto, es tarea, en primera instancia, del legislador estatal establecer un posible marco de beneficios fiscales sobre tributos locales que busquen atraer nueva población y empresas para que, en segunda instancia,

---

[21] Como señala Sánchez Galiana existirá un serio dilema a la hora de asumir un coste recaudatorio en el seno del ejercicio de la responsabilidad fiscal municipal, ante el cual no todas las entidades locales estarán dispuestas a ver mermados sus ya debilitados ingresos tributarios por los efectos nocivos de la despoblación. Cfr. J.A. Sánchez Galiana. "Los impuestos locales ante la España despoblada" en *Estudios en homenaje al Profesor Luis María Cazorla Prieto*, Vol. I, Thomson Reuters-Aranzadi, Cizur Menor, 2021, pp. 1000-1001.

las corporaciones locales, en aquellos casos en los que exista una bonificación potestativa, decida introducirla en una ordenanza fiscal.

Bien es cierto que el sistema tributario local no puede cargar sobre sus espaldas el gran peso de remediar el problema de la despoblación, pese a ser el nivel de la Administración y de la Hacienda Pública que sufre en primera persona el declive demográfico. Sin embargo, en una acción pública conjunta en la que se implique el legislador estatal y el sistema tributario estatal, podría resultar efectiva para el fomento de la actividad económica, el empleo y, en definitiva, el aumento de la población. En este sentido, el teletrabajo puede ser una oportunidad muy destacable para ser incentivada en las zonas despobladas y así facilitar, mediante bonificaciones fiscales en el ámbito local y estatal (y, sin olvidar el ejercicio del poder tributario autonómico), la repoblación[22].

En esta línea, nos resulta interesante la bonificación de hasta el 95% de la cuota tributaria del Impuesto sobre Bienes Inmuebles, el Impuesto sobre Actividades Económicas, el Impuesto sobre Impuesto sobre Construcciones, Instalaciones y Obras y el Impuesto sobre el Incremento de Valor de los Terrenos de Naturaleza Urbana, cuando exista una declaración de especial interés o utilidad municipal por concurrir circunstancias sociales, culturales, histórico artística o de fomento del empleo. Esta bonificación fiscal potestativa tiene un gran margen de discrecionalidad y corresponderá al Pleno de la pertinente Corporación aprobarla, previa solicitud del sujeto pasivo, mediante mayoría simple de votos de sus miembros. Esta bonificación, la cual puede modularse por la Corporación local con el límite de hasta el 95%, puede coadyuvar a incentivar ciertas actividades económicas y de asentamiento de población de una manera modesta.

La reforma del sistema de financiación local y del propio sistema tributario local pueden ser esenciales para adoptar el enfoque correcto con el que hacer frente al reto demográfico en las próximas décadas. Pese a que su impacto puede oscilar en mayor o menor medida en los municipios despoblados y zonas rurales, es relevante señalar las propuestas realizadas

---

22 Sobre las oportunidades que brinda el teletrabajo y la aplicación de incentivos fiscales sobre él, *Vid.* D. Santiago Marcos. "Beneficios fiscales en las haciendas locales para incentivar el teletrabajo en las áreas con problemas de despoblación" en *La financiación de los servicios públicos en las áreas urbanas,* Thomson Reuters-Aranzadi, Cizur Menor, 2022, pp. 173 y ss., y J.F. Sedeño López. *Instrumentos financieros y tributarios frente a la despoblación: retos y oportunidades en el contexto del teletrabajo,* Atelier, Barcelona, 2022, pp. 107 y ss.

por el Comité de Personas Expertas para elaborar el Libro Blanco sobre la Reforma Tributaria. Como señala dicho Libro en el apartado 1.6.2. del Epígrafe I, "la lealtad constitucional exige que toda reforma tributaria a escala estatal tenga presente su impacto y las consecuencias sobre las CCAA y EELL, así como su inserción en el Derecho de la UE ".

Las principales medidas que afectan al sistema tributario local van ligadas a la imposición ambiental. Pueden ser medidas a tomar en consideración para el reforzamiento de las Haciendas locales que están comenzando a sufrir el fenómeno de la despoblación o se hayan en simple riesgo, ya que son medidas que van en la línea de implementar nuevas figuras tributarias con las que aumentar los recursos financieros. En este sentido destacaríamos, brevemente, las siguientes propuestas del Libro Blanco:

- Propuesta 8: "Configurar el IVTM para penalizar a las tecnologías más contaminantes".
- Propuesta 9: "Creación de un tributo municipal sobre la congestión en determinadas ciudades". Esta medida va encaminada a gravar la circulación de vehículos cuando se produzcan problemas de congestión y contaminación.
- Propuesta 13. "Reformulación de la tributación municipal de residuos para vincularla a sistemas de pago por generación".
- Propuesta 38: "Eliminación del Impuesto sobre Actividades Económicas".
- Propuesta 46: creación de una tasa local por la ocupación del dominio público a consecuencia del reparto a domicilio de paquetería.

3. FIGURAS TRIBUTARIAS INDIRECTAS PARA LA ESPAÑA DESPOBLADA

3.1. Conveniencia de la fiscalidad indirecta para luchar contra la despoblación

Ya hemos analizado hasta el momento la viabilidad del empleo de incentivos fiscales para conseguir estimular la pérdida demográfica que sufren territorios de España[23], así como la posible utilización del sistema tributario

---

23 En este sentido, existen diversas propuestas genéricas que abogan por establecer, sin mayores detalles técnicos una serie de incentivos fiscales. Una

con una finalidad extrafiscal. Los tributos indirectos recaen sobre manifestaciones de capacidad económica indirectas representadas a través del consumo, como por ejemplo la circulación de bienes o los gastos realizados, así como aquellos tributos que tienen una repercusión jurídica sobre un tercero[24]. Ejemplos clásicos de tributos indirectos estatales son el IVA, los diferentes Impuestos Especiales, el Impuesto sobre Transmisiones Patrimoniales y Actos Jurídicos Documentados (ITPAJD) y las rentas de Aduanas.

Con independencia de los tributos directos para hacer frente a la despoblación, vamos a dedicar las siguientes páginas al papel de los tributos indirectos. Son tributos que recaen, principalmente, sobre el tráfico mercantil y civil. Por ello, son figuras idóneas para incentivar o desincentivar las operaciones económicas. Sin embargo, existen una serie de límites sobre estos impuestos, tanto desde el punto de vista del Derecho de la Unión Europea como del bloque de constitucionalidad español.

De igual manera, no puede desconocerse la potestad tributaria de las Comunidades Autónomas, ampliada tras la reforma del art. 6.2 de la LOFCA que amplió la prohibición al poder tributario autonómico para la adopción de tributos con similar hecho imponible al de un tributo estatal, abriendo el abanico de posibilidades en la rama extrafiscal y sobre idénticas materias imponibles ya gravadas por tributos estatales. En este sentido, encontramos interesante los impuestos autonómicos que gravan las estancias turísticas, ya que, con independencia de su clasificación como impuestos directos por parte de algunos legisladores autonómicos, no podemos pasar por alto que su verdadera naturaleza está más próxima a la de un impuesto indirecto. Ello, si lo conectamos con la posibilidad de usar estos tributos como mecanismo de protección del medio rural y el desarrollo de un turismo sostenible en el medio rural, nos permite analizar estas figuras impositivas con la esperanza de allegar recursos a Haciendas autonómicas

---

de las más conocidas es la publicada por la Federación Española de Municipios y Provincias, titulada *Listado de medidas para luchar contra la despoblación*, la cual establece, por un lado, "bonificaciones/deducciones especiales en impuestos de actividades profesionales y empresariales, así como en subvenciones a la contratación y en bonificaciones de cuotas a la Seguridad Social" para los residentes en zonas despobladas y, con carácter general, en municipios con menos de 5.000 habitantes. Por otro lado, propone bonificaciones/deducciones en el IRPF para residentes en el medio rural.

24 Sobre la distinción entre tributos directos e indirectos y métodos impositivos directos o indirectos, *vid.* J. Martín Queralt et al. *Curso de Derecho Financiero y Tributario,* Tecnos, Madrid, 32ª ed., 2021, pp. 83-84.

(y por qué no locales, en caso de convertirse en el futuro en un tributo local) para la lucha contra las zonas despobladas. Por otro lado, existen ya algunos incentivos fiscales diseñados para zonas despobladas en otro impuesto indirecto como es el ITPAJD, sobre el cual las Comunidades Autónomas tienen bastantes competencias normativas, así como la cesión total de su recaudación y gestión. De igual manera, en el ámbito local, el ICIO es un impuesto indirecto con cierto potencial para estimular construcciones o rehabilitaciones de edificaciones en zonas despobladas.

3.2. La aplicación de tipos reducidos de IVA en las zonas despobladas y su problemática

La aplicación de tipos reducidos en el IVA para las entregas de bienes y prestaciones de servicios en los territorios despoblados, así como la aplicación de un posible IVA diferenciado para estas zonas, es una propuesta latente por algunas organizaciones activas en la lucha contra la despoblación cuando abogan por la implementación de incentivos fiscales sobre las actividades empresariales y profesionales. Esta propuesta fue abordada expresamente por el *Informe de la Ponencia de estudio para la adopción de medidas en relación con la despoblación rural en España*[25], emitida por la Comisión de Entidades Locales del Senado en 2015. Entre las medidas propuestas en materia fiscal se señala la creación de "un tipo más reducido de IVA", junto a un tipo reducido de ITPAJD, "para apoyar a los habitantes, empresas y profesionales asentados en esos territorios rurales".

La incorporación de tipos reducidos en el IVA para las operaciones realizadas en zonas despobladas parece una utopía dado que estamos ante un impuesto armonizado por el Derecho de la Unión Europea, el cual es reticente al establecimiento de tratamientos diferenciados a nivel fiscal que puedan distorsionar la libre circulación de personas y capitales[26]. Si bien es cierto que en España existen zonas donde se aplica una fiscalidad diferenciada, como son Canarias con su Zona Especial Canaria y Ceuta y Melilla, existe cobertura constitucional y en el Derecho originario de la Unión Europea para otorgar tal tratamiento, si bien con un control periódico de la Unión Europea en materia de ayudas de Estado. Esa cobertura la encontramos, para Canarias, en la Disposición Adicional Tercera de la Constitución

---

25 Disponible en BOGC, núm. 505, pág. 33.

26 Cfr. J.M. Lago Montero. "El Derecho Financiero frente a la despoblación en el ámbito rural", *op. cit.*, p. 86.

Española, así como el art. 349 del Tratado de Funcionamiento de la Unión Europea, la cual le reconoce el estatus de región ultraperiférica. De esta manera, el IVA no es aplicable en territorio canario y se aplica el Impuesto General Indirecto Canario que tiene tipos de gravamen más inferiores que el IVA. Por su parte, las bonificaciones fiscales que se aplican en Ceuta y Melilla se justifican por motivos razonables en atención al desarrollo de una zona con bajo desarrollo económico y alta tasa de desempleo fruto de su situación geográfica. Ceuta y Melilla tampoco forman parte del Territorio de Aplicación del IVA ni de la Unión Aduanera.

Ciertas propuestas que abogan por establecer una fiscalidad diferenciada para la España despoblada ofrecen como principal argumento la extensión de este tipo de regímenes fiscales a las zonas despobladas.[27] Sin embargo, no puede adoptarse una solución tan fácil a una cuestión tan compleja desde el punto de vista jurídico-tributario. El establecimiento de un régimen fiscal diferenciado en las zonas despobladas puede aportar problemas desde la perspectiva del régimen europeo de Ayudas de Estado, en algunas cuestiones. Sin embargo, sin modificación de la Directiva europea sobre el IVA y sin reconocimiento expreso de la Comisión Europea será inviable la adopción de tipos diferentes de IVA en las zonas despobladas.

3.3. Los impuestos (in)directos sobre estancias turísticas para la España despoblada

Los impuestos sobre estancias en establecimientos turísticos se encuentran en nuestro ordenamiento tributario con una clara finalidad extrafiscal en pro de conseguir un turismo sostenible. Actualmente se trata de impuestos autonómicos adoptados en algunas Comunidades Autónomas, si bien queda abierta la posibilidad de que en el futuro sea un impuesto de titularidad estatal o bien se configure por el legislador estatal como un tributo local. No debemos olvidar que el turismo es uno de los principales motores económicos de España y que el medio rural es un gran atractivo tanto para turistas domésticos como internacionales.

---

[27] Por ejemplo, la propuesta de la Red de Áreas Escasamente Pobladas del Sur de Europa vuelca sus argumentos para justificar una fiscalidad ad hoc para los territorios despoblados en su Informe *Una fiscalidad diferenciada para el progreso de los territorios despoblados en España*, de enero de 2019. Disponible en https://sspa-network.eu/documentacion/ (último acceso: 7.03.2023).

Por todo ello, consideramos que los ingresos tributarios procedentes de estas figuras impositivas pueden ser un recurso financiero apetecible para las Comunidades Autónomas o los entes locales que más sufren la despoblación, pero que, sin embargo, reciben turistas. Como ya hemos señalado a lo largo de este trabajo, existen múltiples instrumentos jurídicos para luchar contra la despoblación. Todos ellos deben actuar coordinadamente. El Derecho Financiero y Tributario es una herramienta más, la cual a su vez comprende diversas estrategias. Una de ellas puede ser la utilización de beneficios fiscales, mientras que otra puede ser el establecimiento de nuevos tributos con el fin de allegar recursos extras a las maltrechas Haciendas Públicas de la España despoblada.

En la actualidad existen en vigor tres impuestos que gravan las estancias turísticas. Recientemente, la Comunidad Valenciana lo ha incorporado mediante la Ley 7/2022, de 16 de diciembre, de medidas fiscales para impulsar el turismo sostenible. Este impuesto será aplicable desde el 19 de diciembre de 2023. Por su parte, Cataluña lo tiene regulado en su Ley 5/2017, de 28 de marzo, de medidas fiscales, administrativas, financieras y del sector público y de creación y regulación de los impuestos sobre grandes establecimientos comerciales, sobre estancias en establecimientos turísticos, sobre elementos radiotóxicos, sobre bebidas azucaradas envasadas y sobre emisiones de dióxido de carbono. Asimismo, la Comunidades Autónomas de las Islas Baleares también tiene un impuesto de estas características, regulado en la Ley 2/2016, de 30 de marzo, del impuesto sobre estancias turísticas en las Illes Balears y de medidas de impulso del turismo sostenible.

Estos impuestos gravan la capacidad económica que ponen de manifiesto las personas físicas por su estancia en algún establecimiento turístico situado dentro de la comunidad autónoma competente. Asimismo, los impuestos catalán y valenciano permiten la posibilidad de que los ayuntamientos establezcan algún recargo mediante ordenanza municipal, siendo este un aspecto que debemos destacar de cara a su futura focalización de este impuesto para el turismo en zonas despobladas, ya que, siendo un tributo autonómico, permitiría allegar parte de su recaudación, vía recargo, a las corporaciones locales.

Los impuestos sobre estancias turísticas son configurados expresamente por los legisladores autonómicos como tributos directos. Sin embargo, su naturaleza jurídica parece descansar más bien sobre la figura de los tributos indirectos, los cuales gravan manifestaciones de capacidad económica que se manifiestan a través del consumo o de los gastos, respondiendo quizás esa calificación de los legisladores autonómicos en un anhelo de evitar problemas con la armonización de los impuestos sobre el consumo de la Unión Europea[28].

No existe un concepto cerrado en el Derecho tributario español ni en el Derecho de la UE para definir a un tributo como indirecto, si bien se suelen asimilar con figuras que gravan el consumo, los gastos o las prestaciones de servicios. Si sostenemos que estos impuestos sobre estancias turísticas son indirectos puede existir un solapamiento con el IVA, aspecto, por tanto, vetado por el Derecho de la UE. En este sentido, el TJUE se ha pronunciado en diversas ocasiones sobre las características que debe tener un impuesto sobre el volumen de negocios[29].

Estas características serían, en primer lugar, que la aplicación del impuesto fuese con carácter general sobre operaciones que tengan por objeto bienes o servicios. En segundo lugar, que la determinación de la cuota tributaria fuese en proporción al precio percibido por el sujeto pasivo como contraprestación de los bienes que entrega o los servicios que haya prestado. En tercer lugar, que exista percepción del impuesto en cada fase del proceso de producción o distribución. En cuarto lugar, que exista la deducción del impuesto devengado por el sujeto pasivo por los importes abonados en etapas anteriores del proceso.

Atendiendo a estas circunstancias, los impuestos sobre estancias turísticas no cumplirían de entrada el requisito de recaer sobre el conjunto de operaciones de los establecimientos turísticos, sino que recae exclusivamente sobre ciertas actividades como son las estancias. Asimismo, en los impuestos sobre estancias turísticas el contribuyente es la persona física que realiza la estancia, mientras que en el IVA el contribuyente es el empresario prestador del servicio. Por tanto, aun pudiendo ser calificados como impuestos indirectos, no parece existir, a priori, incompatibilidad con la regulación de los impuestos generales sobre el consumo en la Unión Europea.

---

28 Cfr. en este sentido, J. Lasarte Álvarez, E. Eseverri Martínez, F. Adame Martínez y J. Martín Fernández. *Turismo y financiación autonómica y local: comentarios sobre la llamada "ecotasa" y otras alternativas de financiación,* Comares, Granada, 2001, p. 45; E. De Miguel Canuto. "Impuesto sobre las estancias en establecimientos turísticos en Cataluña" en *La nueva tributación tras la reforma fiscal,* Wolters Kluwer, Madrid, 2016, p. 856.

29 *Vid.* STJUE de 8 de junio de 1999, asuntos acumulados C-388/97, C-344/97 y C-390/97, *Pelzl y otros.*

Como ya hemos indicado, este tipo de tributos pueden ser interesantes para las Haciendas locales. La Comisión de Expertos para la revisión del modelo de financiación local propuso la creación de un impuesto local que gravase las estancias turísticas en atención a que "la mayoría de los costes que provocan los turistas son soportados por las entidades locales (seguridad ciudadana, limpieza viaria y transporte público)"[30]. En virtud de los problemas de financiación de los municipios que están sufriendo la despoblación y que carecen de recursos suficientes para mantener y ampliar sus servicios públicos, puede ser interesante la confección de un impuesto local que grave los hechos imponibles consistentes en estancias en establecimientos turísticos. Remarcamos que no es una solución aislada, sino que debe englobarse en un conjunto de acciones públicas efectivas para revertir los efectos de la despoblación.

3.4. Las medidas fiscales autonómicas en el ITPAJD para las zonas despobladas: el ejemplo castellano-manchego

El ITPAJD es un impuesto indirecto que grava las transmisiones patrimoniales onerosas realizadas en el tráfico civil, así como ciertas operaciones societarias y la formalización de documentos notariales, mercantiles y administrativos. Las segundas y ulteriores transmisiones de viviendas están sujetas a este tributo. El establecimiento de incentivos fiscales sobre esta materia puede ayudar a estimular las compraventas de inmuebles en zonas despobladas. Si bien se trata de un tributo estatal, se halla cedido a las Comunidades Autónomas, tanto el 100% de la recaudación como una serie de competencias normativas, sobre las cuales algunas comunidades autónomas han ejercido su potestad para contrarrestar los efectos de la despoblación.

El art. 49 de la Ley 22/2009 establece las competencias normativas que las Comunidades Autónomas pueden asumir. Por un lado, estas competencias recaen sobre el establecimiento del tipo de gravamen en la modalidad de "transmisiones patrimoniales onerosas" en las concesiones administrativas; la constitución y cesión de derechos reales que recaigan sobre muebles e inmuebles, excepto los de garantía; el arrendamiento de bienes muebles

---

30 Informe de la Comisión de Expertos para la revisión del modelo de financiación local, 2017, pp. 59-61, disponible en https://www.hacienda.gob.es/es-ES/CDI/Paginas/SistemasFinanciacionDeuda/InformacionEELLs/Reforma_SFL.aspx (último acceso: 8.03.2023).

e inmuebles. Asimismo, pueden regular el tipo de gravamen de los documentos notariales dentro de la modalidad "actos jurídicos documentados". Por otro lado, tienen competencia normativa para establecer deducciones y bonificaciones fiscales que recaigan sobre actos y documentos sobre los que las Comunidades Autónomas puedan ejercer capacidad normativa sobre los tipos de gravamen.

Únicamente las Comunidades Autónomas que sufren el fenómeno de la despoblación han adoptado en los últimos años una serie de incentivos fiscales en el ITPAJD, así como en otras figuras tributarias.

En este sentido, destacaríamos la aplicación de tipos reducidos en el ITPAJD en Castilla-La Mancha para las adquisiciones de vivienda habitual en zonas despobladas. La Ley 2/2021, de 7 de mayo, de medidas económicas, sociales y tributarias frente a la despoblación y para el desarrollo del medio rural en Castilla-La Mancha, estableció en su Disposición Final 9ª una serie de incentivos fiscales sobre tributos estatales cedidos para luchar contra la despoblación[31]. Recientemente, se ha introducido una modificación a la Ley 2/2021 mediante la Ley 1/2023, de 27 de enero, de medidas administrativas, financieras y tributarias de Castilla-La Mancha, a tenor de la cual se amplían los incentivos fiscales, así como otras medidas de incentivación positiva o medidas de apoyo específico, a los municipios de zonas rurales intermedias con predominio de la actividad agrícola, con población inferior a 2.000 habitantes, que hayan perdido población durante los cinco años anteriores a 1 de enero de 2021.

En lo que respecta a los incentivos establecidos en ITPAJD destacan los siguientes tipos reducidos para la adquisición de la vivienda habitual, en función del grado de despoblación: 5% (zonas en riesgo de despoblación); 4% (zonas de intensa despoblación); 3% (zonas de extrema despoblación). De igual manera, para la adquisición de inmuebles que vayan a albergar la sede social o centro de trabajo de empresas o a locales de negocio situados en zonas escasamente pobladas o en riesgo de despoblación también se les aplican los siguientes tipos reducidos: 3% (zonas en riesgo de despo-

---

31 Concretamente, el art. 75 de dicha ley establece: "Con la finalidad de revitalizar la economía de las zonas rurales escasamente pobladas o en riesgo de despoblación, la Junta de Comunidades de Castilla-La Mancha, en el ejercicio de sus competencias normativas en materia de tributos, establecerá beneficios fiscales específicamente dirigidos a los contribuyentes que residan en dichas zonas. Los citados beneficios podrán afectar tanto a los tributos como a los tributos cedidos".

blación); 2% (zonas de intensa despoblación); 1% (zonas de extrema despoblación). En la modalidad de "actos jurídicos documentados" del ITPA-JD para las escrituras y actas notariales que documenten adquisiciones de primera vivienda habitual también se establecen tipos reducidos: 0,50% (zonas en riesgo de despoblación); 0,25% (zonas de intensa despoblación); 0,15% (zonas de extrema despoblación). De igual manera, cuando las escrituras y actas documenten adquisiciones de inmuebles destinados a ser sede social o centro de trabajo de empresas se aplican tipos reducidos que oscilan entre el 0,25% y el 0,10%. También existen deducciones en la cuota de las modalidades "transmisiones patrimoniales onerosas" y "actos jurídicos documentados" ligados al medio rural y las zonas despobladas. Por ejemplo, existe una deducción del 50% de la cuota en concepto de TPO para hechos imponibles relacionados con las explotaciones agrarias de carácter singular, definidas en el art. 4 de la Ley de explotación agraria y desarrollo rural en Castilla-La Mancha. Los contribuyentes pueden aplicarse también una deducción del 10% para hechos imponibles relacionados con las explotaciones agrarias de carácter preferente. Por su parte, existe una bonificación del 75%, 85% y 95% de la cuota del impuesto en su modalidad de "actos jurídicos documentados" para las primeras copias de escrituras y actas notariales que documenten actos de agrupación, agregación, segregación y división que se efectúen sobre suelos destinados a uso industrial o terciario, cuando los suelos estén localizaos en zonas en riesgo de despoblación, zonas de intensa despoblación y zonas de extrema despoblación, respectivamente.

4. CONCLUSIONES

El declive demográfico que sufren muchos municipios españoles, especialmente en el medio rural, pone en tensión al propio Estado del Bienestar ante el colapso, por un lado, del medio urbano como consecuencia del éxodo rural, y, por otro lado, agudiza en pérdida de servicios públicos en las zonas que sufren la despoblación, provocándose una espiral constante de menos servicios, más pérdida de habitantes.

Ante esta situación, el Derecho Financiero y Tributario puede aportar herramientas para ayudar a frenar y, quizás en el futuro, revertir este proceso de despoblación a través de la finalidad extrafiscal de los tributos y de nuevos mecanismos de financiación autonómica y local.

Respecto a la financiación autonómica y local, debe señalarse que es precisa una urgente reforma del modelo para que se den cabida a factores ligados a la despoblación. En este sentido, el reparto de recursos no debería primar tanto en el número de habitantes, pues esto supondrá una reducción paulatina de aquellas zonas de España que pierden población, sino que debe atender a factores como la despoblación, la superficie o la densidad de población. Es necesario, e incluso vital, para frenar la hemorragia demográfica que se garantice la suficiencia financiera de las entidades locales y de las Comunidades Autónomas que más sufren este fenómeno, pues sin servicios públicos esenciales y sin infraestructuras modernas, así como la extensión de la alta velocidad de Internet, no será posible conseguir un efecto atractivo de población nueva.

Por su parte, la finalidad extrafiscal de los tributos, reconocida por nuestro Tribunal Constitucional, puede ayudar a que, mediante el establecimiento de incentivos fiscales apropiados y focalizados correctamente, se estimule el traslado de empresas y personas físicas a las zonas despobladas.

En este sentido, la fiscalidad indirecta, la cual afecta al consumo, puede ofrecer algún tipo de atractivo mediante incentivos fiscales, en algunos casos. Por ejemplo, tal y como hemos analizado, es jurídicamente inviable, hasta el momento, establecer tipos reducidos de IVA en zonas despobladas, dado que es un impuesto armonizado. Sin embargo, en el ITPAJD sí que se han establecido ya algunos tipos reducidos y ciertas bonificaciones en la cuota por parte de las Comunidades Autónomas. En este sentido, Castilla-La Mancha, mediante su Ley 2/2021, de 7 de mayo, es uno de los ejemplos de Comunidades Autónomas que intentan marcar una política fiscal de incentivos en tributos cedidos para atraer empresas y nueva población.

BIBLIOGRAFÍA

C. Banacloche Palao. “Incentivos fiscales para la España despoblada: su consideración como ayudas de Estado compatibles con el mercado interior” en *Estudios en homenaje al Profesor Luis María Cazorla Prieto,* Vol. I, Thomson Reuters-Aranzadi, Cizur Menor, 2021.

A. Castillo Murciego et al. “Incentivos fiscales y despoblación rural”, *Fundación de Estudios Rurales Anuario 2019.*

F. Collantes y V. Pinilla. “La verdadera historia de la despoblación de la España rural y cómo puede ayudarnos a mejorar nuestras políticas”, en *La despoblación del mundo rural,* Thomson Reuters-Aranzadi, Cizur Menor, 2019.

E. De Miguel Canuto. “Impuesto sobre las estancias en establecimientos turísticos en Cataluña” en *La nueva tributación tras la reforma fiscal,* Wolters Kluwer, Madrid, 2016.

F.J. Goerlich y S. Mollá. “Desequilibrios demográficos en España: evolución histórica y situación actual”, *Presupuesto y Gasto Público,* núm. 102, 2021.

M. González Aparicio. "Fiscalidad y envejecimiento: algunas claves para adaptar el sistema fiscal al reto demográfico", en *Adaptación de la normativa tributaria a las nuevas realidades familiares,* Tirant lo Blanch, Valencia, 2023.

M. Gutiérrez Bengoechea. "Algunas notas sobre la extrafiscalidad y su desarrollo en el derecho tributario", *Revista Técnica Tributaria,* núm. 107, 2014.

M. Iglesias Caridad. "La despoblación y el envejecimiento desde la perspectiva del municipio: análisis de las políticas financieras" en *La fiscalidad del envejecimiento,* Thomson Reuters-Aranzadi, Cizur Menor, 2023.

J.M. Lago Montero. "El Derecho Financiero frente a la despoblación en el ámbito rural" en *Rural renaissance: derecho y medio rural,* Thomson Reuters-Aranzadi, Cizur Menor, 2020.

J. Lasarte Álvarez, E. Eseverri Martínez, F. Adame Martínez y J. Martín Fernández. *Turismo y financiación autonómica y local: comentarios sobre la llamada "ecotasa" y otras alternativas de financiación,* Comares, Granada, 2001.

E. Manzano Silva. "La reforma de la financiación autonómica ante la cohesión territorial y demográfica de España" en *Reformas para la cohesión territorial de España,* Marcial Pons, Madrid, 2022.

J.M. Martín Rodríguez. "La extrafiscalidad en la jurisprudencia del Tribunal Constitucional español" en *Setenta años de Constitución italiana y cuarenta años de Constitución española,* Volumen V, Centro de Estudios Políticos y Constitucionales, Madrid, 2020.

Martín Queralt et al. *Curso de Derecho Financiero y Tributario,* Tecnos, Madrid, 32ª ed., 2021.

J. Ramos Prietos. "Situación de la participación en los tributos de las Comunidades Autónomas como recurso de las Haciendas locales: ¿avance, retroceso o estancamiento?", *Tributos Locales,* núm. 152, 2021.

J.A. Sánchez Galiana. "Los impuestos locales ante la España despoblada" en *Estudios en homenaje al Profesor Luis María Cazorla Prieto,* Vol. I, Thomson Reuters-Aranzadi, Cizur Menor, 2021.

D. Santiago Marcos. "Beneficios fiscales en las haciendas locales para incentivar el teletrabajo en las áreas con problemas de despoblación" en *La financiación de los servicios públicos en las áreas urbanas,* Thomson Reuters-Aranzadi, Cizur Menor, 2022.

J.F. Sedeño López. *Instrumentos financieros y tributarios frente a la despoblación: retos y oportunidades en el contexto del teletrabajo,* Atelier, Barcelona, 2022.

B. Sesma Sánchez. "El impacto fiscal del envejecimiento en el sistema tributario: medidas estatales y autonómica" en *La fiscalidad del envejecimiento,* Tirant lo Blanch, Valencia, 2023, pp. 179-207.

A. Vaquera García. "Las deducciones autonómicas en el Impuesto sobre la Renta de las Personas Físicas para hacer frente a la despoblación", *Revista Jurídica de la Universidad de León,* núm. 10, 2022.

La tributación de la compraventa de tokens no fungibles (NFTS) en el IVA. Un análisis a la luz de la doctrina de la DGT y otras cuestiones en el ámbito de la imposición indirecta

JOSÉ FRANCISCO SEDEÑO LÓPEZ
Profesor Ayudante Doctor de Derecho Financiero y Tributario
Universidad de Málaga

Resumen: El auge de los tokens no fungibles (NFTs) representa un reto para nuestro sistema tributario, cuyas reglas no están preparadas para responder a muchos de los desafíos de la economía digital. Hasta el momento, la Dirección General de Tributos se ha pronunciado en dos ocasiones sobre la fiscalidad de la compraventa de NFTs en el impuesto sobre el valor añadido, abordando cuestiones como su naturaleza jurídica, su calificación a efectos de este tributo, el papel que desempeña la plataforma o la localización del hecho imponible. En este trabajo se analizan las Consultas V0486-22, de 10 de marzo y V2274-22, de 27 de octubre, ambas de 2022, así como otros supuestos que no son abordados por el Centro directivo en relación con la imposición indirecta, con el objetivo de tratar de aclarar el régimen jurídico-tributario de estos activos digitales.

***Abstract**: The rise of non-fungible tokens (NFTs) represents a challenge for our tax system, whose rules are not prepared to respond to many of the challenges of the digital economy. So far, the Dirección General de Tributos has ruled twice on the taxation of the sale of NFTs in the value added tax, addressing issues such as its legal nature, its qualification for the purposes of this tax, the role of the platform or the location of the taxable event. In this paper, Consultations V0486-22, of March 10th and V2274-22, of October 27th, both from 2022, are analyzed, as well as other questions related to indirect taxation that remain unresolved, with the aim of trying to clarify the legal-tax regime of these digital assets.*

Palabras clave: NFT, IVA, imposición indirecta, economía digital.

***Key words:** NFT, VAT, indirect taxation, digital economy.*

SUMARIO: 1. ¿QUÉ ES UN TOKEN NO FUNGIBLE (NFT)? 2. LAS CONSULTAS V0486-22, DE 10 DE MARZO Y V2274-22, DE 27 DE OCTUBRE, AMBAS DE 2022. 2.1. Supuestos de hecho y cuestiones planteadas 2.2. La contestación de la DGT a las consultas planteadas 2.2.1. ¿Empresario o profesional a efectos de IVA? 2.2.2. El papel de la plataforma de intermediación 2.2.3.¿Entrega de bienes o prestación de servicios? Concepto y naturaleza jurídica de los NFTs 2.2.4. Lugar de realización del hecho imponible 3. OTROS SUPUESTOS NO CONTEMPLADOS POR LA DGT. 3.1. La transmisión de NFTs entre particulares 3.2. La transmisión de NFTs cuando existe un encargo previo al creador 3.3. Sobre una modificación Régimen especial de los bienes usados, objetos de arte, antigüedades y objetos de colección 4. CONCLUSIONES 5. BIBLIOGRAFÍA

1. ¿QUÉ ES UN TOKEN NO FUNGIBLE (NFT)?

Blockchain, criptomoneda, *bitcoin,* minería, *peer-to-peer*...Son términos que forman ya parte de nuestro día a día y que muestran la repercusión que han alcanzado los denominados "activos digitales" en nuestra sociedad. En este contexto, uno de los últimos avances tecnológicos ha consistido en el desarrollo de un nuevo tipo de activo digital: los tokens no fungibles (en adelante, NFT, del inglés, *non fungible token*)[1]. Los NFTs son representaciones digitales de un activo, que, como su nombre indica y a diferencia de otro tipo de activos digitales, no son fungibles, es decir, son únicos, originales e insustituibles. Desde un punto de vista técnico, son datos almacenados en *blockchain* que identifican a un determinado activo digital[2]. En palabras de BAL[3]:

> An NFT is a blockchain-based record containing metadata about the unique digital object it represents (e.g., digital artwork) and a pointer to the location where this digital object resides. It does not contain the object that it points to—the underlying digital assets themselves are not included in the blockchain. An NFT is just a cryptographically signed receipt that you own an object.

---

1 Sobre la tokenización de activos, nos remitimos a la conferencia de RUIZ-GALLARDÓN, quien define un token como "la representación digital de un activo o derecho, que existe en la medida en que forma parte de una base de datos de la que resulta su titularidad y que se diferencia de un activo digital 'tradicional` en el hecho de que la base de datos donde desarrolla su existencia es gestionada utilizando tecnología blockchain". *Vid.* RUIZ-GALLARDÓN, M.: "Tokenización de activos y blockchain. Aspectos jurídicos", *El notario del siglo XXI. Conferencia dictada en el colegio notarial de Madrid, el 6 de febrero de 2020,* N.º 91. Disponible en: https://www.elnotario.es/especial-50-numeros-de-ensxxi/70-secciones/academia-matritense-del-notariado/10107-tokenizacion-de-activos-y-blockchain-aspectos-juridicos

2 BARTOLOMÉ LARREY, C.: "Fiscalidad del criptoarte: Tributación de las criptomonedas y los NFTs", *Revista de Contabilidad y Tributación, CEF,* N.º. 478, pp. 5-42.

3 BAL, A.: "Demystifying NFT and VAT", *Bloomberg Tax. Daily Tax Report: International,* 2022. Disponible en: https://news.bloombergtax.com/daily-tax-report-international/demystifying-nfts-and-vat

Dicho de otro modo, un NFT es un conjunto de metadatos que certifica la existencia, la autoría y la originalidad de un determinado activo digital al que se encuentra asociado. Por tanto, y conviene tenerlo claro desde un primer momento ya que es un elemento clave para aproximarnos a su fiscalidad, debemos diferenciar entre ese activo digital subyacente (*tuit,* ilustración, imagen...) y el NFT que lo representa. Es más, con la compra del NFT se adquiere un certificado de titularidad, que acredita la propiedad del token y la facultad del comprador de disponer de él exclusivamente, pero no otros derechos de propiedad intelectual, salvo que se autorice expresamente en el contrato de compraventa. En línea con esta definición, la Oficina Mundial de Propiedad Intelectual (OMPI) ha incluido recientemente a los NFTs en la decimosegunda versión de la Clasificación de Niza, calificando a los NFTs en la clase 9 como "archivos digitales descargables autenticados por tokens no fungibles". Por su parte, la Oficina de Propiedad Intelectual de la Unión Europea (UIPO), en sus principios sobre la interpretación de dicha clasificación, los ha definido como "certificados digitales únicos, registrados en una cadena de bloques, que se utilizan como medio para registrar la titularidad de un artículo, apuntándose que este término no designa el elemento digital en sí, sino únicamente su medio de certificación"[4]. Insistimos, de nuevo, en la diferenciación entre el NFT y el elemento digital al que representa.

Siguiendo a VILLAROIG MOYA, los NFTs se caracterizan porque son[5]:

- Únicos: A diferencia de otro tipo de criptoactivos, como las criptomonedas, los NFTs son exclusivos y no fungibles. Como apunta ECHEVARRÍA ZUBELDIA, "su univocidad se encuentra en el metadata codificado ligado al NFT"[6]. Por tanto, no existen dos NFTs iguales.
- Indivisibles. En este sentido, no se debe confundir la indivisibilidad del NFT con la del activo digital subyacente. Por ejemplo, en el año 2023 una famosa canción de la cantante Rihanna se dividió en múltiples NFTs: es decir, aunque los NFTs no se puedan dividir, los activos digitales a los que representan sí pueden hacerlo.

---

4 La Clasificación de Niza es el sistema empleado para clasificar los productos y servicios a efectos de solicitud de marca.

5 VILLAROIG MOYA, R.: "La Tributación de los Non Fungible Tokens (NFT) en Japón" en *Japón en la era Reiwa: Regulación de las nuevas tecnologías y de la acción exterior.* Thomson Reuters Aranzadi, 2022, pp. 53-80.

6 ECHEVARRÍA ZUBELDIA, G.: "¿Cabe haber tributar los NFTs en IVA?", *Carta tributaria. Revista de opinión.* N.° 91, 2022.

- Indestructibles. Al quedar almacenado en la cadena de bloques, el NFT se puede transmitir, pero en ningún caso destruir.
- Singulares: Los NFTs se pueden adquirir a cambio de dinero de curso legal o a cambio de criptomonedas. También pueden intercambiarse entre sí.
- Verificables: Las transmisiones quedan reflejadas en la cadena de bloques, por lo que se puede conocer el historial de compras y ventas de un determinado NFT.

Estas características los convierten en objeto de deseo para ciertas personas, que están dispuestas a pagar ingentes cantidades de dinero por adquirir este tipo de activos digitales. A modo de ejemplo, en el año 2021 el artista Beeple vendió el NFT *Everydays: The first 5000 days* por 69,3 millones de dólares. Desde esta venta, el mercado de NFT ha crecido exponencialmente: solo unos meses más tarde, un NFT que reinterpretaba la Casa Batlló se vendió por casi el doble (1,38 millones de dólares)[7]. En la actualidad, los NFTs se pueden clasificar, fundamentalmente, en seis categorías: arte, coleccionables, juegos, metaverso, utilidades y otros[8].

Aunque la realidad nos permita aproximarnos a los NFTs a partir de sus características y de su funcionamiento (cuestión que obviaremos por su excesiva complejidad técnica, que escapa por mucho los límites de este capítulo), la realidad es que hasta el momento plantean muchas dudas jurídicas. Los principales conflictos jurídicos han surgido en torno a la vulneración de derechos de autor[9]. Sin embargo, la doctrina tributarista ha empezado a mostrar interés por la fiscalidad de estos activos digitales, interés que creemos que aumentará, habida cuenta de las grandes cantidades de dinero que moviliza el mercado de NFTs. Uno de los principales proble-

---

7 "Un NFT que reinterpreta la Casa Batlló se venda por 1,38 millones de euros en Christie's". Noticia publicada el 11 de mayo de 2022 en LA Vanguardia. Disponible en: https://www.lavanguardia.com/cultura/20220511/8257989/nft-reinterpreta-casa-batllo-vende-1-380-000-subasta-christie-s.html

8 NADINI, M. *et al.*: "Mapping the NFT revolution: market trends, trade networks, and visual features". *Scientific report*, Vol. 11, N.º 20902, 2021, https://doi.org/10.1038/s41598-021-00053-8

9 *Vid.* JOVER GARCÍA, F.: "NFT y derechos de autor: cuestiones legales a tener en cuenta", *Actualidad Jurídica Aranzadi*, N.º 979, 2021. De hecho, en 2023 un jurado norteamericano ha determinado que el creador de una serie de NFTs inspirados en los famosos bolsos "Birkin" vulneran los derechos marca de la firma de moda de lujo Hèrmes.

mas que se plantean en la actualidad es la determinación de la naturaleza jurídica de los NFTs, que dificulta la tarea de precisar cuál es el tratamiento tributario adecuado de las operaciones con estos activos. Probablemente, en los próximos años asistamos a una avalancha de consultas tributarias sobre su fiscalidad, sin que quepa descartar que alguna sentencia futura arroje luz al asunto, algo que nos atrevemos a afirmar que sería incluso positivo, tal y como ya sucedió con la Sentencia del Tribunal de Justicia de la Unión Europea de 22 de octubre de 2015, Asunto C-264/14, en relación con las criptomonedas[10]. Por su parte, la Propuesta de Reglamento relativo a los mercados de criptoactivos (comúnmente conocida como Propuesta MiCA), apenas se refiere a los NFTs[11]. A nivel nacional, la Circular 1/2022, de 10 de enero, de la Comisión Nacional del Mercado de Valores, relativa a la publicidad sobre criptoactivos presentados como objeto de inversión se limita a distinguir dos categorías de NFT, en función de si representan activos coleccionables, obras de propiedad intelectual o activos relacionados con juegos, por un lado, o de si funcionan como objetos de inversión, por otro[12]. En cuanto al Libro Blanco sobre la Reforma del Sistema Tributario, el Comité de personas expertas se refiere a los criptoactivos y a los tokens, pero no incluye ninguna mención expresa a los NFTs. Como se observa, no existe hasta el momento una definición legal de NFT ni de sus características, ni mucho menos referencias en la normativa tributaria, sin que tampoco quepan esperar novedades legislativas en relación con estos activos, al menos, a corto plazo.

Hasta que dichas reformas se produzcan, las soluciones a los problemas jurídicos deberán llegar vía interpretativa. Con el objetivo de contribuir a este debate y tratar de aclarar las consecuencias jurídico- tributarias que se derivan de la operativa con NFTs, nos resulta de sumo interés el análisis de las consultas V0486-22, de 10 de marzo y V2274-22, de 27 de octubre, ambas de 2022, pues constituyen las dos primeras ocasiones en las que la Dirección General de Tributos (en adelante, DGT) se ha pronunciado

---

10 Esta sentencia supuso un cambio de criterio de la doctrina seguida hasta ese momento por la DGT sobre el tratamiento tributario a efectos de IVA de las criptomonedas.

11 JABALERA RODRÍGUEZ, A.: "Tributación en el Impuesto sobre el Valor Añadido de las operaciones con 'Non Fungible Token' ('NFTs')", *Quincena fiscal,* N.º 6, 2023 y ZAPATA SEVILLA, J.: "Las lagunas del paquete de medidas sobre finanzas digitales de la UE. Especial referencia a las infraestructuras de los mercados", *Revista de Derecho del Sistema Financiero,* N.º 1, 2022.

12 BARTOLOMÉ LARREY, C.: "Fiscalidad del criptoarte...", *op.cit.*, pág. 36.

sobre la tributación en el impuesto sobre el valor añadido (IVA) de la compraventa de NFTs. Además, trataremos de dar respuesta a otras cuestiones relacionadas con la imposición indirecta relacionadas con este tipo de activos digitales que no son abordadas en las citadas consultas.

2. LAS CONSULTAS V0486-22, DE 10 DE MARZO Y V2274-22, DE 27 DE OCTUBRE, AMBAS DE 2022

2.1. Supuestos de hecho y cuestiones planteadas

Tanto la CV0486-22, de 10 de marzo como la CV2274-22, de 27 de octubre plantean el mismo supuesto de hecho: consultante persona física que se dedica a la venta de ilustraciones transformadas en NFTs a través de una plataforma de venta. A pesar de ello, cada consulta presenta sus propios matices. Por un lado, en la CV0486-22 se especifica que la venta se realiza a través de una subasta y se aclara que el comprador no adquiere la ilustración en sí misma, sino el NFT, que le concede derechos de uso sobre esta. Esta precisión, como veremos más adelante, resulta fundamental en la contestación de la DGT, puesto que como ya hemos apuntado, se debe distinguir entre el activo físico/digital (ilustración) y el token (NFT) que se genera[13]. Por su parte, en la CV2274-22, se aclara que la plataforma retiene un porcentaje del precio de venta, que se satisface en criptomonedas, pero en ningún momento adquiere la propiedad del NFT y actúa como intermediaria, lo que tampoco es una cuestión baladí, ya que el papel del *marketplace* es un elemento clave en la respuesta del Centro directivo.

De la misma manera, en ambos casos la cuestión se limita a plantear cuál sería la tributación en el IVA de los servicios que prestan los consultantes, por lo que van a quedar sin respuesta cuestiones relativas a la imposición directa.

2.2. La contestación de la DGT a las consultas planteadas

La DGT, además de analizar expresamente la naturaleza jurídica de los NFTs y su tributación en IVA, se refiere a otras cuestiones que permiten

---

13 En el mismo sentido, PÉREZ POMBO, E.: "El IVA en las operaciones de venta de NFT's", *FiscalBlog*, 2022. Disponible en: https://fiscalblog.es/?p=7566

contextualizar su respuesta y delimitar los supuestos de hecho a los que serán de aplicación las respuestas a las consultas planteadas.

2.2.1. ¿Empresario o profesional a efectos de IVA?

La primera cuestión que trata de resolver la DGT en ambos casos es si el consultante tiene la consideración de empresario o profesional a efectos de la Ley 37/1992, de 28 de diciembre, del Impuesto sobre el Valor Añadido (LIVA). Recordemos que en el artículo 4 de la norma se establece que solo estarán sujetas las entregas de bienes o prestaciones de servicios realizadas por estos, siempre que se realicen a título oneroso y con independencia del carácter habitual u ocasional. De acuerdo con el artículo 5, serán empresariales o profesionales aquellas actividades "que impliquen la ordenación por cuenta propia de factores de producción materiales y humanos o de uno de ellos, con la finalidad de intervenir en la producción o distribución de bienes o servicios".

En los dos casos analizados, se parte de la consideración de que el consultante actúa como empresario. En la CV0486-22, y aunque no se especifica en la descripción de los hechos, no parece que la transmisión del NFT se produzca de manera gratuita (de hecho, se habla de venta). Por otro lado, y dado que la habitualidad no es requisito para considerar al consultante empresario o profesional a efectos del IVA, la DGT presume que actúa como tal. Por su parte, en la V2274-22 el consultante manifiesta expresamente que está dado de alta en el Epígrafe: 861- Sección 2. "Pintores, escultores, ceramistas, artesanos, grabadores y artistas similares", por lo que en este caso no hay dudas de que ejerce una actividad profesional consistente en la venta de ilustraciones y dibujos.

El hecho de que los consultantes de ambas consultas actúen como empresarios no es una cuestión baladí, puesto que va a limitar las consecuencias jurídico-tributarias de la respuesta de la DGT a aquellos supuestos en los que la compraventa de NFT se produzca entre un empresario y un consumidor (B2C). Por el contrario, quedan excluidas del ámbito de las consultas tanto aquellas operaciones realizadas entre empresarios (B2B) como aquellas que se realicen entre particulares (C2C).

2.2.2. El papel de la plataforma de intermediación

La DGT se refiere en segundo lugar al papel que asume la plataforma de intermediación. Recordemos que en la descripción de los hechos de ambas consultas se especifica que la venta de los NFTs se realiza a través de una subasta en línea, mediante una plataforma de venta o *marketplace* a la que acceden los potenciales compradores identificados por un alias o apodo, lo que impide que el intermediario pueda suministrar al consultante la identidad del comprador.

Tanto si estamos ante una prestación de servicios como si estamos ante una entrega de bienes (cuestión que analizaremos a continuación), resulta fundamental determinar si la plataforma actúa en nombre ajeno o propio, para determinar si se producen una o dos transmisiones. Pues bien, en relación con este punto, encontramos diferencias importantes entre ambas consultas.

En la CV0486-22, la DGT afirma que, para determinar si se actúa por cuenta propia o ajena, se deben analizar las obligaciones contractuales que se deriven del acuerdo entre el consultante y la plataforma de subastas (quién asume el riesgo en caso de impago o del mal funcionamiento del NFT o quien establece el precio final, entre otras cuestiones). De nuevo, y ante la falta de información suficiente para aclarar este punto, la DGT asume que la plataforma de subastas actúa en nombre del consultante y que es entre este quien debe facturar al comprador del NFT. Por tanto, solo se produce una operación, entre el consumidor y el consultante, que será quien deberá facturar en nombre propio al cliente final.

Sin embargo, en la CV2274-22 se produce un cambio de criterio en relación con esta cuestión. En particular, la DGT, consciente de que en la práctica resulta casi imposible que la plataforma facilite al consultante los datos del cliente final, opta por considerar que ésta actúa en nombre propio. Así establece que:

> Toda vez que el vendedor consultante no puede obtener la información necesaria para facturar en nombre propio a los clientes finales, debe ser la propia plataforma en línea la que parece que debe actuar en nombre propio en la venta de los NFTs objeto de consulta frente a los adquirentes finales.

En realidad, como apunta la DGT en su respuesta, el artículo 9 bis del Reglamento de ejecución 282/2011, de 15 de marzo, a efectos del artículo 28 de la Directiva 2006/112/CE relativa al sistema común del impuesto sobre el valor añadido (en adelante, Directiva IVA) establece que cuando se presten servicios a través de una red de telecomunicaciones, una interfaz o un portal, como un *marketplace*, se presumirá que el sujeto pasivo que toma parte en la prestación (en este caso, la plataforma) actúa en nombre propio, pero por cuenta del prestador de dichos servicios (el consultante), salvo que el prestador sea reconocido expresamente como tal por ese sujeto pasivo y que así quede reflejado en el acuerdo contractual entre las partes. Esto quiere decir, como señala ECHEVARRIA ZUBELDIA, que, si es la plataforma la que autoriza el cargo al cliente o la prestación, o la que fija los términos generales de la prestación, no podrá señalar al consultante como prestador de dichos servicios. De esta forma, en casi la totalidad de compraventas que se realicen a través de plataformas será ésta la obligada a liquidar el IVA[14].

Por tanto, y a pesar de que solo pasaron unos meses entre una y otra, la DGT matiza en la contestación a la consulta CV2274-22 el criterio establecido en la CV0486-22, de manera que en los supuestos de transmisión de NFTs entre un empresario y un cliente a través de una plataforma (*marketplace)* operará la presunción general de que dicha plataforma actúa en nombre propio y estará obligada a liquidar el IVA.

2.2.3. ¿Entrega de bienes o prestación de servicios? Concepto y naturaleza jurídica de los NFTs

Delimitado el supuesto de hecho al que se circunscribe la consulta, la DGT analiza si nos encontramos ante una entrega de bienes o una prestación de servicios, para lo que se detiene en la que a nuestro juicio es la cuestión más interesante de esta resolución: el concepto y naturaleza jurídica de los NFTs. Como punto de partida, debemos situarnos en el artículo 337 del Código Civil, que distingue entre bienes muebles fungibles y no fungibles, en función de si son susceptibles de tener un uso adecuado sin ser consumidos o no, distinción que ha sido matizada por la doctrina, que ha añadido que el bien no fungible tiene identidad propia[15]. Por tanto, de acuerdo con nuestro Código Civil, el NFT sería un bien mueble no fungible. En particular, entiende MIRAS MARÍN que se trata de un *software* o programa informático, que recordemos es definido por el artículo 96 del Real Decreto Legislativo 1/1996, de 12 de abril, por el que se aprueba el texto refundido de la Ley de Propiedad Intelectual (en adelante, LPI) como: "toda secuencia de instrucciones o indicaciones destinadas a ser utilizadas, directa o indirectamente, en un sistema informático para realizar una función o una tarea o para obtener un resultado determina-

---

14 ECHEVARRÍA ZUBELDIA, G.: "¿Cabe haber tributar los NFTs en IVA?", *op.cit.*

15 VILLAROIG MOYA, R.: "La Tributación de los Non Fungible Tokens (NFT) en Japón", *op.cit.*, pág. 56.

do, cualquiera que fuere su forma de expresión y fijación"[16]. En resumen, parece que, desde un punto de vista jurídico, el NFT es un bien mueble inmaterial, que se encuentra en la *blockchain* y que representa a otro activo subyacente, que, nos atrevemos a afirmar, en la totalidad de las ocasiones será un bien digital (una imagen, una ilustración, un *tuit*...), en contra de la opinión de otros autores que entienden que puede ser un bien físico o un bien digital[17]. No obstante, incluso si el NFT está asociado a un bien material, en el proceso de tokenización será necesario digitalizar la obra, por lo que, en realidad, el NFT no representa a ese bien material, sino al archivo digital que se ha obtenido. De esta manera, es evidente que quien adquiera un NFT de, por ejemplo, la Casa Batlló o del Coliseo de Roma, no se convierte en propietario del monumento (es decir, del bien físico), sino de un archivo digital único y exclusivo, de un conjunto de metadatos registrados en la cadena de bloques, que los representa, que le confiere ciertos derechos (por ejemplo, la visualización) y que certifica su titularidad. Por tanto, estamos de acuerdo con ANEIROS PEREIRA cuando afirma que el NFT es un activo digital que representa a cualquier otro que pueda representarse digitalmente[18].

La DGT asume esta posición en ambas consultas cuando afirma que: "la tenencia del NFT no parece dar derecho, en su caso, a la adquisición de dicho bien corporal, sino que el bien subyacente parece que tiene, igualmente, carácter digital", para continuar defendiendo que:

> Son certificados digitales de autenticidad que mediante la tecnología blockchain (la misma que se emplea en las criptomonedas) se asocia a un único archivo digital. Por tanto, los NFTs actúan como activos digitales únicos que no se pueden cambiar entre sí, ya que no hay dos iguales y cuyo subyacente puede ser todo aquello que pueda representarse digitalmente tales como una imagen, un gráfico, un vídeo, música o cualquier otro contenido de carácter digital, incluso obras de arte como pueden ser, en su caso, las que son objeto de consulta.

En nuestra opinión, la DGT diferencia acertadamente entre el NFT y el archivo digital al que representa (vídeo, imagen, gráfico o incluso un

---

16 MIRAS MARÍN, N.: "El régimen tributario de los tokens no fungibles", *op.cit.*, pp. 212 y ss.

17 *Ibídem.*

18 ANEIROS PEREIRA, J.: "Los activos digitales y su valoración tributaria: cuestiones tributarias de los NFTs y d ellos criptoactivos", PITA GRANDAL A.M. *et al.*: *a digitalización en los procedimientos tributarios y el intercambio automático de información*, Aranzadi, 2023, pág. 735.

tuit)[19]. Por el contrario, MIRAS MARÍN entiende que el NFT incluye tanto el *smartcontract* que acredita la titularidad del bien subyacente, como el coleccionable en sí mismo[20]. Sin embargo, nuestra posición coincide con la defendida por la DGT y otros autores como PÉREZ POMBO o BARTOLOMÉ LARREY, en la medida en que la adquisición del NFT no otorga la propiedad el archivo subyacente, sino una serie de derechos que deberían especificarse en el contrato de compraventa[21]. En este sentido, el NFT contiene una serie de metadatos sobre el archivo digital al que representa, pero en ningún caso incluyen ese archivo en sí mismo. De esta forma, como norma general, el comprador de un NFT únicamente adquiere el derecho a contemplar en su pantalla la imagen, vídeo, archivo, *tuit*...que ha adquirido, pero ni adquiere su propiedad ni tampoco los demás derechos de propiedad intelectual (por ejemplo, el derecho a la reproducción), salvo que en el contrato se especifique lo contrario[22]. Al igual que cuando alguien compra una pintura de una galería de arte no adquiere el derecho a reproducirla, transformarla o distribuir copias de la misma, quien compra un NFT tampoco adquiere los derechos de propiedad intelectual. En realidad, el NFT sirve para atribuir a cada archivo digital un identificador, que certifica la originalidad y la escasez que hacen a este activo tan atractivo[23].

La distinción entre el archivo digital subyacente y el NFT es fundamental para comprender cuáles son los derechos que adquiere el comprador de un NFT, así como el tratamiento tributario de su adquisición. Por tanto, creemos que la DGT acierta al defender en ambas consultas que:

> En cuanto al proceso de creación de los NFTs, parece que una vez generado el correspondiente archivo digital (imagen o video, por ejemplo), se subiría

---

19 En este sentido, el fundador de Twitter ha comercializado bajo la forma de NFT su primer mensaje en Twitter. *Vid.* PÉREZ POMBO, E.: "Fiscalidad de la venta de tuits y otros activos digitales...", *FiscalBlog*, 2021. Disponible en: http://fiscalblog.es/?p=6496

20 MIRAS MARÍN, N.: "El régimen tributario de los tokens no fungibles" en *Retos de la sociedad digital. Regulación y fiscalidad en un contexto internacional.* Reus, 2022, pp. 210 y ss.

21 PÉREZ POMBO, E.: "El IVA en las operaciones de venta de NFT's", *op.cit.* y BARTOLOMÉ LARREY, C.: "Fiscalidad del criptoarte...", *op.cit.*, pág. 37.

22 BAL, A.: "Demystifying NFT and VAT", *op.cit.*

23 Sobre la cuestión de qué se adquiere cuando compramos un NFT, nos remitimos a MAHMOOD, G.: "NFT: What are you buying and what do you actually own?", *The fashion law*, 2021. Disponible en: https://www.thefashionlaw.com/nfts-what-are-you-buying-and-what-do-you-actually-own/

> este a una plataforma, en la que, a través de la tecnología blockchain, tiene lugar la generación del NFT. De esta forma, parecen existir dos activos digitales con entidad propia, esto es, por un lado, el archivo digital subyacente y, por otro, el "token no fungible" o NFT que representaría la propiedad digital del archivo digital subyacente.

En resumen: en las dos resoluciones analizadas, el objeto de la transmisión es exclusivamente el propio NFT y no el archivo digital subyacente. De esta forma, podemos diferenciar claramente las divisas virtuales de los NFTs, pues mientras que las primeras son intercambiables entre ellas y su función fundamental es ser consumidas, los NFTs son únicos y están destinados a servir de prueba de autenticidad y propiedad de los activos digitales a los que están asociados[24]. Por tanto, la DGT justifica también acertadamente que: "los NFTs objeto de consulta no participarían de la naturaleza de las criptomonedas y demás divisas digitales al no configurarse como divisas ni tratarse de bienes fungibles". Y es que como recuerda el órgano administrativo, no existen pronunciamientos del Tribunal de Justicia de la Unión Europea ni mucho menos referencias legales sobre la naturaleza de los NFTs, a diferencia de lo que sí sucede con las criptomonedas. Ello implica, como resulta evidente, que no serán aplicables a los NFTs los pronunciamientos y normativa relativas a las criptomonedas, como, por ejemplo, las recientes obligaciones de información introducidas por la Ley 11/2021, de 9 de julio, de medidas de prevención y lucha contra el fraude fiscal o la exención del artículo 20. Uno, 18, j) LIVA que se reconoce a las divisas virtuales como medios de pago.

Aclarada esta cuestión, la DGT se plantea si la transmisión del NFT debe considerarse entrega de bienes o prestación de servicios. Debemos subrayar, como recuerda ECHEVARRÍA ZUBELDIA, que las prestaciones de servicios se definen negativamente como todo aquello que no es entrega de bienes y que la naturaleza digital del NFT nos impide hablar de un "bien" propiamente dicho[25]. En este sentido, el artículo 8 LIVA. Uno define la entrega de bienes como "la transmisión del poder de disposición sobre

---

24 MIRAS MARÍN, N.: "El régimen tributario de los tokens no fungibles", *op.cit.*, pp. 210 y ss. Aunque suelan utilizarse como instrumento de inversión, recordemos que las criptomonedas tienen naturaleza de divisa virtual que sirve para ser utilizada como medio de pago, como se establece en la Sentencia del Tribunal de Justicia de la Unión Europea de 22 de octubre de 2015, Asunto C-264/14.

25 ECHEVARRÍA ZUBELDIA, G.: "¿Cabe haber tributar los NFTs en IVA?", *op.cit.*

bienes corporales", por lo que la transmisión de un NFT, al carecer de la condición de bien "corporal", se incluirá en el concepto de prestación de servicios del artículo 11. Uno LIVA. En este sentido, la compra de un NFT no supone la transmisión de un bien físico; de hecho, incluso si se adquiriera el bien subyacente (la imagen, la foto, la ilustración, el *tuit...*) tampoco podríamos hablar de entrega de bienes, ya que ese bien también tiene naturaleza digital. Por este motivo, no estamos de acuerdo con MIRAS MARÍN cuando sostiene que si se transmite el archivo subyacente podemos hablar de una operación de entrega de bienes obras de arte sujeta al 10 por ciento de IVA si es realizada por el propio autor o sus descendientes[26]. Como ya hemos explicado, tanto si se transmite el NFT como si se transmite el archivo digital subyacente, estaremos ante una prestación de servicios (o dos prestaciones de servicios, si se transmiten de manera conjunta), puesto que ni el NFT ni el archivo digital subyacente pueden ser considerados bienes corporales.

Como decíamos, la DGT entiende que esta transacción debe ser calificada como un servicio prestado por vía electrónica, categoría que el artículo 69 LIVA define como aquellos servicios que consistan en: "La transmisión enviada inicialmente y recibida en destino por medio de equipos de procesamiento, incluida la compresión numérica y el almacenamiento de datos, y enteramente transmitida, transportada y recibida por cable, radio, sistema óptico u otros medios electrónicos". Entre estos suministros se incluyen, a título ejemplificativo, el de programas, el de imágenes, texto, información y puesta a disposición de bases de datos o el de música, películas, juegos y emisiones y manifestaciones políticas, culturales, artísticas, deportivas, científicas o de ocio. Por su parte, el Reglamento de ejecución de la Directiva IVA añade que los servicios prestados por vía electrónica, para ser considerados como tal, deberán reunir dos requisitos: 1) que estén automatizados y requieran una intervención humana mínima, y 2) no tengan viabilidad al margen de la tecnología de la información. De este modo, la DGT ha considerado que no reúne estos requisitos el diseño de dibujos o esculturas personalizadas enviadas por medios electrónicos (CV0716-16, de febrero de 2016).

En relación con los NFTs, parece evidente que se cumple el segundo requisito, pues su existencia al margen de *blockchain* no es posible. Más dudas nos plantea el cumplimiento del segundo requisito, especialmente

---

26 MIRAS MARÍN, N.: "El régimen tributario de los tokens no fungibles", *op.cit.*, pp. 215 y ss.

en aquellos casos en los que la creación del NFT se produzca como consecuencia de un encargo previo por parte del cliente final que implique personalización, cuestión a la que nos referiremos más adelante. No obstante, entiende la DGT que en el supuesto de hecho de la consulta que analizamos no existe tal encargo, sino que:

> Se trata de fotografías que, en su caso, son objeto de transformación por el artista mediante un programa informático y que son objeto de venta si bien, por la propia tecnología blockchain utilizada, se convierten en benes digitales únicos y originales, puesto que no existe otro archivo digital idéntico, siendo objeto de transformación, además, no el propio archivo digital de la fotografía, sino el certificado digital de autenticidad que representa el NFT.

BAL entiende, en el mismo sentido que la DGT, que la transmisión de NFTs cumple con los dos requisitos arriba señalados y que por tanto pueden ser considerados servicios prestados por vía electrónica, en tanto que no requiere una intervención humana intensa y se basa totalmente en la tecnología *blockchain*[27]. Sin embargo, nos parece muy interesante la reflexión de PÉREZ POMBO, para quien la DGT llega a la calificación de prestación de servicios por mero descarte, por el hecho de no encajar en el concepto comunitario de "entrega de bienes", con el objetivo de forzar la interpretación de que nos encontramos ante una prestación de servicios por vía electrónica y así asegurar la tributación de la operación en España, tal y como explicaremos a continuación. En efecto, como apunta el autor, podría defenderse el planteamiento de que la transmisión de un NFT es una prestación de servicios con encaje en los apartados 3° y 4° del artículo 11. Dos LIVA, que consideran prestaciones de servicios la cesión del uso o disfrute de bienes, así como las cesiones y concesiones de derechos de autor, licencias, patentes, marcas de fábrica y comerciales y demás derechos de propiedad intelectual e industrial[28]. En nuestra opinión, y en la medida en que la adquisición del NFT concede a su propietario ciertos derechos sobre el bien subyacente, nos parece lógico que pueda defenderse esta interpretación.

MIRAS MARÍN plantea una interpretación diferente: partiendo de la calificación del NFT como un bien mueble inmaterial (similar a un *software*), considera que en su transmisión se deben diferenciar realmente dos prestaciones: una prestación principal consistente en la entrega del bien subyacente y una prestación accesoria consistente en la acreditación de

---

27 BAL, A.: "Demystifying NFT and VAT", *op.cit.*

28 PÉREZ POMBO, E.: "El IVA en las operaciones de venta de NFT's", *op.cit.*

su originalidad y titularidad. De esta manera, la base imponible podría desglosarse en dos conceptos: la transmisión del coleccionable, cuyo tipo de gravamen sería del 10 por ciento si el transmitente es el autor o sus descendientes o profesionales no revendedores de arte, o del 21 por ciento en el resto de caso; y la transmisión del NFT, cuyo tipo de gravamen sería el general del 21 por ciento. No obstante, también apunta que, si se considera la unicidad de la operación existiría una única transmisión gravada al 21 por ciento[29].

Como podemos observar, la tributación en el IVA de la transmisión de NFTs gira en torno a dos cuestiones: cuál es la naturaleza jurídica del NFT y qué se adquiere con su transmisión. En este sentido, parece que existe cierto consenso en torno al hecho de que el NFT no puede considerarse un "bien corporal" y que por tanto queda excluido de la categoría de entrega de bienes. Por el contrario, existen más dudas en torno a si debe considerarse una prestación de servicios efectuada por vía electrónica o una prestación de servicios. La cuestión no es baladí, porque en función de si se acoge una u otra posición, cabría plantear la aplicación de exenciones o tipos reducidos, además de que las reglas de localización son diferentes. Con la calificación de la operación como servicio prestado por vía electrónica, se asegura la sujeción de la compraventa de NFTs al 21 por ciento de IVA en España.

Por el contrario, si se considerara una prestación de servicios, podríamos plantearnos si tiene cabida la aplicación el tipo reducido del 10 por ciento en favor de los servicios prestados por, entre otros, los artistas (artículo 91. Uno.2. 13º LIVA) o de alguna de las exenciones previstas en la LIVA. En relación con la primera cuestión, la aplicación del tipo reducido requiere que el servicio sea prestado por una persona física en favor de productores de películas cinematográficas susceptibles de ser exhibidas en salas de espectáculos y a los organizadores de obras teatrales y musicales, por lo que aunque el creador de un NFT pueda ser considerado un "artista" en el sentido general del término, no realizaría la actividad a la que se refiere el artículo 91 LIVA[30].

En cuanto a las exenciones, la inclusión de la transmisión de NFTs podría tener cabida en varias categorías. Por un lado, VILLAROIG MOYA

---

[29] MIRAS MARÍN, N.: "El régimen tributario de los tokens no fungibles", *op.cit.*, pp. 215 y 216.

[30] Sobre la aplicación del tipo reducido previsto ene l artículo 91. Uno. 2. 13ª LIVA, *vid.* CV 0032-20, de 9 de enero.

propone la posible aplicación de la exención prevista en favor de los servicios profesionales, incluidos aquellos en los que la contraprestación consista en derechos de autor, prestados por artistas plásticos, escritores, colaboradores literarios y fotográficos, entre otros (artículo 20. Uno. 26º LIVA)[31]. Sobre esta cuestión volveremos más adelante, aunque adelantamos ya que creemos que plantea serios inconvenientes. Por otro lado, BARTOLOMÉ LARREY plantea la aplicación de la exención del artículo 20. Uno. 18º LIVA en favor de operaciones financieras (en particular, en la categoría de otros valores no mencionados), tal y como sucede con diversas operaciones con criptomonedas. No obstante, la DGT niega esta posibilidad, al entender que la naturaleza de los NFTs y de las criptomonedas es diferente, pues como ya se ha señalado, ni son bienes fungibles ni funcionan como divisas.

En definitiva, la tributación de la compraventa de NFTs entre un empresario y un particular es una operación sujeta y no exenta de IVA, en la medida en que se califica como prestación de servicios por vía electrónica.

2.2.4. Lugar de realización del hecho imponible

Tal y como se ha apuntado anteriormente, la determinación del lugar de realización del hecho imponible está directamente relacionada con la calificación de la transmisión de NFTs como una prestación de servicios efectuada por vía electrónica. En efecto, como apunta la DGT en ambas consultas, los servicios prestados por vía electrónica se considerarán realizados en el territorio de aplicación del impuesto (en adelante, TAI) en los siguientes supuestos (artículo 70. Uno 4º y 8º):

1. El destinatario no es un empresario o profesional actuando como tal y está establecido o tiene su residencia o domicilio habitual en el TAI, siempre que el prestador de servicios esté establecido exclusivamente en el TAI. Las dos consultas analizadas se responden bajo la premisa de que el destinatario no tiene la condición de empresario o profesional actuando como tal, pero en el caso de que la tuviera, sería de aplicación la regla general del artículo 69. Uno. 1º LIVA, en virtud de la cual la prestación de servicios se considera realizada en el TAI siempre que el citado territorio sea la sede de su actividad económica, o tenga en el mismo un establecimiento permanente

---

31 VILLAROIG MOYA, R.: "La Tributación de los Non Fungible Tokens (NFT) en Japón", *op.cit.*, pág. 68.

o, en su defecto, el lugar de su domicilio o residencia habitual, con la condición de que el servicio tenga por destinatario a dicha sede, establecimiento permanente, domicilio o residencia habitual, con independencia de donde se encuentre el prestador de los servicios.

2. El destinatario no es empresario o profesional actuando como tal y está establecido o tiene su residencia habitual en otro Estado miembro, siempre que el importe de los servicios prestados por el consultante a dichos destinatarios no haya excedido durante el año natural anterior los 10.000 euros. Conviene advertir que, hasta que se supere el umbral de los 10.000 euros, el prestador de los servicios podrá optar por tributar en el Estado miembro donde se localiza el cliente (artículo 73. Dos LIVA)[32].

De la misma manera, se ha de tener presente que, en virtud de la regla del uso o explotación efectiva (artículo 70. Dos LIVA), también quedarán sujetos los servicios prestados por vía electrónica por el consultante en aquellos casos en los que, en aplicación de las reglas de localización anteriores, no se consideren realizados en el TAI, pero su utilización o explotación efectiva se produzca en el mismo. No vamos a analizar esta cuestión, que excede los límites y objetivos de este trabajo, aunque sí nos gustaría resaltar la complejidad y variedad de la casuística que puede tener lugar[33].

En cualquier caso, la aplicación de estas reglas se supedita a que pueda identificarse tanto la condición del adquirente final como su lugar de residencia, lo que en la práctica resultará casi imposible, pues la operativa a través de *blockchain* garantiza el pseudoanonimato del comprador, de forma que solo se conoce su apodo y una dirección pública desde la que se envían los fondos y se recibe el NFT adquirido[34]. Como advierte PÉREZ POMBO, el Reglamento de ejecución de la Directiva IVA establece la presunción de que el destinatario es un consumidor final localizado en el TAI, salvo que él mismo se identifique como empresario o profesional y salvo

---

32 Si se supera el umbral o se opta por la tributación en destino, será de aplicación el régimen de ventanilla única (arts. 163 y ss. LIVA).

33 Para un análisis detallado de esta cuestión y de las reglas de localización de las prestaciones de servicios por vía electrónica, nos remitimos a DE CANUTO, E.: "Ventas de tokens o fichas virtuales relativas a activos digitales ante el Impuesto sobre el Valor Añadido", *Carta tributaria. Revista de opinión*, N.° 88, 2022.

34 VILLAROIG MOYA, R.: "La Tributación de los Non Fungible Tokens (NFT) en Japón", *op.cit.*, pág. 66 y ANEIROS PEREIRA, J.: "Los activos digitales y su valoración tributaria...", *op.cit.*, pág. 742.

que el transmitente acredite que el comprador se localiza fuera de España[35]. La DGT advierte este problema en ambas consultas, pero se limita a enumerar una serie de indicadores para determinar la localización, inaplicables en la operativa con NFTs (CV0486-22, de 10 de marzo), o a atribuir a la plataforma la obligación de obtener dicha información (CV2274-22, de 27 de octubre). Como apunta BARTOLOMÉ LARREY: "existe un abismo entre lo que sería técnicamente correcto y lo que en la práctica resulta eficaz, posible o justo", de forma que será prácticamente imposible desmontar la presunción y muchas de las operaciones que se sujetarán a IVA, en realidad, deberían quedar fuera del ámbito del impuesto[36].

3. OTROS SUPUESTOS NO CONTEMPLADOS POR LA DGT

Las respuestas de la DGT a las consultas planteadas se circunscriben a un tipo de operación de compraventa de NFT muy concreto, en el que el negocio jurídico se realiza entre un empresario y un cliente (B2C) y sin que medie encargo previo, por lo que cabía plantearse cuál sería el tratamiento tributario en otras circunstancias. De la misma manera, nos preguntamos si el auge del "criptoarte" podría justificar una reforma del régimen especial previsto para los objetos de arte para adaptarlo a esta nueva realidad.

3.1. La transmisión de NFTs entre particulares

Tal y como hemos señalado, las respuestas de la DGT a las consultas planteadas se hacen bajo la premisa de que el consultante actúa en calidad de empresario o profesional, por lo que la operación quedaría sujeta a IVA. Sin embargo, en el supuesto de que el transmitente no tuviera dicha condición, es decir, actuara como un particular, la operación (C2C) quedaría sujeta al impuesto sobre transmisiones patrimoniales onerosas (TPO). En este sentido, conviene aclarar que el artículo 6 de la ley del impuesto establece que se exigirá, entre otras operaciones, "por las transmisiones patrimoniales onerosas de bienes y derechos, cualquiera que sea su naturaleza, que estuvieran situados, pudieran ejercitarse o hubieran de cumplirse en

---

35 PÉREZ POMBO, E.: "El IVA en las operaciones de venta de NFT's", *op.cit.*

36 BARTOLOMÉ LARREY, C.: "Fiscalidad del criptoarte…", *op.cit.*, pág. 38.

el territorio español o en territorio extranjero, cuando, en este último supuesto, el obligado al pago del impuesto tenga su residencia en España"[37].

Al hilo de este precepto, debemos realizar dos comentarios. Por un lado, y a diferencia de lo que sucede a efectos de IVA, entendemos que la tributación en ITP no se ve afectada por la consideración del NFT como bien inmaterial o como certificado, ya que en virtud del artículo 6 arriba citado quedan sujetos tanto la transmisión de bienes como de derechos, con independencia de cuál sea su naturaleza. De hecho, el artículo 7 incluye en el hecho imponible "las transmisiones onerosas por actos 'inter vivos' de toda clase de bienes y derechos que se integren en el patrimonio de las personas físicas o jurídicas". Por el contrario, se plantean más dudas en relación con el punto de conexión territorial del impuesto.

En este sentido, y en aplicación del artículo 6 de la ley del impuesto, la transmisión de NFTs debería considerarse realizada en el lugar donde se ubique el NFT, si consideramos que se trata de un bien mueble, o en el lugar donde pudieran ejercitarse o cumplirse, en el caso de que la calificación jurídica fuera más próxima a la de derecho y entendiendo que el ejercicio o cumplimiento de este "derecho" se pudiera equiparar a, por ejemplo, la visualización del NFT. En cualquiera de los dos casos, la aplicación de la regla de localización plantea muchos interrogantes a efectos de la transmisión de un NFT. ¿En qué ubicación geográfica del mundo físico debe ubicarse un activo digital que, por su propia naturaleza, se localiza y se transmite en una red descentralizada como *blockchain*? ¿Dónde se considera ejercitado el "derecho" que confiere el NFT a su propietario, teniendo en cuenta que para su visualización se requiere de un monedero virtual que, por definición, tampoco se encuentra físicamente en ninguna ubicación del mundo físico? Como vemos, son preguntas de difícil respuesta, que ponen de manifiesto que la normativa del impuesto no está ni mucho menos adaptada a la realidad de la economía digital.

Los problemas relativos al ámbito territorial no son exclusivos de los NFTs, sino que afectan a todos los criptoactivos que, como decimos, por definición se ubican en una red descentralizada que no se puede equipar a una ubicación del mundo físico. En este sentido, la DGT ha tratado de solventar este problema, estableciendo que las monedas virtuales se encuentran localizadas en territorio español, al menos a efectos del impuesto

---

[37] Real Decreto Legislativo 1/1993, de 24 de septiembre, por el que se aprueba el Texto refundido de la Ley del Impuesto sobre Transmisiones Patrimoniales y Actos Jurídicos Documentados.

sobre la renta de los no residentes (en adelante, IRNR), cuando en dicho lugar radique la entidad que se encarga de prestar los servicios de almacenamiento de las claves de acceso (V1069-19, de 20 de mayo de 2019). Aunque reiteramos que la consulta es relativa a las monedas virtuales y al IRNR, creemos que hasta que se produzca una modificación legislativa o algún tribunal se pronuncie sobre esta cuestión, lo normal será considerar que el NFT se encuentra localizado en territorio español si la entidad encargada de gestionar las claves de acceso al monedero electrónico radica en España. En cualquier caso, esta solución no es satisfactoria a efectos de ITP, en la medida en que, al tratarse de un impuesto cedido, el tipo de gravamen será muy diferente en función de la comunidad autónoma. No basta por tanto con conocer si la operación se produce en España, sino que es necesario conocer en qué comunidad autónoma, lo que en la práctica no resulta posible.

De cualquier manera, la discusión en torno al punto de conexión es más teórica que práctica, lo común será que no se liquide este impuesto por parte de los compradores, dado que su identidad quedará oculta en un apodo o *nick*[38]. Nos encontramos así ante un supuesto parecido al de las transacciones a través de plataformas digitales (*Wallapop, Milanuncios, Vinted...*) que, salvo cuando se trate de bienes de un valor elevado o susceptibles de inscripción en un registro, prácticamente nadie declara[39]. La diferencia en este caso radica en que el NFT puede alcanzar un gran valor en el mercado, aunque como ya hemos dicho, el pseudoanonimato que garantiza *blockchain* nos hace pensar que ni siquiera en estos casos se producirá la presentación de la autoliquidación del impuesto. Ante esta situación, BARTOLOMÉ LARREY ha propuesto el establecimiento de un mínimo exento que garantice la equidad del impuesto y a partir del cual quedaría justificado el inicio de actuaciones de comprobación o el establecimiento de un supuesto de exención para NFT que tengan la consideración de objetos de arte[40]. Sin embargo, si observamos la evolución legislativa de los últimos años en relación con el control de las criptomonedas, especialmente tras la aprobación de la Ley 11/2021, de 9 de julio, de medidas

38 BARTOLOMÉ LARREY, C.: "Fiscalidad del criptoarte...", *op.cit.,* pág. 39.

39 FRAILE FERNÁNDEZ, R. (2018): "La tributación de las pequeñas cosas, imprescindible el suministro de información sobre actividades colaborativas", en J. PEDREIRA MENÉNDEZ (dir.): Fiscalidad de la colaboración social, Aranzadi Thomson Reuters, Pamplona: 333-364.

40 BARTOLOMÉ LARREY, C.: "Fiscalidad del criptoarte...", *op.cit.*, pág. 40.

de prevención y lucha contra el fraude fiscal, todo nos hace pensar que la opción del legislador será reforzar las obligaciones de información que han de suministrar las plataformas, así como reforzar las actuaciones de la Agencia Estatal de Administración Tributaria, tal y como ya se hace en relación con las monedas virtuales, por lo que seguramente en unas próximas Directrices Generales del Plan Anual de Control Tributario y Aduanero encontremos alguna mención a los NFTs[41].

3.2. La transmisión de NFTs cuando existe un encargo previo al creador

La inexistencia de un encargo previo al creador del NFT es otra de las premisas sobre las que se construye la respuesta de la DGT en las dos consultas planteadas. Entiende la DGT que en los dos casos analizados que "de la escasa información suministrada y a falta de otros elementos probatorios, parece deducirse que en el supuesto objeto de consulta no existe un encargo por parte del cliente de la obra que implique la personalización". Esta afirmación lleva al Centro directivo a considerar que la transmisión del NFT debe considerarse una prestación de servicios por vía electrónica, precisamente por el hecho de que la intervención humana es mínima y es inviable al margen de la tecnología. En nuestra opinión, la clave del asunto radica en determinar el grado de intervención humana, habida cuenta de que entendemos que la existencia del NFT no es posible al margen de la tecnología *blockchain* y que por tanto el segundo requisito se va a cumplir con independencia de que exista o no dicho encargo. En este sentido, la DGT ha establecido que un consultante que realiza por encargo retratos artísticos con un lápiz digital y se entregan a través de correo electrónico no se puede considerar un servicio prestado por vía electrónica, en la medida en que la actividad consiste en el diseño personalizado de un dibujo (CV0722-21, de 26 de marzo). En este caso, estaríamos ante una prestación

---

[41] En el mismo sentido, JABALERA RODRÍGUEZ, A.: "Tributación en el Impuesto sobre el Valor Añadido...", *op.cit.* En relación con las obligaciones de información sobre criptomonedas, *vid.* RUIZ GARIJO, M. (2021): "El desafío de la fiscalidad de las criptomonedas: Las obligaciones de información en el IRPF", *Nueva fiscalidad,* N.° 3, pp. 19-36.
Las Directrices generales del Plan Anual de Control Tributario y Aduanero de 2023, aprobadas mediante Resolución de 6 de febrero de 2023, no contienen mención expresa a los NFTs, aunque sí se subraya que se buscarán acuerdos respecto a la Directiva de cooperación Administrativa respecto de las obligaciones de suministro de información relativas a criptoactivos.

de servicios sujeta y exenta, de acuerdo con el artículo 20. Uno 26º LIVA. En el mismo sentido, la DGT en su CV 1845-22, de 14 de junio entiende, en relación con una consultante que ese dedica a la elaboración de ilustraciones, dibujos, mapas y gráficos, que la prestación de servicios consistente en la creación de una obra original o la aportación personal u original a una ya existente es una operación sujeta y exenta.

¿Qué sucedería si existiera un encargo previo al artista digital? ¿Cabría considerar que ya no estamos ante un servicio prestado por vía electrónica, sino ante una prestación de servicios sujeta y exenta? En nuestra opinión, no. Aunque a favor de la consideración de prestación de servicios sujeta y exenta podría señalarse la realización de una actividad profesional por parte de un artista, entendiendo como tal a la persona natural que crea una obra literaria, artística o científica (artículo 5 LPI), la realidad es que su intervención se limita al diseño, personalización o transformación del activo digital subyacente, no del NFT en sí mismo. Es decir, el artista digital crea una obra digital, que no es el objeto de la compraventa: lo que se transmite es el NFT asociado, que se genera en la *blockchain* y al margen de la intervención humana. Por tanto, solo la transmisión del archivo digital subyacente podría considerarse, en estos casos, una prestación de servicios sujeta y exenta, sin que dicha exención pueda alcanzar a la transmisión del NFT.

3.3. Sobre una modificación del Régimen especial de los bienes usados, objetos de arte, antigüedades y objetos de colección

Como hemos apuntado anteriormente, la transmisión de un NFT no puede sujetarse al tipo reducido del 10 por ciento previsto en el artículo 91. Uno.4 LIVA para las importaciones y entregas de objetos de arte realizadas por los autores o sus derechohabientes, en la medida en que el NFT no tiene la consideración de bien corporal y, por consiguiente, no puede considerarse una entrega de bienes. Por el mismo motivo, tampoco será de aplicación el régimen especial de los objetos de arte, antigüedades y objetos de colección previsto en los artículos 135 y ss. LIVA, en virtud del cual la cuantificación de la base imponible se realiza atendiendo al margen de beneficio de cada operación, minorado en la cuota del IVA correspondiente a dicho margen, calculado como diferencia entre el precio de venta y el precio de compra del bien (artículo 137 LIVA). Sin embargo, como apunta PÉREZ POMBO deberíamos plantearnos si debería aplicarse a la transmisión y reventa de NFTs. En este sentido, coincidimos con el autor en que el problema radica en el hecho de que la normativa actual está diseñada para bienes y elementos físicos, por lo que desconoce los nuevos activos de la economía digital[42].

Aunque pueda parecer sorprendente la equiparación entre un NFT y una obra de arte, la realidad es que en la actualidad estos activos digitales se están convirtiendo en nuevos objetos de coleccionismo que, aunque no encajen en los conceptos de objeto de arte u objeto de colección previstos en la LIVA, son considerados como tales por sus propietarios. Hasta dentro de unos años no sabremos si se trata de una moda pasajera o del arte del futuro, pero la realidad es que el criptoarte es una cuestión de máxima actualidad que carece de regulación.

Por este motivo creemos que una futura reforma normativa que tuviera en consideración los fenómenos de la economía digital podría incorporar al criptoarte a la categoría de objetos de arte o coleccionables, de manera que tuviera un tratamiento tributario similar al que disfruta el arte de la realidad física. Desde luego no se trata de una cuestión nada sencilla, teniendo en cuenta que el NFT es un bien incorporal que no tiene encaje en el concepto de entrega de bienes, por lo que la modificación pasaría o bien por la inclusión de los bienes digitales en el ámbito de las entregas de bienes o por el reconocimiento expreso del NFT a efectos de aplicación del tipo reducido o del régimen especial en la LIVA. En cualquier caso, considerando la existencia de diferentes tipos de NFTs, únicamente deberían gozar de este tratamiento los NFTs incluidos en la categoría arte. Se trata, en definitiva, de que el legislador tenga en cuenta la realidad de la economía digital y adapte la normativa tributaria, anclada aún en la realidad física, a los nuevos tiempos.

---

[42] PÉREZ POMBO, E.: "Fiscalidad de la venta de tuits y otros activos digitales...", *op.cit.* El artículo 136 LIVA recoge una lista cerrada de bienes que se consideran "objetos de arte" y entre los que se incluyen: cuadros, "collages", pinturas, grabados, estampas, litografías, estatuas, estructuras, tapiceras, fotografías, entre otros. En relación con los objetos de colección, se incluyen los sellos de correos, timbres fiscales, marcas postales, artículos franqueados y análogos y colecciones y especímenes para colecciones de zoología, botánica, mineralogía o anatomía con interés histórico, arqueológico, paleontológico, etnográfico o numismático. Se califican como antigüedades aquellos objetos que tengan más de cien años de antigüedad y que, además, no sean ni objetos de colección ni obras de arte.

4. CONCLUSIONES

El auge de los NFTs no se ha traducido, hasta el momento, en una regulación clara de este tipo de activos digitales. A nivel tributario existen muchas incógnitas sobre su fiscalidad, de ahí que celebremos los dos primeros pronunciamientos de la DGT sobre la cuestión. No obstante, debemos advertir que el ámbito de aplicación de las resoluciones analizadas es muy limitado, pues se refiere exclusivamente a las operaciones entre un empresario y un particular, sin que medie un encargo previo y exclusivamente en aquellos casos en los que se transmita el NFT y no el archivo subyacente. Cuando se cumplan estas tres condiciones, la operación será calificada como prestación de servicios por vía electrónica y tributará al 21 por ciento en IVA, siempre que se considere realizada en el TAI como consecuencia de la aplicación de unas reglas de localización que en la práctica resultan impracticables. No debemos descartar que en los próximos años se produzca un cambio de criterio, especialmente a medida que lleguen los pronunciamientos de los tribunales, tal y como ya sucedió con las criptomonedas tras la STJUE de 2015 en el caso Hedqvist, pero hasta entonces, parece que la DGT tiene claro que la compraventa de NFTs es una operación sujeta y no exenta.

En nuestra opinión, ambas resoluciones merecen una valoración positiva, en la medida en que abordan una cuestión de una gran complejidad técnica, cuyo encaje en nuestro ordenamiento tributario no es ni mucho menos una tarea sencilla. A la espera de una reforma que parece que no se producirá a corto plazo, sí que cabe esperar nuevos pronunciamientos de la DGT, que de manera similar a lo que ha venido sucediendo con la fiscalidad de las criptomonedas, aclare como ha de tributar la operativa con los NFTs. En este sentido, y al margen del análisis de las dos consultas ya mencionadas, hemos abordado tres cuestiones que hasta el momento no han sido aclaradas.

Por un lado, es evidente que la transmisión de NFT entre particulares (C2C) es una operación sujeta al ITP. Sin embargo, y al igual que ya sucede con las criptomonedas, surgen problemas relativos al establecimiento del punto de conexión territorial, en la medida en que no es posible equiparar el mundo virtual y descentralizado en el que se desenvuelven los activos digitales con una ubicación geográfica precisa del mundo físico, lo que impide determinar qué comunidad autonómica ha de gravar la compraventa. En cualquier caso, se trata de operaciones que, en la práctica, no se van a declarar, por lo que estamos seguro de que en los próximos años se reforzarán las obligaciones de información y las actuaciones de control por parte de la AEAT. Además, el criptoarte no parece tener encaje en la categoría de objeto de arte o coleccionable a efectos de IVA, lo que impide la consideración del creador del NFT como "artista" a efectos de la exención de su transmisión, así como la aplicación del tipo reducido o del régimen especial previsto en la normativa del impuesto.

Todas estas cuestiones ponen de manifiesto, una vez más, la necesidad de actualizar la normativa tributaria y adaptarla a los nuevos fenómenos de la economía digital.

BIBLIOGRAFÍA

ANEIROS PEREIRA, J.: "Los activos digitales y su valoración tributaria: cuestiones tributarias de los NFTs y d ellos criptoactivos", PITA GRANDAL A.M. *et al.*: *a digitalización en los procedimientos tributarios y el intercambio automático de información*, Aranzadi, 2023, pp. 735-750.

BAL, A.: "Demystifying NFT and VAT", *Bloomberg Tax. Daily Tax Report: International*, 2022. Disponible en: https://news.bloombergtax.com/daily-tax-report-international/demystifying-nfts-and-vat

BARTOLOMÉ LARREY, C.: "Fiscalidad del criptoarte: Tributación de las criptomonedas y los NFTs", *Revista de Contabilidad y Tributación, CEF*, N.º 478, pp. 5-42.

DE CANUTO, E.: "Ventas de tokens o fichas virtuales relativas a activos digitales ante el Impuesto sobre el Valor Añadido", *Carta tributaria. Revista de opinión*, N.º 88, 2022.

ECHEVARRÍA ZUBELDIA, G.: "¿Cabe haber tributar los NFTs en IVA?", *Carta tributaria. Revista de opinión*. N.º 91, 2022.

FRAILE FERNÁNDEZ, R.: "La tributación de las pequeñas cosas, imprescindible el suministro de información sobre actividades colaborativas", *Fiscalidad de la colaboración social*. Thomson Reuters Aranzadi, 2018, pp. 333-364.

JABALERA RODRÍGUEZ, A.: "Tributación en el Impuesto sobre el Valor Añadido de las operaciones con 'Non Fungible Token' ('NFTs')", *Quincena fiscal*, N.º 6, 2023.

JOVER GARCÍA, F.: "NFT y derechos de autor: cuestiones legales a tener en cuenta", *Actualidad Jurídica Aranzadi*, N.º 979, 2021.

MAHMOOD, G.: "NFT: What are you buying and what do you actually own?", *The fashion law*, 2021. Disponible en: https://www.thefashionlaw.com/nfts-what-are-you-buying-and-what-do-you-actually-own/

MIRAS MARÍN, N.: "El régimen tributario de los tokens no fungibles" en *Retos de la sociedad digital. Regulación y fiscalidad en un contexto internacional*. Reus, 2022, pp. 207-222.

NADINI, M. *et al.*: "Mapping the NFT revolution: market trends, trade networks, and visual features". *Scientific report*, Vol. 11, N.º 20902, 2021, https://doi.org/10.1038/s41598-021-00053-8

PÉREZ POMBO, E.: "Fiscalidad de la venta de tuits y otros activos digitales…", *FiscalBlog*, 2021. Disponible en: http://fiscalblog.es/?p=6496

PÉREZ POMBO, E.: "El IVA en las operaciones de venta de NFT's", *FiscalBlog*, 2022. Disponible en: https://fiscalblog.es/?p=7566

RUIZ- GALLARDÓN, M.: "Tokenización de activos y blockchain. Aspectos jurídicos", *El notario del siglo XXI. Conferencia dictada en el colegio notarial de Madrid, el 6 de febrero de 2020,* N.º 91. Disponible en: https://www.elnotario.es/especial-50-numeros-de-ensxxi/70-secciones/academia-matritense-del-notariado/10107-tokenizacion-de-activos-y-blockchain-aspectos-juridicos

VILLAROIG MOYA, R.: "La Tributación de los Non Fungible Tokens (NFT) en Japón" en *Japón en la era Reiwa: Regulación de las nuevas tecnologías y de la acción exterior.* Thomson Reuters Aranzadi, 2022, pp. 53-80.

ZAPATA SEVILLA, J.: "Las lagunas del paquete de medidas sobre finanzas digitales de la UE. Especial referencia a las infraestructuras de los mercados", *Revista de Derecho del Sistema Financiero,* N.º 1, 2022.

Tributación en el IVA de los tokens no fungibles (NFTS)

PABLO LLOPIS MENGUAL
Profesor Ayudante de Derecho Financiero y Tributario
Universidad de Alicante

Resumen

En el ordenamiento tributario español, no existe ninguna regulación específica sobre la tributación de los *tokens* no fungibles (en adelante, NFTs). Ante la pasividad del legislador, la dirección general de tributos (en adelante, DGT) ha emitido dos contestaciones a consultas vinculantes, con números V0486-22 y V2274-22, en relación con la tributación indirecta de esta tipología de criptoactivos.

La DGT determina, entre otras cuestiones, que las transmisiones de los NFTs objeto de las consultas son prestaciones de servicios por vía electrónica. Posteriormente, se analiza el lugar de dichas prestaciones de servicios, la aplicación de la "ventanilla única" y la regla de "utilización efectiva" como criterio de localización.

Finalmente, se indaga en la condición de las plataformas o *marketplaces* que gestionan la venta del NFT, así como en la dificultad existente a la hora de identificar a los compradores. En concreto, la DGT matiza su criterio en su segunda consulta y determina que las plataformas no actúan en nombre ajeno, sino en nombre propio. Este matiz cambia por completo la tributación indirecta de este tipo de criptoactivos en el mercado primario.

Palabras clave: *token* no fungible (NFT); Impuesto sobre el Valor Añadido (IVA); Dirección General de Tributos (DGT).

Abstract

In the Spanish tax system, there is no specific regulation about the taxation of non fungible tokens (hereinafter, NFTs). Given the passivity of the legislator, the Directorate General of Taxes (hereinafter, DGT), has answered two binding consultations with numbers V0486-22 and V2274-22, in relation to the indirect taxation of this type of cryptoassets.

The DGT determines, among other issues, that the transmission of the NFT object of the consultation is a provision of services provided electronically. Subsequently, the place of service provision, the application of the "one-stop shop" and the rule of "effective use" as a location criterion are analysed.

Finally, the condition of the marketplaces that manage the sale of the NFT is examined, as well as the difficulty identifying the buyers. Specifically, the DGT changes its criteria in the second consultation and determines that the platforms do not act in the name of others, but in their own name. This nuance completely changes the indirect taxation of this type of cryptoassets in the primary market.

Key words: non fungible token (NFT); Value Added Tax (VAT); Directorate General of Taxes (DGT).

1. INTRODUCCIÓN

Como es sabido, los avances tecnológicos están provocando un gran impacto en nuestra sociedad. En este contexto, irrumpen las tecnologías de registro distribuido, comúnmente conocidas como *blockchain,* donde se eliminan intermediarios[1] y se aporta transparencia y trazabilidad a multitud de procesos y operativas de negocio (no operativas negocio).

La *blockchain* podría compararse con un libro mayor de contabilidad que, además de contener todas las operaciones realizadas hasta la actualidad, se reproduce y almacena libremente en los diferentes nodos constituyendo una red totalmente descentralizada.[2]

A partir de dicha tecnología, surge una amplia tipología de criptoactivos. En concreto, los NFTs son un tipo de criptoactivos que han experimentado un gran auge por parte de la comunidad digital, destacando sectores como el arte, el deporte, la música, los videojuegos, etc.

Este activo digital es tremendamente novedoso para el público en general. A partir de 2021, debido a numerosas transacciones de NFTs por cantidades millonarias, atrajo la atención, de manera considerable, de numerosos medios de comunicación[3]. A modo de ejemplo, una de las operaciones con gran impacto mediático sería la obra de arte *Merge,* dividida en 295.417 partes y adquirida por 28.938 coleccionistas por un importe de 91,8 millones de dólares en total.[4] Hasta entonces, el récord de la obra de arte

---

1 El auge de las criptomonedas y, en concreto, de *bitcoin,* responde, entre otros factores, al deseo de actuar sin intermediarios (como entidades financieras) mediante tecnologías descentralizadas.

2 PÉREZ BERNABEU, Begoña. "La Administración tributaria frente al anonimato de las criptomonedas: la seudonimia del Bitcoin". *Documento de Trabajo. VI Encuentro de Derecho Financiero y Tributario. Tendencias y retos del Derecho Financiero y Tributario (1ª parte),* Instituto de Estudios fiscales, nº10, 2018, pág. 150.

3 Incluso el diccionario británico Collins ha elegido "NFT" como la palabra del año 2021: https://forbes.co/2021/11/25/forbes-life/nft-es-la-palabra-del-ano-diccionario-collins [consultado el 17/02/2022].

4 https://observatorioblockchain.com/nft/mas-de-28-000-inversores-compran-por-casi-92-millones-una-obra-de-pak-dividida-en-nft/

NFT por la que se había pagado un mayor precio correspondía a *Everydays: The First 5.000 Days,* del artista digital Mike Winkelmann, conocido como *Beeple.* La puja alcanzó los 69,3 millones de dólares.[1] Diariamente se perfeccionan ventas por decenas y cientos de miles de dólares por obra.[2]

Si bien es cierto que los NFTs han sido vistos con recelo, poniéndose en duda su validez real, es un hecho que tienen un gran potencial en el mercado de los videojuegos y en el mercado del arte, fundamentalmente el digital, aportando seguridad y abriendo un mercado nuevo a galeristas y artistas.[3]

Sin perjuicio de que numerosos autores consideren que una gran parte los NFTs que existen en el mercado son mera especulación y, por tanto, se trate de una burbuja especulativa próxima a estallar, los defensores de los NFTs consideran que son una oportunidad para transformar numerosos sectores, aportar valor en operativas de negocio y desarrollar los metaversos y la Web 3.[4]

Sea como fuere, nos encontramos ante una manifestación de la capacidad económica que debe someterse a tributación directa e indirectamente. Por consiguiente, surge el reto de encajar legalmente a estas operaciones económicas en el ordenamiento jurídico vigente.

El presente trabajo se centrará en abordar, en primer lugar, el concepto, características y tipología de NFTs, con el fin de, posteriormente, analizar su tributación indirecta con base en las consultas recientemente emitidas por la DGT.[5]

[consultado el 17/02/2023].

1 https://forbes.es/criptomonedas/100165/el-dia-que-beeple-hizo-estallar-el-mercado-del-criptoarte/ [consultado el 17/02/2023].

2 BARTOLOMÉ LARREY, Carlos. "Fiscalidad del criptoarte: Tributación de las criptomonedas y los NFT", en *Revista De Contabilidad y Tributación, CEF,* nº 478, 2023, pág. 20.

3 DESANTES, Andrés, FERNÁNDEZ-LASQUETTY, Javier, RODRÍGUEZ DE LAS HERAS, Teresa y FERNÁNDEZ-TRESGUERRES, Ana. "Los desafíos del metaverso". *Informe FIDE 2020-2021,* pág. 59.

4 EGEA PÉREZ-CARASA, Íñigo. "Guía de tratamiento tributario de los NFTs (*tokens* no fungibles) en España (Parte I)", en *Cuadernos de Derecho y Comercio,* nº 77, 2022, pág. 66.

5 Contestaciones de la DGT a las consultas vinculantes número V0486-22, de 10 de marzo de 2022 y V2274-22, de 27 de octubre de 2022.

2. CONCEPTO Y CARACTERÍSTICAS DE LOS NFTS

Los NFTs son un tipo de criptoactivos, en concreto, un tipo de *tokens*, registrados en una *blockchain* que representan un derecho o activo físico (obra de arte, escultura, etc.) o digital (arte digital, cromos digitales, trajes o armas en videojuegos, etc.).

Las siglas NFT corresponden a *non fungible token*. Por tanto, los dos fundamentos esenciales que mejor explican su razón de ser son, por un lado, el hecho de ser *tokens* y, por otro, su no fungibilidad. Veamos más detalladamente estas dos características.

En primer lugar, los *tokens* son una categoría de criptoactivos. Atendiendo a la Propuesta de Reglamento en Mercados de Criptoactivos (en adelante, Propuesta MiCA[6]), los criptoactivos son “una representación digital de valor o derechos, que puede ser trasferida o almacenada electrónicamente a través de tecnologías de registro distribuido y otras tecnologías similares”.

Los *tokens*, de manera más simplificada, son códigos informáticos registrados en una *blockchain* cuya característica fundamental es representar un derecho o un activo físico o digital. Dichos *tokens* se emiten a través de *smart contracts*[7], los cuales consisten en secuencias prefijadas de ejecución automática y autónoma, de manera que, una vez incorporado al bloque, es invariable e inmodificable.[8]

Los *tokens*, a su vez, pueden ser fungibles o no fungibles. En virtud del artículo 337 del Código Civil, “los bienes muebles son fungibles o no fungibles. A la primera especie pertenecen aquellos de que no puede hacerse el uso adecuado a su naturaleza sin que se consuman; a la segunda especie corresponden los demás”.

Por ende, podemos deducir que un bien es fungible cuando las unidades son fácilmente intercambiables entre sí. Dicho de otra manera, cuando al propietario del bien le resulta indiferente ostentar la propiedad de un bien u otro. Un claro ejemplo de bien fungible es el dinero fiduciario. Un billete de cinco euros equivale a otro billete de cinco euros. Analógicamente, en el mundo digital, el *bitcoin*, al igual que el resto de criptomo-

---

6 Disponible en https://www.europarl.europa.eu/doceo/document/A-9-2022-0052_ES.html [consultado el 17/02/2023].

7 Una funcionalidad muy atractiva de los *smart contracts* es la posibilidad de programar que, una vez el creador original haya transmitido su NFT, reciba un porcentaje de las futuras reventas en concepto de comisión.

8 BARTOLOMÉ LARREY, C., *ob. cit.*, pág. 9.

nedas, podrían considerarse, en principio, como bienes fungibles e intercambiables entre sí.[9]

Los bienes no fungibles, por el contrario, ostentan propiedades únicas e irremplazables, por lo que no pueden sustituirse entre sí. Un claro ejemplo de no fungibilidad podría ser una obra de arte. En consecuencia con lo anterior, un NFT es un activo único e irrepetible que no puede intercambiarse por otro bien idéntico, sencillamente porque no existe otro igual.

Aclarado lo anterior, conviene hacer una precisión sobre la fungibilidad. Nótese que, por ejemplo, podrían emitirse *tokens* vinculados a armas en un videojuego. Incluso podría "tokenizarse" un bien, como podría ser un bien inmueble, con el objetivo de fraccionarlo y, así, aportar mayor liquidez en el mercado. En estos casos, los propietarios de los *tokens*, en igualdad de condiciones, podrían intercambiarlos entre sí sin que su patrimonio se viese alterado. En otras palabras, un jugador de un videojuego propietario de un *token* vinculado a un arma podría intercambiarlo por otro *token* de ese mismo arma, al igual que se puede intercambiar un billete de diez euros por otro.

En este contexto, la última versión de la Propuesta MiCA, a los efectos de determinar a qué criptoactivos les resulta aplicable el Reglamento, establece, en su considerando 8 bis, que "las partes fraccionarias de un criptoactivo único y no fungible no deben considerarse únicas y no fungibles. La sola atribución de un identificador único a un criptoactivo no es suficiente para clasificarlo como único o no fungible."

Por consiguiente, según la vigente Propuesta MiCA, los NFTs que "tokenizan" activos subyacentes fraccionados pueden ser intercambiados entre sí indistintamente y, por tanto, serían fungibles. Esto significa que la atribución de un identificador único, en el momento de crear el *token*, no equivale automáticamente a clasificarlo como único o no fungible.

En definitiva, consideramos que, para estar realmente hablando de un NFT, este debe poseer la característica fundamental de unicidad, lo cual no se cumpliría en su totalidad cuando se trate de partes fraccionarias de un criptoactivo único o cuando los activos o derechos representados no sean realmente únicos y no fungibles.[10]

---

9 EGEA PÉREZ-CARASA, I. "Guía de tratamiento tributario de los NFTs (*tokens* no fungibles) en España (Parte I)", *ob. cit.*, pág. 73.

10 RODRÍGUEZ, Mónica. "Los NFTs y su impacto regulatorio". *KPMG Tendencias*, 2022. Disponible en: https://www.tendencias.kpmg.es/2022/11/nfts-impacto-regulatorio/

3. TIPOLOGÍA DE NFTS

Lo que realmente presenta relevancia para conocer cómo deben tributar las operaciones con NFTs es, fundamentalmente, discernir cuál es el tipo de NFT en cuestión.

Como bien indica EGEA PÉREZ-CARASA[11], los NFTs pueden clasificarse de diversas maneras. Por ejemplo, podrían clasificarse según el elemento subyacente al que estén vinculados[12] o según el sector al que pertenecen.[13]

No obstante lo anterior, la clasificación más relevante a mi parecer sería la que puede realizarse desde una perspectiva técnica. Concretamente, podríamos diferenciar si la representación digital inscrita en *blockchain* es el activo digital en sí mismo (NFTs nativos), derechos subyacentes o de propiedad sobre dicho activo o, lo más común, metadatos que describen el objeto que se encuentra fuera de la cadena (*offchain*).[14]

El primer tipo de NFT, el cual constituye directamente el activo digital subyacente documentado en la red *blockchain*, es aquel que solo existe en este tipo de tecnología descentralizada, de forma que lo que se transmite, en este caso, sí que es la obra digital subyacente. Se trata del verdadero activo nativo de la cadena *blockcahin*. Sin embargo, dado el elevado coste de transcribir los datos en la cadena de bloques, lo cierto es que este tipo de NFT es muy poco común en la práctica.

En segundo lugar, existen NFTs que están vinculados a derechos de propiedad del activo subyacente. Siguiendo a GUADAMUZ[15], la transacción de este tipo de NFT constituye un contrato de compraventa, donde lo que se transmite es la titularidad del activo subyacente. No obstante, al igual que el tipo anterior, esta clase de NFT es muy residual en el mercado debido a los problemas que se presentan en la práctica. En concreto, los problemas

---

11 EGEA PÉREZ-CARASA, I. "Guía de tratamiento tributario de los NFTs (*tokens* no fungibles) en España (Parte I)", *ob. cit.*, págs. 79-86.

12 Pudiendo diferenciar NFTS de activos físicos, NFTs de activos digitales y NFTs vinculados a derechos. Incluso también podríamos mencionar los NFTs híbridos, es decir, aquellos que presenten características de varios de los NFTs mencionados anteriormente.

13 Ejemplos de sectores típicos en el mundo de los NFTs podrían ser el del arte, videojuegos, música, mundos virtuales, etc.

14 GUADAMUZ, Andrés. "*What do you buy when you buy a NFT?*", *TechnoLlama*, 2021. Disponibleen:https://www.technollama.co.uk/what-do-you-buy-when-you-buy-an-nft

15 GUADAMUZ, A., o*b. cit.*

que plantea GUADAMUZ en este tipo de NFT se basan fundamentalmente en la posibilidad de si el *smart contract* en sí mismo puede ser considerado un contrato legalmente válido para transmitir la propiedad y los derechos de propiedad intelectual del activo subyacente. Asimismo, otro problema a valorar es si el *smart contract* constituye una prueba de propiedad inicial del activo subyacente. Nótese que es posible asociar el NFT con la dirección pública de la cartera del creador del NFT, pero este criptoactivo, por sí mismo, no relaciona dicha clave pública con una persona del mundo real. Por tanto, podría ocurrir que el creador del NFT no fuese realmente el propietario del activo subyacente, o sí que lo fuera, pero hubiese cedido previamente los derechos patrimoniales de explotación o hubiese creado varios NFTs vinculados al mismo activo.

Finalmente, el tercer tipo de NFT, el más común en la práctica y al que hacen referencia las dos consultas vinculantes previamente mencionadas, es aquel que constituye un archivo de metadatos que representan o señalan el derecho o activo físico o digital subyacente. En este contexto, es importante hacer énfasis en que este tipo de NFT no es el activo o derecho subyacente en sí, sino simplemente un código inscrito en la *blockchain* que relaciona el NFT con dicho activo o derecho. Por tanto, debemos diferenciar, por un lado, el NFT y, por otro, el elemento subyacente.

En el mundo digital, mientras cualquier persona puede descargar o copiar el activo digital subyacente, solo el propietario del NFT es quien ostenta el código en la *blockchain* que lo señala.[16]

Por ello, resulta complejo comprender, al margen de la mera especulación, las razones por las que alguien estaría dispuesto a pagar enormes cantidades por este último tipo de NFT. Podría pensarse que lo que se adquiere es meramente el "derecho a presumir"[17]. Tal y como señala BARTOLOMÉ LARREY[18], este criptoactivo solo implica el reconocimiento de que es auténtico y se compró directamente a su creador original.[19] Además, algunos artistas añaden valor a sus creaciones mediante la incorporación de dere-

---

16 EGEA PÉREZ-CARASA, I. "Guía de tratamiento tributario de los NFTs (*tokens* no fungibles) en España (Parte I)", *ob. cit.*, págs. 94-99.

17 POSTH, SEBASTIAN. "*Four lessons of cryptoart*", 2021. Disponible en: https://posth.medium.com/four-lessons-of-cryptoart-efb7d7108791

18 BARTOLOMÉ LARREY, C., o*b. cit.*, págs. 21-22.

19 Aunque recordemos que, a priori, la transmisión del NFT permite la identificación de la clave pública del creador del NFT, pero no le relaciona con ninguna persona en el mundo real.

chos, ventajas o privilegios asociados a la tenencia del NFT: acceso limitado a la compra de representaciones de proyectos futuros, acceso a eventos donde pueden conocer al autor, posibilidad de recibir gratuitamente en el futuro nuevos criptoactivos vinculados al proyecto, derecho a voto en la toma de decisiones sobre proyectos, etc.

Hecha esta reflexión sobre el concepto, características y tipología de los NFTs, el siguiente paso es analizar su tributación. El presente trabajo se centra, en concreto, en la tributación indirecta de la tercera tipología de NFTs antes mencionada, la cual, además de ser la más común en el mercado, es la única que ha sido mencionada por la DGT.

4. TRIBUTACIÓN INDIRECTA DE LOS NFTS CON BASE EN LAS CONSULTAS V0486-22 Y V2274-22

4.1. Objeto de las consultas

Los consultantes son personas físicas que se dedican a la venta de ilustraciones mediante plataformas en Internet o *marketplaces*. Desde el primer momento se enfatiza que el objeto de la venta no son las ilustraciones en sí, sino el propio NFT, el cual no otorga los derechos subyacentes a la propiedad de la obra. En este contexto, cabe recordar que, dada la gran variedad de tipos de NFTs, el criterio establecido por la DGT no puede extrapolarse automáticamente a cualquier transmisión de NFT[20], sino que, al contrario, deberá analizarse el caso específico para poder determinar la correcta tributación. En concreto, habrá que analizar, entre otros aspectos, si se trata o no de un "NFT nativo", cuál es, en su caso, el activo subyacente representado (físico o digital) y cuáles son los derechos que se transmiten.

Pues bien, la subdirección general de Impuestos sobre el Consumo, en el caso concreto, define a los *tokens* no fungibles como "certificados digitales de autenticidad que, mediante la tecnología blockchain (la misma que se emplea en las criptomonedas) se asocia a un único archivo digital. Por tanto, los NFT actúan como activos digitales únicos que no se pueden cambiar entre sí, ya que no hay dos iguales y cuyo subyacente puede ser

---

[20] DE LA ROSA, Lara, DELGADO GARCÍA-POMAREDA, Jaime, FUENTES LAHOZ, David y GONZÁLEZ, Álvaro. "¿Un paso más contra la inseguridad jurídica de los NFTs?" en *Wolters Kluwer*, nº 6725, 2022.

todo aquello que pueda representarse digitalmente tales como una imagen, un gráfico, un vídeo, música o cualquier otro contenido de carácter digital, incluso obras de arte como pueden ser, en su caso, las que son objeto de consulta."

4.2. Condición de sujeto pasivo del IVA del transmitente de los NFTs

Las consultas analizan los artículos 4, 5, 8 y 11 de la Ley 37/1992, de 28 de diciembre del Impuesto sobre el Valor Añadido (en adelante, LIVA), con el objetivo de valorar la condición de sujeto pasivo del IVA del consultante.

Concretamente, y en relación con el apartado dos del artículo 5, "son actividades empresariales o profesionales las que impliquen la ordenación por cuenta propia de factores de producción materiales y humanos o de uno de ellos, con la finalidad de intervenir en la producción o distribución de bienes o servicios."

Por otro lado, cabe destacar que, cumpliéndose lo anterior, la frecuencia o habitualidad no tiene relevancia a la hora de valorar a la persona física como empresario o profesional a los efectos del IVA.[21] Ahora bien, la persona física no tendría la consideración de empresario o profesional si transmite solamente un NFT de manera aislada, puntual, sin intención de continuidad y efectuada al margen de una actividad empresarial o profesional.

No obstante, se recuerda en las mencionadas consultas que, si las entregas de bienes o prestaciones de servicios se realizan siempre sin contraprestación, la persona física tampoco adquiriría la condición de empresario o profesional a efectos del IVA y, por tanto, las operaciones quedarían no sujetas al mismo. Dicho lo cual, resulta difícil pensar el supuesto en el que exclusivamente se transmitan NFTs sin ánimo de lucro.[22]

---

21 Así lo entiende la DGT en su consulta número V1102-12: "puede predicarse que una persona o entidad tiene la consideración, o no, de empresario o profesional a efectos del Impuesto sobre el sobre el Valor Añadido y, por tanto, de sujeto pasivo de dicho Impuesto, de forma intermitente en el tiempo, en función del tipo de operaciones que realice, sean estas a título gratuito u oneroso."

22 El párrafo segundo del artículo 5.Uno. a) de la LIVA establece que "no tendrán la consideración de empresarios o profesionales quienes realicen exclusivamente entregas de bienes o prestaciones de servicios a título gratuito, sin perjuicio de lo establecido en la letra siguiente." El artículo

En la práctica, lo más común es que el transmitente del NFT tenga la consideración de empresario o profesional cuando sea el propio artista creador del elemento subyacente que acuña el NFT que pretende transmitir en el mercado primario. Posteriormente, las ulteriores transmisiones del mismo NFT llevadas a cabo entre inversores privados en el mercado secundario, se encontrarán, en la hipótesis de que los transmitentes tengan la condición de particulares, no sujetas a IVA, quedando, en consecuencia, sujetas al Impuesto sobre Transmisiones Patrimoniales y Actos Jurídicos Documentados (en adelante, ITP), en la modalidad de Transmisiones Patrimoniales Onerosas (en adelante, TPO).[23]

4.3. Entrega de bienes o prestación de servicios

Una vez determinada la sujeción a IVA, dada la condición de empresario o profesional del transmitente, lo siguiente a analizar es la condición de la operación, es decir, si se trata, a efectos del impuesto, de una entrega de bienes o de una prestación de servicios.

Esta calificación es de suma importancia, pues puede tener relevancia en la aplicación de las reglas de localización, en determinadas exenciones, en la manera de determinar la base imponible, en el devengo o en el tipo impositivo.[24]

Pues bien, dada la variedad de la tipología de los NFTs, no es posible unificar el criterio y, por ende, dependerá del caso concreto para poder calificar correctamente la operación como entrega de bienes o prestación de servicios.

En concreto, deberá analizarse, por un lado, si el NFT está referenciado a un activo físico o digital y, por otro, si a través de la operación se está o no transmitiendo la propiedad del activo subyacente o si se están trasmitiendo determinados derechos.

5.Dos. b), por su parte, hace referencia a "las sociedades mercantiles, salvo prueba en contrario".

23 EGEA PÉREZ-CARASA, Íñigo. "Guía de tratamiento tributario de los NFTs (*tokens* no fungibles) en España (Parte II)", *Cuadernos de Derecho y Comercio,* nº 78, 2022, pág. 76.

24 EGEA PÉREZ-CARASA, I. "Guía de tratamiento tributario de los NFTs (*tokens* no fungibles) en España (Parte II)", *ob. cit.*, pág. 79.

Dejando a un lado los NFTs nativos[25], infrecuentes en la práctica debido a su elevado coste a la hora de transcribir los datos en la cadena de bloques, las operaciones con NFTs vinculados a activos digitales (con independencia de si se transmite o no la propiedad o los derechos asociados a dichos activos digitales) se calificarían, en principio, como prestaciones de servicios, pues no existe ningún bien corporal y, por tanto, no se lleva a cabo ninguna entrega física.

Por el contrario, en cuanto a aquellos NFTs que están vinculados a activos físicos, habría que diferenciar, a su vez, si con la compraventa del NFT se transmite la propiedad o los derechos vinculados al activo físico subyacente. En este caso, entendemos que solo se produciría una entrega de bienes[26] en el supuesto en que se produzca una cesión total de derechos sobre el subyacente, de manera que se trasmita el poder de disposición del bien corporal.[27] En cambio, si no se ceden derechos vinculados al activo físico o la cesión es parcial, en nuestra opinión, la transmisión se calificaría como prestación de servicios en la medida que el artículo 11.Dos.4º de la LIVA considera prestaciones de servicios a "las cesiones y concesiones de derechos de autor, licencias, patentes, marcas de fábrica y comerciales y demás derechos de propiedad intelectual e industrial".

Volviendo a los casos concretos de las consultas analizadas[28], la DGT trae a colación la jurisprudencia del Tribunal de Justicia de la Unión Europea (en adelante, TJUE). En concreto, la Sentencia de 8 de febrero de 1990, *Shipping and Forwarding Enterpirese Safe BV*, Asunto C-320/88, donde

---

25 Recuérdese que eran aquellos que constituyen directamente el activo digital subyacente en la *blockchain*. Dada la inexistencia de entregas físicas y de bienes corporales, las operaciones con este tipo de NFTs probablemente se calificarían como prestaciones de servicios.

26 El concepto de entrega de bienes, regulado tanto en el artículo 8 de la LIVA como en el artículo 14.1 de la Directiva 2006/112/CE del Consejo, de 28 de noviembre de 2006, se configura como "la transmisión del poder de disposición sobre un bien corporal con las facultades atribuidas a su propietario".

27 EGEA PÉREZ-CARASA, I. "Guía de tratamiento tributario de los NFTs (*tokens* no fungibles) en España (Parte II)", *ob. cit.*, págs. 81-83.

28 Recordemos que el objeto de las consultas V0486-22 y V2274-22 es la transmisión de un NFT referenciado a un activo digital, pero lo que es objeto de transmisión es el propio NFT, no el archivo digital subyacente. A diferencia de los NFTs nativos, en estos casos existen dos activos digitales con entidad propia, esto es, por un lado, el archivo digital subyacente y, por otro, el NFT que representa dicho activo digital subyacente.

se concluye que el concepto de entrega de bienes a los efectos del IVA no puede ser interpretado a la luz del concepto de *traditio* de los ordenamientos jurídico de cada uno de los Estados miembros[29], sino que se trata de un concepto de Derecho comunitario y que, por tanto, precisa de una interpretación también comunitaria.

En definitiva, se concluye que procede la calificación de la venta de los NFTs objeto de las consultas como prestaciones de servicios y no como entregas de bienes, pues el bien subyacente tiene igualmente carácter de digital, por lo que no hay lugar a ninguna entrega física.

De igual modo, con fecha 22 de octubre de 2015, el TJUE, en el asunto C-264/14, declaró que, en virtud del artículo 135, apartado 1, letra e), de la Directiva 2006/112, constituyen operaciones exentas del IVA el intercambio de divisas tradicionales por unidades de la divisa virtual *bitcoin* y viceversa. En el ordenamiento jurídico español, la consulta vinculante número V2679-21, entre otras, en línea con la jurisprudencia del TJUE, concluye que los *bitcoins*, criptomonedas y demás monedas digitales son divisas, por lo que los servicios financieros vinculados con las mismas están exentos del IVA en los términos establecidos en el artículo 20.Uno.18º de la LIVA.

No obstante lo anterior, la subdirección general de Impuestos sobre el Consumo argumenta que los NFTs no participan de la naturaleza de las criptomonedas y demás divisas digitales al no configurarse como divisas ni tratarse de bienes fungibles.

Ante la falta de jurisprudencia comunitaria al respecto, consideramos que la conclusión a la que llega la DGT es técnicamente correcta. Sin embargo, algún autor[30] considera que, en la medida en que los NFTs sirvan como un mero instrumento de ahorro y especulación, se plantea la posibilidad de incluirlos en los supuestos de exención previstos en el mencionado artículo 20.Uno.18º de la LIVA para las operaciones financieras ("*demás valores no mencionados en las letras anteriores a este número*").

Desde una perspectiva de Derecho comparado, podemos mencionar que Noruega ha definido a los NFTs como un código digital único guardado en *blockchain* cuya venta debe ser gravada como servicio electrónico. Por su parte, Bélgica entiende que los NFTs son coleccionables digitales u

---

29 GARCÍA NOVOA, César. *Tributación de la Economía Digital.* XXXI Jornadas Latinoamericanas de Derecho tributario, Guatemala, 2023, pág. 205.

30 BARTOLOMÉ LARREY, C., *ob. cit.*, págs. 38-39.

objetos de arte digital, plenamente sujetos al IVA. Suiza también establece la sujeción al IVA de los NFTs, al definirlos como servicios digitales.[31]

4.4. Calificación de la operación como servicios prestados por vía electrónica

Descartada la calificación de la operación objeto de las consultas como entregas de bienes a efectos del impuesto, procede ahora entrar a valorar si la prestación de servicios debe ser calificada como servicios prestados por vía electrónica.

El artículo 69.Tres, ordinal 4º de la LIVA define los servicios prestados vía electrónica como "aquellos servicios que consistan en la transmisión enviada inicialmente y recibida en destino por medio de equipos de procesamiento, incluida la compresión numérica y el almacenamiento de datos, y enteramente transmitida, transportada y recibida por cable, radio, sistema óptico u otros medios electrónicos y, entre otros, los siguientes:

a) El suministro y alojamiento de sitios informáticos.

b) El mantenimiento a distancia de programas y de equipos.

c) El suministro de programas y su actualización.

d) El suministro de imágenes, texto, información y la puesta a disposición de bases de datos.

e) El suministro de música, películas, juegos, incluidos los de azar o de dinero, y de emisiones y manifestaciones políticas, culturales, artísticas, deportivas, científicas o de ocio.

f) El suministro de enseñanza a distancia.

A estos efectos, el hecho de que el prestador de un servicio y su destinatario se comuniquen por correo electrónico no implicará, por sí mismo, que el servicio tenga la consideración de servicio prestado por vía electrónica".[32]

Asimismo, los servicios prestados por vía electrónica son definidos también por el Reglamento 282/2011 del Consejo, de 15 de marzo, por el que se establecen disposiciones de aplicación de la Directiva 2006/112/CE. En concreto, en virtud de su artículo 7, "las «prestaciones de servicios efectuadas por vía elec-

---

[31] *Vid.* ECHEVARRÍA ZUBELDIA, Gorka. "¿Cabe hacer tributar los NFTs en IVA?", en *Wolters Kluwer*, nº 9603, 2022, pág. 3.

[32] Esta definición es transposición de lo dispuesto en el anexo II de la Directiva 2006/112/CE del Consejo, de 28 de noviembre, que ofrece un listado no exhaustivo de servicios electrónicos.

trónica» contempladas en la Directiva 2006/112/CE abarcarán los servicios prestados a través de Internet o de una red electrónica que, por su naturaleza, estén básicamente automatizados y requieran una intervención humana mínima, y que no tengan viabilidad al margen de la tecnología de la información.

2. El apartado 1 abarcará, en particular, los casos siguientes:

a) el suministro de productos digitalizados en general, incluidos los programas informáticos, sus modificaciones y sus actualizaciones;

b) los servicios consistentes en ofrecer o apoyar la presencia de empresas o particulares en una red electrónica, como un sitio o una página web;

c) los servicios generados automáticamente desde un ordenador, a través de Internet o de una red electrónica, en respuesta a una introducción de datos específicos efectuada por el cliente;

d) la concesión, a título oneroso, del derecho a comercializar un bien o servicio en un sitio de Internet que funcione como un mercado en línea, en el que los compradores potenciales realicen sus ofertas por medios automatizados y la realización de una venta se comunique a las partes mediante un correo electrónico generado automáticamente por ordenador;

e) los paquetes de servicios de Internet relacionados con la información y en los que el componente de telecomunicaciones sea una parte secundaria y subordinada (es decir, paquetes de servicios que vayan más allá del simple acceso a Internet y que incluyan otros elementos como páginas de contenido con vínculos a noticias, información meteorológica o turística, espacios de juego, albergue de sitios, acceso a debates en línea, etc.)."

En suma, para que el servicio se considere prestado por vía electrónica, debe prestarse a través de Internet o una red electrónica, de manera esencialmente automática, con una mínima intervención humana e imposible de prestar en ausencia de tecnologías de la información.

Especial énfasis merece el requisito de la mínima intervención humana. La DGT[33], en su consulta vinculante número V0716-16, de fecha 23 de febrero de 2016, donde analiza servicios prestados por artistas de forma digital, concluye lo siguiente: "De lo anterior se pone de manifiesto que la consultante presta servicios por vía electrónica en la medida que suministra contenidos digitales (ficheros de dibujos y grabados no personalizados) que sus clientes pueden descargar a través de internet, u otro medio electrónico.

---

33 En el mismo sentido se pronuncian las consultas número V2689-19, de 1 de octubre de 2019 y número V0025-21, de 14 de enero de 2021.

No obstante, si el consultante realiza prestaciones de servicios consistentes en el diseño personalizado de un determinado dibujo o escultura que es enviado por correo electrónico u otro medio electrónico, al cliente una vez realizado el mismo, deberá entenderse que esta prestación de servicios no supondrá, de acuerdo con la información contenida en el escrito de consulta, un servicio prestado por vía electrónica."

Por consiguiente, cabe diferenciar dos situaciones. Por un lado, estaremos ante servicios prestados por vía electrónica cuando los NFTs estén vinculados a contenidos digitales no personalizados que los clientes puedan descargar a través de internet.

Por el contrario, la operación no supondrá un servicio prestado por vía electrónica en el caso en que se realicen prestaciones de servicios consistentes en el diseño personalizado de un determinado activo digital que es enviado por correo electrónico u otro medio electrónico al cliente.[34]

Dado que en el caso objeto de consulta no existe un encargo por parte del cliente que implique un cierto grado de personalización, la DGT concluye que la transmisión del NFT se califica como servicios prestados por vía electrónica que, en caso de entenderse realizados en el territorio de aplicación del Impuesto, deben tributar al tipo general del 21 por ciento.

Al no afectar al caso concreto, la DGT no se pronuncia sobre las repercusiones en el supuesto en que las transmisiones de NFTs no se calificaran como servicios prestados por vía electrónica. A nuestro juicio, a este supuesto le resulta aplicable el artículo 20.Uno.26° de la LIVA, el cual declara exentos "los servicios profesionales, incluidos aquéllos cuya contraprestación consista en derechos de autor, prestados por artistas plásticos, escritores, colaboradores literarios, gráficos y fotográficos de periódicos y revistas, compositores musicales, autores de obras teatrales y de argumento, adaptación, guión y diálogos de las obras audiovisuales, traductores y adaptadores."

Por su parte, el artículo 5 del Texto Refundido de la Ley de Propiedad Intelectual, aprobado por el Real Decreto Legislativo 1/1996, de 12 de abril, señala que se considera autor a la persona natural que crea una obra literaria, artística o científica.

---

[34] ANERIOS PEREIRA, Jaime. "Los activos digitales y su valoración tributaria: cuestiones tributarias de los NFTs y de los criptoactivos". *La digitalización en los procedimientos tributarios y el intercambio automático de información.* Ed. Aranzadi, 2023, pág. 740.

En ese sentido, la mencionada consulta vinculante número V0716-16 hace referencia a la exención y afirma que "están exentos los servicios profesionales que, teniendo por objeto sus creaciones artísticas originales, presten a terceros las personas físicas que sean autores de esculturas, pinturas, dibujos, grabados, litografías, historietas gráficas, tebeos o cómics, así como sus ensayos y bocetos y las demás obras plásticas originales, sean o no aplicables."

Además, se menciona que, atendiendo al artículo 11 del citado Texto Refundido, "no solamente los creadores de obras originales, sino también quienes realizan obras derivadas o compuestas a partir de otras preexistentes, tales como traducciones, adaptaciones, revisiones, actualizaciones, anotaciones, compendios, resúmenes, extractos, arreglos musicales y cualesquiera otras transformaciones de obras científicas, literarias o artísticas en cuanto suponga una aportación personal y distinta de la obra preexistente."

Finalmente, se concluye que, siempre que los servicios prestados (no calificados como servicios prestados por vía electrónica), así como la transmisión de derechos intelectuales de propiedad inherentes a los mismos, se presten por personas físicas y no tengan la consideración de entrega de bienes[35], estarán sujetos pero exentos del IVA.[36]

---

35 Por tanto, si se transmite un NFT vinculado a un activo físico donde, además, se transmite la propiedad de dicho activo físico subyacente, la operación podría calificarse como entrega de bienes y, por tanto, no sería aplicable la exención del artículo 20.Uno.26º de la LIVA. Ahora bien, a pesar de que estas operaciones estuvieran sujetas y no exentas a IVA, el artículo 91. Uno. número 4 tipifica la aplicación del tipo impositivo reducido del 10 por ciento a "las importaciones de objetos de arte, antigüedades y objetos de colección, cualquiera que sea el importador de los mismos, y las entregas de objetos de arte realizadas por las siguientes personas: 1.º Por sus autores o derechohabientes. 2.º Por empresarios o profesionales distintos de los revendedores de objetos de arte a que se refiere el artículo 136 de esta Ley, cuando tengan derecho a deducir íntegramente el Impuesto soportado por repercusión directa o satisfecho en la adquisición o importación del mismo bien." A efectos del impuesto, los objetos de arte se encuentran enumerados en el artículo 136.Uno.2.º de la misma Ley.

36 A la misma conclusión llega la consulta vinculante número V0722-21, de 26 de marzo de 2021, al establecer que "los servicios prestados por la consultante, consistentes en la elaboración digital de retratos, estarían sujetos pero exentos del Impuesto en las condiciones señaladas, es decir, que se elaborasen de forma personalizada para el cliente y no tuviesen, por tanto, la consideración de servicios prestados por vía electrónica."

En consecuencia, para valorar si se aplica esta exención en relación con los NFTs, no solo habrá que analizar si la transmisión en concreto cumple con los requisitos anteriores, sino que, además, surge la duda de si el hecho de que el NFT no tenga el citado carácter de artístico podría ser un argumento que utilice la Administración tributaria para denegar la exención. En nuestra opinión, coincidimos con EGEA PÉREZ-CARASA al afirmar que, dado que el precepto hace referencia a "*servicios profesionales prestados por artistas*", podría pensarse que sí es aplicable la exención, a pesar de que la transmisión sea del NFT y no del activo subyacente.[37]

4.5. Lugar de realización del hecho imponible

Una vez calificada la operación como servicio prestado por vía electrónica, la siguiente circunstancia a tener en cuenta es si los adquirentes de los NFTs son empresarios o profesionales actuando como tales.

En relación con los servicios prestados por vía electrónica, las reglas de localización cuando el destinatario no tiene la condición de empresario o profesional se regulan en el artículo 70.Uno.4° y 8° de la LIVA. A continuación, desarrollamos los diferentes escenarios que pueden surgir de la aplicación de dichas reglas de localización.

En primer lugar, si el destinatario del servicio es un empresario o profesional actuando como tal, habrá que atenerse al lugar donde este se encuentre establecido. Si está localizado en la Península o Islas Baleares, nos encontramos ante una operación interna, es decir, el servicio se presta en el territorio de aplicación del Impuesto y está sujeto al IVA español. Por el contrario, si está establecido en un Estado miembro de la UE distinto de España, el servicio se encontraría sujeto al IVA del Estado miembro de destino y, por tanto, la factura se emitiría sin IVA español, aplicando el destinatario el mecanismo de inversión del sujeto pasivo. Finalmente, si el empresario se encuentra en Canarias, Ceuta, Melilla o fuera de la UE, el servicio no estaría sujeto a IVA.[38]

---

37 EGEA PÉREZ-CARASA, I. "Guía de tratamiento tributario de los NFTs (*tokens* no fungibles) en España (Parte II)", *ob. cit.*, págs. 105-106.

38 Sin perjuicio de su sujeción al Impuesto General Indirecto Canario (en adelante, IGIC) de acuerdo con la Ley 20/1991 o al Impuesto sobre la Producción, los Servicios y la Importación en las Ciudades de Ceuta y Melilla (en adelante, IPSI) según la Ley 8/1991.

Por otro lado, cuando el destinatario del servicio sea un consumidor final, igualmente, será necesario identificar el lugar donde esté establecido dicho particular. Al igual que en el supuesto anterior, si el cliente se localiza en la Península o Islas Baleares, la operación se califica como operación interna y, por ende, sujeta al IVA español. En cambio, si está establecido en otro Estado miembro de la UE, es necesario, a su vez, diferenciar dos escenarios. Por un lado, si el importe total de las prestaciones de servicios (excluido el impuesto) no supera en el año natural anterior la cantidad de 10.000 euros[39], se considerará que el servicio se localiza en España y, por ende, las operaciones estarán sujetas al IVA español.[40]Asimismo, si durante el año en curso se supera dicha cantidad, las operaciones tributarán en destino a partir de que se exceda dicho umbral. De igual manera, si el importe total de las prestaciones de servicios (excluido el impuesto) superó el umbral de los 10.000 euros, las operaciones tributarán en sede del destinatario.[41] Por último, si el cliente

---

39 El artículo 73 de la LIVA recoge el umbral máximo de servicios y ventas a distancia intracomunitarias de bienes que permite mantener la tributación en origen.
Desde el 1 de julio de 2021, este umbral incluye no solo los servicios prestados por vía electrónica, de telecomunicaciones y radiodifusión en las condiciones fijadas en el artículo 70.uno.4º y 8º de la LIVA, sino también las ventas a distancia intracomunitarias de bienes del artículo 68.Tres.a) y b) de la Ley del Impuesto. El umbral de 10.000 euros se aplica de forma global a todas las ventas a distancia intracomunitarias de bienes y servicios incluidos en el mismo, no teniéndose en cuenta las entregas interiores en el TAI en la medida en que no constituyen ventas a distancia intracomunitarias de bienes.

40 De acuerdo con el artículo 73. Dos de la LIVA, aunque no se haya superado el umbral de 10.000 euros, el empresario o profesional puede optar voluntariamente por tributar en destino. Esta opción comprende como mínimo dos años naturales. Si a su finalización no reitera esta opción, la misma es revocada automáticamente.

41 Con el objetivo de simplificar las obligaciones formales de los obligados tributarios, se crea el régimen de ventanilla única o One-Stop Shop (OSS). Se trata de un régimen voluntario que permite presentar las declaraciones de IVA desde un único punto en el Portal Web del Estado de identificación, evitando así la necesidad de identificarse y darse de alta en cada Estado miembro de consumo. De esta manera, el empresario o profesional liquida e ingresa el impuesto de todas sus ventas en territorio comunitario a la Agencia Tributaria española, quien, posteriormente, se encarga de distribuir los ingresos entre el resto de administraciones tributarias.
El artículo 163 unvicies.Tres.a) de la LIVA señala que el Reino de España será el Estado miembro de identificación "para los empresarios o profesionales que ten-

particular se localiza en Canarias, Ceuta, Melilla o fuera de la UE, los servicios no estarán sujetos al IVA.[42]

4.6. Regla de cierre o utilización efectiva

Finalmente, tanto la consulta número V0486-22 como la V2274-22 analizan la regla de cierre o utilización efectiva en el supuesto de servicios prestados por vía electrónica, para el caso en que el destinatario (particular, empresario o profesional) esté establecido o tenga su domicilio o residencia habitual en un país o territorio tercero a efectos del IVA. Según MATESANZ CUEVAS, es necesario algún tipo de pauta uniforme y esclarecedora a la hora de aplicar la norma, pues la interpretación que lleva a cabo la DGT al respecto es excesivamente amplia.[43]

La regla en cuestión se regula en el artículo 70.Dos de la LIVA, cuya redacción vigente en la fecha de ambas consultas (10 de marzo y 27 de octubre de 2022) disponía lo siguiente:

"Dos. Asimismo, se considerarán prestados en el territorio de aplicación del Impuesto los servicios que se enumeran a continuación cuando, conforme a las reglas de localización aplicables a estos servicios, no se entiendan realizados en la Comunidad, Islas Canarias, Ceuta o Melilla, pero su utilización o explotación efectivas se realicen en dicho territorio:

---

gan la sede de su actividad económica en el territorio de aplicación del impuesto y aquellos que no tengan establecida la sede de su actividad económica en el territorio de la Comunidad, pero tengan exclusivamente en el territorio de aplicación del impuesto uno o varios establecimientos permanentes."

Este régimen especial ha sido objeto de desarrollo por las siguientes Órdenes ministeriales: la Orden HAC/610/2021, de 16 de junio, que regula el modelo 369 de autoliquidación para los regímenes especiales en donde se declara la totalidad de ventas a distancia intracomunitarias de bienes que realice, y la Orden HAC/611/2021, de 16 de junio, que regula el formulario 035 de declaración censal que se tendrá que presentar en caso de acogerse a dicho régimen especial y en donde se deberá declarar el inicio, modificación o cese en la aplicación del régimen especial.

42 Sin perjuicio de su sujeción al IGIC en Canarias de acuerdo con la Ley 20/1991 o al IPSI en Ceuta y Melilla según la Ley 8/1991.

43 MATESANZ CUEVAS, Fernando. "Comentario a la contestación emitida por la Dirección General de Tributos a la consulta V0486-22, sobre la tributación en el IVA de la venta mediante subasta en internet de *tokens* no fungibles (NFT)", *Documentos-Grupo de Expertos, Sección Impuestos Indirectos, AEDAF*, 2022, pág. 6.

1.º Los enunciados en el apartado Dos del artículo 69 de esta Ley, cuyo destinatario sea un empresario o profesional actuando como tal.

2.º Los de mediación en nombre y por cuenta ajena cuyo destinatario sea un empresario o profesional actuando como tal.

3.º Los de arrendamiento de medios de transporte.

4.º Los prestados por vía electrónica, los de telecomunicaciones, de radiodifusión y de televisión."

Por ello, era necesario atenderse, fundamentalmente, a si los servicios debían utilizarse o explotarse efectivamente, desde un punto de vista económico, en el TAI. Para ello, era necesario el estudio de la jurisprudencia del TJUE[44], de la cual, como no podía ser de otra manera, se habían hecho eco tanto el Tribunal Supremo (en adelante, TS)[45] como el Tribunal Económico Administrativo Central (en adelante, TEAC)[46] en sus respectivas resoluciones. La DGT hace mención a dichos pronunciamientos y concluye, en definitiva, que el uso o explotación efectivo en el TAI es una cuestión de hecho que debía analizarse caso por caso.

Pues bien, el Preámbulo número VII de la Ley 31/2022, de 23 de diciembre, de Presupuestos Generales del Estado para el año 2023 (en adelante, LPGE de 2023) menciona que la regla de utilización o explotación efectiva se incorporó a la LIVA como medida antiabuso, pero ha puesto de manifiesto que limita la competitividad internacional de las empresas españolas sin que pueda justificarse como medida antifraude, sobre todo, en aquellos sectores cuyas actividades económicas son generadoras del derecho a la deducción.

En consecuencia, el artículo 73 de la LPGE de 2023 modifica el citado apartado Dos del artículo 70 de la LIVA, el cual queda redactado de la siguiente manera:

---

44 Sentencia del TJUE de 19 de febrero de 2009, asunto C-1/08, *Athesia Druck Srl* y Sentencia de 15 de abril de 2021, asunto C-593/19, *SK Telecom*.

45 Sentencia del TS de 16 de diciembre de 2019, número 1782/2019 y de 17 de diciembre de 2019, número 1817/2019.

46 Resolución del TEAC de 22 de julio de 2020 (procedimiento 00-01532-2017), donde se concluye que "el TJUE, por tanto, establece claramente que en prestaciones de servicios de publicidad, el país en el que se realiza la utilización y explotación efectiva es aquel desde el que se difunden los mensajes publicitarios, con independencia de que esa utilización la haga el destinatario inicial de la operación, o el destinatario de la cadena."

"Dos. Asimismo, se considerarán prestados en el territorio de aplicación del Impuesto los servicios que se enumeran a continuación cuando, conforme a las reglas referentes al lugar de realización aplicables a estos servicios, no se entiendan realizados en la Comunidad, Islas Canarias, Ceuta o Melilla, pero su utilización o explotación efectivas se realicen en dicho territorio:

1.° Los enunciados en el apartado dos del artículo 69 de esta ley y los de arrendamiento de medios de transporte, cuyo destinatario no tenga la consideración de empresario o profesional actuando como tal.

2.° Los referidos en la letra g) del apartado dos del artículo 69 de esta ley y los de arrendamiento de medios de transporte, cuyo destinatario sea un empresario o profesional actuando como tal."

Como se puede observar, la LPGE de 2023 ha excluido, entre otros, a los servicios prestados por vía electrónica como posible supuesto de aplicación de la regla de cierre o utilización efectiva. Por ello, actualmente, siempre que se transmita un NFT (calificado como servicio prestado por vía electrónica[47]) a un particular, empresario o profesional establecido en Canarias, Ceuta, Melilla o fuera de la UE, el servicio se encontrará no sujeto a IVA.

[47] Nótese que, a pesar de que la mayoría de las transmisiones de NFTs se podrían calificar como servicios prestados por vía electrónica, dada la variada tipología existente, es posible que resulte de aplicación otra regla especial de localización para la prestación de servicios y, en su caso, se aplicaría la regla de uso efectivo del artículo 70.Dos de la LIVA.
Algunos ejemplos de reglas especiales de localización para la prestación de servicios aplicables a NFTs podrían ser:
Cesiones y concesiones de derechos de autor, patentes, licencias, marcas de fábrica o comerciales y los demás derechos de propiedad intelectual o industrial, así como cualesquiera otros derechos similares (artículo 69.Dos. a) de la LIVA).
Los relacionados con bienes inmuebles (artículo 70.Uno 1.° de la LIVA).
El acceso a manifestaciones culturales, artísticas, deportivas, científicas, educativas, recreativas o similares, como las ferias y exposiciones, y los servicios accesorios al mismo, siempre que su destinatario sea un empresario o profesional actuando como tal y dichas manifestaciones tengan lugar efectivamente en el territorio de aplicación del impuesto (artículo 70.Uno.3.° de la LIVA).

4.6. Posición del intermediario y determinación del lugar y condición del cliente

En las transmisiones de NFTs, es fundamental el análisis de la posición del intermediario o comisionista, quien, actuando por cuenta ajena, puede actuar en nombre propio o en nombre ajeno.

Si actúa en nombre propio, tratándose de entrega de bienes, se entiende que se producen dos entregas de bienes, es decir, la efectuada por el comitente al comisionista y la de éste al cliente. Si se trata de prestaciones de servicios, se entiende que el comisionista en nombre propio recibe y presta dichos servicios.

Por otro lado, en el caso en que el intermediario actúe en nombre ajeno, independientemente del servicio de mediación, se llevaría a cabo una sola entrega de bienes o prestación de servicios, directamente del comitente al cliente final.[48]

Por consiguiente, es esencial conocer si el operador de la red que gestiona la subasta actúa en nombre ajeno o en nombre propio. Para ello, argumenta la consulta número V0486-22 que "habrá que estar a la naturaleza de las obligaciones contractuales derivadas del acuerdo suscrito entre las partes, pudiéndose tener en cuenta, entre otras circunstancias, quién asume el riesgo de pérdida en caso de impago por parte del comprador, quién asume la responsabilidad en caso de mal funcionamiento del producto digital o quién establece el precio final del producto digital satisfecho por el cliente."

En dicha consulta, atendiendo a la información proporcionada por el consultante, se concluye que no puede determinarse si la entidad encargada de la gestión de la subasta en línea actúa en nombre propio o ajeno. Ahora bien, dado que dicha entidad no es capaz de proporcionar al transmitente original del NFT la identidad concreta del comprador final, se decide contestar la consulta bajo la hipótesis de que la labor de intermediación actúa en nombre ajeno y, por tanto, la transmisión del NFT se lleva cabo directamente entre el consultante y el comprador final (y la operación debe facturarse por el propio consultante al comprador del NFT).

---

48 Según el artículo 8.Dos.6º de la LIVA, son entregas de bienes "las transmisiones de bienes entre comitente y comisionista que actúe en nombre propio efectuadas en virtud de contratos de comisión de venta o comisión de compra".
El artículo 11.Dos.15º de la misma Ley, por su parte, considera como prestación de servicios "las operaciones de mediación y las de agencia o comisión cuando el agente o comisionista actúe en nombre ajeno. Cuando actúe en nombre propio y medie una prestación de servicios se entenderá que ha recibido y prestado por sí mismo los correspondientes servicios".

En estas operaciones surge la problemática de identificar a los compradores de NFTs[49], puesto que la única identificación de los adquirentes es un nombre de usuario y una dirección pública de la plataforma o de otra *blockchain*, de la que proceden los fondos para pagar el NFT. Es decir, las transacciones *on line* se llevan a cabo de forma anónima, pues los compradores se identifican solamente mediante sus *nicks* o alias.

En este contexto, cabe destacar que el Reglamento de Ejecución (UE) nº 282/2011, del Consejo, de 15 de marzo de 2011, por el que se establecen disposiciones de aplicación de la Directiva 2006/112/CE relativa al sistema común del IVA contiene una serie de reglas para determinar la ubicación del cliente de los servicios tecnológicos.

En ese sentido, el artículo 24 bis del Reglamento de Ejecución 282/2011 establece determinadas presunciones de ubicación para los servicios referidos:

> "1. A efectos de los artículos 44, 58 y 59 bis de la Directiva 2006/112/CE, cuando un prestador de servicios de telecomunicaciones, de radiodifusión y televisión, o de servicios prestados por vía electrónica, preste dichos servicios en ubicaciones tales como una cabina telefónica, una zona de acceso inalámbrico WIFI, un cibercafé, un restaurante o el vestíbulo de un hotel, en las que ese prestador requiera la presencia física en ese lugar del destinatario de los servicios, se presumirá que el cliente está establecido, tiene su domicilio o su residencia habitual en dicha ubicación y que es en ella donde tiene lugar el uso y disfrute efectivo del servicio.
>
> 2. Cuando la ubicación mencionada en el apartado 1 del presente artículo esté situada a bordo de un buque, un avión o un tren que lleve a cabo un transporte de pasajeros dentro de la Comunidad de conformidad con lo dispuesto en los artículos 37 y 57 de la Directiva 2006/112/CE, el país de la ubicación será el país de partida del transporte de pasajeros.".

Asimismo, el artículo 24 ter del citado Reglamento de Ejecución, establece las siguientes presunciones:

> "A efectos del artículo 58 de la Directiva 2006/112/CE, en el caso de los servicios de telecomunicaciones, de radiodifusión y televisión, o de la prestación de servicios efectuada por vía electrónica, prestados a una persona que no tenga la condición de sujeto pasivo:

---

[49] Por motivos de protección de datos, seguridad o privacidad, las plataformas actúan de forma opaca y, por ende, a pesar de que en ocasiones los compradores se identifican, dichas plataformas no suelen compartir sus datos.

a) a través de su línea fija terrestre, se presumirá que el cliente está establecido, tiene su domicilio o su residencia habitual, en el lugar de instalación de la línea fija terrestre;

b) a través de redes móviles, se presumirá que el cliente está establecido, tiene su domicilio o su residencia habitual en el país identificado por el código de teléfono móvil nacional de la tarjeta SIM utilizada para la recepción de dichos servicios;

c) para los que sea necesario utilizar un dispositivo descodificador o similar o una tarjeta de televisión, y en los que no se utilice una línea fija terrestre, se presumirá que el cliente está establecido, tiene su domicilio o su residencia habitual, en el lugar donde se encuentre el descodificador o dispositivo similar o, si ese lugar no se conociera, en el lugar al que se envíe la tarjeta de televisión para ser utilizada en ese lugar;

d) en circunstancias distintas de las mencionadas en los artículos 24 bis y en las letras a), b) y c) del presente artículo, se presumirá que el cliente está establecido o tiene su domicilio o residencia habitual en el lugar que sea determinado como tal por el prestador basándose en dos elementos de prueba no contradictorios de los enumerados en el artículo 24 septies[50] del presente Reglamento.

Sin perjuicio de lo dispuesto en el párrafo primero, letra d), en lo que respecta a las prestaciones de servicios contempladas en la citada letra, cuando el valor total de tales servicios, excluido el IVA, prestados por un sujeto pasivo desde la sede de su empresa o desde un establecimiento permanente ubicado en un Estado miembro no exceda de 100 000 EUR o su contravalor en moneda nacional, durante el año civil corriente y el anterior, la presunción será que el cliente está establecido o tiene su domicilio o residencia habitual en el lugar que sea determinado como tal por el prestador basándose en un elemento de prueba de los enumerados en el artículo 24 septies, letras a) a e), facilitado por una persona, distinta del prestador y del cliente, que intervenga en la prestación de los servicios.

---

50 Los elementos de prueba regulados en el artículo 24 septies del Reglamento 282/2011 son los siguientes:
"a) la dirección de facturación del cliente;
b) la dirección de protocolo internet del dispositivo utilizado por el cliente o cualquier sistema de geolocalización; c) los datos bancarios, como el lugar en que se encuentra la cuenta bancaria utilizada para el pago, o la dirección de facturación del cliente de la que disponga el banco;
d) el código de móvil del país (MCC) de la identidad internacional del abonado del servicio móvil almacenado en la tarjeta SIM (módulo de identidad del abonado) utilizada por el cliente;
e) la ubicación de la línea fija terrestre del cliente a través de la cual se le presta el servicio;
f) otra información relevante desde el punto de vista comercial."

Si en el curso de un año civil se supera el umbral fijado en el párrafo segundo, dicho párrafo dejará de aplicarse a partir de ese momento y hasta que vuelvan a cumplirse las condiciones que en él se establecen.

El valor del mencionado importe en moneda nacional se calculará aplicando el tipo de cambio publicado por el Banco Central Europeo en la fecha de adopción del Reglamento de Ejecución (UE) 2017/2459.".

En la práctica, a pesar de estas presunciones, la falta de transparencia e información en un mercado con unas características tan particulares como el de los NFTs hará que aquel empresario o profesional establecido en España que se dedique a la transmisión de este tipo de criptoactivos deberá probablemente, por defecto, liquidar el IVA por todas y cada una de las operaciones realizadas.[51] Es decir, ante la falta de información, el vendedor de NFTs establecido en España que quisiera evitar posibles controversias con la Administración tributaria, se verá obligado a adoptar un criterio de prudencia y repercutir el IVA español.[52]

Pues bien, analizada la consulta número V0486-22, la DGT parece dar un cambio interpretativo en su siguiente consulta número V2274-22, puesto que afirma lo siguiente: "cuando la plataforma en línea que facilita la venta de los NFTs actúe ante los adquirentes en su propio nombre, se entenderá que la misma ha recibido y prestado, por sí misma, los servicios en cuestión, como parece ocurrir en el supuesto objeto de consulta."

Es decir, la DGT, siendo consciente de que a los vendedores de NFTs les resulta imposible identificar a los compradores y que las presunciones del Reglamento 282/2011 son insuficientes para solucionar el problema, cambia de criterio interpretativo sosteniendo esta vez que debe ser la propia plataforma quien actúe en nombre propio en la venta de los NFTs a los adquirentes finales.

La argumentación jurídica de lo anterior se basa en el artículo 9 bis del Reglamento 282/2011, introducido por el Reglamento de ejecución número 1042/2011, de 7 de octubre, por el que se modifica el Reglamento de Ejecución (UE) 282/2011, donde, a falta de otros elementos de prueba, se establece una presunción en relación con el lugar de reali-

---

51 PÉREZ POMBO, Emilio. "El IVA en las operaciones de venta de NFT's", *FiscalBlog,* 2022. Disponible en: https://fiscalblog.es/?p=7566

52 EGEA PÉREZ-CARASA, I. "Guía de tratamiento tributario de los NFTs (*tokens* no fungibles) en España (Parte II)", *ob. cit.*, pág. 94.

zación de las prestaciones de servicios. En concreto, dicho artículo establece lo siguiente:

> "1. A efectos del artículo 28 de la Directiva 2006/112/CE, cuando se presten servicios por vía electrónica a través de una red de telecomunicaciones, de una interfaz o de un portal, como por ejemplo un mercado de aplicaciones, se presumirá que un sujeto pasivo que toma parte en la prestación actúa en nombre propio pero por cuenta del prestador de dichos servicios, salvo que el prestador sea reconocido expresamente como tal por ese sujeto pasivo y que ello quede reflejado en los acuerdos contractuales entre las partes.
>
> Para que se considere que el prestador de servicios por vía electrónica ha sido reconocido expresamente como tal por el sujeto pasivo, deberán cumplirse las siguientes condiciones:
>
> a) la factura emitida o facilitada por cada sujeto pasivo que participe en la prestación de los servicios por vía electrónica deberá indicar con precisión cuáles son tales servicios y el prestador de estos servicios;
>
> b) el recibo o la factura que se haya emitido o facilitado al cliente deberá indicar con precisión los servicios prestados por vía electrónico y el prestador de estos servicios.
>
> A efectos del presente apartado, un sujeto pasivo que, respecto a la prestación de servicios efectuada por vía electrónica, autorice el cargo al cliente o la prestación de los servicios, o fije los términos y las condiciones generales de la prestación, no podrá indicar expresamente a otra persona como prestadora de dichos servicios.
>
> 2. Se aplicará asimismo el apartado 1 cuando los servicios telefónicos prestados a través de internet, incluido el protocolo de transmisión de la voz por internet (VoIP), se presten a través de una red de telecomunicaciones, una interfaz o un portal como un mercado de aplicaciones y en las mismas condiciones que las establecidas en dicho apartado.
>
> 3. Lo dispuesto en el presente artículo no se aplicará a los sujetos pasivos que se encarguen solamente del procesamiento de los pagos relativos a servicios prestados por vía electrónica o a servicios telefónicos prestados a través de internet, incluido el protocolo de transmisión de la voz por internet (VoIP), y que no participen en la prestación de esos servicios telefónicos o prestados por vía electrónica."

En definitiva, la presunción de actuación de la plataforma en nombre propio implica que en la transmisión del NFT surgen dos operaciones. En primer lugar, una prestación de servicios del transmitente del NFT a la plataforma y, en segundo lugar, otra prestación de servicios de la plataforma al adquirente del NFT.

Este cambio de criterio significa que los vendedores de NFTs simplemente tendrán que identificar el lugar donde se encuentre establecida la plataforma en línea que gestiona la venta y, posteriormente, aplicar las reglas de localización anteriormente comentadas. Por tanto, las plataformas, al actuar en nombre propio, son quienes llevan a cabo la segunda prestación de servicios y, en consecuencia, son ellas quienes tienen la carga de identificar a los compradores finales, su condición de particulares, empresarios o profesionales y el lugar donde estén establecidos.

4.6. Contraprestación en criptomonedas

Finalmente, lo más común en la transmisión de NFTs es que la contraprestación no se lleve a cabo mediante dinero fiduaciario (por ejemplo, euros o dólares), sino mediante criptodivisas, lo cual constituye, a su vez, otra operación sujeta a IVA[53] o a TPO (dependiendo de la condición de particular, empresario o profesional del comprador del NFT), pero, en principio, exenta en ambos impuestos.

Si el comprador del NFT es empresario o profesional y actúa como tal, es necesario traer a colación la ya mencionada Sentencia del TJUE de fecha 22 de octubre de 2015, David Hedqvist (asunto C-264/14), en la que el Tribunal ha interpretado en el apartado 53 de la mencionada Sentencia que "el artículo 135, apartado 1, letra e), de la Directiva del IVA se refiere igualmente a unas prestaciones de servicios como las controvertidas en el litigio principal, consistentes en un intercambio de divisas tradicionales por unidades de la divisa virtual «bitcoin», y viceversa, y realizadas a cambio del pago de un importe equivalente al margen constituido por la diferencia entre, por una parte, el precio al que el operador de que se trate compre las divisas y, por otra, el precio al que las venda a sus clientes."

La DGT[54], haciendo mención a dicha jurisprudencia, ha interpretado que "los bitcoins, criptomonedas y demás monedas digitales son divisas a efectos del IVA, por lo que los servicios financieros vinculados con las mismas están exentos del Impuesto sobre el Valor Añadido en los términos establecidos en el artículo 20.Uno.18° de la LIVA." Ahora bien, la jurispru-

---

53 Aunque si llegáramos a la conclusión, que a día de hoy no compartimos, que el pago mediante criptodivisas es una entrega de dinero, la operación se encontraría no sujeta a IVA, y ello en virtud del artículo 7.12.° de la LIVA, el cual establece la no sujeción a *"las entregas de dinero a título de contraprestación o pago"*.

54 Consultas vinculantes número V2034-18 y V2679-21, entre otras.

dencia del TJUE no aborda la cuestión del cambio de criptodivisas por un bien o servicio[55], sino un intercambio entre criptomonedas y dinero de curso legal, operación financiera que declara sujeta y exenta del impuesto.

A pesar de lo anterior, llegamos a la conclusión de que la transmisión de criptodivisas a cambio de un bien o servicio (en nuestro caso, un NFT) también es una operación sujeta y exenta a IVA, y ello es debido, en nuestra opinión, además de por la jurisprudencia del TJUE[56] (aunque no resuelva expresamente la tributación de esta operación), a que carecería de sentido que la conversión de criptodivisas a euros estuviera exenta (y su posterior adquisición del bien o servicio mediante euros, no sujeta), pero la transmisión directa de criptodivisas por el bien o servicio sí tributara en IVA.

Esta conclusión no es pacífica, ya que existen autores[57] que, al entregar una criptomoneda como medio de pago para adquirir un bien o servicio, abogan por considerar que estamos ante una permuta y, por ende, deberá determinarse la base imponible de acuerdo con lo dispuesto en el artículo 79 de la LIVA. Al igual que PÉREZ POMBO, discrepamos de esta interpretación, ya que "la transmisión de una criptomoneda no es equiparable a la entrega de un bien o servicio, al modo de un trueque o mero intercambio de bienes. La criptomoneda tiene como finalidad básica servir de medio de pago, como cualquier otra moneda fiduciaria, siendo legal su uso pese a que ella no se le reconozca la condición de moneda de curso legal."[58]

Por otro lado, si el transmitente de criptomonedas a cambio del NFT no actúa como empresario o profesional, dicha transmisión se encontrará sujeta al TPO. No obstante, en virtud del artículo 45.1.B) 4. del TRLITP,

---

55 CARBAJO VASCO, Domingo. "El desarrollo de las criptomonedas y su tributación. Cuestiones y respuestas". Serie Doctrinal nº1. *Blockchain Law Institute.* 2018.

56 "49. Pues bien, las operaciones relativas a divisas no tradicionales, es decir, a divisas distintas a las monedas que son medios legales de pago en uno o varios países, constituyen operaciones financieras siempre que tales divisas hayan sido aceptadas por las partes de una transacción como medio de pago alternativo a los medios legales de pago y no tengan ninguna finalidad distinta de la de ser un medio de pago."

57 GÓMEZ JIMÉNEZ, Carlos. "El Bitcoin y su tributación", en *Revista Contabilidad y Tributación*, CEF, nº 380, 2014 y MIRAS MARÍN, Norberto. "El régimen jurídico-tributario del bitcoin", en *Revista Contabilidad y Tributación, CEF*, nº 406, 2017.

58 PÉREZ POMBO, Emilio. *Fiscalidad de las criptomonedas.* Ed. Atelier Libros Jurídicos, Barcelona, 2020, pág. 59.

están exentas "las entregas de dinero que constituyan el precio de bienes o se verifiquen en pago de servicios personales, de créditos o indemnizaciones. Las actas de entrega de cantidades por las entidades financieras, en ejecución de escrituras de préstamo hipotecario, cuyo impuesto haya sido debidamente liquidado o declarada la exención procedente".

Nuevamente concordamos con PÉREZ POMBO en el sentido de que "las criptomonedas, como medios de pago, deberían subsumirse en la acepción de "dinero", con independencia de que sean dinero o no, a los efectos legales, y, por consiguiente, deberían quedar exentas también del gravamen del ITP, en la modalidad TPO."[59]

Sin embargo, al igual que la posible exención mencionada anteriormente en relación con el IVA, sería conveniente que la Administración tributaria proporcionara seguridad jurídica y se pronunciara al respecto, por ejemplo, en un informe con criterios interpretativos o aclaratorios.[60] En este contexto, recuérdese que, conforme al artículo 14 de la LGT, "no se admitirá la analogía para extender más allá de sus términos estrictos el ámbito del hecho imponible, de las exenciones y demás beneficios o incentivos fiscales."

5. REFLEXIONES FINALES

La irrupción de la tecnología descentralizada y todo lo que ello conlleva supone un gran desafío para el ordenamiento jurídico. Con ánimo de afrontarlo, es necesario adaptar la legislación a este nuevo reto para garantizar certeza y seguridad jurídica a los operadores económicos. En caso contrario, la interpretación y la aplicación de la legislación vigente a las operaciones con criptoactivos generará inevitablemente una incertidumbre que podría desembocar en fuentes de conflictos con la Administración tributaria.

En ese sentido, son bien recibidas las contestaciones a las consultas vinculantes de la DGT que se han analizado en el presente trabajo. En parti-

---

59 PÉREZ POMBO, E. *Fiscalidad de las criptomonedas, ob. cit.*, pág. 62.

60 Al igual que en otras temáticas, donde podemos descargar criterios de carácter general en la aplicación de los tributos en el portal de la Agencia tributaria: https://sede.agenciatributaria.gob.es/Sede/normativa-criterios-interpretativos/doctrina-criterios-interpretativos/criterios-caracter-general-aplicacion-tributos.html

cular, consideramos acertado el cambio de criterio recogido en la consulta número V2274-22 respecto a la consulta V0486-22, en el sentido de valorar la actuación de las plataformas en nombre propio y no en nombre ajeno, pues son estas las que mayor facilidad tienen a la hora de identificar a los compradores de los NFTs.

Dicho lo cual, el hecho de que la DGT se haya pronunciado al respecto no significa que se haya resuelto definitivamente el tema sobre la tributación indirecta de los NFTs.[61] A falta de que se pronuncien los tribunales (sobre todo, el TJUE), cabe recordar que las consultas de la DGT son solo aplicables en tanto en cuanto el objeto sea análogo. Por ello, dada la diferente tipología y características de los criptoactivos, habrá que analizar caso por caso el NFT en cuestión para ser capaces de valorar correctamente su tributación.

Finalmente, si bien es cierto que en el Libro Blanco sobre la Reforma del Sistema Tributario[62] no se hace mención a los NFTs en particular, sí se hace referencia a los criptoactivos. En concreto, coincidimos con las propuestas número 60[63] y 61[64] en el sentido de, por un lado, la adaptación del ordenamiento tributario español al mundo de los criptoactivos y, por otro, la emisión, por parte de la Administración tributaria, de un informe con criterios interpretativos o aclaratorios. Es decir, encontramos necesaria la adaptación del ordenamiento jurídico actual a los criptoactivos, lo cual clarificaría la tributación de los mismos y, además, nos parece más que criticable el hecho de que los pronunciamientos de la Administración tributaria provengan exclusivamente de consultas concretas y no existan criterios generales que arrojarían mayor certidumbre y seguridad jurídica.

---

61 No solo en materia de IVA. Nos encontramos, asimismo, ante una inquietante inseguridad jurídica en la tributación del TPO (ámbito territorial, tipo impositivo aplicable, etc.), que se manifiesta, fundamentalmente, en el mercado secundario.

62 AA. VV. *Libro Blanco sobre la Reforma del Sistema Tributario,* Instituto de Estudios Fiscales, Madrid, 2022.

63 "Propuesta 60. Realizar adaptaciones en las distintas figuras impositivas estatales (en especial, IRPF, IS, IP) para evidenciar la sujeción a gravamen de la titularidad de cripto activos, clarificar la calificación fiscal de las rentas derivadas de las operaciones con cripto activos e incorporar reglas específicas de valoración." Pág. 555.

64 "Propuesta 61. Facilitar una interpretación sistemática sobre la fiscalidad de los cripto activos. Un instrumento adecuado a este fin podría ser la facultad de dictar resoluciones interpretativas o aclaratorias de las leyes y demás normas en materia tributaria contenida en el artículo 12.3 de la Ley General Tributaria." Pág. 555.

BIBLIOGRAFÍA

AA. VV. *Libro Blanco sobre la Reforma del Sistema Tributario,* Instituto de Estudios Fiscales, Madrid, 2022.

ANERIOS PEREIRA, Jaime. "Los activos digitales y su valoración tributaria: cuestiones tributarias de los NFTs y de los criptoactivos". *La digitalización en los procedimientos tributarios y el intercambio automático de información.* Ed. Aranzadi, 2023, págs. 735-750.

BARTOLOMÉ LARREY, Carlos. "Fiscalidad del criptoarte: Tributación de las criptomonedas y los NFT", en *Revista De Contabilidad y Tributación, CEF,* nº 478, 2023, págs. 5-42.

CARBAJO VASCO, Domingo. "El desarrollo de las criptomonedas y su tributación. Cuestiones y respuestas". Serie Doctrinal nº1. *Blockchain Law Institute.* 2018.

DE LA ROSA, Lara, DELGADO GARCÍA-POMAREDA, Jaime, FUENTES LAHOZ, David y GONZÁLEZ, Álvaro. "¿Un paso más contra la inseguridad jurídica de los NFTs?" en *Wolters Kluwer,* nº 6725, 2022.

DE MIGUEL CANUTO, Enrique. "Ventas de tokens o fichas virtuales relativas a activos digitales ante el Impuesto sobre el Valor Añadido", en Wolters *Kluwer,* nº 7009, 2022.

DESANTES, Andrés, FERNÁNDEZ-LASQUETTY, Javier, RODRÍGUEZ DE LAS HERAS, Teresa y FERNÁNDEZ-TRESGUERRES, Ana. "Los desafíos del metaverso". *Informe FIDE 2020-2021,* págs. 52-67.

ECHEVARRÍA ZUBELDIA, Gorka. "¿Cabe hacer tributar los NFTs en IVA?", en *Wolters Kluwer,* nº 9603, 2022.

EGEA PÉREZ-CARASA, Íñigo. "Guía de tratamiento tributario de los NFTs (*tokens* no fungibles) en España (Parte I)", en *Cuadernos de Derecho y Comercio,* nº 77, 2022, págs. 63-130.

EGEA PÉREZ-CARASA, Íñigo. "Guía de tratamiento tributario de los NFTs (*tokens* no fungibles) en España (Parte II)", en *Cuadernos de Derecho y Comercio,* nº 78, 2022, págs. 17-142.

ESPUGA TORNÉ, Gerard. "Régimen jurídico de los tokens no fungibles (NFT). Breve referencia a su posible consideración como valores negociables", en *Wolters Kluwer,* nº 6045, 2022.

GARCÍA NOVOA, César. *Tributación de la Economía Digital.* XXXI Jornadas Latinoamericanas de Derecho tributario, Guatemala, 2023, págs. 203-209.

GÓMEZ JIMÉNEZ, Carlos. "El Bitcoin y su tributación", en *Revista Contabilidad y Tributación,* CEF, nº 380, 2014.

GUADAMUZ, Andrés. "*What do you buy when you buy a NFT?*", *TechnoLlama,* 2021. Disponible en: https://www.technollama.co.uk/what-do-you-buy-when-you-buy-an-nft

HERNÁNDEZ ALER, Gloria. "Avances en la regulación de los criptoactivos, los NFT y otros activos digitales". *Informe FIDE 2020-2021,* págs. 69-74.

MATESANZ CUEVA, Fernando. "Comentario a la contestación emitida por la Dirección General de Tributos a la consulta V0486-22, sobre la tributación en el IVA de la venta mediante subasta en internet de *tokens* no fungibles (NFT)", *Documentos-Grupo de Expertos, Sección Impuestos Indirectos, AEDAF,* 2022.

MIRAS MARÍN, Norberto. "El régimen jurídico-tributario del bitcoin", en *Revista Contabilidad y Tributación, CEF,* nº 406, 2017.

PÉREZ BERNABEU, Begoña. "La Administración tributaria frente al anonimato de las criptomonedas: la seudonimia del Bitcoin". *Documento de Trabajo. VI Encuentro de Derecho Financiero y Tributario. Tendencias y retos del Derecho Financiero y Tributario (1ª parte),* Instituto de Estudios fiscales, nº10, 2018, págs. 149-161.

PÉREZ POMBO, Emilio. "El IVA en las operaciones de venta de NFT's", *FiscalBlog,* 2022. Disponible en: https://fiscalblog.es/?p=7566

PÉREZ POMBO, Emilio. *Fiscalidad de las criptomonedas.* Ed. Atelier Libros Jurídicos, Barcelona, 2020.

POSTH, SEBASTIAN. "*Four lessons of cryptoart*", 2021. Disponible en: https://posth.medium.com/four-lessons-of-cryptoart-efb7d7108791

RODRÍGUEZ, Mónica. "Los NFTs y su impacto regulatorio". *KPMG Tendencias,* 2022. Disponible en: https://www.tendencias.kpmg.es/2022/11/nfts-impacto-regulatorio/

Una aproximación a la fiscalidad indirecta aplicable a las operaciones efectuadas a través de plataformas tecnológicas de colaboración social

ANTONIO JOSÉ RAMOS HERRERA

Doctor en Derecho. Universidad de Granada

RESUMEN

La aplicación de la normativa fiscal a las operaciones efectuadas a través de las plataformas tecnológicas de colaboración social no se trata de una cuestión exenta de polémica, puesto que la misma se encuentra con importantes dificultades fundamentalmente a la hora de identificar quienes son las personas contribuyentes y cuáles son los ingresos imponibles, al existir una destacable falta de información acerca de quienes son sus personas usuarias, suministradoras de bienes o prestadoras de servicios, siendo práctica habitual que dichas plataformas tecnológicas efectúen planificaciones fiscales agresivas debido fundamentalmente a la existencia de diferentes prácticas fiscales dentro del territorio de la Unión Europea.

Es por ello, por lo que la clave para el análisis de la fiscalidad indirecta que le es de aplicación se encuentra en la localización de la plataforma tecnológica de colaboración social o en la existencia de establecimiento permanente en el Estado donde se produce la actividad de economía colaborativa, puesto que ello va a determinar tanto el gravamen de los suministros de bienes y de las prestaciones de servicios, como las rentas percibidas por la persona usuaria, suministradora de bienes o prestadora de servicios, debiéndose tener en cuenta otros aspectos tales como el tipo de consumo colaborativo en el que participa o las condiciones impuestas por parte de la plataforma tecnológica para que se produzca la economía colaborativa.

No obstante, no debemos olvidar que con carácter general, en el supuesto de la imposición indirecta, las plataformas tecnológicas de colaboración social cuando ejercen su actividad económica tienen la consideración de empresarios o profesionales a efectos del Impuesto sobre el Valor Añadido, en los supuestos en los que prestan servicios a título oneroso, con independencia de si actúan como prestadores directos de un servicio, en nombre y por cuenta propia o si se trata de un comisionista en operaciones realizadas directamente entre sus personas usuarias, debido fundamentalmente a que la calificación de una operación y su encuadre dentro del presupuesto de hecho de las normas tributarias se debe efectuar teniendo en consideración su naturaleza jurídica y no su naturaleza económica, puesto que la Administración Tributaria tiene la posibilidad de recalificar la operación de manera independiente a la calificación que le den los obligados tributarios.

PALABRAS CLAVE: Economía colaborativa, fiscalidad indirecta, plataformas tecnológicas, usuarios, recursos compartidos.

ABSTRACT

The application of tax regulations to operations carried out through technological platforms for social collaboration is not an issue without controversy, since it encounters significant difficulties, mainly when it comes to identifying who the taxpayers are and what are the taxable income, as there is a notable lack of information about who their users, suppliers of goods or service providers are, it being a common practice for said technological platforms to carry out aggressive tax planning, mainly due to the existence of different tax practices within of the territory of the European Union.

For this reason, the key to the analysis of the indirect taxation that is applicable to it is found in the location of the technological platform for social collaboration or in the existence of a permanent establishment in the State where the economic activity takes place. collaborative, since this will determine both the tax on the supply of goods and the provision of services, as well as the income received by the user, supplier of goods or service provider, taking into account other aspects such as the type of of collaborative consumption in which it participates or the conditions imposed by the technological platform for the collaborative economy to take place.

However, we must not forget that in general, in the case of indirect taxation, technological platforms for social collaboration when they carry out their economic activity are considered businessmen or professionals for the purposes of Value Added Tax, in cases where those who provide services for consideration, regardless of whether they act as direct providers of a service, in their own name and on their own behalf, or if it is a commission agent in operations carried out directly between their users, mainly due to the fact that the qualification of a operation and its framing within the factual budget of the tax regulations must be carried out taking into account its legal nature and not its economic nature, since the Tax Administration has the possibility of reclassifying the operation independently of the classification given by the taxpayers.

KEYWORDS: Collaborative economy, indirect taxation, technological platforms, users, shared resources.

1. INTRODUCCIÓN

Las nuevas tecnologías, tal y como afirman ANTÓN ANTÓN, BILBAO ESTRADA y ALFONSO SÁNCHEZ[1], han transformado los paradigmas

---

1 ANTÓN ANTÓN, A., y BILBAO ESTRADA, I.: "El consumo colaborativo en la era digital: un nuevo reto para la fiscalidad", *Instituto de Estudios Ficales, Doc. núm. 26, 2016* (consultado en http://www.ief.es/documentos/recursos/publicaciones/documentos_trabajo/2016_26.pdf); y ALFONSO SÁNCHEZ,

clásicos de la fiscalidad, lo cual ha supuesto un impacto en los sistemas tributarios, debido a que en algunos supuestos las nuevas manifestaciones de capacidad económica no se encuentran sujetas a tributación alguna y, en otros supuestos se requiere que se aborden importantes cambios normativos, tal y como pone de manifiesto DOMÉNECH PASCUAL[2]. En particular, la aparición de nuevos modelos de negocio que utilizan las plataformas tecnológicas para obtener rentas a través de la utilización compartida de bienes o de servicios, origina que se reduzcan los enlaces intermedios y los costes empresariales, apareciendo un sistema de redistribución de la renta entre nuevos operadores económicos, que compite de forma directa con modelos de negocio tradicionales, tratándose de un modelo de economía colaborativa que combina recursos disponibles con necesidades, puesto que sin duda alguna, tal y como señala URQUIZU CAVALLÉ[3], facilitar el intercambio de servicios genera un modelo de negocio, más técnico y perfeccionado, pero no diferenciado de otros modelos anteriores que se han movido bajo las mismas premisas.

En este contexto, la Comisión Europea[4] describe la economía colaborativa, como aquellos modelos de negocio en los cuales se facilitan actividades a través de plataformas tecnológicas de colaboración social que originan un mercado abierto para el uso temporal de mercancías o de servicios que son ofrecidos a menudo por particulares, lo cual genera transacciones que se pueden realizar con o sin ánimo de lucro y que, con carácter general, no implican un cambio de propiedad, lo cual origina que el Parlamento Europeo[5] considere que la economía colaborativa se trata de

---

R.: "Economía colaborativa: un nuevo mercado para la economía social", *XVI Congreso de Investigadores en Economía Social y Cooperativa, Economía Social: crecimiento económico y bienestar, CIRIEC, 16-21 octubre 2016* (consultado en http://ciriec.es).

2 DOMÉNECH PASCUAL, G.: "La regulación de la economía colaborativa (El caso "Uber contra el taxi")", *CEF Legal, núm. 175-176, 2015*, págs. 66-67.

3 URQUIZU CAVALLÉ, A.: "El modelo de negocios basado en compartir bienes y/o servicios: marcos jurídicos y tributación (II)", *Quincena Fiscal, núm. 11, 2019* (consultado en http://www.aranzadi.es).

4 COMISIÓN EUROPEA: *"Comunicación de la Comisión al Parlamento Europeo, al Consejo, al Comité Económico y Social Europeo y al Comité de las Regiones: Una Agenda Europea para la economía colaborativa"*, COM (2016) 356 final, de 2 de junio de 2016.

5 PARLAMENTO EUROPEO: *"Resolución sobre una Agenda Europea para la economía colaborativa"*, 2016/2003(INI), de 15 de junio de 2017.

una nueva forma de integración entre la economía y la sociedad en cuyo ámbito los servicios ofrecidos se basan en relaciones muy diversas entre sí que integran las relaciones económicas en el entramado social y crean nuevos modelos comunitarios y de empresas.

En concreto, el Parlamento Europeo[6] considera que en la economía colaborativa y en sus modelos de negocio se suelen distinguir diversas categorías de agentes, tales como, los prestadores de servicios, que se tratan de particulares que ofrecen servicios, activos, competencias o tiempo, de forma gratuita o previo pago, de manera ocasional, denominándose en este caso como pares, o a título profesional, denominándose en este supuesto como profesionales; usuarios de dichos servicios; y plataformas colaborativas que conectan en tiempo real la oferta con la demanda para facilitar las transacciones.

Por su parte, la Asociación Española de la Economía Digital (Adigital) y Sharing España[7] considera a la economía colaborativa como aquellos modelos en los cuales una plataforma tecnológica de colaboración social actúa como intermediaria con el objetivo de facilitar la utilización, el intercambio o la inversión de bienes o recursos, entre iguales, particulares o empresas, o entre particulares y empresas, con o sin contraprestación económica. A diferencia de ello, en la economía bajo demanda sí se establece una relación comercial entre las personas suministradoras de bienes o prestadoras de servicios y sus clientes finales, puesto que engloba modelos de consumo y provisión de servicios en los que la plataforma tecnológica de colaboración social actúa como intermediaria, pero en este caso entre una persona profesional, que presta el servicio, y un cliente final al cual el servicio se adapta a sus necesidades y preferencias, existiendo una contraprestación económica y por tanto, ánimo de lucro.

En este contexto, lo más adecuado es que la economía colaborativa sea definida, tal y como afirma MACHANCOSES GARCÍA[8], de una mane-

---

6 PARLAMENTO EUROPEO: *"Informe sobre una Agenda Europea para la economía colaborativa"*, A8-0195/2017, de 11 de mayo de 2017.

7 ADIGITAL y SHARING ESPAÑA: *"Los modelos colaborativos y bajo demanda en plataformas digitales"*, 2017 (consultado en https://www.adigital.org/informes-estudios/los-modelos-colaborativos-demanda-plataformas-digitales/).

8 MACHANCOSES GARCÍA, E.: "Economía de plataforma en los servicios de transporte terrestre de pasajeros: Retos tributarios de la imposición directa sobre el usuario y la plataforma", *Quincena Fiscal, núm. 15, 2017* (consultado en http://www.aranzadi.es).

ra respetuosa acorde con el actual contexto socioeconómico, motivo por el cual se debe hacer referencia al ámbito de la colaboración ciudadana matizada por la incorporación de las nuevas tecnologías, en la que desde una óptica subjetiva solamente tendría cabida las prestaciones entre particulares. A este respecto, SCHOLZ[9] considera que el nacimiento de la economía colaborativa por medio de las plataformas tecnológicas no estaba pensado para desarrollarse de la forma en que lo ha hecho, puesto que sin duda alguna la idea de eliminar barreras para compartir bienes infrautilizados o de sacar algo de dinero en el tiempo libre, que podría identificarse con el cooperativismo de plataforma, se ha ido transformando en un fenómeno que en muchas ocasiones se identifica con el capitalismo de plataforma.

Ante esta realidad, los cambios sociales y económicos que se han producido, tal y como indica CRUZ PADIAL[10], no originan que se produzca un cambio inmediato en los sistemas jurídicos, pero sin embargo plantea una readaptación de los mismos a esta nueva realidad económica y social basada en el uso de la tecnología, motivo por el cual se producen lagunas jurídicas y problemas de aplicación de las antiguas reglas a la nueva economía que emerge, debido fundamentalmente a que tal y como señala NAVARRO EGEA[11], "la lentitud del aparato jurídico se traduce, por ahora, en el silencio de las normas ante esta realidad", lo cual provoca que tanto la Administración Tributaria como los actores de este nuevo modelo de negocio basado en el reparto de recursos, tengan que delimitar las situaciones tributarias dentro de la normativa existente.

En particular, la importancia que está adquiriendo tanto la economía colaborativa como la correspondiente aparición de plataformas tecnológicas de colaboración social, requiere que se efectúe un análisis tanto de las distintas operaciones que se realizan a través de ellas, como de las consecuencias tributarias que derivan de las mismas para las citadas plataformas tecnológicas, las personas suministradoras de bienes o prestadoras de

---

9 SCHOLZ, T.: *"Cooperativismo de Plataforma. Desafiando la economía colaborativa corporativa"*, Dimmons, Barcelona, 2016.

10 CRUZ PADIAL, I.: "Sistema tributario: su falta de adecuación al contexto actual originado por el proceso de globalización económica", *Nueva Fiscalidad, núm. 9, 2007,* pág. 12.

11 NAVARRO EGEA, M.: "La economía colaborativa ante la Hacienda Pública", en VV.AA., *Retos jurídicos de la economía colaborativa en el contexto digital,* Thomson Reuters, Cizur Menor, 2017, pág. 524.

servicios y los clientes finales, puesto que la economía colaborativa a través de plataformas colaborativas digitales facilita que los particulares puedan ofertar bienes y servicios en un mercado global, tal y como pone de manifiesto ANEIROS PEREIRA[12].

No obstante, a este respecto el Comité Económico y Social Europeo[13] "no considera que sea necesario un nuevo régimen fiscal específico para las empresas de la economía colaborativa. En su lugar, cree que es esencial incrementar las modalidades de colaboración y coordinación entre los Estados miembros y entre las distintas administraciones implicadas dentro de cada país, de manera que los entes públicos puedan adaptarse a la velocidad y al dinamismo de la economía digital y de la economía colaborativa".

2. LA NECESARIA CLARIFICACIÓN DEL RÉGIMEN TRIBUTARIO APLICABLE A LAS OPERACIONES EFECTUADAS A TRAVÉS DE PLATAFORMAS TECNOLÓGICAS DE COLABORACIÓN SOCIAL

Como recuerda BILBAO ESTRADA[14], la mayoría de los Estados han optado por clarificar el régimen tributario que se aplica a las operaciones efectuadas a través de plataformas tecnológicas de colaboración social, por medio de guías, orientaciones, consultas, etc. En este sentido, las plataformas tecnológicas también han incluido en sus condiciones legales, referencias a la fiscalidad y algunos Estados requieren a las plataformas tecnológicas para que informen sobre sus obligaciones tributarias, incluyendo la remisión de informes periódicos sobre las transacciones realizadas. A este respecto, la irrupción de profesionales que prestan servicios a través de estas plataformas tecnológicas ha originado que determinados Estados miembros de la Unión Europea utilicen diferentes criterios con el objetivo de distinguir estos servicios profesionales, adoptando mecanismos de fijación de umbrales elaborados sobre una base sectorial, los cuales distinguen

---

12 ANEIROS PEREIRA, J.: "IVA y economía colaborativa: cuestiones fiscales del arrendamiento de inmuebles a través de plataformas digitales (el caso de Airbnb)", *QuincenaFiscal, núm. 5, 2018* (consultado en http://www.aranzadi.es).

13 COMITÉ ECONÓMICO Y SOCIAL EUROPEO: *"Dictamen sobre la Fiscalidad de la economía colaborativa. Análisis de posibles políticas impositivas ante el crecimiento de la economía colaborativa". (Dictamen exploratorio solicitado por la Presidencia estonia),* (2018/C 081/09), de 19 de octubre de 2017.

14 BILBAO ESTRADA, I.: "Fiscalidad directa del consumo colaborativo, deberes de información y derecho comparado", *ob. cit.*

entre particulares y profesionales en virtud de los ingresos generados o de la regularidad con la que se presta el servicio.

En este contexto, resulta de vital importancia la colaboración de las plataformas tecnológicas para facilitar la aplicación del sistema tributario y su consiguiente control, puesto que las mismas tienen en su poder toda la información necesaria para ello, destacando la Comisión Europea[15] que las plataformas tecnológicas han "creado nuevas oportunidades para ayudar a las autoridades fiscales y los contribuyentes a cumplir sus obligaciones fiscales. Esto es posible, en particular, gracias a la mayor rastreabilidad permitida por la intermediación de las plataformas en línea. Ya es una práctica corriente en algunos Estados miembros concluir acuerdos con las plataformas para la recaudación de impuestos".

En este mismo sentido, el Parlamento Europeo[16], celebra el hecho de que el auge de la economía colaborativa haya intensificado la competencia y retado a los operadores actuales a centrarse en las demandas reales de los consumidores, motivo por el cual se debe asegurar la libre circulación, la portabilidad y la interoperabilidad de los datos, para desarrollar una competencia abierta y leal que proteja la información de las personas usuarias y de sus datos personales, motivo por el cual se debe tener en cuenta que las plataformas digitales hacen posible una mayor trazabilidad de las transacciones económicas lo cual posibilita el cumplimiento de las obligaciones fiscales y su aplicación, motivo por el cual se hace necesaria la colaboración entre las autoridades competentes y las plataformas tecnológicas colaborativas en el cumplimiento de las obligaciones fiscales y en la recaudación de impuestos, para alcanzar la efectividad de la imposición de obligaciones tributarias funcionalmente similares a las empresas que prestan servicios comparables en la economía tradicional, puesto que fundamentalmente los impuestos deben pagarse donde se generan los beneficios.

En esta línea, cabe recordar que el artículo 96.1 de la Ley 58/2003, de 17 de diciembre, General Tributaria, establece que "la Administración tributaria promoverá la utilización de las técnicas y medios electrónicos, informáticos y telemáticos necesarios para el desarrollo de su actividad y el ejercicio de sus competencias, con las limitaciones que la Constitución y las

---

15 COMISIÓN EUROPEA: *"Comunicación de la Comisión al Parlamento Europeo, al Consejo, al Comité Económico y Social Europeo y al Comité de las Regiones: Una Agenda Europea para la economía colaborativa"*, ob.cit.

16 PARLAMENTO EUROPEO: *"Resolución sobre una Agenda Europea para la economía colaborativa"*, ob. cit.

leyes establezcan", lo cual va a permitir, como afirman DELGADO GARCÍA y OLIVER CUELLO[17], que una vez captada la información por parte de las Administraciones Tributarias, éstas puedan proceder a su tratamiento con la finalidad de utilizarla como herramienta para la generación de una decisión o de una actuación automatizada. En este sentido, no debemos olvidar la existencia de la obligación de informar sobre la cesión de uso de viviendas con fines turísticos, establecida en el artículo 54 ter del Real Decreto 1065/2007, de 27 de julio, por el que se aprueba el Reglamento General de las actuaciones y los procedimientos de gestión e inspección tributaria y de desarrollo de las normas comunes de los procedimientos de aplicación de los tributos, tras la redacción efectuada por la disposición final segunda del Real Decreto 366/2021, de 25 de mayo, por el que se desarrolla el procedimiento de presentación e ingreso de las autoliquidaciones del Impuesto sobre las Transacciones Financieras y se modifican otras normas tributarias.

3. LA APLICACIÓN DEL RÉGIMEN TRIBUTARIO EN LOS MODELOS DE NEGOCIOS DE ECONOMÍA COLABORATIVA

La economía colaborativa, con carácter general, suele originar una alteración en el sujeto, puesto que la persona jurídica o profesional, que tradicionalmente era suministradora de bienes o prestadora de servicios a personas físicas, se ha visto favorecida por la intermediación de las plataformas tecnológicas de colaboración social, sin producir nuevos negocios jurídicos. Es por ello, por lo que las relaciones, negocios o inversiones que se originen entre las plataformas tecnológicas de colaboración social y las personas físicas particulares que actúan en el tráfico jurídico pueden efectuarse por medio de cualquiera de las figuras existentes tanto en el mercado como en el ordenamiento jurídico, lo cual origina que el Derecho Tributario, en virtud de lo dispuesto en el artículo 13 de la Ley 58/2003, de 17 de diciembre, General Tributaria[18], garantice que el gravamen que se apli-

---

[17] DELGADO GARCÍA, A.M. y OLIVER CUELLO, R.: "La actuación administrativa automatizada. Algunas experiencias en el ámbito tributario", *Revista Catalana de Derecho Público, núm. 35, 2007* (consultado en http://revistes.eapc.gencat.cat).

[18] En particular, el artículo 13 de la Ley 58/2003, de 17 de diciembre, General Tributaria, establece que "las obligaciones tributarias se exigirán con arreglo a la naturaleza jurídica del hecho, acto o negocio realizado, cualquiera

que tenga correspondencia con la verdadera capacidad económica que se pone de manifiesto por medio de los hechos de la realidad que se califican.

Ello origina que se deba distinguir si la plataforma tecnológica de colaboración social y la persona que suministra bienes o presta servicios actúan con la intención de obtener ingresos, dado que en este supuesto la operación debe estar sometidas a gravamen, mientras que si la persona actúa únicamente con la pretensión de compensar gastos, compartir o intercambiar un bien o un servicio, las operaciones que se realizan pueden no estar sujetas a gravamen alguno o si lo están deben ser tipificadas como exentas del mismo. En concreto, URQUIZU CAVALLÉ[19] considera que el actual modelo de negocios basado en la economía colaborativa plantea problemas en cinco aspectos correlacionados entre sí, como son: la delimitación de la sujeción impositiva e identificación de los elementos tributarios; la determinación del sujeto obligado tributario; la comunicación a las Administraciones Tributarias de las operaciones y de los usuarios de las plataformas tecnológicas; la información tributaria específica dirigida a los usuarios de las plataformas digitales; y la colaboración de las plataformas digitales en la recaudación de los tributos devengados.

En este contexto, la Comisión Europea[20] defiende el tratamiento neutro desde el punto de vista fiscal de la economía colaborativa frente a la economía tradicional, postulando la imposición de obligaciones tributarias funcionalmente similares a los sujetos que prestan servicios comparables, motivo por el cual insta a los Estados miembros "a proseguir también sus esfuerzos de simplificación, aumentando la transparencia y publicando orientaciones en línea sobre la aplicación de la normativa fiscal a los modelos de empresa colaborativa", lo cual ha conllevado que los distintos Estados afronten de forma diversa la cuestión relativa a la fiscalidad del consumo colaborativo y, en particular, la aplicación de los impuestos en este ámbito de la economía.

---

que sea la forma o denominación que los interesados le hubieran dado, y prescindiendo de los defectos que pudieran afectar a su validez".

19 URQUIZU CAVALLÉ, A.: "El modelo de negocios basado en compartir bienes y/o servicios: marcos jurídicos y tributación (II)", *ob. cit.*

20 COMISIÓN EUROPEA: *"Comunicación de la Comisión al Parlamento Europeo, al Consejo, al Comité Económico y Social Europeo y al Comité de las Regiones: Una Agenda Europea para la economía colaborativa", ob. cit.*

4. LA IMPOSICIÓN INDIRECTA EN LAS OPERACIONES DERIVADAS DE LA ECONOMÍA COLABORATIVA

En relación con la fiscalidad indirecta de la economía colaborativa, la Comisión Europea[21] considera que a las transacciones que se efectúen en el ámbito de dicha economía por medio de plataformas tecnológicas de colaboración social se le aplica la normativa vigente en la Unión Europea, en materia del Impuesto sobre el Valor Añadido. En concreto, el Comité del Impuesto sobre el Valor Añadido[22] concreta que en las operaciones de entregas de bienes o de prestaciones de servicios efectuadas por parte de particulares por medio de plataformas tecnológicas de colaboración social, debe distinguirse si existe contraprestación económica o no, puesto que en los supuestos en los que la misma se produce, dichas operaciones tienen la consideración de imponibles a efectos de aplicación de la Directiva 2006/112/CE del Consejo, de 28 de noviembre de 2006, relativa al sistema común del Impuesto sobre el Valor Añadido[23]. Por su parte, en las plataformas tecnológicas de colaboración social en las que la descarga de su aplicación, la utilización de su página web o la prestación de servicios es gratuita, no se aplicaría la Directiva 2006/112/CE del Consejo,

---

21 En particular, la COMISIÓN EUROPEA: *"Pregunta al Comité del Impuesto sobre el Valor Añadido relativa al tratamiento del Impuesto sobre el Valor Añadido en la economía colaborativa"*, Documento de trabajo núm. 878, de 22 de septiembre de 2015, distingue los tres siguientes tipos de transacciones en los que las personas proporcionan bienes o servicios a través de plataformas tecnológicas de colaboración social: I) los bienes o servicios prestados a título oneroso; II) los bienes o servicios intercambiados de manera directa entre dos personas; y III) los bienes o servicios proporcionados por la persona a un fondo común administrado por la plataforma tecnológica de colaboración social, la cual le concede a la persona el derecho de obtener a cambio otros bienes o servicios proporcionados a ese fondo común por otras personas.

22 Se hace necesario recordar que el Comité del Impuesto sobre el Valor Añadido fue creado en virtud de lo dispuesto en el artículo 398 de la Directiva 2006/112/CE, del Consejo, de 28 de noviembre de 2006, relativa al sistema común del Impuesto sobre el Valor Añadido, con el objetivo de promover una aplicación uniforme de la regulación establecida en dicha Directiva. No obstante, dado que se trata de un comité consultivo sin competencias legislativas, sus opiniones no representan una interpretación oficial del Derecho de la Unión Europea motivo por el cual las mismas no obligan ni a la Comisión Europea ni a los Estados Miembros de la Unión Europea.

23 COMITÉ DEL IMPUESTO SOBRE EL VALOR AÑADIDO: *"Acta de la 105.ª Reunión"*, Documento de trabajo núm. 887, de 26 de octubre de 2015.

de 28 de noviembre de 2006, relativa al sistema común del Impuesto sobre el Valor Añadido.

En particular, tanto el Tribunal de Justicia de la Unión Europea[24] como el Tribunal Supremo[25], consideran que las transacciones que se derivan de la economía colaborativa deben gravarse en virtud de la aplicación de los principios de capacidad económica y de neutralidad del Impuesto sobre el Valor Añadido, aunque sin embargo pueden existir dudas sobre su legalidad debido a que dichas transacciones pueden no contar con las autorizaciones o con las licencias pertinentes para su realización, lo cual origina que a la hora de calificar una operación y de encuadrarla en el presupuesto de hecho de las normas tributarias se hace necesario tener en cuenta su naturaleza jurídica y no su naturaleza económica, lo que sin duda alguna permite que la Administración Tributaria pueda recalificar la operación de forma independiente a la calificación que los obligados tributarios le den a la misma. En este sentido, como pone de manifiesto GARCÍA NOVOA[26], la función de calificación que tradicionalmente tiene asignada la Administración Tributaria se ha convertido en una función recalificadora debido a que la generalización de las autoliquidaciones lleva a que la calificación sea efectuada por parte de los particulares, al realizar las declaraciones, las liquidaciones propias o las declaraciones informativas sobre terceras personas.

4.1. *Una aproximación a la imposición indirecta aplicable a las plataformas tecnológicas de colaboración social*

La actividad que desempeñan las plataformas tecnológicas de colaboración social suele ser habitualmente la de intermediación propia de un prestador de servicios de la sociedad de la información, según manifiesta la

---

[24] En concreto, cabe destacar las Sentencias del Tribunal de Justicia de la Unión Europea de 29 de junio de 2000 (Asunto C-455/98, *Kaupo Salumets y otros*), de 17 de febrero de 2005 (Asuntos acumulados C-453/02, *Finanzamt Gladbeck* y C-462/02, Finanzamt *Herne-West*), y de 29 de abril de 2010 (Asunto C-230/08, *Dansk Transport og Logistik*).

[25] En este sentido, se pronuncian las Sentencias del Tribunal Supremo núm. 1493/1999, de 21 de diciembre y núm. 20/2001, de 28 de marzo.

[26] GARCÍA NOVOA, C.: "Las potestades de calificación y recalificación como mecanismos antielusorios en el derecho español", *THEMIS: Revista de Derecho, núm. 51, 2005* (consultado en http://revistas.pucp.edu.pe).

Asociación Española de la Economía Digital (Adigital) y Sharing España[27], motivo por el cual no se puede considerar como economía colaborativa o bajo demanda en su sentido literal, pues se trata de una actividad mercantil de intermediación a través de la cual se favorece el contacto entre personas que suministran bienes o prestan servicios con sus clientes finales, con la finalidad de que sean ellas las que puedan llevar a cabo las actividades de economía colaborativa o bajo demanda propiamente dichas. En particular, estos servicios prestados por las plataformas tecnológicas de colaboración social se deben calificar, tal y como pone de manifiesto CUBERO TRUYO[28], como una operación de mediación, agencia o comisión cuando el agente o comisionista actúa en nombre ajeno o en nombre propio, de conformidad con lo establecido en el artículo 11. Dos. 15.° de la Ley 37/1992, de 28 de diciembre, del Impuesto sobre el Valor Añadido.

En el caso particular de la fiscalidad indirecta, a efectos del Impuesto sobre el Valor Añadido, las plataformas tecnológicas de colaboración social se consideran como empresarios o profesionales, cuando presten servicios a título oneroso, con independencia de si actúan como prestadores directos de servicios, en nombre y por cuenta propia o si se tratan de comisionistas en operaciones realizadas directamente entre sus personas usuarias[29], motivo por el cual le son de aplicación las reglas de localización de los servicios establecidas en los artículos 69, 70 y 72 de la Ley 37/1992, de 28 de diciembre, del Impuesto sobre el Valor Añadido.

En este contexto, de conformidad con lo dispuesto en el artículo 69. Uno de la Ley 37/1992, de 28 de diciembre, del Impuesto sobre el Valor Añadido, si la condición del destinatario es la de empresario, la tributación en España estaría determinada en virtud de la presencia de su cese, de su establecimiento permanente, de su residencia o de su domicilio, en el territorio de aplicación del Impuesto. Sin embargo, cuando el destinatario del servicio de mediación estuviera establecido en un país o en un territorio tercero, se debería tener en cuenta el criterio de utilización o de explotación efectiva que coloca el punto de conexión en España, de con-

---

27 ADIGITAL y SHARING ESPAÑA, *"Los modelos colaborativos y bajo demanda en plataformas digitales"*, ob. cit.

28 CUBERO TRUYO, A., en VV.AA., *Curso de Derecho Tributario. Parte especial*, Tecnos, Madrid, 2016, págs. 665 y sig.

29 Véase a FALCÓN Y TELLA, R.: "La tributación de Uber (Plataforma de servicios de transporte de vehículos particulares)", *Quincena Fiscal, núm. 13, 2014* (consultado en http://www.aranzadi.es).

formidad con lo establecido en el artículo 70. Dos de la Ley 37/1992, de 28 de diciembre, del Impuesto sobre el Valor Añadido, tal y como afirma la Dirección General de Tributos en contestación a Consulta V2393-16, de 1 de junio del 2016. Por su parte, en los supuestos en los que el destinatario del servicio no actúa como empresario sino como particular, es de aplicación la regulación establecida en el artículo 69. Uno. 2.º de la Ley 37/1992, de 28 de diciembre, del Impuesto sobre el Valor Añadido, el cual localiza el hecho imponible en el territorio de aplicación del Impuesto si es ahí donde está el domicilio o la residencia habitual de dicho particular.

En este sentido, la Dirección General de Tributos, en contestación a Consulta V2448-15, de 3 de agosto de 2015, analiza el supuesto de una empresa alemana con establecimiento y registro a efectos del Impuesto sobre el Valor Añadido en dicho país, la cual se dedica a la gestión de arrendamientos a través de su página web en la que los propietarios de inmuebles en España pueden publicitarse para proporcionar información de los mismos, a cambio del abono de una cuota derivada de la reserva, la cual es retenida por la empresa y sobre la que se deduce del precio del alquiler al que el arrendador tiene derecho, como consecuencia de la prestación del servicio de intermediación y de otros servicios accesorios de asesoramiento, gestión de cobro y promoción. En concreto, la Dirección General de Tributos considera que se trata de un servicio sujeto al Impuesto sobre el Valor Añadido en los supuestos en los que su destinatario sea un empresario o un profesional que actúe como tal, y el alojamiento se encuentre ubicado en el territorio de aplicación del Impuesto, siempre que el alojamiento no tenga la consideración de hotelero o análogo. Asimismo, la Dirección General de Tributos estima que el servicio de intermediación que la citada empresa alemana presta a los titulares de alojamientos se encuentra sujeto al Impuesto sobre el Valor Añadido en los supuestos que se trate de viviendas que no presten los servicios complementarios propios de la industria hotelera, cuando sus destinatarios, empresarios o profesionales tengan la sede de su actividad económica, su establecimiento permanente, su domicilio o su residencia habitual, en el territorio de aplicación del Impuesto en el que van a efectuarse los servicios, con independencia del lugar en el que se ubique el alojamiento, de conformidad con lo establecido en el artículo 69. Tres. 2.º de la Ley 37/1992 de 28 de diciembre, del Impuesto sobre el Valor Añadido. Por su parte, la comisión del arrendatario o destinatario del servicio de alojamiento que percibiera la empresa que se encarga de gestionar arrendamientos a través de su página web también estaría sujeta al Impuesto sobre el Valor Añadido en los supuestos en los que el servicio de mediación se refiera a inmuebles o alojamiento situados en el territorio de aplicación del Impuesto, en virtud de lo dispuesto en el artículo 70. Uno. 6.º de la Ley 37/1992 de 28 de diciembre, del Impuesto sobre el Valor Añadido.

Asimismo, la Dirección General de Tributos, en contestación a Consulta V4590-16, de 27 de octubre de 2016, tomando en consideración la jurisprudencia del Tribunal de Justicia de la Unión Europea derivada entre otras, de sus Sentencias de 2 de mayo de 1996 (Asunto C-231/94, *Faaborg-Gelting Linien*) y de 27 de octubre de 2005 (Asunto 41/04, *Levob Verzekeringen*), estima que cuando una operación está constituida por un conjunto de elementos y de actos, procede tomar en consideración todas las circunstancias en las que se desarrolla la operación en cuestión, para determinar, por una parte, si se trata de dos o más prestaciones distintas o de una prestación única, de modo que en el caso particular de la tributación en el Impuesto sobre el Valor Añadido de una plataforma tecnológica de telemedicina, donde médicos oftalmólogos pueden acceder y ofrecer sus servicios, y donde el cliente, mayoritariamente ópticas, solicita la opinión del médico, se considera que los servicios de mediación en la prestación de servicios sanitarios exentos estarán igualmente exentos en aquellos casos en que el mediador actúe en nombre propio respecto de la prestación de servicios de asistencia sanitaria, consistentes en la emisión de informes médicos a través de una plataforma web o la realización de análisis del conjunto de pruebas médicas realizadas al paciente por parte de los ópticos. De modo que los servicios de mediación prestados estarán exentos siempre que se actúe en nombre propio, puesto que con independencia que se facture por un precio único o se desglose el importe correspondiente a los distintos elementos, una prestación debe tener la consideración de accesoria de una prestación principal cuando no constituye para la clientela un fin en sí, sino el medio de disfrutar en las mejores condiciones del servicio principal del prestador, de modo que el eventual servicio prestado por vía electrónica para facilitar a la clientela el uso y mantenimiento de la plataforma tecnológica, debe considerarse accesorio al servicio principal de asistencia sanitaria.

En este mismo sentido, la Dirección General de Tributos, en contestación a Consulta V0172-15, de 20 de enero de 2015, afirma que tiene la consideración de empresario o profesional a efectos del Impuesto sobre el Valor Añadido, la persona física, diseñadora de dibujos y grabados, que utiliza una plataforma tecnológica de colaboración social para que cualquier persona puede descargarse, previo pago, un archivo con un dibujo no personalizado, de conformidad con lo dispuesto en el artículo 4. Dos y en el artículo 5. Uno. a) y Dos de la Ley 37/1992 de 28 de diciembre, del Impuesto sobre el Valor Añadido, motivo por el cual quedan sujetas a dicho Impuesto las entregas de bienes y las prestaciones de servicios que realicen en el territorio de aplicación del Impuesto en virtud del ejercicio de su actividad. Ello es debido a que las operaciones efectuadas por dicha persona física tienen la calificación de prestaciones de servicios a efectos del Impuesto sobre el Valor Añadido, en virtud de lo establecido en el artículo 11. Uno y Dos. 4.º de la Ley 37/1992 de 28 de diciembre, del Impuesto sobre el Valor Añadido, al tratarse los ficheros de dibujos y de grabados no personalizados, de un suministro de contenidos digitales por vía electrónica, que el cliente final puede descargar a través de internet, de conformidad con lo dispuesto en el artículo 69. Tres. 4.º de la citada Ley 37/1992 de 28 de diciembre, del Impuesto sobre el Valor Añadido. A pesar de ello, las prestaciones de servicios que realice la citada persona física y que no tienen la consideración de servicios prestados por vía electrónica, tal y como ocurre con los diseños personalizados de un determinado dibujo, tarjeta, poster y logotipo que son enviados por correo electrónico al cliente final, pueden resultar exentas del Impuesto sobre el Valor Añadido en virtud de lo establecido en el artículo 20. Uno. 26.º de la Ley 37/1992 de 28 de diciembre, del Impuesto sobre el Valor Añadido. No obstante, las prestaciones de servicios que realice la citada persona física van a quedar sujetas al Impuesto sobre el Valor Añadido en el territorio de su aplicación, en los supuestos en los que su cliente final se trate de un empresario o de un profesional que actúe como tal y tenga en dicho territorio la sede de su actividad económica, su establecimiento permanente, su domicilio o su residencia habitual, siempre y cuando los servicios sean prestados en ellos o a clientes finales establecidos en la Unión Europea, de conformidad con lo dispuesto en los artículos 69 y 70 de la Ley 37/1992 de 28 de diciembre, del Impuesto sobre el Valor Añadido.

Asimismo, el sistema de cobro de la prestación de servicios efectuado por medio de la plataforma tecnológica de colaboración social tiene la consideración de un servicio sujeto pero exento al Impuesto sobre el Valor Añadido prestado por el titular del citado sistema de pago, en virtud de lo dispuesto en el artículo 20. Uno. 18.º de la Ley 37/1992 de 28 de diciembre, del Impuesto sobre el Valor Añadido, motivo por el cual quedan sujetos a este Impuesto tanto los servicios de alojamiento de contenidos como la comisión por la venta de los mismos que la persona física diseñadora realiza a través de la plataforma tecnológica de colaboración social, aunque quienes presten dichos servicios no se encuentren establecidos en el territorio de aplicación del Impuesto.

Por todo ello, cabe afirmar que tanto el servicio de mediación comercial a través del cual se pone en contacto a los interesados en la prestación de bienes o servicios, como el servicio de intermediación financiera, deben considerarse en su conjunto como un servicio de mediación comercial, el cual queda sometido al mismo tratamiento a efectos del Impuesto sobre el Valor Añadido, puesto que tal y como afirma el Tribunal de Justicia de la Unión Europea, en sus Sentencias de 22 de octubre de 1998 (Asuntos acumulados C-308/96 y C-94/97, *Madgett y Baldwin*) y de 25 de febrero de 1999 (Asunto C-349/96, *Card Protection Plan Ltd.*), para que una prestación tenga la consideración de accesoria de una prestación principal es necesario que no constituya para la clientela un fin en sí mismo, sino que suponga el medio de disfrutar en las mejores condiciones del servicio principal realizado por su prestador.

Con respecto al servicio de posicionamiento de una oferta en la plataforma colaborativa digital, el mismo es considerado por la Dirección General de Tributos en contestación a Consulta V1557-15, de 25 de mayo de 2015, como un servicio de publicidad independiente, motivo por el cual cuando no tenga la consideración de accesorio, se va a localizar, en virtud de lo establecido en el artículo 69. Uno. 1.º de la Ley 37/1992 de 28 de diciembre, del Impuesto sobre el Valor Añadido, en el territorio en el que se aplique el Impuesto siempre y cuando el destinatario tenga en dicho territorio la sede de su actividad económica o cuente en el mismo con un establecimiento permanente o, en su defecto, disponga de un domicilio o de una residencia habitual que sean los destinatarios del servicio de publicidad, no estando sujetos al Impuesto, por el contrario, los servicios de publicidad en los que sus destinatarios se encuentren establecidos en un país o en un territorio tercero.

De este modo, se puede afirmar que lo que determina la calificación de la actividad económica, tal y como manifiesta MONTESINOS OLTRA[30], es la obtención de ingresos derivada de la explotación de una plataforma tecnológica de colaboración social con independencia de cuál sea la procedencia de dichos ingresos, los cuales pueden proceder del cobro a las personas usuarias de cuotas por acceso a dicha plataforma tecnológica, por entregas de bienes o prestaciones de servicios, por comisiones de intermediación en actos o negocios realizados entre las partes intervinientes, o por contraprestaciones derivadas de los servicios prestados a terceras personas

---

30 MONTESINOS OLTRA S.: "Los actores de la economía colaborativa desde el punto de vista del Derecho Tributario", *Revista Economía Industrial, núm. 402, 2017* (consultado en http://www.minetad.gob.es/Publicaciones/Publicacionesperiodicas/EconomiaIndustrial/Revista EconomiaIndustrial/).

distintas de las personas usuarias, tal y como ocurre en el supuesto de la publicidad insertada.

4.2. Un acercamiento a la imposición indirecta aplicable a las personas usuarias, suministradoras de bienes o prestadoras de servicios y a las personas clientes finales de las plataformas tecnológicas de colaboración social

En virtud de lo dispuesto en el artículo 9.1 de la Directiva 2006/112/CE del Consejo, de 28 de noviembre de 2006, relativa al sistema común del Impuesto sobre el Valor Añadido, a la hora de determinar si las personas suministradoras de bienes o prestadoras de servicios tienen la consideración de sujetos pasivos a efectos del Impuesto sobre el Valor Añadido, es necesario analizar si las mismas llevan a cabo una actividad económica o si actúan de manera independiente con respecto a la plataforma tecnológica de colaboración social. En concreto, hay que tener en cuenta cada caso en concreto para determinar si estas personas están llevando a cabo una actividad económica puesto que existe la posibilidad que algún Estado Miembro de la Unión Europea determine como sujetos pasivos a aquellas personas usuarias que presten servicios o entreguen bienes de forma ocasional, motivo por el cual tendrán la consideración de productor, corredor o prestador de servicios cuando se unen como personas que suministran bienes o prestan servicios, con independencia de la regularidad con la que lo efectúen.

Asimismo, con la finalidad de poder determinar la existencia de independencia en el suministro de bienes o en la prestación del servicio, se hace necesario atender tanto a la relación que exista entre la plataforma tecnológica de colaboración social y la persona que suministra bienes o presta servicios, como a las condiciones legales que se establezcan entre ambas con la finalidad de descartar la existencia de tal relación de dependencia, la cual implique que el suministro del bien o la prestación del servicio al cliente final sea efectuado de manera directa por parte de la plataforma tecnológica de colaboración social.

No obstante, en la actualidad, existe una falta de adaptación de las normativas tributarias con respecto a la delimitación de cuándo la actividad de las personas que suministran bienes o que prestan servicios tiene la consideración de una actividad de economía colaborativa o de una actividad económica tradicional, lo cual hace necesario que por parte de los Estados Miembros de la Unión Europea se determinen una serie de reglas a través de las cuales se permitan conocer a las personas que suministran bienes o que prestan servicios las obligaciones tributarias que han cumplir por las actividades que realicen en el mercado para de este modo interactuar en él en igualdad de condiciones y sin ventajas competitivas debido a la ausencia de imposición o al no sometimiento a las disposiciones normativas que sean de aplicación a los sectores tradicionales.

Por su parte, con respecto a si es deducible el Impuesto sobre el Valor Añadido que los usuarios finales de la plataforma tecnológica de colaboración social han soportado como consecuencia del suministro de bienes o de la prestación de servicios, cabe afirmar que tienen pleno derecho a la deducción del citado Impuesto aquellos clientes que ostenten la condición de sujetos pasivos del mismo, siempre y cuando dichas operaciones tengan conexión con su actividad económica. Además de ello, en el supuesto que las actividades de suministro de bienes o de prestación de servicios no se encuentren exentas y la plataforma tecnológica de colaboración social no sea ni residente ni opere en el territorio de aplicación del Impuesto sobre el Valor Añadido, el servicio va a tener la consideración de prestado en dicho territorio, siendo sujeto pasivo el cliente final.

A este respecto, la Dirección General de Tributos, en contestación a Consulta V3095-14, de 14 de noviembre de 2014, en un supuesto frecuente de una persona que arrienda una vivienda de su propiedad por temporadas a personas físicas sin prestar servicios propios de la industria hotelera al limitarse a efectuar la limpieza y el cambio de ropa de cada estancia, comercializando dicha vivienda a través de una página web, la cual cobra al arrendatario el importe del alquiler y lo transfiere a la cuenta del arrendador, percibiendo por su mediación una comisión, establece que el arrendamiento de una vivienda, ya sea como vivienda habitual o como vivienda de temporada, constituye en todo caso una operación sujeta al Impuesto sobre el Valor Añadido. No obstante, de conformidad con lo dispuesto en el artículo 20. Uno. 23°. de la Ley 37/1992 de 28 de diciembre, del Impuesto sobre el Valor Añadido, el arrendamiento de un inmueble, cuando se destine para su uso exclusivo como vivienda, estará sujeto y exento del Impuesto sobre el Valor Añadido, siempre y cuando no se trate de alguno de los supuestos excluidos de la exención establecidos en dicho artículo, en cuyo caso el arrendamiento estará sujeto y no exento del Impuesto sobre el Valor Añadido. En concreto, así será cuando el arrendamiento se produzca a personas jurídicas, puesto que las mismas no las pueden destinar directamente a viviendas, o cuando se presten por el arrendador los servicios propios de la industria hotelera, como por ejemplo los de restaurante, limpieza, lavado de ropa u otros análogos, esto es, servicios que constituyen un complemento normal del servicio de hospedaje prestado a los clientes que no pierden su carácter de servicio de hostelería por extender la atención a los clientes más allá de la mera puesta a disposición de un inmueble o parte del mismo, no considerándose como servicios complementarios propios de la industria hotelera el servicio de limpieza del apartamento o el servicio de cambio de ropa en el apartamento prestados a la entrada y a la salida del periodo contratado por cada arrendatario, el servicio de limpieza de las zonas comunes del edificio así como de la urbanización en que está situado, ni los servicios de asistencia técnica y mantenimiento para eventuales reparaciones de fontanería, electricidad, cristalería, persianas, cerrajería y electrodomésticos.

De este modo, los arrendamientos estarán exentos del Impuesto sobre el Valor Añadido, siempre que cumplan con los requisitos citados y se limiten a la comprobación del estado de las viviendas y a la entrega de llaves en el momento de la ocupación, exención que se aplicará tanto si son los propietarios quienes suscriben el contrato de arrendamiento como si lo hace una plataforma tecnológica a través de una página web, siempre que los destinatarios de la operación sean personas físicas que destinen el inmueble a su uso como vivienda, puesto que en el caso que los inmuebles se arrienden de forma directa por la plataforma tecnológica, tal condición podría suponer a su vez que ésta actuase como arrendatario frente a los propietarios, motivo por el cual, debe tenerse en cuenta que un primer contrato de arrendamiento suscrito entre propietarios y plataforma tecnológica no cumplirá el requisito de su utilización como vivienda por el destinatario de la operación por lo que dicho arrendamiento constituiría una prestación de servicios sujeta y no exenta.

5. REFLEXIONES FINALES

Las Tecnologías de la Información y Comunicación, como señala DOMÉNECH PASCUAL[31], al eliminar obstáculos como los costes de transacción y la existencia de asimetrías informativas, facilitan la colaboración voluntaria entre individuos de cara a la producción y al consumo de bienes y servicios, a través del incremento del volumen de transacciones a bajo coste, radicando la ventaja competitiva de este nuevo modelo de negocio en el hecho de partir de un coste marginal nulo al emplear bienes o servicios prestados por particulares. Esta explosión a nivel mundial del consumo colaborativo ha generado, tal y como pone de manifiesto BILBAO ESTRA-

---

31 DOMÉNECH PASCUAL, G.: "La regulación de la economía colaborativa (el caso "Uber contra el taxi")", *ob. cit.*

DA[32], una especial atención por parte de las Administraciones Tributarias hasta el punto de acuñarse un nuevo sector conocido como la economía colaborativa que sin embargo ha contado con escasos avances en materia de fiscalidad internacional debido fundamentalmente a las dificultades para lograr un consenso pese a la relevancia y volumen de la llamada economía de las plataformas.

El cambio producido en la manera de entender el consumo, la propiedad y las relaciones sociales, requiere que se aclare el concepto de economía colaborativa, el cual tiene como una de sus notas características que son las personas miembros de la comunidad quienes suministran el bien o prestan el servicio y quienes los reciben, al contrario de lo que sucede en el consumo tradicional en el cual el servicio es prestado por empresas o por personas profesionales. En concreto, la economía colaborativa ve facilitada su desarrollo por la actuación de las plataformas tecnológicas de colaboración social, las cuales transmiten el conocimiento de la oferta existente a las potenciales personas consumidoras finales, con lo cual se pasa de una oferta local a una oferta global, en la que se salvaguarda tanto el factor proximidad como la eventual desconfianza entre las personas intervinientes en estas operaciones, lo cual ha generado que estas plataformas tecnológicas se conviertan en un elemento fundamental para el incremento exponencial de este tipo de economía, en la que cuando la persona usuaria que suministra bienes o presta servicios es el que realiza la actividad dentro de la plataforma tecnológica, se debe delimitar cuál es su papel y cuándo pasa de ser una persona particular a una persona profesional, en función de aspectos tales como la regularidad o la habitualidad de la actividad, o si tiene o no ánimo de lucro.

En el supuesto de la imposición indirecta, las plataformas tecnológicas de colaboración social cuando ejercen su actividad económica tienen, con carácter general, la consideración de empresarios o profesionales a efectos del Impuesto sobre el Valor Añadido, cuando efectúan servicios a título oneroso, con independencia de si dicha prestación la realizan como prestadores directos de un servicio, en nombre y por cuenta propia, o como comisionista en operaciones efectuadas de forma directa entre sus personas usuarias. Ello se debe a que la calificación de una operación y su encuadre dentro del presupuesto de hecho de las normas tributarias se efectúa teniendo en cuenta su naturaleza jurídica y no su naturaleza económica,

---

32 BILBAO ESTRADA, I.: "Fiscalidad directa del consumo colaborativo, deberes de información y derecho comparado", *ob. cit.*

motivo por el cual la Administración Tributaria puede recalificar la operación de forma independiente a la calificación que los obligados tributarios le otorguen a la misma.

A pesar de todo ello, la sujeción a la normativa fiscal de las plataformas tecnológicas de colaboración social no se trata de una cuestión pacífica, puesto que la misma plantea dificultades en aspectos tales como la identificación de las personas contribuyentes o de los ingresos imponibles, puesto que normalmente existe falta de información sobre las personas que son usuarias, suministradoras de bienes o prestadoras de servicios, junto con la realización con carácter usual de planificaciones fiscales agresivas en el sector digital como consecuencia de las diferencias que existen en el ámbito de las prácticas fiscales dentro de la Unión Europea.

En este contexto, la clave para efectuar el análisis de la fiscalidad indirecta se encuentra tanto en la localización de la plataforma tecnológica de colaboración social, como en la existencia de establecimiento permanente en el Estado en que se produce la actividad de economía colaborativa, motivo por el cual resulta relevante para determinar el gravamen de los suministros de bienes y de las prestaciones de servicios, y de las rentas percibidas por la persona que suministra bienes o presta servicios, tanto el tipo de consumo colaborativo en que participa como las condiciones en que se produce la economía colaborativa en función de las condiciones que sean impuestas por la plataforma tecnológica. En particular, la Comisión Europea[33] considera que los operadores de la economía colaborativa están sujetos a la normativa fiscal al igual que sucede con el resto de operadores económicos, no tratándose de una cuestión pacífica, puesto que la mima plantea diversas cuestiones que necesitan resolución, tal y como sucede con las dificultades existentes a la hora de identificar a las personas contribuyentes y a los ingresos imponibles, la falta de información sobre las personas que suministran bienes o prestan servicios, la exacerbación de la planificación fiscal agresiva en el sector digital, las diferencias de las prácticas fiscales en la Unión Europea o el intercambio insuficiente de información.

Esta realidad ha originado que la Comisión Europea aconseje a los Estados Miembros de la Unión Europea para que regulen las obligaciones fiscales de forma proporcionada, competitiva, equitativa y similar a la regulación existente para las empresas que prestan servicios comparables,

---

33 COMISIÓN EUROPEA: *"Comunicación de la Comisión al Parlamento Europeo, al Consejo, al Comité Económico y Social Europeo y al Comité de las Regiones: Una Agenda Europea para la economía colaborativa"*, ob. cit.

con el objetivo de aumentar la sensibilidad sobre las obligaciones fiscales y de informar a los administradores fiscales sobre los modelos de economía colaborativa, a través de la publicación de una serie de orientaciones que tengan como finalidad incrementar la transparencia a través de información en línea, puesto que la economía colaborativa ha creado una serie de nuevas oportunidades que permite ayudar a las Administraciones Tributarias y a las personas contribuyentes en el cumplimiento de sus obligaciones fiscales, al ofrecer una mayor rastreabilidad de las transacciones que se efectúan a través de plataformas colaborativas digitales. En este sentido, la Comisión Europea, ante la aparición en el mercado de nuevas formas de actuación que originan un replanteamiento de los esquemas clásicos de tributación, los cuales requieren de soluciones equilibradas, justas y que proporcionen seguridad jurídica, ha desarrollado una serie de iniciativas que tienen como objetivo mejorar en el comercio electrónico, la cooperación entre las Administraciones Tributarias y las empresas, tal y como sucede con la aplicación de la ventanilla única del Impuesto sobre el Valor Añadido.

Como reflexiona URQUIZU CAVALLÉ[34], se puede afirmar que, con carácter general, no es necesario establecer un marco jurídico tributario específico para los negocios que deriven de la economía colaborativa, pero sin embargo sí es necesario que la Administración Tributaria especifique de forma clara los impuestos aplicables y los elementos tributarios que determinan el citado entorno económico. De este modo, lo realmente conveniente sería un marco jurídico en el que se regule la asunción por parte de las plataformas tecnológicas de parte de la cadena de recaudación efectiva de determinados impuestos que sean generados por sus usuarios, prestadores de servicios, con la finalidad de asegurar la gestión impositiva y reducir el coste administrativo. En este sentido, ANTÓN ANTÓN y BILBAO ESTRADA[35] abogan "por, bien añadir a las plataformas digitales como sustitutos del contribuyente, bien por establecer acuerdos para que estas últimas actúen como agentes colaboradores en la recaudación del Impuesto", motivo por el cual, la minería de datos a realizar por parte de la Administración Tributaria se debe enmarcar en un modelo de asistencia y colaboración con las plataformas tecnológicas con el objetivo de dar respuesta a los nuevos fenómenos globales derivados de la economía colaborativa. Para ello, la Administración Tributaria tiene que llegar a acuerdos con las plataformas tecnológicas o con

---

34 URQUIZU CAVALLÉ, A.: "El modelo de negocios basado en compartir bienes y/o servicios: marcos jurídicos y tributación (II)", *ob. cit.*

35 ANTÓN ANTÓN, A. y BILBAO ESTRADA, I.: "El consumo colaborativo en la era digital: un nuevo reto para la fiscalidad", *ob.cit.*

sus asociaciones para que proporcionen en lugares visibles de sus dispositivos, información sobre las obligaciones tributarias que se generan en las operaciones derivadas de las actuaciones colaborativas, y para que colaboren en el suministro de información con trascendencia tributaria derivada de los modelos de negocio de economía colaborativa que diseñan.

BIBLIOGRAFÍA

ADIGITAL y SHARING ESPAÑA: *"Los modelos colaborativos y bajo demanda en plataformas digitales"*, 2017.

ALFONSO SÁNCHEZ, R.: "Economía colaborativa: un nuevo mercado para la economía social", *XVI Congreso de Investigadores en Economía Social y Cooperativa, Economía Social: crecimiento económico y bienestar,* CIRIEC, 16-21 octubre 2016.

ANEIROS PEREIRA, J.: "IVA y economía colaborativa: cuestiones fiscales del arrendamiento de inmuebles a través de plataformas digitales (el caso de Airbnb)", *Quincena Fiscal, n.º 5, 2018.*

ANTÓN ANTÓN, A., y BILBAO ESTRADA, I.: "El consumo colaborativo en la era digital: un nuevo reto para la fiscalidad", *Instituto de Estudios Ficales, Doc. n.º 26, 2016.*

COMISIÓN DE MERCADO INTERIOR Y PROTECCIÓN DEL CONSUMIDOR: *"Proyecto de Informe de la Comisión de Mercado Interior y Protección del Consumidor, sobre una Agenda Europea para la economía colaborativa",* COM (2016) 356, de 22 de diciembre de 2016.

COMISIÓN EUROPEA: *"Pregunta al Comité del Impuesto sobre el Valor Añadido relativa al tratamiento del Impuesto sobre el Valor Añadido en la economía colaborativa",* Documento de trabajo núm. 878, de 22 de septiembre de 2015.

"Comunicación de la Comisión al Parlamento Europeo, al Consejo y al Comité Económico y Social Europeo relativa a un plan de acción sobre el IVA. Hacia un territorio único de aplicación del IVA en la Unión Europea. Es hora de decidir", COM (2016) 148 final, de 7 de abril de 2016.

"Comunicación de la Comisión al Parlamento Europeo, al Consejo, al Comité Económico y Social Europeo y al Comité de las Regiones: Una Agenda Europea para la economía colaborativa", COM (2016) 356 final, de 2 de junio de 2016.

COMITÉ DEL IMPUESTO SOBRE EL VALOR AÑADIDO: *"Acta de la 105.ª Reunión",* Documento de trabajo núm. 887, de 26 de octubre de 2015.

COMITÉ ECONÓMICO Y SOCIAL EUROPEO: *"Dictamen sobre la Fiscalidad de la economía colaborativa. Análisis de posibles políticas impositivas ante el crecimiento de la economía colaborativa". (Dictamen exploratorio solicitado por la Presidencia estonia),* (2018/C 081/09), de 19 de octubre de 2017.

CRUZ PADIAL, I.: "Sistema tributario: su falta de adecuación al contexto actual originado por el proceso de globalización económica", Nueva *Fiscalidad, n.º 9, 2007.*

CUBERO TRUYO, A.: en VV.AA., *Curso de Derecho Tributario. Parte especial,* Tecnos, Madrid, 2016.

DELGADO GARCÍA, A.M. y OLIVER CUELLO, R.: “La actuación administrativa automatizada. Algunas experiencias en el ámbito tributario”, *Revista Catalana de Derecho Público, núm. 35, 2007.*

DOMÉNECH PASCUAL, G.: “La regulación de la economía colaborativa (El caso “Uber contra el taxi”)”, *CEF Legal, n.º 175-176, 2015.*

FALCÓN Y TELLA, R.: “La tributación de Uber (Plataforma de servicios de transporte de vehículos particulares)”, *Quincena Fiscal, n.º 13, 2014.*

GARCÍA NOVOA, C.: “Las potestades de calificación y recalificación como mecanismos antielusorios en el derecho español”, *THEMIS: Revista de Derecho, n.º 51, 2005.*

MACHANCOSES GARCÍA, E.: “Economía de plataforma en los servicios de transporte terrestre de pasajeros: Retos tributarios de la imposición directa sobre el usuario y la plataforma”, *Quincena Fiscal, n.º 15, 2017.*

MONTESINOS OLTRA S.: “Los actores de la economía colaborativa desde el punto de vista del Derecho Tributario”, *Revista Economía Industrial, n.º 402, 2017.*

NAVARRO EGEA, M.: “La economía colaborativa ante la Hacienda Pública” en VV.AA., *Retos jurídicos de la economía colaborativa en el contexto digital,* Thomson Reuters, Cizur Menor, 2017.

PARLAMENTO EUROPEO: *“Resolución sobre una Agenda Europea para la economía colaborativa”,* 2016/2003(INI), de 15 de junio de 2017.

“Informe sobre una Agenda Europea para la economía colaborativa”, A8-0195/2017, de 11 de mayo de 2017.

SCHOLZ, T.: *“Cooperativismo de Plataforma. Desafiando la economía colaborativa corporativa”,* Dimmons, Barcelona, 2016.

URQUIZU CAVALLÉ, A.: “El modelo de negocios basado en compartir bienes y/o servicios: marcos jurídicos y tributación (II)”, *Quincena Fiscal, núm. 11, 2019.*